Maya Deren

DER TANZ DES HIMMELS MIT DER ERDE

Die Deutsche Bibliothek – CIP-Einheitsaufnahme

Deren, Maya:
Der Tanz des Himmels mit der Erde: [die Götter des haitianischen Vaudou] / Maya Deren. [Aus dem Amerikan. von Sabine Gebhardt]. – Wien: Promedia, 1992
Einheitssacht.: Divine Horsemen <dt.>
ISBN 3–900478–50–3

Titel der amerikanischen Originalausgabe: Maya Deren, Divine Horsemen

Aus dem Amerikanischen von Sabine Gebhardt
Umschlaggestaltung: Gerhard Vay
Druck: Fuldaer Verlagsanstalt, Fulda
Printed in Germany
ISBN 3–900478–50–3

MAYA DEREN

Der Tanz des Himmels mit der Erde

Die Götter des haitianischen Vaudou

Aus dem Amerikanischen
und mit einem Vorwort versehen von Sabine Gebhardt

PROMEDIA

Große Götter können keine kleinen Pferde reiten.
(Haitianisches Sprichwort)

Die Autorin:

Maya Deren wurde 1917 in Kiew geboren, emigrierte kurze Zeit später mit ihren Eltern in die USA und wuchs in Syracus, New York, auf, wo sie die Universität besuchte. Früh schon schloß sie sich sozialen Bewegungen an. Ihr besonderes Interesse aber galt dem Tanz und dem Film. Als eine der ersten Frauen des avantgardistischen Experimentalfilms wurde Maya Deren weit über die Vereinigten Staaten hinaus bekannt und beeinflußte mit ihren Werken „Maskes of the afternoon" (1943), „Atlant" und „Divine Horsemen" eine ganze Generation von Avantgardefilmer/inne/n.

Um religiöse Tänze aufzunehmen, entschloß sie sich im Jahre 1947 zu ihrer ersten Reise nach Haiti. Immer wieder kehrte sie – bis zu ihrem frühen Tod im Jahre 1961 – in die Gegend von Port-au-Prince zurück. Dort fand Maya Deren eine zweite Heimat.

INHALT

VORWORT DER ÜBERSETZERIN

Als ich Maya Derens Buch vor etwa vier Jahren zum erstenmal las, war ich bewegt von dieser Liebeserklärung an eine im allgemeinen verfehmte Religion. „Dies ist mein Geheimnis", sagt der Fuchs in Saint-Exupérys Buch zum kleinen Prinzen. „Es ist ganz einfach: nur mit dem Herzen sieht man wirklich. Das Wesentliche kann man mit den Augen nicht wahrnehmen." Maya Deren hat die haitianische Volksreligion, der mehr als achtzig Prozent der Haitianer angehören und die seit dem Jahr 1987 einen offiziellen Status besitzt, mit den „Augen des Herzens" beobachtet und auf diese Weise das Wesentliche kennengelernt, das anderen Beobachtern, die sich dem Kult mit vorwiegend wissenschaftlich-analytischem Interesse näherten, verborgen blieb.

Der Vaudou ist von allen bekannten Religionen wohl diejenige, die mit den meisten und zugleich schrecklichsten Vorurteilen belastet ist – völlig zu Unrecht, denn die blutrünstigen, düsteren Vorstellungen, die Außenstehende meist mit diesem Kult verbinden, haben mit der Wirklichkeit nichts zu tun. Maya Deren hat es in bisher einzigartiger Weise geschafft, wissenschaftlichen Forscherdrang und leidenschaftliche Liebe zu verknüpfen und mit dem daraus entstanden Buch *Der Tanz des Himmels mit der Erde* Licht in die den Vaudou umgebende Dunkelheit zu bringen sowie das ebenso weitverbreite wie falsche Bild von den „primitiven Menschen", die dieser Religion anhängen, Stück für Stück abzutragen.

Wie der Vaudou zu seinem schlechten Ruf kommen konnte, ist leicht zu erklären. Bis zur Mitte unseres Jahrhunderts war die Ausübung dieser Religion entweder verboten oder wurde zumindest massiv diskriminiert. Im berüchtigten „Code Noir" aus dem Jahre 1685 war festgelegt, daß Sklaven sehr bald nach ihrem Eintreffen in die damalige Kolonie Saint-Domingue im katholischen Glauben zu unterweisen und zu taufen waren. Danach war ihnen die Teilnahme an den Kulten ihrer afrikanischen Heimatländer verboten und jede Zuwiderhandlung wurde streng bestraft. Auch die Herren dieser Sklaven hatten sich für Ketzerei zu verantworten, im Falle, daß sie ihrerseits gegen den „Code Noir" verstießen und ihren Sklaven erlaubten, weiterhin ihre Rituale zu praktizieren. Dessenungeachtet lebten die Kulte im Verborgenen weiter, unzugänglich für die weißen Herren. Ebendieser Unzugänglichkeit für Nichteingeweihte hatte und hat der Vaudou seinen üblen Leumund zu verdanken. Die Weißen wußten zwar nicht, was im Geheimen zelebriert wurde oder welchen konspirativen Aktivitäten sich die Schwarzen hingaben, aber sie fürchteten zu jeder Zeit ihrer Herrschaft einen Aufstand der Sklaven und hielten die geheimen Kulte insofern für gefährlich, als sie in ihnen eine Möglichkeit zur Inspiration einer Revolte sahen – womit sie auch Recht hatten, wie sich schließlich erwies. „Kenner der haitianischen Geschichte legen das Datum des Ausbruches des Sklavenaufstandes übereinstimmend auf eine Vaudou-Zeremonie fest, die am 14.August 1791 stattfand", schreibt Maya Deren; und weiter: „Auch in Bezug auf die näheren Einzelheiten stimmen ihre Angaben überein – nämlich, daß die Zeremonie von einem in Jamaika geborenen Hougan (Vaudou-Priester; Anm. d. Ü.) namens Boukman ... abgehalten worden war". Aus dieser Revolution ging Haiti 1804 als die zweite freie Kolonie der westlichen Hemisphäre – nach den Vereinigten Staaten – hervor.

Hinzu kam, daß in der damaligen Zeit sämtliche nichtchristlichen Religionen für die Angehören des christlichen Abendlandes als vom Teufel geschaffen galten. Diese Einstellung wurde mittlerweile zwar gegenüber einigen anderen Religionen modifiziert – der Vaudou zählt jedoch nach wie vor nicht zu den tolerierten Religionen. Dies liegt daran, daß sich die haitianischen Bauern, die den Vaudou praktizieren, noch immer nicht vorstellen können, daß sich ein Weißer für ihre Religion wirklich interessieren könnte, geschweige denn, sie begreifen oder den Geistern gar selbst dienen könnte; deshalb sind sie Außenstehenden gegenüber nach wie vor verschlossen. Denn die haitianische Oberschicht distanziert sich vom Vaudou, um nicht in den Augen der „hochzivilisierten", „kultivierten" Länder, an denen man sich orientiert, als „Teufelsanbeter" oder als „primitiv" dazustehen. Interessiert sich ein Angehöriger der „High Society" für den Kult oder konsultiert er einen Hougan, hält er das möglichst geheim. So ist es für einen haitianischen Bauern unvorstellbar, daß ein Angehöriger jener „hochzivilisierten" Länder seinen Geistern mit einer positiven Haltung begegnen könnte.

Wir haben es hier mit einer Art Teufelskreis zu tun. Die Schwarzen trauen den Weißen nicht, da diese den Vaudou und seine Anhänger noch immer diskriminieren. Die Weißen auf der anderen Seite haben keine Chance, diese Religion tatsächlich kennenzulernen, weil sie ihr mit zu vielen Ressentiments – falls überhaupt – begegnen. Verstärkt wird die Kluft zwischen Zerrbild und Realität des Vaudou durch einschlägige Lektüre und zahlreiche Horrorfilme – vorwiegend amerikanischer Herkunft – über Zombies (besser gesagt, über das, was sich das Publikum unter Zombies vorstellt), über magisches Peinigen oder Töten anderer Menschen, blutrünstige Menschen- und Tieropfer sowie orgiastisches Sich-gehen-Lassen. Nichts von all diesen Schreckensvisionen ist wahr.

Der Tanz, von dem der Titel des vorliegenden Buches spricht, erstreckt sich von den Reichen des Himmels bis in die Unterwelt, in deren dunklen Abgründen – wie auch in der menschlichen Psyche – die größten Ungeheuerlichkeiten neben den edelsten Reichtümern existieren. Die Frage ist, wie der Mensch diese in ihm vorhandenen Anlagen nützt. Um es religiös zu formulieren: es liegt an ihm, sich zwischen Gott und Teufel zu entscheiden – im Vaudou ebenso wie in jeder anderen Religion.

Wie in anderen Ländern, gibt es auch in Haiti schwarzmagische Praktiken, mittels derer ein Bocor – ein Schadenszauberer – anderen Menschen Übles zufügen oder sie töten kann. Auch das Schaffen der berüchtigten Zombies gehört in diesen Bereich. (Wobei es sich bei einem Zombie nicht um ein von Grund auf bösartiges, grausames Geschöpf mit übermenschlichen Kräften handelt – womöglich sogar um ein Wesen von einem anderen Stern. Vielmehr ist der Zombie ein Mensch, dem ein Bocor – ein Schwarzmagier – die Seele gestohlen hat, und ihn auf diese Weise zu einem körperlich voll funktionstüchtigen, aber willenlosen Geschöpf gemacht hat.

Es gibt eine physische und eine psychische Methode, die Persönlichkeit eines Menschen dergestalt zu zerstören. Die physische Methode besteht darin, dem Opfer heimlich ein Gift zu verabreichen, welches nach kurzer Zeit einen Scheintod herbeiführt; der „Leichnam" wird beerdigt und danach wieder aus dem Sarg geholt. Dann gibt man dem „Toten" eine andere Substanz, die seine körperlichen Funktionen wieder in Gang bringt – seine Psyche jedoch ist und bleibt durch die Einwirkung des zuerst verabreichten Mittels zerstört. Man hat einen seelenlosen Menschen vor sich. In diesem Fall ist der Zombie stets körperlich existent. – Die zweite Methode besteht darin, diesen „Tod" des Opfers sowie seine Wiederbelebung mit psychischen Mitteln – das heißt, unter Zuhilfenahme von Geistern – herbeizuführen. Auch hierbei handelt es sich um Menschen, die zwar einen Körper, aber keine Persönlichkeit mehr besitzen. Darüberhinaus gibt es aber auch unsichtbare Zombies – Seelen, die einem Menschen gestohlen wurden und sich in der Macht eines anderen Menschen befinden. Diese Art von Zombies sind für menschliche Augen nicht sichtbar, wohl aber für die Loas. Einen solchen Fall habe ich selbst erlebt. Bei Nacht und Nebel kamen mehrere Männer mit einem Jeep in dem Dorf an, in dem ich zu der Zeit wohnte, und fragten nach dem Hougan. Mein Freund, mit dem ich gerade einen Spaziergang machte, antwortete ihnen, das sei sein Vater und wir gingen den Besuchern voran. Mein Freund holte seinen Vater, der schon zu Bett gagangen war, und dieser begab sich mit den Männern in den schmalen Raum, der für Gespräche mit den Loas und für Therapien diente. Auf Wunsch der Besucher fand die Sitzung hinter verschlossenen Türen statt – im Gegensatz zu den meisten Zusammenkünften von Menschen und Geistern, bei denen ein ständiges Kommen und Gehen der Nachbarn herrscht. Aber die Türen schließen nicht dicht genug, als daß man nicht doch jedes Wort verstehen könnte, wenn man die Ohren genügend spitzt. Der Geist im Kopf des Hougan fragte die Besucher, wieviele Personen sie insgesamt seien. „Vier", entgegneten die beiden Männer, „wir beide, und zwei weitere Männer sitzen noch in dem Auto, mit dem wir gekommen sind." – „Sechs!" erwiderte der Loa daraufhin. „Vier Männer und zwei Zombies." – Tatsächlich hatten wir im Jeep nur vier Personen sitzen sehen. Die beiden Zombies – deren Anwesenheit die Besucher nach diesem direkten Hinweis auch eingestanden – hatten mein Freund und ich nicht sehen können, obgleich sie existent waren.

Indes ist es falsch, die Religion von 85 oder mehr Prozent der Bevölkerung Haitis nur unter diesem Gesichtspunkt zu betrachten. Genau das ist aber leider noch immer der Fall. Deshalb sollte man sich einmal vorstellen, welches Bild ein Außenstehender vom christlichen Abendland bekommen würde, wenn er das Christentum nur auf der Basis der schwarzen Messen, der Satanskulte und ihrer Opfer sowie – wenn man ein Stück weiter in der Kirchengeschichte zurückgeht – der Inquisition und der Verfolgung und Tötung andersgläubiger oder andersartiger Menschen beurteilt. Es entstünde dieselbe verzerrte Vorstellung vom Christentum wie vom Vaudou – eher noch eine schlimmere. Und welchem Christen würde das gefallen? Maya Deren verweist die schwarzmagischen Praktiken, die es auf Haiti gibt, auf den Platz, der ihnen zukommt – nämlich in die Randbezirke der menschlichen Gesellschaft –, denselben Platz also, auf den derartige Erscheinungen auch im christlichen Kulturkreis verwiesen werden. Ein haitianischer Bocor hat ebensowenig mit dem Vaudou zu tun wie etwa Ulla von Bernus, die in Deutschland wohl bekannteste „schwarze Hexe", die von sich sagt, sie töte – „wenn Satan es befiehlt" – mit der Lehre und dem Leben Jesu.

Um eine Religion wirklich zu verstehen, muß man ihren Kern, ihre Lehre kennenlernen. Maya Derens Buch ist ein wichtiger Schritt in diese Richtung, denn die Autorin beseitigt mit ihrer ebenso detaillierten wie aufrichtigen Darstellung des haitianischen Vaudou nahezu sämtliche Ressentiments, die dieser Religion im allgemeinen entgegengebracht werden.

Außer den bereits genannten, gilt es vor allem, noch ein weiteres Vorurteil aus der Welt zu schaffen, nämlich, es handle sich beim Vaudou um eine polytheistische Religion. Dem ist nicht so. Nur widerwillig habe ich bei meiner Übersetzung die Loas als „Götter" bezeichnet. Es gibt im Vaudou nur einen einzigen Gott, der die Schöpfung ins Leben gerufen hat und erhält – den Gran'Maître oder, wie man ihn auch nennt: Bon Dieu. Die Loas sind keine Götter im Sinne des Gran'Maître, des absoluten Herrschers des gesamten Universums, sondern vielmehr archetypische Aspekte der Schöpfung des Bon Dieu, wie zum Beispiel Liebe, Tod, Aggression, Sexualität. Diese Aspekte wiederum fächern sich in einzelne Facetten auf.

Nehmen wir als Beispiel Ogoun, den haitianischen Loa der Aggression, zu dessen Attributen das Feuer, Eisen und Waffen gehören. Das Feuer kann sowohl wärmen als auch vernichten. Eisen ist ein Metall, ohne das der Organismus nicht lebensfähig wäre, da es den Sauerstoff, den wir mit der Atmung aufnehmen, in den roten Blutkörperchen bindet. Eisenmangel macht sich bemerkbar in Form von Müdigkeit, Konzentrationsschwäche, Kopfschmerzen; in fortgeschrittenem Stadium kommt es zu Schwindel und Kollapsneigung. Zudem werden Haut und Haare spröde, die Fingernägel brüchig, die Lippen und die Haut um die Mundwinkel springen auf, es kommt zum Schwund der Mundhöhlen-, Schlund-, Speiseröhren- und eventuell auch der Magenschleimhaut. Hier wird deutlich, daß Eisen synonym für Lebensenergie ist; und Aggression ist archetypische Energie. Es hängt vom Menschen ab, wie er mit dieser gewaltigen Kraft, die in uns allen vorhanden ist, umgeht. Das Gegenteil der Aggression ist Stillstand; ohne die Zerstörung des Alten, Überkommenen wäre Leben nicht möglich. Wir jäten Unkraut, damit die Nutzpflanzen gedeihen können. Wir streiten uns, um nicht ewig in dem jeweiligen Konflikt verhaftet zu bleiben. Ein Verbrecher wird verurteilt, damit er seinen Mitmenschen nicht weiter schaden kann. Wir fällen Bäume, um Holz zu gewinnen. Daß die Aggression eine äußerst ambivalente – und daher so umstrittene und selten geliebte – Macht ist, zeigt das Beispiel des Messers. Ogoun ist der Herr aller Waffen. Indes kann das Messer in der Hand des Chirurgen Leben retten, während es in der Hand eines Mörders tötet.

Die Facetten dieser Archetypen wandeln von Zeitalter zu Zeitalter und von Kultur zu Kultur ihre Gesichter und werden durch neue ergänzt. Ohne ihren Charakter im Kern zu verändern, integrieren die Loas die kulturellen Neuerungen, die ihrem Wesen entsprechen. Insofern sind sie modern. Sie gehen mit der Zeit. Es ist völlig verfehlt, den Vaudou als primitiv oder regressiv zu bezeichnen. So bereiten die Mystères heutzutage beispielsweise ein Bad aus Coca-Cola, das gegen schwarzmagische Einflüsse schützt. Diesem Bad werden keine weiteren Zusätze hinzugefügt.

Aufgrund dieser Wandlungsfähigkeit waren und sind die Serviteurs auch bereit, Elemente anderer Religionen zu integrieren, die für sie einfach neue Facetten der Schöpfung und somit eine willkommene Erweiterung ihrer Religion sind. Genau an diesem Punkt setzt das grundsätzliche Mißverständnis zwischen Christen und „Polytheisten" ein. Nach christlichem Verständnis sind die Götter ihrer Religion die einzig wahren und dulden keine – scheinbare – Konkurrenz. Ich spreche von mehreren christlichen Göttern und nicht von einem einzigen Gott, denn die Christen – und nicht etwa Jesus, dessen Ziel ohnehin nicht darin bestand, eine vom Judentum getrennte, neue Religion, geschweige denn eine Unzahl neuer Kirchen und Sekten zu gründen – haben den monotheistischen Gott Israels zu einer Trinität erweitert. So betet Jesus beispielsweise zu Gott und redet ihn als seinen Vater an – schon dies schließt aus, daß er und Gott absolut identisch sind. Das gleiche gilt für den heiligen Geist. Wenn man es auf den Punkt bringt, sieht es so aus, daß der Vaudou die monotheistische Religion ist – denn er erkennt außer dem Gran'Maître keinen weiteren Gott an –, während das Christentum eine polytheistische Religion ist – denn es hat aus dem Gott Israels drei gleichberechtigt nebeneinanderstehende Götter gemacht. Somit tun die Christen genau das, was sie bei anderen Religionen so erbittert verfolgen – sie beten mehrere Götter an. Die Vaudouisten fächern nicht den Gran'Maître in unzählige Aspekte und Facetten auf, sondern seine Schöpfung. Die Loas gehören ebenso zur Schöpfung Gottes wie der Rest des Universums – sie sind keine Götter, sondern immaterielle Wesen, deren Charakter teils mit dem der Engel, teils mit dem der Heiligen vergleichbar ist. Die Loas sind ebensowenig Gott selbst wie die Engel und Heiligen.

In noch zwei weiteren wichtigen Punkten weichen das Christentum und der Vaudou voneinander ab. Der Vaudou und das Leben seiner Angehörigen – zumeist sind das die haitianischen Bauern – sind nicht voneinander zu trennen. Der Vaudou ist nicht ein *Teil* der Kultur der haitianischen Landbevölkerung – er *ist* ihre Lebensweise und ihre Kultur. Deshalb kann sich aus dem Vaudou auch weder ein fanatisches Sektierertum entwickeln noch kann die Beziehung zwischen Gott und Mensch zu einer Art Freizeitbeschäftigung herabsinken. Aus demselben Grund kann man einem Serviteur auch nicht die Frage stellen, ob oder weshalb er an Gott oder an die Loas *glaube*. Er mag die Handlungsweise seiner Geister bisweilen nicht verstehen oder in Konflikt mit ihnen geraten – jedoch zweifelt er nicht an ihrer Existenz. Die Frage, ob er an Gott glaube, ist für ihn genauso irrelevant, als würde man ihn fragen, ob er daran glaube, daß eine reife Tomate rot sei.

Die Riten des Vaudou erfüllen eine erzieherische, integrative Funktion, und zwar auf allen Ebenen. Sie binden das Individuum ebenso in den gesellschaftlichen wie in den kosmischen Rahmen ein, und sie regeln das Verhältnis des Serviteurs zu seiner eigenen Seele. Die Mystères erscheinen, um ihre Diener mit sich selbst und dem Rest der Schöpfung in Einklang zu bringen beziehungsweise diesen Einklang zu erhalten – um zu heilen. Hier treffen sich die Begriffe heil und heilig in ihrer ursprünglichen Bedeutung.

Im Vaudou liegt die Betonung nicht auf dem „Seelenheil" des Einzelnen, sondern auf dem Wohlergehen der ganzen Gemeinschaft. Die haitianische Landbevölkerung ist keine anonyme Masse von nebeneinander lebenden Individuuen, sondern eine enge Gemeinschaft miteinander lebender Menschen, von denen einer auf den anderen angewiesen ist. In einer derart eng vernetzten Gesellschaft kann es keine „Selbstverwirklichung" oder gar „Selbstbehauptung" ohne Rücksicht auf die anderen oder auf Kosten der anderen geben, da in den meisten Fällen der Schaden des Individuums der Schaden aller ist und umgekehrt. Das Leben in einem haitianischen Dorf bildet einen krassen Gegensatz zu unserer Ellbogengesellschaft.

Außer dieser besonderen Betonung der Gemeinschaft – der Menschen untereinander sowie der Menschen mit dem Rest der Schöpfung – fällt das ausgeprägte Selbstbewußtsein, die Selbständigkeit, das Bewußtsein für Freiheit und Menschenwürde und der Mut der Haitianer ins Auge. Bezeichnenderweise erfährt man in den Nachrichten nur, daß in Haiti wieder ein neuer Diktator die Macht ergriffen hat oder soeben vertrieben worden ist. Despoten aber hat es zu jeder Zeit und nahezu auf der ganzen Welt gegeben und es gibt sie weiterhin. Was geflissentlich unerwähnt bleibt, ist die bemerkenswerte Tatsache, daß kein Volk sich so entschlossen und so schnell seiner Unterdrücker immer wieder entledigte wie die Haitianer. In all ihrer Armut besitzen sie eine ungeheure Kraft.

Diese Selbständigkeit der Serviteurs kommt auch in ihrem Verhältnis zu den Loas zum Ausdruck. Sie stehen Gott nicht in jener fatalistischen Opferhaltung gegenüber, die von vielen Christen oft mit Demut verwechselt wird, in Wahrheit aber nichts anderes darstellt als einen Mangel an Mut, die Verantwortung für den eigenen Charakter und das eigene Handeln zu übernehmen. Ein Serviteur sucht den Grund für ein Mißgeschick nicht beim Teufel, sondern in seiner Umwelt oder bei sich selbst. Ebenso ist ihm bewußt, daß es nicht „das Böse im Menschen" ist, das ihn zu einer unrechten Tat bewogen hat, sondern sein eigener Charakter. Denn er weiß, daß ein Mensch nur die Geister anziehen kann, deren Wesensart der seinen entspricht. So wird ein Schwarzmagier nicht von einem „bösen Geist" oder „dem Teufel" dazu „verführt", übel zu handeln – vielmehr ist es der Magier, der die Geister für seine übelwollenden Zwecke einspannt; und dies streitet er auch nicht ab. Aus der gleichen geistigen Selbständigkeit heraus akzeptieren die Serviteurs auch nicht jedes Handeln der Mystères als „gottgewollt" oder von der „Vorsehung" bestimmt. Hält ein Serviteur eine Entscheidung der Geister für falsch oder unverständlich, dringt er solange in die Loas, bis diese ihm ihr Handeln einsichtig gemacht haben, oder bis beide Seiten zu einem Kompromiß gelangen. Diese Haltung ist vergleichbar mit der Abrahams, der Gott entgegen seiner ursprünglichen Ansicht, Sodom und Gomorrah dem Erdboden gleichzumachen, dazu bewegte, die Stadt um zehn Gerechter willen zu verschonen.

Demut ist für einen Serviteur keine masochistische, willenlose Unterordnung, sondern eine bewußte Entscheidung, sich in ein größeres Ganzes, dessen Struktur er als der seinen entsprechend erkennt und respektiert, einzuordnen. Er ordnet sich den Loas nicht unter, um vor sich selbst zu flüchten, sondern um sich selbst zu finden. Wenn er während der Besessenheit von einem Geist sein Ego zugunsten des Archetyps, der sich in ihm manifestiert, aufgibt, ist dieser Vorgang vergleichbar mit einem Wassertropfen, der ins Meer fällt – er geht nicht verloren, sondern wird Teil eines größeren Ganzen. Das *Ego* – die Persona, die Maske, mit der ein Mensch seiner Umgebung entgegentritt – geht verloren, nicht jedoch sein *Selbst*, das heißt sein innerster göttlicher Wesenskern. Die Besessenheit kommt dem Serviteur zugute; man kehrt erfrischt und gestärkt aus ihr zurück – etwa zu vergleichen mit dem Erwachen aus einer sehr tiefen Meditation. Ich habe – im Gegensatz zu Maya Derens Aussage – nie erlebt, daß ein Serviteur, der von einem Loa ergriffen wurde, „Todesangst" empfand oder sich gegen eine Besessenheit gewehrt hätte. Die Geister nehmen mehr oder weniger heftig von den Menschen Besitz, und es mag sein, daß die Autorin die sehr starken Konvulsionen, die bei diesem Vorgang auftreten können, sowie die anfängliche Phase der Orientierungslosigkeit und des Gleichgewichtsverlustes als erschreckend empfunden hat. Hinzu kommt, daß in unserer westlichen Gesellschaft, in der wir uns als konkurrierende Einzelkämpfer durchschlagen, die Persona alles und das Selbst nichts ist. Entsprechend groß ist unsere Angst, dieser Maske verlustig zu gehen, denn damit verlieren wir zugleich die Möglichkeit, unserer Umgebung eine Vorstellung von uns zu vermitteln, die unserem Selbst zum Teil überhaupt nicht entspricht. Kurz: wir verlieren die Macht, unsere Umgebung gemäß unserer egoistischen Wünsche entsprechend zu manipulieren. Diese Kontrolle zu verlieren wird in unserem Kulturkreis als Schwäche ausgelegt – man will sich seinen Mitmenschen gegenüber keine Blöße geben. Da ein Mensch nur die Geister anziehen kann, die seinem Charakter entsprechen, gewinnt man bei einem Besessenen nicht nur Einblick in das Wesen desjenigen Archetyps, der sich manifestiert hat, sondern auch in den Charakter der Person, von welcher er Besitz ergriffen hat – jenseits aller Masken, die wir für so wichtig halten. Je stärker sich jemand an diesen Schutzschild klammert, desto größer ist seine Angst, ihn fallen zu lassen. Die Haitianer sind daran gewöhnt; dementsprechend fürchten sie sich auch nicht davor.

Aber Maya Derens Buch erhebt gar nicht den Anspruch, eine objektive Abhandlung über den Vaudou zu sein. Diese Religion weist innerhalb Haitis von Gegend zu Gegend mehr oder weniger starke Variationen auf, ohne indes ihre Seele zu verändern, und diesen Umstand erwähnt die Autorin in ihrem Buch auch. In *Der Tanz des Himmels mit der Erde* hat sich die Autorin bemüht, den Vaudou und seine Anhänger ohne Masken darzustellen und dem Leser nahezubringen. Und dies ist ihr gelungen. Die Mystères spielen in Haiti heute dieselbe grundlegende Rolle wie vor 45 Jahren, als Maya Deren das Land zum erstenmal bereiste; sie erfüllen dieselben Funktionen. Derens Liebeserklärung an die Loas hat daher bis zum heutigen Tag nichts von ihrer Aktualität verloren. Unter Umständen begegnen manche Leser/innen in diesem Buch nicht nur einer exotischen, scheinbar weit entfernten Welt von Geistern, sondern auch ein Stück weit sich selbst. Denn die Loas sind archetypische Mächte und als solche universell.

Sabine Gebhardt-Herzberg

VORWORT DER AUTORIN

Im September 1947 unternahm ich meine erste Reise nach Haiti, die insgesamt acht Monate dauerte. Von den achtzehn verschiedenen Gepäckstücken, die ich bei mir hatte, enthielten sieben Zubehör einer 16-Millimeter-Filmausrüstung (drei Kameras, Stative, neues Filmmaterial usw.); drei davon hatte ich mit meiner Tonfilmausrüstung gepackt, während weitere drei das Zubehör für Standphotos enthielten. Unter meinen Papieren befand sich unter anderem ein John-Simon-Guggenheim- Stipendium für „kreatives filmisches Arbeiten" (im Gegensatz zum Dokumentarfilm) – der Preis für meine hartnäckigen Bemühungen, für vier Filme das Drehbuch zu schreiben, sie zu produzieren und erfolgreich zu vertreiben, und dies ausschließlich mit begrenzten, privaten Mitteln; zudem hatte ich mich mit dieser meiner Arbeit in Konkurrenz gesetzt zu einer Filmindustrie, die ausschließlich von kommerziellen Filmen und vom Dokumentarfilm beherrscht wird. Weiterhin hatte ich ein sorgfältig ausgearbeitetes Konzept für einen Film, in dem der haitianischer Tanz – als reine Tanzform – in filmischer Montage mit diversen nichthaitianischen Elementen verknüpft werden sollte, auf meine Reise mitgenommen. Ich liste all diese Fakten so detailliert auf, weil sie den Beweis dafür darstellen, daß es sich bei dem, was ich vorhatte, um ein klar umrissenes Filmprojekt einer eigenwilligen Person gehandelt hatte, die für ihre Resolutheit, um nicht zu sagen Hartnäckigkeit, bekannt ist.

Heute, im September 1951 (nach vier Jahren und drei weiteren Haitireisen), wo ich die letzten Seiten dieses Buches niederschreibe, liegt meine gesamte Arbeit (Filme, die mehr Zeremonien als Tänze enthalten) in praktisch unverändertem Zustand in einem feuerfesten Behälter in meinem Wandschrank. Die Tonfilme befinden sich noch auf ihren ursprünglichen Spulen; den Packen von Photographien habe ich in einer Schublade unter der Aufschrift „FÜR ABZÜGE" abgelegt; und wo sich der ausgefeilte Entwurf für den Montagefilm genau befindet – mit Sicherheit irgendwo unter meinen Dokumenten – weiß ich nicht. (Das ist auch nicht von Wichtigkeit, da er redigiert werden muß, und dies werde als als nächstes Projekt in unmittelbarer Zukunft in Angriff nehmen.) Diese Art, wie ich mit dem Material für mein ursprüngliches haitianisches Projekt umgehe, legt für meine Begriffe das beredtste Zeugnis von meiner Hochachtung für die unbestreitbare Realität der Vaudoumythologie und ihre Wirkung ab – handelte es sich bei diesem Material doch um den Beweis dafür, daß ich dieses Buch nicht geschrieben habe, weil ich das vorgehabt hatte, sondern vielmehr entgegen meinen eigentlichen Absichten. Ich war als Künsterlin nach Haiti gekommen und somit gewohnt, die Elemente einer vorgefundenen Wirklichkeit gemäß eines bestimmten Bildes, das ich aus der Komplexität meiner persönlichen Vorstellungskraft heraus entwickele, zu einem

Kunstwerk zusammenzusetzen; statt dessen vesuche ich nun, so einfach und so präzise wie möglich die inneren Zusammenhänge einer Realität zu beschreiben, die mich dahin gebracht hat, ihre eigene Komplexität anzuerkennen und meine Manipulationen aufzugeben.

Erst nachdem ich meine Niederlage als Künstlerin restlos eingestanden hatte – mein Unvermögen, dieser Wirklichkeit meine eigenen Vorstellungen aufzuzwingen – wurde mir die zweifache Konsequenz dieses Scheiterns bewußt; denn dieselben Gründe, die für meine Niederlage verantwortlich waren und die die Art und Weise meiner Niederlage geprägt hatten, bedingten auch die Existenz sowie den Charakter der siegreichen Kräfte. Ich bin zu dem Glauben gelangt, daß die tatsächlichen, und nicht die theoretischen Methoden, Macht zu erringen, von der Geschichtsschreibung ans Licht gebracht würde, läge sie in den Händen der Besiegten und nicht in denen der Sieger. In einer russischen Bauernweisheit heißt es entsprechend: „Derjenige, der den Schuh trägt, weiß am besten, wo er drückt."

Ich bin zu der Erkenntnis gekommen, daß die Tatsache, daß die Zerschlagung meiner ursprüngliche Absicht eine große Garantie dafür darstellt, daß in diesem Buch nicht meine persönliche Vorstellungswelt zum Ausdruck gelangt – denn in meiner Rolle als Künstlerin bin ich besiegt worden – sondern daß sich in ihm vielmehr der Charakter derjenigen Wirklichkeit, die meine Imagination in ihre Gewalt gebracht hat, widerspiegelt. Dieser Umstand hat mich ermutigt, dieses Buch zu schreiben, denn ich war mir der Tatsache wohl bewußt, daß es für einen Laien unüblich ist, sich in dieser Form zu Themen zu äußern, die normalerweise in den Arbeitsbereich wissenschaftlich geschulter Anthropologen fallen. Vor zwei Jahren habe ich diese verantwortungsvolle Aufgabe übernommen und bin seitdem noch zweimal in Haiti gewesen (habe also insgesamt achtzehn Monate in diesem Land zugebracht); diese beiden Reisen benützte ich vor allem dazu, solche Details zu untersuchen und auf ihre Richtigkeit zu prüfen, von denen ich mir während meines ersten Haitiaufenthaltes keine ausreichend genauen Aufzeichnungen gemacht hatte. Gleichzeitig habe ich mich an das Studium der Werke solcher Wissenschaftler gemacht, die sich mit derErforschung der haitianischen Kultur beschäftigt haben, so u.a. mit den Arbeiten von Herskovits, Courlander und Simpson. Eine Tatsache, die mir beim Lesen dieser Werke bewußt wurde, war, daß mein künstlerischer Hintergrund sowie die durch mein Filmprojekt bestimmte Art und Weise, in der ich der haitianischen Kultur zum erstenmal begegnete, dazu geeignet waren, solche Bereiche der Vaudoumythologie zu beleuchten, die von den allgemein üblichen Untersuchungsmethoden der Anthropologie nicht erfaßt werden, oder die man, wenn überhaupt, von einem völlig anderen Ansatzpunkt aus erforscht hatte. Es erscheint mir angebracht, ausdrücklich darauf hinzuweisen, an welchen Stellen dieses Buches die Behandlung meines Themas nicht mit orthodoxen wissenschaftlichen Methoden erfolgte, um so dem Leser die Möglichkeit an die Hand zu geben, sich mit diesen speziellen Bereichen gegebenenfalls unter Vorbehalt beschäftigen zu können.

Zunächst einmal verzichtete ich absichtlich darauf, etwas über die Bedeutung der einzelnen Tanzfiguren zu lernen, damit mir dieses Wissen nicht bei meiner künstlerischen Bewertung ihrer rein visuellen Wirkungskraft im Weg stünde, die die Wirkung eines jeden Films ausmacht. Nachdem jedoch meine ursprünglichen Pläne erst einmal zerschlagen waren – nachdem ich begriffen hatte, daß man den haitianischen Tanz nicht losgelöst von der Mythologie des Landes betrachten konnte –, standen mir keine weiteren Vorsätze oder Motivationen, kein aus anderen Kulturen gewonnenes anthropologisches Hintergrundwissen (bzw. eine anthropologische Erwartungshaltung) mehr im Weg, kein starres, von irgendeiner Wissenschaft vorgeschriebenes System zur Erhebung von Daten, kein Fragenkatalog – nichts war mehr vorhanden, was einen eigenen Standpunkt in mir hätte formen und die von der Mythologie selbst in mir unmittelbar erweckten Eindrücke hätte verfälschen können. Wenngleich mich meine spezielle Beschäftigung mit dem Medium Film nicht für eine Begegnung mit der haitianischen Kultur in ihrer Komplexität vorbereitet hatte, ließ sie doch die Fähigkeit in mir reifen, diese Kultur unvoreingenommen auf mich wirken lassen zu können. Wo ein professioneller Beobachter so schnell wie möglich seine Eindrücke in ein Schema gepreßt hätte, sammelte ich im Gegensatz dazu eine ganze Zeit lang zunächst einmal eine amorphe, ungeformte Menge von Eindrücken in meinem Gedächtnis, denn ich war keinerlei wissenschaftlichen oder intellektuellen Zwängen unterworfen und konnte es geschehen lassen, daß sich mir die Kultur und die Mythologie allmählich auf ihre eigene Art und Weise offenbarte.

Ich will damit nicht ausdrücken, daß ich eine rein passive Betrachterin war. Es handelte sich bei mir vielmehr um eine ganz bewußte Zurückhaltung, die in meiner starken Abneigung gegen aggressives Nachbohren, neugierige Gafferei und Herumschnüffeln wurzelte – eine Zurückhaltung, die aus dem Gefühl einer menschlichen Verbundenheit mit den Haitianern heraus gewachsen war; gleichzeitig stellte diese Bindung aber auch den Lohn für meine Zurückhaltung dar. Es handelte sich um eine Art der Verbundenheit, deren volle Bedeutung mir erst richtig klar wurde, als ich von meiner ersten Reise nach Haiti wieder in die Vereinigten Staaten zurückgekehrt war. Zu diesem Zeitpunkt erlebte ich eine Situation ganz neu, an die ich mich so stark gewöhnt hatte, daß mir ihre spezielle Eigenart überhaupt nicht bewußt gewesen war: in einer modernen Industriegesellschaft bilden die Künstler in der Tat eine „ethnische Gruppe", und sie werden von der Gesellschaft auch voll und ganz wie „Eingeborene" behandelt. Auch uns Künstler stellt man am Montag als Touristenattraktion zur Schau, am Dienstag werden wir als

Kulturschaffende gerühmt, am Mittwoch als unmoralisch und verderblich gebrandmarkt, am Donnerstag läßt man uns als wissenschaftliche Studienobjekte wiederauferstehen, am Freitag feiert man uns aufgrund irgendeiner unerklärlichen Modelaune, am Samstag vergißt man uns wieder, und am Sonntag werden wir erneut als malerische Objekte besichtigt. Auch wir werden von professionellen Kritikern falsch dargestellt und sind Opfer eines spirituellen Imperialismus; unsere heiligsten Kulturschöpfungen werden als Hinterhofkunstwerke plagiiert, man schnüffelt in unseren Lebensläufen herum, unsere Psyche wird analysiert, und wenn jedermann nach seinem Belieben sein Vergnügen an uns hatte, werden wir aus unseren Heimatgebieten vertrieben, unsere bescheidenen Wohnungen erklärt man für baufällig und ersetzt sie durch einen chromglänzenden Wolkenkratzer. Würde man sämtliche Angehörigen eines modernen Kulturkreises versammeln, seien es nun Touristen, Industrielle oder Anthropologen, wäre es der Künstler, der – wenn er als „weißer Mann" einem Eingeborenen Auge in Auge gegenübersteht – den aus tiefstem Herzen kommenden Satz murmeln würde: „Mein Bruder, ich weiß genau, was du denkst, und genau dasselbe kannst du ruhig auch wieder denken!"

Mein eigenes schweres Schicksal als „Künstler-Eingeborene" einer Industriegesellschaft verhinderte es, daß ich den haitianischen Bauern gegenüber eine ebenso anmaßende Haltung einnehmen konnte. Es wirft ein trauriges Licht auf den Durchschnittsreisenden in Haiti, daß meine Zurückhaltung den Haitianern so einmalig erschien, daß sich unter ihnen schon sehr bald die Überzeugung verbreitete, ich sei gar keine Fremde, sondern eine verlorene eingeborene Tochter, die nach Hause zurückgekehrt ist. (Diese Überzeugung wurden von vielen Angehörigen der haitianischen Bourgeoisie geteilt, die meinten, meine psychologische Verwandtschaft mit den Bauern ließe sich nur aufgrund eines Einschlages schwarzen Blutes erklären, denn die Stadtbevölkerung war zu stolz zuzugeben, daß zwischen ihr und mir eine psychologische Fremdheit herrschte). Diese seelische Verbundenheit mit der haitianischen Bauernbevölkerung- die aus der besonderen Situation einer Künstlerin der modernen Industriegesellschaft entstanden war – schuf eine Kommunikationsgrundlage, die man in keinem Methodenkatalog der wissenschaftlichen Forschung verzeichnet findet. Die durch meine Lebenserfahrungen als Künstlerin gewachsene Zurückhaltung schuf einerseits eine enge menschliche Verbindung zwischen den Haitianern und mir, während mir andererseits zugleich bestimmte Methoden des Fragens und Erklärens verschlossen wurden; sie eröffnete mir eine besondere Art, die haitianische Wirklichkeit wahrzunehmen und mit ihr umzugehen: nämlich die subjektive Kommunikationsebene, und dies ist genau der Bereich künstlerischen Ausdrucks. Als Künstlerin befasse ich mich mit dem Vermitteln von Konzepten und Eindrücken durch Methoden, die ihre Wirkung auf der emotionalen und der psychologischen, und nicht auf der vom Verstand gesteuerten, intellektuellen Ebene ausüben. So stelle ich beispielsweise dar, wie das Konzept der Macht mittels einer speziellen Körpersprache, und nicht durch die Verwendung einer bestimmten Bezeichnung oder Definition zum Ausdruck gebracht wird. Es gehört zu meinem Beruf, mich mit derartigen subjektiven Kommunikationsmethoden zu beschäftigen, und ich hätte erwarten können, daß mir diese Erfahrung grundsätzlich in jeder Situation von Nutzen sein würde. Ich war jedoch nicht darauf gefaßt, daß diese einfachen, archaischen Rituale, von denen im allgemeinen die Vorstellung verbreitet war, ihre wirkliche Bedeutung ließe sich nur mittels einer geschichtswissenschaftlichen Analyse ihrer Herkunft erschließen, von einer so unmittelbare Bedeutung für mich sein würden. Es stellte sich jedoch heraus, daß sich meine Interpretationen der einzelnen Rituale – die ausschließlich das Ergebnis meiner direkten Erfahrung waren, und denen sämtliche Anhaltspunkte (sowie auch irreführenden Prämissen) der historischen oder der esoterischen Forschung fehlten – beständig als zutreffend erwiesen, und die Haitianer gelangten sehr schnell zu der Auffassung, ich hätte verschiedene Stufen der Einweihung durchlaufen. Ebendieser Art der Wahrnehmung habe ich es zu verdanken, daß sich mir nicht eine wie auch immer geartete historische Bedeutung der Rituale erschloß, sondern vielmehr der Zugang zu den gleichen Erfahrungen, die der ganz normale Serviteur (jemand, der den Vaudou praktiziert; Anm. d. Ü.) macht, der Zugang zu Erfahrungen, die den haitianischen Bauern an seine Religion bindet. (Ich glaube, ich gehe nicht fehl in der Annahme, daß ein Künstler im westlichen Kulturkreis deswegen eine solch isolierte Sonderstellung einnimmt, weil er – bedingt durch seinen Beruf – bestimmte Ansichten nicht übernimmt, die zum feststehenden Inventar der westlichen Vorstellungswelt gehören. Ist es nicht lohnenswert, einmal darüber nachzudenken, ob es sich bei der großen Hochachtung, die der „wissenschaftlichen Objektivität" in unserem Kulturkreis entgegengebracht wird, nicht vielleicht hauptsächlich um das Resultat der Auffassung handeln könnte, (a) es bestünde ein Gegensatz zwischen Geist und Materie oder Gehirn und Körper, (b) körperliche, sensorische – und somit sinnliche! – Erfahrungen würden eine wenn nicht sogar profane, so doch zumindest niedrigstehendere Art menschlicher Wahrnehmung darstellen, und (c) der Mensch könne den Zugang zu den höchsten Wahrheiten nur durch strenge Askese finden? Ist es überhaupt sinnvoll, diese Methoden der Wahrheitsfindung bei der Erforschung orientalischer oder afrikanischer Kulturen anzuwenden? Ist es zweckmäßig, unser Wertesystem auf diese Kulturen zu übertragen, die nicht auf dem Glauben an die Existenz einer solchen Dualität aufgebaut sind? Auf Kulturen, in denen die Menschen, ganz im Gegenteil, von der Annahme ausgehen, die Wahrheit ließe sich nur dann erfassen, wenn jede Zelle des Gehirns und des Körpers – also der Mensch in seiner Gesamtheit – sich der Suche nach dieser Wahrheit hingibt?)

Es ist anzunehmen, daß die Vaudourituale und -tänze durch ihre Anmut, ihr Temperament, ihre Spannung – bei jedem durchschnittlich sensiblen Laien emotionale Reaktionen auslösen. Daß ich so detaillierte und zutreffende Interpretationen zustandebrachte, schreibe ich jedoch dem besonderen Umstand zu, daß ich mich als Künstlerin von Berufs wegen vor allem mit Form beschäftige. Ein Künstler nimmt normalerweise die Gesamtheit einer bestimmten Form wahr, wobei ganz gleichgültig ist, ob sie ihm gefällt oder nicht – und wenn er diese Perspektive auch vielleicht nur aus dem Grund einnimmt, weil ihm besonders viel daran liegt, daß andere ihn ebenso behandeln wie er sie behandelt. Der Künstler wäre der erste, der darauf beharrt, daß nicht der Apfel und die Birne das wesentliche Merkmal eines Gemäldes von Cézanne ausmachten, sondern vielmehr der Stil, die Form, in der diese Früchte vom Maler wahrgenommen und auf der Leinwand dargestellt wurden; weiterhin würde er nachdrücklich betonen, daß in dieser speziellen Formgebung der ausschlaggebende Unterschied zwischen einem Stilleben von Cézanne und einem Bild mit dem gleichen Früchtemotiv – beispielsweise von Paul Klee – läge. Er würde den Apfel oder die Birne nicht als Dinge betrachten, die einen bestimmten Platz in seinem täglichen Leben eingenommen haben, (wie dies der Laie zu tun gewohnt ist), sondern würde zuerst versuchen den Vorstellungen des Künstlers nachzuspüren, die dieser durch die Art der gestalterischen Darstellung seines Motivs zum Ausdruck bringt. Er wird sich fragen, ob die Formgebung beispielsweise analytisch, naturalistisch, lyrisch, originell oder frivol ist – erst danach würde er sich überlegen, ob ihm die hinter dieser speziellen Art der Gestaltung stehenden Vorstellungen gefallen oder nicht. Aufgrund ihres geschärften Wahrnehmungsvermögens für die Formgebung sind Künstler so häufig in Meinungsverschiedenheiten verwickelt, da sie auf der Grundlage äußerer Details und Nuancen, die einem Laien kaum auffallen, ein ganzes Gebäude von Querverbindungen und Bedeutungen errichten, das sich schließlich zu einem metaphysischen System entwickelt. Diese für den Künstler typische Art der Wahrnehmung machte es mir unmöglich, das von mir geplante Kunstwerk zu kreieren. Ich erkannte, daß es sich beim haitianischen Tanz nicht um eine isolierte Tanzform handelte, sondern vielmehr um den Bestandteil einer umfassenderen Form, nämlich des mythischen Rituals. – Der gleiche Respekt vor der Komplexität der Form, die es mir unmöglich machte, den Apfel Cézannes als einen Apfel und nicht als einen Cézanne zu betrachten, hinderte mich in Haiti daran, die Ganzheit der kulturellen Form zu ignorieren und sozusagen die „Leinwand" in „Äpfel" und „Birnen" zu zerschneiden, um hernach die einzelnen Stücke zu katalogisieren oder eine vergleichende Analyse mit andersartigen „Äpfeln" oder „Birnen" anzustellen.

So verlieh mir dieser Respekt u.a. beispielsweise das Gespür für den Unterschied zwischen den Tänzen und der Trommelmusik der Petro-Zeremonien und anderen Ritualen – ich erkannte, daß es sich beim Petrokult nicht um ein leidenschaftlicheres „Gemälde" desselben „Künstlers" handelte, sondern daß diese Zeremonien einen völlig anderen Charakter hatten: es handelte sich hier um ein „Kunstwerk", das ein ganz anderer „Maler" kreiert hatte. Dieser Unterschied fesselte meine Aufmerksamkeit und ich begann, in größerem Rahmen Beobachtungen über die Unterscheidungsmerkmale der Zeremonien anzustellen. Schließlich machte ich mich daran zu untersuchen, ob eine andere Kultur möglicherweise einen Einfluß auf diese Riten ausgeübt haben könnte und erforschte die spanische sowie die indianische Periode der Insel. Das Endergebnis meiner Untersuchungen über den indianischen Einfluß auf den haitianischen Vaudou habe ich im Anhang dieses Buches (Anhang B; Anm. d.Ü.) festgehalten. Meine Nachforschungen ergaben vor allem, daß die Indianer die Elemente der einzelnen afrikanischen Kulturen bewahrt hatten, und daß es sich bei den Göttern des Petro-Kultes um indianische Gottheiten handelte, deren aggressiver Charakter geeignet war, zur treibenden Kraft hinter dem Aufstand der Schwarzen werden zu können – im Gegensatz zu den Göttern, der Schwarzen, die aus den im allgemeinen politisch stabilen afrikanischen Königreichen nach Haiti mitgebracht worden waren). Man könnte sogar sagen, daß die Indianer gewissermaßen ihre Rache am weißen Mann mittels der Schwarzen vollzogen.

Das besondere Wahrnehmungsvermögen für die Form gibt dem Künstler eine Palette von speziellen Anhaltspunkten und Wertmaßstäben in die Hand, die einem Anthropologen fehlt, in dessen Ausbildung die Betonung exakt auf die obengenannte „wissenschaftliche" Objektivität gelegt wird – eine Art von Objektivität, die seine Empfänglichkeit für sensuelle Eindrücke in einem so starken Maß dämpfen kann, daß es ihm unmöglich ist, normal auf die besonderen Nuancen einer Kultur zu reagieren; dies macht ihn abhängig von den Informationen Außenstehender, die geprägt sind durch die Subjektivität der Erinnerungen, den Grad der Intelligenz und die Ausdrucksfähigkeit seiner Informanten. (Noch nicht einmal in einer Kultur wie der unseren, in der hauptsächlich verbale Kommunikationsmethoden verwendet werden, sieht man die vom menschlichen Bewußtsein gesteuerte Sprache als eine absolut verläßliche Informationsquelle an; wie könnte dies also in einem Kulturkreises der Fall sein, in dem eine solch ausführliche, analytische Ausdruckweise nicht üblich ist? Bei Menschen, die sich einer zu einem großen Teil bildhaften Sprache bedienen, und im Fall einer Religion, die gänzlich aus ihren Ritualen heraus lebt, und in der man eine „Predigt" in unserem Sinne nicht kennt?) Dieselbe besondere Wahrnehmungsfähigkeit des Künstlers geht höchstwahrscheinlich auch dem Psychoanalytiker ab, der im allgemeinen von der Annahme ausgeht, daß es sich bei einer bestimmten Art der Gestaltung nicht um den Ausdruck eines speziellen Bedeutungsinhaltes, sondern um eine Maske handelt; der über die Tatsache hinweggehen wird, daß die Darstellung einer weiblichen afrikanische Figur nicht nostalgisch ist, daß es sich bei einer solchen Statue um den Ausdruck einer fortschrittlichen Entwicklung darstellt, und nicht um das ethnologische Fallbeispiel eines regressiven „Mutterkultes", auch wenn ihm diese Vorstellung, bei der es sich um einen in unserem Kulturkreis allgemein verbreiteten Irrglauben handelt, noch so vertraut ist.

Ich möchte damit nicht andeuten, daß die besondere Wahrnehmungsfähigkeit, über die ein Künstler verfügt, in der anthropologischen Fachwelt überhaupt nicht anzutreffen ist: eine spezielle Sensibilität für Gestaltung sowie für die Hinweise, die eine bestimmte Art der Formgebung für die Erforschung ihres Bedeutungsinhaltes liefert. So kommt – um ein Gegenbeispiel zu nennen – die moralische Gesinnung einer Kultur in ihren Kunstwerken und ihrer Handlungsweise zum Ausdruck. Über dieses Ethos hat Gregory Bateson, ein Anthropologe, der die Kultur der Iatmul-Indianer erforscht hat, eine bedeutende Anhandlung verfaßt, die in seinem Buch Naven enthalten ist.* Mr. Bateson ist – der zeitlichen Reihenfolge nach – der erste, dem ich Dank dafür schulde, daß dieses Buch entstehen konnte. Noch bevor ich meine erste Reise nach Haiti antrat und an ein solches Projekt überhaupt zu denken war, hatte ich das Glück, mich mit ihm mehrmals ausgedehnt über die Struktur speziell der balinesischen, der englischen und der nordamerikanischen Kultur unterhalten zu können. Durch die Offenheit, die seine wissenschaftliche Arbeit prägte – seine Bereitschaft, bei der Erforschung einer bestimmten Kultur sein ganzes Einfühlungsvermögen einzusetzen und sie nicht nur einseitig, sondern unter Hinzuziehung jedes nur erdenklichen Standpunktes zu betrachten – bestätigte die Anthropologie in ihrer Rolle als Wissenschaft vom Menschen und stellte die wahre Bedeutung beider Begriffe wieder her. Insgesamt übten diese Gespräche einen Einfluß auf mich aus, der sich mit Sicherheit auf dieses Buch ausgewirkt hat, vor allem insofern, als meine Beobachtungsgabe für bestimmte Details und Unterschiede geschärft, sowie meine Hochachtung vor dem Ethos der haitianischen Kultur vergrößert wurde. Während ich es Mr. Batesons Einfluß zu verdanken habe, daß mein kritisches Unterscheidungsvermögen für die speziellen Merkmale der einzelnen Kulturen geschärft wurde, ist es meiner späteren Bekanntschaft mit Joseph Campbell und seinen vielen Werken, die ich studierte (insbesondere The Hero With A Thousand Faces**), zuzuschreiben, daß ich ein Gespür dafür bekam, welche Gemeinsamkeiten die Menschen auf der kosmischen Ebene, wie sie in den Mythen der einzelnen Völker zum Ausdruck kommen, verbinden. Mr. Campbells Einfluß half mir, aus den ungeheuer vielen Beobachtungen, die ich aus Haiti mitgebracht hatte, den geordneten metaphysischen Aufbau der haitianischen Mythologie herauszukristallisieren. Mein Buch enthält

* Cambridge University Press, 1936.

** Pantheon Books, Inc., New York, 1949.

jedoch mehr als nur eine bloße Schilderung von Tatsachen. Ich habe darüberhinaus den Versuch unternommen, zum einen das allen Menschen gemeinsame, kulturübergreifende metaphysische Grundmuster zu erfassen; weiterhin habe ich mich bemüht zu erkennen, welche speziellen Elemente dieses Musters sich in der haitianischen Kultur finden. Ich habe mich dabei sowohl auf meine eigenen Beobachtungen als auch auf die Materialien anderer Wissenschaftler gestützt. Insofern betrachte ich Mr. Bateson und Mr. Campbell als Gegensätze, die sich ergänzen, und sehe mein Buch als die Bemühung an, ihre unterschiedlichen Standpunkte zu einer Synthese zu verarbeiten – zu einem Kunstwerk – ein Unterfangen, für das beide Herren eine erfreuliche Toleranz gezeigt haben.

Mr. Campbell bin ich darüberhinaus aus persönlichen Gründen zu Dank verpflichtet; ich danke ihm für seine unermüdliche moralische Unterstützung zu Zeiten, wo es schien, als sei dieses Buchprojekt in jeder Hinsicht zum Scheitern verurteilt – es gab viele Momente, in denen sich offenbar alle Umstände gegen dieses ohnehin überwältigende Vorhaben verschworen hatten. In solchen Krisenzeiten erhielt ich darüberhinaus noch von so vielen anderen Freunden Hilfe, daß es unmöglich ist, sie alle namentlich aufzuzählen. In Haiti waren dies vor allem Odette Mennesson Rigaud, die mich sowohl bei meiner Forschungsarbeit als auch bei der Lösung unzähliger Probleme persönlicher und praktischer Art beraten und unterstützt hat. Ihr verdanke ich insbesondere das Kapitel über die heilige Hochzeit, das sich im Anhang dieses Buches findet, und das ein Musterbeispiel ihrer außerordentlichen Kenntnisse des Vaudou sowie ihrer Kommentare zu dieser Religion darstellt. Weiterhin möchte ich mein leider nur kurzes, aber dennoch anregendes Zusammentreffen mit Mr. Milo Rigaud erwähnen, dessen Belesenheit über die esoterischen Grundlagen der Rituale mich tief beeindruckte. Großen Dank schulde ich auch Charles Pressoir, der mir in sehr vielen schwierigen Situationen mit seiner Freundschaft unermüdlich zur Seite stand; ich glaube nicht, daß es mir ohne sein Einfühlungsvermögen sowie seine moralische und praktische Unterstützung gelungen wäre, sie zu meinem Vorteil zu lösen.

Gleichzeitig hätte ich meine Reisen nach Haiti nicht ohne die Mithilfe meiner amerikanischen Bekannten unternehmen können. Ich danke Miss Anne Dubs dafür, daß sie sich während meiner Abwesenheit um den Vertrieb meiner Filme, meine Wohnung, meine Habseligkeiten, meine geschäftlichen Angelegenheiten und um tausend andere Einzelheiten gekümmert hat; ich habe Dr. Max Jacobs für die stimulierende medizinische Hilfe bei der Bewältigung eines ungeheuer umfangreichen Arbeitspensums zu danken sowie auch meiner Mutter, Marie Deren, und meinen Freunden – James Merrill, Mr. und Mrs. Alexander Hammid, Miriam Arsham, Leni Hoffman und anderen – die jeder auf seine Art zur Entstehung dieses Buches beigetragen haben. Schließlich schulde ich meinem Vater unaussprechlich großen Dank; all das, was dieses Buch besonders wertvoll macht, ist ein Lob seines Andenkens – ohne meine besondere Begabung, psychologische Zusammenhänge zu erkennen, die er mir aus seiner Praxis als Psychiater mitgegeben hatte, aber auch ganz allgemein ohne meine intellektuellen Fähigkeiten wäre dieses Werk nicht zustandegekommen.

Selbstverständlich würde dieses Buch nicht existieren, wenn es die haitianischen Bauern bzw. die Menschen, die den Vaudou praktizieren, nicht gäbe. Ich bin ihnen jedoch nicht in erster Linie für mein Buch dankbar, auch nicht für mein besonderes Verhältnis zu ihnen oder weil ich mit etlichen von ihnen Freundschaft geschlossen und besonders freundlich von ihnen behandelt wurde; ich empfinde Dankbarkeit einfach dafür, daß es sie gibt, und das wäre auch dann so, wenn ich in keiner Weise einen persönlichen Vorteil aus diesen Beziehungen gezogen hätte. Was die folgenden Danksagung angeht, so weiß ich nicht recht, an wen oder was ich sie richten soll: jedenfalls bin ich überzeugt davon, daß die Existenz einer solchen Kultur wie der haitianischen – auch wenn sie ihre Mängel haben mag – für sich gesehen schon ein Geschenk darstellt. Darüberhinaus steht für mich fest, daß diese Empfindung von all denen geteilt wird, die glauben, daß der Mensch all die in ihm angelegten Eigenschaften in vollem Umfang verwirklichen sollte, die sein Menschsein letztendlich ausmachen; und ich bin zugleich sicher, daß das Bemühen um die Verwirklichung dieser menschlichen Anlagen – sei es nun durch die Kunst, Wissenschaft oder auf noch anderen Wegen – einen Dienst an diesem wertvollsten menschlichen Gut darstellt.

Bevor ich das erstemal nach Haiti kam, hatte praktisch noch niemand den Versuch unternommen, Vaudouzeremonien zu filmen; Photographieren war zu diese Zeit aus mehreren Gründen ein problematisches Unterfangen. Als der richtige Zeitpunkt gekommen war, unterbreitete ich einem Vaudoupriester mein Vorhaben, bei dessen Zeremonien ich oft zugegen gewesen war und der mich bei dieser Gelegenheit gut kennengelernt hatte. Ich offenbarte ihm meinen Wunsch, die Schönheit und die Ausdruckskraft der Zeremonien filmisch einzufangen, um sie der allgemeinen Öffentlichkeit begreiflich machen zu können. Der Mann verstand im Grunde nichts vom Kino und ich hatte keine Ahnung, wie er auf mein Anliegen reagieren würde, denn durch die Erlaubnis, mein Projekt durchführen zu dürfen, lief er Gefahr, seine gesellschaftliche Position, die er in der Dorfgemeinschaft einnahm, aufs Spiel zu setzen. Zudem gab es in seinem Kulturkreis einen Beruf wie den des freischaffenden Künstlers in unserem Sinne überhaupt nicht. Würde er mein Anliegen überhaupt verstehen und positiv darauf reagieren können? Er zögerte nur einen Moment lang. Dann reichte er mir die Hand wie einer Kollegin und sagte: „Jeder dient den Loas auf seine eigene Weise."

Dieses Buch widme ich allen, die ihnen – jeder auf seine eigene Art – dienen.

EINFÜHRUNG

Die überwiegende Mehrheit der Bevölkerung Haitis, einer Inselrepublik der Großen Antillen, praktiziert den Vaudou-Kult, eine Religion afrikanischen Ursprungs. Gleichzeitig gehören die meisten Bürger des Landes dem römisch-katholischen Glauben an, der offiziellen Staatsreligion des Landes. Die Einwohner der größeren Städte aus der „Mittel-" beziehungsweise der „Oberschicht", allen voran die Bevölkerung von Port-au-Prince, bekennen sich ausschließlich zum Christentum und haben sich gänzlich vom Vaudou losgesagt – zweifellos bedingt durch den Einfluß der Lebensart „zivilisierter" Gesellschaften sowie unter dem Druck der katholischen Kirche. Der Riß, der zwischen diesen beiden Schichten und den unteren Klassen verläuft, ist so tief, daß erstere den Vaudoukult zum größten Teil überhaupt nicht kennen. Es muß daher deutlich hervorgehoben werden, daß die Bezeichnung „Haitianer", wenn ich sie im Zusammenhang mit dem Vaudou verwende, die beiden „oberen" Schichten der haitianischen Bevölkerung nicht mit einschließt.

Ebendiese obere Schicht ist es jedoch, in deren Hand die Regierung des Landes liegt, und die Haiti wirtschaftlich, gesellschaftlich und politisch nach außen hin vertreten. Die Abneigung der Oberschicht gegen den Vaudou ist so groß, daß sie sich öffentlich gegen jede Vermutung verwahrt, sie könnte die Glaubensinhalte dieser Religion teilen, was soweit geht, daß sie ihre Existenz überhaupt bestreiten. Ich bin ganz im Gegenteil zu der Überzeugung gelangt, daß es sich hier um eine außerordentlich bedeutende Religion handelt, eine Religion von seltener poetischer und künstlerischer Ausdrucksstärke, die einen Pantheon von Gottheiten besitzt, den man – um einen Ausdruck der Astronomie zu gebrauchen – als eine „Konstellation 1. Größe" bezeichnen kann.

Wic in jcder anderen Religion gibt es auch im Vaudou gewisse religiöse Grundaussagen. Man geht von der Annahme aus, daß der Mensch einen physischen Körper besitzt, der vom *Esprit* beziehungsweise dem *Gros-bon-ange* – einen Begriff, den man etwa als Seele, Geist, Psyche oder Selbst übersetzen könnte – belebt wird; dieser immaterielle Esprit lebt nach dem Tod des Körpers weiter. Eine solche Seele besitzt die Möglichkeit (in bestimmten Etappen, von denen im folgenden noch die Rede sein wird), den Stand eines Loa – das heißt einer Gottheit – zu erreichen und somit zum Repräsentanten eines natürlichen oder eines moralischen Archetyps zu werden. Als Loa besitzt die Seele die Macht, zeitweise den Gros-bon-ange einer lebenden Person zu verdrängen und an dessen Stelle den physischen Körper dieses Menschen zu beleben. Dieses psychische Phänomen ist als „Besessenheit“ bekannt. All das, was diese Person während ihrer Besessenheit tut oder spricht, sind nicht mehr die Äußerungen des Individuums, sondern die des jeweiligen Loa, der anhand seines Verhaltens einfach zu identifizieren ist. Dies ist die übliche Art und Weise, in welcher die Gottheiten des Vaudou-Pantheons ihre Anweisungen oder Wünsche übermitteln beziehungsweise ihre Macht ausüben. Die Manifestation der Loas gehört somit zu den fundamentalen Bestandteilen dieser Religion. Es handelt sich hierbei um ein häufig auftretendes Phänomen, und es ist etwas *Normales* – und zwar sowohl im Rahmen des Vaudou als auch in den Augen der Haitianer. Für einen Haitianer wäre es unnormal, wenn sich die Götter plötzlich nicht mehr manifestieren würden.

Die meisten Leser jedoch finden eine solche religiöse Besessenheit nicht nur ungewohnt, sondern sie enthält für sie auch den Beigeschmack des Exotischen, Sensationellen. Für die Angehörigen einer Religion, deren Riten nach einer strengen Ordnung ablaufen, sich durch Wiederholungen des immer Gleichen auszeichnet, und die überfrachtet sind mit der Sorge um Details, die für einen Nichteingeweihten belanglos sind, stellt die Besessenheit die augenfälligste Erscheinung des Vaudou dar. Dies war für viele Beobachter des Kultes der Grund, der Besessenheit eine besonders große Aufmerksamkeit zu widmen – und dadurch riß man dieses Phänomen aus seinem ursprünglichen Zusammenhang. Diese Isolation wiederum schuf Raum für Interpretationen, die den wahren Charakter und die wirkliche Bedeutung der Besessenheit verzerrten. Ich habe die detaillierte Schilderung und Analyse dieser Erscheinung für das letzte Kapitel des vorliegenden Buches aufgespart, weil ich hoffe, daß ich dem Leser bis dahin die Struktur und die emotionale Folgerichtigkeit des gesamten religiösen Systems, zu dem die Besessenheit gehört, ausführlich und intensiv genug vor Augen geführt haben werde. Wenn man den Vaudou-Kult beschreibt, kommt man nicht umhin, des öfteren auf dieses Phänomen Bezug zu nehmen. In meiner Arbeit habe ich der Bedeutung der Vaudou-Besessenheit den gleichen Platz eingeräumt, den sie für die Menschen einnimmt, die diesen Kult praktizieren. So gehe auch ich davon aus, daß es sich bei den Handlungen und den Verhaltensweisen, die ich während einer Besessenheit bei einem Menschen beobachtet und in diesem Buch beschrieben habe, um die des Loa, und nicht um die des besessenen Individuums handelt. Ist beispielsweise eine Frau von einem männlichen Geist besessen, verwende ich entweder den Namen des entsprechenden Loa oder das Pronomen *er* (so wie dies im Vaudou selbst üblich ist), wenn ich mich auf die besessene Person beziehungsweise auf die Geschehnisse beziehe, die sich während der Besessenheit ereignen. Entsprechend verwende ich das Pronomen *sie*, wenn es sich um einen weiblichen Loa handelt, der Besitz von einem Mann ergreift.

Aus demselben Grund erschien es mir von Vorteil, an sehr vielen Stellen die im Vaudou verwendete Terminologie im Original zu verwenden, wenngleich dies für den Leser anfänglich eine Erschwernis sein mag. Auf diese Weise war es mir möglich, außer der Besessenheit auch andere charakteristische Phänomene des Kultes aus der Sicht seiner Anhänger zu beschreiben und diese zum Teil sogar besonders zu betonen. Wollte man diese Ausdrücke ins Englische übersetzen, müßte man auf solche Bezeichnungen aus der christlichen Terminologie zurückgreifen, deren Bedeutung den haitianischen Begriffen am nähesten kommt – so würde man zum Beispiel das Wort „Priester" anstelle des Ausdrucks *Hougan* benützen. Die volle Bedeutung der Vokabeln des christlichen Wortschatzes läßt sich jedoch nur vor dem Hintergrund des gesamten metaphysischen Systems und des strukturellen Aufbaues der christlichen Religion erschließen. Die christlichen Begriffe rufen eine Fülle von Bezügen, Bedeutungsinhalten und Assoziationen wach, die mit dieser Religion und ihrem kulturellen Hintergrund in Zusammenhang stehen. Überträgt man dieses Vokabular auf den haitianischen Vaudou, hat das eine grobe Verzerrung und ein falsches Verständnis der Glaubensinhalte dieser Religion zur Folge. Der Umstand, daß auch Haitianer, die über den Vaudou berichten, versuchen, vaudouistische Vorstellungen in eine christliche Terminologie zu übertragen, ohne sich der hierbei entstehenden Abweichungen bewußt zu werden, ist zu einem großen Teil dafür verantwortlich zu machen, daß die entsprechenden Glaubensinhalte des Vaudou-Kultes in der Literatur über Haiti falsch interpretiert werden. – So entspricht beispielsweise die Funktion eines Hougans insoweit der eines katholischen Priesters, als auch er die Verantwortung trägt für die Bewahrung und die Ausführung komplexer religiöser Traditionen und Riten. Der Vaudou ist jedoch nicht zentralistisch organisiert, er besitzt keine Kirche, und der Hougan untersteht nicht der Autorität einer Organisation. Von daher gesehen, wäre für das Amt, das er in der Dorfgemeinschaft bekleidet und das eine weniger absolute oder formelle Qualität besitzt als das des Priesters, die Bezeichnung „Geistlicher" treffender. – Keiner der beiden Begriffe bezeichnet jedoch eine der Hauptaufgaben eines Hougans, nämlich die Behandlung von Krankheiten mit Heilpflanzen. Für diese Tätigkeit wiederum müßte man das Wort „Doktor" wählen. Anders ausgedrückt: es käme in jedem Fall zu einer völlig falschen Interpretation des Konzeptes „Hougan", wenn man statt dieses Begriffes eine der obengenannten Bezeichnungen aus unserem Kulturkreis verwenden würde. – Dieselbe Begriffsverzerrung würde sich ergeben, wenn man das Wort „Seele" für die Bezeichnung des Gros-bon-ange bzw. Esprit verwendete, denn der Begriff „Seele" hat sowohl eine moralische als auch eine mystische Bedeutung. Unter dem Gros-bon-ange hingegen versteht man im Vaudou das unsichtbare, immaterielle *Selbst* beziehungsweise den Charakter eines Menschen, im Gegensatz zu seinem physischen Körper – so wird beispielsweise zwischen der Person John als einem *Konzept* einerseits, und seinem physischen Körper andererseits unterschieden. Tatsache ist, daß das Wort „Psyche", in dem Sinne, wie es in der Psychologie verwendet wird, einige der Bedeutungsinhalte des Vaudou-Terminus Gros-bon-ange exakter vermittelt als das Wort „Seele", das die meisten Autoren, die über Haiti schreiben, benützen, weil es entsprechende religiöse Assoziationen weckt. Der Begriff „Geist" wiederum würde den Sinngehalt des Konzeptes des Esprit nur dann richtig wiedergeben, wenn man unter diesem „Geist" das „Lebensprinzip" eines Menschen verstünde – seine „Natur" beziehungsweise seinen „Charakter" (etwa im Sinne vom „Geist der Zeit") – und nicht etwas ausschließlich Mystisches oder Spirituelles. Aus Gründen der Zweckmäßigkeit habe ich jeden vaudouistischen Ausdruck, wenn ich ihn zum erstemal verwende, durch einen englischen Begriff definiert, der seiner ursprünglichen Bedeutung am nächsten kommt.

Im allgemeinen bediene ich mich jedoch des haitianischen Originals, um die dahinter stehende vaudouistische Vorstellung zum Ausdruck zu bringen und im Bewußtsein des Lesers zu verankern. Die volle Bedeutung des jeweiligen Begriffes wird dann im Laufe des Buches herausgearbeitet.

Im Vokabular des Vaudou – für Bezeichnungen, Anreden und Zeremonien – benützt man nach wie vor afrikanische Wörter, und ich habe mich bei ihrer Schreibweise an die Regeln der englischen Phonetik gehalten, um die haitianische Aussprache so korrekt wie möglich wiederzugeben. Die Texte der meisten haitianischen Lieder, Aussprüche und sogar einige religiöse Ausdrücke habe ich im Original belassen – in kreolischer Sprache, deren Vokabular sich hauptsächlich aus dem Französischen ableitet (daneben aber auch afrikanische, spanische und indianische Wörter enthält). Wo ein kreolisches Wort seine ursprünglich französische Bedeutung beibehalten hat, habe ich das vermerkt, um zum einen das französische Wort wiederzugeben, zum anderen aber auch auf seine spezielle Aussprache im Kreolischen hinzuweisen.

Schließlich muß noch darauf hingewiesen werden, daß die Vaudou-Rituale sehr große regionale Unterschiede aufweisen können, was die Einzelheiten ihrer Ausführung betrifft, da es sich nicht um eine zentralistische Religion handelt. Rituale, die in einem Gebiet eine große Bedeutung einnehmen, können in anderen Gegenden völlig unbekannt sein. Selbst innerhalb eines bestimmten Raumes – beispielsweise in einem Umkreis von dreißig Kilometern um Port-au-Prince (wo ich den überwiegenden Teil der in diesem Buch geschilderten Rituale beobachtet habe) – können die Zeremonien in Details von *Hounfor*

(Gemeinde) zu Hounfor voneinander abweichen. Wenn ich also ein Ritual in allen Einzelheiten beschreiben würde, träfe die Beschreibung nur auf die Praxis dieses einen Hounfor zu, und eine solche Art der Dokumentation erfüllt nicht das Anliegen dieses Buches. Der Leser darf sich auch nicht zu der Annahme verleiten lassen, es handle sich bei den von mir geschilderten Ritualen und Details um allgemein übliche Praktiken. Ich habe die speziellen Zeremonien und Ereignisse, die hier beschreiben sind, sowie die entsprechenden Interpretationen, nicht deshalb ausgewählt, weil sie etwa die allgemein übliche Praxis darstellten, sondern weil ich sie für besonders ausdruckvolle Beispiele der umfassenden *Grundlagen* der Vaudou-Religion halte. So kann es vorkommen, daß ich ein relativ unbedeutendes Detail anführe (obgleich ich meistenteils die charakteristischen Einzelheiten beschreibe), weil es sich um einen Aspekt handelt, durch den eines der umfassenden Prinzipien, auf die der Vaudou aufbaut, besonders intensiv hervorgehoben wird.

Die Anordnung der Fußnoten (von denen sich einige jeweils am unteren Rand der entsprechenden Seite befinden, während andere am Ende des Buches zusammengefaßt sind) mag ungewöhnlich sein und auf den ersten Blick verwirrend erscheinen, aber ich habe mich zu dieser Gestaltung entschlossen, um

Die vier Himmelsrichtungen und die dazwischenliegenden Zonen

damit sowohl den Ansprüchen des Laien als auch denen des Fachmanns, der das Buch liest, gerecht zu werden.

Die Fußnoten, die sich unten auf der entsprechenden Seite befinden, enthalten solche Bemerkungen und Hinweise, die für jeden Leser von allgemeinem Interesse sind. Sämtliche Quellenangaben, Diskussionen widerstreitender Angaben und Meinungen, ergänzende Details und Spezifikationen und so weiter, die vor allem für den Studenten der Ethnologie interessant sind, habe ich am Schluß des Buches angeordnet.

Bei dem Faktenmaterial, das ich für dieses Buch verwendet habe, handelt es sich um Beobachtungen aus erster Hand. Daneben habe ich auch Informationen anderer Kenner des Vaudou verarbeitet. Ein Teil dieser Informationen stützt meine eigenen Beobachtungen, andere wieder stehen im Widerspruch dazu.

Der Zweck dieses Buches ist es jedoch nicht, dem Leser eine Sammlung von Fakten über die vaudouistischen Bräuche zu präsentieren. Es wurde geschrieben, um die metaphysische Grundstruktur aufzuzeigen, die diesen Bräuchen zugrundeliegt, und um diese Bräuche eingebettet in ihren kulturellen Rahmen darzustellen, so daß sie für den ausländischen Leser ebenso lebendig und so verständlich werden wie für den haitianischen Serviteur.

I. KAPITEL

DIE DREIEINIGKEIT:
LES MORTS, LES MYSTERES ET LES MARASSA

1
Die Reise beginnt

Der Mythos ist die Geschichte, die ein alter Mann einem Jungen in der Weltendämmerung erzählt. Am Anfang der Erzählungen aller alten Menschen steht immer ein Bericht über den Ursprung des Lebens. Zu allererst erdichten sie ein Märchen über dieses Schöpfungsereignis, bei dem kein Mensch zugegen war, und über welches sich noch immer der Schleier des Geheimnisses breitet. Sie leiten die Entstehungsgeschichte der Menschheit mit einer Dichtung ein. Ungeachtet dessen, ob es sich bei der Erschaffung des Lebens chronologisch betrachtet um den ersten Akt der Schöpfung handelte oder nicht – von seiner Bedeutung her steht dieses Ereignis für den Menschen an erster Stelle. Dies ist eine Tatsache. Der Mythos ist der Stoff des Geistes, der sich in einer Welt der Fakten manifestiert, von der wir träumen, sie sei real.

Bei dem, was ein alter Mann an seinem Lebensabend erzählt, handelt es sich nicht um seine Lebensgeschichte, sondern um ein Vermächtnis; er erzählt es nicht, um Tatsachen zu schildern, sondern spricht von der inneren Bedeutung der Dinge. Er berichtet von seiner Vergangenheit, weil diese eine Bedeutung für seine Zukunft hat. Welche Bedeutung er seinen vergangenen Erlebnissen zumißt, ist abhängig von seinem Erinnerungsschatz. Wenn er auf seine Vergangenheit zurückblickt, stellt er sich vor, was sein hätte können und sollen, und sichtet auf diese Weise seine Erinnerungen. Er verwirft das Unwichtige, kristallisiert die wesentlichen Einzelheiten heraus und setzt Ereignisse, die nach einem ähnlichen Muster abgelaufen sind, miteinander in Beziehung. Aus Vorgängen, die sich in der physischen Welt abgespielt haben, kreiert er eine metaphysische Prozession. Er löst seine Erinnerungen aus ihrer chronologischen Abfolge heraus und überträgt sie in eine neue, bedeutungsmäßige Rangordnung. Aus dem Stoff seiner Erfahrungen entwirft er rückblickend den Plan für die Abenteuerfahrt des Geistes – und diese Reise nennen wir den Mythos.

Gleich allen Dichtungen ist auch dieses Abenteuer zusammengesetzt aus der Fülle der vorhandenen Erinnerungen – aus den besonderen Gegebenheiten der physischen Welt sowie den speziellen, durch die Zeit bedingten Entwicklungsprozessen der einzelnen Völker. Bei den Unterschieden, die zwischen den Erzählungen der ehrwürdigen Alten der verschiedenen Völker bestehen, handelt es sich demnach um Differenzen auf der materiellen Seinsebene. Das menschliche Gedächtnis bildet die Konstante in dieser unermeßlichen kosmischen Vielfalt. Immer dann, wenn der menschliche Geist am wenigsten damit beschäftigt ist, Ereignisse zu schildern, die sich in der äußeren Welt abspielen, sondern sich darauf konzentriert, Dinge aus sich selbst heraus zu erschaffen, kommt diese Konstante am deutlichsten zum Vorschein – so zum Beispiel in den Ursprungsmythen. Es ist offenbar so, daß dieser Geist, wenn er die besonderen Einzelheiten, die sich jeweils um eine bestimmte Situation ranken, ausklammert – sowie auch die Begrenzungen und die Unzuverlässigkeit der sinnlichen Wahrnehmungsfähigkeit – auf den Pfaden metaphysischer Folgerichtigkeit zu einer letzten Wahrheit gelangt, die allem Geschaffenen gemeinsam ist

Am Anfang der Schöpfungsmythen steht ein feierlicher Fanfarenstoß, der weniger dem Initiator des Ursprungs, als vielmehr dem Augenblick der Schöpfung selbst zu Ehren erklingt. Hinsichtlich ihrer metaphorischen Ausdrucksweise unterscheiden sich die einzelnen Mythen voneinander; die Natur des kosmischen Katalysators hingegen bleibt immer dieselbe. Es ist eine Energie, die aus der undifferenzierten Leere, dem Chaos, aus der unversehrten Ganzheit eines kosmischen Eies die Grundelemente des Universums herauskristallisiert; sie läßt die ersten voneinander abgegrenzten Lebensräume entstehen und scheidet dann das erste androgyne Leben (wie z.B. den alleinstehenden Adam) in zwei eigenständige, verschiedenartige Lebensformen: einen männlichen und einen weiblichen Teil. Dies ist – in die sprachlichen Vergangenheitsform gekleidet – die Ursprungsgeschichte der Menschheit. Es handelt sich hierbei jedoch um keine Gesänge *in memoriam*. Sie werden vielmehr immer dann aufs neue angestimmt, wenn dieser ursprüngliche Schöpfungsakt heutzutage in Form einer religiösen Feier rekapituliert wird. Das mikrokosmische Ei reitet auf den rötlichen Wellen der Gezeiten des mütterlichen Schoßes, die – wie die Gezeiten der restlichen Natur – noch immer unter dem Einfluß des Mondes stehen. Das Wasser, das sämtliche Lebensformen durchströmt, die ersten sowie auch die zuletzt geschaffenen, hat dieselbe chemische Zusammensetzung wie das Meerwasser. Alles Leben war zuerst undifferenziert, dann androgyn, nahm unterschiedliche Gestalt an und wurde schließlich von der Brandung an den Strand gespült; so pulst im Herzschlag alles Lebendigen ein Leben lang der Rhythmus des urzeitlichen Ozeans. Der Beginn der Schöpfung, den kein Mensch bezeugen kann, ist immer gegenwärtig, liegt stets vor uns. Wenn wir zum letzten Grund der Dinge vorstoßen, entdecken wir, daß es sich bei diesem um die erste mythologische Geschichte handelt, die der Geist ersonnen hat.

Aber die Enstehung von Materie bildet stets eine Art Ouvertüre zur größeren Schöpfungstat des Mythos – der Entwicklung des ethisch denkenden und handelnden Menschen. Der zuerst geschaffene Mensch jedoch, dieses animalische Geschöpf, wird zwar von Zeit zu Zeit Hunger und Müdigkeit verspüren, jedoch die dazwischenliegenden Perioden nicht als Fortschreiten der Zeit empfinden; dieses Wesen mag sich abwechselnd kraftlos, dann stark, darauf wieder schwach fühlen – aber es wird diesen Wandel nicht als Alterungsprozeß verstehen. Diesem Menschen mag es vielleicht irgendwann gelingen, hinter die logischen Abläufe der Prozesse zu kommen, die sich in der stofflichen Welt abspielen, und unter Umständen die äußere Ursache für den Wechsel der Jahreszeiten herauszufinden. Die Gründe aber, die für die nach außen hin sichtbare Funktion dieser Abläufe verantwortlich sind, sind nach wie vor das Geheimnis der Materie; zugleich bleibt die tiefe Bedeutung dieser Vorgänge, die das Ergebnis der Hochzeit zwischen Materie und Geist ist, im menschlichen Geist verborgen. So wie das Chaos das Potential der stofflichen Schöpfung in sich trägt, ist in diesem animalischen Wesen die Anlage des menschlichen Geistes enthalten, wie ein verborgenes fünftes Glied, das dazu bestimmt ist, der Materie einen innersten Sinn zu geben und diesen zu gestalten – wie die Hand die Aufgabe hat, zu greifen und mit der Dingwelt umzugehen.

Die Erzählung eines alten Menschen ist sein letzter Zeugungsakt. So wie sein stofflicher Körper einst neue Körper hervorgebracht hat, ist nun sein Geist mit der gleichen Leidenschaft mit der Kreation eines neuen Geistes beschäftigt. Die Menschen führen Einweihungsriten durch, mittels derer die Metamorphose vom physischen zum geistigen Menschen vollzogen wird, die Entwicklung eines tieferen inneren Sinnes in den Körpern dieser tierhaften Wesen, den Kindern ihres Fleisches. Sie tun dies, um das Fortleben der menschlichen Rasse sicherzustellen. In den Riten dieser zweiten Geburt – der Geburt hinein in das metaphysische Universum – ahmt man bei jedem Schritt den Vorgang der ersten, körperlichen Geburt nach. Der Novize wird von seiner Vergangenheit geläutert, von Besessenheiten befreit, der Zustand seiner ursprünglichen Unschuld wird wiederhergestellt, und man überläßt ihn in diesem embryonalen Zustand dem einsamen Schoß eines dunklen Raumes. Hier verbindet sich der Mensch als Träger eines stofflichen Körpers mit dem Mythos seiner Rasse. Seine einsame Meditation entspricht einer Schwangerschaft, an deren Ende nach vielen schweren Prüfungen die Geburt eines neuen Menschen steht, dessen Dasein freudig begrüßt wird und dem man einen neuen Namen gibt.

Aus welcher Quelle aber stammten die Informationen unserer Ahnen, der Alten aller Völker? Woher kam die Inspiration zu dem gemeinsamen Fanfarenstoß, der die Geburt des Lebens feiert? Wo liegt der Ursprung der Konzepte der Einweihungsriten, und wo sind die mit dieser Metamorphose verbundenen Metaphern entstanden, die das gemeinsame Erbe der Völker bilden? Kein Mensch kann je bezeugen, wann das Leben geboren wurde; erst im Moment des Sterbens wird der Mensch der Grenzen des Lebens gewahr. Der Tod, als die

Schwelle, jenseits derer das Leben endet, bildet die fundamentalste Begrenzung des Lebens. Insofern stellt das Ende für den Menschen der Beginn eines neuen Anfangs dar; die Vorbedingung dafür, daß er das Bewußtsein für seine Existenz als lebendiges Wesen entwickeln kann. Der Tod ist die erste und gleichzeitig die endgültige Definition des Lebens. Dem feierlichen Fanfarenstoß am Anfang der Schöpfung folgt jene große Fuge; ihr erster Satz ist die Klage der Lebenden um die Toten; die erste Stimme, die die großen Themen des Lebens vorträgt – der Gesang vom Leben, der Liebe und der Fortzeugung – steigt aus dem Abgrund empor, in dem auch der Ursprung des Fleisches liegt, und sie erhebt sich immer wieder aufs neue aus dem Meer des Chaos. Die heldische Figur des metaphysischen Abenteuers des Menschen – sein Heiler, sein Erlöser, sein Führer und Beschützer – ist stets ein Leichnam, sei es Osiris, Adonis oder Christus.

Den Tod selber erkennen wir noch nicht einmal aufgrund seiner eigenen Wesensart, sondern vielmehr anhand des Umstandes, daß er nicht das Leben ist. So wie sich Land und See gegenseitig durch die Küste begrenzen, definieren sich Leben und Tod gegenseitig dadurch, daß sie einander ausschließen. Diese beiden unmittelbaren Nachbarn werden im Reich der metaphysischen Bedeutung durch einen Unterschied getrennt, der so groß ist wie auf der anderen Seite ihre Intimität im Reich der Materie. Der Mythos stellt die Forschungsreise in diesen metaphysischen Raum dar. Diese Reise beginnt am Punkt der ersten Begegnung zwischen den Lebenden und den Toten.

Einen neuen Mythos kennenzulernen bedeutet, eine Initiation zu erleben. Man muß zu den Ursprüngen zurückgehen, die vor der Schöpfung der Mythen liegen; zu dem Zeitpunkt, an dem die Möglichkeit noch offenstand, daß der Mythos des einen Menschen zu dem eines beliebigen anderen werden konnte. Man muß einen Raum in seinem eigenen Gedächtnis betreten, der sowohl Grab als auch gebärender Schoß ist. Es ist notwendig, von allem freizuwerden, außer von der treibenden Kraft, die die Mythen gebiert – der natürlichen Leidenschaft des menschlichen Geistes, die Bedeutung zu erkunden, die den Dingen innewohnt. Sich einer Initiation zu unterziehen heißt weiterhin, über die allen Menschen gemeinsame Erfahrung zu meditieren – und zwar über die gemeinsame Erfahrung der Menschheit, in welcher der Ursprung des Bemühens der Menschen liegt, ihre Situation zu verstehen.

2

Das sterbliche Ich und das unsterbliche Selbst

Wenn wir einen Leichnam ansehen, ist uns klar, daß es sich um einen Toten handelt, weil wir wissen, was es heißt, lebendig zu sein. Eine entscheidende

Wandlung hat sich vollzogen. Indes legen alle Vorgänge, die wir in der sichtbaren Welt beobachten können, Zeugnis von diesem Ereignis ab. Der eigentliche Kern dieses Unterschiedes ist unsichtbar. Die Ruhe eines Verstorbenen für sich genommen unterscheidet sich nicht von der eines Schlafenden. Wir wissen, daß es sich bei einem Toten nicht um einen Schlafenden handelt, weil dies ein Schweigen für immer ist; dieses zeitliche Element selbst hingegen, diese Ewigkeit, ist unsichtbar. Die Stille, in der sogar das Herz nicht mehr schlägt, ist ein Anzeichen des Todes, aber es ist nicht der Tod selbst; ebenso wie Bewegung – etwa die eines in Bewegung versetzten Gegenstandes – nicht immer ein Zeichen des Lebens darstellt, und ganz sicher nicht das Leben selbst ist. Das bringt uns dazu, Leben als eine innere Kraft anzusehen, eine Macht, die ihren Ausdruck in der Bewegung der Materie finden kann, in welcher sie enthalten ist. Entsprechend findet im Moment des Todes eine endgültige Abtrennung dieser Lebenskraft vom stofflichen Körper, der Materie, statt. Diese unsichtbare Lebenskraft wiederum ist mehr als nur die Energie, die der Materie innewohnt, und die diese in Bewegung versetzt; es handelt sich hierbei ebenso um eine geistige Kraft, um das Vermögen, Dinge im Gedächtnis zu behalten und ihnen Bedeutung zu verleihen, sowie um die Fähigkeit Unterscheidungen zu treffen und Neues erfinden zu können. Ganz gleich, ob wir es Intelligenz nennen, Bewußtsein, Geist oder Seele – stets steckt dahinter die unsichtbare Triebkraft, die dem Menschen innewohnt, und von welcher seine nach außen hin sichtbaren Handlungen und Äußerungen motiviert und gestaltet werden.

Der haitianische Mythos hat diesen uranfänglichen Schöpfungsplan in seine eigene Ausdrucksweise gekleidet. Er geht von einem grundlegenden qualitativen Unterschied aus zwischen der stofflichen Welt und dem spirituellen Universum – dem Kosmos der sogenannten „Invisibles", der Geister – aus. Der Begriff „les Invisibles" ist eine Bezeichnung, die sich auf unsere sinnliche Wahrnehmung bezieht; das eigentliche Wesen der Invisibles jedoch – der Kräfte beziehungsweise Geister, die die Materie mit Leben erfüllen, und deren endgültiger Rückzug den Tod bedeutet – nennt man *Esprit*. Für den Haitianer ist dieser „Geist" nichts Vages, Mystisches, Ungreifbares. In der Umgangssprache sagt man, daß jemand „pil esprit" (viel Geist) besitzt, wenn man ausdrücken will, daß diese Person besonders intelligent ist. Der Begriff Esprit bezieht sich also auf die Kraft und die Beweglichkeit des menschlichen Geistes; dieser bildet – als Sachwalter des Bewußtseins und als Speicher von Kenntnissen und Erfahrungen materieller sowie auch ethischer Natur – die Quelle und zugleich die Antriebskraft des Urteils- und des Entscheidungsvermögens eines Menschen, all seiner Bedürfnisse, seiner sämtlichen Motivationen und seines Willens. Im menschlichen Geist liegt der Ursprung all dessen, was nachfolgend in den Handlungen eines Individuums sichtbar zum Ausdruck gelangt.

Diese Energie ist in der gesamten belebten stofflichen Welt vorhanden. Wenn wir um einen Toten weinen, beklagen wir nicht die winzige Verminderung der kosmischen Lebensenergie beziehungsweise des kosmischen Bewußtseins in ihrer unpersönlichen Ganzheit. Die geistige Kraft, die mit dem Tod aufhört zu existieren, ist ein gemeinsames Gut aller Menschen und dabei zugleich von Individuum zu Individuum verschieden. Sie stellt die Quelle sowie das Mittel der Verwirklichung der individuellen Persönlichkeit eines jeden Menschen dar. Wir trauern nicht um irgendeinen Menschen, sondern um eine *ganz bestimmte* Person; wir beweinen auch nicht sein Schicksal, sondern unser eigenes. Sein Tod erscheint uns wie das Schließen einer Tür hinter diesem einzigartigen, besonderen Selbst, welches– vermittels seines stofflichen Körpers– die Welt mit seinem Wesenskern erfüllte, an dem auch wir teilhatten. Wir beklagen den Tod dieses Menschen, weil sein Geist für uns einzigartig war. Das Sterben ist die Herauslösung einer Figur aus der Form, in die sie sämtliche Elemente ihrer speziellen Zusammensetzung übertragen hatte. Wird die Form, in der diese Figur in ihrer Gesamtheit enthalten war, durch diesen Trennungsvorgang zerstört, stirbt der Körper. Die Figur jedoch, die in diese Form hineingegossen worden war, ist immateriell und daher unsterblich. Sie ist eine Persönlichkeit, die zwar unsichtbar, aber real ist, die einen Namen trägt und die man unter diesem Namen kennt.

Diese Figur– dieses Selbst– nennt der Haitianer *Gros-bon-ange.** Der Gros-bon-ange wird von dem Körper geboren, zu dem er gehört; man kann ihn sich als einen Schatten vorstellen, den der Mensch auf die unsichtbare Ebene der vierten Dimension wirft, oder als das Bild dieses Individuums in einem dunklen Spiegel. Der Gros-bon-ange ist das metaphysische Ebenbild des physischen Körpers, der den Tod des menschlichen Körpers überdauert; denn dieses metaphysische Ebenbild hat – als dessen unsterblicher Zwilling– keine materielle Existenz. Ebendiese unsterblichen Zwillinge, die Gros-bon-anges der Verstorbenen, sind die Invisibles beziehungsweise die Esprits.

Das Konzept des haitianischen Gros-bon-ange ähnelt in gewissem Grad dem, was wir unter der menschlichen „Seele" verstehen, wenn wir mit diesem Ausdruck die Vorstellung eines Ebenbildes dieser Person, und nicht die Idee von einer „übergeordneten" moralischen Instanz verbinden. Das allen Menschen gemeinsame Streben nach dem Guten sowie die Vorstellung, man müsse sein Streben auf die Erkenntnis der Wahrheit richten – all

---

* Ich verwende den Begriff Gros-bon ange, wenn von der Seele einer lebenden Person die Rede ist; das Wort Esprit hingegen kann sich auf die „Intelligenz" eines lebenden Menschen beziehen, bezeichnet jedoch – wenn es in Form von „un esprit" beziehungsweise „les esprits" verwendet wird – die unsterblichen Seelen der Toten; letztere werden von den Haitianern zu Lebzeiten einer Person Gros-bons-anges genannt.

diese Inhalte des Gewissens, die in unserer Kultur als eine Funktion der Seele verstanden werden – betrachtet der Haitianer als das Ergebnis der Tätigkeit eines dritten Elements, des *Ti-bon-ange*. So kann der Ti-bon-ange beispielsweise nicht lügen. Die unpersönliche Natur dieses Gewissens allerdings – seine Unabhängigkeit von den drängenden Anforderungen der aktuellen Lebensumstände, seine Unzugänglichkeit sowohl für individuelle Entwicklungsprozesse als auch für Bestechlichkeit, seine Unwandelbarkeit – all diese Merkmale lassen einen Haitianer dem Ti-bon-ange gegenüber seinerseits eine gleichermaßen distanzierte Haltung einnehmen. Er akzeptiert ihn als eine der kosmischen Konstanten. Es ist, als würde er sich sagen: obwohl alle Menschen ein Gewissen besitzen, gibt es einige, die gut und andere, die schlecht handeln. Die Art, wie sich jemand verhält, ist also abhängig vom Gros-bon-ange. Vom Standpunkt seiner Mitmenschen aus betrachtet, kommt es darauf an, wie ein Mensch einen anderen behandelt, und nicht, ob er hinsichtlich seiner Tat Befriedigung oder Bedauern empfindet. Was für einen Nutzen haben die persönlichen Empfindungen eines Einzelnen, wenn dieser nicht das erforderliche Wissen, die Erfahrung, den Antrieb oder die Kraft mitbringt, gemäß dieser Gesinnung zu handeln? In einer geschlossenen Gemeinschaft, wo einer vom anderen abhängig ist, kann man das Gemeinwohl weder den Launen des Gewissens des Einzelnen noch der „freien" oder „natürlichen" Entfaltung des Gros-bon-ange überlassen. Die haitianische Religion ist in ihrer Gesamtheit auf die bewußt gesteuerte Entwicklung des Gros-bon-ange sowie auf die Aufrechterhaltung eines funktionierenden kollektiven Moralsystems ausgerichtet.

Folglich stellt für den Haitianer dieses ethische System – das für ihn von so grundlegender Bedeutung ist, und das seinen Ausdruck findet im Ablauf des täglichen Lebens – ein Produkt des stofflichen Körpers dar und teilt aus diesem Grunde dessen materielle Natur. Im Vaudou spielt sich das kosmische Drama der menschlichen Existenz nicht innerhalb eines dualistischen Vorstellungsrahmens ab – als ein unversöhnlicher Konflikt zwischen dem physischen Körper, der den Menschen an die stoffliche Welt fesselt, auf der einen, und dem Drang seiner Seele, den Himmel zu erreichen, auf der anderen Seite. Vielmehr läuft hier ein fast als organisch zu bezeichnender, dynamischer Prozeß ab, in dessen Verlauf sämtliche charakteristischen Merkmale der Göttlichkeit – Intelligenz, Macht, Energie, Autorität, Weisheit – aus dem existierenden stofflichen Körper hervorgehen. Die physische Substanz und der Geist des Menschen sind hier nicht auf alle Zeiten voneinander getrennt, sondern beide sind vielmehr ewig voneinander abhängig: der stoffliche Körper von der Göttlichkeit, die in ihm wirkt, und die göttliche Kraft von dem materiellen Körper, aus dem heraus sie entstanden ist.

3

Eine Gottheit entsteht

Der Gros-bon-ange ist der Speicher der menschlichen Geschichte, der stofflichen Form des Menschen und seiner Tatkraft, sowie als das Endprodukt menschlicher Fähigkeiten, Intelligenz und Erfahrungen, und verkörpert als solcher einen reichen Schatz. Wenn es den Nachkommen eines Menschen gelingt, diese körperlose Seele mit Hilfe bestimmter Methoden, die einen Ersatz für den verstorbenen stofflichen Körper schaffen können, in der materiellen Welt manifest zu machen, dann ist es möglich, dieses reiche Erbe zu bergen. Eines der wichtigsten Rituale des Vaudoukultes ist die Zeremonie des *Retirer d'en bas de l'eau*, das Zurückfordern der Seele des Verstorbenen aus den Wassern der Unterwelt, der Welt der Invisibles. Dieses Ritual für die verstorbenen Ahnen ist kein nostalgischer oder sentimentaler Akt. Die Armen unter den Haitianern und diejenigen, die in schwierigen, primitiven Verhältnissen leben, können es sich nicht leisten, sich zu verausgaben – weder finanziell noch kräftemäßig. Bei dieser Zeremonie handelt es sich um kein Moment einer Rückkehr in die Vergangenheit, sondern um ein Verfahren, mit dem das ganze Volk die Früchte vorangegangener Lebensprozesse in das Leben der Gegenwart eingliedert und sich auf diese Weise die Vergangenheit als Grundlage für den Weg in die Zukunft zunutze macht. Nicht die Lebenden dienen den Toten – vielmehr sind es die Toten, die von den Lebenden dazu gebracht werden, ihnen zu dienen. Die Zeremonie des Zurückforderns läßt sich mit einer dritten und zugleich letzten Geburt eines Menschen vergleichen. Wenn er zum erstenmal geboren wird, ist er ein animalisches Wesen. Die Initiation, seine zweite Geburt, läßt ihn zu einem wahren Menschen werden. Seine Seele, die für die sichtbare Welt durch den Tod und den Verfall des Körpers verlorenging, wird nun erneut in diese Welt zurückgeholt. Der Tonkrug, oder *Govi*, in welchen man die Seele bei dieser Zeremonie plaziert, nimmt die Stelle des menschlichen Körpers ein – des Gefäßes, in dem sie einst enthalten war. Aus der Öffnung dieses Kruges kommen die Empfehlungen und weisen Ratschläge des Verstorbenen, durch die dieser künftig seinen Nachkommen hilft und sie in ihrer Entwicklung voranbringt.

Es kann vorkommen, daß ein Haitianer ein unbedeutendes Familienmitglied vernachlässigt und die kostspielige Zeremonie des Retirer d'en bas de l'eau wiederholt aufschiebt, um sie dann schließlich ohne große Begeisterung durchzuführen – lediglich aus dem einzigen Grund, nichts aus dem Erfahrungsschatz seiner Ahnen für immer verlorengehen zu lassen. Bei der Feier für die Toten passiert es hin und wieder, daß manche Teilnehmer durch ein Gefühl kindlicher Verbundenheit dahin gebracht werden, ihre verstorbenen Familienmitglieder persönlich bei ihrem Namen zu nennen; oder jemand erinnert sich seiner Verwandten namentlich aufgrund einer besonders vertrauten, persönlichen Bindung. Fälle eines derartigen individuellen Wiedererkennens sind jedoch selten. Diejenigen Verstorbenen, die von ihren Nachfahren nicht wiedererkannt werden – das undifferenzierte Erbe ihrer Familie – tragen die Bezeichnung „les Morts".[1] Auf der anderen Seite gibt es Personen, die sich aufgrund ihrer speziellen Weisheit oder Macht, ihrer besonderen Fähigkeit zu lieben oder Heilungen durchzuführen, durch eine spezielle Anhängerschaft oder herausragende Fertigkeiten besonders ausgezeichnet haben – die vielleicht den Rang eines *Hougans* (eines Priesters) erreicht haben, einschließlich sämtlicher Fähigkeiten, die ein solcher Beruf mit sich bringt. – Die Seelen derartiger Leute werden mit größter Sorgfalt zurückgeholt, damit nichts von ihrem speziellen Wert verloren geht.[2]

Wenn die Zeit gekommen ist, werden die Eltern, die sich im Govi befinden, zu Großeltern, und diese wiederum zu Ahnen. Wenn diese Generationen aussterben und mit ihnen all ihr Wissen aus erster Hand, zerfällt die sterbliche Hülle der ursprünglichen menschlichen Persönlichkeit, und im Govi verbleibt der geläuterte, entpersönlichte, nahezu abstrakte Wesenskern des speziellen Prinzips, welches den Charakter der verstorbenen Person am meisten prägte. Auf diese Weise wird im Laufe der Zeit *aus der Person ein Prinzip*. Man kann jedoch nicht zulassen, daß etwas, das einmal so wirklich, so greifbar war, in diesem verfeinerten Zustand verbleibt und sich für immer in den fernen Reichen der Geschichte verliert. Diese abstrakte Essenz muß zur Realität werden, um in der alltäglichen Wirklichkeit ihre Funktion erfüllen zu können; *das Prinzip muß zu einer Person werden*. So bewegt sich der Prozeß der Abstraktion zurück zu seinem Ursprung, als hätte er die Grenzen seiner eigenen Ausdehnung erreicht: diejenigen, denen ihre Erinnerungen fehlen, fangen nun an, etwas zu schaffen, und zwar von innen nach außen fortschreitend, so wie jemand, der den Aufbau eines Skeletts zum Vorbild nimmt für die Konstruktion einer Figur. Mit der Zeit wird der Ahne zum Archetypen.[3] An die Stelle einer Person ist jetzt eine Persönlichkeit getreten. Sobald diese Dimension erreicht ist, hat die Stimme im Govi nicht länger eine vertraute beratende Funktion, sondern besitzt nun eine objektive Autorität, die aus den Höhlungen der Erde hervor dröhnend ihre Weisheitssprüche verkündet.[4] Die Stimme, der man einst Glauben schenkte, ist nun zu einer Glaubensautorität geworden. Der Vorfahr, dem man einst Respekt entgegenbrachte, genießt jetzt Verehrung. An die Stelle des Elternteiles, der die Verehrung seiner Kinder genoß, ist nun die Gottheit mit ihrer Forderung nach Hingabe getreten. Der Ahne hat die Wandlung zu einem Gott vollzogen.Durch den Tod wurde der Gros-bon-ange seiner körperlich-stofflichen Form, in der er einst gelebt hat, beraubt; das Gedenken der Lebenden hat seine Zurückforderung bewirkt und ihm eine Stimme verliehen. Durch das Weiterdrehen des Rades der Zeit wurde er von seinen unmittelbaren Nachkommen getrennt, und damit zugleich von den vorgefaßten Meinungen, die eine solch vertraute Nähe mit sich bringt. Er wurde gewissermaßen vom menschlichen Ego gereinigt. Erst nachdem er diesen Reinigungsprozeß durchlaufen hat, kann er in den Besitz göttlicher Kraft gelangen. Die besondere Macht der *Loas* – beziehungsweise der Mystères, wie diese Geister, die einen bestimmten Grad an göttlicher Erhabenheit erreicht haben, von den Haitianern genannt werden – besteht darin, daß sie sich in einer lebenden Person manifestieren können. Unter ganz bestimmten, rituell festgelegten Bedingungen kann ein Loa zeitweilig den Platz des Gros-bon-ange einer Person einnehmen und statt diesem zur belebenden Kraft in diesem Körper werden. Dieses Phänomen ist als „Besessenheit" bekannt. In der Terminologie des Vaudou sagt man, daß der Loa einen Menschen „besteigt" beziehungsweise daß eine Person von einem Loa „bestiegen" sei. Dieser Metapher liegt das Bild von einem Pferd und seinem Reiter zugrunde. Dabei kommt in den Handlungen und Geschehnissen, die sich aus dieser Beziehung ergeben, der Willen des Reiters zum Ausdruck. Da das bewußte Selbst der „bestiegenen" Person für die Dauer ihrer Besessenheit abwesend ist, ist es für sie unmöglich, sich an das zu erinnern, was sie während dieser Zeit getan hat; sie ist weder für das Gute noch für den Schaden verantwortlich; und sie kann keinen unmittelbaren persönlichen Nutzen aus dieser Besessenheit ziehen. Der Sinn und Zweck dieser göttlichen Manifestation besteht darin, die Gemeinschaft stabil zu erhalten und ihr Instruktionen zu erteilen.

Diesen gesamten Prozeß kann man als einen geschlossenen Kreislauf von Leben und Tod begreifen.* Die Fähigkeit der Loas, sich in der stofflichen Welt zu manifestieren, ist das Kennzeichen für ihre uneingeschränkte Macht über die Materie. Die ineinandergreifenden Mechanismen der Bindeglieder dieses Kreislaufes bilden ein System partieller Doppeldeutigkeiten, die einem kontinuierlichen Entwicklungsprozeß unterworfen sind – eine Strukur, die klar wiederzuerkennen ist in der Reihenfolge der Gefäße, in denen der Gros-bon-ange jeweils enthalten ist; wobei sich die Schritte von einem Behältnis in nächstfolgende zum Teil überlagern, auf der anderen Seite jedoch gegeneinander abgestuft sind. Es ist möglich, den Gros-bon-ange bereits zu Lebzeiten eines Menschen von dessen Körper zu trennen und in einer Flasche aufzubewahren, um ihn vor den Einwirkungen übelwollender Mächte abzuschirmen. Bei der *Canzo*-Zeremonie – der Einweihungszeremonie beziehungsweise dem Ritual der spirituellen Geburt eines Individuums** – wird der Gros-bon-ange in einen *Canari* (Tonkrug) beziehungsweise *Pot-de-tête* (Behältnis für den „Kopf", die Seele oder den Geist) gegeben und verbleibt in der Obhut des Hougans oder einer anderen Vertrauensperson. Stirbt der Eingeweih-

* Campbells (S. 29) detaillierte Beschreibung des Konzeptes eines Kreislaufes von Leben und Tod in anderen Mythologien – einer Auffassung, die in den Kulturen der ganzen Welt anzutreffen ist – macht die haitianische Variante dieser Vorstellung verständlich, und es wird einmal mehr klar, daß es sich beim Vaudou um eine Religion klassischen mythologischen Charakters handelt, und keineswegs um eine Sammlung aller möglicher abergläubischer Vorstellungen.

** Auf diese Zeremonie werde ich an anderer Stelle noch eingehen (S. 242).

te, wird dieser Pot-de-tete zerbrochen, um den Gros-bon-ange freizusetzen, so daß er hinabtauchen kann in die Wasser der Unterwelt. Ein Jahr später aber, wenn die Zeremonie des Zurückforderns der Seele stattfindet, wird der Canari ersetzt durch den Govi, in dem diese Seele, die man jetzt als Esprit bezeichnet, nun ihren neuen Platz findet. Die Öffnung des Govi nimmt die Funktion einer Kehle ein, indem sie den Geist in den Stand setzt, sich sprachlich mitteilen zu können.

Bis hierher ist klar zu erkennen, daß es sich um einen stufenweise fortschreitenden Wechsel der Gefäße handelt, die den Gros-bon-ange beherbergen, wobei die jeweiligen Schritte von einem Behältnis ins nächste rituell vollzogen werden. Der entscheidende Augenblick aber, in dem sich die Seele eines Ahnen, die im Govi von einer Generation zur nächsten weitergegeben wurde, endgültig von ihrer tönernen Behausung löst und sie als Loa verläßt, liegt jenseits des Einflußbereiches des menschlichen Willens und der Willkür menschlicher Gebete. Dieser Moment ist wie das Ineinandergreifen zweier Bindeglieder jenseits von Zeit und Raum, ein Geschehen, das sich in den äußersten Randbereichen des Kosmos abspielt. Es gibt kein Ritual, durch das man diese letzte aller Umwandlungen der Seele willentlich herbeiführen oder auch nur ihren Zeitpunkt benennen könnte.[5] Es ist ein Moment, der ebenso unbekannt und unbezeugt ist wie der Augenblick der Entstehung des ersten stofflichen Lebens – und somit wiederum ein Moment der Geburt einer neuen Form stofflichen Lebens. Im Gegensatz zu den einfachen Ahnengeistern, die in einem Govi weitergereicht werden müssen, bilden die Loas einen Bestandteil des Lebensblutes eines Volkes und werden automatisch von einer Generation an die folgende vererbt. Sie lassen sich weder ignorieren noch zerstören. Auch ein Loa kann in einem Govi oder einem Stein untergebracht sein, aber in diesem Fall handelt es sich um eine zweitrangige Behausung. Wie der stoffliche Körper eines Kindes stets das Resultat des biologischen Erbes seiner Eltern ist, stellen seine Loas den psychischen Erbteil dar.* Durch dieses psychische elterliche Vermächtnis

* Wenn ein Haitianer von "erben" spricht, so ist dies für ihn (im Gegensatz zu unserer Kultur) kein Vorgang, der sich unabhängig von seinem Familienkreis abspielt oder diesem sogar feindlich entgegensteht. Das haitianische Familienleben ist vielmehr so aufgebaut, daß beide Begriffe – Familie und Erbe – eigentlich identisch sind. Wie in allen sogenannten „primitiven" Gesellschaften ist auch die haitianische Familie eine eng verbundene, dauerhafte Einheit; sie ist es, die die Basis der gesamten Gesellschaftsstruktur bildet, und nicht das Individuum. Um es im Wortschatz der Geographie auszudrücken: der Großvater wird nicht zum Teil der Vergangenheit einer Familie, denn die Familienmitglieder wechseln selten ihren Wohnsitz. – Der Großvater ist präsent als ein Teil des Hier und Jetzt. Dies gilt erst recht für die Eltern. Die Übertragung bestimmter Prinzipien, in Form der entsprechenden loas, ist daher kein so mystischer Vorgang, wie man bei dem Wort „erben" vielleicht vermuten könnte. Wenn die Rede davon ist, daß jemand den Guédé des Vaters oder die Erzilie der Mutter geerbt hat, so bedeutet das (in die Vorstellungswelt unseres Kulturkreises übertragen), daß der Vater dazu beigetragen hat, daß seine Kinder einen speziellen Sinn und ein besonderes Interesse für das Konzept von Tod und Auferstehung entwickeln, wie es sich im Charakter der Guédés ausdrückt – beziehungsweise daß die Kinder von ihrer Mutter die Bedeutung der Liebe und des Traums von der Schönheit „lernen", den Erzilie verkörpert.

wird der gesamte Schatz ethischer Grundsätze eines Volkes auf den Gros-bon-ange des Kindes übertragen und auf diese Weise an die folgende Generation weitergereicht.[6]

Dieses automatische Weitervererben der Loas bildet keinen Widerspruch zu dem Ausspruch „temperament mun, ce temperament loa-li" (der Charakter einer Person entspricht dem seines Loas) – ein Satz, der das Vorhandensein freier Wahlmöglichkeiten impliziert. – Als sich die ersten Familien bildeten, waren die diversen großen Loas noch unterschiedlich auf die einzelnen Familien verteilt. Dann aber hat der Umstand, daß die Haitianer nur innerhalb eines begrenzten Kreises heirateten, dazu geführt, daß inzwischen die großen Loas in jeder Familienlinie existieren und somit die grundsätzlichen Prinzipien, die sie verkörpern, in jedem Haitianer potentiell vorhanden sind. Der Verweis auf die wechselseitige Verwandtschaft zwischen einem Individuum und seinem Loa bezieht sich auf den *Maît-tête*, den „Herrscher des Kopfes", das heißt auf denjenigen Loa, der eine Vorrangstellung gegenüber sämtlichen anderen Loas einnimmt, die in der Psyche eines Menschen existieren. Dieser Ausspruch kann sich aber auch auf einen speziellen Einzelaspekt des Loas beziehen, der im Kopf einer bestimmten Person dominiert (denn die von den Loas verkörperten fundamentalen Prinzipien können in vielen Formen zum Ausdruck kommen; so kann sich Ogoun beispielsweise als Archetyp, aber auch als junger Krieger manifestieren). In beiden Fällen ist die Doppeldeutigkeit, die in diesem Satz steckt, signifikant. Er kann zum einen aussagen, daß Ogoun, der Gott der Macht, einem Menschen seine Gunst schenkt und unter seine spezielle Obhut nimmt, dessen Temperament ihm besonders zusagt; zum anderen kann aber auch gemeint sein, daß sich ein Mensch auf eine von ihm selbst gewählte Gottheit konzentriert, deren Persönlichkeit ihn am stärksten anspricht, so daß er von ihr nicht mehr lassen kann und als Folge davon von ihr besessen wird. Schließlich kann dieser Ausspruch auch bedeuten, daß beides zugleich der Fall ist. In allen drei Fällen ist es jedoch grundsätzlich so, daß es sich bei einer Person, die einmal von Ogoun besessen wurde, um jemanden handelt, der in seinem persönlichen Leben den Aspekt von Macht beziehungsweise Stärke betont.

War dieses spezielle Prinzip zu Lebzeiten dieses Menschen besonders stark, so wird man ihn nach seinem Tod aufgrund dieses charakteristischen Merkmals in Erinnerung behalten. Im Laufe der Zeit wird er für seine Nachkommen zu jenem unpersönlichen Abstraktum, dem Ahnen. Dieses Abstraktum verschmilzt später möglicherweise mit dem Konzept, das Ogoun darstellt, und löst auf diese Weise seine Identität vollständig in der des großen Loas auf. Eventuell nimmt man seinen Namen in die Anrufung für Ogoun auf; oder er wird sogar zu einer neuen Gottheit der Familie der Ogouns mit einem eigenen Namen, falls seine persönliche Art und Weise, dem Prinzip der Stärke Ausdruck zu verleihen, eine neuartige Variante des traditionellen Konzepts dargestellt hatte. Durch diesen Prozeß wird eine schier unbegrenzte Zahl von Ahnengeistern zusammengefaßt zu einer überschaubaren Anzahl von Variationen der einzelnen archetypischen Prinzipien.

Die nächsten Verwandten des Verstorbenen, die unter Umständen von ihrer Eitelkeit oder anderen selbstsüchtigen persönlichen Motiven beeinflußt sind, können nichts weiter tun, um die Grundvoraussetzungen zur Entstehung eines Loas zu schaffen, als die elterliche Seele aus der Unterwelt zurückzuholen. Zunächst muß eine bestimmte Zeit verstreichen, die Seele muß geläutert werden und den Prozeß der stufenweisen Abstraktion durchlaufen. Es gibt keinen Loa, an dessen ursprüngliche individuelle menschliche Existenz man sich erinnern kann.[7] Selbst der Gros-bon-ange beziehungsweise Esprit in seiner individuellen Form muß aufhören zu existieren. Erst dann, wenn all diese Prozesse am Ende angelangt sind, ist es nicht mehr der Vorfahr, den man verehrt; das endgültige Verdikt, die letzte Stufe der Wandlung und der Wiederauferstehung, die endgültige Erhebung in den Stand einer Gottheit liegt in den Händen der Geschichte und der Gesamtheit des Volkes.

Bei der Erhebung zu einer Gottheit handelt es sich also nicht um eine Vergeistlichung des Stofflichen; ganz im Gegenteil: durch die Zeremonie des *Retirer d'en bas de l'eau* – die zugleich eine rituelle Umkehrung der Zeremonien für Verstorbene darstellt – wird die körperlose Seele dem stofflichen, belebten Universum, aus dem sie ursprünglich stammte, *wiedergegeben*; bei diesem Prozeß erhält sie einen großen Teil ihrer ursprünglichen irdischen Eigenschaften zurück. Die Haitianer sind außerordentlich realistische, vernunftorientierte Menschen. Ihre Loas müssen die Anforderungen sowie auch die Vorrechte, die das Leben mit sich bringt, mit ihnen teilen.Über große Macht zu verfügen bedeutet zugleich, viel Energie zu benötigen. So haben auch die Loas, gleich den stofflichen Lebewesen, einen unerschöpflichen Bedarf an Nahrung, um ihre Lebenskräfte erhalten zu können. Das Versorgen der Loas mit stofflicher Nahrung in zeremoniellem Rahmen stellt eine der häufigsten Aufgaben und zugleich die wichtigste Verpflichtung eines Vaudouisten dar.

Diese ganze Kette mit ihren ineinandergreifenden Gliedern – Leben, Tod, Erhebung in den Stand einer Gottheit, Umwandlung, Wiederauferstehung – gleitet ununterbrochen durch die Hände dessen, der den Loas aufrichtig dient. Nichts wird außer acht gelassen: daß die Götter einst Menschen waren, daß sie von Menschen zu Göttern gemacht wurden, und daß es Menschen sind, von denen sie am Leben erhalten werden. Daher kommt es, daß den haitianischen Loas, auch wenn sie hoch verehrt und geachtet werden, das Charakteristikum der Absolutheit fehlt, die in anderen Kulturen unter Umständen zu den Merkmalen einer Gottheit mutmaßlich übernatürlichen Ursprungs gehört.* Die Loas verneigen sich vor dem Priester, fühlen sich durch Nichtachtung gekränkt und weinen, wenn sie vernachlässigt werden. Der Vaudouist auf der anderen Seite ist zugleich hingebungsvoll und fordernd; er bittet, aber er feilscht auch. Er erwartet und akzeptiert das ständige Eingreifen der Loas in sein tägliches Leben nicht deswegen, weil er wundergläubig ist – er tut dies vielmehr deshalb, weil er diese Einmengung eben gerade nicht als ein Wunder ansieht. Seine Verehrung schließt die Annahme mit ein, es sei die Pflicht der Loas, in sein Leben einzugreifen; denn der Gros-bon-ange, aus dem der Loa entstand, ist eine Schöpfung des Lebens, und er wurde durch die Zeremonie des *Retirer d'en bas de l'eau* wieder ins Leben eingegliedert.

4

Der kosmische Spiegel und der Leichnam am Kreuzweg

Der Haitianer verbindet mit der metaphysischen Welt der Invisibles keine vage, mystische Vorstellung; für ihn ist sie eine Welt, die er gleichsam in einem kosmischen Spiegel betrachtet, welcher ihm die unsterblichen Bilder all derer zeigt, die jemals vor diesem Spiegel standen. Der Spiegel ist das Sinnbild für die Kosmographie des haitianischen Mythos. Die Loas werden angeredet als seien sie Spiegelbilder und in ihren Anrufungen finden sich Bezüge auf die Oberfläche eines Spiegels. So lautet eine Zeile im Lied für den Loa Legba zum Beispiel: *„O Creole, Sondé miroir, O Legba"*. (O Creole, miß die Tiefe des Spiegels aus, O Legba). – In manchen Liedern heißt es, der Spiegel würde Felsen durchbrechen[8], da er einem Röntgenstrahl gleiche, der die Materie durchdringt. Die *Vevers* – heilige Symbole, die während der Zeremonien gezeichnet werden – sind häufig symmetrisch aufgebaut, als würden sie an einem Horizont gespiegelt. Man ruft die Loas als *Loco-Miroir* (der Spiegel-Loco), *Loco-De* (Zweifach- oder Doppel-Loco) oder auch als *Agassou-Dos-Miroir* (Agassou der Rückseite des Spiegels) an.[9] Man reicht ihnen ihre Speisen in spiegelverkehrter Richtung: „Papa Damballa, Frau Erzilie und Fräulein Aida, ich gebe euch mit der linken Hand zu essen. Ich nehme die linke Hand, weil ihr die Invisibles seid."[10] – Man grüßt sie spiegelverkehrt: wenn man ihnen ein Kind vorstellt, trägt man es auf dem linken Arm. Die rituelle Begrüßung erfolgt ebenfalls auf diese Art und Weise: der Hougan und der Loa stehen sich von Angesicht zu Angesicht gegenüber und führen ihre Wendungen und Knickse in spiegelbildlicher Symmetrie aus.[11] Die Loas vollführen ihre Handlungen spiegelbildlich: wenn sie von einer Person Besitz ergreifen, begrüßen sie die restlichen Versam-

* Bezeichnenderweise nimmt man an, daß die Loas, die zu Lebzeiten einer Person Hougans beziehungsweise Mambos waren – das heißt Gottheiten menschlicher Herkunft sind – „stärker" seien als die, die kosmischen Ursprungs sind.

melten mit einem doppelten Handschlag; sie schütteln die Hände der Anwesenden zuerst mit der rechten, dann mit der linken Hand, wobei sie mit letzterer den psychischen Kontakt herstellen, durch welchen der Geist des jeweiligen Loa in den Körper seines Gegenübers übertragen werden soll, um bei diesem gleichfalls eine Besessenheit herbeizuführen. Eine andere Möglichkeit, eine solche Übertragung zu bewirken, besteht darin, daß der Loa die linke Hand seines Partners festhält, während er mit dieser Person Drehungen entgegen dem Uhrzeigersinn ausführt, eine spiralförmige Reise, bei der die Grenze zwischen Jenseits und Diesseits überschritten wird, und die nahezu in allen Fällen zu einer Besessenheit führt. Auch die Tänzer bewegen sich während der Rituale gegen den Uhrzeigersinn um den Pfosten in der Raummitte (die Autorin meint den sogenannten Poteau-mitan, dessen Bedeutung an späterer Stelle erklärt wird; Anm. d. Ü.). Bei einigen rituellen Handlungen erweckt das Hin- und Zurückdrehen sogar die Vorstellung eines Spiegels, den man der zeitlichen Dimension vorhält. Ist im Rahmen einer Zeremonie das Erscheinen desjenigen Loas erforderlich, unter dessen speziellem Schutz das *Hounfor* (die Gemeinde) steht, und dieser Loa hat noch von keinem der Anwesenden Besitz ergriffen, kann der *La-place*, einer der hohen Bediensteten des Hounfors, rituell dessen Stelle einnehmen. Zu diesem Zweck begibt sich der La-place *rückwärts* durch die Tür, die vom heiligen Altar in den Raum führt, in dem die Zeremonie stattfindet. Es ist, als würde man einen Film rückwärts ablaufen lassen – zu vergleichen etwa mit einem Taucher, der aus dem Wasser heraus, wieder zurück auf das Sprungbrett schießt. Durch diese Geste des La-place wird die Zeit symbolisch zurückgedreht bis zu einem Zeitpunkt vor dem Tod des Individuums, aus dessen Gros-bon-ange sich ebendieser Loa schließlich entwickelte. Zu Lebzeiten eines Menschen ist sein Gros-bon-ange quasi seine Reflexion in jenem kosmischen Spiegel – ein Spiegel, den ihm sein stofflicher Körper vorhält, der sich gleichzeitig darin spiegelt. Mit dem Tod aber hört der stoffliche Körper zu sein auf, und ebenso die Kraft, die ihn am Leben hielt, und er versinkt in den Tiefen des Spiegels.

Die Metapher für die Tiefe dieses Spiegels ist der Kreuzweg, symbolisiert durch das Kreuz. Für den Haitianer ist dieses Zeichen nicht nur das Sinnbild für die horizontale Ausdehnung der Erdoberfläche in alle vier Himmelsrichtungen. Es ist vor allem das Symbol für den Schnittpunkt der horizontalen Ebene – der sterblichen Welt – mit der vertikalen Ebene, der metaphysischen Achse, die in den Spiegel hinabtaucht. Der Kreuzweg bildet demnach den Zugang zur Welt der Invisibles, der Seele des Kosmos, der Quelle aller Lebenskraft, des kosmischen Gedächtnisses und der kosmischen Weisheit. Da der Mensch in seinem täglichen Leben auf die beständige Kommunikation mit seinem Gros-bon-ange angewiesen ist – seinem Gedächtnis, seiner Intelligenz, seiner Phantasie und seiner schöpferischen Kraft – pflegen die Haitianer, sowohl individuell als auch kollektiv, mit der Welt der Invisibles Kontakt und nehmen ihre Hilfe in Anspruch. Aus diesem

Grund handelt es sich beim Kreuzweg um das wichtigste rituelle Symbol. Wo für andere Kulturen eine Dualität zwischen der physischen und der metaphysischen Welt herrscht, eine sich notwendigerweise ergebende Unvereinbarkeit, löst der haitianische Bauer das Rätsel dieser Beziehung im Bild dieser rechtwinkeligen Figur.

Die Basis der vertikalen Ebene ruht in den Wassern der Unterwelt, der Quelle aller Lebenskraft. Hier liegt *Guinée*, Afrika, der legendäre Ort des Ursprungs des Volkes. Hier, auf der „Insel unter dem Meer", haben die Loas ihren ersten und dauernden Wohnsitz. An diesen Ort kehren die Seelen der Verstorbenen zurück und nehmen die Form von Meereslebewesen oder Insekten an, bis man sie in die Welt der Lebenden zurückruft[12], bis sie wiedergeboren werden. – Es ist, als hätte dieser alte Mythos die naturwissenschaftlichen Forschungsergebnisse der Evolution vorweggenommen. Wenn folglich jemand im Rahmen einer Zeremonie die Erde anspricht, wenn er auf den Boden klopft, wenn er Flüssigkeiten auf die Erde schüttet, Löcher in den Boden gräbt und rituelle Gaben hineinstellt, wenn er sich auf die Erde kniet und sie mit seinen Lippen oder seiner Stirn berührt, so sind dies Gesten, die nicht an die Erde selbst gerichtet sind, sondern an den Kosmos, der in ihr enthalten ist.[13] Es bleibt sich gleich, ob man das Symbol des Kreuzweges mit Mehl auf den Boden malt oder in die Luft zeichnet – stets geht es dabei um die Stelle, an der sich die horizontale und die vertikale Ebene berühren, um den Punkt, an dem der Kontakt zwischen den Welten hergestellt und der Fluß der Energien und Kräfte in beide Richtungen in Gang gesetzt wird. An diese Schnittstelle plaziert man die Speiseopfer für die Loas; dies ist der Ort, an dem sie erscheinen, um auf der stofflichen Ebene in Aktion zu treten.

Insbesondere Bäume stellen eine besonders mächtige natürliche Bahn dar, in welcher diese Energien fließen können. Die Blätter dieser Bäume können dementsprechend göttliche, heilende Kräfte enthalten, sofern man sie vorschriftsmäßig pflückt und behandelt. Die ältesten Loas werden als *Loas racine*s (Ursprungsloas) bezeichnet; in ihren Liedern singt man von ihrer „racine sans but" (Wurzel ohne Ende). Der Herrscher der „Insel unter dem Meer", *Grand Bois d'Islet*, wird häufig durch einen Ast repräsentiert.[14] Wenn irgendein Baum einem speziellen Loa geweiht ist, so bedeutet das nicht, daß dieser Loa der Geist *des* Baumes ist, sondern liegt vielmehr darin begründet, daß es sich bei diesem Baum um eine von den göttlichen Kräften besonders bevorzugte Bahn handelt. Der stilisierte Baum, der seine Äste und Wurzeln symmetrisch in beide Richtungen der horizontalen Ebene ausbreitet, ist ein auffallendes Motiv der Vevers. In Form des *Poteau-mitan*s – des Pfostens, der sich genau im Zentrum des *Peristyle*[15] befindet, das heißt im Zentrum des Bezirkes, in dem die Zeremonien stattfinden – errichten die Vaudouisten die gleiche vertikale Bahn, dieselbe Achse des metaphysischen Kosmos. Um diesen Poteau-mitan herum spielen sich die rituellen Handlungen ab und bewegt sich der Tanz; am Fuß dieses Pfostens plaziert man die Opfergaben; durch den Poteau-mitan hindurch nehmen die Loas ihren Weg in das Peristyle.

Vever für Guèdé

Da die vertikale Dimension immer und überall vorhanden ist, fehlt lediglich noch der entsprechend zu bezeichnende Schnittpunkt. Das Kreuzsymbol taucht überall auf, wo Kommunikation oder ein wechselseitiger Energieaustausch zwischen den Welten angezeigt ist. Die vertikale Ebene schließt sowohl die Unterwelt als auch den Himmel als Dimension der Unendlichkeit ein; die Horizontale umfaßt die Menschen, den Raum und die Materie.*

Am Anfang aller Vaudouzeremonien steht die Begrüßung des Wächters des Kreuzweges, des Loas, der das Prinzip des Überganges – des Kontaktes mit der göttlichen Welt – verkörpert. Diesen Loa des Kreuzweges kann man indes von beiden Welten aus betrachten, in denen er mit je einem Bein steht. Nähert man sich ihm in seiner Funktion als Gesprächsvermittler zu den Loas, als Hüter der Pforte, dessen Erlaubnis erforderlich ist, um zur Quelle des Lebens zu gelangen, so wird er als Legba begrüßt; ihm wird die Farbe Weiß symbolisch zugeordnet. Gleichzeitig handelt es sich bei der Welt der Invisibles aber auch um den kosmischen Friedhof der Seelen aller Verstorbenen. Will man daher mit den Invisibles als den Wesenheiten, die den körperlichen Tod überdauern, in Verbindung treten, ist dieser Loa schwarzgekleidet; wir begegnen in diesem Fall Guèdé, dem Totengott. Sämtliche Rituale enden mit einer Begrüßung für ihn.

---

* Eine vollständigere Darstellung dieses Prinzips findet sich auf S. 114f.

Guèdé ist die dunkle Gestalt, die beim Treffen der Lebenden und der Toten zugegen ist. Er ist weiser als alle übrigen Loas, da in seinem Gedächtnis der gesamte Wissensschatz der Toten gespeichert ist. Auf dem gleichen Weg, auf dem die Seelen der Verstorbenen die Unterwelt betreten, steigen die Loas und die Lebensenergien auch wieder aus ebendiesen Tiefen empor. Folglich ist Guèdé der Herr des Lebens ebenso wie der des Todes. Sein Tanz ist ein Begattungstanz. Entsprechend kann in dem Raum, der speziell seiner Verehrung dient, die Plastik eines Phallus Seite an Seite liegen mit den drei Werkzeugen eines Totengräbers. Guèdé ist ferner der spezielle Beschützer der Kinder und der größte unter den göttlichen Heilern. Er ist die letzte Instanz, die man gegen den Tod anrufen kann. Er ist der kosmische Leichnam, der die Menschen mit Leben erfüllt. Sein Symbol ist das Kreuz, da er die Achse des Kreislaufes der stofflichen Fortzeugung ist, zugleich aber auch die Achse des metaphysischen Kreislaufes der Wiederauferstehung. Er ist das Alpha und das Omega.[16]

5

Marassa - Zwei und Zwei ergibt Fünf

Guèdé, der Loa des Lebens und des Todes, ist der Leichnam des zuerst erschaffenen Menschen; dies ist ein Geschöpf, das man sich aufgrund seiner ursprünglich zwillingshaften Natur als eine kosmische Totalität vorstellen kann, die von der horizontalen Achse des Spiegels in zwei identische Hälften geteilt wird. Die Verehrung der Marassa, der göttlichen Zwillinge, ist zugleich die Freudenfeier des zwillingshaften Wesens des Menschen, von dem ein Teil der sterblichen, der andere der unsterblichen Welt angehört; dessen eine Hälfte menschlich, die andere göttlich ist. Im Konzept der Marassa ist zunächst einmal die Vorstellung von der Teilung einer ursprünglichen kosmischen Einheit enthalten. In den Vaudou-Liedern finden sich noch heute Andeutungen, die auf die alten afrikanischen Ursprungsmythen hinweisen. So handelt es sich bei dem Wort Silibo – sowie auch dem Loa Gran' Silibo – um einen Begriff aus der dahomeyischen Sprache, mit dem ein *Tohwiyo* bezeichnet wird, der Stammvater einer alten Sippe; den Tohwiyos aus Dahomey sagt man nach, sie seien die Nachkommen eines menschlichen und eines übernatürlichen Elternteils.[17] Heutzutage bezeichnet man die Marassa als Gottes erstgeschaffene Kinder, und ihr Fest hat man mancherorts mit dem Weihnachtsfest zusammengelegt[18], denn auch bei letzterem handelt es sich um die Feier für ein heiliges Kind, das aus der Verbindung eines göttlichen mit einem menschlichen Elternteil hervorgegangen ist. Dieses Gefühl des gerade erst Entstandenen, des Neuen, des Beginns, der Unschuld – kurz, das Gefühl der Kindheit des Volkes – hat man sich in der Vorstellung von den Marassa als Kindern bewahrt; ergreifen sie Besitz von einer Person, spielen sie Murmeln oder andere Kinderspiele. Die für sie bestimmten Opferspeisen kann man später ausschließlich Kindern zu essen geben.[19] In ihrer Rolle als die Erstgeschaffenen unter den Menschen sind sie zugleich die ersten, uranfänglichen Toten. Tatsächlich finden die Feiern für die Toten und die Marassa auch zur selben Zeit statt, nämlich zu Allerseelen.* Die ersten Speiseopfer, die im Rahmen der (unter der Schutzherrschaft des Loas Guèdé ausgeführten) Rituale für die Verstorbenen dargebracht werden, sind für Legba bestimmt, den Hüter des Kreuzweges – und für die Marassa. Später wird der Teller der Marassa Kindern mit der rituellen Frage gereicht: „Seid ihr nun satt?"[20] – Wenn man davon ausgeht, daß es sich bei den Marassa um die ersten Toten handelt, sind sie – logischerweise – auch die ersten Ahnen und somit die ersten Loas. Weil sie der Ursprung aller Loas sind, steht die Begrüßung der Marassa bei allen Zermonien am Anfang; erst danach begrüßt man die übrigen Loas. In gewisser Hinsicht sieht man sie als mächtiger an als die anderen Mystères. – „Papa Marassa muß vor allen anderen Göttern seine Speisen erhalten." – Nichts kann bewirkt werden, insbesondere keine Magie, ohne daß die Marassa zuerst geziemend begrüßt worden sind.[21]

Der metaphysische Charakter der göttlichen Zwillinge spiegelt sich in den Glaubensvorstellungen wider, die der Haitianer mit den menschlichen Zwillingen seines Lebenskreises verbindet, und in der Art, wie er mit ihnen umgeht. Er betrachtet Zwillinge als zwei Teile eines Ganzen, die aufgrund dieser Ganzheit auch eine gemeinsame Seele besitzen – so wie auch der *Plat-Marassa* (das für die Speiseopfer der Marassa bestimmte Eßgeschirr) aus zwei zusammengebundenen Tonschalen besteht.[22] Da Zwillinge im Grunde eine Einheit sind, zieht all das, was den einen Teil betrifft, auch den anderen in Mitleidenschaft; jede Krankheit oder jeder Unfall, die einem der beiden zustößt, wird automatisch als Bedrohung für den anderen empfunden; die gewaltsame Trennung von Zwillingen kann möglicherweise eine Katastrophe nach sich ziehen. Man bemüht sich nach besten Kräften, das Leben von Zwillingen so zu gestalten, daß sie alle entscheidenden Schritte gleichzeitig unternehmen – daß sie beispielsweise ihre Hochzeit gemeinsam feiern. Darüberhinaus übertragen die Haitianer das Konzept von den göttlichen Zwillingen, die mit einem Fuß im Jenseits und mit dem anderen im Diesseits stehen, und die sich somit zur Hälfte in der metaphysischen Welt befinden, auch auf die menschlichen Zwillinge aus ihrem Lebenskreis; man glaubt, sie besäßen die Gabe des Wahrsagens sowie magische Kräfte.

Die Marassa stellen zwar die erstgeschaffene kosmische Totalität dar, man kann sie sich aber auch geteilt vorstellen, und zwar sowohl durch die vertikale als auch durch die horizontale Achse. Beim Schnitt in der Vertikalen würden zwei

---

* Auch in unserer Kultur wird – im Rahmen des Festes Hallowe'en (in den angelsächsischen Ländern am Abend des 31.Oktobers, dem Tag vor Allerheiligen, gefeiert; Anm. d. Ü.) – die Feier der Toten mit Kindern in Zusammenhang gebracht.

Hälften entstehen, von der jede sich zum einen Teil in der physischen, und zum anderen in der metaphysischen Welt befindet. Dies stellt die Spaltung der ursprünglichen androgynen kosmischen Ganzheit in einen weiblichen und einen männlichen Teil dar.[23] So sind die Marassa die Eltern der menschlichen Rasse, ihre Ahnen, und diese Funktion verleiht ihnen ihre besondere Bedeutung. Ihr Fest – das *Mangé Marassa* – findet zur Erntezeit statt[24] (wobei es sich bei diesem Termin um eine ältere zeitliche Datierung zu handeln scheint und diese Feier erst später in die Weihnachtszeit verlegt wurde) und ist Bestandteil eines umfassenderen Fruchtbarkeitsrituals. Man ruft die Marassa ferner bei Geburten an, um die Entbindung zu erleichtern.[25] Im Rahmen der Canzo-Zeremonie, der spirituellen Geburt des Initiierten, ruft man einen kleinen Jungen und ein kleines Mädchen herbei, damit diese den „Neugeborenen" taufen und ihm einen Namen geben; die beiden Kinder übernehmen hier also die Elternrolle der göttlichen Zwillinge.[26] Die Verehrung der Marassa bezieht sich nicht unbedingt auf ein Zwillingspaar, das in der entsprechenden Familie irgendwann einmal vorkam; vielmehr sind diese Loas, in ihrer Rolle als Ursprung der ganzen Menschheit, zugleich auch der Ursprung der Stammbäume sämtlicher Familien: „Papa Marassa, der die vier Rassen repräsentiert."[27]

Der haitianische Mythos geht jedoch über das Konzept der Marassa in ihrer Rolle als gleichgeschlechtliches Wesen hinaus, sowie auch über die Vorstellung von den Marassa als zwei gegengeschlechtlichen Personen, das heißt als Verkörperung der uranfänglichen Spaltung in eine männliche und eine weibliche Hälfte. Am weitesten verbreitet ist die Verehrung der *Marassa-Trois*, einer Dreierkonstellation, die als *Marassa-Dossu-Dossa* angerufen wird. Das Vever für diese Zeremonie enthält eine Dreierkonfiguration, und das Eßgeschirr besteht aus drei kleinen zusammengebundenen Tonschalen, die durch einen einzigen Griff gehalten werden. In dieser Anordnung kommen sämtliche existenten metaphysischen Variationsmöglichkeiten gemeinsam zum Ausdruck. Man kann sie als Symbol der kosmischen Ganzheit betrachten – als die Demonstration der Tatsache, daß weder durch eine Teilung in der horizontalen noch durch eine Spaltung in der vertikalen Ebene die beiden Teile vollständig aus ihrer ganzheitlichen Verbindung herausgelöst werden können. In diesem Sinn kann man die Marassa als die Verkörperung der kosmischen Einheit auffassen, die im Gegensatz zu einer dualistischen Weltsicht steht – einer Sichtweise, die das Ergebnis der Bemühung darstellt, einer Aufteilung den Charakter einer totale Auseinanderspaltung in lauter unzusammenhängende Elemente zu verleihen.[28] Man kann diese Dreieinigkeit allerdings auch aus einem anderen Blickwinkel betrachten: das dritte Element kann als das Produkt der Beziehung der Zwillinge untereinander gesehen werden – als das Zusammenwirken eines männlichen und eines weiblichen Teils und zugleich als das Ergebnis der Verbindung beider Teile, das heißt als ein Ausdruck von Vielfalt.[29]

Dadurch wird demonstriert, daß es sich bei der Zeugung um das Resultat der Beziehung der einzelnen Teile untereinander handelt. Manchmal werden im Rahmen eines Rituals viele Aspekte dieser Dreierkonfiguration gleichzeitig zum Ausdruck gebracht. – So ist die Spitze des von den Marassa-Trois gebildeten Dreiecks ein Bild für die androgyne kosmische Ganzheit; die Füße, auf denen dieses Dreieck ruht, symbolisieren die vertikale Spaltung dieser Gesamtheit in einen männlichen (Dossu) und einen weiblichen (Dossa) Teil; jeder einzelne Fuß dieser Kombination wiederum wird in der Horizontalen in den stofflichen Körper und die metaphysische Seele geteilt.[30]

Für den Haitianer zählt also die Beziehung der einzelnen Teile zueinander. Die Zwillinge dürfen nicht in zwei von einander isolierte Hälften auseinander gespalten werden, die sich als unvereinbare und einander bekämpfende Gegensätze gegenüberstehen. Im Vaudou ergibt Eins *und* Eins Drei; Zwei *und* Zwei macht Fünf; denn bei dem in dieser Gleichung enthaltenen „*und*" handelt es sich um das dritte bzw. fünfte Element, und damit um das Bindeglied, welches den einzelnen Teilen ihre Bedeutung verleiht. In dieser Fünferkonstellation ist die Natur des Menschen in ihrer Gesamtheit enthalten: sein Ursprung als Einzelwesen und seine vielzählige Nachkommenschaft, seine sterbliche Hülle sowie sein unsterbliches Spiegelbild, sein Menschsein und seine Göttlichkeit. Die Zahl Fünf entspricht der Vierteilung des Kreuzweges, einschließlich des Elementes des Öffnens und Schließens der Pforte – einer Pendelbewegung, die den Wechsel der Welten darstellt, den Augenblick von Ankunft und Abschied.

Im Konzept der kosmischen Ganzheit der einen, uranfänglichen, Quelle, aus der das Leben einst entsprang – in der Vorstellung der göttlichen Dreieinigkeit der Morts, der Mysteres und der Marassa, in dieser kabbalistischen Quintessenz* des menschlichen Lebens – bestätigen die Haitianer ebendieses Prinzip einer unteilbaren, uranfänglichen Zahl. Dieses Prinzip ist die Triebkraft, die Energie, der immerwährende Katalysator, der den voneinander getrennten Elementen des anfänglichen Chaos ihre ursprüngliche Bedeutung und das erste Leben gab.

6

Rituale für die Verstorbenen

Das Leben eines Menschen erscheint wie ein bestimmter Zeitraum, in dem die verschiedenen kosmischen Elemente eine einzigartige Verbindung eingehen, aus der ebendieser Mensch hervorging, der zusammengesetzt ist aus einem stofflichen Körper, einem Gros-bon-ange, den man als das spirituelle Gegen-

* „Quintessenz": (1) die fünfte bzw. letzte und höchste Konzentration von Kraft in einem natürlichen Körper; (2) die Essenz eines Gegenstandes in ihrer konzentriertesten Form.

stück des Körpers ansieht, sowie dem Ti-bon-ange oder Geist.[31] Die Rituale für die Verstorbenen erfüllen den Zweck, jedes dieser einzelnen Elemente nach und nach wieder seiner ursprünglichen Domäne zuzuführen.

Steine und Govis können den Loas aus dem Grund als Herberge dienen, weil der Haitianer nicht an eine physische Auferstehung des Fleisches glaubt. Aus dem gleichen Grund verfügen die Loas über die Macht, Besitz vom Körper einer lebenden Person zu ergreifen. Das Leben eines Haitianers spielt sich zu nahe an den Beschränkungen des stofflichen Körpers ab; er ist sich der Schwächen dieses Körpers, seiner Anfälligkeit für Krankheiten, seines unstillbaren, quälenden Hungers und seiner Sterblichkeit zu deutlich bewußt, als daß er an eine derartige Auferstehung glauben könnte. In Anbetracht dieser engen Einbettung in die Kreisläufe und Prozesse der Natur, sowie aufgrund seiner Abhängigkeit vom guten Gedeihen seiner Pflanzen und Tiere, würde er nie auf den Gedanken kommen, dem Menschen einen besonderen Wert in physischer Hinsicht zuzuschreiben. Der stoffliche Körper ist ein Bestandteil der Materie. Zwar kann er belebt werden von der Seele oder durch einen Loa, wenn dieser Besitz von diesem Körper ergreift – allein für sich gesehen jedoch ist er lediglich Materie und muß als solche nach seinem Tod dem Reich des Stofflichen zurückgegeben werden. Die Rituale für Verstorbene sind im großen und ganzen darauf ausgerichtet, einer Auferstehung des physischen Körpers entgegenzuarbeiten – auf der einen Seite sollen sie einen unnatürlichen Tod verhindern, auf der anderen Seite ebenso ein widernatürliches Leben. Die erste Handlung der Hinterbliebenen besteht darin, festzustellen, ob die Person tatsächlich eines natürlichen Todes gestorben, oder aber das Opfer eines magischen Angriffes geworden ist. Handelt es sich nämlich um eine übernatürliche Todesursache, und werden diesem Umstand zum Trotz die üblichen Rituale ausgeführt, mittels derer die Seele vom Körper getrennt wird, wird aus dem stofflichen Körper ein lebendiges, wenngleich leeres Gefäß, das den Manipulationen einer fremden psychischen Macht unterworfen ist (wobei es sich hierbei zumeist um den Zauberer handelt, der die entsprechende Magie angewandt hat). In einem solchen Fall haben wir den gefürchteten *Zombie*[32], diese größte aller Schreckensvorstellungen, vor uns: einen seelenlosen Körper, Materie ohne jede Ethik (siehe die Erklärung im Kasten auf S. 57, Anm.d.Ü.). Um eine solche Entwicklung zu verhindern, werden alle möglichen Maßnahmen ergriffen, um sicherzustellen, daß der Körper wirklich kein Leben mehr enthält und infolgedessen für materielle Zwecke unbrauchbar ist. Eventuell stößt man ihm noch ein Messer durch das Herz; oder aber man vollzieht seine Beerdigung unter Anwendung einer Reihe von besonderen Kunstgriffen, die dazu dienen, eine mögliche Auferstehung zu vereiteln.[33] So kann man beispielsweise eine Pflanze in seinen Sarg legen, die so viele Samen enthält, daß jeder, der diesen Körper aus der Erde

In der populären Vorstellung – außerhalb Haitis – ist der Zombie ein kraftstrotzender Riese, der keine Seele besitzt und unfähig ist, zwischen Gut und Böse zu unterscheiden, und der sich somit weder durch vernünftige Argumente noch durch inständiges Flehen oder auf irgendeine andere Weise von seinem Tun abhalten läßt, sobald er von der Macht, die ihn kontrolliert, zu einem übelwollenden Zweck eingesetzt wird. – In dieser Vorstellung spiegelt sich eine Begriffsverwirrung hinsichtlich der Funktion eines Zombies wider. In Wirklichkeit ist der Kern der Magie psychischer Natur und hat nichts mit physischer Kraftausübung zu tun; und der Magier erreicht seine übelwollenden Ziele durch den Einsatz ebendieser relativ diffizilen psychischen Methoden. Daß er sich Menschen mit großer Körperkraft aussucht, um sie zu Zombies zu machen, ist nicht darin begründet, daß er sie zur Ausführung böser Absichten benützen will, sondern daß er eine Art Sklaven schaffen möchte, den er auf den Feldern, beim Hausbau und so weiter einsetzen kann und der nie eine Klage äußert. Einem Haitianer ist eine Begegnung mit einem Zombie zwar nicht angenehm; wovor er sich aber tatsächlich fürchtet, ist die Möglichkeit, eines Tages selbst in einen Zombie verwandelt zu werden. Vor einem solchen Schicksal wiederum fürchtet er sich nicht deshalb, weil er vor harter Arbeit zurückschrecken würde – daran ist er gewöhnt; zudem schließt die Unempfindlichkeit für Schmerzen, die einen Zombie auszeichnet, jede Möglichkeit des Leidens für ihn aus. Sein Entsetzen liegt vielmehr auf der moralischen Ebene. Denn die Haitianer besitzen ein tiefverwurzeltes Empfinden für den ethischen Wert der Kraft des menschlichen Verstandes und der damit verbundenen Fähigkeit, das moralisch Gute vom moralisch Bösen zu unterscheiden, sowie auch der Fähigkeit überlegten Handelns und der Selbstbeherrschung. Im Alltagsleben der Haitianer spiegeln sich diese Wertvorstellungen in ihrer Abneigung gegen den Zustand der Verwirrtheit und den Mangel an Selbstkontrolle wider, die mit einer Betrunkenheit einhergehen können, und es kommt äußerst selten vor, daß man einen Haitianer auch nur im ersten Stadium der Trunkenheit sieht. Dasselbe moralische Wertsystem findet seinen Ausdruck in der Vorliebe der Haitianer für ein beherrschtes, ja sogar bewußt förmliches Verhalten, und jede Abweichung von diesem sozialen Verhaltenskodex wird sanktioniert durch die Bemerkung: „Malelevé!" (Ungezogen! Ungehobelt!). Im seelenlosen Zombie sieht der Haitianer den extremsten Ausdruck all dessen, was er in jeder Hinsicht verachtet: den Verlust der Fähigkeit zur moralischen Einsicht, Bewertung und der Selbstbeherrschung. Somit entspricht der Haitianer nicht dem Bild des Angehörigen einer „primitiven" Kultur – der Vorstellung, daß der Zustand einer ungezähmten, naiven Natürlichkeit ohne individuelles Bewußtsein etwas grundsätzlich Gutes sei, wohingegen die Menschen durch die Anwendung ihrer intellektuellen Fähigkeiten Gefahr liefen, diesem essentiellen Guten entgegenzuwirken. Ganz im Gegensatz zu dieser Auffassung betrachtet der Haitianer das Gute oder die Moral als das Ergebnis des menschlichen Bewußtseins, seiner Erfahrungen, Informationen, seiner Fähigkeit zu begreifen und sich selbst zu beherrschen; seine Rituale sieht er als ein Mittel, sich die ihrem Wesen nach amoralischen Kräfte des Universums zum Durchsetzen ethischer Zwecke zunutze zu machen. Abschließend läßt sich sagen, daß das menschliche Bewußtsein, einschließlich all seiner ihm innewohnenden Kräfte und Potentiale, die wichtigste Stellung im metaphysischen System der Vaudoureligion einnimmt. Ebendieses Gewissen ist gemeint, wenn der Haitianer vom Esprit spricht; dieses Gewissen ist es auch, welches er vom stofflichen Körper trennt, wieder aus der Unterwelt birgt, nach seinem Tod als Vermächtnis seinen Nachkommen hinterläßt, und welches er eventuell in den Stand einer Gottheit erhebt. – Ein Zombie hingegen ist nichts weiter als ein physischer Körper, der seiner intellektuellen Fähigkeiten beraubt worden ist; ein Haitianer kann sich kein schrecklicheres Schicksal vorstellen.

Abbildung 1:
Die mit weißem Stoff umhüllten Govis beherbergen die Seelen der Toten. Der an die Wand über dem Vaudou-Altar gemalte Phönix ist einer der Schutzgottheiten dieses Hounfors.

holen will, zuerst die Samen zählen muß und somit diese Aufgabe niemals vor Tagesanbruch vollenden kann.* Besondere Sorgfalt verwendet man weiterhin darauf, daß kein Teil des Verstorbenen, der dem Reich der toten Materie

* Aus Gründen magischer Folgerichtigkeit muß der Zauberer die vorgefundenen Samen zählen.

zuzuordnen ist, weiterhin in der Welt der Lebenden verwendet wird. Es gibt zahlreiche derartiger vorbeugenden Maßnahmen gegen ein widernatürliches Weiterleben eines Individuums, dessen Körper im Falle eines derartigen Fortlebens für magische oder übelwollende Zwecke mißbraucht werden kann. Das Wasser, das zum Waschen des Leichnams dient, wird sorgfältig in ein Loch gegossen. Die drei Tropfen Wasser, die nach haitianischem Glauben im Mund eines Toten verbleiben, und die man als eine letzte Sekretion versteht – als den Rückstand des Lebens, das den stofflichen Körper einst erfüllte – dürfen nicht verloren gehen. Haare und Nägel werden geschnitten und mit besonderer Umsicht direkt Seite an Seite mit dem Leichnam begraben. Hand in Hand mit diesen Vorsichtsmaßnahmen gehen bestimmte Vorkehrungen, den stofflichen Körper zu läutern bevor man ihn der Erde übergibt. Meistens handelt es sich hierbei um Reinigungsrituale. Ist jemand an Lepra oder einer ähnlichen Krankheit gestorben, oder wurde er von einem Blitz getroffen, so ist eine spezielle „Quarantäne" vorgeschrieben, sowie zahlreiche weitere, ähnlich komplizierte rituelle Maßnahmen.

Die Riten, die man für den stofflichen Körper eines Verstorbenen vollzieht, sind relativ unbedeutend im Verhältnis zu den Zeremonien afrikanischer Herkunft, die sich mit den nichtstofflichen Komponenten des Toten befassen. Unter diesen immateriellen Elementen ist es der Ti-bon-ange, der den geringsten rituellen Aufwand erfordert. Es ist charakteristisch für die fast unpersönliche, transzendente, spirituelle Natur des Ti-bon-ange, daß dieser im Moment des Todes von selbst freigesetzt wird und neun Tage lang über dem Leichnam schwebt, bevor er in den Himmel aufsteigt. Der Ti-bon-ange wird zum Teil als Schutzengel verstanden: so sagt man beispielsweise von einem Haitianer, der viel trinkt, aber nicht betrunken wird, er habe einen „Ti-bon-ange, der für ihn trinkt". Der Ti-bon-ange ist aber auch das objektive Gewissen: er ist unfähig zu lügen und spricht stets die Wahrheit, wenn er während des Schlafes eines Menschen befragt wird. Außerdem ist er nicht manipulierbar – obgleich es eine Zeremonie gibt, mittels derer man ihn stärken kann, wenn er geschwächt ist.[34] Er stellt gewissermaßen die objektive, unpersönliche, spirituelle Komponente eines Individuums dar. In den Ritualen für die Verstorbenen spielt er keine Rolle.

Die bedeutendste Zeremonie für die Toten ist das *Dessounin*, ein Ritual des „stufenweisen Abbaues", das dafür bestimmt ist, sowohl den Gros-bon-ange (die individuelle Seele beziehungsweise das Selbst) als auch den Loa Maît-tête (das ist der Loa, der „Herrscher des Kopfes" des Verstorbenen war) vom Körper zu trennen. Es gibt grundsätzlich einen unter den verschiedenen – bisweilen zahlreichen – Loas eines Menschen, der offenkundig dominiert. Dieser Loa ist gewöhnlich der erste, der von dieser Person Besitz ergriffen hat, und er bleibt

Abbildung 2:
Eine Initiierte auf dem Weg zur Bruler-Zin-zeremonie. Im Rahmen der Rituale, die im Zusammenhang mit der Geburt, der Einweihung, dem Tod und dem Zurückfordern der Seelen der Verstorbenen stehen, werden weiße Tücher verwendet. Die Maske, die das Gesicht der Initiierten verhüllt, ist aus einem ausgefransten Palmwedel gefertigt.

Zeit seines Lebens die diesem Menschen am engsten verbundene, vertrauteste Gottheit. Der Maît-tête ist seine besondere Schutzgottheit, und man sieht vor allem ihn als den geistigen Führer dieses Individuums an. Und natürlicherweise ist es dieser Loa, dem der Mensch am meisten verdankt, der den einfachsten Zugang zu seinem Kopf und seinem Körper hat, und der unter Umständen die meisten Forderungen und Ansprüche stellt. Der Maît-tête ist der spezielle Vertreter dieser Person in der Welt der Mystères, und die übrigen Loas in seinem Kopf stehen gewissermaßen unter seiner Oberaufsicht. Die Haitianer gehen von der Annahme aus, daß mit der Freisetzung des Maît-tête zugleich automatisch die Freisetzung aller übrigen Loas erfolgt.

Der Maît-tête stellt gewissermaßen das göttliche Elternteil des Gros-bon-ange dar – das von den Eltern weitergereichte psychische Erbe. Durch die Zeremonie des *Dessounin* werden also zwei unterschiedliche, aber miteinander in Beziehung stehende Handlungen vollzogen. – Zum einen wird die Loa-Bindung des Gros-bon-ange gelöst und der Gros-bon-ange wird von seinem irdischen Elternteil, dem jetzt toten stofflichen Körper getrennt. Zum anderen katapultiert die Zeremonie den Gros-bon-ange als eine eigenständige spirituelle Wesenheit in das spirituelle Universum. Dort wird er wiederum entweder zu einem Bestandteil des umfassenden spirituellen Erbes der Nachkommen dieser Person; oder er entwickelt sich eventuell sogar zum göttlichen Elternteil, dem Loa Maît-tête eines der nachfolgenden Gros-bons-anges.

Der Sinn der Zeremonie des *Dessounin* liegt folglich darin, die Vorbedingungen für eine vorschriftsmäßige Freisetzung des göttlichen Erbteils zu schaffen.[35] Die Haitianer glauben, daß eine Familie von großen Leiden heimgesucht und von den Loas verfolgt wird, wenn sie diese Pflicht vernachlässigt. Die Betonung der Notwendigkeit, die Seele zu befreien, ist von einigen Beobachtern als der Versuch aufgefaßt worden, die Seele zu ihrem himmlischen Wohnsitz zu schicken, auf daß sie dort „in Frieden ruhe". Eine solche Interpretation, die der christlichen Sichtweise entspringt, läßt sich logischerweise jedoch nicht auf ein Volk anwenden, dessen Hauptbeschäftigung darin besteht, die Seelen der Verstorbenen wieder zum Leben zu erwecken, sie um Rat zu fragen und sie um ihr beständiges Eingreifen zu bitten. Ganz im Gegenteil: würde diese Trennung nicht durchgeführt, könnte der Leichnam nicht in Frieden ruhen, da er nach wie vor von psychischen Kräften belebt würde, nämlich von den göttlichen Loas und dem Gros-bon-ange. Und beide würden sich mit Sicherheit zornentbrannt gegen die Familie wenden, die es versäumte, sie von der toten Materie zu befreien, und die auf diese Weise zugleich die Ahnenreihe unterbrochen hat, durch die das göttliche Erbe des Volkes laufend bereichert wird.

Sind die Loas und der Gros-bon-ange erst einmal freigesetzt, folgen sie ihren eigenen, separaten Wegen. Die Loas können in die Wasser der Unterwelt zurückzukehren, ihre ständige Heimat. Und sie haben dann die Möglichkeit, jederzeit von einem beliebigen Menschen Besitz zu ergreifen. Darüberhinaus sind die Loas bereits zum Erbteil der Kinder des Verstorbenen geworden. Der Gros-bon-ange hingegen muß gewissermaßen mit dem stofflichen Körper zusammen sterben. Wenn der Gros-bon-ange zu Lebzeiten seines Besitzers in einem Behältnis – einem Canari beziehungsweise Pot-de-tête – aufbewahrt wurde, und dieses Gefäß wurde von einer Person gestohlen, welche vermittels dieses Gros-bon-ange magische Macht über den dazugehörigen menschlichen Körper ausübt, dann kann der Betroffene solange nicht sterben, bis sein Gros-bon-ange und sein stofflicher Körper wieder vereint sind.[36] Der Gros-bon-ange steigt in die Wasser der Unterwelt hinab und muß dort – im Gegensatz zu den Loas – mindestens ein Jahr lang bleiben. Bei diesem Aufenthalt in der Unterwelt handelt es sich nicht um ein Fegefeuer; der Kälte und Nässe ausgesetzt zu sein, stellt für einen haitianischen Bauern höchstens eine kleine Unbequemlichkeit dar. Vielmehr handelt es sich um eine Zeit des Vergessens, einen Scheintod, von dem der Gros-bon-ange zurückgefordert beziehungsweise wiedergeboren werden muß, wenn er eine der Stufen erreichen will, die zur Unsterblichkeit führen.

7

Die Riten des Zurückforderns der Seele – Die Zeremonie des Retirer d'en bas de l'eau

Mindestens ein Jahr muß nach dem Tod eines Angehörigen verstreichen, bis seine Familie daran gehen kann, seine Seele aus den Wassern des Abgrundes unter der Erde zurückzufordern und sie in einem Govi unterzubringen; dort kann sie sie von da ab anrufen und um Rat bitten, wenn jemand krank ist oder andere Schwierigkeiten hat, und von dort aus kann sie an sämtlichen Entscheidungen teilhaben, die gewöhnlich von allen Familienmitgliedern in gemeinsamer Beratung getroffen werden. Auf diese Weise unterstützt die Seele durch ihr Wissen, ihre Moral und ihren Intellekt, die durch diese Zeremonie wiedergewonnen wurden, die Familie bei der Bewältigung ihres täglichen Lebens.

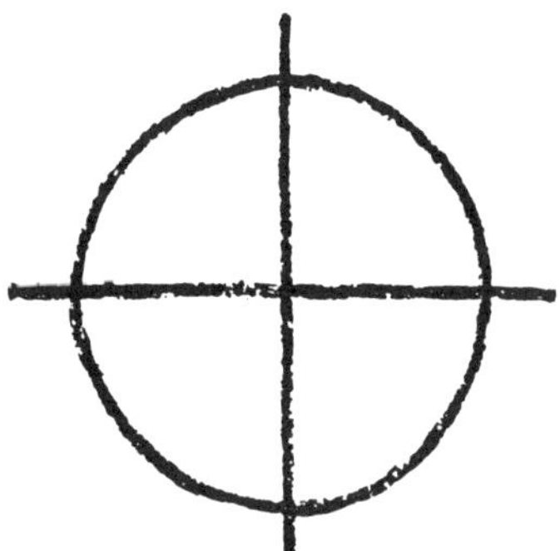

Kreuzweg und Mittelpfosten

Um diese Zeremonie durchführen zu können, ist die Familie auf die Dienste eines Hougan (oder einer *Mambo*, das heißt einer Priesterin) angewiesen, der durch seine Ausbildung und aufgrund reicher Erfahrungen die Fähigkeit erlangt hat, die Invisibles herbeizurufen.* Die Geister manifestieren sich dann in der stofflichen Welt, entweder in Form von Stimmen oder indem sie Besitz von einem Anwesenden ergreifen. Da eine solche Zeremonie die Mitwirkung des gesamten Hilfspersonals des Hougans erfordert, und weil ferner verschiedene Opfergaben und andere Dinge gekauft werden müssen, kann dieses Ritual ziemlich kostspielig für eine einzelne Familie werden. Deshalb verschiebt man es häufig so lange, bis ein Jahr vergangen ist und mehrere benachbarte Familien Tote zu beklagen haben. Am festgesetzten Abend versammeln sich die Teilnehmer nach und nach im Peristyle (ein Bereich des zeremoniellen Bezirkes) des Hougans. Diejenigen von ihnen, die nicht damit beschäftigt sind,im angrenzenden Hounfor (Altarraum) die Zeremonie vorzubereiten, tanzen einige Runden, während sich die Trommler einstimmen.** Die Leute haben aus einem weißen Stück Stoff provisorisch ein kleines zeltähnliches Gebilde konstruiert und dieses in kurzer Entfernung in dem großen Hof aufgestellt. Da es hier weder einen Teich noch einen Fluß gibt, hat man einen Trog mit Wasser gefüllt und in dieses Zelt gestellt; durch die Oberfläche des Wassers werden die zurückzurufenden Seelen nach oben steigen. Dieser Trog vergegenwärtigt die Unterwelt im Diesseits.[37]

Der Boden vor der Türe des Hounfors ist mit Strohmatten ausgelegt. Angeführt vom Hougan begeben sich die weißgekleideten *Hounsis**** (die Initiierten) in einer Prozession vom Hounfor zu dem weißen Zelt. Sie tragen die geweihten und in weiße Tücher eingeschlagenen Govis. Sie achten darauf, daß ihre bloßen Füße den Boden nicht berühren, denn dann könnten eventuell die Invisibles durch sie hindurch aufsteigen und den Platz in den Krügen besetzen. Während sie auf das wei-

* In einigen Gegenden besitzt eine Mambo einen niedrigeren Status als ein Hougan; im vorliegenden Buch stehen jedoch beide Bezeichnungen gleichberechtigt nebeneinander. Oft verwende ich der Einfachheit halber nur das Wort Hougan, wenn ich mich auf die Tätigkeiten eines Priesters beziehe; dabei wird jedoch ganz klar vorausgesetzt, daß eine Mambo diese rituellen Funktionen in gleicher Weise erfüllen könnte.

** Das Peristyle ist ein nach allen Seiten hin offener, überdachter Bereich, innerhalb dessen die meisten Zeremonien und Tänze stattfinden. (Siehe Photo Nr.10, S. 190). Mit der Bezeichnung Hounfor kann das gesamte Grundstück, einschließlich der Ritualgegenstände und des Hilfspersonals eines einzelnen Priesters gemeint sein; ebenso kann sich dieser Begriff ausschließlich auf den kleinen Raum beziehen, in dem sich der Altar eines oder mehrerer Loas befindet. (Siehe Photo Nr. 1, S. 58). Werden die Begriffe Hounfor und Peristyle nebeneinanderstehend verwendet - wie zum Beispiel in dieser Passage - bezeichnet das Wort Hounfor den Altarraum. Wird der Ausdruck Hounfor nicht im Sinne einer solchen Unterscheidung benützt, bezieht er sich auf den Gesamtkomplex.

*** Bei den Hounsis handelt es sich um Initiierte, die bestimmte Stufen der Einweihung durchlaufen und hierdurch die Fähigkeit erworben haben, bei verschiedenen rituellen Handlungen zu assistieren.

ße Zelt zugehen, werden die Matten, die sie vor einem solchen Kontakt mit den Loas abschirmen, geschwind hinter ihnen aufgesammelt und erneut vor ihnen ausgebreitet. Dann führt ihr Weg durch den heiligen Bezirk, windet sich unter Bäumen hindurch, von denen jeder einer bestimmten Gottheit geweiht ist. Vor dem Eingang des Zeltes angekommen, strecken sich die Hounsis auf den Matten aus. Die großen, runden Öffnungen der Govis, die sie auf ihren Köpfen behalten, zeigen in Richtung des Eingangs wie eine Menge leerer, hungriger Schädel. Weiße Tücher werden über die Initiierten gebreitet und hüllen sie vollständig ein. Auf der einen Seite des Zeltes warten die Trommler und der *Houngenikon* (der offizielle Vorsänger) darauf, die Seelen mit den entsprechenden Liedern zu begrüßen, während auf der anderen Seite der La-place steht (der Leiter der zermoniellen Handlungen; derjenige, der dem Priester hauptsächlich assistiert). In der Hand hält er eine Peitsche, mit der er alle bösen Geister abwehrt, sowie auch diejenigen Geister, die den Bezirk einfach nur unbefugt betreten, und die eventuell in die Krüge eindringen könnten.

Die Silhouette des Hougans, die sich vor dem Schein der Kerze abhebt, tanzt und huscht über den Stoff der Zeltwand, während er seine letzten Vorbereitungen abschließt. Dann löscht er die Kerze. Aber der Platz ist in helles Mondlicht getaucht. In diesem Licht zeichnen sich scharf der runde Zelteingang ab, die in einer Linie nebeneinander ausgestreckt liegenden Leiber unter den weißen Tüchern, die Gestalt des wachsamen La-place in weißer Hose und weißem Hemd, der in lässiger Haltung dasteht, die weißen Kleider der Teilnehmer und ihre von weißen Tüchern bedeckten Köpfe.

Nun setzt das rhythmische Rasseln und Klingeln der *Asson** des Priesters ein, des Instrumentes, mit der er Macht über die Welt der Invisibles ausüben kann. Einmal hat sie einen schrillen, knirschenden eindringlichen Klang, dann wieder tönt sie wie ein sachtes, leises Läuten; aber sie klingt unaufhörlich, ohne ein einziges Mal aus dem Takt zu geraten. Es ist, als müsse diese in die Dunkelheit gerichtete Antenne aus Klängen ununterbrochen verlängert und weiter gesponnen werden, bis sie in die abgeschiedensten Tiefen der Unterwelt vorstößt. Unaufhörlich ertönt dieser rhythmische Klang, gleich eines kosmischen Signals, das in die Weiten eines anderen Universums ausgesandt wird – hinweg über die geduldig dasitzenden Gestalten, über das leise Rascheln kleiner Tiere im Unterholz, das Heulen ei-

* Die *Asson* – die heilige Rassel – kann nur jemand besitzen und verwenden, der alle zeremoniellen Stufen auf dem Weg zur Priesterschaft durchlaufen hat. Es handelt sich um einen Kürbis mit einer griffähnlichen Ausformung; das Rasseln wird hauptsächlich erzeugt, indem man ihn mit Schlangenknochen oder ähnlichen Gegenständen füllt, zum Teil aber auch durch ein loses Perlengeflecht, das ihn umhüllt. Dieses Geflecht findet sich ausschließlich bei rituellen Rasseln, während man einen einfachen, mit kleinen Gegenständen gefüllten Kürbis ganz allgemein als Rhythmusinstrument verwendet; letztere sind nicht zu verwechseln mit der heiligen Rassel.

nes Hundes in der Ferne, das Quieken eines Schweins, das sich in dem Strick verwickelt hat, mit dem es festgebunden ist, das Krähen der Hähne, das hoch in den Bergen beginnt und bis zum Meer hinabwandert, das Geplauder nächtlicher Wanderer, die mit ihren auf ihren Köpfen aufgetürmten Lasten am Rand der nahegelegenen Straße zum Markt in der Stadt unterwegs sind – immer und immer wieder.

Dann erhebt der Hougan seine Stimme und beginnt, dem Rasseln und Klingeln die Überzeugungskraft seiner ersten Anrufungen hinzuzufügen. Sein Ton wechselt: einmal ist er intim und leise, dann wieder redselig, einmal drängend, dann wieder beschwörend. Er ruft die Invisibles an. Für die Leute außerhalb des Zeltes sind seine Worte zwar zu hören, aber größtenteils nicht zu unterscheiden. Aber jeder der Anwesenden weiß, daß seine Anrufungen Legba, den Loa des Kreuzweges, sowie Baron Samedi beziehungsweise Guèdé, den Totengeist, einschließen. Das weiße Tuch, das bei der Zeremonie des Zurückrufens der Toten über die Hounsis gebreitet wird, stellt gleichsam das Tuch dar, in welches der Leichnam gewickelt wurde. Es steht aber ebenso für die Windeln des neugeborenen Kindes, das gleich nach seiner Geburt zu den geweihten Bäumen im Hof seiner Familie getragen und dort den Familiengöttern vorgestellt wird. Ferner symbolisiert dieses Tuch die weiße Umhüllung, die den Initiierten während seiner Feuerprobe umgibt, sowie auch den weißen Baldachin, den man über ihn hält, wenn er am Morgen seiner zweiten, spirituellen Geburt – wie das neugeborene Kind – zu den geweihten Bäumen geführt wird.* Es ist auch die Hülle der Gebärmutter; und jetzt, im Moment des *Retirer d'en bas de l'eau*, assistiert der Hougan, gleich einer Hebamme, bei der dritten Geburt der Seele: ihrer Wiedergeburt aus den Wassern der Unterwelt.[38]

Bei seinen Anstrengungen, die Toten aus dem Land unter den Wassern emporzuziehen, wechselt der Tonfall des Priesters – aus einem flehenden Gebet wird ein geduldiges, aber dennoch unnachgiebiges Drängen. Abwechselnd protestiert er, versucht die Geister zu überzeugen, wird fast zornig, verlegt sich wieder auf einen schmeichelnden Ton oder unternimmt einen erneuten Überredungsversuch. Gelegentlich fällt der Name des ersten Toten, der zurückgeholt werden soll. Er ruft nach Papa Telemach. Die Zuhörer außerhalb des Zeltes können eine zuerst schwache, dann rasch lauter werdende wimmernde, zittrige Stimme vernehmen. Telemach ist ein uralter Mann. Als erstes beklagt er sich darüber, daß ihn seine Familie zu lange in der Kälte und der Nässe sitzen ließ. Der Hougan unterbricht ihn, um das Versäumnis zu entschuldigen: die Familie sei arm und die Zeremonie teuer, wie er wisse. Telemach jedoch, wie es die Art alter Menschen ist, scheint entweder nicht zu hören oder nicht zuhören zu wollen. Es kommt zu einer längeren Ausein-

---

* Siehe Photo Nr. 2, S. 60.

andersetzung. Die leise, deutlich zu unterscheidende Stimme des Priesters fällt den Beschwerden der hohen, halbgebrochenen Stimme ins Wort. Zeitweise hat es den Anschein, als beharrten beide zugleich auf ihren voneinander abweichenden Standpunkten. Dann wieder übertönt das Geräusch gurgelnden Wassers die Proteste des alten Mannes und es verstreichen einige Augenblicke, bis beide die Unterhaltung wieder aufnehmen. Die Anwesenden lauschen einem alten Mann, der zuviel Zeit hatte, um über eine vermeintliche Vernachlässigung nachzugrübeln. Ein Freund der Familie, der als Vermittler herbeigeholt wird, redet ihm gut zu. Schließlich möchte der alte Herr wissen, welches seiner Familienmitglieder die Zeremonie des Zurückrufens in die Wege geleitet hat. Irgendwo aus der Dunkelheit ruft die Stimme eines Mädchens: „Das war ich, Papa – Lamerci." – Dies nimmt der alte Mann zum Anlaß, mit seinen Beschwerden fortzufahren und bei dieser Gelegenheit einige sehr intime familiäre Auseinandersetzungen und andere Vorkommnisse zu erwähnen. Die Tochter entschuldigt sich, kichert, gerät in Verlegenheit über dieses Ausbreiten privater Familienangelegenheiten in aller Öffentlichkeit. Schließlich stellt Telemach Fragen nach dem Wohlbefinden der Familienmitglieder, die nicht anwesend sind, und Lamerci berichtet, daß ihr Bruder krank sei. Es folgt eine lange Unterredung, eine Befragung über die Symptome der Krankheit, und darüber, ob der Bruder dieses oder jenes getan habe. Der Hougan hat das Gefühl, es würde zu viel Zeit auf diese Person verwendet, und versucht taktvoll, die Unterredung zu unterbrechen, aber der alte Mann fährt dickköpfig fort und verschreibt schließlich eine komplizierte Behandlung mit Heilkräutern. Erneut gibt ihm der Priester zu verstehen, daß es Zeit wäre, sich in den Govi zu begeben, aber die Seele des alten Mannes weigert sich, diesen Moment seines Triumphes loszulassen. Er erwidert, er wolle nicht gedrängt werden, nachdem man ihn so lange habe warten lassen. Ein allgemeines Gelächter bricht aus, und sowohl der Priester als auch die Tochter bitten ihn, Vernunft anzunehmen. Er wiederholt noch einmal seine anfänglichen Klagen. Er möchte sich nicht so ohne weiteres vertrösten lassen. Schließlich aber ist er – unter Zögern – bereit, nachzugeben. Er bittet um ein Lied zu Ehren seines Schutzgottes, seines Maît-tête. Auf diese Aufforderung hin stimmt der Houngenikon das Lied an, und die Trommeln und der Chor fallen ein. Schließlich fragt der Hougan: „Bist du jetzt zufrieden?" – Der alte Mann bejaht dies. Es folgt eine Gesprächspause. Der Körper einer der Hounsis, die unter dem weißen Tuch liegen, wird steif, zieht sich zusammen, ihre Gliedmaßen zucken krampfhaft wie unter einem inneren Schock. Man weiß nun, daß die Seele ihren Platz in dem auf ihrem Kopf befindlichen Govi eingenommen hat.*

---

* Die spezielle Methode, mittels derer diese Übertragung erreicht wird, ist ein Bestandteil der geheimen Kenntnisse des Priesters; dasselbe gilt auch für die Methode, durch welche die Stimmen der zurückgeforderten Seelen – offenbar aus dem wassergefüllten Trog heraus – hörbar werden.

Die ganze Zeit über haben die Rassel und die Glocke nicht einen Moment lang aufgehört zu tönen – der Kontakt mit den unterweltlichen Regionen ist nun hergestellt, und die anderen Seelen folgen bereitwilliger. Man gewinnt sogar den Eindruck, daß sie am anderen Ende Schlange stehen, daß sie sich gegenseitig schubsen und miteinander darum kämpfen, als erste aus der kalten, nassen Welt aufzutauchen. Manchmal scheint es, als sei der Hougan mit zweien von ihnen zugleich in eine Auseinandersetzung verwickelt; er bittet um Geduld, beharrt auf dem Argument, daß eine bestimmte Seele älter sei als die andere und daher den Vorrang habe, fragt nach ihren Namen und bemüht sich, die ganze Prozedur so fair und so schnell wie möglich ablaufen zu lassen. Ein Mädchen bricht in Freudentränen aus, als es die Stimme seiner Mutter hört. Ein anderes ist ganz aufgeregt, weil es seinen Vater erkennt.

Dann erhebt sich eine Stimme laut und klagend über die anderen. Es ist ein weinender Mann. Der Priester fragt, wer er sei. Die Antwort ist undeutlich. Er wiederholt seine Frage, kann aber den Namen nicht verstehen. Schließlich ruft er den draußen Versammelten zu: „Kennt jemand diesen Mann?" – Niemand antwortet. – „Woher kommst du?" – „Aus Jacmel." – Dieser Ort liegt am anderen Ende der Insel. Irgendjemand sagt spöttisch: „Du hast dich sicherlich verlaufen, Väterchen", worauf alle Anwesenden in Gelächter ausbrechen. Die Stimme bekommt einen Wutanfall. – „Jetzt habt ihr noch gut Lachen. Aber wartet nur ab, bis die Reihe an euch kommt, und eure nichtsnutzige Familie überhaupt nicht daran denkt, euch zurückzuholen." – Dann wird die Stimme ebenso unvermittelt von einem Weinkrampf geschüttelt. Die Wut sowie die Qual des Mannes haben die Versammlung ernüchtert und alle sind jetzt von Mitleid gerührt. Der Hougan erklärt der Seele voller Bedauern mit sanfter Stimme, daß leider alle verfügbaren Govis bereits für bestimmte Tote reserviert seien.[39] Es sei nicht möglich, daß er seinen Platz in einem davon einnähme. Vielleicht hätte seine Familie Geld gespart und würde sicherlich in allernächster Zeit schon die Zeremonie für ihn abhalten. Freundlich und taktvoll bittet der Priester die Seele, sich zurückzuziehen, damit die anderen emporsteigen könnten. Das Schluchzen wird allmählich schwächer, klingt immer weiter entfernt, und erstirbt schließlich völlig. Jemand murmelt in der Dunkelheit vor sich hin: "Arme verirrte Seele", und die anderen pflichten ihm mit mitleidigem Kopfnicken bei.

Jemand beginnt, von einem ähnlichen Erlebnis zu erzählen und auf dem Hof setzt ein allgemeines Geplauder ein. Ärgerlich dringt die Stimme des Hougans aus dem Zelt. – Wie soll er die Toten verstehen, wenn die Lebenden einen solchen lauten Trubel veranstalten? – Nach dieser Zurechtweisung kehrt sofort Ruhe in der Menge ein. Eine Zeit lang hört man nichts außer dem Rasseln und dem Klingeln der Asson. Dann ist die Stimme einer Frau deutlich zu vernehmen, die den charakteristischen Ton einer Marktfrau hat. „Die Geschäfte müssen gut gehen", sagt die Frau, „wenn meine Familie es sich leisten kann, dein Honorar zu bezahlen." Die wütende Antwort des Hougans geht im schallenden Gelächter der draußen Versammelten unter. – „Vielleicht", fährt sie fort, „hat aber auch die kleine Cocotte einen neuen Familienzweig gegründet." Die Nichte, auf die diese Bemerkung gemünzt war, dreht sich um und rennt davon, während sich das Gelächter der Anwesenden verstärkt. „Ja, ja, das ist Marie", sagt einer zum anderen. „Das ist sie ganz sicher", wiederholen sie. Die Zuhörer spitzen die Ohren, um sich nichts von dem unterhaltsamen Auftritt Maries entgehen zu lassen, die bekannt ist für ihre gewagten Kommentare. „Du darfst so etwas nicht sagen", entgegnet der Priester. „Cocotte ist ein anständiges Mädchen, und du weißt das." – Dann fängt er an, schneller zu sprechen, um sie von weiteren peinlichen Kommentaren abzuhalten.

Einige Seelen sind wütend, wenn sie ankommen und es ist schwer für den Hougan, mit ihnen fertigzuwerden. Eine von ihnen – eine offensichtlich sehr mächtige – bringt ihn in große Schwierigkeiten, und einmal hat es sogar den Anschein, als werde die Stimme des Priesters abgewürgt und der Geist würde Besitz von ihm ergreifen. Der Hougan ruft nach der Unterstützung des La-place. Im Inneren des Zeltes entsteht ein Aufruhr und der Körper der Hounsi, deren Govi für diese Seele bestimmt ist, wird in die Höhe gerissen wie vom Blitz getroffen, so, als hätte man die Seele gewaltsam in den Govi zwängen müssen. Der La-place und der Houngenikon eilen herbei, um ihr zu helfen, drücken sie in ihre liegende Stellung zurück, und bedecken sie hastig wieder mit dem weißen Tuch, das sie abgeschüttelt hat. Endlich ist das Werk vollbracht. Es hat mehrere Stunden in Anspruch genommen, aber alle sieben Seelen sind zurückgerufen worden. Die Asson verstummt. Der Kontakt zur jenseitigen Welt wird abgebrochen. Die Hounsis erheben sich und tragen die Govis zurück zum Hounfor; aber diesmal ist ihr Gang schwankend, als würden sie schwere Lasten auf ihren Köpfen balancieren. Einige der Seelen haben bis jetzt noch keine Ruhe gefunden, und die Hounsis, die die entsprechenden Govis tragen, taumeln von Seite zu Seite. Im Hounfor angekommen, werden die Tonkrüge auf dem Altar plaziert und verbleiben im Gewahrsam des Hougans.*

Im angrenzenden Peristyle haben sich die Trommeln erhoben zum *Danse de rejuissance*, dem Freudentanz; aber die Arbeit hat lange gedauert und alle sind müde. Man verschiebt die für diese Nacht geplante Zeremonie des *Bruler-zin* – ein belebendes Ritual zur „Erwärmung" der Geister – auf den folgenden Abend. Der Hougan scheint völlig erschöpft zu sein und zieht sich sofort zurück. Die Trommler spielen noch einige wenige Runden, dann zerstreuen sich die Anwesenden.

---

* Siehe Photo Nr. 1, S. 58.

II. KAPITEL

Die Serviteurs

1

Der Einfluß des Christentums

Das psychische Erbe des *Serviteurs* Titon stellte nicht nur aufgrund der großen Anzahl seiner Loas einen reichen Schatz dar; dieser Reichtum an Gottheiten legte vielmehr Zeugnis davon ab, daß seine Familie – sowohl die seines Vaters als auch die seiner Mutter – ihren Göttern hingebungsvoll und mit ihrer ganzen Kraft gedient hatte, wodurch sie die Stärke und die Leistungsfähigkeit der großen alten Ursprungsloas in vollem Maße lebendig erhalten hatte. Einige Zeit nach dem Tod von Titons Vater hatte sich seine Mutter ein Augenleiden zugezogen und war daraufhin zum Protestantismus konvertiert, da man ihre Krankheit als die Strafe des christlichen Gottes dafür betrachtete, daß sie den Loas diente. Als ihr Leiden sich nicht besserte, sah man darin einen Grund, ihre Kinder ebenfalls zu bekehren, was ihr bei ihren vier Töchtern auch gelungen war. Lediglich Titon hatte sich geweigert, die Loas seiner Ahnen aufzugeben, obwohl er, wie alle Vaudouisten, aufrichtig versicherte, daß er an den christlichen Gott und an Jesus glaube, und er erwies ihnen tatsächlich seine Huldigung, bevor er sich anschließend der Verehrung der Mystères zuwandte. Er kannte die katholischen Litaneien in der Tat so gut, daß man häufig die Bitte an ihn richtete, dem Hougan als *Prêt-savanne* beziehungsweise Buschpriester zu assistieren, dessen Aufgabe darin besteht, den Segen des christlichen Gottes für die nachfolgende Vaudouzeremonie zu erbitten.[1]

Man kann sagen, daß Titon durch die afrikanische Tradition dahingehend geprägt worden war, in Gott den „gran' maitre" zu sehen. – Am Anfang der Schöpfungsgeschichte Südrhodesiens steht ein uranfänglicher Gott namens Maori, der den ersten Mann, Mwuetsi, sowie dessen zwei Frauen, Massassi (aus deren Schoß das gesamte Pflanzenreich der Erde hervorging) und Morongo (die die Tiere und Menschen gebar) schuf.[2] Bei den ewesprechenden Dahomeyern findet sich eine vergleichbare Legende: eine erste zweigeschlechtliche Gottheit, Nanan-bouclou, erschuf ein Zwillingspaar – Mawu-Lisa – von dem alle übrigen Götter abstammen.[3] In sämtlichen afrikanischen Ländern betrachtete man diese erste Gottheit, diesen Ursprung des Universums, als zu weit entrückt, um sich mit den nichtigen Angelegenheiten der Menschen zu befassen[4]; als Folge davon betete man sie selten an. Als die Christen die Afrikaner lehrten, daß diese uranfängliche Wesenheit sich um die Belange der Menschen kümmere, und daß man deshalb einen persönlichen, eng vertrauten Umgang mit ihr pflegen solle, akzeptierten die Afrikaner diese Lehre als eine willkommene Abwandlung der

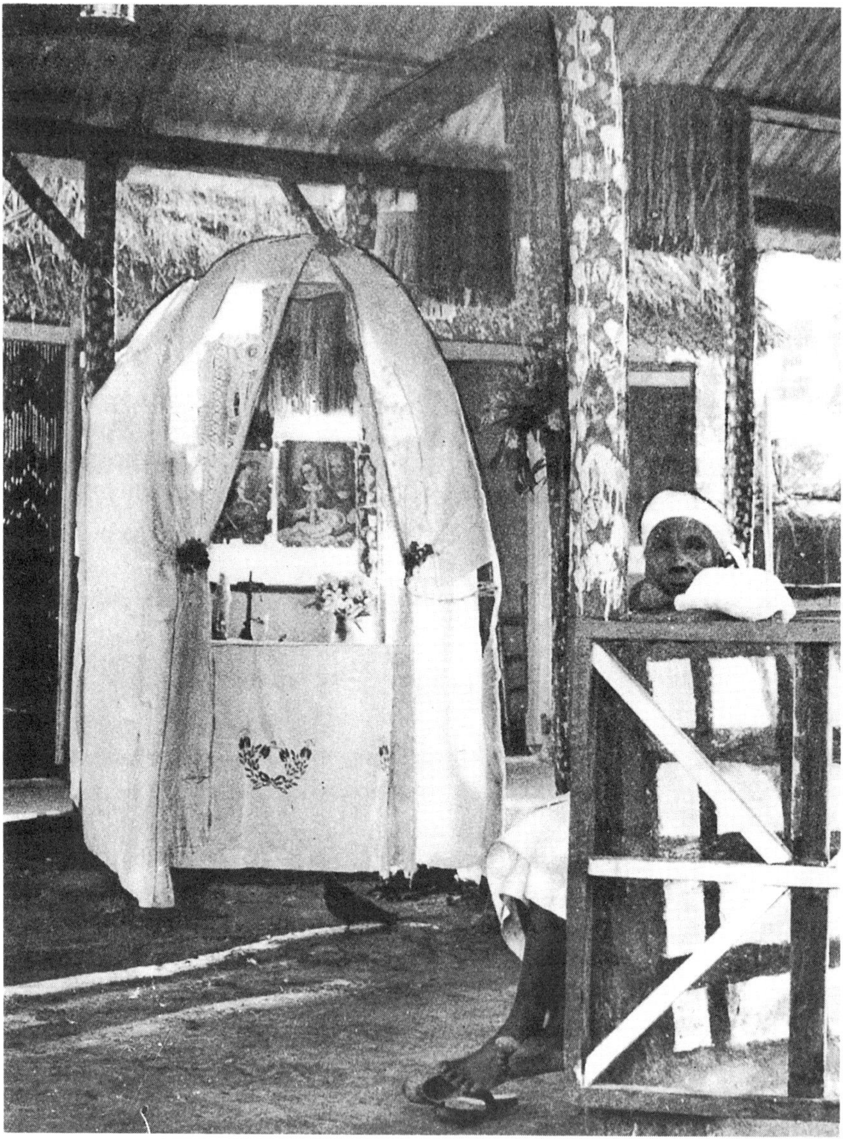

Abbildung 3:
Nische für Erzilie.
Der Vaudou hat passende Elemente nichtafrikanischer Kulturen integriert – so zum Beispiel die Bilder der katholischen Heiligen und die nach französischem Muster angefertigte Stickerei des Vorhangs, der auf dieser Abbildung zu sehen ist.

afrikanischen Tradition. Wenn man einmal davon ausgeht, daß das Spektrum religiösen Glaubens sich erstrecken kann von einer nahezu abstrakten Gottheit auf der einen Seite bis hin zur Beeinflussung durch magische Methoden auf der entgegengesetzten, dann handelte es sich im Falle des christlichen Gottes – den man durch Gebete beeinflussen konnte, und der als eine übernatürliche Macht ins Leben eingreifen konnte – um eine Gottheit, die viel einfacher und bequemer zu handhaben war als der gewöhnliche Große Gott Afrikas, dessen vollkommene Objektivität ihn auf einen Platz jenseits menschlicher Zugriffsmöglichkeiten stellte.[5]

Ein solcher Vergleich kehrt die allgemein verbreitete Einschätzung der „Mentalität der Primitiven" um. Es herrscht die allgemein verbreitete Auffassung, diese Völker seien unfähig, abstrakte Konzepte zu entwickeln, sie seien gebunden an die gegenständliche Erscheinungswelt (wie zum Beispiel im Animismus), und würden dazu neigen, die Naturgewalten zu personifizieren, indem sie sich auf exakt festgelegte Art unmittelbar an sie wenden. Der Ausdruck „primitive Mentalität" impliziert die Existenz einer hierarchischen Struktur. Er weist nahezu zwingend auf einen mythischen Ursprung der Welt aus einer Quelle hin, die nicht faßbar ist und die man nicht anbetet – wie auch der wissenschaftliche Geist in umfassender Weise eine erste Quelle sowie ein ursprüngliches evolutionäre Prinzip anerkennt und sich dann hauptsächlich mit den Modifikationen der Resultate beschäftigt, die dieser Quelle entsprungen sind. An zweite Stelle hinter Gott setzt der „Primitive" die uranfängliche Schöpfung dieses Gottes: den ersten Mann und die erste Frau, die Anteil haben an der erhabenen Natur ihres Schöpfers, aber dennoch Menschen sind. An dritter Stelle folgen die Gottheiten, die die Angelegenheiten der Menschen lenken. Diese Gottheiten können Veränderungen bewirken, aber nichts selbst erschaffen. Sie können zwar durch ihr Eingreifen zum Gedeihen eines Gartens beitragen und es regnen lassen, haben jedoch weder die Samen noch das Wasser erschaffen. Von ihrer Funktion her betrachtet, entsprechen die Gottheiten, an welche sich der „Primitive" zwecks derartiger Modifikationen wendet, den katholischen Heiligen.

Wie die Heiligen, so stehen auch die Loas in den Augen der Haitianer in der Schöpfungshierarchie weit unter Gott. Laut Auskunft der haitianischen Bauern sagt Agaou (der Loa des Donners): „Wenn Gott will."[6] – Gleich den Heiligen waren auch die Loas einst Menschen und sind die unmittelbaren Beschützer der Menschen. Wie die Heiligen haben auch sie spezielle Aktionsbereiche. Ist es daher sehr zu verwundern, wenn der moderne Vaudouist seinen Altar mit den Bildern derjenigen katholischen Heiligen schmückt, die er als Repräsentanten bestimmter Loas versteht? – Der heilige Patrick, der gerade die Schlangen ins Meer treibt, ist für ihn Damballah, der große Schlangengott – einfach deshalb, weil Schlangen auf dem Bild zu sehen sind. Der Farbdruck, der Lazarus als einen alten Mann zeigt, der sich auf einen Stab stützt und von Hunden begleitet wird, repräsentiert den alten Legba, den Hüter des Kreuzweges, dem in Dahomey Hunde heilig waren. Der heilige Ulrich ist Agwé, der Gott des Wassers, da er einen Fisch in der Hand hält. Der heilige Isidor, der – in einfache Kleider gehüllt – auf den Feldern kniet, ist Azacca, der Gott des Ackerbaues. Nichts könnte dem Serviteur eine größere Freude bereiten als die Existenz solcher in Massen gefertigten, billigen, Farbdrucke, die er zum Repräsentieren seiner Loas verwenden kann.[7]

Der Vaudou-Kult hätte nicht entstehen können und würde sich nicht nach wie vor so lebendig entwickeln, wenn sein Geschick in der Hand von Leuten gelegen hätte, die in sturer Weise einem oberflächlichen Sektierertum anhingen. Es ist in der Tat ein bedeutendes Zeugnis für die außerordentlich hochentwikkelte Fähigkeit der Westafrikaner, ein gemeinsames Grundprinzip hinter scheinbar völlig verschiedenen Praktiken erkennen zu können und afrikanische, amerikanisch-indianische, europäische und christliche Elemente dynamisch zu einer funktionierenden Gesamtheit zu verschmelzen.* Mag es auf den ersten Blick auch so scheinen, als habe das Christentum über den Vaudou triumphiert, so wird bei näherem Hinsehen klar, daß der Vaudou lediglich aufnahmebereit für solche Elemente einer Schwesterreligion war, die in sein eigenes Glaubenssystem paßten; diese Aspekte wurden in seine Grundstruktur integriert, wobei ihre Bedeutung, wenn nötig, feinsinnig verändert und dem afrikanischen Brauchtum angepaßt wurde. So wurde aus dem christlichen Kreuz beispielsweise der Kreuzweg. Die Taufe war bereits Tradition bei den Schwarzen. Das dreifache Trankopfer für „les Mystères, les Morts et les Marassa" wird übertragen auf den Vater, den Sohn und den Heiligen Geist. Das Konzept der Dreieinigkeit hat sich aus vielerlei Gründen (Marassa-Trois sowie die Drei als eine magische Zahl) vermischt mit afrikanischen Glaubenselementen.** Insgesamt ist dieses hierarchisch aufgebaute, pantheistische System offen für zusätzliche Gottheiten, und gibt selbst dem Prêt-savanne – als einer Art Kollegen des Hougans – die Möglichkeit, sie alle entsprechend ihrer Eigenarten in seine Litanei zu integrieren.[8] Dem Serviteur, der aufrichtig beteuert, daß er an die Dreieinigkeit glaube, der seine Kinder sowie auch seine Trommeln tauft, der die Bilder der Heiligen auf seinen Hausaltar stellt und reichen Gebrauch vom Zeichen des Kreuzes macht, stand die katholische Kirche in gewisser Weise hilflos gegenüber. Sie befindet sich in der eigentümlichen Position, die

* Siehe Bild Nr. 3, S. 72, sowie Bild Nr. 4, S. 75.

** In der Stimmung des Mardi-Gras-Karnevals und der Festumzüge am Karfreitag (das sogenannte „Rara"-Festival) spiegelt sich kaum etwas wider von dem Charakter der christlichen Ereignisse, die hier angeblich gefeiert werden.

bereits Konvertierten bekehren zu wollen. Ein religiöses System, das sich dem Katholizismus widersetzt, hätte sie besiegt. Angesichts einer derartigen Toleranz jedoch blieben die gewalttätigen Versuche, den Vaudou auszurotten, relativ wirkungslos.

Dem Protestantismus wiederum ist es gelungen, seine Unvereinbarkeit mit dem Vaudoukult deutlicher herauszustreichen. Tatsächlich besteht für die Vaudouisten eine weitaus größere Unvereinbarkeit zwischen den beiden christlichen Glaubensrichtungen als zwischen den Katholiken und ihnen, den Serviteurs. Es ist sogar möglich, daß ein Haitianer ein Gebet wie das folgende spricht:
„Im Namen Gottes, des Vaters, der Geister und meiner Mystères...Ich, der einzige lebende Nachkomme meiner Familie, habe den Vaudou nicht aufgegeben (eine Anspielung auf die anti-Vaudoukampagne; Anm. d. Aut.). Ich bitte die Heiligen, die Toten, die Marassa, ihr, die ihr mein einziger Schutz im Angesicht Gottes seid, ihr, die ihr als Verteidiger gegeben seid gegen den höllischen Feind, laßt nicht nach, mir weiterhin in meinem Leben beizustehen..."[9]

Abbildung 4: Indianischer Einfluß. Das Streifenmuster des Mittelpfostens, das Zeichnen der Vevers und die dargestellte Gottheit mit den drei Hörnern gehören zu den zahlreichen Elementen des indianischen Kultureinflusses.

2

Das afrikanische Erbe

Es ist nicht eindeutig zu klären, ob die konvertierten Mitglieder der Familie Titons ihre Loas rituell weggeschickt[10] oder sie einfach aufgegeben haben, und ob die Govis der Familie sowie ihre *Pierre-loas* noch existieren oder zerstört wurden. Dies ist auch nicht von entscheidender Bedeutung, da sie an diese Gegenstände, die als Orte der Konzentration oder Lokalisierung der Loas dienen, nicht gebunden sind. Die Gottheiten erfüllten Titons Eltern, aber sie gehörten ihnen nicht. Sowohl in physisch-biologischer Hinsicht als auch was seine spirituellen Komponenten anging, stellte Titon das Produkt seiner Eltern dar.* Daher erbte er automatisch auch die Loas seiner Eltern.[11]

Im Lauf der Geschichte hatte sich diese Vererbung zu einer komplexen Angelegenheit entwickelt. Die ersten Schwarzen waren aus vielen unterschiedlichen afrikanischen Staaten nach Haiti gebracht worden, vor allem aus Yoruba, Dahomey, Loango, Aschanti und Mandingo.[12] Unter anderem handelte es sich um Senegalesen, die – Berichten der ersten Kolonialherren zufolge – „einfach zu disziplinieren" waren; um Bambaras, die man als „anmaßend" und als „Diebe" ansah; um Aradas, die „gute Ackerbauern, aber sehr stolz" waren; um Congos, die „die Neigung hatten, ihren Herren davonzulaufen"; um Mondongos, die „kannibalisch und grausam" waren; um Mines, die „launisch und verzweifelt über ihr Schicksal" waren; um Ibos, die sehr eng miteinander verbunden waren und so häufig Selbstmord verübten, daß man bald die Bezeichnung „diejenigen, die sich aufhängen" für sie prägte; um Loangos, Mahis, Fons, Fulas sowie um Angehörige Dutzender weiterer Stämme.[13] – Sie alle brachten ihre speziellen Bräuche mit, ihre Sprache, ihre Götter, ihre Rituale, ihre Tänze, ihre Trommelrhythmen, die Erinnerungen, die sie mit ihrer Heimat verbanden, sowie die Namen ihrer Ortschaften und Flüsse.

Es war unvermeidlich, daß die Einheit der Stämme aufgebrochen und die Schwarzen über die ganze Insel zerstreut wurden. (Zugleich handelte es sich hierbei aber auch um einen bewußt geförderten Prozeß, denn die Kolonialherren waren darauf bedacht, die Stärke eines ihnen zahlenmäßig überlegenen Volkes zu minimieren). Trotz alledem teilten all diese Westafrikaner bestimmte grundsätzliche Glaubensvorstellungen: Ahnenverehrung, die rituelle Verwendung von Gesang, Trommeln und Tanz sowie die Besessenheit des Gläubigen von den Göttern. Angetrieben von der Notwendigkeit, ein einheitliches wirtschaftliches und politisches System zu schaffen, sowie

* Eine Abhandlung über die Vererbung der Loas findet sich auf S. 43f.

aufgrund persönlicher Erfordernisse, die sich durch die Heirat der Angehörigen der einzelnen Stämme untereinander ergaben, ergänzten sie diesen gemeinsamen Kern durch die große Vielfalt ihrer jeweiligen Stammesreligionen zu einem gemeinsamen Ganzen. Selbstverständlich mußten hierbei viele übergeordnete Hauptgottheiten der einzelnen Stämme, deren Funktionen

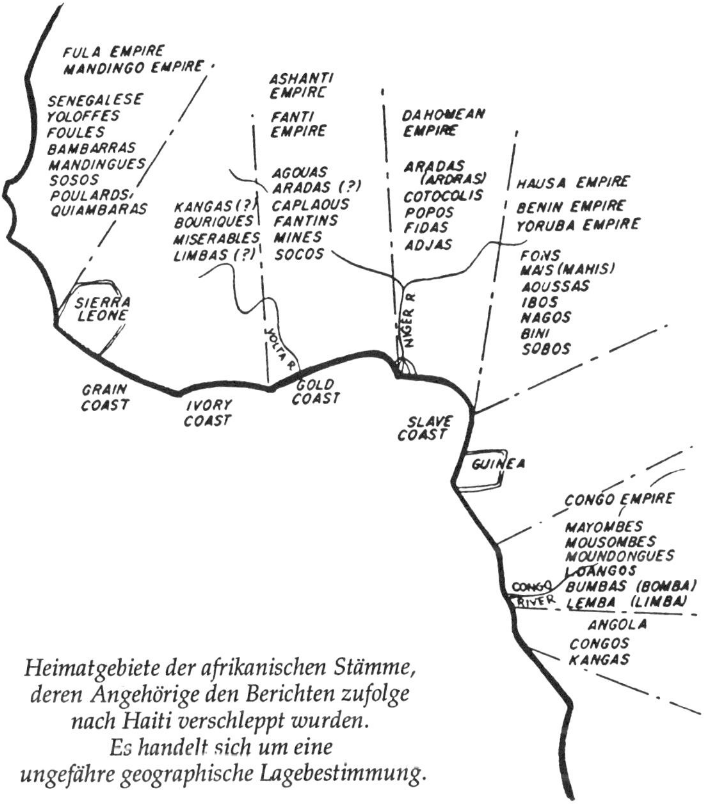

Heimatgebiete der afrikanischen Stämme, deren Angehörige den Berichten zufolge nach Haiti verschleppt wurden. Es handelt sich um eine ungefähre geographische Lagebestimmung.

sich überschnitten, integriert werden, da jedes Volk ein eigenständiges religiöses System samt dem zugehörigen Götterpantheon besaß. In einigen Fällen assimilierte die Gottheit des von seiner Bevölkerungszahl her größten Volkes die wesensgleichen Götter der anderen Stämme vollständig; oder man löste das Problem in der Weise, daß aufgrund des hervorstechendsten Charaktermerkmals eines bestimmten Volkes – wie zum Beispiel des kriegerischen Wesens der Nagos – ihrem Kriegsgott, Ogoun, der Vorrang über sämtliche anderen Repräsentanten dieses Prinzips verliehen wurde. Dennoch verlangte der Vaudou – als eine gemeinschaftliche Schöpfung – nicht, daß eine Stammesgottheit zugunsten einer anderen aufgegeben werden solle. Es schien den Anhängern dieser Religion, ganz im Gegenteil, Freude zu machen, so viele Gottheiten wie möglich zu integrieren. Mit einem in der Religionsgeschichte wohl einzigartigen, bewußt eingesetzten Feingefühl wurde sogar der ursprüngliche Charakter der einzelnen Götter erhalten. Daher kommt es, daß im Vaudou (in der Sprache der Fons das Wort für Gott) in seiner heutigen Form die Loas (das Congo-Wort für Geister) vieler Völker vereinigt sind; und sie werden entsprechend der Bräuche ihrer jeweiligen Heimat angerufen.[14]

Die Mehrzahl der Vaudougötter stammt ursprünglich aus Dahomey; ihre Riten bezeichnet man als Rada, nach dem Ort Allada. Noch heute tanzt man den *Yanvalou*, was in der Sprache der Whydah – der Einwohner der dahomeyschen Hafenstadt gleichen Namens – „inständiges Flehen" bedeutet. Ferner tanzt man den Nago der Yorubas des westlichen Nigeria zu Ehren des Kriegsgottes Schango oder wie ihn die Dahomeyer nennen würden: Ogoun Schango. Es existiert weiterhin ein Ogoun Badagri, benannt nach einem Küstenort in Westnigeria, sowie ein Ogoun Balindjou, der den Namen des Gottes des Ogoun-Flusses in Westnigeria trägt.[15] Die verschiedenen Göttergestalten wurden um ein bestimmtes einheitliches Prinzip herum zu einem gemeinsamen Ganzen zusammengefügt, als die Modifikationen, Abwandlungen, mannigfaltigen Aspekte dieses Prinzips – so wie man von den Loas, die aus menschlichen Ahnen hervorgegangen waren, jeweils diejenigen zu einem einzigen Grundprinzip zusammengruppiert, die ähnliche Charaktermerkmale gemeinsam haben, sozusagen als Variationen eines bestimmten Themas. Von solchen, unter einem übergeordneten Prinzip zusammengefaßten Loas sagt man, sie „gehen zusammen": „marcher ensemble".[16] Mittlerweile dient die Verwendung der Namen afrikanischer Orte, Stämme oder bestimmter Familienlinien weniger als Bezeichnung des geographischen Ursprungs der Gottheiten – dies hätte auch kaum eine Bedeutung für den heutigen Serviteur – sondern vielmehr als ein Mittel zur Hervorhebung bestimmter Charaktermerkmale. Trägt eine Gottheit beispielsweise als eine Art Beinamen die Bezeichnung „Wedo" bzw. „Oueddo", so soll uns dies nicht darüber informieren, daß dieser Gott mit den whydahsprechenden Afrikanern nach Haiti gelangt ist. Vielmehr weist dieses Wort auf einen Charakterzug besonderer Wohltätigkeit sowie auf ein hohes Ansehen und großen Einfluß hin, die diese Gottheit auszeichnen.*

---

* Am Ende dieses Kapitels findet sich eine Tabelle, in der ich versucht habe, einige Loas entsprechend ihrer Zugehörigkeit zu einem bestimmten kosmischen Prinzip, nach ihrer Stammesherkunft und gemäß ihrer emotionalen Färbung einzuordnen.

Der Vaudou wurde vor allem durch den Einfluß der dahomeyischen Kultur geprägt; und um den dahomeyischen Götterpantheon herum vollzog sich die Integration der Hauptgottheiten der anderen afrikanischen Stämme zu einem gemeinsamen Ganzen. Die Rada-Riten stehen also gleichsam stellvertretend für die Grundprinzipien der afrikanischen Tradition. Darüberhinaus ist in ihnen die emotionale Grundstimmung ihres Herkunftslandes wiederzufinden. – In Dahomey herrschte eine absolute und gut strukturierte Monarchie; die Lebensgrundlage der Bevölkerung bildete der Ackerbau; und man hatte ein kooperatives Arbeitssystem entwickelt. Es handelte sich um eine stabile, hierarchisch aufgebaute Nation, innerhalb derer die Götter eine bewahrende Rolle spielten. Sie beschützten dieses gut funktionierende Ganze gegen alles, was die Stabilität dieses Systems eventuell in Gefahr bringen konnte, und verhielten sich daher hilfreich, väterlich und passiv, außer es ergab sich eine Notwendigkeit, die ethischen Prinzipien, deren Repräsentanten sie waren, zu verteidigen.

Die Bedingungen in der neuen Welt waren jedoch nicht die gleichen wie in Dahomey. Die Stabilität, die funktionierende Ganzheit, die traditonellen, etablierten Strukturen wurden auseinandergebrochen, zerrissen und verletzt – häufig mit brutaler Gewalt. Die traditionell defensive, bewahrende Haltung der Götter konnte nicht länger genügen in einer Welt, in welcher es weder ein organisiertes Gesellschaftssystem noch irgendwelche festen Strukturen mehr gab, die es zu verteidigen galt. Man war vor eine Situation gestellt, die von einer einzigen speziellen und dringenden Notwendigkeit beherrscht wurde: dem Erfordernis zu handeln. In dieser neuen Welt erstand eine neue Nation von Geistern: die Loas der Karibik – die Petro-Nation.

3

Die Erfordernisse der neuen Welt und die Antwort der Religion

Der Unterschied zwischen dem Rada-Kult auf der einen und dem Petro-Kult auf der anderen Seite liegt weniger auf moralischer Ebene – in Form eines Gegensatzes zwischen Gut und Böse –, wenngleich der gewalttätige Charakter des Petro-Kultes sowie seine Nähe zur Magie diesem Kult den Ruf der Bösartigkeit eingetragen haben. Vielmehr ist es so, daß die Rada-Götter sehr wohl diejenigen hart bestrafen können, die ihren Verpflichtungen ihnen gegenüber nicht nachkommen, während sich die Petro-Loas „anständig betragen", wenn man sie vorschriftsmäßig versöhnt.[17] Die Haitianer drücken diese Verschiedenheit folgendermaßen aus: die Petro-Loas sind „plus raide", das heißt härter, zäher, strenger, weniger tolerant und verzeihend, dafür fordernder und mehr dem Praktischen verbunden. Während die Rada-Gottheiten die beschützenden, bewahrenden Kräfte repräsentieren, handelt es sich bei den Petro-Loas um Schutzgötter der aggressiven Aktion.

Dies kommt deutlich zum Ausdruck in der Nervenanspannung, die den Petro-Riten ihre emotionale „Färbung" verleiht. Während die meisten der Rada-Trommelrhythmen und -tänze den Takt halten, wechselt dieser bei den Petro-Trommelrhythmen und -tänzen. Manchmal zeigt sich dieser Unterschied auf sehr subtile Art; so betont z.B. das Kreuzweg-Vever für Rada-Legba die vier Himmelsrichtungen, während im entsprechenden Vever für Petro-Kalfu oder Carrefour (Legbas Petro-Pendant) die dazwischenliegenden Zonen hervorgehoben werden.[18] Bisweilen manifestiert sich diese Verschiedenheit in überwältigender, psychologisch einsichtiger Weise. Ein Beispiel hierfür bildet die Loa Erzilie. Als Rada-Göttin der Liebe, Inbegriff des Prinzips der Weiblichkeit, befaßt sie sich mit der Liebe, der Schönheit, mit Blumen, Schmuck, verhält sich ausgesprochen feminin, flirtet, tanzt gerne und liebt es, schön angezogen zu werden, und sie vergießt in höchst weiblicher Manier Tränen darüber, daß man sie nicht genügend liebt. Die Loa Erzilie Ge-Rouge hingegen, ihr Petro-Gegenstück, zeichnet sich durch ihre erschreckende Heftigkeit aus. Wird jemand von ihr besessen, verkrampft sich der ganze Körper, ihre entsetzliche Enttäuschung lähmt sie; jeder Muskel ist angespannt, die Knie sind hochgezogen, die Hände zu Fäusten geballt und die Fingernägel bohren sich ins Fleisch der Handflächen bis sie bluten. Der Hals ist starr, die Tränen strömen unter den fest zusammengepreßten Augenlidern hindurch, und aus dem zusammengekrampften Kiefer, durch die knirschenden Zähne kommt ein Geräusch – halb Stöhnen, halb Schrei – ein wortloses Lied nach innen gekehrter leidenschaftlicher kosmischer Wut.

Aus diesem Zorn heraus wurde der Petro-Kult geboren. Dieses Gefühl ist nicht Bösartigkeit; es ist vielmehr die Wut auf das böse Schicksal, das die Afrikaner erlitten, der Zorn auf die Brutalität, mit der sie ihrer Heimat entrissen und in die Sklaverei verschleppt wurden. Es ist die Gewalttätigkeit, die aus dieser Wut heraus entstand, die Gewalttätigkeit, die sie benötigten, um sich gegen dieses Schicksal zur Wehr zu setzen.* Es ist das nie verstummende Knallen der Peitsche der Sklavenaufseher, ein Gespenst, an welches die Petro-Riten die Erinnerung jetzt und für alle Zeiten aufrechterhalten sollen.[19] Es ist die wutentbrannte Revolte der Sklaven gegen die Truppen Napoleons. Und es ist auch ihr Siegesrausch. Denn der Petro-Kult war es – geboren und im geheimen genährt in den Hügeln Haitis –, der

* Es ist auch heutzutage noch eine Tatsache von wesentlicher Bedeutung, daß die Petro-Riten überall dort eine Vorrangstellung eingenommen haben, wo der Vaudou (unter dem Druck der katholischen Kirche) in besonderem Maße unterdrückt wurde. Unterdrückung zerstört grundsätzlich zuerst alle sanften, wohltätigen Elemente einer Religion; sie erzeugt Wut und eine entsprechende Gegenreaktion, sie leistet der Böswilligkeit und der Magie Vorschub, und bringt auf diese Weise genau das hervor, was sie – theoretisch – zerstören wollte.

den entflohenen Sklaven sowohl die moralische Kraft als auch die wohlorganisierte Struktur zur Verfügung stellte, die sie brauchten, um sich zu verschwören und zu trainieren, bis sie schließlich über die Plantagen herfielen und die restlichen Sklaven in die Revolte führten, aus der Haiti im Jahr 1804 am Ende als die zweite freie Kolonie der westlichen Hemisphäre – nach den Vereinigten Staaten – hervorging.* Selbst heute noch spielen die Lieder der Revolution – des „Vive la liberté" – eine beherrschende Rolle im Petro-Kult.[20]

Vever für Petro.

* Kenner der haitianischen Geschichte legen das Datum des Ausbruches des Sklavenaufstandes übereinstimmend auf eine Vaudou-Zeremonie fest, die am 14.August 1791 stattfand. Auch in Bezug auf die näheren Einzelheiten stimmen ihre Angaben überein – nämlich, daß die Zeremonie von einem in Jamaika geborenen Hougan namens Boukman (bisweilen wird er als *Bokor* bezeichnet) abgehalten worden war. Mitten in der Zeremonie muß ein gewaltiger Sturm aufgekommen sein, und es erschien plötzlich eine alte Negerin, deren Körper heftig zitterte, die einen „wilden" Tanz vollführte und dabei ein großes Messer über ihrem Kopf schwang. Auf dem Höhepunkt des Tanzes opferte sie ein schwarzes Schwein. Alle Teilnehmer des Rituals tranken vom Blut dieses Schweins und schworen Boukman Gefolgschaft. Eine Woche später war die Revolution in vollem Gange. Von diesem Ereignis finden sich Berichte u.a. in Verschueren (Bd.2, S.26) und Simpson (II). Aus der Schilderung der Zeremonie ist klar ersichtlich, daß es sich um ein Petro-Ritual handelte, denn ein solches unterscheidet sich von einer Rada-Zeremonie durch das Schweineopfer. Sehr wahrscheinlich verkörperte jene Frau die ursprüngliche Marinette, oder sie war von Marinette besessen, der größten und gewalttätigsten weiblichen Gestalt des Petro-Pantheons. Simpson betont den Umstand, daß die von einigen der Petro-Hougans vermittelte Vorstellung, die Seelen der Toten würden nach Afrika zurückkehren, einen der Antriebe der Revolte bildete. Er führt weiterhin an, daß „die Treffen von Sklaven gefährlich für die Kolonialherren waren, weil sie Gelegenheiten boten, Verschwörungen und Aufstände zu planen". Die meisten Historiker vertreten einhellig die Ansicht, daß der Vaudou für die Geschlossenheit der Aufständischen verantwortlich war, durch welche die Revolution überhaupt erst ermöglicht wurde. Simpson meint ferner, der Vaudou habe sich in den Jahren zwischen 1750 und 1790 entwickelt. Es müssen aber bereits seit der Ankunft der ersten schwarzen Sklaven aus Afrika Zeremonien abgehalten worden sein, da anderenfalls die afrikanischen Formen der Rituale nicht erhalten geblieben wären. Simpsons Datierung setzt auf alle Fälle die Revolution zeitlich in Beziehung mit einer „Vorbereitungsphase" in der Entwicklung des Vaudou.

Die erste Schiffsladung Sklaven erreichte Haiti im Jahr 1510. Der erste Sklavenaufstand fand, alten Berichten zufolge, 1522 statt – nur zwölf Jahre später. Zu dieser Zeit, wenn nicht sogar schon früher, muß die sogenannte „marronage" eingesetzt haben; dieser französische Ausdruck bezeichnet eine besondere Art der Sklaven, sich zur Wehr zu setzen, und zwar, indem sie von den Plantagen fortliefen und Zuflucht in den Hügeln Haitis suchten. 1677 kam die Insel unter die Herrschaft der Franzosen, was die „marronage" indes nicht abflauen ließ. Es wird berichtet, daß allein im Jahr 1720 tausend Schwarze auf diese Weise ihre Freiheit erlangten; 1751 war diese Zahl bereits auf 3.500 angestiegen.[21] Mit besonderem Nachdruck wies man auf den Umstand hin, daß es unter derartigen Bedingungen logisch gewesen sei, daß die entflohenen Sklaven durch Ausübung ihrer religiösen Praktiken ihren Kampfgeist stärkten, und daß sie diesen Zeremonien eine zunehmend wichtigere Rolle einräumten. So gut wie keine Aufmerksamkeit schenkte man hingegen der Tatsache, daß es zur Herrschaftszeit der Spanier in den Hügeln Haitis zu einem Zusammentreffen der entflohenen Sklaven und der Indianer gekommen sein *mußte*; denn die Indianer, für die dieses Land ihre vertraute Heimat war, werden wohl in gleicher Weise wie die Schwarzen dort vor den brutalen Massakern Zuflucht gesucht haben, die ein besonderes Merkmal der spanischen Kolonisation waren.* Wo und wann auch immer sich die Afrikaner und die Indianer in den Hügeln begegneten – sie hatten zwei wesentliche Gründe, sich zusammenzutun: rein menschlich teilten sie den Haß auf den weißen Mann, der beide Rassen ihrer Heimat entrissen hatte, und vor dessen Brutalität beide gleichermaßen auf der Flucht waren; ihnen war die sogenannte „Mentalität der Primitiven" gemein-

* Meines Wissens nach bin ich die einzige Autorin eines Werkes über Haiti – mit Ausnahme Maximiliens –, die dem Einfluß der indianischen Kultur ein so großes Gewicht beigemessen hat, wie ich es in meinem Buch getan habe. Maximilien erwähnt den Petro-Kult nur am Rande – er gibt lediglich an, daß der Ursprung dieses Kultes in der neuen Welt lag. Ich war indes außerordentlich frappiert über den großen Unterschied zwischen dem *Ethos* der Rada-Riten und dem der Petro-Rituale. (*Ethos*, das ist nach Angaben von *Webster's Dictionary* der „besondere Geist, das vorherrschende Gefühl eines Volkes oder einer Gemeinschaft; der 'Charakter' einer Institution oder eines Systems".) Allmählich entstand in mir die Vermutung, daß dieser auffallende Unterschied auf ethischer Ebene ein Zeichen des Einflusses der indianischen Kultur und ihrer spezifischen Moral darstellte. Wenn sich das als zutreffend erwies, dann war dies – mehr noch als die Integration christlicher Elemente – ein großartiges Zeugnis für die Fähigkeit des Vaudou, flexibel sein und Schritt halten zu können mit den aktuellen Bedürfnissen des Serviteurs. Es würde darüberhinaus ein neues Licht auf die offenkundige Gegensätzlichkeit werfen, die zwischen den Rada- und den Petro-Riten besteht – denn das Konzept einer Dualität vom „Gut" und „Böse" eignete sich nicht recht für einen Vergleich zwischen den beiden Kulten. Aus diesem Grund fing ich an nachzuforschen, ob die indianische Kultur tatsächlich die von mir vermutete Rolle gespielt hatte. Meine Untersuchungen erheben zwar nicht den Anspruch letzter Gültigkeit, aber sie erbrachten doch auf einige wichtige Fragen so folgerichtige Antworten, daß ich mich zu Recht in der vorläufigen Überzeugung bestätigt fühlte, daß eine solche Annahme im großen und ganzen zutreffend wäre. Meine Untersuchungsergebnisse sowie die Auswertung dieser Ergebnisse habe ich diesem Buch in einem gesonderten Anhang beigefügt (S. 299).

sam; ihre religiösen Bräuche hatten eine bemerkenswerte Ähnlichkeit, und beide suchten in ihrer Religion eine Antwort auf diese Katastrophe.

Es ist fraglich, ob es jemals zwei andere Völker so unterschiedlicher rassischer und geographischer Herkunft geben könnte, die die Entdeckung machen würden, daß sie in derart erstaunlicher Weise in ihren religiösen Glaubensinhalten übereinstimmten; und die eine solche Übereinstimmung nicht nur hinsichtlich der Grundmuster ihrer Religionen, sondern auch in Bezug auf die hauptsächlichen Rituale und sogar in untergeordneten Details aufzuwiesen hätten. In beiden Traditionen stand ein Schöpfergott an erster Stelle; beiden Religionen war der Mythos von einem ersten Menschenpaar oder Zwillingen gemeinsam; in beiden war die Vorstellung von den unterweltlichen Wassern als der Quelle des Lebens zu finden; beide besaßen einen Schlangengott, der eine vorrangige Stellung einnahm; beide verehrten die Geister ihrer Ahnen; in beiden waren metaphysische Vorstellungen von den vier Himmelsrichtungen, dem Kreuzweg, und von den Bäumen anzutreffen; beiden war der Glaube an die Manifestation psychischer beziehungsweise kosmischer Mächte auf dem Weg über die Besessenheit gemeinsam; und in beiden existierte die Überzeugung, ebendiese Kräfte könnten beherrscht und gelenkt werden von solchen Menschen, die Funktionen zugleich auf religiöser (als Priester), sozialer (als König) und auf körperlicher (Arzt) Ebene erfüllten. Beide religiösen Systeme benützten zwecks der magischen Steuerung dieser Mächte Fetische, in denen sich die metaphysischen Kräfte konzentrierten; beeinflußt wurden entweder die Geister der Vorfahren oder die Elementarkräfte (wie z.B. der Regen oder die Fruchtbarkeit). Die Beziehung zwischen Mensch und Natur wurde in die Vorstellung von einer gestaltverändernden Kraft gefaßt – so nahm man beispielsweise an, Menschen besäßen die Fähigkeit, sich in Tiere zu verwandeln. Sowohl die Afrikaner als auch die Indianer verehrten die metaphysischen Kräfte im Rahmen von Ritualen, und nicht mittels der Meditation; und für beide Völker schloß diese Verehrung die Vorstellung ein, man müsse die Lebensenergie der metaphysischen Mächte durch Speiseopfer oder andere Opfergaben erhalten, und sie versohnen, um sich ihres Segens zu versichern. Was die Rituale betraf, so wurde die schwerste Glaubensprobe mit dem Feuer verbunden, und die Gebete an die Götter waren Teil einer Zeremonie, bei der getrommelt und gemeinschaftlich getanzt wurde. Zur rituellen Ausrüstung beider Religionen gehörten Rasseln. Und schließlich waren beide Glaubenssysteme traditionell polytheistisch, von daher tolerant und erhoben keinen Absolutheits- und Ausschließlichkeitsanspruch. Die Ähnlichkeit dieser beiden Religionen schloß nicht nur jede Gegnerschaft zwischen ihnen aus, sondern muß einen starken Anreiz für eine Verschmelzung, eine wechselseitige Angleichung und Vermischung geboten haben. Betrachtet man allein die Fakten und läßt die emotionale Färbung der Rituale der beiden Religionen außer acht, dann waren sie einander zum Verwechseln ähnlich, was die emotionale Spannung betraf, die in den einzelnen Körperstellungen während der Tänze zum Ausdruck kam, sowie auch hinsichtlich sämtlicher anderer Details, in denen sich das Ethos dieser Völker widerspiegelte. Aufgrund ihrer geschichtlichen Situation war den Schwarzen jedoch besonders der *Unterschied* zwischen ihnen und den Indianern willkommen sowie das spezielle Ethos, die intellektuellen Fähigkeiten und die magischen Techniken, in denen dieser Unterschied zum Ausdruck kam.

Wie bereits erwähnt, hatte sich insbesondere in Dahomey aus der afrikanischen Tradition heraus ein zentralistischer Staat entwickelt. Die primitivere, dezentralisierte, schamanistische Entwicklungsstufe der karibischen Indianer aber entsprach in besonderem Maße den Anforderungen der neuen Situation und konnte als eine Methodologie dienen, die half, eine neue Struktur auf dezentralisierter, demokratischer Grundlage zu errichten. Zwangsläufig mußte eine solche Dezentralisierung zu einer besonderen Betonung der Kraft der Magie gegenüber der vorhergehenden Hervorhebung göttlicher und königlicher Macht führen.* Mit dieser Verlagerung der Akzente wiederum ging notwendigerweise die Integration solcher Elemente der indianischen Religion einher, die Ähnlichkeiten zur kabbalistischen Mystik aufwiesen. Die indianischen Rituale waren von ihrem Charakter her vorwiegend aggressiv, majestätisch, lebendig und von selbstsicherer Dynamik, was den Bedürfnissen der Schwarzen in der neuen Welt in einer Art und Weise entsprach, mit der ihre heimatliche dahomeyische Religion – in ihrer fast schon fest etablierten, auf Stabilität begründeten Passivität – nicht konkurrieren konnte. Schließlich war das religiöse System der amerikanischen Indianer sehr stark geprägt von der Unerbittlichkeit ihrer Gottheiten: die Rituale ihrer Versöhnung hatten den gewalttätigen, blutigen Charakter, der ein typisches Kennzeichen der Kultur der Azteken, Mayas und Inkas darstellte. Es ist allerdings auch nur logisch, daß ein Volk, das von seinen Göttern aggressive Aktion erwartet, diesen in gewalttätiger Weise dient. Als ein Ventil für die Wut der Afrikaner in der neuen Welt waren natürlicherweise gewalttätige oder spannungsgeladene Rituale in psychologischer Hinsicht am besten geeignet. Denn sobald Menschen göttliche Kraft auf ein bestimmtes Ziel lenken wollen, wird diese zu Magie. Während ein göttliches Prinzip für sich genommen grundsätzlich natürlich und ethisch ist und „allgemein" wirkt, ist das magische Prinzip[22], das diese göttliche Kraft konzentriert und sie auf das gewünschte Ziel lenkt, willkürlich, amoralisch und zweckbezogen.

In den Hügeln Haitis also, ihrer gemeinsamen Zufluchtstätte, müssen sich die entlaufenen Sklaven beider Rassen getroffen und in gemeinsamer Wut verbunden haben. Denn wir finden im Petro-Kult – der gewalttätigen, aggressiven,

---

* Weitere Vergleiche zwischen göttlichen und magischen Kräften finden sich auf S. 93.

„plus raide" Variante des haitianischen Vaudou – einen außerordentlich gewichtigen Beitrag seitens der Indianer. Tatsächlich könnte man sagen, daß im Gegensatz zum Rada-Kult, der Afrika beziehungsweise Dahomey repräsentiert, der Petro-Kult die Verkörperung Amerikas darstellt. Diese zwei Welten werden im Vaudou zu einer einzigen, behalten jedoch bis zum heutigen Tag ihre charakteristischen Unterschiede: die traditionellen Riten der alten, heimatlichen Monarchie stehen den revolutionären Zeremonien des neuen, schrecklichen Sklavenlandes gegenüber. Außerdem wurden nicht nur die verschiedenartigen Elemente der auseinandergerissenen afrikanischen Religionen kombiniert und zu einem neuen, selbstständigen System verschmolzen, sondern ebenso die Elemente der indianischen Religion. Auch die Indianer waren entwurzelt und in großer Zahl auf Sklavenschiffen von sämtlichen Küsten und Atollen der Karibik nach Haiti (Hispaniola) gebracht worden.*

Nun könnte man annehmen, daß Ogoun, der große Krieger und Schmied des Rada-Kultes, zum Repräsentanten des aggressiven Handelns geworden wäre; heutzutage ist er der bevorzugte Beschützer eines Hounfors. Ogoun stellt aber gewissermaßen den aufrichtigen, ritterlichen Krieger dar – während die Situation weniger nach einem heroischen, sondern nach einem listigen, unbarmherzigen Kämpfer verlangte. Selbstverständlich gab es im Pantheon der Indianer auch hilfreiche, medizinisch und therapeutisch versierte Gottheiten. Diese behielten ihren Platz im Petro-Kult – was wiederum zeigt, daß es sich bei diesem Kult nicht so sehr um einen böswilligen Gegenpol zum gutartigen Rada-Kult handelt, sondern vielmehr um das Produkt des Einflusses einer völlig anderen Kultur, mit einem andersgearteten Ethos. Diese Tatsache wird auch deutlich anhand der Art und Weise, wie der Petro-Kult in die neue religiöse Struktur integriert wurde. Die Haitianer, die über einen besonders ausgeprägten Sinn für moralische Gesinnung verfügen und ein unfehlbares diplomatisches Fingerspitzengefühl besitzen, führten die amerikanischen Götter als eine „Nation" von Loas in den Vaudou-Kult ein – wobei der Ausdruck „Nation" eine kulturelle und keine moralische Kategorie bezeichnet – im gleichen Sinne, wie auch die Gottheiten der verschiedenen afrikanischen Stämme im Vaudou als eine Versammlung göttlicher Nationen verstanden werden.

Bei dieser Einteilung bewiesen die Haitianer besonderes Geschick, was aus der Tatsache ersichtlich wurde, daß es zu keinem Konflikt zwischen den Bräuchen der alten Heimat und den Gegebenheiten der neuen Welt kam. Die Mehrzahl der Hougans und Mambos dient ganz unverhüllt „mit beiden Händen"[23]; man

---

* Das Gesetz der Spanier erlaubte innerhalb der neuen Welt ausschließlich die Versklavung von Kannibalen, während die übrigen Eingeborenen in ihrer afrikanischen Heimat zu Leibeigenen gemacht wurden; diese Kariben (Kannibalen) verschiffte man zu Tausenden nach Hispaniola.

sieht dies als das Klügste an. Bei Zeremonien erweist man zuerst den Rada-Loas seine Ehrerbietung, denn in ihren Händen liegen die Initiation sowie der Prozeß der stufenweise Erhebung zu einer Gottheit, und sie sind nach wie vor die Bewahrer des Ethos und der kosmischen Prinzipien; hinterher folgt jedoch häufig eine Feier für die Petro-Loas, da es Unheil nach sich ziehen kann, wenn man ihnen nicht dient. Die Petro-Loas werden speziell in solchen Fällen angerufen, wo eine Notwendigkeit zu energischem Handeln besteht. Auch werden die beiden Kulte nie miteinander vermischt. Noch heute findet die Zuordnung der Petro-Gottheiten nach kulturellen Gesichtspunkten statt, wobei man sogar mit einer noch größeren Gewissenhaftigkeit vorgeht als bei der Kategorisierung der Loas der verschiedenen afrikanischen Stämme. Die Petro-Götter werden praktisch nie im gleichen Peristyle verehrt wie die Rada-Loas, es sei denn, die wirtschaftlichen Verhältnisse eines Serviteurs machen den Bau eines zweiten Peristyles unmöglich. Bei Petro-Riten werden niemals Rada-Trommeln verwendet, wohingegen unter bestimmten Umständen bei Ritualen für die Congo- oder die Ibo-Loas (die beiden Nationen, deren ursprünglicher Charakter am vollständigsten erhalten geblieben ist), die eigentlich ihre eigenen Trommeln haben, gelegentlich sowohl Rada- als auch Petro-Trommeln benützt werden.*

Der Petro-Kult scheint in beträchtlichem Maße die Riten und die Gottheiten der Congos (die insbesondere im Ruf der „marronage" standen) integriert zu haben, sowie auch bestimmte Götter anderer Nationen (Bomba, Limba), deren Charakter zum Ethos des Petro-Kultes paßte; in gleicher Weise hatte der Rada-Kult den Ogoun der Nagos sowie weitere Loas anderer Nationen, die mit seinem Charakter harmonierten, aufgenommen. Gewisse Congo-Götter indes nehmen eine separate Stellung ein (so unterscheidet sich beispielsweise der afrikanische Congo Franc vom Congo Mazonne[24]), was einen weiteren Hinweis darauf darstellt, daß die Petro-Loas eine eigenständige Existenz als Nation führen, während der Ibo-Kult eher eine völlig isolierte Stellung einnimmt.

Aber die Rada-Nation lernte sogar in mindestens drei verschiedenen Punkten vom Petro-Kult – als hätte sie ihre Hoffnungen auf die Wirksamkeit seiner Methoden gerichtet. Ihr Aufbau wurde ebenfalls nach demokratischem Muster strukturiert; so konnten – während in Dahomey ausschließlich der König das Recht besaß, die heilige Rassel zu verleihen – die Lehrzeit, die Feuerprobe und das Ritual, die der Erlangung dieses Zeichens der Priesterschaft vorausgehen, jetzt im Hounfor jedes niedergelassenen Hougans stattfinden. Man übernahm verschiedene Arten magischer und esoterischer Beeinflussung oder verlieh entsprechenden Elementen des Rada-Kultes ein größeres Gewicht. Der Kult der Zwillinge, der in Afrika

* Bei Courlander findet sich eine ausgezeichnete Beschreibung der verschiedenen Trommeln der einzelnen Nationen sowie eine Schilderung der Unterschiede zwischen den jeweils verwendeten Instrumenten.

offenbar eine magische Stellung innehatte, die von der religiösen Struktur des Götterpantheons losgelöst war, erhielt die fundamentale Funktion, die er in der indianischen Mythologie hatte. Die Fetisch-Steine, die in Afrika vor allem mit den Gottheiten des Blitzes in Beziehung gesetzt wurden[25], beherbergten jetzt – nach dem Vorbild des Zemis der karibischen Indianer – alle Arten kosmischer Geister oder Ahnenseelen. Das Vever – eine den kabbalistischen Techniken ähnliche Methode, die Götter anzurufen – wurde als grundlegendes Element in den Aufbau der Rada-Zeremonien integriert. In die heilige *Langage*, die Sprache, in welcher der Priester mit den Göttern kommunizierte, wurden mit der Zeit indianische Worte eingeflochten. Schließlich und endlich übernahmen die Rada-Gottheiten einige der Attribute gleichbedeutender Götter des Petro-Kultes. So stellt man sich Damballah, die Schlange, manchmal vor als die gefiederte Schlange der indianischen Mythologie.[26] Und Azacca, der Gott des Ackerbaues, dessen Name aus dem Sprachschatz der Mais anbauenden Indianer stammt, hat nahezu vollständig den Platz Dadals eingenommen, des afrikanischen Gottes der Vegetation.

Gleichzeitig brachten die Serviteurs der Rada-Gottheiten einige ihrer Götter mit, als sie begannen, an Petro-Zeremonien teilzunehmen, und dort erhielten diese Gottheiten eine neue Gestalt. Ogoun Ge-Rouge entstand als ein Petro-Aspekt des Kriegsgottes. Aus der sanften, femininen Erzilie wurde im Petro-Kult die Korngöttin, deren Versöhnungsritual in der indianischen Kultur außerordentlich gewalttätig und blutig vollzogen worden war.

Vor allem aber steuerte Amerika die komplexe Gottheit Baron Samedi bei, der gleichzeitig der Herr des Friedhofes, des Kreuzweges (als Bruder von Maît' Carrefour, dem Petro-Pendant des Rada-Legba) sowie auch der Magie ist, die mit den Toten und dem Kreuzweg in Verbindung steht, einer Magie, deren hauptsächliche – oder zumindest bekannteste – Ausdrucksform der Zombie ist. Das Wort Zombie wie auch der Name Samedi stammen vom indianischen „Zemi". Als „Zemi" wurden sowohl der Geist der Toten als auch seelenlose Lebende sowie der Fetisch-Stein bezeichnet, mit dessen Hilfe man Magie ausübte. Guèdé, ein Totengott offenkundig afrikanischen Ursprungs, wurde mit dem Baron-Samedi-Komplex verschmolzen; in manchen anderen Fällen wiederum betrachtet man ihn als eine Rada-Gottheit, als eine – wie man vielleicht sagen könnte – gemäßigtere Ausdrucksform des Todes. Die Gestalt des Baron Samedi hingegen wird allgemein dem Petro-Kult zugeordnet. In jedem Fall findet die Zeremonie für die Guèdé-Samedi-Gottheiten im Anschluß an die Rada-Rituale statt (sie wird fast schon als ein eigenständiger Ritus betrachtet); handelt es sich um eine ausschließlich für Guèdé bestimmte Zeremonie, hält man diese auch von den Petro-Ritualen getrennt ab.*

---

* Eine ausführlichere Schilderung dieser außerordentlich komplexen Gottheit findet sich im folgenden Kapitel, das der Beschreibung des Vaudou-Pantheons gewidmet ist, sowie im Anhang B dieses Buches, der sich mit dem Einfluß der indianischen Kultur beschäftigt.

Vom indianischen Zemi, dem Magie wirkenden Fetisch, stammt eine weitere große Gottheit der Vaudou-Religion ab – Simbi, Schutzherr des Regens (vor dem Hintergrund der Mais anbauenden Kultur der Indianer) und zugleich Beschützer der Zauberer. Obwohl Damballah und andere Rada-Götter mit dem Regen in Beziehung stehen, betrachtet man Simbi in dieser Hinsicht als den mächtigsten Loa. In seiner Magie stehen von daher Elemente großer Güte neben sehr aggressiven Aspekten. In der Vorstellung der Vaudouisten steht er „mit einem Bein im Rada-, mit dem anderen im Petro-Kult", denn – wie der Samedi-Guèdé-Komplex – enthält auch diese Figur Elemente beider Kulturen zu fast gleichen Teilen und nimmt somit eine separate Position ein.

So entstand eine neue Generation von Loas, geboren in der neuen Welt und zugleich aus ihr, entstanden allein aufgrund des Charakters dieser neuen Welt. Einige wenige Götter – wie zum Beispiel Azacca, der Gott des Maisbaues – wurden in die afrikanischen Zeremonien, die Rada-Riten, integiert. Einige dieser neuen Gottheiten, wie etwa Ogoun Ge-Rouge, gingen aus dem Prozeß der Verwandlung eines afrikanischen Prinzips in eine Ausdrucksform der neuen Welt hervor. Wieder andere, wie beispielsweise Baron Samedi, erstanden als eigenständige Gestalten aus der Verschmelzung der beiden Kulturen zu nahezu gleichen Teilen (diesbezüglich ist bemerkenswert, daß die so entstandenen Götter als die vielleicht „mächtigsten" angesehen werden). Noch andere, wie Dan Petro, behielten ihre ursprüngliche amerikanisch-karibische Identität vollständig. – Diese Götter also fügten die Haitianer ihrem an sich schon reichen afrikanischen Erbe hinzu. Die Geschichte prägt die Menschen; die Menschen werden zu Vorfahren; und wenn die Ahnen sich in Loas verwandeln, dann fließt die Geschichte eines Volkes im Blut dieser Nation, als Teil ihres psychischen Erbes, das von einer Generation an die nächstfolgende weitergegeben wird.[27]

4

Die Rolle der Tradition im heutigen Vaudou

Natürlich hätte Titons Erbe eigentlich unmöglich *sämtliche* Vorfahren seiner Familie – mütterlicher- sowie väterlicherseits – umfassen können; die Verpflichtung einer derartigen Menge von Geistern gegenüber wäre eine unerträgliche Last für einen Einzelnen gewesen.[28] Der Vaudou kennt verschiedene Methoden, mittels derer diese stetig anwachsende Zahl gleichzeitig einer Konzentration unterzogen wird. Der hauptsächlich verwendete „Kunstgriff" ist die Auswahl nach historischen Gesichtspunkten: die Loas, denen man individuell – als Repräsentanten bestimmter Prinzipien – zu dienen beabsichtigt, werden abgesondert von der Menge der namenlosen Toten, die man in Form einer geschlossenen, undifferenzierten Gesamtheit verehrt. Ein zweiter Kunstgriff besteht in der Integration einzelner Ahnen-Loas in die Gestalten solcher großen, bereits existenten Götter, mit denen sie dieselben Charaktermerkmale gemeinsam haben. Schließlich und endlich teilt man die Familiengottheiten – da sich die einzelnen Kinder zwangsläufig unterschiedlich entwickeln – entsprechend unter ihnen auf. – Die Erzilie der Mutter wird Anspruch auf eines ihrer Kinder erheben, während der Ogoun des Vaters auf ein anderes sein Anrecht anmeldet. – Dieses psychische elterliche Vermächtnis stellt eine religiöse Kraft dar, die im Kind latent vorhanden ist. Während ein Kind aufgrund seines biologischen Erbes schon in seiner Kindheit eine Ähnlichkeit mit seiner Mutter oder seinem Vater aufweisen kann, manifestieren sich seine ererbten Götter, einschließlich des Maît-têtes, erst dann, wenn das Kind die entsprechende Reife erlangt hat, und nehmen ihre spezielle Position in seinem Kopf ein.*

Aufgrund ihrer Konversion hatten Titons Geschwister keinen Gebrauch von dieser letztgenannten Auswahlmöglichkeit gemacht, und so war sie auch Titon verwehrt geblieben. Die sich daraus konsequenterweise ergebende Anhäufung von Gottheiten in seinem Kopf brachte ihn nicht nur in zahlenmäßige Schwierigkeiten, sondern verursachte darüberhinaus auch Konflikte innerhalb seines Charakters, die sich unter normalen Umständen nicht ergeben hätten. Er war zum Träger von Göttern geworden, die sich normalerweise in seinen Geschwistern verkörpert hätten, und die sich mit seiner Wesensart nicht vertrugen. Andererseits wiederum bekam sein Erbe durch diese Vielfalt ein imposantes und einigermaßen seltenes Spektrum.

Titons eigener Aussage zufolge belief sich die Zahl seiner Loas auf 21, aber es ist anzunehmen, daß es sich hierbei nicht um eine exakte numerische Angabe handelt. Würde man sämtliche Ahnengeister mitrechnen, käme man mit Leichtigkeit auf eine höhere Zahl. Andererseits würde sich vermutlich eine geringere Summe ergeben, würde man all diese Gottheiten jeweils einem einzigen Loa beiordnen, der das entsprechende übergreifende Prinzip verkörpert. Eventuell war die Sieben – als eine magische Zahl vernünftiger Größenordnung – heran-

---

* Es ist ersichtlich, daß für die Haitianer allgemeine Reife und Erwachsensein mit der psychischen Entwicklung zusammenhängen. Daher wird es nicht als ein gutes Omen oder ein Segen aufgefaßt, wenn ein Kind (auch wenn es die Pubertät bereits hinter sich hat) von einem Loa besessen wird. Man betrachtet so etwas, ganz im Gegenteil, mit Bestürzung und Mißfallen, und unternimmt alles nur irgend mögliche, um eine Wiederholung eines solchen Vorkommnisses zu vermeiden. Man ist der Auffassung, daß ein Kind noch nicht entsprechend ausgerüstet oder vorbereitet ist, um eine Beziehung mit den göttlichen Mächten einzugehen, daß es einen Loa noch nicht „aushalten" und auch nicht „beherrschen" könne, und daß die Gefahr bestünde, daß der Geist dem Kind Schaden zufügen könnte, wenn er es übermannt. Hierin zeigt sich einmal mehr die hohe Wertschätzung, die die Haitianer der Kraft ihrer persönlichen Seele entgegenbringen. Sie sehen sich nicht als hilflose Untertanen ihrer Loas, sondern betrachten ihr Verhältnis zu ihnen als eine Beziehung des wechselseitigen Dienens und des gegenseitigen Respekts.

gezogen worden, um die grundlegenden Prinzipien zu repräsentieren. Diese Sieben wiederum hatte man dann mit der – ebenfalls magischen – Drei multipliziert, um dadurch die Verschiedenheit der Formen zum Ausdruck zu bringen, in denen sich diese fundamentalen Loas manifestierten. Es ist gut möglich, daß Titon die Zahl 21 gewählt hat, um eine Aussage über das Ausmaß sowie die Intensität der psychischen Kraft zu machen, die ihn erfüllte.

Für den Haitianer stellt das Vermächtnis seiner Ahnen die Quelle seiner Lebenskraft dar; diese seine Geschichte verschafft ihm das Rüstzeug für seine aktuellen Tätigkeiten; von den Ahnen-Loas bezieht er die psychische Energie und die Auffassungsgabe, die Kraft und Anleitung, die er benötigt, um sein tägliches Leben zu bewältigen.* Es ist daher nicht schwer zu verstehen, weshalb sich Titon in der Hauptsache mit den Methoden beschäftigt, mittels derer er in Kontakt mit der Welt der Invisibles treten kann, der Welt, in welcher die Lebenskraft, von der er abhängig ist, erzeugt wird.[29] Für den Serviteur ist der Kreuzweg mehr als nur ein metaphysischer Grundsatz beziehungsweise ein Prinzip, das nur bei Geburt und Tod eine Rolle spielt. An ebendiesem Schnittpunkt der Welten verwandeln sich die abstrakten Ahnen-Prinzipien, die die Loas verkörpern – und die in einer absoluten Zeit und einem absoluten Raum existieren – in einen lebendigen Organismus, der in diesem aktuellen Moment und an diesem speziellen Ort vorhanden ist. Wenn das Prinzip in die Realität eintritt, übt es nicht nur einen Einfluß auf diese Wirklichkeit aus, sondern wird notwendigerweise zugleich von ihr eingegrenzt, geformt und modifiziert. An diesem Kreuzungspunkt der Welten erfüllt die Tradition die Bedürfnisse der Gegenwart, und der Glaube wird zum *Akt* ritueller Verehrung und göttlicher Reaktion.

In Haiti muß die Idee – das Prinzip – leben, es muß funktionieren, denn die haitianischen Lebensbedingungen sind in der Tat schwer zu ertragen. Am Morgen begrüßt man sich mit den Worten: „Et la nuit?" (Und wie war die Nacht?). – Worauf die übliche Antwort folgt: „Pas plus mal, merci." (Nicht schlimmer, danke). Sogar unter den Angehörigen der Oberschicht antwortet man sich entsprechend: „On se maintient." (Man hat sein Auskommen). Hierbei handelt es sich nicht um die theatralischen Übertreibungen eines Volkes, das sich ständig beklagt. Die Haitianer besitzen, ganz im Gegenteil, einen feinen Sinn für Humor und begrüßen jede Ge-

* In diesem Zusammenhang ist die folgende Äußerung Malinowskis (S.91/92) von Bedeutung: „Der Mythos, wenn man ihn als eine Äußerung urzeitlicher Realität betrachtet, die in unserer heutigen Zeit noch immer lebendig ist, sowie als eine Rechtfertigung aufgrund von Präzedenzfällen, gibt den Menschen ein retrospektives Muster ethischer Werte, soziologischer Ordnungsstrukturen und magischer Glaubensinhalte an die Hand. ... Er erfüllt eine Aufgabe *sui generis*, die in enger Verbindung steht mit dem inneren Wesen der Tradition, der Kontinuität der Kultur, der Beziehung zwischen Alt und Jung sowie mit der Haltung der Menschen der Vergangenheit gegenüber. ... Der Mythos ist ... ein unentbehrlicher Bestandteil jeglicher Kultur."

legenheit zum Lachen. Bei diesen umgangssprachlichen Äußerungen äußerster Mühsal handelt es sich nur um die exakte Wiedergabe realer Lebensumstände.

Die Angehörigen einer solchen Kultur müssen notwendigerweise Pragmatiker sein. Die Anforderungen ihres täglichen Lebens sind zu eindringlich, zu unerbittlich und von zu entscheidender Wichtigkeit, als daß man sich den Luxus des Idealismus oder Mystizismus leisten könnte; diese Bedürfnisse müssen erfüllt werden; man kann sich ihnen nicht entziehen. Die Haitianer haben weder die Zeit, noch die Energie, und auch nicht die Mittel für ein launenhaftes Verhalten. Ihre Religion muß sie mit mehr als nur moralischer Nahrung versorgen; sie muß ihnen mehr bieten als rationale Erklärungen für ihren Überlebenstrieb, denn für sie ist Überleben keine „vernünfige" Tätigkeit. Die Religion muß ihnen mehr liefern als einen Grund zu leben; sie muß ihnen die *Mittel* zum Leben zur Verfügung stellen. Sie muß sowohl den Körper als auch die Seele versorgen. Sie muß ihnen eine praktikable Methodologie an die Hand geben und keine irrationale Hoffnung. Folglich denken die Haitianer von ihrer Religion in funktionellen Begriffen. Fragt man einen Haitianer, ob er an den Vaudou „glaubt", ist dies für ihn eine sinnlose, irrelevante Frage.* Er antwortet darauf: „Ich diene den Loas." – Oder er sagt, was wahrscheinlicher ist: „Ich diene dem-und-dem." – Dadurch konzentriert er sogar die göttliche Energie in ihrer unspezifischen Form in einen bestimmten Brennpunkt. Er spricht von „la science des Mystères" (der *Wissenschaft* von den Mystères); er respektiert den Grad der *Connaissance* (des Wissens) eines Houngans sowie seine daraus resultierende Fähigkeit, die Loas zu lenken beziehungsweise zu beherrschen (auf Kreolisch „regler"). Und er fordert von seinen Geistern aktives Eingreifen. Man bittet sie, Behandlungen für Krankheiten zu verschreiben; sie sollen bezüglich des Feldbaues, in Heiratsangelegenheiten und auch sonst in Fragen aller Art Rat geben.

---

* Die Haitianer sind notwendigerweise sehr realistische Menschen. Ihre Vorstellung vom Universums ist aufgebaut auf Beobachtungen und greifbaren Tatsachen; und sie sind auch einsichtig genug, zu begreifen, daß die Realität sich über den Bereich ihres unmittelbaren Fassungsvermögens und den Rahmen der ihnen zur Verfügung stehenden Möglichkeiten hinaus erstreckt, dieses Universum zu erleben und zu beobachten. Diejenigen Aspekte der Wirklichkeit, die für ihn nicht sichtbar sind, bewertet er auf der Grundlage eines pragmatischen Tests: bestimmte sichtbare Resultate sind ein Anzeichen für die tatsächliche Existenz unsichtbarer Kräfte und Fakten. Letztere aber werden als Realität verstanden, und nicht als irreale Ideen oder „Glaubensvorstellungen". Es ist bezeichnend, daß im Kreolischen das Wort „glauben" nie in der Bedeutung unseres Begriffes „ein Glaube" verwendet wird, sondern nur im Sinne einer Meinung, wie etwa in dem Satz: „Ich glaube, er wird vor Anbruch der Dunkelheit kommen". Ein Haitianer sieht sich nicht als jemand, der „an etwas glaubt"; er denkt vielmehr, etwas sei so oder so. Wenn er mit jemandem eine Auseinandersetzung über den Vaudou hat, nimmt er an, es handle sich um einen Streit über eine existierende Realität und um eine Meinungsverschiedenheit über die Loas – wie er auch den Streit über jedes beliebige andere Thema nicht als das Resultat einer ambivalenten Haltung dem strittigen Gegenstand gegenüber ansieht, sondern vielmehr als das Ergebnis einer ungenauen oder ungenügenden Beobachtung, eines mangelnden Verständnisses oder irgendeiner eigennützigen Verdrehung.

Aber Bedürfnisse wandeln sich, und die Serviteurs, die den Loas vorwiegend deshalb dienen, weil die Geister ihnen effektiv zur Seite stehen, passen ihre Götter diesen veränderten Erfordernissen an. So repräsentiert Ogoun, der uralte Loa der Blitze, der Schmiede und der Krieger, noch immer das Prinzip der Macht. Aber die Haitianer haben allzu gut gelernt, daß Macht ein politischer Faktor ist. Als Folge davon entstand in der neuen Welt ein neuer Aspekt Ogouns: Ogoun St. Jacques, dessen Symbol die Nationalflagge ist, der mit der Nationalhymne begrüßt wird, und den man als einen – wie wir sagen würden – machtpolitisch und wirtschaftlich einflußreichen Mann betrachtet. Niemand bestreitet, daß Ogoun die bedeutendere Göttergestalt ist, daß neben seiner noblen Größe St. Jacques anmaßend, fast lächerlich erscheint. Die moralische Größe des göttlichen Helden flößt den Serviteurs Ehrfurcht ein und sie verehren ihn; es ist ihnen aber bewußt, daß St. Jacques nützlicher ist und sie dienen ihm mit großer Aufmerksamkeit. Der Grundcharakter „zweckmäßiger" Loas besteht darin, daß sie empfänglicher sind für die Schmeichelei einer zeremoniellen Verehrung und leichter geneigt, aus dieser Verehrung einen Tauschhandel zu machen. Daher kann es z.B. häufig geschehen, daß ein Hougan zu Ehren etlicher großer Loas lediglich eine eintägige Zeremonie veranstaltet (wie etwa Damballah, Legba, Agwé und Erzilie), während er – aus Sorge um das gute Gedeihen seiner Felder – einen ganzen Tag der Verehrung Azaccas widmet, dem Loa des Ackerbaues, der in der Hierarchie der Götter eine untergeordnetere Stellung einnimmt.[30] Tatsächlich gibt es eine eigenständige Gruppe von *Loas travail* (Arbeits-Loas), deren Bedeutung ausschließlich in ihrer praktischen Verwendbarkeit und ihrer Fähigkeit zu arbeiten besteht. In der heutigen Zeit sind ihre Zahl und der Umfang ihrer Verehrung offensichtlich im Zunehmen begriffen, wenngleich außer Frage steht, daß sie im Vergleich zu den großen Loas einen niedrigeren Rang einnehmen.

Da so viele Menschen außerordentlich ehrgeizig sind und bereit, riskante Geschäfte einzugehen, gibt es sogar eine Gruppe von Gottheiten, die man „kaufen"

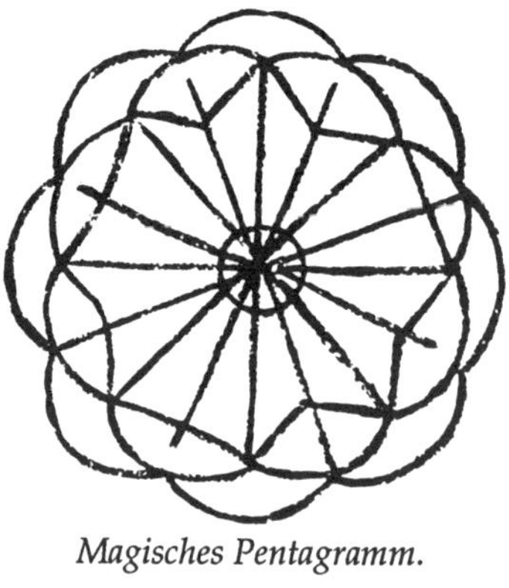

Magisches Pentagramm.

kann. Diese stehen offenbar nicht in Verbindung mit einem der kosmischen Prinzipien, sondern vielmehr mit magischen Praktiken und gehören gewöhnlich der Petro-Nation an. Diese Geister (man kann sie kaum als Loas bezeichnen) sind von den göttlichen Mystères sogar noch weiter entfernt als die Arbeits-Loas. Tatsächlich kann es vorkommen, daß die natürlichen Loas mit den gekauften keinen Umgang haben wollen, und daß sie den Hougan beziehungsweise den Serviteur verlassen, der Geschäfte mit gekauften Geistern macht.* Diese Gefahr, von einem natürlichen Mystère verlassen zu werden, hat der ausgedehnten Ausbreitung dieses – anderenfalls vielleicht gewinnbringenden – Arrangements Grenzen gesetzt. Es ist selbstverständlich, daß die großen Loas nichts mit dem *Bokor*, dem professionellen Zauberer, zu tun haben wollen, der mit Zombies und *Baka*s (übelwollende Geister, die in der Gestalt verschiedener Tiere leben) handelt. So sorgen die großen Loas auf ihre Weise immer gut für die Menschen; denn falls der Serviteur – sei es, weil er etwas verzweifelt benötigt, sei es getrieben von Ehrgeiz – die logische Aufeinanderfolge von ritueller Verehrung und dem Lohn der Götter benützen sollte, um die göttlichen Kräfte für seine persönlichen Zwecke auszubeuten, führen die Geister von sich aus einen Wendepunkt herbei, der Alternativen eröffnet.

Letztendlich handelt es sich bei der Religion auf der einen und der Magie auf der anderen Seite um zwei Gegensätze. Die Religion geht von der Voraussetzung aus, daß die fundamentalen Mächte des Universums (die schließlich das Leben schufen) von ihrem Kern her grundsätzlich wohltätig sind.** Wie alle lebendigen Kräfte haben auch sie verschiedene Bedürfnisse. Ihre Energie, die sie fortlaufend einfach nur durch ihr Dasein verbrauchen, muß ständig erneuert werden; dies ist eine der Pflichten des Serviteurs. Diese ungeheuer großen Mächte sind darüberhinaus ein wenig „launisch" und können manchmal alles danebengehen lassen; daher bemüht sich der Serviteur, mittels Gebeten und entsprechender Hingabe ihre wohlwollende Gemütsverfassung zu erhalten und diese für positive Zwecke einzusetzen. Ab und zu darf der Vaudouist diese Mächte um eine ganz persönliche Gefälligkeit bitten, die ihm dann gewährt wird. Das Hauptgewicht eines religiösen Gottesdienstes jedoch liegt auf der Verbesserung der allgemeinen Verhältnisse, was wiederum dem Wohlergehen der Individuen zugutekommt, die unter diesen Verhältnissen leben. Die Religion ist als ein kollektives Unternehmen der Menschen damit befaßt, die kosmischen Kräfte so zu lenken, daß sie zum Guten einer ganzen Gemeinschaft arbeiten.

---

* Gefahr droht auch noch aus einer anderen Richtung: solche gekauften Loas können von den Nachkommen des Käufers geerbt werden und diesen viele Schwierigkeiten bereiten, da sie einen übelwollenden Grundcharakter besitzen. Es kann sogar sein, daß eine sehr sorgsam ausgeführte Zeremonie vonnöten ist, um sie in Schranken zu halten. Herskovits (S.222) weist auf die Möglichkeit einer solchen Entwicklung hin und erwähnt auch den Rückzug der Familiengötter im Zorn.

** Die Haitianer pflegen zu sagen: „Gott ist gut."

Die Heimlichkeit – ein Kennzeichen der Magie, des Gegenpols der Religion – ist zugleich ein Schlüssel zu ihrem Charakter. Magie ist die Tat eines Einzelnen, die dieser ausführt, weil er nicht an einen naturgegebenen guten Kern des Kosmos glaubt, oder weil er zumindest annimmt, der Kosmos sei ihm nicht wohlgesonnen genug. Die Magie beruht also nicht auf einem Vertrauen in den Charakter der kosmischen Kräfte, und sie beschäftigt sich auch in keiner Hinsicht mit der Verbesserung ihres Zustandes. Sie widmet sich vielmehr dem Umgang mit Methoden, mit deren Hilfe es möglich ist, einen Teil dieser Kräfte „abzuzapfen", zu kanalisieren und auf ein beliebiges persönliches Ziel zu konzentrieren. Der Zauberer beziehungsweise derjenige, der sich magischer Mittel bedient, sieht sich selbst in der Position eines Menschen, der entweder von der Gemeinschaft und dem kosmischen Guten ausgeschlossen ist, sich mit beiden in einem Konkurrenzkampf befindet, oder der ihnen sogar als erbitterter Gegner gegenübersteht. Wo der religiöse Mensch um Regen betet – wohl wissend, daß dieser sowohl auf sein eigenes als auch auf das Feld seines Nachbarn fallen wird – frohlockt und triumphiert der Zauberer, wenn es ihm gelingt, den Regen so zu beherrschen und zu konzentrieren, daß er exakt innerhalb der Grenzen seines eigenen Gartenzaunes niedergeht.*

Wenn im heutigen Haiti die Serviteurs dazu tendieren, ihre Zeremonien besonders auf solche Loas zu konzentrieren, aus deren Gunst man einen sofortigen materiellen Nutzen ziehen kann; wenn viele Hougans stolz sind auf ihre „Arbeits-Loas" und einige sich noch nicht einmal schämen, einen Loa „gekauft" zu haben; wenn Magie (die meistens zu Schutzzwecken und nicht für aggressive Aktionen angewandt wird)** von weiten Kreisen akzeptiert wird als eine notwendige Ergänzung zu den religiösen Handlungen – dann sind diese Entwicklungen der Beweis dafür, daß die Haitianer mittlerweile ein Stück ihres Vertrauens in den guten Kern des Kosmos eingebüßt haben. Diese Entwicklungen spiegeln zudem das Gefühl der Haitianer wider, daß die Gesellschaft, in der sie leben, ihre Einheit, ihren Zusammenhalt und ihre Homogenität – das heißt die charakteristischen Kennzeichen einer geschlossenen Kultur – zum größten Teil verloren hat. Das haitianische Volk nähert sich dem Moment, wo sich der Mensch – wie so viele Menschen in unserem „zivilisierten" Kulturkreis – vereinzelt und einsam einem feindlichen Universum gegenübersieht. Zur gleichen Zeit kämpfen die großen Mystères da-

* Weitere Vergleiche zwischen göttlichen und magischen Kräften finden sich auf S. 223f.

** Eine der Aufgaben des Hougans besteht darin, seine Gemeinde vor den böswilligen Machenschaften des Bocors zu schützen. Das bedeutet, daß auch er Magie ausüben muß; er muß dem bösen *Wanga* (Zauber) den beschützenden *Garde* (Talisman) entgegensetzen. Dieser Umstand hat viel zu den großen Verwechslungen beigetragen zwischen dem Vaudou als einer Religion und den magischen Praktiken, die in Wirklichkeit eine völlig separate Stellung einnehmen und nicht zur Religion gehören. Ein Mensch kann stark und mächtig sein, weil die Loas ihn dazu gemacht haben; aber es ist der *Mensch*, der die Magie ausübt, und nicht die Geister. Herskovits (S.220) sowie auch andere Beobachter heben diesen Unterschied hervor.

rum, diesen Prozeß aufzuhalten. Sie wenden sich wütend gegen die Verschlechterung der Disziplin der rituellen Ordnung; sie beklagen sich über ein ungenügendes Maß an Verehrung, Aufmerksamkeit und Speiseopfern; sie führen Schläge gegen den nachlässigen Serviteur; sie wiederholen ihre schlimmste Drohung – daß sie ihn verlassen werden. – Tatsächlich sind ihre Manifestationen ganz allmählich seltener geworden, während die untergeordneten Gottheiten jetzt häufig und mit großer Selbstsicherheit erscheinen. Den Haitianern bleibt diese Entwicklung nicht verborgen. Sie sagen: *„Kleine Pferde können keine großen Reiter tragen."*

5

Der Serviteur in der modernen Gesellschaft

Es gehörte zu den Besonderheiten in Titons Leben, daß die großen Loas, die zu seinem psychischen Erbteil gehörten, sich noch immer häufig manifestierten. Er war stolz darauf und genau unterrichtet über seine Verpflichtungen ihnen gegenüber. Er achtete darauf, seine Loas nicht in solche Hounfors zu bringen, wo die Gefahr bestand, daß sie entweder durch einen zu unehrerbietigen Empfang erniedrigt oder eventuell von gewissenlosen Individuen ausgenützt würden. Dieses Vermächtnis jedoch hatte sich in jüngster Zeit zu einem Segen gemischter Art entwickelt. Die 21 Geister stellten nicht nur eine konstruktive Macht dar, sondern mußten als solche rituell kontrolliert werden, damit ihre Energien sich nicht beliebig zerstreuten. Darüberhinaus war dieses Erbe mit bestimmten bindenden Verpflichtungen und Forderungen verknüpft, die Titon nicht immer erfüllen konnte; deshalb lebte er in beständiger Gefahr, einen göttlichen Zorn auszulösen.

Dies war zweifellos der Grund dafür, daß Titon schon in jungen Jahren begonnen hatte, sich selbst das Wissen und die Techniken anzueignen, die man braucht, um die Loas kontrollieren zu können. Logischerweise ging mit fortschreitendem Wissen eine entsprechende Intensivierung des Gottesdienstes einher. Als Folge davon wiederum nahmen Titons Fähigkeiten stetig zu, und die Loas stellten immer häufiger die Forderung, daß Titon sich ihnen gänzlich widmen und Hougan werden sollte. Unter normalen Umständen wäre das die natürliche Konsequenz für ihn gewesen, denn sowohl was sein göttliches Erbe betraf, als auch hinsichtlich seiner persönlichen Begabung brachte er wesentlich bessere Voraussetzungen für die Ausübung des Priesteramtes mit als die meisten Hougans. Die allgemeinen Lebensbedingungen in Haiti jedoch, und ganz besonders seine persönliche Situation, hatten es bislang verhindert, daß er zu diesem Rang aufsteigen konnte.

Der Beruf des Priesters wird gewöhnlich vererbt. Zusammen mit diesem Beruf übernimmt man normalerweise das elterliche Hounfor, das Peristyle, die Trommeln und andere zeremonielle Ausstattungsgegenstände. Titons Fall lag jedoch so, daß seine Familie in die Stadt gezogen war, ihr Grundstück aufgegeben oder verkauft hatte und er nun ohne ein Stück Land dasaß, auf dem er zu bauen hätte anfangen können. Zudem war Titons Leben durch die Konversion seiner Familie zum Protestantismus und aufgrund ihrer Gegnerschaft zum Vaudou so aus der Bahn geworfen worden, daß er keinen Platz besaß, an dem er seinen Pot-de-tête, den Canari, der seinen Gros-bon-ange beherbergte, lassen konnte. Er hatte ihn zuerst in einem, dann in einem anderen Hounfor untergebracht, um ihn schließlich – nachdem er den Eindruck gewonnen hatte, daß die jeweiligen Hougans nicht vertrauenswürdig waren – ihrer Obhut ganz und gar zu entziehen. Es war eine tragikomische Tatsache, daß es keinen Ort zu geben schien, der würdig genug für seinen Pot-de-tête war – den intimsten aller heiligen Gegenstände – so daß er sich schließlich gezwungen sah, ihn in der Wohnung eines Ethnologen aufzubewahren, auf dessen uneigennützige Sympathie er sich verlassen konnte.

Bei all den Talenten, die Titon besaß, hätte man meinen sollen, daß es ihm möglich gewesen wäre, Arbeit zu finden und das Geld (eine selbst für den haitianischen Durchschnitt bescheidene Summe) für den Kauf eines kleines Grundstückes zu verdienen, auf dem er seinen Hounfor errichten hätte können, und das für den Erwerb der Trommeln sowie für die Zeremonie, durch die er in den Stand eines Hougans erhoben worden wäre, ausgereicht hätte. Indes wurden ihm die offensichtlichsten Chancen durchkreuzt, da seine Fähigkeiten an seine Religion gebunden waren. Als eine internationale haitianische Ausstellung stattfand, unternahm man den Versuch, den Vaudou als eine folkloristische Touristenattraktion zur Schau zu stellen: man hatte vor, Tänze und Rituale auf der Bühne zu veranstalten und wollte sogar die Besessenheit durch die Loas vortäuschen. Titons Begabung als Tänzer und Sänger machte ihn zu einem gefragten Mann für diese Unterhaltungsveranstaltung. Sein Guèdé aber stellte sich von Anfang an einer Teilnahme Titons entgegen. Titon verstand diese ablehnende Haltung nicht und nahm das Angebot an, aus dem verzweifelten Wunsch heraus, das benötigte Geld zu verdienen. Er nahm jedoch nur an einer einzigen Veranstaltung teil. Kaum hatte er die Bühne betreten, begann sich durch die Einwirkung Guèdés sein linkes Auge zu schließen. Als der Abend vorbei war, hatte sich das Auge gänzlich geschlossen und Titon veranlaßte seine Entlassung aus der „Folkloretruppe".

Von unserem kulturellen Hintergrund aus betrachtet, mag es offensichtlich erscheinen, daß es sich hierbei um ein psychosomatisches Phänomen handelte. Wie dem auch sein: es ist eine typische Methode der Vaudou-Gottheiten, ethische Prinzipien mit Gewalt durchzusetzen, auch wenn jemand diese Prinzipien von seinem Intellekt her nicht begreift. Titon besaß weder die Bildung noch die Erfahrung, die es ihm möglich gemacht hätten, die Bedeutung dieser Veranstaltung genau einzuschätzen. Tatsache war, daß sich dieses Fest offizieller Unterstützung erfreute, und es war ein Zeichen für ein scheinbar ehrenvolles öffentliches Interesse an der Religion. Weiterhin stand fest, daß die Kostüme teurer waren als die, die sich ein einfacher Hougan für die Feier der Loas leisten konnte, und daß die Menge der Zuschauer die Teilnehmerzahl einer normalen Zeremonie bei weitem übertraf. Trotz alledem stellte ein derartiges Ausbeuten des Vaudou als folkloristische Attraktion eine Herabwürdigung der Religion dar. Der uralte Loa hatte dies mit göttlicher Unfehlbarkeit erkannt, und er hatte auch begriffen, welch eine Täuschung und eine Abirrung vom Ethos damit verbunden waren, daß man die Lieder, die Tänze und die Rituale nicht als Gottesdienst zu Ehren der Mystères vorführen wollte, sondern zum Zweck der Selbstdarstellung und der Selbsterhöhung. Der alte Guèdé war es, dessen „Wurzeln endlos sind" und dessen Erbe über unzählige Generationen hinweg in der Familie weitergereicht worden war, der seine Hand aus der unendlich weit zurückliegenden Vergangenheit gestreckt hatte, um mit einem solch fehlerlosen Urteilsvermögen in der Gegenwart zu agieren.

Titon hatte bei seinen Überlegungen, ob er das Angebot annehmen sollte, die Hoffnung im Hintergrund gehabt, zumindest soviel Geld zu verdienen, wie nötig war, um einen Hougan für die Zeremonie des „Übernehmens der Asson", das Ritual der priesterlichen Ausstattung, bezahlen zu können. Nun aber war ihm dieser Weg verschlossen, und noch dazu durch das Eingreifen seines eigenen Maît-têtes. Inzwischen war ihm mit aller Eindringlichkeit bewußt geworden, daß er fähiger und des Berufes würdiger war als viele Hougans, die das Glück hatten, nicht nur ihre Profession geerbt zu haben, sondern auch die materiellen Verhältnisse, die es ihnen erlaubten, diesen Beruf auszuüben. Insbesondere bei solchen Gelegenheiten, bei denen er Zeuge des relativ mangelhaften Könnens eines Priesters geworden war, pflegte er herausfordernd und verzweifelt zu erklären, es gäbe keinen Hougan, der groß genug sei, ihm die Asson zu übergeben. Er erklärte, die Loas selbst würden ihm dieses heilige Instrument göttlicher Macht überreichen, sobald er es geschafft hätte, das Geld zusammenzusparen, das er brauchte, um den Hounfor und das Peristyle zu bauen. Titon wandte sich also in diesem entscheidenden Moment an die Geister, und dies bedeutete, daß er all das beschwor, was er selbst war, als das Produkt seines Erbes. Seine Anrufung war nicht nur an die undifferenzierte Gesamtheit, die Prinzipien seines Vermächtnisses gerichtet, sondern auch an die Reihe seiner Ahnen, aus der sich dieses Erbe im Laufe der Zeit entwickelt hatte, angefangen mit den Marassa, den ersten Menschen. Er beschwor die afrikanischen Stämme, ihre indianischen Verbündeten sowie die Tausenden von Menschen, deren Blut in seinem Erbe floß, und durch deren unterschiedliche persönliche Anlagen die zahlreichen und vielfältigen Aspekte seines individuellen Erbes angewachsen und geformt worden war. Er rief den Stammbaum seiner eigenen Göttlichkeit an. Sein Gebet enthielt – in komprimierter Form – die Geschichte seines Volkes, die Schilderung all dessen, was – gleich einem Fluß, der innerhalb

	RADA–RITEN (Uranfängliche, grundsätzlich wohlwollende Gottheiten)				
NANCHONS (Nationen, Stämme)	**Dahomey**		**Nago** (Nigeria)	**Ghèdé**	**Juba** **Martinique**
FAMILIENZWEIGE	Wedo	Zwerg Eber			
PRINZIPIEN KREUZWEG Phallisches Prinzip; Fruchtbarkeit; Geburt, Sonne/Feuer, Doppelgeschlechtlichkeit, Allwissenheit Charakteristische Attribute: Baum, Stock, Hut	*Legba-Sé* Attibon-Legba Avrada Agao-Loco Bayé	Alovi Kadja- Bossu	Obatala Ogoun Panama (Hut) Ogoun Bayé		
CHTHONISCHER BEREICH, UNTERWELT Tod; phallisches Prinzip; Fruchtbarkeit; Geburt; Nacht; Mond; Doppelgeschlechtlichkeit; Allwissenheit; Friedhöfe; Magie; Gaunerei und Possen; Insel unter dem Wasser		Alovi- Guèdé Bossu-Trois- Cornes (?)	Ogoun- Badagris	*Guèdé-Nimbo* Brav Guèdé	
TELLURISCHER BEREICH; ERDE Ackerbau, Feldfrüchte, Fruchtbarkeit	Agao-Wedo		(Ogoun- Badagris) Dadal	Guèdé- Mazacca	*Azacca-Medé* Cousin-Zaka
HIMMLISCHER BEREICH Himmel; Regenbogen; Lebenskraft; kosmisches Ei; Schlange; Flüsse und Quellen. Ferner: Wind, Gewitter	*Damballah und* *Ayida Wedo* Sobo Badé, Badessy Agarou- Tonnerre		Ogoun Schango Ogoun Batala	Guèdé L'Oraille Guèdé Z'Eclai	
MEER Wind; Donner; Kanonenfeuer. Ferner: Boote, Muscheln und des weiteren: männliche Ergänzung eines weiblichen Prinzips	*Agwé Arroyo*		*Agwé* (?)	Immamou	
FEUER Macht; Krieg; Waffenschmiederei; Waffen; die Farbe Rot			*Ogoun Ferei* Ogoun Fai St. Jacques		
WEIBLICHES PRINZIP Verführung, Weiblichkeit; Fruchtbarkeit Beschützerin	*Erzilie Freda* *Dahomey* La Sirène La Balianne Gran Erzilie			Brigitte	
AHNENGEISTER Ursprung der Rasse; Doppelgeschlechtlichkeit; Priesterstand; Bäume; Heilkraft; Hüter der Traditionen; elterliche Erziehung	Nanan-bouclou (doppelgeschlechtlich) Silibo-Gweto (doppelgeschlechtlich?) *Loco-Attiso* (männlich) *Agassou* (männlich) *Ayizan* (weiblich)	Akadja Adja Kadja-Bossu	Loco-Roi-Nago Nago Piman		

	Unabhängige Loas	**Ambivalente Loas**	**PETRO-RITEN** (Magie, übelwollende Geister, Dämonen)					
Nanchons	**Ibo** und **Kanga**	**Quitta Simbi**	**Congo**	**Petro**				**Diverse**
Familien-zweige	(Afrikanischer Ursprung) Ossange (?)	(Amerikanischer Ursprung) Eule	(Afrikanischer Ursprung)	(Amerikanischer Ursprung)	La Flam-beau	Ge-Rouge	Krabbe	
Prinzipien Kreuzweg	*Ianman-Ibo* Caplaou (Kanga) Legba-Ibo	*Simbi-en-deux-eaux* Quitta-Bayé	Legba-Con-go	*Carrefour* (Kalfu) Legba-Petro	Amine-Gatigal-La Flambeau		Bamabarra-Taiba	Sousou Pannan Moundon-gue Limba Zao Pimba
Chthoni-scher Bereich, Unterwelt	Ibo-Lazile	General-Brisé Baron Pi-quant Maît-Grand-Baois-D'Ilet		Baron Samedi Baron La Croix Baron Cimitière Azagon La Croix			Guèdé	Criminelle
Tellurischer Bereich, Erde			Congo Zandor Congo Savanne	*Marinette*				
Himmlischer Bereich	Damballah Osange	*Simbi*	Congo Zandor Congo Savanne	*Dan Petro* Ti-Jean Petro Saint-Blanc	Damballah La Flambeau	Damballah Ge-Rouge	Simbi	
Meer	Ogoun-Ossange	*Simbi*				Agwé Ge Rouge		
Feuer		*Simbi*	Congo Zandor Congo Savanne	Petro-Riten, die allgemein mit Feuer im Zusam-menhang stehen Nanchou	Ogoun La Flambeau	Ogoun Ge Rouge		Ogoun Yemocn
Weibliches Prinzip	Mai-Louise	Ti-Quitta	Marinette-Congo	Marinette Bras Chêche Marinette Pied Chêche Erzilie Mapionne		*Erzilie Ge-Rouge*		Erzilie Lemba
Ahnen-geister	*Ibo-Lele* Ibo-Loco	Gran-Simba	Congo Yamingan	*Lingles-sou*			Agassou	

der geschichtlichen Zeit vorwärtsströmt – jetzt in dieses Individuum hineinfließen sollte. Die Macht der moralischen Geschichte seines Volkes wollte Titon in seiner eigenen Person in geballter Form den Umständen der heutigen Zeit entgegenstellen.

Erläuterung zur Klassifikation der einzelnen Loas

Die Herkunft einiger Loas liegt ziemlich im Dunklen; zudem gehen die Meinungen der Beobachter des Vaudou auseinander, was die Zuordnung einzelner Götter zum Rada- beziehungsweise zum Petro-Kult angeht. Daher ist die obenstehende Tabelle nicht als endgültig anzusehen. Dennoch hilft sie, die Art und Weise zu beleuchten, in welcher die unterschiedlichen Stämme, Familienzweige und die amerikanisch-indianischen Gottheiten in ein einziges, in sich schlüssiges System integriert wurden. Eine vollständige Zeremonie schließt sämtliche übergeordnete Prinzipien ein, wie sie in jeder einzelnen übergeordneten Kategorie zum Ausdruck kommen: Rada, Ibo, Quitta, Congo, Petro. Diejenigen Loas, die bei der entsprechenden Zeremonie angerufen werden, habe ich unterstrichen. Die Nanchons – beziehungsweise Nationen – repräsentieren sozusagen verschiedene Aspekte der jeweiligen Prinzipien und unterscheiden sichhinsichtlich ihrer moralischen oder magischen Betonung und bezüglich ihres spezifischen Ethos; daher kann man die Ausdrucksformen eines Prinzips bei den Nationen der grundsätzlich wohlwollenden Rada-Götter, über den ambivalenten Simbi (von dem die Vorstellung herrscht, er stehe mit einem Bein im Rada- und mit dem anderen im Petro-Kult und überbrücke auf dieses Weise die Kluft zwischen beiden Seiten des Vaudou) bis hin zu den gefährlichen, ja sogar übelwollenden Petro-Gottheiten verfolgen. Jede dieser Nationen ist wiederum zusätzlich in verschiedene Familienlinien unterteilt, die in einigen Fällen ihre ursprüngliche Identität bewahrt haben, indem sie den Ortsnamen (Wedo) oder das entsprechende Totem ihrer Vorfahren (Zwerg, Eber, Eule oder Krabbe) beibehalten haben.

Selbstverständlich beinhaltet jedes der acht Prinzipien Elemente der übrigen sieben. Der Kreuzweg beispielsweise umschließt das ganze Universum, das heißt, die Bereiche des Himmels sowie der Unterwelt. Der Himmel – oder das Prinzip der Lebenskraft – repräsentiert durch die Schlange und den Regenbogen, die sich im Wasser spiegeln und die Gewässer dadurch umschließen, umfaßt sowohl die Unterwelt als auch den Himmel. Die Unterwelt ist die Wohnstätte der Ahnen.

Die großen Prinzipien unterscheiden sich folglich vor allem durch die Hervorhebung bestimmter Elemente – und diese Unterschiede sind nicht bei allen Nationen in gleicher Weise betont. So repräsentiert zum Beispiel Simbi als einzelner Loa nahezu sämtliche Aspekte des Kosmos – im Gegensatz zu den Differenzierungen in der dahomeyischen Nation. Das Fehlen einer herausragenden chthonischen oder tellurischen Gestalt in dieser Nation könnte ein Hinweis darauf sein, daß der afrikanische Legba all diese Domänen beherrschte, und daß Guèdé und Azacca, die hervorstechende Charakterzüge der amerikanisch-indianischen Götter aufweisen, in Haiti in den Rada-Kult integriert wurden. Auf der anderen Seite ist es interessant, daß es nach wie vor Ogouns gibt, die all die unterschiedlichen Aspekte der übergeordneten Prinzipien repräsentieren und auf diese Weise eine umfassende Nago-Struktur des Kosmos bilden – obwohl der Ogoun der Nagos in den Rada-Riten vor allem deN Krieger verkörpert, das Prinzip der Macht. Nach den verfügbaren Daten zu urteilen, sind die Guèdé- und die Ibo-Nationen weniger differenziert. Bei den Guèdés scheint das Prinzip des Kreuzweges die Position einzunehmen, von der aus das gesamte Universum betrachtet wird, während bei den Ibos das Prinzip der Ahnen den Ausgangspunkt der kosmischen Reise bildet. Die Congo-Nation ist weitgehend in der Petro-Nation aufgegangen; letztere wiederum ist so differenziert wie die afrikanische Rada-Nanchon. Das III.Kapitel dieses Buches, einschließlich der zugehörigen Fußnoten, enthält das Informationsmaterial, aus dem die obenstehende Tabelle entstanden ist.

Es ist weiterhin bemerkenswert, daß das Ahnen-Prinzip in seiner Rolle als erzieherische, initiatorische Kraft auf der Seite der Rada-Gottheiten stark und auf der Seite der Petro-Götter schwach vertreten ist; daß dafür aber die Unterwelt, als die Grundlage magischer Manipulation, im Petro-Kult notwendigerweise betont ist. Der Petro-Kult besitzt auch die Gottheit, die am stärksten mit dem Ackerbau verbunden ist – Marinette. Der Petro-Kult ist weiterhin gekennzeichnet durch seine Betonung von Feuer und Erde und der Abwesenheit irgendeiner Gottheit, die mit Wasser in Beziehung steht – es sei denn, man rechnet Simbi der Petro- Kategorie zu.

III. KAPITEL

DIE GÖTTLICHEN „REITER"

Das Wesen der Loas

So wie der stoffliche Körper ohne die Seele, die ihn erfüllt und belebt, Materie ohne tiefere Bedeutung ist, ohne Einsicht, Willen und Moral, wäre auch das Universum nichts als eine Anhäufung organischer Substanzen; das Universum würde sich zwangläufig ausschließlich auf der Basis des ursprünglichen Impulses des ersten Schöpfungsaktes heraus entwickeln, gäbe es nicht die Loas, die es in geordnete Bahnen lenken und es mit Intelligenz und Güte erfüllen würden. Die Loas sind die Seelen des Kosmos.*

Eine Religion, die davon ausgeht, daß die stoffliche Welt von einem immateriellen „Geist" belebt wird, würde normalerweise als animistisch klassifiziert werden. Als charakteristische Wesensmerkmale solcher Religionen gibt man an, sie würden die Naturkräfte zu Göttern erheben und auf dem Glauben basieren, daß Bäume, Steine und andere Objekte der materiellen Welt von Geistern belebt seien. Würde man den Vaudou nach diesem Maßstab beurteilen, dann sähe es auf den ersten Blick so aus, als handle es sich um eine animistische Religion. Jedes Bemühen aber, den Vaudou-Pantheon systematisch nach übergeordneten Elementen – Erde, Luft, Feuer und Wasser – zu unterteilen, wird zu einem procrustianischen Unternehmen, das solche bedeutenden Gottheiten ausschließt wie z.B. Legba, den Gott des Kreuzweges, Guèdé, den Totengott, oder Erzilie, die Göttin der Liebe. Aus dem Kriegsgott Ogoun würde ein Loa des Feuers gemacht (obgleich es sich beim Feuer lediglich um sein charakteristisches Symbol handelt). Es ist außerdem so, daß die Mystères zwar *in* Bäumen (sowie auch in Steinen, Flüssen etc.) wohnen können, diese Orte ihnen jedoch lediglich als stoffliche Gefäße dienen. Wie man die Geister, die *in* einem Govi enthalten sind, korrekterweise nicht als die Loas *des* Govi bezeichnen kann, ist es falsch, die Loas als die Geister *der* Bäume zu begreifen.[1] Diese Beispiele zeigen deutlich, daß sich das orthodoxe Einteilungsschema, auf welches man bei der Klassifikation animistischer Religionen zurückgreift, auf die metaphysische Struktur des Vaudou nicht anwenden läßt.**

Weiterhin ist es eine allgemein verbreitete Annahme, daß die Angehörigen einer „primitiven" Kultur – da ihnen ein modernes wissenschaftliches Verständnis des

* Der Kosmos wurde nicht von den Loas, sondern vielmehr von einer uranfänglichen Gottheit erschaffen. Eine Darstellung dieses Schöpfergottes sowie eine Beschreibung der Rolle, die die Loas in dem von ihm geschaffenen System spielen, finden sich auf den Seiten 71f.

** Eine kritische Diskussion verschiedener anthropologischer Fehlinterpretationen jener sogenannten „primitiven Mentalität" findet sich in den zum III. Kapitel gehörigen Fußnoten (1) bis (4).

physischen Universums abgeht, und weil ihnen die entsprechenden neuzeitlichen technischen Apparaturen fehlen – versuchen, dieses Universum durch die fromme Anrufung sowie die magische Beeinflussung jener „mystischen" Geister zu kontrollieren, die sie angeblich als die Urheber sämtlicher Naturereignisse betrachten (siehe den Kasten auf Seite 104, Anm.d.Ü.). Tatsache ist aber, daß die Angehörigen solcher einfacher Kulturen mit den ihnen zur Verfügung stehenden Hilfsmitteln und im Rahmen ihrer Bedürfnisse *sehr wohl* eine hervorragende pragmatische Kontrolle über ihren unmittelbaren Lebenskreis ausüben. Forschungsreisende haben schon vor langer Zeit gelernt, sich der Techniken der Eingeborenen zu bedienen (und zwar dann, wenn sie ausschließlich auf die Ausrüstung der Einheimischen angewiesen waren), um die Resourcen des Landes ausbeuten. Sie waren außerordentlich erstaunt über den praktischen Erfindungsgeist, den die

Meist ist es so, daß eine einfache Kultur durch das Eindringen einer anderen beeinflußt wird, wobei mit einem Schlag eine ganze Reihe von Problemen auftaucht. Die Invasoren bemühen sich für gewöhnlich, diese Kultur durch ein aggressives Vorgehen auszubeuten, und beginnen den inneren Zusammenhalt der einheimischen Gesellschaft vorsätzlich zu zerstören, um sich ihre Arbeit zu erleichtern. Die Religion der Einheimischen, die auf die neue Situation nicht vorbereitet ist und ihr machtlos gegenübersteht, ist natürlich den aktuellen Umständen nicht angemessen. Von Außenstehenden wird sie demzufolge als ein realitätsferner Mystizismus betrachtet. Die Rolle dieser Religion war jedoch nicht wirklichkeitsfern, solange sie den ursprünglichen Gegebenheiten der einheimischen Kultur entsprach, aus denen heraus sie entstanden und auf die sie abgestimmt war. – Was den Vaudou angeht, so erweisen sich Praktiken, die man auf den ersten Blick für abergläubisch halten mag, oftmals als außerordentlich praktisch in einer entsprechenden Situation, auf die sie speziell abgestimmt sind. Derartige Gebräuche bestehen auch dann fort, wenn die Menschen, die sie praktizieren, unter Bedingungen leben, in denen diese Praktiken keine Bedeutung mehr haben – so zum Beispiel, wenn ein Bauer in die Stadt zieht. Der überkommene Brauch wird dann vor dem Hintergrund der neuen Lebensumstände interpretiert, und aufgrunddessen hat sich eine verzerrte und falsch bewertete Vorstellung über die Art und Weise entwickelt, in der die „Primitiven" mit der Wirklichkeit umgehen. – Es gibt auch noch eine andere Erklärungsmöglichkeit für das Fortbestehen solcher Praktiken. Sie erfüllen nämlich in den neuen Lebensumständen einen psychologischen Zweck, indem sie den Menschen eine vertraute, stabilisierende Struktur an die Hand geben, ihnen einen tröstlichen Widerhall aus der wohlbekannten Vergangenheit vermitteln, im Angesicht einer neuen Welt, die sie andernfalls verwirren und erschrecken würde. Es stimmt zwar, daß ein Tabu bisweilen eine restlose Anpassung an die aktuelle Realität verhindert. Doch kann es sich bei diesem Tabu um ein Verbot handeln, welches in seinem ursprünglichen kulturellen Rahmen sinnvoll war (wie etwa im Fall des für Juden untersagten Genusses von Schweinefleisch). Verbote dieser Art sind auf ganz spezielle Bereiche beschränkt. Meist werden die Methoden, die die sogenannten „Primitiven" bei der Behandlung von Krankheiten anwenden, als angeblicher Beweis dafür herangezogen, daß hier auf unglückliche Weise naturwissenschaftliche Kenntnisse durch Aberglauben beziehungsweise Magie ersetzt würden. Selbst in diesem Fall allerdings dürfen keine endgültigen Schlüsse gezogen werden, bevor man nicht alle vorhandenen Gesichtspunkte sorgfältig abgewogen hat. Eine Schilderung des Wissens der Hougans von den Heilwirkungen von Pflanzen findet sich auf S. 181f.

Einheimischen dadurch unter Beweis stellten, daß sie Leistungen vollbrachten, deren Bewerkstelligung den Fremden unmöglich erschien. Ferner bekundeten sie eine derart ausgeprägte angeborene Vertrautheit mit den Kreisläufen und Erscheinungsformen der Natur, daß sie bestimmte Naturereignisse mit erstaunlicher Genauigkeit voraussagen und sich, den Umständen entsprechend, diese Ereignisse entweder zunutze machen oder sich vor ihnen schützen konnten.

Man sollte eine primitive Religion nicht als eine Verfälschung der wahren Natur der Dinge betrachten, als einen Ersatz für ein wirkliches Verständnis des physischen Universums, oder sogar als etwas, das einem derartigen Verständnis feindlich entgegensteht. Es wäre besser, zumindest hypothetisch von der Annahme auszugehen, daß in einem solchen religiösen System Ideen entwickelt werden, die in ihrem Kern zutreffend sind, und die sich in Übereinstimmung mit der wahren Natur des physischen Universums befinden. Unter dieser Voraussetzung könnte man die Ursprungsgeschichte des Vaudou wie folgt rekonstruieren: die Haitianer – oder, genauer gesagt, ihre afrikanischen Vorfahren – beobachteten das Universum, und zwar sowohl die Natur als auch die Menschen, als einen Teil der Natur. Dabei entdeckten sie in den natürlichen Abläufen bestimmte grundlegende, immer wiederkehrende Prinzipien. Sie unterschieden nun zwischen dem inneren Prinzip eines Objektes und dem Objekt an sich und stellten fest, daß die Erscheinungsformen der stofflichen Welt nur von vorübergehender Dauer, vergänglich und einmalig sind, während die ihnen zugrundeliegenden Prinzipien dauerhaft und beherrschend beziehungsweise unsterblich und universell sind. Daraus folgerten sie, daß diese Prinzipien einer höheren Ordnung angehörten als die Materie. Und sie begriffen dieses höhere Ordnungssystem – diese Prinzipien, die auch in ihrem eigenen Leben wirkten – als eine Gottheit. Sie schrieben also nicht der Materie einen göttlichen Charakter zu, sondern schlossen vielmehr aus den Phänomenen der stofflichen Welt auf das Wesen des Geistes, der diesen Manifestationen zugrundeliegt. Zudem waren diese von ihren Erscheinungsformen abstrahierten Prinzipien nicht weniger real als die Manifestationen, sondern lediglich immateriell und unsichtbar. Dieser Sachverhalt kann vielleicht zu einem Verständnis der Vorstellung des Vaudou von den Invisibles als realen Wesen beitragen.[2] Die Loas sind übernatürlich im gleichen Sinne wie ein Prinzip übernatürlich oder abstrakt ist.

Da aber die besagten Kräfte – ob man sie nun als Prinzipien oder als les Invisibles bezeichnet – nur dann wahrgenommen werden können, wenn sie sich auf der stofflichen Ebene manifestieren, bedient sich der Serviteur materieller Objekte und Phänomene, insbesondere in solchen Ritualen, die zumindest zum Teil einen belehrenden Zweck erfüllen. Vor diesem Hintergrund kann man sagen, daß die materiellen Manifestationen als exemplarische Demonstrationen dienen.* Darüberhinaus gibt es bestimmte stoffliche Erscheinungsformen, in welchen sich das entsprechende Prinzip in derart dramatischer Weise manifestiert, daß es fast unmöglich ist, die Gottheit und das materielle Phänomen auseinanderzuhalten. Dies trifft bei solchen elementaren Kräften zu, wie etwa dem Meer, dessen stoffliche Erscheinungsform allein bereits das ihm innewohnende komplexe, ursprüngliche Prinzip hinreichend zum Ausdruck bringt. Trotzdem trifft der Vaudou eine eindeutige Unterscheidung: nicht das Meer ist heilig – göttlich ist vielmehr Agwé, der Geist des Meeres. *Den Loas zu dienen, bedeutet das Prinzip feierlich zu ehren, und nicht die Materie, in der es sich vorübergehend oder beständig manifestiert.*

Wenn man eine Gottheit als einen Verweis auf das Vorhandensein eines bestimmten Prinzips versteht (wie zum Beispiel Leben, Tod, Liebe oder Zuneigung, Krieg oder Auseinandersetzung, und so weiter), dann stellt das Beharren des „primitiven" Menschen darauf, sämtliche stofflichen Erscheinungsformen seien von göttlicher Kraft belebt, sowie auch seine Weigerung, irgendein Phänomen als zufällig – das heißt, als unabhängig vom Wirken eines Prinzips – zu betrachten, eine folgerichtige Erweiterung seiner Überzeugung dar, daß das Universum ein abgeschlossenes, absolut logisch funktionierendes Ganzes ist – wenngleich diese Logik bisweilen irrig oder obskur erscheinen mag. Das gleiche gilt für seine Überzeugung, daß es sich selbst beim winzigsten Detail um die Folge der Einwirkung einer bergeordneten Macht handelt. Die Loas verfügen über kein übernatürliches Hoheitsrecht, das es ihnen erlauben würde, eigenmächtig zu entscheiden. Ein Ereignis, das einem Serviteur nicht logisch erscheint, nimmt dieser nicht bereitwillig als den „Willen Gottes" hin. – Im Gegenteil: der Serviteur fordert die Mystères nachdrücklich auf, Rechenschaft abzulegen und verlangt rigoros eine entsprechende Erklärung, auf die er ein Anrecht zu haben meint, und aus der er die Maßnahmen ersehen kann, die er zur Korrektur des Fehlers ergreifen muß. Diese Überzeugung von der Existenz eines logischen Prinzips, das allen Phänomenen zugrundeliegt – die Vorstellung von einer die Materie durchdringenden logischen Kausalität – ist unbestreitbar identisch mit der Prämisse wissenschaftlicher Forschung.[3] Die *Einsicht* in das Prinzip indes – die Einordnung von Erfahrungswerten in ein sinnvolles Muster – ist eine Leistung des menschlichen Geistes; im vaudouistischen Wortschatz sagt man, jemand habe „Loas in seinem Kopf".** Im Vaudou werden, um

* Eine Abhandlung darüber, in welcher Weise das Ritual eine Methode des Lehrens darstellt, findet sich auf S. 218 und S. 222. Tatsächlich handelt es sich beim Ritual um die allererste Form späterer moderner Theorien, auf deren Grundlage unsere heutigen akustisch-optischen Hilfsmittel entstanden sind. All das, was wir an den wirkungsvollen Möglichkeiten des Kinos und des Fernsehens schätzen, die Funktionsweise naturwissenschaftlicher Prinzipien und Theorien konkret zu vermitteln, ist in ursprünglicher Form im Ritual vorhanden.

** Eine Darstellung des menschlichen Verstandes als Quelle der Göttlichkeit s. Kasten S. 107.

ein Beispiel zu nennen, sowohl das Meer als auch Agwé, das innere Prinzip des Meeres, als objektive Realität betrachtet. Diese Aussage wird allerdings dahingehend spezifiziert, daß Agwé – als ein vom Meer an sich getrenntes Wesen – *nicht aus dem Meer heraus* in den Kopf eines Individuums Einzug hält, *sondern von dessen Eltern aus*. Die Vererbung von Loas findet also im Zusammenhang mit der Übertragung von Ideen oder Prinzipien, das heißt im Rahmen der Erziehung statt. Zudem werden diese Prinzipien in dem Blutstrom weitergegeben, der die Generationen miteinander verbindet. – Wie die Zusammensetzung des Blutes von den wechselnden hormonellen Einflüssen und der unterschiedlichen Ernährungsweise abhängig ist, so übt auch die psychische „chemische Zusammensetzung" dieser Überträgerstoffe – die ihrerseits abhängig ist vom inneren sowie auch vom äußeren Milieu – eine Wirkung auf die Prinzipien aus, die sie nährt. *Der Charakter des Kopfes, in welchem ein Loa enthalten ist, prägt also die Wesensart dieses Geistes mit. Der Mensch modifiziert das Prinzip* (siehe den Kasten auf S. 107, Anm.d.Ü.).

Dies scheint grenzenlose Variationsmöglichkeiten des Themas zu eröffnen, die den individuellen Charakter des Prinzips sowie dessen Kontinuität durch diesen spezifizierenden Einfluß fast bis zur Unkenntlichkeit verändern können. Innerhalb einer relativ homogenen Kultur jedoch kann sich

Auf S.165 wird dargestellt, inwiefern es sich bei diesem „Vererben" um einen elterlichen Einfluß während der Phase des Heranwachsens des Kindes handelt. Da die Eltern die entscheidende Rolle für die psychische Entwicklung eines Individuums spielen, zeichnet sich ein Familienzweig durch eben die Aspekte seiner ererbten Loas aus, die seinem eigenen Charakter besonders entsprechen. Weiterhin gilt es als feststehende Tatsache, daß derjenige, der einen bestimmten Loa geerbt hat, die Wesensart jenes Loas (in minimalem Rahmen) wiederum auf seinen persönlichen Charakter abstimmen wird. (Siehe die Beschreibung des „Wieder-taufens" eines neuen Loas auf S. 241). Es ist wichtig, auch noch auf einen anderen Umstand hinzuweisen. – Im Vaudou wird ein übergeordnetes Prinzip modifiziert, speziell auf den entsprechenden Menschen abgestimmt und von diesem zu einem individuellen Bestandteil seines Wesens geformt. Für Leute aber, die die nicht faßbare, abstrakte, absolute Position des Gottes einer Religion gewohnt sind, die keinen Ahnenkult kennt, stellen diese Modifizierungen einen scheinbaren Abbau der Ursprünglichkeit des Charakters des Racine-Loas und eine Schmälerung des Umfanges seiner Eigenschaften dar. Dieser Eindruck wird dadurch noch verstärkt, daß das „Pferd" der heutigen Zeit oftmals eine geringe geistige Kapazität besitzt und demzufolge nur von untergeordneten Aspekten der Loas „bestiegen" wird. – Andererseits verbreitert derselbe Prozeß der Modifikation häufig auch die Palette der Eigenschaften eines Loas und verleiht dadurch seinen Aktionen eine beträchtliche zusätzliche Kraft, und zwar dann, wenn diese neuen Aspekte zeitgemäße Vorstellungen beinhalten. Dies traf beispielsweise auf Titons Guèdé zu, der im Fall der Folkloregruppe so nachdrücklich in Erscheinung trat (siehe S. 96). – Auf jeden Fall haben wir es hier mit einem Fall haben wir es hier mit einem System zu tun, das die Göttlichkeit „demokratisiert", und das die aus dieser Modifizierung entstehenden Konsequenzen – egal welcher Art – akzeptiert. Sicherlich ist ein solches System weniger mystisch als jene Religionen, die ihre Götter aus der Nähe der Menschen entrücken und auf diese Weise der Tatsache Ausdruck verleihen, daß Gottheit ein Bestandteil per se des Kosmos ist.

eine zu große Verschiedenheit individueller Verhaltensweisen nicht ergeben. Außerdem dient der Sublimierungsprozeß, durch den die Eltern zu Ahnen und die Ahnen wiederum zu Archetypen werden, dazu, das schmükkende Beiwerk, die rein subjektiven Modifikationen des ursprünglichen Prinzips, herauszufiltern. Nur die Struktur bleibt am Ende erhalten, welche für die Wesensart eines entfernten Vorfahren als typisch gelten kann – die charakteristische Art und Weise, in der sich das Prinzip in der entsprechenden Familie zuerst manifestiert hatte. Im Verlauf der Entwicklung zu einem Loa kommt bei dem betreffenden Ahnen dasjenige übergeordnete Prinzip zum Vorschein, das besonders typisch für ihn war. In der gleichen Weise, wie man von einem sichtbaren Phänomen auf das spezifische Prinzip schließen kann, das sich in ihm manifestiert, läßt sich die Existenz eines bestimmten Prinzips in einer Person aus dem subjektivem Verhalten dieses Individuums ableiten. Religion schließt zwar eine Analyse des stofflichen Universums mit ein; ihre Aufgabe besteht jedoch darin, den Menschen ein ethisches Wertesystem an die Hand zu geben. Sie beschäftigt sich nicht ausschließlich mit der Materie, sondern in gleichem Ausmaß – man kann sogar sagen, in erster Linie – mit dem Menschen. Ein Optimist empfindet die Realität als wohlwollend; der Unglückliche kennt aus persönlicher Erfahrung ihre gewalttätigen Züge. *In einem Loa ist sowohl das Subjekt als auch das Objekt enthalten, er umfaßt den Betrachter sowie auch den Gegenstand, den dieser ansieht. Weder der Mensch noch die Materie sind im Vaudou göttlich. Ein Loa ist eine intelligente Kraft, eine Haltung, die der Mensch der Materie gegenüber einnimmt.*[4]

Ein derart ausgeprägtes philosophisches und psychologisches Bewußtsein – das in hohem Maße mit dem modernen Relativismus übereinstimmt – erwartet zugegebenermaßen niemand von einer sogenannten primitiven Kultur. Dennoch handelt es sich hierbei um die einzig denkbare Möglichkeit des Zustandekommens der metaphysischen Logik des Vaudou, die sich aus der gegenwärtige Struktur der Religion, ihren Glaubensinhalten und ihren Bräuchen herleiten läßt. Sie stellt die einzige Interpretationsmöglichkeit dar, die sowohl die grundlegenden Aussagen als auch die rituellen Details des Vaudou in einen sinnvollen Zusammenhang bringt (siehe den Kasten auf S. 109, Anm.d.Ü.). Wenn man diese Religion so interpretiert, kommt in der Vorrangstellung der Marassa gegenüber den übrigen Loas die Feststellung zum Ausdruck, daß die Menschen die übergeordneten Prinzipien begreifen können und daher gleichsam einen höheren Rang einnehmen als die Prinzipien. Der Vaudou legt dar, daß die Loas deshalb vererbt werden, um die entsprechenden Werte weiter zu vermitteln. Er erklärt, weshalb menschliche Reife eine Voraussetzung für die Manifestation des Loa Maît-tête ist, und warum dieser Maît-tête über die anderen Mystères dominiert, die zum Erbe einer Person gehören. Der Vaudou interpretiert die augenscheinlich ambivalente Beziehung zwischen einem Individuum und seinen Loas, als eine empfindliche und dynamische Balance zwischen der Hingabe an diese Prinzipien auf der einen und ihrer Beherrschung auf der anderen Seite. Die Besessenheit läßt sich vor diesem Hintergrund verstehen als eine vorüberge-

Eine der Funktionen des Vaudou besteht darin, den Mitgliedern einer Gemeinde ein System geistiger und emotionaler Strukturen zu vermitteln, von denen das bloße Überleben dieser Gemeinschaft abhängt. Eine solche Religion kann nicht von ihren Anhängern verlangen (und tut dies auch nicht), daß diese die abstrakte, metaphysische Ebene dieses Systems erfassen und begreifen können, um dann daran teilzuhaben. Im Vaudou wird, ganz im Gegenteil, jede physische Möglichkeit angewandt – insbesondere Trommeln und Tanzen – um die Leute in Tätigkeiten einzubeziehen, in deren Struktur die besagten metaphysischen und ethischen Prinzipien enthalten sind. Auf diese Weise werden diese Grundsätze gewissermaßen unbewußt von den Menschen aufgenommen. Hierbei handelt es sich um nicht mehr – aber sicherlich auch nicht weniger – als eine hochentwickelte Form der Methode des „Lernens durch Selbermachen". Die entsprechenden Techniken, die im Vaudou hierfür benützt werden, habe ich im V. Kapitel ausführlicher dargestellt, wo ich auf die Funktion des Rituals eingehe. Da die vaudouistischen Konzepte über das Unbewußte aufgenommen und auf diesem Weg zur Prämisse der sich daraus entwickelnden Denkstrukturen der Serviteurs werden, werden sich gerade letztere am wenigsten bewußt darüber, daß es sich bei ihren Vorstellungen um explizite Konzepte handelt. Würde jemand die Ansichten eines Haitianers wiederholt in Frage stellen, so würde dieser schließlich seine Grundsätze darlegen, da er sie gegen eine Ansicht verteidigen müßte, die im Gegensatz zu seinen Prämissen steht. (Am umfassensten haben solche Mythologien ihre metaphysischen Vorstellungen artikuliert, die im Verlauf ihrer Geschichte Konfrontationen mit gegnerischen Konzepten ausgesetzt waren und die daher eingehende Erläuterungen und Rechtfertigungen benötigten.) Die Tendenz des Vaudou jedoch ging dahin, andere Ideologien seinen eigenen anzupassen und sie zu integrieren, anstatt sie als Herausforderung zu betrachten. Daher existiert in dieser Religion keine derartige Selbstdarstellung. Der Vaudou war seit jeher damit zufrieden, seine grundlegendste Aufgabe zu erfüllen: die Erziehung von Serviteurs, die ihr Leben nach den metaphysischen und ethischen Vorstellungen dieser Religion ausrichten. Man bekommt also nicht dadurch einen Einblick in die Metaphysik des Vaudou, daß man eine Reihe von Informanten befragt, die einem aus dem Stegreif irgendwelche Antworten geben werden, die dem jeweiligen Grad ihrer Erfindungsgabe entsprechen. Denn von einer derartigen Annäherung auf unvertrautem, abstraktem Terrain werden sie vor den Kopf gestoßen; sie geraten aus dem Gefühl einer persönlichen Unzulänglichkeit heraus in Verlegenheit und fühlen sich gedemütigt durch den in einer solchen Frage unausgesprochen enthaltenen Hinweis darauf, daß es ihnen an Einsicht in ihre eigenen Praktiken mangelt. Es handelt sich jedoch bei der Unzulänglichkeit solcher verwirrender und widersprüchlicher Auskünfte um nichts anderes als eine mangelnde Fähigkeit der Haitianer, ihre Konzepte zu artikulieren, und nicht etwa um einen Mangel an Verständis hinsichtlich des metaphysischen Systems an sich. Wie auch die Bibel eine verläßlichere Quelle der christlichen Metaphysik darstellt als die unbeholfenen Antworten irgendeines zufälligen Spaziergängers auf der Straße, so hat mir bei meinen Untersuchungen die rituelle Struktur des Vaudou selbst als Grundlage der Erforschung der in dieser Struktur verborgenen Metaphysik gedient.

hende Phase erhöhter und ausschließlicher Ergriffenheit von einem bestimmten Prinzip. Schließlich und endlich bietet die so interpretierte Religion eine Anleitung, ein sinnvolles, in sich schlüssiges Schema, nach dem man das Vaudou-Pantheon untergliedern kann.*

Will man bei einer solchen Untergliederung des Vaudou-Pantheons exakt dem metaphysischen System entsprechen, nach welchem dieses Pantheon aufgebaut ist, müßte man gleichzeitig sowohl die kosmischen als auch die menschlichen Prinzipien zur Darstellung bringen, aus denen sich ein Loa zusammensetzt. Man müßte gewissermaßen jedem Loa seinen speziellen Platz anweisen als Schnittpunkt zwischen der objektiven und der subjektiven Realität. Nach ebendieser Methode wurde sowohl die Tabelle erstellt, die sich auf den Seiten 99 und 100 dieses Buches findet, einschließlich der zugehörigen Erörterung auf Seite 98. Die kosmischen Prinzipien werden sozusagen in der horizontalen Ebene unterteilt (siehe Anmerkung nächste Seite); und diese Ebene wird geschnitten von den Senkrechten – bestehend aus den übergeordneten *Nanchons* (Nationen beziehungsweise Stämme) und Familienzweigen. Die Zuordnung nach Stämmen dient weniger dem Zweck, den historischen Ursprung einer Gottheit aufzuzeigen, sondern entstand vielmehr aus der Absicht heraus, eine Zuordnung auf der Basis solcher bezeichnenden Verhaltensweisen oder eines bestimmten Ethos zu treffen, die der moderne Serviteur *heutzutage* als typisch für seine Loas empfindet. Wenn ein Haitianer zum Beispiel den Begriff „Nago" verwendet, dann mag er sich der geographischen Herkunft sowie der Geschichte der Nago-Stäm-

* Bei jedem Versuch, ein System in das Vaudou-Pantheon zu bringen, scheint die Möglichkeit zurückgewiesen worden zu sein, es könne sich dabei um den Ausdruck einer metaphysischen Logik, und sei es auch nur der untersten Größenordnung, handeln. – Man hat die Loas in der Reihenfolge aufgelistet, in der sie bei den Zeremonien angerufen werden (Maximilien), ohne zu versuchen, die Struktur zu interpretieren, die dieser Abfolge zugrundeliegt. Andere Wissenschaftler haben die Mystères in der Reihenfolge aufgezählt, in der sie ihren Informanten in den Sinn kamen. (Nach diesem Prinzip hat Herskovits sie registriert. An anderer Stelle merkt er zwar an, daß man die Loas in Kategorien unterteilen könne wie zum Beispiel „große" Loas, Ahnengeister, persönliche Loas und so weiter, ordnet die bekannten Mystères jedoch nicht in derartige Kategorien ein.) Wieder andere Forscher haben die Loas alphabetisch geordnet. (Simpson (II) listet 152 Geister nach diesem Verfahren auf.) Man hat sie auf der Basis eines für animistische Religionen verwendeten Systems klassifiziert (Denis). Zumeist jedoch findet man sie geordnet nach ihrer Stammesherkunft beziehungsweise ihrer nationalen Abstammung. (Courlander hat große Mühe auf eine Klassifizierung nach diesem Vorbild verwendet. Er hat die Loas allerdings innerhalb ihrer Stammeskategorien wiederum alphabetisch angeordnet, anstatt in der Reihenfolge ihrer Wichtigkeit oder ihrer natürlichen Rangstellung.) Ein derartiges Ordnungssystem erklärt nicht die Verbindungen, die zwischen den einzelnen Stämmen existieren, und beleuchtet auch nicht ihre Gemeinsamkeiten. Solch ein System vermittelt den Eindruck, man hätte es mit einer vergleichenden Studie über lauter verschiedene Kulturen zu tun, anstatt das Prinzip klar darzustellen, auf dessen Grundlage die Götter der einzelnen Stämme in einer einzigen Religion verschmelzen. Und der Autor zeigt auch nicht, inwiefern ein solches Konglomerat seinerseits wiederum einen Einfluß auf die ursprünglichen Pantheons der einzelnen Völker ausgeübt hat.

me gewahr sein oder aber auch nicht. Fest steht für ihn indessen, daß ein Nago-Loa eine kriegerischere Wesensart hat als ein Rada-Loa, daß ersterer dagegen aber eventuell einen weniger kosmischen Charakter im ursprünglichen Sinne besitzt; daß dieser Geist etablierter und mächtiger als ein Petro-Loa ist, aber über ein geringeres aggressives und auf direkte Aktion ausgerichtetes Potential verfügt; daß er zudem in weiteren Kreisen Verehrung genießt als die Ibo-Loas, für Ibo-Familien jedoch weniger maßgebend in wesentlichen Angelegenheiten ist. Kurz, er repräsentiert eine Wesensart, die für den mit seiner Religion vertrauten Serviteur einen Komplex bestimmter Charaktereigenschaften beinhaltet, aufgrund derer er sich von anderen Nationen unterscheidet. Im Rahmen solcher übergeordneter Einteilungen nach einzelnen Stämmen kann die Bezeichnung „Nago" auch auf die Abstammung dieses Loas aus einem bestimmten Zweig der Familie verweisen. Dies kann entweder stattfinden, um eine spezielle Persönlichkeitsstruktur zu bezeichnen (als eine untergeordnete Variante des entsprechenden umfassenden Charakters oder Aspektes), oder weil eine solche Bezeichnung für den Serviteur die psychologische Funktion erfüllt, seine eigene vertraute und körperlich-stoffliche Beziehung zu dieser Gottheit zum Ausdruck zu bringen.[5] Der Vaudouist beschreibt auf diese Weise gewissermaßen den Stammbaum seiner Familie, ausgehend vom uranfänglichen Loa-racine beziehungsweise dem Ursprungsprinzip, weiter über die Hauptäste, bis hin zu seinem eigenen Familienzweig.

Hatte es zuerst den Anschein, als stehe man vor einer ungeheuer großen, verwirrenden Ansammlung verschiedenartiger Loas, bringt ein solches Schema auf einmal ein Universum von unerwarteter Konsistenz und unvorhergesehener Fülle zum Vorschein. Die außerordentliche Bandbreite der Einzelaspekte wirft ein Licht auf die Größe und die Erhabenheit des Prinzips; das Prinzip wiederum verleiht seinen mannigfaltigen Variationen Be-

* Diese Anordnung entspricht nicht der rituellen Reihenfolge. Auf Legba, welcher üblicherweise – in seiner Rolle als Hüter der Pforte zwischen den Welten – an erster Stelle steht, folgt hier Guèdé, der normalerweise gesondert, ganz am Ende einer Rada-Zeremonie, begrüßt wird. Dennoch hat Guèdé so viele der Funktionen, die ursprünglich zu Legbas Aufgabenbereich gehörten, übernommen, daß es mir sinnvoll erschien, bei meiner Darstellung des Vaudou-Pantheons diese beiden Loas unmittelbar nebeneinanderzustellen, um auf diese Weise Guèdé als ergänzendes Prinzip zu Legba darzustellen. – Auf Legba folgen normalerweise Loco und Ayizan, die Schutzgötter des Hounfors und des Priesterstandes, da man sie als die Vermittler der Kommunikation mit den Loas versteht. Da diese Anordnung der rituellen Abfolge entspricht, habe ich es vorgezogen, die Kontinuität zwischen allen elementaren Loas bestehen zu lassen und die Beschreibung des Priesterstandes an den Schluß zu stellen, und zwar einmal deswegen, weil es sich hierbei um ein grundlegend anderes System von Prinzipien handelt, und zum anderen, weil die Schilderung des Priesterberufes nach der Reise durch das Reich der Götter wieder zurück zur Welt der Menschen führt. – Dies sind die hauptsächlichen Abweichungen von der üblichen rituellen Reihenfolge, in der die Mystères geehrt werden.

deutung und Format. Tatsächlich enthüllt dieses ungeheuer große Spektrum die wahrhaft kosmische Natur der großen Mystères, denn jeder einzelne von ihnen enthält in sich Elemente aller anderen Geister. In jedem von ihnen ist auf die eine oder andere Weise Lebensenergie beziehungsweise Fruchtbarkeit enthalten, jeder besitzt einen beschützenden beziehungsweise väterlichen Aspekt sowie je ein Element des Himmels und der Unterwelt beziehungsweise des Todes; in jedem von ihnen ist ein bestimmtes Maß der positiven sowie der negativen Aspekte des von ihm repräsentierten Prinzips und ein gewisser Grad an Abstraktion auf der einen und magischer Unmittelbarkeit auf der anderen Seite enthalten. Die Loas unterscheiden sich voneinander nicht durch die Begrenzungen ihrer Aktionsbereiche, sondern aufgrund der andersartigen Gewichtung dieser Bereiche; diese unterschiedliche Betonung wiederum verleiht ihren Gemeinsamkeiten eine bestimmte Schattierung. Gewissermaßen *stellt jeder Loa nur einen Aspekt eines einzigen kosmischen Prinzips dar; dieser Aspekt unterscheidet sich hinsichtlich der Betonung, in der sich dieses zentrale Prinzip jeweils entsprechend des speziellen Kontextes manifestiert, in dem es in Aktion tritt, von den übrigen Loas.*

Eine derartige Einteilung des Vaudou-Pantheon bringt außerdem noch eine weitere bedeutsame Facette des haitianischen Serviteurs zum Ausdruck. Die charakteristischen Details und Ausrüstungsgegenstände nämlich, anhand derer er erkennt, welcher seiner verschiedenen Loas sich gerade manifestiert hat, stellen kein schmückendes, sonderbares Beiwerk dar; sie beweisen vielmehr, daß die Haitianer die besondere Fähigkeit besitzen, nicht nur der allgemeinen ideologischen Bedeutung der einzelnen Mystères eine konkrete äußere Erscheinungsform zu verleihen, sondern daß sie darüberhinaus auch bestimmte Details auf subtile Weise hervorheben und sogar die feinsten Nuancen, durch welche die jeweiligen Aspekte sich voneinander unterscheiden, zum Ausdruck bringen können. So spricht Erzilie in ihrer Erscheinungsform als Rada-Göttin der Liebe mit einer leisen Sopranstimme, während die Stimme ihrer Petro-Manifestation wie ein urtümliches, fast tierisches Knurren klingt.* Solche lebensnahen Charakterzeichnungen nehmen im Vaudou die Stelle ein, die in den meisten anderen Mythologien die Literatur und die Malerei innehat.

---

* Die Kennzeichen der einzelnen Aspekte eines Loas sind nahezu bis in die kleinste Einzelheit festgelegt. Diese Spezifizierung dient dazu, den jeweiligen Loa identifizieren zu können, und sie bildet die Grundlage für seine rituelle Verehrung. Die Haltung des Körpers, die Stimmhöhe, die Verhaltensmuster, Beinamen, bestimmte Ausdrücke, die der Geist verwendet, und so weiter – all diese Elemente besitzen für jede seiner einzelnen Manifestationen ihre spezifische Ausprägung. Jeder Loa hat seine speziellen Farben, Wochentage, Bäume, Getränke, Speisen und so weiter, die ihm heilig sind. Derartige Informationen findet man in sämtlichen Werken über Haiti, wobei Rigaud diese Einzelheiten besonders folgerichtig dargestellt hat.

Die eng vertraute Beziehung zwischen Loa und Serviteur, die buchstäbliche Abhängigkeit der Loas vom Blut des Serviteurs als Medium ihrer Existenz und ihrer Weitervermittlung, bildeten bislang die Garantie für das Leben der Mystères.

Heutzutage jedoch beklagen sich die Loas in zunehmendem Maße darüber, daß man ihnen nicht genügend Ehrerbietung entgegenbrächte oder daß man sie nicht ausreichend mit Speiseopfern versehe. Und es ist tatsächlich so, daß sie, falls ihre Energie mangels angemessener Hingabe nicht ersetzt wird, zu schwach werden, um dem Serviteur zu helfen. Mittlerweile breitet der Vaudouist seine Hände in einer zweideutigen Geste aus – halb hilflos, halb trotzig – und sagt: „Sollen sie mit mir machen, was sie wollen. Ich kann ihnen nicht mehr geben." – Ortswechsel, Armut und Unbeständigkeit führen zu einem langsam aber sicher fortschreitenden Verfall der Moral. Das psychische Blut der Haitianer wird dünner; die großen Götter erscheinen weniger häufig. Nostalgisch und resigniert sagt der Serviteur: „Große Loas können keine kleinen Pferde reiten."

Wenn die Geister erscheinen, weinen sie. Dafür gibt es verschiedene Erklärungen. Aber da die Mystères wahrscheinlich Visionen haben und eine prophetische Gabe besitzen, spüren sie wohl mit Hilfe dieser göttlichen Einsicht bereits die ersten Kälteschauer ihrer eigenen Götterdämmerung herannahen. Es ist nicht verwunderlich, daß diese Dämmerung kommt – erstaunlich ist vielmehr, daß es nicht längst schon Nacht geworden ist. Die Götter haben indes bereits andere Abenddämmerungen, die nachfolgenden langen Nächte und schließlich die ferne, aber immer wiederkehrende Morgenröte erlebt. So weinen sie vielleicht nicht um ihr eigenes Schicksal, sondern um das der Menschen, von denen sie verehrt wurden und die bald aufhören werden, ihnen zu dienen.

Wenn es soweit ist, werden von diesem Pantheon, dessen Götter sich nur in lebenden Personen manifestierten, wenig schriftliche Zeugnisse übrigbleiben – abgesehen von dem, was eventuell nachfolgend im Licht einer anderen Welt, einem neuen Zeitalter, aufgezeichnet wird.

In diesem schwebenden, ruhigen Zwielicht, das die Dinge nicht verzerrt, indem es den Betrachter blendet, das aber bis jetzt noch hell genug ist, um nicht von der Dunkelheit verschluckt zu werden, scheinen die Loas einen Moment lang zu zögern – wie jemand, der beim Abschied auf der Schwelle vielleicht noch einmal innehält. Es ist, als wollten sie sich erinnern und ihrerseits in Erinnerung behalten werden; als hätten sie vor, im Leuchten dieses strahlenden Lichtes in die Annalen der Geschichte einzugehen.

1

Legba – der alte Mann an der Pforte zwischen den Welten...

Die Mythen aller Völker stimmen dahingehend überein, daß am Anfang der Schöpfung das Licht war: bei der Erschaffung der Welt und der Geburt der Sonne, handelte es sich um ein und denselben Akt. In Dahomey verkörperte Legba dieses Feuer des Lebens, die erste Manifestation der göttlichen Schöpferkraft; heutzutage, in Haiti brennt man ihm zu Ehren Freudenfeuer ab.[6] Wie die Sonne, so war dieser Loa das Medium, durch welches die uranfängliche Energie in die Welt floß, die Nabelschnur, die das Universum für alle Zeiten mit seinem göttlichen Ursprung verbindet. Folglich stellt Legba sowohl das spirituelle Elternteil als auch die Schutzgottheit sämtlicher irdischen Fortpflanzungsprozesse dar.

In seiner Rolle als Prinzip des Lebens, als die ursprüngliche Ganzheit der Zeugungskraft, war Legba Mann und Frau in einer Person und sein Vever beinhaltet noch immer das Symbol dieser Einheit.[7] In seiner Funktion als Nabel der Welt – oder als ihr gebärender Schoß – ruft man ihn bei Geburten mit dem Satz an: „Öffne den Weg für mich ... laß keine bösen Geister meinen Weg behindern."[8] – Die Dahomeyer hingegen kannten Legba vor allem als den kosmischen Phallus, und seine Statue – Legba in hockender Stellung, der mit großen Augen auf sein riesiges Glied starrt, das zugleich Symbol und Quelle der Fortzeugung ist – war überall anzutreffen: auf dem Marktplatz, auf öffentlichen Plätzen und vor allem an Kreuzungen, wo sich der Segen der Fruchtbarkeit auf alle Vorübergehenden übertrug – wie die Sonne, die ihre Strahlen in alle Himmelsrichtungen sendet und selbst das Zentrum dieser Strahlkraft ist.[9]

Als Nabelschnur sowie auch als Phallus stellt Legba, das Leben, die Verbindungsstelle zwischen der sichtbaren, sterblichen Welt und den unsichtbaren, unsterblichen Reichen dar. Er ist das Mittel und der Weg der Kommunikation zwischen diesen beiden Welten, die vertikale Achse des Universums, die sich vom Sonnentor bis zu den Baumwurzeln erstreckt. Als Gott der Achse und ihrer beiden Pole ist er der Gott des Kreuzweges*, des lebenswichtigen Schnittpunktes der beiden Welten. Den Poteau-mitan, den Mittel-

* Die Bedeutung des Kreuzweges in der vaudouistischen Metaphysik wurde bereits abgehandelt. Courlander (S. 22, S. 25 und S. 35) hat weitere Aspekte der Gestalt Legbas als Loa des Kreuzweges herausgearbeitet.

pfosten des Peristyles, nennt man auch *Poteau-Legba*[10]. Es gibt kein Hounfor, an dessen Eingang nicht ein Legba geweihter Baum (gewöhnlicherweise sind es zwei) steht, welche anderen heiligen Bäume man ansonsten auch vermissen mag; denn dieser Baum ist nicht nur Legbas Weg, sondern zugleich auch das Symbol sämtlicher Wege.*

Da Legba auf dem kosmischen Kreuzweg steht, hat er Zugang zu beiden Welten, so als befände er sich gleichzeitig auf beiden Seiten der Spiegelfläche, die diese Welten teilen. Daher kann man die folgende Fragen an ihn richten: „Papa Legba, wir fragen dich: Was siehst du dort?" – „O Creole, bring' die Geheimnisse in Erfahrung, O Legba."[11] Zugleich sagt man: „Alegba beobachtet mich. Wir sehen ihn nicht; er sieht uns. Ich spreche zu allen, die die Wahrheit sagen: er ist da, er hört sie. Ich spreche zu allen, die Böses reden: er ist da, er lauscht. ..."[12] – Tatsächlich umfaßt sein Wissen das ganze Universum; und weil er auch die heilige Sprache von Mawu-Lisa[13] kennt,

Vever für Legba.

* Gewöhnlicherweise bringt man den Loas ihre Opfer am Mittelpfosten des Peristyles dar, bisweilen allerdings auch an den Bäumen, die den entsprechenden Loas geweiht sind. Die Opfergaben für Legba werden normalerweise an seinem Baum dargebracht, an welchem zudem stets eine mit Speisen gefüllte Macoutte hängt. Diese Macoutte wird in verschiedenen Liedern erwähnt.

die Sprache des höchsten Gottes und der Loas, müssen sämtliche Gebete und inständige Bitten ihren Weg über Legba nehmen.

In Legba begegnen wir also dem Hüter des heiligen Weges, des *Grand Chemins*, der großen Straße, die von der sterblichen zur göttlichen Welt führt.[14] Er ist derjenige, der den Menschen die Erlaubnis erteilt, in Kontakt mit den Mystères zu treten, und man muß zuerst ihn begrüßen, wenn man in Verbindung zu den anderen Göttern treten will. – „Papa Legba, öffne die Pforte, Attibon Legba, öffne die Pforte, damit wir passieren können, Papa. Wenn ich passiert habe, werde ich den Loas danken. ..." – „Legba, der an der Pforte sitzt, gib uns die Erlaubnis zu passieren."[15] – Tatsächlich besteht die hauptsächliche Aufgabe des haitianischen Legbas darin, diese Pforte zu hüten.

Als Ursprung des Lebens war die Sonne zugleich der Anfang der Zeit und der Geschichte, und sie beinhaltete in dieser Funktion als Ursprung zugleich auch das Ende aller Dinge. In Dahomey nannte man Legba *Fa* (Schicksal)[16], denn sowohl die Naturereignisse als auch die Zeit folgten ihrer eigenen Logik und ihren eigenen unausweichlichen Bahnen, sobald sie einmal geschaffen waren. Der *Grand Chemin* ist der himmlische Bogen, auf dem die Sonne wandert. Legba selbst, der die göttliche Sprache kennt, und den der Mensch um Rettung vor seinem Schicksal bitten kann, ist die festgelegte Antwort auf das Rätsel der Sphinx: war er zu Anfang die neugeborene Sonne, so durchlebte er mittags die Blüte seines Lebens, und ist nun die alte Sonne, die am Nachmittag am Stock geht – dem sogenannten „dritten Bein".* Die Serviteurs singen voller Mitgefühl von diesem ehrwürdigen Alten, der ein guter Mann gewesen war. – „Legba, der du dahinhumpelst, wir haben dich lange nicht gesehen."[17] – „Alte Knochen, oh, alte Knochen... O Papa Legba, O siehst du nicht, daß ich keine Knochen habe!"[18] – Und sie wollen ihm helfen, weil er ihre Vergangenheit darstellt: „Ich werde Legbas Macoutte (aus Stroh gefertigte Tasche; Anm. d. Aut.) tragen. Hebt sie auf meinen Rücken."[19] – Und wenn er überhaupt nicht mehr gehen kann, tragen sie ihn zusammen mit seiner Last: „Versuch' jetzt zu gehen, Alegba. Wir werden Attibon Legba tragen. Wir werden seinen Poteau-mitan tragen. ...Wenn wir erschöpft sind, werden wir ihn absetzen. Diesen Pfosten tragen wir auf unserem Rücken."[20] – Die Haitianer kennen Legba nicht als den

---

* Der Spazierstock, auf den sich die Sonne stützt, wenn sie alt und schwach wird, gehört zu den auf der ganzen Welt verbreiteten, klassischen Attributen des Sonnengottes. Er ist das „dritte Bein am Nachmittag", auf welches das Rätsel der Sphinx Bezug nimmt. Insbesondere wurde er von den Ägyptern im Rahmen einer Zeremonie zu Ehren der „Geburt des Spazierstocks der Sonne" herausgestellt (Frazer, S.78). In Haiti kennt man den verbogenen, knorrigen Spazierstock unter der Bezeichnung „baton-Legba" (Courlander, S.109).

schönen jungen Mann aus Dahomey, den Schutzpatron des Geschlechtstriebes. Für sie ist er ein alter Bauer, der sein ganzes Leben lang hart auf seinen Feldern gearbeitet hat und am Ende seiner Kräfte ist. Wenn er Besitz von einer Person ergreift, sind ihre Gliedmaßen derart verkrüppelt und verbogen, daß es furchtbar anzusehen ist.[21]

Aus Legba – der das Leben und das Schicksal verkörperte, sowie auch die Sonne, deren Bestimmung es ist, am Nachmittag eines jeden Jahres allmählich unterzugehen, wenn sie den Zenith ihres lodernden Feuers überschritten hat – ist ein alter Mann geworden. Auf seinen groben, knotigen Stock oder eine Krücke gestützt, mit glimmender Pfeife[22], etwas Proviant in seiner Macoutte und einem von Wunden bedeckten Körper, der so aussieht, als hätten die Würmer bereits mit ihrem Werk begonnen, schlurft er die Straße hinunter. – Man gewinnt den Eindruck, als hätten die Afrikaner bei ihrer Reise in den Westen den Morgen und den Mittag ihres Schicksals, die Verheißung und die Kraft ihrer eigenen Geschichte, zurückgelassen. Der Gott des Kreuzweges nähert sich selbst dem Kreuzweg[23], und im schwarzen Spiegel der unterweltlichen Regionen zeigen sich die ersten verschwommenen Umrisse seines umgekehrten Spiegelbildes. – Dieses Bild läßt sich mit

Campbell, der sich ausschließlich auf andere Mythologien stützt, setzt die Sonne in Beziehung zum Baum des Lebens und sieht das Tor der Sonne als Nabel des Universums an (S.41-46), wo die gegensätzlichen Mächte, die an diesem Tor wachen, transzendiert werden (S.89). Man kann diese Tür auch als den kosmischen Kreuzweg verstehen, „auf dem der Mensch empor- und Gott hinunterwandert" (S.260). Der Yoruba-Gott Edschu verkörpert dasselbe Prinzip; er ist der Gauner-Gott des Kreuzweges und trägt als besonderes äußeres Merkmal einen mehrfarbigen Hut (wobei jede Farbe eine Himmelsrichtung symbolisiert). Edschu bietet von der einen Seite schönen, von der anderen einen abgerissen Anblick. Das gleiche trifft zu auf den afrikanischen Chiriwi, einen Halbgott des Kreuzweges (S.72). Beide Gestalten verkörpern zugleich auch den Tod. – Das gleiche Konzept eines metaphysischen Kreuzweges wird im doppelgeschlechtlichen Schöpfergott wie auch im chinesischen Tao zum Ausdruck gebracht. Das Tao wird definiert als „Straße" beziehungsweise „Weg", als der Lauf der Natur, als das Schicksal, die kosmische Ordnung, die Quelle der Gesetze des Lebens. Es setzt sich zusammen aus Yang, dem lichten, aktiven, männlichen Prinzip, und Yin, dem dunklen, empfangenden, weiblichen Element, vereint in einem Kreis, der durch eine geschwungene Linie in eine weiße und eine schwarze Hälfte unterteilt wird (S.152). Schließlich setzt Campbell den Kreuzweg – zusammen mit weiteren metaphysischen Elementen – in Beziehung zur Vorstellung von der Kreuzigung als ein Zusammentreffen von Gegensätzen. Es ist bemerkenswert und zugleich verblüffend, daß all diese unterschiedlichen Elemente, die aus verschiedenen Mythologien ausgewählt wurden, in der Gestalt Legbas vereint werden, und zwar in genau der von Campbell erkannten metaphysischen Beziehung. Nichtsdestoweniger sind beim haitianischen Legba viele der ursprünglichen Elemente dieser Gottheit bereits verlorengegangen, oder aber sie sind nur in Form von verborgenen Überresten erhalten geblieben. (So ist das Motiv des Sonnengottes beispielsweise fast völlig verschwunden.)

der Sonne vergleichen, die, wenn sie über einem dunklen Wasser untergeht, auf dessen reflektierender Oberfläche wie ein dunkel aufgehender Mond erscheinen kann. Als der in den Himmel emporwachsende Baum trägt Legba nun auch bereits den Namen Grand Bois[24]; er ist jetzt zum Herrscher der Insel unter den Wassern, dem Herrn ihrer submarinen Wälder, geworden. Jetzt wird aus Legbas Allwissenheit, die das Ergebnis seiner zentralen, übergeordneten Position war, von der aus er alles beobachten konnte, die Allwissenheit eines Wesens, das Anteil an der ganzen Welt hat, weil es unter der Erde lebt.[25] Er steht jetzt in unmittelbarer Verbindung mit Carrefour[26], welcher mit seiner anderen Hand die Hand Guèdés fest umfaßt, die Hand des Herrn der Unterwelt, des Totengottes (siehe den Kasten auf S. 117, Anm.d. Ü.).

...und Carrefour – der junge Mann am Kreuzweg

Das Schicksal umfaßt die unmittelbare Zukunft und besitzt zugleich einen kosmischen Aspekt; das tägliche Sterben der Sonne beinhaltet die Prophezeiung des Jahresendes. Legba als der Sonnengott des Kreuzweges, als Gottheit jenes Punktes, an dem die Gegensätze zusammentreffen, wird durch sein eigenes Gegenteil in zwei Hälften gespalten. Ihm gegenüber, an der gleichen Pforte, hat der Petro-Loa Maît Carrefour (auch Kalfu genannt) seinen Platz[27]; auch er bestimmt über das Hin- und Herfließen der Kräfte durch diese Pforte. Wäre diese Tür nicht, gäbe es bedeutend weniger Göttlichkeit in der Welt. – In den Händen Carrefours liegt aber zugleich die Macht, die Dämonen der bösen Wechselfälle, des Unglücks und der willkürlichen, ungerechten Zerstörung auf die Welt loszulassen. Kein Mensch ist vollkommen sicher vor gewaltsamen Schicksalsschlägen, und mag er sein Leben noch so sorgsam nach Gesichtspunkten strukturiert haben mag, die ihm logischerweise ein entsprechend gutes Los bescheren müßten.

Legba ist der Gott der vier Himmelsrichtungen – Carrefour hingegen der Herr der dazwischenliegenden Regionen.[28] Während Legba über die Gottheiten des Tages herrscht, befiehlt Carrefour über die Dämonen der Nacht. Die Gottheiten des Tages sind von ihrem inneren Wesen her gerecht: erleidet ein Mensch durch ihr Einwirken ein Mißgeschick, dann aus einem gerechten Grund – als eine Strafe, die den widerspenstigen Serviteur zur Ordnung ruft. Die Dämonen der Nacht hingegen sind gefährlich, denn sie können durch die Willkür der Menschen und die Manipulation von Zauberern in Aktion versetzt werden.[29]

Zugleich ist es aber auch Carrefour, der die Menschen gegen ebendiese Dämonen beschützen kann, und in seinem Namen fertigt man den Garde gegen einen derartigen Schadenszauber an.[30] Daher ist er an sich nicht schlechter oder übelwollender als Legba.*

Aufgrund der Tatsache, daß es sich bei den Haitianern eingebürgert hat, Carrefour ebenso häufig zu dienen wie Legba und seinen Schutz genauso oft anzurufen wie den Legbas, müssen wir den Schluß ziehen, daß die Dämonen des Unglücks in Haiti rege tätig und weitverbreitet sind. Die Art und Weise, wie die Haitianer die Welt einschätzen, in der sie leben, kommt deutlich zum Ausdruck in der Persönlichkeit, die Carrefour darstellt, wenn er sich in einem Serviteur verkörpert. Der Loa ist kein uralter, schwacher Mann; Carrefour ist enorm groß, voller Energie und hat eine aufrechte Haltung – ein Mann in der Blüte seines Lebens. Seine Arme sind kraftvoll in Form eines Kreuzes erhoben. Jeder Muskel seiner Schultern und seines Rückens strotzt vor Kraft. Niemand flüstert oder lächelt in seiner Gegenwart.[31]

Wenn sich das kosmische Jahr des Menschengeschlechtes dem Ende zuneigt und Legba, die Sonne, allmählich am kosmischen Horizont versinkt, der den Himmel von der Unterwelt trennt, besitzt folglicherweise Carrefour, der Mond, die größere unmittelbar wirksame Macht, die sich sogar auf die Ebene des irdischen Wechsels zwischen Tag und Nacht erstreckt. Täglich um Mitternacht befindet er sich auf der Höhe seiner Kraft und bildet mit Gran Bois – dem Herrscher der nächtlichen Erde und der nächtlichen Wälder – und Baron Cimitière – dem Herrn der Friedhöfe – die dreieinige Schutzgottheit der Zauberer.[32]

2

Guèdé – Leichnam und Phallus; König und Clown

War Legba die zuerst junge, allmählich älter werdende Sonne, so ist Guèdé der Herrscher über den Abgrund, in welchem sie versinkt. Wo Legba die Zeit war, da ist Guèdé die ewige, schwarzgekleidete Gestalt, die ihren Platz an dem zeitlosen Kreuzweg hat, an welchen alle Menschen und selbst die Sonne eines Tages gelangen. Sein Symbol ist das Kreuz auf einem Grab. Aber die Sonne wird jedes Jahr wiedergeboren. Wo Carrefour die Todesnacht ist, die jedem Tag folgt, da ist Guèdé die nächtliche Sonne, das Leben, das ewig besteht – selbst in der Dunkelheit. Der kosmische Abgrund ist zugleich Grab und gebärender Schoß. In gewissem Sinne handelt es sich bei der Gestalt Guèdés um den Legba, der die kosmische Schwelle zur Unterwelt überschritten hat; denn jetzt stellt Guèdé all

* Darin kommt einmal mehr die Vorstellung zum Ausdruck, daß die Loas den Menschen zwar Macht verleihen, daß es aber die Menschen sind, die Magie ausüben, und nicht die Loas.

das dar, was Legba einst in der verheißungsvollen Blüte seines Lebens war.[33] Nun ist es Guèdé Nimbo, den die Serviteurs meinen, wenn sie singen: „Nach Gott sind wir in deinen Händen, Guèdé Nimbo“[34], so als sei er die erste und unmittelbarste Erscheinungsform der uranfänglichen Schöpfung. Man nennt ihn auch die „aufgehende Sonne“.[35] Guèdé ist bis zum heutigen Tag eine phallische Gottheit geblieben. War Legba einst der Herr des Lebens, ist nun Guèdé der Herr der Auferstehung[36]; den Unterschied zwischen beiden bildet der Tod, und dies ist Guèdé.

Für Guèdé ist das Leben nicht das Ergebnis der Verzückung der ersten glühenden Leidenschaft; es ist eine Gegebenheit des Schicksals – die unvermeidlich und ewig im Menschen vorhandene Erotik. Er ist der Herr dieser Erotik, die – da unvermeidbar – gleichzeitig jenseits von Gut und Böse steht und auch von den Freuden und Leiden der Liebe nicht berührt wird. Er ist weder stolz auf diese Erotik noch empfindet er Scham; wenn überhaupt irgendetwas, so amüsiert ihn ihre ewige Präsenz und zugleich die unaufhörliche Ausrede der Menschen, es handle sich dabei um etwas anderes. Manchmal verspottet er auf gutmütige Weise die sentimentalen Menschen, indem er in kindischen Reimen singt: „Ich liebe, du liebst, er liebt, sie liebt. Was ergibt das?“ – Worauf die Anwesenden im Chor antworten: „L'AMOUR.“ – Er kann die Leidenschaftlichen nachahmen. Oder aber er erfindet Variationen zum Thema der sexuellen Aufreizung, und zwar in sämtlichen Abstufungen zwischen zweideutigen Ungezogenheiten und lasziven Attacken. Das größte Vergnügen bereitet es ihm, auf jemanden zu treffen, der auf heroisch-religiöse oder auf vergeistigt-fromme Art vorgibt, gegen sein Verhalten immun zu sein. Solch eine Person wird er sich herausgreifen und sie in ungeschliffenster Weise bloßstellen, indem er sich ihr gegenüber die laszivsten Gesten und die extremsten Obszönitäten herausnimmt. Auf diese Weise konfrontiert er die Menschen mit ihrem persönlichen Teufel, denn jeder, der Sex für eine Sünde hält, schafft und begegnet in Guèdé seiner eigenen Schuld.* Derartige Vorfälle amüsieren ihn, stellen aber keine wirkliche Herausforderung für ihn dar, da er weiß, daß niemand ihm, dem Herrn des Lebens und des Todes, entgehen kann.

Als der Tod ist er der Hüter des Friedhofes sowie auch der Vergangenheit, der Geschichte und des Erbes eines Volkes. Auf jedem Friedhof steht das Kreuz von

* In Guèdés untrüglicher Einsicht in das menschliche Sexualverhalten liegt meiner Meinung nach der Grund für die Betonung des Sexuellen. Nichts führt schneller zum Erscheinen Guèdés und fordert seine provokativen, offenen Obszönitäten heraus, als die Anwesenheit weißer Besucher, insbesondere solcher mit puritanischem Hintergrund. Sexuelle Anzüglichkeit und das Brechen von Tabus sind charakteristische Merkmale der Totengötter vieler Mythologien, einschließlich der Religionen der amerikanischen Indianer.

Baron Samedi (wie die Haitianer Guèdé manchmal nennen); die Gräber, die sich unter der speziellen Obhut seines weiblichen Pendants befinden – Maman Brigitte – erkennt man an den darauf aufgeschütteten Steinhaufen.[37] Während man Legba anrufen muß, wenn man göttlichen Rat sucht, muß man sich zuerst an Guèdé wenden, wenn man Rat oder Unterstützung der Ahnen wünscht: „Guèdé Nimbo, hinter dem Kreuz, Guèdé. Vor dem Baron stehe ich, Guèdé. ... Heute habe ich Sorgen. Gedevi, ich ruf' Guèdé,...ich bin in Schwierigkeiten. ...Hör' auf zu fegen, zu gießen, zu hacken. Ich habe Sorgen, Baron Samedi...."[38] – Man benachrichtigt ihn offiziell von Hochzeiten, Geburten, Streits und allen großen Vorhaben, denn die Zukunft wächst auf dem Boden der Gegenwart, und wenn jemand Guèdé nicht als seine Vergangenheit anerkennt, wird ihn der Loa daran erinnern, daß er zudem auch seine Zukunft ist. Eventuell singt er ihm das Lied des Totengräbers vor, eine stolpernde, hypnotische Melodie, die einem das Blut in den Adern gefrieren läßt. Niemand, der Guèdé einmal als Gesicht des Todes gesehen und das hysterische „ke ke ke ke ke" des Totengräbers gehört hat, kann es je wieder vergessen.[39]

Als Herr der Erotik bringt er die Menschen mit seinen lasziven, sinnlichen Gesten in Verlegenheit. Als Gott des Grabes jedoch versetzt er sie mit dem Ausdruck der absoluten Empfindungslosigkeit in Schrecken: er zuckt nicht einmal mit der Wimper, selbst wenn man ihm das schärfste Getränk in die Augen sprüht. Und nur Guèdé selbst kann sein eigenes Getränk herunterschlucken: einen unbearbeiteten Zuckerrohrschnaps (gemeint ist der aus Zuckerrohr gebrannte Clairin, ein Schnaps, der noch hochprozentiger ist als ein starker Rum; Anm. d. Ü.), der 21 der schärfsten Gewürze enthält, die man in Haiti kennt.* Auf diese Weise erinnert er die Menschen daran, daß er ihre Vergangenheit, aber auch ihre Gegenwart und ihre Zukunft ist, der Herr ihres Lebenstriebes ebenso wie der ihres unausweichlichen Todes – ganz fraglos ihr totaler Herr und Meister. Seine uneingeschränkte Macht über die Menschen ist für den Loa etwas so Gewohntes, daß er sie nicht extra als eine besondere Macht, einen Triumph oder eine Bedrohung betont. Tatsächlich zieht er es vor, nicht in seiner grauenerregendsten Manifestation erscheinen zu müssen. Vielmehr setzt er sich am bestem durch eine nachlässige Haltung in Szene, und zwar, indem er seiner eigenen Macht gegenüber eine scheinbare Geringschätzigkeit demonstriert. Alle Menschen werden eines Tages „von ihrem Grab verschluckt". Guèdé tritt überaus häufig als seine eigene Persiflage auf: als ein armer wan-

* Jede Person, bei der man eine Besessenheit von Guèdé annimmt, wird diesen beiden Tests unterzogen, weil die Möglichkeit besteht, daß ein unaufrichtiger Serviteur die Lust verspüren könnte, einen erotischen Nutzen aus einer vorgetäuschten Besessenheit von diesem Loa zu ziehen. Selbstverständlich kann nur jemand, der tatsächlich von Guèdé besessen ist, diesen Tests standhalten.

dernder Bettler, der völlig ausgehungert ist, sich aber mit den primitivsten Nahrungsmitteln zufriedengibt, die er gierig verschlingt. Auch den kosmischen Aspekt seiner Allgegenwart verwandelt er in einen Ulk, indem er so tut, als handle es sich bei seiner Angewohnheit, immer im falschen Moment aufzutauchen, um einen puren Zufall oder schlimmstenfalls eine Taktlosigkeit.[40] Selbst die Priester können ihn nicht im Zaum halten. Häufig erscheint er ungebeten bei einer Zeremonie für einen anderen Loa, um sie – wie es der Priester formulieren würde – zu „verderben" und setzt seiner Impertinenz mit seiner Wandernden-Bettler-Pose noch die Krone auf.

So veranstaltete beispielsweise einmal ein fähiger Hougan eine wichtige Zeremonie für die Mystères. Sowohl die Damballahs als auch die Ogouns waren bereits vollständig versammelt. Dies war ein Grund zu feiern, und jedermann war mit diesen beiden Gottheiten und den Ritualen beschäftigt: mit dem Opfern der Hühner, dem Zeichnen der Vevers am Fuße des Baumes, den Damballah bestiegen hatte, dem Überreichen des Säbels an Ogoun sowie der rituellen Begrüßung der Loas mit den zeremoniellen Flaggen. Mitten hinein in diese fromme Geschäftigkeit schlenderte ein leutseliger, rundlicher Brav Guèdé*, der ausstaffiert war mit einer bunt zusammengewürfelten Mischung aller möglichen Kleidungsstücke, wobei eines über das andere gezogen war. Voller Stolz trug er eine eigenartige, kleine mehrfarbige Kappe zur Schau trug. Zuerst war der Hougan besorgt und bat ihn zu gehen, denn – wie er sehen könne – sei der Augenblick für seine Anwesenheit noch nicht gekommen; später werde man ihn leidenschaftlich anrufen. Guèdé hörte dem Priester mit einer Miene zu, in der sich Sympathie und Verständnis spiegelten. „Oh, ich bin nur zufällig vorbeigekommen", sagte er und untermalte seine Worte mit einer Geste, die ausdrückte, daß er sich selbst in den Schatten stellte, „um mich ein wenig umzusehen. Kümmere dich nicht um mich. Mach' ruhig weiter mit deiner Zeremonie. Ich will nur ein bißchen herumbummeln und die Dinge in Augenschein nehmen." – Der Hougan war erleichtert, daß Guèdé sich in einer solch annehmbaren Stimmung befand, dankte ihm und wandte sich ab, um sich um sein Zeremoniell zu kümmern. – „Ach, übrigens," sagte Guèdé und tippte ihm auf die Schulter, „Ich bin völlig ausgehungert! Du kannst bestimmt einige Cassaves (flache Brote) entbehren, auf denen ich herumschmatzen darf...sagen wir neun Stück." – Damit kam der Hougan immer noch günstig davon, denn diese Cassave-Brote kosten nur einen Penny pro Stück, und wenn man Brav Guèdé damit zufriedenstellen konnte, war es das wert. Also kaufte er neun Cassaves an einem kleinen Stand am Straßenrand, schenkte sie Guèdé und wandte sich seinen dringenden Geschäften zu.

---

* Bei dieser gewöhnlich als „Brav" bezeichneten Manifestation Guèdés handelt es sich um einen der Racine-Aspekte des Loas.

Guèdé begann unverzüglich, zwei Cassaves zur gleichen Zeit zu essen, eines in jeder Hand. Die übrigen klemmte er unter seinen Ellenbogen und nahm bescheiden seinen Platz unter den Zuschauern der Zeremonie ein; er stand da, als sei er einfach nur „ein Mann aus dem Volk" und sah den großen Loas Ogoun und Damballah zu. Nach einer Weile legte er seine sieben Cassaves auf den Boden, biß noch ein Stück ab und begab sich auf einen Spaziergang.

Die Ogouns und die Damballahs waren an diesem Tag außerordentlich aktiv und alle Anwesenden konzentrierten sich voll auf ihr Tun. Zu dem Zeitpunkt, als Guèdé fortging, hatten sich alle um einen zweiten Baum geschart, auf dem mittlerweile Damballah saß. Es machte den Eindruck, als stünde der Loa gerade im Begriff, den Mann zu verlassen, von dem er Besitz ergriffen hatte, so daß diesem zum Herunterklettern lediglich seine menschlichen Kräfte übrigbleiben würden. Da dies für den Mann gefährlich wäre, bat der Hougan Damballah inständig, den Serviteur von dem Baum herunterzubringen, bevor er seinen Kopf verließ. Alle machten sich Sorgen um den Ausgang des Vorfalls. – Plötzlich stieß Guèdé, der inzwischen an dem Baum stand, den Damballah zuerst erklettert hatte, ein lautes Gebrüll aus.

„Diebe! Diebe! Diebe!" schrie er. „Jemand hat meine sieben Cassaves gestohlen! Ich habe sie hier liegen lassen, bin weggegangen, um mich umzusehen und man hat sie mir gestohlen! Wer ist der Dieb?" – Mit seinem fortgesetzten Geschrei verursachte er eine derartige Aufregung, daß alle Leute zu ihm gingen und versuchten, ihn zu beruhigen. Er befragte einen nach dem nächsten, er schrie, machte einen großen Lärm, beschrieb mit seinen Armen einen großen Kreis, um den Umfang eines Cassaves zu bezeichnen, das größer war als alle, die je gebacken wurden, und behauptete, seine Cassaves hätten einen Umfang dieser Größe gehabt. Dann griff er sich den armen Hougan, der durch den Vorfall völlig aus dem Konzept geraten war, wiederholte die Geschichte ein ums andere Mal, stampfte mit seinem Fuß auf, kreischte, weinte und protestierte gegen diese schreckliche Behandlung. Der ganze Platz befand sich in Aufruhr. Damballah und Ogoun wurden nicht mehr beachtet. Es blieb nichts anderes übrig, als Brav einen Nachschub an Cassaves zu besorgen, und diesmal außerdem noch einige Kekse, um ihn wieder zu besänftigen nach der großen Unverschämtheit und Beleidigung, die er erlitten hatte.

Als er das neue Geschenk entgegennahm, zog sich ein solch verschlagenes, triumphierendes Lächeln über sein Gesicht, daß sich der Verdacht bestätigte, den man bereits die ganze Zeit hinsichtlich des Hergangs dieses Zwischenfalles gehegt hatte. Die Sache hatte sich in Wirklichkeit so abgespielt: eine junge Frau zum Hounfor geschickt worden war, um dort etwas zu holen.

Diese Frau hatte schon die ganze Zeit über behauptet, sie habe Guèdé beobachtet, wie er heimlich eines seiner ersten sieben Cassaves wegnahm. Aber Guèdé hatte die Frau einfach niedergeschrien. Als sich nun der Loa mit seiner neuen Mahlzeit entfernen wollte, sagte der Hougan lächelnd zu ihm: „Bist du sicher, daß nicht ein Mann mit einer kleinen bunten Kappe die Cassaves gestohlen hat?" – Guèdé drehte sich mit großen, unschuldigen Augen um. – „Eine kleine Kappe? Was für ein Mann mit einer kleinen Kappe?" – Der Priester wandte sich ab, um sich um seine anderen Pflichten zu kümmern, und Guèdé machte sich wieder auf den Weg, vermutlich, um diesmal in Ruhe zu essen. Da rief jemand anders aus: „Bist du sicher, daß du nicht weißt, wer deine Cassaves gestohlen hat?" – Daraufhin sah uns Guèdé von der Seite mit einem gewinnenden Schelm im Auge an, zwinkerte einmal kurz und ging.*

Wie groß die Bedeutung Guèdés ist, beweist am deutlichsten die Tatsache, daß er auch außerhalb des religiösen Kontextes seinem Charakter entsprechend fungieren kann. Angeblich tauchte vor einigen Jahren, zur Regierungszeit des Präsidenten Borno, plötzlich eine Schar von Guèdés in den Straßen von Port-au-Prince auf (wobei es sich sämtlichst um Hougans handelte, die von Guèdé besessen waren), die die „offizielle" Ausstattung des Gottes trugen: hohe Zylinderhüte, lange schwarze Fracks[41], getönte Brillen, Zigaretten oder Zigarren und Spazierstöcke. Natürlich versammelte sich eine riesige Menge um sie und begleitete sie auf ihrem Marsch zum Nationalpalast. Sämtliche Wachposten waren vor Überraschung überrumpelt, und die Guèdés schlenderten singend durch die Tore, die Einfahrt hoch bis hin zur Eingangstür. Dort angekommen verlangten sie Geld vom Präsidenten. Präsident Borno, der in dem Ruf stand, dem Vaudou (im Geheimen) zugeneigt zu sein, zugleich aber um die Meinung der Oberschicht besorgt war, befand sich in einem großen Dilemma. Schließlich gab er nach – angeblich nur, um die Menge zu beruhigen – und die Guèdés verließen mit ihren Unterstützern das Grundstück. Guèdé hatte einen Punkt für sich verbucht. – Der Tod, der so viele Helden zu sich geholt hatte, verneigt sich vor keinem Menschen, und er erinnert selbst den Berühmtesten daran, daß er auch ihn eines Tages holen wird. – So hatte Guèdé sein Geld erhalten und ging, um sich mit Essen vollzustopfen. Dabei sang er das Lied, das noch

* Diese Episode weist eine verblüffende Ähnlichkeit auf zwischen Edschu, dem afrikanischen Gott des Kreuzweges, und Guèdé. Die Übereinstimmung bezieht sich nicht nur auf ihren Gaunercharakter, sondern auch auf ihre bunten Kappen. Guèdé hat häufig mit Hüten zu tun und trägt für gewöhnlich einen schwarzen Zylinder.

heute an diesen Vorfall erinnert, und das eines der populärsten Lieder in Haiti ist:

Papa Guèdé bel garcon, (er ist ein gutaussehender junger Mann)
Guèdé Nimbo ist ein gutaussehender junger Mann,
Er ist ganz in Schwarz gekleidet,
Er macht sich auf den Weg zum Palast! *

Es ist tatsächlich typisch für Guèdé, inmitten einer Gruppe von Leuten aufzutauchen, egal wo und wann sie sich versammeln – mit seiner nasalen Stimme, gekleidet in Schwarz oder Violett, mit einer getönten Brille und seinem beständigen Hunger.[42] Da der Tod die Welt verschlingt, begegnen wir in Guèdé dem archetypischen Gierschlund.** Selbst in seiner vornehmsten Erscheinungsform ißt er gierig – mit beiden Händen stopft er sich das Essen in den Mund. Es gibt im Kreolischen einen speziellen Ausdruck für seine Art zu essen: „baffler". Er spült seine Mahlzeiten mit seinem scharfen Lieblingsgetränk hinunter, und wenn das Fassungsvermögen seines Magens erschöpft ist, steckt er sich eine Zigarette oder eine Zigarre in den Mund. Bei einigen seiner bösartigen Aspekte richtet Guèdé sein Bedürfnis etwas zu verschlingen sogar gegen sich selbst. In seiner Erscheinungsform als Criminelle, einem Petro-Loa, schlägt er seine Zähne in seinen eigenen Arm und die Freunde des von Criminelle besessenen Mannes, die diesen vor der unersättlichen Gier des Loa schützen wollen, müssen sich mit aller Kraft bemühen, seinen Kiefer auseinander zu zwingen bevor die Zähne das Fleisch zerreißen.

Bei einer Gelegenheit, als Brav in einer angeregten, redseligen Stimmung zu sein schien, fragten wir ihn, warum er gerne dunkle Sonnenbrillen trüge. – „Nun", erklärte er, „ich verbringe soviel Zeit in der dunklen Unterwelt, daß meine Augen empfindlich gegen die Sonne sind." – „Und warum", fragten wir weiter, „schiebst du das rechte Brillenglas so häufig hoch?" – „Nun, meine Lieben", antwortete er, „die Sache verhält sich folgendermaßen: mit meinem linken Auge wache ich über das ganze Universum. Was mein rechtes Auge angeht, so lasse ich dieses auf meinen Mahlzeiten ruhen, damit niemand sie stehlen kann."*** Tatsächlich läßt Guèdé keine Gelegenheit aus, sein weltliches Auge auf eine Mahlzeit zu werfen, auch wenn dies, genau genommen, nicht zu seinem Herrschaftsbereich gehört. Als Herr der Toten besteht seine Aufgabe theoretisch darin, sich um die Seelen der Menschen zu kümmern; seine Gier in physisch-körperlicher Hinsicht ist dementspre-

---

* Bei dieser allgemein bekannten Erzählung handelt es sich allem Anschein nach um ein Ereignis, das tatsächlich stattgefunden hat, und welches von Courlander erwähnt wird (S. 86).

** Siehe Bild Nr. 5, S. 134.

*** Dieses Merkmal der Einäugigkeit erinnert an Wotan, den einäugigen Gott der Toten.

chend vermutlich symbolisch. Als Herr der Unterwelt sollte er sich (theoretisch) nicht mit der landwirtschaftlich bebauten Oberfläche der Erde beschäftigen, außer vielleicht aus Anlaß der (symbolischen) Teilnahme an Fruchtbarkeitsriten. Aber Guèdé, der kein wie auch immer geartetes Verbot beachtet, ist nicht geneigt, den feinen Unterschied zwischen dem tellurischen und dem chthonischen Bereich (der eigentlich der seine ist) anzuerkennen. Auf seine „ganz zufällige", anmaßende Art ist er vollständig in die Domäne Azaccas, des Loas des Ackerbaues, eingedrungen, der im Vergleich mit einem solchen Konkurrenten als eine sehr untergeordnete Gestalt erscheint. Guèdé betrachtet es noch nicht einmal als eine Ungehörigkeit, bei einer Zeremonie für Azacca aufzutauchen; er nimmt vielmehr an, daß man ihn ebenfalls erwartet. Diese Verhaltensweise wird von den Haitianern dadurch begründet, daß sie erklären, Guèdé und Azacca seien Brüder.* Während Guèdé Azacca gegenüber wirklich eine gutmütige, beschützende Haltung zeigt, ist sie doch nicht ganz uneigennützig, und die Vorrechte, die aus dieser Bruderschaft erwachsen, sind keineswegs gleichmäßig verteilt. So würde Azacca es sich beispielsweise kaum anmaßen, bei einer Zeremonie zu erscheinen, die speziell für Guèdé bestimmt ist.

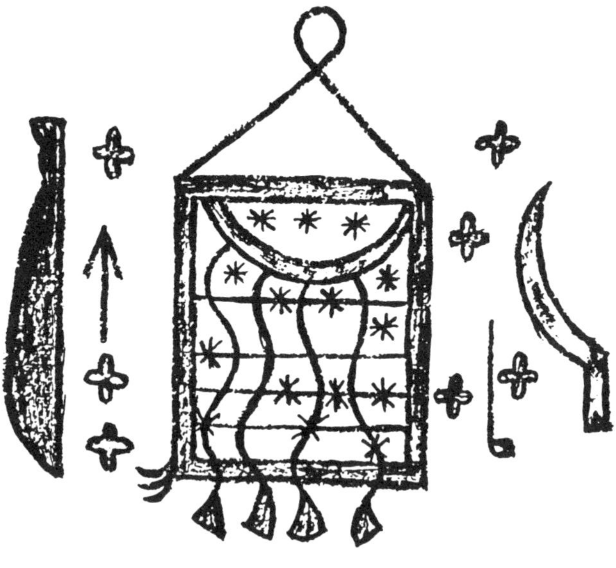

Vever für Azacca.

* Besondere Erwähnung verdient auch die Existenz eines Guèdé Mazacca – ein offenkundiger Hinweis auf die Beziehung zwischen den beiden Loas. Herskovits setzt Azacca Médé mit dem Flußgott des dahomeyischen Styx gleich (S.280).

In einigen Punkten erweckt Azaccas Persönlichkeit den Anschein, als sei sie nach dem Vorbild Guèdés gestaltet – zu vergleichen etwa mit einem jüngeren Bruder, der den älteren auf unterwürfige Art imitiert – wobei Azaccas Nachahmungsversuche allerdings ständig hinter seinem Vorbild zurückbleiben, weil er nur ein einfacher Bauer ist. Wie Guèdé, so hat auch Azacca einen gierigen Appetit. Im Gegensatz zu Guèdé allerdings ist er sehr unsicher, und sobald er seine Mahlzeit erhalten hat, flüchtet er damit in einen dunklen Winkel, wie ein Tier, das sich in seinem Bau versteckt. Die gierige, geifernde Art, in der er seine Nahrung zu sich nimmt, vermittelt das Bild eines ungeschlachten, ungebildeten Charakters. Bei Azacca findet sich keine Spur der Arroganz, wie sie Guèdé durch sein vorsätzlich vulgäres Benehmen zur Schau stellt. Aus der überspitzt dargestellten Sexualität, die bei Guèdé seine Weigerung widerspiegelt, sich kultiviert zu verhalten, wird bei Azacca ein bloßer animalischer Trieb. Während Guèdé mit nasaler Stimme spricht, weil zum einem die eines ordnungsgemäß begrabenen Leichnams so klingen würde, und weil zum zweiten dieser Ton den Zynismus des Totengottes perfekt zum Ausdruck bringt, ähnelt Azaccas Sprechweise dem unverständlichen Gemeckere einer Ziege. Alles in allem ist dieser unartikuliert sprechende, linkische bäuerlichen Pan* eine Person, die der weltgewandte, geistig bewegliche Guèdé normalerweise bis zum äußersten verhöhnen würde. Dessenungeachtet existiert eine gewisse Seelenverwandtschaft zwischen Guèdés weisem Wahrnehmungsvermögen und Azaccas Bauernschläue. Zudem ist Azacca ein Schwerarbeiter und die Haitianer wissen dies zu würdigen. Das zeigt sich daran, daß die dankbaren Bauern recht häufig ihm zu Ehren eine Zeremonie feiern. Guèdé hat eine gute Nase für alles Nahrhafte, und er ist sich nicht zu schade, diese Chance zu seinem Vorteil zu nutzen – oder, anders ausgedrückt: er *steht tatsächlich* über jeglichem Bestreben, nach außen hin würdevoll aufzutreten.

---

* Neben seiner Manifestation als „Bauerntölpel" verkörpert sich Azacca (allerdings weniger häufig) auch als ein Bauernjunge, mit all dem schüchternen und naiven Charme, der zu einer solchen Persönlichkeit gehört. Bei anderen Gelegenheiten tritt er als „Ministre Azacca" auf, als Landwirtschaftsminister, mit der hochtrabenden Haltung einer Autoritätsperson. Das Fehlen eines bedeutenden Ackerbaugottes ist eines der auffallendsten Merkmale des Vaudou-Pantheons. Im Interesse einer „Abrundung" dieses Pantheons ist man versucht, Azacca Médé diese Position einzuräumen. Der Charakter dieses Loas nähert sich jedoch stark dem eines Arbeits-Loas an, trotzdem er sehr verehrt wird und sich seine Persönlichkeit durch eine größere Tiefe und ein breiteres Spektrum von Eigenschaften auszeichnet als die der meisten Arbeits-Loas. Das Konzept der Fruchtbarkeit als solcher ist jedoch im Charakter der meisten großen Loas eingeschlossen. Die Idee der Fruchtbarkeit des Ackerbodens kommt zum Ausdruck in der afrikanischen Ceremonie-yam, die in Haiti nach wie vor eine der wichtigsten Zeremonien darstellt; und bemerkenswerterweise findet sie nicht unter der Schutzherrschaft Azaccas statt. Die Gestalt Azaccas scheint durch den Einfluß der indianischen Mais-Kultur entstanden zu sein, die diese auf die Rada-Riten ausübte. Im Petro-Kult der Indianer fanden die Versöhnungszeremonien statt, die normalerweise auf die Existenz einer großen Ackerbaugottheit schließen lassen (siehe Anhang B). Bei Azacca handelt es sich also um eine untergeordnete Ausdrucksform eines Prinzips, das zum Rada-Kult gehört, aber hauptsächlich Charakteristika des Petro-Kultes enthält.

Eventuell hat die nachgiebige Freundlichkeit, ja sogar Sanftmütigkeit Guèdés auch noch einen anderen Ursprung. Denn Azaccas einfache, aufrichtige Zuneigung, die natürliche, ja bewundernde Art und Weise, in welcher er mit seinem Bruder umgeht, muß für Guèdé eine willkommene Abwechslung sein von der Beklemmung und der Angst, die er im Umgang mit allen Menschen spürt – eine Abwechslung auch von dem Rückzug, den sie letztendlich vor ihm antreten. Dies sind Gefühle, die alle seine Späße und das noch so laute Gelächter der Menschen nie ganz verdecken können. In Wirklichkeit ist dieser Herr und Meister des Menschen wahrscheinlich der einsamste aller Loas; nichts berührt ihn so sehr wie echte Zuneigung – und sei es auch nur das leiseste Zeichen von Liebe – und er muß wohl Azacca gegenüber Dankbarkeit für diese eine Sache empfinden, über die er nicht befehlen kann. Vielleicht aufgrund dieses Bedürfnisses ist er von allen Loas am meisten interessiert an den unbedeutenden, persönlichen Einzelheiten des täglichen Lebens. Sein weltliches Auge aufmerksam auf die Nachbarschaft gerichtet, unterrichtet er sich über sämtliche Geheimnisse der Menschen: wer mit wem flirtet, und wie der Bruder seine Schwester aufgrunddessen bezeichnet. Dieses Bedürfnis geht aber nie soweit, daß er sich etwa sentimental oder zurückhaltend benehmen würde, und so gibt er in aller Öffentlichkeit die pikantesten Kostproben zum besten – für die Leute je nachdem ein Anlaß zur Verlegenheit oder zur Belustigung. Bisweilen nimmt seine Allwissenheit eine Form an, die ihn zugleich zum modernsten und zum weltklügsten aller Götter werden läßt. Das beste Beispiel für diese Facette seiner Persönlichkeit bietet seine Manifestation als Monsieur Entretoute. Während Brav Guèdé ein offenkundiger Gauner ist, begegnen wir in der Gestalt des Monsieur Entretoute einem scharfsinnigen, witzigen Geist. Wo Guèdé sich obszön verhalten würde, gibt sich Monsieur Entretoute auf subtile Weise erotisch. Während der Tanz Guèdés ganz unverhüllt sexuell ist, bewegt sich Monsieur Entretoute mit intimer, subtiler Laszivität. Während Brav ein Bettler ist, der zu Fuß durch die Lande zieht, sorgt sich Monsieur Entretoute um die Aufrechterhaltung seines „Energieflusses". Um ebendiesen Monsieur Entretoute handelt es sich bei dem ein wenig sonderbaren Guèdé, der sich in Titons Kopf befindet – wobei man bedenken muß, daß Titon Haiti noch nie verlassen hat. Aufgrund der Beschaffenheit von Titons Kopf jedoch ist aus Guèdé, dem kosmischen Totengott, Monsieur Entretoute geworden, der Kosmopolit *par excellence*. Das kosmische und das weltliche Auge versorgen ein und dasselbe Gehirn.

Obwohl Guèdé durch sein ungeheures Spektrum von Macht und Wissen selbst nie durcheinandergebracht wird, bereitet es ihm manchmal Vergnügen, andere in Verwirrung zu versetzen. Er ist zerlumpt und schön zugleich. Er vertauscht die Geschlechter und zieht Frauen Männerkleider und Männern Frauenkleider an.* Er ist gleichzeitig sinnlich und empfindungslos. – Er verwechselt sogar das Leben mit dem Tod. Einmal erzählte er in seiner Erscheinungsform als Monsieur Entretoute eine lustige Geschichte über einen Besuch beim Arzt, den er wegen Herzschmerzen aufgesucht hatte. Der Dokter stellte bei ihm Herzgeräusche fest und entschied sich für eine Operation, um den Geräuschen Abhilfe zu schaffen. Dem Bericht des armen Monsieur Entretoute zufolge jedoch hatte der Arzt einen entsetzlichen Fehler gemacht. Er hatte das Herz aus seinem Körper herausgenommen und die Geräusche – unter denen Monsieur Entretoute angeblich noch heute leidet – darin gelassen.

Es mag zwar so aussehen, als spiele Guèdé bevorzugt die Rolle des geistreichen Clowns; aber er benützt seine Weisheit auch auf eine ernsthaftere Art und Weise. Da er über das gesamte Wissen der Toten verfügt, die er mit sich genommen hat, ist er es, an den man sich wenden muß, wenn man seinen Vater um seine Meinung darüber fragen möchte, ob es besser wäre, ein Feld mit Zuckerrohr oder mit Getreide zu bepflanzen, oder wenn man das Rezept seiner Mutter gegen bohrende Kopfschmerzen erfahren will; wenn man wissen möchte, welcher von zwei Heiratskandidaten der solidere ist, oder ob diese bestimmte Frau eine gute Gattin abgäbe. Und Guèdé stellt seine Weisheit gerne zur Verfügung. Er mag zwar den Clown spielen, aber wenn man ihn beiseite nimmt und ihm in aller Bescheidenheit und Ernsthaftigkeit eine wichtige Frage stellt, wird er einem im allgemeinen wohlbedacht und umsichtig antworten, und das, was er sagt, ist gewöhnlich der bestmögliche Rat. Er mag ein Clown sein und ein Gauner – aber er verkörpert auch die Geschichte, die Erfahrung, aus der die Lebenden lernen; und in dieser Rolle ist er im selben Maß verantwortungsvoll und vertrauenswürdig wie er in seinen anderen Aspekten bizarr ist.[43]

Da er mit einem Bein im Reich der Lebenden und mit dem anderen im Reich der Toten steht, ist Guèdé selbstverständlich nicht nur der Herr beider Welten, sondern auch der ihrer Wechselwirkung. Wenn jemand also Magie ausüben möchte – das heißt, wenn er unsichtbare Kräfte zielgerichtet in der sichtbaren Welt wirken lassen möchte – dann kann er das nur mit Guèdés Erlaubnis. Ob als Baron Samedi, Baron Piquant oder Baron Cimitière** – er ist es, der (zusammen mit Carrefour, oft mit Grand Bois, und häufig auch mit Simbi) die dafür

* Es wird zwar selten eindeutig ausgesprochen, aber häufig finden sich Hinweise darauf, daß es sich bei Guèdé um eine hermaphroditische Gottheit handelt, genau wie Legba.

** Wiederum ist es der Mensch, der Magie ausübt, und nicht der Loa. Es besteht große Uneinigkeit darüber, welche Guèdés dem Rada- und welche dem Petro-Kult zuzuordnen sind. Tatsächlich ist es so, daß die Guèdés (was auch der Ansicht Maximiliens entspricht) eine gesonderte, von beiden Kulten unabhängige Existenz führen. Ihre rituelle Verehrung findet gewöhnlich im Anschluß an die Rada-Zeremonie und zugleich vor der Petro-Zeremonie statt.

erforderlichen, unsichtbaren Kräfte der Zauberer lenkt. Durch seine Einwirkung werden auch die Zombies aus dem Grab geholt; und es gibt sogar ein Lied, in welchem diejenigen, die einen Leichnam ausgraben, Baron Samedi bitten: „...halte diesen Mann. Laß' ihn nicht gehen, himmlischer Richter, halte diesen Mann..."[44], damit der Leichnam nicht entkommen kann. In diesem dunklen Aspekt seiner Macht wird der Gauner-Loa ein Wesen, das den Dingen eine neue Form verleiht. Unter seinem Zeichen vermag der übelwollende Bocor die Gestalt eines Tieres annehmen, und Menschen können in schreckliche Bakas verwandelt werden.* Zugleich ist Guèdé aber auch dasjenige Mystère, das gegen diese Art der Magie schützen kann. Die Congo- oder Petro-*Paquets* – die Gardes gegen Krankheit und alles Böse – bindet man unter seiner Schirmherrschaft.[45]

Schließlich und endlich begegnen wir in der Gestalt Guèdés – der der Tod ist, der die Macht besitzt, die Toten als Zombies zum Leben zu erwecken und der einen Menschen in ein Tier verwandeln kann – zugleich dem größten Heiler und die letzte Hoffnung im Angesicht des Todes. Wenn ein Hougan eine Zeremonie für Guèdé durchführt, bringt er die Schwerkranken, die sich in seiner Obhut befinden, herbei und vertraut sie der besonderen Behandlung Guèdés an. Denn Guèdé ist gerecht – wenn die Zeit zu sterben für jemanden noch nicht gekommen ist, und derjenige ihn demütig bittet, sein Leben zu verteidigen, dann wird er sich weigern, sein Grab zu bereiten, so sehr die Zauberer unter der Leitung von Baron Samedi auch darauf beharren mögen.[46] So stellt Guèdé die letzte Zuflucht eines Menschen vor dem Tod dar, ebenso wie den letzten Richter über das Leben eines Menschen und den Wert der Seele des Verstorbenen.

Insbesondere kennt man Guèdé als Beschützer[47] von Kindern.** So, wie er das Leben der Menschen verschlungen hat, gibt er es ihnen auch wieder. – In einem solch beispielhaften Fall war das Patenkind einer Mambo schwerkrank. Man hatte das kleine Mädchen zu verschiedenen Ärzten in der Stadt gebracht; es hatte Spritzen bekommen und war allen Arten von Therapien unterzogen worden, sowohl medizinische als auch rituelle und Kräuterbehandlungen; aber das Kind siechte trotz alledem weiter dahin und es war klar, daß es dem Tode nahe war. Daraufhin veranstaltete die Mambo als letzte Konsequenz eine große Zeremonie für Guèdé. Das Ritual fand an dem künstlichen Grab statt, das im Hof ihres Hounfors Guèdé zu Ehren errichtet

---

* Siehe Kapitel II, S. 92.

** Interessanterweise wird Hallowe'en, die Nacht vor Allerseelen, hier vor allem von Kindern gefeiert. Dieses Fest findet am gleichen Tag statt wie das alljährliche Totenfest für Guèdé.

worden war*, und es waren nicht nur ihre eigenen Hounsis zugegen, sondern auch einige Mambos aus ihrem Freundeskreis, die gekommen waren, um ihre Kräfte beizusteuern. Voller Hingabe sangen sie die Lieder für Guèdé. Etliche schwarze Hühner wurden geopfert, und schließlich schlachtete man eine große schwarze Ziege, ein außergewöhnlich großes Opfer.

Angesichts dieses Beweises der Ergebenheit war Guèdé bereit einzugreifen. Er ergriff Besitz von einer der Mambos und verlangte, daß man das Kind herbringen und auf das Grab legen sollte. Er nahm das Blut der Ziege, zog das Kind aus und rieb es mit dem Blut ein. Dann faßte er sich – weiterhin hingebungsvoll singend – zwischen seine Beine und förderte in seiner hohlen Hand eine Handvoll Flüssigkeit zutage, mit der er das Kind wusch. Es war kein Urin. Und obgleich es als eine Unmöglichkeit erscheinen mag – denn es war der Körper einer Frau, von dem er Besitz ergriffen hatte – handelte es sich bei dieser Flüssigkeit um einen Erguß männlichen Samens. Wieder und wieder produzierte der Loa diese lebensspendende Flüssigkeit und rieb das Kind damit ein, während die Mambos und Hounsis sangen und Tränen der Dankbarkeit über diese größstmögliche Geste vergossen. Aus der Fülle des Lebens, das er verschlungen hatte, spendete das Mystère nun in überfließendem Maße.** Und obwohl es keine rationale Erklärungsmöglichkeit dafür gibt, blieb das Kind am Leben.[48]

---

* Siehe Bild Nr. 6, S. 167.

** In der gesamten Literatur über den Vaudou ist kein weiteres Beispiel dieser Art zitiert – möglicherweise aufgrund des Schamgefühls der Autoren. Ich habe diese Episode eingefügt als ein eindeutiges Beispiel für den lebensspendenden Aspekt Guèdés – ein Aspekt, den man oft aus den Augen verliert, weil bei ihm gewöhnlicherweise seine sexuelle Obszönität besonders hervorsticht. Bei Tänzen tritt er auch tatsächlich üblicherweise als Clown in Erscheinung oder zeigt sich von seiner vulgären Seite. Sein ernster Aspekt hingegen – seine lebensspendenden und heilenden Eigenschaften – gelangt nur bei wichtigen Zeremonien zum Ausdruck. Die hier geschilderte Zeremonie wurde im Herbst des Jahres 1948 auf dem Land, etwa fünfzehn Meilen (etwa 23 Kilometer; Anm. d. Ü.) von Port au Prince entfernt, beobachtet. Insgesamt gesehen läßt sich aus dem Charakter und dem Verhalten Guèdés ablesen, daß die Haitianer ein umfassendes Verständnis für das von diesem Loa repräsentierte metaphysische Prinzip besitzen. Der Leichnam lehrt die Menschen, was das Leben ist, wie ich bereits weiter oben dargestellt habe.

In Damballah begegnen wir dem uralten, verehrungswürdigen Vater; er ist so alt und so ehrwürdig, als gehöre er einer Welt an, die zu einer Zeit existierte, bevor es die Probleme gab, mit denen die Menschen später konfrontiert wurden. Und seine Kinder halten dieses Bild eines gütigen Vaters aufrecht, der einfach existiert, und den niemand um irgendetwas bittet, außer um seinen Segen.* Damballah manifestiert sich als eine Schlange, die sofort in das Bassin[49] taucht, das man für sie gebaut hat**, und die sich danach, tropfend und ohne zu sprechen, auf dem Boden windet, oder auf einen Baum klettert, wo sie sich im Wipfel niederläßt, der uranfänglichen Quelle aller Lebensweisheit. Die Sprache dieses Loas besteht in seinen Zeichen, seinen segnenden Gesten; wenn er redet, so ist ein kaum verständliches Zischen.[50] Es ist fast keine differenzierte Unterhaltung mit ihm möglich; man hat das Gefühl, als besäße seine Weisheit ein so riesiges kosmisches Ausmaß und sei von einer so großen Einfachheit, daß zwischen den kleinen Ängste seiner menschlichen Nachkommenschaft und dieser universellen Weisheit keine Berührungspunkte bestünden; und es scheint, als sei diese grenzenlose Weisheit auch nicht in die banalen Ausdrucksmöglichkeiten der menschlichen Sprache zu übertragen.

Doch gerade diese Distanz wirkt so beruhigend; in ihr kommt eine uranfängliche Energie zum Ausdruck, die auf irgendeine Weise jeder geschichtlichen Entwicklung und jeglichem unmittelbaren Einfluß entzogen blieb, der ihre Kraft vermindern könnte. Die bloße Anwesenheit Damballahs bringt den Menschen Frieden, so wie das einfache, wenn auch vielleicht nur geistesabwesende Streicheln einer väterlichen Hand. Als *Da*, als Ursprung und Essenz des Lebens[51] sowie der Dynamik des Lebens – die in seiner eigenen Art sich zu bewegen so anschaulich zum Ausdruck gelangt – ist Damballah selbst keiner Veränderung durch die Wandlungsprozesse des

* Die vertraute Beziehung zwischen den Göttern und ihren Verehrern stellt einen der wesentlichsten und ergreifendsten Aspekte des Vaudou dar und kommt besonders deutlich in der Haltung der Serviteurs Legba und Guèdé gegenüber zum Ausdruck. Damballah gegenüber aber verspürt der Vaudouist eine spezielle, ehrerbietige Zurückhaltung. Diese Ehrfurcht spiegelt sich wider in den Liedern, die weniger über Geschehnisse berichten, sondern ihn vorwiegend allgemein lobpreisen, ihn als die große Schlange grüßen und Bezug nehmen auf seine enge Verbindung zum Wasser. Courlander führt ein Lied an, in welchem Damballah aufgrund seiner Stärke mit einer Steinmauer verglichen wird (S. 93).

** Siehe Bild Nr. 11, S. 203.

Lebens unterworfen; auf diese Weise verkörpert er die fernste Vergangenheit und repräsentiert zugleich das sichere Vertrauen in die Zukunft.

Der Loa wird als eine Schlange dargestellt, die sich entlang der Bahn der Sonne über den Himmel wölbt[52]; manchmal bildet sein weibliches Pendant – Ayida, der Regenbogen – die eine Hälfte dieses Bogens.[53] Er ist die Schutzgottheit des Wassers, das vom Himmel – seiner Domäne – auf die Erde fällt, sowie auch der Quellen und Flüsse, die von diesem himmlischen Wasser gespeist werden, welches die Menschen für alle Ewigkeit nährt. Wölbt sich der Regenbogen über das Meer, wird er von diesem kosmischen Gewässer reflektiert (dieses Bild des Regenbogens findet man auch als Zeichnung an der Wand seines Bassins).* Damballah und Ayida, die zusammen die sexuelle Ganzheit repräsentieren, umfassen den Kosmos als eine Schlange, die sich um die Welt windet. Das Ei – das Weltenei[54] – ist ihr spezielles Symbol – und Damballahs besondere Opferspeise. Er zerbeißt die Schale mit seinen Zähnen und trinkt es aus.[55]

Wenn im Verlauf der Zeremonie der Houngenikon die einleitenden Worte singt: „O Wedo, ich rufe Wedo, O Wedo, dort, es ist Damballah Wedo", dann schwellen die Musik der Trommeln und der Gesang des Chors zu einer Fülle an, wie man sie bei den Anrufungen für irgendeine andere Gottheit selten findet. Damit wird eine besonders tiefe Verehrung zum Ausdruck gebracht, die über jede Liebe, Intensität, Erregung oder Zärtlichkeit weit hinausgeht, die in irgendeiner anderen Anrufung enthalten sind. Denn Damballah ist die allumfassende Güte, der mächtige Schutz, der erhabene Ausdruck eines gerechten und ewigen Guten.[56]

Eng verbunden mit Damballah sind – als weitere Himmelsgottheiten – Badessy, der Wind, Sobo und Agarou Tonerre, der Donner.[57] Möglicherweise hat es einmal eine Zeit gegeben, in der diese Naturgewalten eine sehr wichtige Rolle im Leben der Menschen spielten. Heute jedenfalls verkörpern sich diese Götter nicht oft in den Serviteurs, wenngleich sie noch immer die gleiche wichtige Position in der rituellen Ordnung innehaben. Sie scheinen einer anderen historischen Periode anzugehören. Weil diese Gottheiten – in einem gewissen Maß – so jungfräulich sind, verleihen sie der Geschichte der menschlichen Rasse, deren Ursprung so unendlich weit zurückliegt, den Charakter historischer Entwicklung. Ruft man die obengenannten Götter heutzutage an, bedeutet dies, daß man seine Hand in diese ferne Vergangenheit streckt und die gesamte Geschichte „einsammelt", um sich daraus eine solide Grundlage für das Leben der Gegenwart zu bauen.[58]

---

* Marcelin zitiert ein Lied, in dem es heißt: „Ich sage: Himmel, begrüße die Erde!"; dies stellt ein äußerst poetisches Bild der Schlange, der Sonne oder des Regenbogens dar, die beziehungsweise der sich der Erde entgegenneigt.

Da Damballah eine von Natur aus positive Kraft darstellt, die das gesamte Universum umfaßt, besitzt er weder ein Gegenstück in der seinem speziellen Herrschaftsbereich entgegengesetzten Domäne, das heißt in der Unterwelt, noch ein wesensmäßiges Pendant im Sinne einer negativen, übelwollenden Gottheit. Auf der Ebene der unmittelbaren Aktion jedoch existiert ein Pendant zu ihm – Simbi. Letzterer nimmt einen recht bedeutenden Platz im Vaudou-Pantheon ein und hat charakteristische Merkmale und Funktionen nicht nur mit Damballah, sondern mit allen großen Göttern sowohl des Rada- als auch des Petro-Kultes gemeinsam. Er enthält gleichsam in einer Person sämtliche uranfänglichen Prinzipien der gesamten Religion, und zwar in einer sehr expliziten Weise. Es handelt sich eindeutig um einen Loa des kosmischen Kreuzwegs und sein Symbol beziehungsweise sein Vever stellt eine Schlange in einem Feld voller Kreuze dar.[59] Somit steht er einerseits in Verbindung mit Legba, andererseits mit Carrefour, Guèdé, Baron Cimitière und Baron Samedi, je nachdem, ob man ihn im Rahmen eines

Abbildung 5: Guèdé hat einen Serviteur „bestiegen“, ißt Zuckerrohr und betrachtet gierig seine rituellen Speisen.

Rada- oder eines Petro-Rituals anruft. In der Figur Simbis erfährt das Konzept des Kreuzweges eine Erweiterung. Man betrachtet Simbi als eine Gestalt, die mit einem Bein im Petro- und dem anderen im Petro-Bezirk steht (man sagt, daß Simbi vorwiegend dem Rada-Kult angehöre, ein „gieriger" Simbi jedoch mittels eines Petro-Rituals angerufen werde).[60] Man kennt ihn aber auch unter dem Namen Simbi-en-deux-eaux, und in dieser Gestalt befindet er sich mit einem Bein in den Wassern über der Erde, während das zweite in den Wassern der Unterwelt steht. Diese Gewässer wiederum werden entweder als die himmlischen Wasser auf der einen und die unterweltlichen Wasser auf der anderen Seite verstanden oder aber als die Süß- beziehungsweise die Salzwassermeere. In seinem Rada-Aspekt fungiert Simbi vor allem als Bewahrer der Quellen und des Regenwassers. Diese Aufgabe – sowie auch das Schlangensymbol – verbinden ihn mit Damballah und den anderen „weißen" Gottheiten, den Schutzgöttern der Quellen. In seiner Rolle als Schutzpatron des Regens spricht man ihm sogar eine größere Macht zu als den anderen obengenannten Göttern. Simbis Stärke ist zum Teil seiner hauptsächlichen Funktion zuzuschreiben: er ist der Beschützer der Zauberer – und unter diesem Aspekt wird er auch am häufigsten angerufen.[61] Für diese Rolle ist er aufgrund seiner Funktion als Achse des Kosmos und des Vaudou-Pantheons vorzüglich prädestiniert, denn von dieser zentralen Position aus strahlt er seine Kraft in alle Richtungen aus. (So ist Simbi beispielsweise der einzige Loa, dessen Herrschaftsbereich sich mit dem von Agwé überschneidet.) Sämtliche magischen Handlungen stehen unter seinem Schutz, gleichgültig ob jemand ein heilkräftiges, schützendes Paquet herstellt oder aber einen weniger wohlwollenden Wanga. Trotz seines großen Tätigkeitsbereiches indes ist seine Persönlichkeit obskurer als die vieler anderer Loas. In Liedern wird wiederholt Bezug genommen auf seinen Widerwillen, das Tor des Hounfor zu durchschreiten – ein Zaudern, in dem er einem geselligen Nachbarn ähnelt, der neu in der Gegend und all seinem Wissen und seiner Macht zum Trotz noch ein wenig schüchtern ist.

...und das Petro-Rätsel, das auf Bäume klettert

In einigen Gegenden wird Simbi vorwiegend dem Petro-Kult zugeordnet und nicht nur mit Carrefour und Baron Cimitière in Verbindung gebracht, sondern auch mit Dan Petro, dem Vater der Petro-Nation.[62] Als solcher stellt Simbi das Bindeglied zwischen Damballah und den großen Petro-Gottheiten dar. Simbi und Dan Petro können zwar nicht als „Petro-Aspekte Damballahs" gelten (in dem Sinne, wie man Legba und Carrefour als Zwillinge betrachtet, die sich auf entgegengesetzten Seiten befinden), herrschen jedoch innerhalb ihrer jeweiligen Hierarchie über einander entsprechende Bereiche und teilen noch weitere charakteristische Merkmale mit Damballah. Es gibt auch tatsächlich einen Damballah La Flambeau (die Fackel), der als Petro-Damballah betrachtet wird, und La Flambeau wiederum wird gleichbedeutend mit Saint Blanc bzw. Petro Blanc angesehen.[63] Von letzterem sagt man: „Er ist ein großer Anführer, der über seine Diener befiehlt – und diese sind häufig bösartig."[64] So besitztt also selbst Dan Petro – oder Congo Zandor, wie er auch genannt wird – an sich keinen übelwollenden Charakter.

Hinweise auf eine Verbindung zu Damballah finden sich auch in der Gestalt des Ti-Jean Petro, Dan Petros Sohn, der dadurch auffällt, daß er nur einen Fuß – unter Umständen auch überhaupt keine Füße – besitzt, der aber gleichzeitig sehr gewandt im Erklettern von Bäumen ist, und dies tut er fast immer, sobald er sich manifestiert hat.* Wenn man jemandem folgendes Rätsel aufgibt: welches Wesen hat keine Füße und klettert trotzdem immer auf Bäume? – dann gibt es darauf nur eine Antwort: die Schlange. Solch eine mehrdeutige Formulierung, die Ähnlichkeiten mit der Kabbalah aufweist, entspricht dem Charakter der Magie, die für den Petro-Kult typisch ist. Es kann sogar sein, daß das „Dan" in Dan Petros Namen nicht für das spanische Wort „Don" steht, sondern für das Schlangenprinzip.

Folglich erfüllen die großen Petro-Gottheiten – Dan Petro, Ti-Jean Petro, Congo Savanne und Congo Zandor – die gleiche Funktion wie Damballah: sie bilden die Verbindung zu den Ahnen, aus denen der Vaudou-Kult erwachsen ist, sie sind die Quelle der Lebenskraft und die Bewahrer des Kultes; und sie sind Schutzgötter des Wassers. In gewissem Sinne handelt es sich bei Damballah, Simbi und den Petro-Loas überhaupt nicht um Gegensätze, sondern eher um drei Schlangen, die sich in drei konzentrischen Ringen um die Welt legen. Die alleräußerste – Damballah – ist zugleich der abstrakteste, älteste und gütigste der drei Loas beziehungsweise Nationen; Simbi besitzt sowohl die Macht als auch den ambivalenten Charakter seiner mittleren Position; und die Petro-Loas sind die unerbittlichsten, eigensinnigsten zugleich ernergischsten der drei Schlangen. Letztere fügen dem Ganzen ein zusätzliches Element hinzu, das den beiden anderen Schlangen-Loas mangelt: sie besitzen von allen die engste Verbindung zur Erde und kümmern sich am meisten um sie. – Überhaupt wird im gesamten Petro-Kult besonderes Gewicht auf den Ackerbau gelegt.

---

* In Anhang B (der sich mit dem indianischen Einfluß beschäftigt) findet sich ein Vergleich zwischen Ti-Jean Petro und dem einbeinigen aztekischen Gott der Unterwelt, der – wie Ti-Jean – der Schutzgott der Kreuzwege und der Zauberer ist und mit der Nachtsonne beziehungsweise dem Mond in Verbindung gebracht wird.

4

Agwé – Herrscher der Meere

Am festgesetzten Tag für die Zeremonie zu Ehren Agwés*, des Gottes des Meeres, wimmelte der große Hof von Mambo E. vor Geschäftigkeit. An einer Stelle waren einige Hounsis damit beschäftigt, die Opferhühner zu waschen, an einem anderen Platz bügelten andere ihre zeremoniellen weißen Gewänder. Zusätzlich zur gewöhnlichen Ausstattung der im Freien befindlichen Küche (die Küche befindet sich außerhalb des Wohnhauses, entweder im Freien, unter einer Überdachung, oder in einem Raum, dessen Wände aus grobem Astwerk geflochten und daher sehr luftdurchlässig sind; Anm. d. Ü.), hatte man Holzkohlen-Roste (im Gegensatz zu einem Grill fehlt diesen Rosten das darauf liegende Gitter; die Töpfe werden direkt in bzw. auf die heißen Holzkohlen gestellt; Anm. d. Ü.) an verschiedenen Stellen des Hofes aufgestellt, um die riesige Menge von Speisen zubereiten zu können. Laufend trafen Leute ein und brachten ihre Opfergaben: Kuchen, *Crême De Menthe* und andere Liköre, und sogar Champagner. Der Boden des Peristyles wurde mit Wasser besprengt und gefegt, und man setzte die zum Teil zerrissene Papierdekoration wieder instand. Im Schatten eines großen Baumes tauschte ein Trommler, umgeben von neugierigen Kindern, die abgenützen Seile aus, mit denen die Trommel gespannt wird. Zwei Objekte fielen jedoch durch ihr außergewöhnliches Aussehen besonders ins Auge: der als Opfer bestimmte Widder und die *Barque d'Agwé.***

Man hatte den Widder von oben bis unten mit Wasser gewaschen, dem zuvor bestimmte reinigende Blätter beigegeben worden waren – eine Prozedur, der üblicherweise sämtliche Opfertiere unterzogen werden. Außergewöhnlich an diesem Tier war seine leuchtendblaue Färbung, das Ergebnis einer ungeheuren Menge an Indigo. Es ließ sich nicht genau sagen, ob dies einer Fehleinschätzung der Menge von blauer Farbe zu verdanken war, die nötig gewesen wäre, um ihn strahlend Weiß zu färben – das Resultat eines Übereifers also – oder ob es sich um Absicht handelte; denn Blau ist, ebenso wie Weiß, eine Farbe, die Agwé geweiht ist. Die faszierende Färbung des Tieres, die königliche Gelassenheit, mit der es die Pflege der drei jungen Frauen über sich ergehen ließ, die es striegelten und kämmten, sowie die anmutige Körperhaltung der Frauen – dies alles ergab zusammen eine Szene von seltsam archaischer Ausdruckskraft. Es schien, als sei man über die Scherbe einer alten Urne gestolpert und es würde einem schlagartig die Erleuchtung der Bedeutung des heiligen Opfertieres zuteil.

---

* Agwés Name wird bisweilen auch „Agoué" oder „Aguet" geschrieben; ich habe mich für die erste Variante entschieden, um deutlich zu machen, daß sein Name aus keiner der romanischen Sprachen kommt.

** Siehe Bild Nr. 12, S. 203.

Im Schatten eines der angrenzenden Peristyles, umgeben von den Leuten, die momentan nicht von den Vorbereitungen der Zeremonie in Anspruch genommen waren, legte der Maler die letzten Pinselstrichen an die große, quadratische Barke, die mit den Opfergaben beladen werden sollte. Sie war aus Holz gefertigt und maß mehr als einen Fuß in der Tiefe (etwa dreißig Zentimeter; Anm. d. Ü.) und ungefähr sechs Fuß in der Breite (ungefähr zwei Meter; Anm. d. Ü.). Rund um die Innenseite der Einfassung herum zog sich ein schmales Bord, aus welchem in bestimmten Abständen Löcher herausgeschnitten waren. Diese Öffnungen waren dazu bestimmt, die Opfergaben, die sich in Flaschen befanden, während der langen, bewegten Reise zu Lande und zur See in aufrechter Position zu halten – das schöne Arrangement sollte erhalten bleiben, bis man Agwé seinen Festtisch vorsetzen würde.

Die Barke war blau angemalt, und der Künstler war nun dabei, in naivem, farbenfrohem Stil die Symbole und Verzierungen an der Außenseite der Umrandung fertigzustellen. Trotz allem schien die Farbenfreude innerlich befrachtet mit einem Ernst, der dem Betrachter – ohne daß dieser genau sagen könnte, warum – das Gefühl vermittelte, daß selbst die kleinsten Blumen, die in Dreier- oder Fünfergruppen angeordnet waren, ein Omen enthielten. Es war deutlich zu erkennen, daß sowohl der Entwurf als die Ausführung der Malereien tagelange Arbeit gekostet hatten.

Anhand der vom Künstler gemalten Symbole war deutlich zu erkennen, daß es sich um ein Bankett für Agwé, zu dem weitere große Gottheiten des Vaudou-Pantheons als Gäste geladen waren. – Am oberen Ende des Tisches befanden sich die Plätze für Agwé repräsentiert durch ein großes Segelboot, auf welchem das Wort IMMAMOU geschrieben stand – und für seine Gattin, La Sirène. Letztere ist die Erscheinungsform Erzilies, die Göttin der Liebe, in ihrem Aspekt als Meeresgöttin, und der Maler hatte sie zu Agwés Linken als Meerjungfrau dargestellt. Daneben war eine weiße Taube abgebildet, ein Vogel, der den großen „weißen" Gottheiten geweiht ist und insbesondere Erzilie zugeordnet wird.

Zur Rechten Agwés hatte der Künstler die Wedos plaziert: Damballah und Ayida, die ranghöchste Familie des Vaudou-Pantheons. Ihre beiden Schlangenkörper wanden sich durch ein Feld von neun fünfzackigen Sternen. Im Zentrum dieses Bildes war ein Altar abgebildet, auf dem sich ihr spezielles Symbol, das Weltenei, befand; über diesen Altar hinweg blickten sie sich von gegenüberliegenden Seiten aus in die Augen. In der Mitte des Bildes, das sich links von Agwé und La Sirène befand, erkannte man das gesprenkelte Herz, das hauptsächlich verwendete Symbol der Göttin der Liebe. Es repräsentiert Erzilie (in ihrer Erscheinungsform als „Land"-Göttin der Liebe), deren ständiger männlicher

Begleiter bekanntermaßen Ogoun ist, der heroische Gott des Krieges, der vor kurzem Diplomat und Politiker geworden war. Ogoun selbst hatte seinen Platz zu ihrer Rechten erhalten (was an seinen Symbolen zu erkennen war: den gekreuzten Fahnen und dem Säbel), das heißt, auf der linken Seite ganz oben am Tisch. Ogoun ist ein Gott des Feuers, und es gibt eine Legende über eine ständige Fehde zwischen Ogoun und Agwé. Der Grund für diese Auseinandersetzung ist nicht nur in den gegensätzlichen Elementen zu suchen, die die beiden Loas verkörpern, sondern auch in ihrem Konkurrenzkampf um Erzilie. Denn sie gilt – sowohl in ihrer Erscheinungsform als Erzilie als auch in der Gestalt La Sirènes – als Gemahlin Agwés, unterhält jedoch zugleich aber eine dauernde Affaire mit Ogoun. Es stellte eine versöhnliche, großzügige Geste, sowie auch einen Ausdruck feinen diplomatischen Spürsinnes von Agwés Seite aus dar, daß man Ogoun vertrauensvoll zwischen La Sirène und La Maîtresse gesetzt hatte, in nächste Nähe der sanften weißen Taube der Liebe und des Friedens. – Links von Erzilie war noch einmal das Herz-Motiv gezeichnet, das diesmal die Initiale „M" enthielt. Dieser Buchstabe steht – aufgrund eines außerordentlich glücklichen Zusammentreffens – sowohl für „Maîtresse" (die allgemein gebräuchliche Anrede für Erzilie), als auch für „Maria", die Mutter Jesu, mit der Erzilie deswegen identifiziert wird, weil beide in ihrer jeweiligen Domäne die übergeordneten weiblichen Gottheiten sind, und weil sie bestimmte weibliche Verhaltensweisen gemeinsam haben. Die Einbeziehung des mit dem „M" versehenen Herzens bildete ein Gegengewicht zu Erzilies legendärer Promiskuität – wenn sie sie nicht sogar ganz aufhob. (Man sagt, daß selbst der ehrwürdige Damballah, neben vielen anderen Loas, von Zeit zu Zeit ihrem Charme erlegen sei.) Am unteren Ende des Tisches befand sich das Bild eines Fisches und einer Krabbe, welches die Inschrift „Herr der Z'ile Minfort" trug – den Namen der Insel unter dem Wasser, wohin die Barke gebracht werden sollte. Die Krabbe symbolisierte einen zu den Ahnen gehörenden Hougan, Agassou, Agwés Leutnant zur See; während der Fisch den heiligen Ulrich repräsentierte, den man mit Agwé identifiziert, weil dieser katholische Heilige auf den bereits erwähnten Farbdrucken mit einem Fisch in der Hand abgebildet ist. Wenn man die beiden Seiten des Tisches genau miteinander verglich, fiel auf, daß die Seite, auf der Agwés Helfer aus dem vaudouistischen und dem christlichen Pantheon ihren Platz hatten, ein klein wenig bescheidener gestaltet war als die andere – lediglich drei Blumen dienten als dekorative Verzierung. Diese Zurückhaltung war ein subtiles Zeichen der Hochachtung für die höheren Gäste: die Wedos, Ogoun und Erzilie.

Zwar veranstaltete man die Zeremonie speziell zu Ehren Agwés; aber der Herr des Meeres ist ein Mann von königlichen Gewohnheiten, und man hatte wohl das Gefühl, er würde lieber die Rolle des leutseligen Gastgebers eines Freudenfestes spielen als einfach eine ungeheure Menge von Speisen in submariner Einsamkeit zu sich zu nehmen. Einer Gottheit zu dienen bedeutet, sie glücklich zu machen; und diese Hochachtung drückt sich in einem Gespür des Serviteurs für die besondere Persönlichkeit, die Verhaltensweisen und den Geschmack eines jeden Loa aus.

Die Vorbereitungen zogen sich über den ganzen Nachmittag hin. Eine erstaunliche Menge von Leuten kam und ging, wobei jeder von ihnen – nach ihrem Benehmen zu urteilen – mit einer höchst wichtigen Aufgabe betraut worden war. Man konnte beobachten, wie zehn Frauen mit einer Tätigkeit beschäftigt waren, die ganz offensichtlich ebensogut zwei hätten erledigen können – wenn man bedenkt, daß jede von ihnen im normalen Alltag eine Reihe schwerer Arbeiten verrichtet und Vorbereitungen treffen muß, für die eigentlich mindestens drei kräftige Leute erforderlich wären.

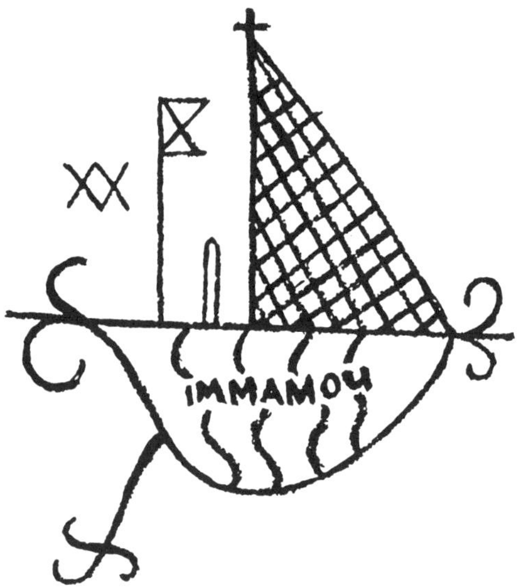

Vever für Agwé.

Eine Zeremonie für Agwé, die zur See stattfindet, stellt für eine auf dem Lande lebende Mambo (oder einen Hougan) die wohl vielgestaltigste Aufgabe dar. Sie muß die Opfergaben zusammenstellen: Gemüse, Kuchen, Mais, Bananen, Tauben, Widder, Hühner und vieles andere mehr. Sie muß sich die Gerätschaften beschaffen, die zusätzlich benötigt werden, Kochtöpfe ausleihen, die neugekauften Gefäße, in denen das Festmahl den Göttern serviert werden soll, vorschriftsmäßig einweihen, und die Barke bauen lassen. Sie muß ihre *Société*

(Gemeinde) zusammenrufen, die Aufgaben verteilen und ihre Ausführung überwachen, für die Verpflegung und die Unterkunft ihrer Helfer und Gäste sorgen, den Lastwagen für den Transport sämtlicher Personen und Güter bestellen, das Segelboot für die Fahrt hinaus aufs Meer mieten und an tausend andere weltliche Einzelheiten denken. Zudem stellt die eigentliche Organisation der rituellen Details der Feier an sich schon eine enorme Aufgabe dar. Weil eine solche Zeremonie ebenso teuer wie aufwendig ist, veranstalten viele Hougans und Mambos sie überhaupt nie. Andere wiederum tun dies zunehmend seltener, und in den immer längeren zeitlichen Abständen dazwischen mehren sich die Versprechungen, die man Agwé gibt. Als Folge davon ist aus dieser Zeremonie ein ganz besonderes Ereignis geworden, und das Problem von Mambo E. bestand letztendlich nicht darin, ein ausreichendes Maß an Interesse und Hingabe zu erwecken, sondern vielmehr darin, dafür zu sorgen, auf diplomatische Weise die Zahl derjenigen, die ganz versessen darauf waren, an dem Fest teilzunehmen, in einem Rahmen zu halten, der dem Umfang ihrer Nahrungsvorräte entsprach.

Bei Sonnenuntergang war das Wichtigste erledigt und alle Teilnehmer hatten sich in dem großen Peristyle zum Eröffnungsritual versammelt. Die Vevers wurden gezeichnet, die Trankopfer auf den Boden gegossen; dann rief man in vorschriftsmäßiger Reihenfolge die Götter an. Legba wurde gebeten, die Pforte zu öffnen, und der dreieinige christliche Gott und die christlichen Heiligen um Segen für die Zeremonie angefleht; les Morts, les Mystères und les Marassas wurden angerufen; man bat die wichtigen Gottheiten und diejenigen Loas, die die speziellen Beschützer der Mambo waren, zu erscheinen. Am Schluß wurden Agwé und seine Gemahlin gerufen, denn man wollte Agwé zeigen, daß all dies für ihn bestimmt sei, und bat ihn, das Opfer anzunehmen. Die Arbeit des ganzen Tages war auf diesen Moment hin gerichtet gewesen, und in den Liedern war die tiefe Hingabe der Trommler und Sänger hörbar. Über diesem Gesang, der weit in die Nacht hineintönte, erklang der Schall der Trompete und der als Horn verwendeten Seemuschel – die spezielle Anrufung Agwés.

Es war jetzt kurz vor elf Uhr nachts, und da alle am nächsten Morgen um vier Uhr aufstehen mußten, fand im Anschluß an die Zeremonie kein Tanz statt. Jeder begab sich zu seiner Schlafmatte in der ihm zugeteilten Ecke. Die Aufregung hatte mir den Schlaf geraubt und ich ging auf der Straße spazieren, um meine Ruhe wiederzufinden. Als ich zurückkam, sah ich eine einzelne Öllampe im Gebälk des Peristyles brennen und ging neugierig dorthin, um zu sehen, was sich noch abspielen mochte. Ich stellte fest, daß die Zeremonie noch gar nicht beendet war. An einer Seite des Peristyles hatte man einen Tisch aufgestellt, der als Altar diente und mit einem weißen, bestickten Tischtuch bedeckt war, das bis zum Boden reichte. Man hatte Palmwedel zu hochgeschwungenen Bögen zusammengebunden und diese, einen neben den anderen aufgereiht, um den Altar herum aufgestellt. Über diese Bögen war ein anderes großes weißes, besticktes, mit Spitzen gesäumtes Tuch gelegt, um auf diese Weise einen hohen Baldachin zu errichten. Rings um die Bögen zogen sich Girlanden aus Weinranken in leuchtendem Rosa neben wohlriechenden Lorbeersträußen. Auf der Innenseite des Baldachins hatte man einen Farbdruck des heiligen Ulrich und einen weiteren, auf dem die heilige Jungfrau abgebildet war, angeheftet, und auf dem Tisch lag eine Auswahl der erlesensten Geschenke ausgebreitet – darunter eine Flasche Champagner, eine Flasche Parfüm und eine Vase mit weiteren Blumen.*

Unmittelbar vor dem Altar hatte man auf dem Boden aus mehreren übereinandergeschichteten Schlafmatten aus Stroh ein riesengroßes Doppelbett errichtet. Das Bettzeug bestand aus makellos sauberen Leinenlaken und zwei bestickten, mit Spitzen eingefaßten Kissen, die nebeneinander am Kopfende plaziert waren. Eine Ecke der weißen Bettdecke war sauber und ordentlich umgeschlagen. Ein Stück unterhalb der Kissen, an der Stelle, wo man sich die Herzen der Personen, für die dieses Bett bestimmt war, vorstellen konnte, lag ein Rosenstrauß von auserlesener Schönheit, und gleich daneben eine Muschelschale vollkommener Form und Farbe. Nie war ein Bett zärtlicher und liebevoller bereitet worden. Und nie war eines für Liebende dieser Art bestimmt gewesen. Gottheiten besitzen kosmische Ausmaße; und diese kosmische Größe wirkte sich entsprechend auf das reale Format aus. Das Bett maß mindestens zwölf Fuß (etwa drei Meter; Anm. d. Ü.) in der Länge und acht Fuß in der Breite (ungefähr 2,40 Meter; Anm. d. Ü.) Beim bloßen Hinsehen wirkten seine Ausmaße sogar noch stattlicher. – Dies war das Ehebett von Agwé und Erzilie.

Am Fuß des Poteau-mitan brannte eine Kerze, und auf einer Seite des Pfostens saß die Mambo in einem Schaukelstuhl und hielt Wache. Für einen Moment war sie eingenickt und die heilige Rassel ruhte lose in ihrem Schoß. Irgendein kleines Geräusch der Nacht mußte sie aufgeweckt haben. Ohne die Augen zu öffnen schüttelt sie behutsam die Rassel mehrere Male und begann langsam hin- und zurück zu schaukeln. Ihre Lippen bewegten sich in lautlosem Gebet.

Ich glaube, daß Agwé in den Herzen der meisten Mambos und der meisten weiblichen Serviteurs einen ganz besonderen Platz einnimmt. Ebenso glaube ich, daß sich die Haitianerinnen in ihrer Rolle als Frauen mit Erzilie identifizieren, ganz gleich, wer ihr Maît-tête sein mag (wobei es sich häufig um einen der männlichen Loas handeln kann). – Obgleich Erzilies Beziehung zu Damballah sehr wichtig ist und ihre Verbindung mit Ogoun äußerst aufregend (aufgrund

---

* Siehe Bild Nr. 3, S. 72.

seiner der Zeit angepaßten Macht als heldenhafter Politiker und seines feurigen, energiegeladenen Charakters), stellt Agwé in gewissem Sinne den idealen Ehemann und Liebhaber dar, da er – wie das Meer – in seinem Wesen Direktheit und Beständigkeit, geballte Kraft und tiefen Frieden vereint.

Um drei Uhr früh waren die ersten Geräusche beginnender Geschäftigkeit zu hören. Die Opfergaben und die ungeheure Menge an Zubehör wurden in Körbe verschiedenster Form und Größe verpackt. Um vier Uhr kamen zwei große Lastwagen an – Autos mit offener Ladefläche, wie man sie zum Transport von Kies benützt –, und man reihte Bänke auf der Ladefläche auf. Dann begann das Verladen: da waren die Trommeln und der Widder und die Barque d'Agwé und ein riesiger siebenstöckiger, weißer Hochzeitskuchen, da gab es die Hühner und die Körbe voller Essen und die zeremoniellen Flaggen und vieles andere mehr. Schließlich – nachdem all dies verstaut war – stiegen noch die Leute ein, wobei sich die gelenkigeren unter ihnen an die Rahmenkonstruktion der Lastwagen hängten. Obwohl es inzwischen den Anschein hatte, als seien es einige hundert Personen, waren es insgesamt vielleicht fünfzig. Dann rumpelten die Fahrzeuge schwerfällig die Straße entlang.

Die Trommler gaben die ersten Rhythmen vor, die Trompeter und die Muschelbläser, die sich auf dem Dach des Führerhauses niedergelassen hatten, nahmen sie auf, und der Gesang der Leute erhob sich in die Kälte des frühen Morgens. In jedem kleinen Dorf am Straßenrand rannten die Menschen aus ihren Häusern und jubelten uns zu. Schließlich verließen die Wagen die Hauptstraße und bogen in eine winzige, ausgefahrene, schlammige Straße ein, die direkt zum Meer führte. Bald war klar, daß der Schlamm es unmöglich machen würde, die Küste mit den Lastwagen zu erreichen. Wir hielten an und entluden die Fahrzeuge an einer Stelle, von der sich schließlich herausstellte, daß sie gut zwei Meilen (etwa drei Kilometer; Anm. d. Ü.) von unserem Ziel entfernt war. Wir luden die Barke, die Körbe mit den Speisen und alle anderen Sachen auf unsere Köpfe und machten uns zu Fuß im Gänsemarsch auf den Weg zum Meer. Die Sonne wurde schnell heißer und der Schlamm verwandelte sich in einen grauen, sumpfigen Lehm, in den wir mit jedem Schritt weiter einsanken. Als es nicht mehr menschenmöglich erschien weiterzugehen, lichtete sich der Wald, auf den wir uns zubewegt hatten, und vor uns lag in einiger Entfernung vom Ufer (da der Meeresgrund an dieser Stelle ganz allmählich abfiel) das Segelboot vor Anker, dessen helle Takelage in der Sonne schaukelte. Wieder hoben wir alle Lasten auf unsere Köpfe – sogar der Widder mußte diesmal getragen werden – und wateten ins Wasser.*

---

* Siehe Bild Nr .7, S. 167.

An der Stelle, wo das Boot lag, war das Wasser mehr als fünf Fuß tief (etwa anderthalb Meter; Anm. d. Ü.), aber – wie die Haitianer sagten – die Götter waren mit uns, denn wir hatten nichts verloren und wir schafften es alle, in das Boot zu klettern und uns daran zu machen, die Sachen auf engstem Raum richtig unterzubringen. Es war jetzt bereits zehn Uhr, und da es keinen Schatten gab, war die Hitze der Sonne bald unerträglich. Diejenigen, die keine Hüte trugen, banden sich Tücher um den Kopf, die sie von Zeit zu Zeit mit Wasser tränkten. Die Kleider, die zu Anfang von dem Waten durchs Wasser naß gewesen waren, wurden nun vom Schweiß durchnäßt, der den Leuten aus allen Poren strömte. Diejenigen, die mit der Aufgabe betraut waren, die Barke herzurichten, befanden sich in einer besonders unglücklichen Lage, weil sie im tiefliegenden offenen Laderaum des Schiffes arbeiteten, zu dem kein Windhauch gelangte.

Im Durcheinander der Vorbereitungen hatte niemand daran gedacht, frisches Trinkwasser mitzunehmen, und innerhalb kurzer Zeit waren die Gesichter der Leute starr vor lauter Anstrengung. Unsere Lippen waren ausgetrocknet vor Durst. Es fanden praktisch keine Unterhaltungen statt. Diejenigen, die mit der Fertigstellung der Barke beschäftigt waren, verständigten sich durch Handzeichen. Wie sie so zusammenstanden und schweigend die Gegenstände weiterreichten oder sich gegenseitig bedeuteten, wohin ein Gegenstand plaziert werden sollte, vermittelten sie den Eindruck, als tanzten sie ein seltsames, verschlüsseltes Ballet in Zeitlupe, verhüllt vom schimmernden Schleier der zunehmenden Hitze.

Doch sie sangen, die Trommeln ertönten, und immer wieder von neuem erklangen der Ruf der Trompete und der Seemuschel. In den Pausen zwischen den Liedern war als einziges Geräusch das Rasseln und Klingeln der Asson der Mambo zu hören. Die Priesterin stand am Mast, hatte offensichtlich alles um sich herum vergessen, schüttelte ihre Rassel und schwenkte von Zeit zu Zeit die beiden weißen Hühner, die sie in der anderen Hand hielt, in die vier Himmelsrichtungen, um Agwé anzurufen. Betäubt von der Hitze äußerten die Hühner keinen Protest, und auch der Widder gab keinen Ton von sich.

Die Leute begannen wieder zu singen – Lieder für Seeleute, Gesänge zu Ehren von La Sirène und Agassou und vor allem zu Ehren von Agwé und seinem gewaltigen Kanonendonner. Sie wiederholten besonders ein Lied mehrmals, eine schwermütige Melodie, die einer Anrufung ähnelte und abwechselnd an- und abschwoll. Es war eine Melodie, die der Wind so schnell mitriß, daß vor dem geistigen Auge in schnellem kaleidoskopartigem Wechsel das Wasser des glitzernden Mittelmeers, das graue arktische Meer, der südliche Pazifik und andere, nie gesehene, unbekannte Meere der Welt vorbeizogen. Die Stimmen, die diese Melodie trugen, kräuselten die Wellen all dieser Ozeane, riefen überall den Gott der Meere an, hinweg über die ungeheuren Weiten seines Reiches.

Cina, Cina, Cina,
Dogwé sang, cina lo-gé
Agwé Arroyo, beschütze deine Kinder,
Mit der Seemuschel in der Hand, sorge für deine Kinder,
Cina, Cina,
Cina dogwé sang
Cina lo-gé.

Und wenn man über den Ozean blickte oder die Augen vor der Hitze schloß, konnte man sich die Sänger dieser Gesänge für die Götter im Geiste selbst als göttliche, ekstatische Erscheinungen vorstellen. Diese Klänge wurden jedoch von Leuten hervorgebracht, deren Kleider vor Anstrengung in Unordnung geraten, die schon fast – wie sie es selbst ausdrückten – „aufgelöst" waren vor Hitze, deren Gesichter verbissen, ja sogar häßlich in ihrer Gereiztheit waren. Wäre es vor dem Hintergrund derartiger Gegebenheiten nicht hinfällig, wenn jemand behaupten wollte, daß der Glaube Behaglichkeit verschaffe und daß das Ritual „innere Blockaden löse"? – Jede Bewegung der Serviteurs war hier Arbeit, und zwar in jeder Hinsicht eine fachmännische Arbeit.

Offensichtlich näherten wir uns jetzt der Insel unter dem Wasser, obwohl es mir nie gelang, genau herauszufinden, woran man ihre Lage eigentlich erkannte. Plötzlich hatten es alle ziemlich eilig, die Vorbereitungen abzuschließen. Die Barke war nun hoch beladen mit allen erdenklichen Speisen und Delikatessen, arrangiert zu einem prächtigen Gedeck, welches von der riesigen weißen Hochzeitstorte gekrönt wurde. Der Hougan, der der Mambo half, nahm ihr die beiden Hühner ab, tötete sie mit einer flinken Bewegung und legte auch sie auf die Barke.

Während dieses ersten Opfers wurden zwei Frauen fast gleichzeitig von Agwé besessen. Die krampfartigen Bewegungen, die den Eintritt einer Besessenheit markierten, hatten so plötzlich eingesetzt, daß sie von fast niemandem bemerkt worden waren, und die ganz durchschnittlichen Gesichter der Betreffenden nahmen jetzt unmerklich den Ausdruck männlicher Würde an. Die Leute schöpften mit einem Eimer Wasser aus dem Meer und gossen es über die Frauen, denn Agwé – als eine Wassergottheit – würde normalerweise sofort in sein Bassin tauchen. Diejenigen, die sich in der Nähe der beiden befanden, begrüßten feierlich die Ankunft der Gottheit, und Agwé sprach einige begrüßende Worte durch die Münder der beiden Frauen, und zwar mit einer gurgelnden Stimme, als würden Luftblasen in ihr aufsteigen. Agwés Stimmung war zwar nicht ärgerlich, aber verhalten. Schuldbewußt erklärte der Hougan, daß auch er bald eine Zeremonie abhalten werde. Die beiden Agwés hörten ihm mit verzeihender und zugleich gewissermaßen gleichmütiger Miene zu: vielleicht verzeihen sie aus ebendiesem Gleichmut heraus. Mit demselben Ausdruck von

Würde und sanfter Traurigkeit ließen sie ihre Augen langsam von einem zum anderen wandern, von der mit den Speisen beladenen Barke zur Mambo. Es lag etwas in ihrem Blick, das in uns allen ein Gefühl der Ruhe auslöste – ein Ausdruck, wie man ihn in den Gesichtern von Leuten findet, die im Begriff stehen Abschied zu nehmen, und die all das in Erinnerung behalten wollen, zu dem sie lange Zeit nicht mehr zurückkehren werden. Die Augen der beiden Loas trafen sich. Die Leute machten einen Weg frei für sie und sie gingen aufeinander zu. Sie kauerten sich nieder, verschmolzen in einer gegenseitigen Umarmung, die Arme des einen um die Schultern des anderen geschlungen, wie zwei Spiegelbilder, und weinten.

Man sagt, daß alle Himmelsgottheiten des Vaudou-Pantheons weinen. Einige Leute meinen, dies rühre daher, daß sie ursprünglich aus den Gewässern der Unterwelt stammten und sozusagen noch immer naß seien. Andere sind der Ansicht, die Regentropfen, die vom Himmel fallen, seien die Tränen der Götter, und die Götter würden somit aus Mitleid für die Menschen weinen, damit das Leben fortbestehen könne. Ich habe allerdings auch Ogoun schon weinen sehen, und keine der beiden Interpretationen würde seine Tränen erklären.

Die Leute auf dem Boot hatten inzwischen akzeptiert, daß ihre großen Götter weinten und manchmal sagten sie zu ihnen, sie bräuchten doch nicht zu weinen – in der Weise, wie man normalerweise ein Kind beruhigt. Letztendlich aber kann kein Mensch hoffen, je die vielfältigen Launen der Götter zu verstehen. Die Arbeit wartete und die Zeremonie mußte weitergehen. Der Houngenikon stimmte ein Lied an, die Trommeln, die Trompete, die Muschel und schließlich der Chor fielen ein. Das Tempo der Vorbereitungen nahm zu und man reichte den Widder geschwind nach vorne, damit die Agwés nicht gestört oder bedrängt würden. Man konnte kaum so schnell schauen wie die Leute das Tier auf die Reling hoben – dort schwankte es einen kurzen Augenblick lang hin und her und stürzte dann ins Wasser.

Allem Anschein nach befanden wir uns jetzt unmittelbar über der heiligen „Zilet“, denn die abschließende Weihe der Barke wurde mit einer fast überstürzten Eile vollzogen. Das Gefährt war so schwer, daß sechs Männer nötig waren, um sie auf die Reling zu hieven. Man rief „Vorsicht!“, der Ladebaum schwenkte in weitem Bogen in die entgegengesetzte Richtung und das Boot neigte sich schräg auf eine Seite. In diesem Bruchteil einer Sekunde, als die Reling fast auf einer Ebene mit dem Wasserspiegel zu liegen kam, ließen die Männer die Barke ins Meer gleiten. Unser Boot taumelte zurück in seine aufrechte Position und wir beobachteten, wie unter uns die Barke, von der wir uns bereits ein Stück entfernt hatten, mit großer Geschwindigkeit von der Heckströmung unseres Bootes abgetrieben wurde. Die Barke bot einen unglaublich schönen Anblick, wie sie mit den aufgetürmten Opfergaben, die von der glitzernden weißen Torte gekrönt wurden, im tiefblauen Ozean schwamm. Schweigend betrachteten wir sie. – Plötzlich schien es, als hielte sie einen Moment lang inne, bevor sie unvermittelt in dem stillen Wasser versank, als hätte eine große Hand von unten nach ihr gegriffen und sie gepackt.

Der Houngenikon, die Trommeln und der Chor brachen alle zugleich in einen lebhaften Freudengesang (ein Lied der „rejouissance") aus. Es war das erste heitere Lied seit dem Beginn der Reise. Neben mir stand der Maler, seine Augen auf die Stelle geheftet, wo seine Barke verschwunden war, und sang voller Freude. Jedermann hatte hart gearbeitet und auf seine Weise sein Bestes gegeben. Vor dem geistigen Auge des Malers aber mußte wohl ein besonders stolzes Bild entstanden sein: er sah den sagenhaften submarinen Palast, in welchem Papa Agwé, zufrieden über die Arbeit seines Dieners, seine hohen Gäste gerade zu dieser festlichen Tafel geleitete.

Ich ließ meinen Blick vom Maler über die glücklichen Gesichter der anderen wandern, wandte mich zum Meer und weinte. – In diesem Augenblick begriff ich, weshalb die Götter, die diese Menschen lieben, weinen.[65]

5

Ogoun – Kriegsheld; Staatsmann und Diplomat; Politiker und Gangster; Zauberer

In der Figur des nigerianischen Ogoun, der von Afrika aus über den Ozean nach Haiti gelangte, begegnen wir einer ebenso klassischen Göttergestalt wie dem griechische Zeus. Er war ein Himmelsgott, der Herr des Blitzes[66], des Feuers und der Macht.[67] In logischer Erweiterung dieser Eigenschaften war er der Schutzgott der Krieger sowie auch der Schmiede, da letztere Kriegswaffen herstellten. Bei dem Ogoun jedoch, der von den Hougans so häufig als Schutzgottheit ihrer Hounfors auserkoren wird, handelt es sich keineswegs mehr um diese Gestalt in ihrer ursprünglichen Form. Ogoun verkörpert Macht, Stärke, Autorität, Triumph; und die Methoden, mittels derer man in den Besitz dieser Eigenschaften gelangt, verändern sich je nach den speziellen historischen Gegebenheiten. Heutzutage ist Stärke gleichbedeutend mit politischer Macht, und Ogoun tritt dementsprechend häufig als eine politische Figur in Erscheinung.

Wenn man sämtliche Ausdrucksformen Ogouns der Reihe nach aufmarschieren ließe, dann hätte man in der Tat eine Prozession sämtlicher heroischer Charaktertypen der Geschichte vor sich. – Die edelste und ergreifendste Erscheinungsform wäre wahrscheinlich die des tödlich verwundeten Kriegers. Im zeremoniellem Eröffnungslied dieser Manifestation verkündet dieser Ogoun mit unsicherer Stimme und von offensichtlichen Schmerzen gequält: „Ich bin verwundet, oh, ich bin verwundet." – Es scheint sich um eine Herzwunde zu handeln. Ogoun ist dem Tode nah und unfähig, sich auf den Beinen zu halten; er wird von zwei Personen von beiden Seiten gestützt. Seine Arme hängen kraftlos über den Schultern seiner Helfer, die ihn zu einem Stuhl halb schleppen, halb tragen, und die Tränen rinnen ihm über die Wangen. In diesem Moment – mit seinen seitlich ausgebreiteten Armen, dem herabgesunkenen Kopf, dem außergewöhnlich edlen Gesichtausdruck, seinem matten, niedergeschmetterten Körper – wird er zum Abbild von Christus, der gerade vom Kreuz abgenommen wird – ein Eindruck, zu dem auch das Mitgefühl der beiden Männer, die ihn stützen, beiträgt, sowie ihre aufgrund seines Gewichtes leicht nach vorn gebeugte Körperhaltung.* – Es ist unwahrscheinlich, daß die haitianischen Bauern dieses Christusbild irgendwo gesehen haben. Doch selbst wenn sie es gesehen hätten und es sich bei der obengenannten Manifestation Ogouns um eine unbewußte Nachschöpfung dieses Bildes handeln würde, so wäre dies nur der endgültige Beweis für das tiefe Verständnis der Ser-

Vever für Ogoun Badagris.

* Ogoun manifestierte sich über einen Zeitraum von fünf Monaten hinweg mehrere Male in genau ebendiesem Aspekt. Die Anwesenden waren über diese Manifestationen nicht erstaunt, als seien sie vertraut damit, obgleich es sich um keinen sehr häufig vorkommenden Aspekt zu handeln scheint.

viteurs von der Bedeutung Jesu. Wenn dieses Bild hingegen nirgendwo entliehen, sondern der Vaudou-Religion entsprungen ist, so stellt es – auf eine andere Art und Weise – ein Zeugnis von einem ebenso tiefgründigen Begreifen dar.

Auch wenn dies in gewissem Sinne die eindrucksvollste Manifestation sein mag, so existiert doch eine ebenso große Menge weiterer wichtiger Ogouns wie es Spielarten der Macht gibt, und jeder Ogoun kann seinen Serviteur auf die ihm entsprechende Weise stärken. In seiner Erscheinungsform als Balindjou oder Batala begegnen wir in ihm dem Heiler. Balindjou kümmert sich häufig um Kinder und verbringt gewöhnlich lange Zeit damit, ein Heilmittel aus Kräutern herzustellen. Als Ogoun Feraille* übermittelt er einem Serviteur Stärke, indem er diesem kräftig auf die Arme, die Oberschenkel und den Rücken schlägt, als würde er dadurch auf den Körper der Person einen Teil seiner eigenen Kraft übertragen. In seiner Erscheinungsform als Ogoun Badagris (welcher – wie auch Guèdé – mit Fruchtbarkeit, Weisheit oder Weissagung und Magie in Verbindung steht[68]) hebt er bisweilen jemanden empor und trägt ihn durch das Peristyle – als ein Zeichen seiner besonderen Geneigtheit dieser Person gegenüber. Es gibt sogar einen Ogoun Bayé (Barriere, Pforte) und einen Ogoun Panama (Strohhut), deren Rolle als Türhüter an Legba erinnert. In welchem Aspekt auch Ogoun erscheinen mag, stets besitzt sein Charakter ein spezifisches Merkmal des Stammes der Nago: Stärke und Kampfgeist.[69]

Das Konzept von Stärke, Streit und Macht wird fast unvermeidlich mit Feuer und Hitze in Zusammenhang gebracht. Ogoun ist ein Gott des Feuers, und Rot ist seine heilige Farbe. Darüberhinaus darf man ihn nicht mit dem üblichen auf die Erde gegossenen Wasseropfer begrüßen – man gießt statt dessen Rum auf den Boden und entzündet diesen mit einem Streichholz. Über diesen Weg aus Feuer wird er in die Zeremonie hineingeleitet. Während sich die Flamme auf der Rumspur voranbewegt, die der Hougan auf den Boden tröpfelt, kann man sehr intensiv die Ankunft einer gewaltigen Kraft spüren. Ist Ogoun persönlich anwesend, kann es vorkommen, daß er selbst Rum auf die Erde gießt und ihn anzündet. Der dabei aufsteigende warme Duft, der sich im Peristyle ausbreitet, wirkt wie der Atem der Kraft und der Stärke selbst. Die Anwesenden fangen die wohlriechenden Dämpfe mit ihren hohlen Händen auf und waschen ihre Körper damit, als handle es sich um eine Flüssigkeit.

Stärke wohnt auch dem Säbel oder der Machete inne, die Ogoun geweiht sind. Er besitzt die Angewohnheit, ihre sehr scharfe Schneide in seinen Arm oder seinen Oberschenkel zu drücken und dann zu zeigen, daß sie das Fleisch nicht zerschnitten haben – zum Zeichen dafür, daß er der Meister dieser Waffen ist. Manchmal geht er bis zum Äußersten und stößt das Heft des Säbels in den Boden, so daß die

---

* Sein Name wird häufig auch als „Ferei“ geschrieben.

Schneide senkrecht nach oben steht. Dann legt er sich mit der Stelle seines Bauches, an der sich das Zwerchfell befindet, auf die Spitze der Schneide und hebt langsam seine Füße vom Boden. Schließlich ruht er – alle Viere horizontal von sich gestreckt – mit seinem ganzen Gewicht auf der Spitze des Säbels. Sein Hemd ist zwar danach durchstochen, Ogouns Fleisch jedoch bleibt unversehrt.*

Ein weiteres charakteristisches Merkmal der Ogouns kommt in der Figur St.Jacques zum Ausdruck, einem Loa, der nach dem Heiligen benannt ist, mit dessen Bild Ogoun Feraille identifiziert wird. Er ist ein Nationalheld, ein General, den man mit einem militärischen Salut und der Nationalhymne begrüßt – eine beeindruckende Erscheinung. Er bewegt sich mit schnellen Schritten, unverkennbar eine Autoritätsperson, ein strenger Zuchtmeister; jede Bewegung und jede seiner Äußerungen vermitteln den Eindruck einer Krisensituation, der Dringlichkeit, des Drucks eines Gefechtes oder einer Auseinandersetzung. Angespannt, bereit jeden Augenblick in einem Wutanfall zu explodieren, ruft er von Zeit zu Zeit aus: „Foutre tonerre!" (Zum Donnerwetter!) – was zugleich auch sein spezieller Beiname ist. Oder aber er verkündet: „Grains moin fret!" (Meine Hoden sind kalt!) – wobei es sich um seine besondere Art handelt, um einen Schluck Rum zu bitten. Häufig bläst er diesen in Form eines feinen Sprühnebels durch seine Zähne – eine Geste, die typisch für alle Ogouns ist.[70]

Derselbe Revolutionsheld repräsentiert auch Ogoun als Politiker, denn eine politische Gestalt stellt kein Thema dar für eine große archetypische Ausdruckform. Der Politiker übt seine Kunst vor allem in Form verbaler Kommunikation aus, und zwar in unverschlüsselter Weise. Die Haitianer haben allerdings sehr genau begriffen, daß die wahre Quelle politischer Machtausübung noch nicht einmal in dieser offenen Kommunikation zu suchen ist. Der wirkliche Kampf wird im Verborgenen und in Form von Intrigen geführt – und dies sind keine „Stoffe", aus denen sich eine Persönlichkeit von großem Format gestalten ließe. Deshalb manifestiert sich Ogoun weiterhin in Gestalt des Militärgenerals, zu dem er im Verlauf des Kampfes um die Unabhängigkeit wurde. – Wenn also ein Haitianer politischen und wirtschaftlichen Einfluß besitzt, wenn er den Weg ebnen kann für die Erlaubnis, eine Zeremonie abhalten zu dürfen, wenn er einen günstigeren Preis für das neue Wellblechdach „herausschlagen" kann, wenn er offenbar wohlhabend ist oder sich auf dem Weg in den Wohlstand befindet, wenn er in offiziellen oder maßgeblichen Kreisen verkehrt, dann geht man zumeist davon aus, daß Ogoun sein Schutzherr ist, vielleicht sogar sein Maît-tête, auch wenn derjenige sich in keiner Weise martialisch benimmt.

* Ich war dabei, als zwei Ogouns gleichzeitig diese unglaubliche Stellung einnahmen, und zwar in einem Hounfor in der Nähe von Carrefour (südlich von Port-au-Prince), im September 1949.

In manchen untergeordneten Aspekten Ogouns kommt der typische Politiker klarer zum Vorschein. So gibt es zum Beispiel eine Gottheit namens Jaco (abgeleitet von St. Jacques), die eindeutig der Petro-Nation angehört und die sich insbesondere dadurch auszeichnet, daß sie in hinterhältiger Art und Weise Durcheinander, schlechte Laune und Mißverständnisse unter den Leuten schafft. Wenn man diesen Loa nicht schnell unter Kontrolle bekommt oder fortschickt, gerät das Zeremoniell oder der Tanz bald außer Kontrolle.[71]

Es ist weiterhin von Bedeutung, daß die meisten Hougans, die die Schutzherrschaft Ogouns für sich in Anspruch nehmen, dem Freimaurerorden angehören.[72] Dies ist eine logische Verbindung. – In seiner Funktion als Schmied, von dessen Kunstfertigkeit vieles abhängt, in seiner Rolle als moralische Autorität, als der hochgeachtete „einflußreiche" Bürger, der sich um die Anliegen und das Wohlergehen seiner Mitbürger kümmert, als naturbegabte Führungspersönlichkeit und Organisationstalent, und selbstverständlich in seiner Funktion als Befürworter von Ritualen, Initiationen, hierarchischen Strukturen und so weiter könnte Ogoun sehr wohl ein führendes Mitglied einer lokalen Freimaurerloge sein. Darüberhinaus ist der Freimaurerorden – was recht eigenartig ist, da es sich beim Vaudou nicht um eine zentralistisch aufgebaute Religion handelt – im Laufe der Zeit zu einem zentralen Treffpunkt der Vaudou-Priester geworden. Dieser Einfluß geht so weit, daß die Art der Freimaurer, sich die Hände zu geben, zu einem festen Bestandteil der rituellen vaudouistischen Begrüßung der Hougans untereinander geworden ist. Möglicherweise wurden noch weitere freimaurerische Symbole in die Vaudou-Zeremonien integriert, aber man müßte ein hochrangiges Mitglied des Ordens befragen, um das tatsächliche Ausmaß dieses Einflusses feststellen zu können.

Nun könnte man erwarten, daß eine solche Kriegergottheit im Petro-Kult stark vertreten wäre; aber das innerste Wesen Ogouns ist ein aufrichtiger Heroismus – trotz all der Modifikationen, die dieser Wesenskern im Laufe der Geschichte mitgemacht hat – und dieser steht im Gegensatz zum Geist des Petro-Kultes. Weder der afrikanische Ogoun noch St.Jacques, der Militärgeneral, hätten den Unabhängigkeitskampf entzünden können. Bei dieser Revolution hatte es sich um keine große Truppenbewegung unter der Führung eines Helden auf einem weißen Pferd gehandelt; sondern es war, zumindest zu Anfang, ein Gefecht anderer Art gewesen, in dem geheime Verschwörungen, plötzliche Überfälle und Guerillastrategien an der Tagesordnung waren. Und so okkupierte der Petro-Kult mit seiner „Guerilla"-Struktur, seiner typischen emotionalen Intensität sowie seiner besonderen Betonung magischer Methoden die Stelle, die Ogoun theoretisch hätte einnehmen können. Darüberhinaus würde ein Petro-Ogoun lediglich Aufgabengebiete doppelt ausfüllen, die bereits die Domänen der Petro-Loas sind; und diese besitzen allesamt einen unnachgiebigen, gewalttätigen oder sogar übelwollenden Charakter und arbeiten mit Feuer. Ogoun Yemsen und Ogoun Ge-Rouge[73], zwei der wenigen Petro-Ogouns, nehmen nicht die große Bedeutung von Dan Petro, Ti-Jean Petro und Congo Zandor ein, die dem Rada-Kult angehören.

Obwohl der Aspekt Ogouns als göttlicher Krieger der Figur der machtvollen Autoritätsperson gewichen ist und letztere bereits dabei ist, Platz für eine Gestalt von noch niedrigerem Rang zu machen – nämlich der Figur des gewieften Politkers – ist der ursprüngliche Held, in seiner ganzen göttlichen Würde, noch nicht völlig und ausschließlich zu einem Teil der Vergangenheit geworden. Es gibt diesen Ogoun noch und er hat sogar in Form der christusähnlichen Manifestation des gemarterten Helden eine noch tiefere zusätzliche Bedeutung erhalten. – Sollte diese große Gestalt schließlich in den Schatten gestellt werden, dann nicht durch den Soldaten oder den Guerrillakämpfer, auch nicht durch den politischen Werbefachmann, sondern wahrscheinlich von einem haitianischen Gegenstück unseres „Wirtschaftsführers" oder – was noch schlimmer wäre – von einem archetypischen Opportunisten oder Karrieremacher.

Augenblicklich handelt es sich bei Mounanchou[74] zugegebenermaßen um eine untergeordnete Gottheit; er ist der Arbeits-Loa einer Mambo, und momentan scheint er nichts Schlimmeres zu repräsentieren als das Prinzip, durch welches eine Person effektiv arbeiten kann – Organisationstalent, Führungsqualitäten sowie die Begabung, den Eindruck einer gesellschaftlich angesehenen Person zu erwecken. Wenn er Besitz von der Mambo ergreift, die ihm mit besonderer Hingabe dient und seiner rituellen Verehrung einen ganzen Tag widmet, müssen die Leute lange warten bis er sich für seinen Auftritt zurechtgemacht hat. Er erscheint dann mit einem guten Anzug, wie ihn Geschäftsleute gewöhnlich tragen, und mit einem feierlichen Pomp, der alle anderen Loas übertrifft. Er kann ärgerlich werden, wenn die Dinge nicht zu seiner Zufriedenheit arrangiert sind; es gab bereits Fälle, wo er sehr verärgert war, wenn ihm die Gestaltung seines festlichen „Empfangstisches" nicht prunkvoll und sorgfältig genug erschien. Davon abgesehen, läßt sein Verhalten direkt keine Rückschlüsse auf irgendwelche böswilligen Charakterzüge zu.

Verfolgt man bestimmte Details von Mounanchous Ritual zu ihrem Ursprung zurück, so stellt man fest, daß dieser Geist etliche sehr merkwürdige und verdächtige Verbindungen zur kriminellen Unterwelt der Mystères besitzt. – Sein Vever beispielsweise zeigt einen Mann mit drei Hörnern.* Dies stellt eine direkte und unverkennbare Beziehung zwischen Mounanchou und Bossu-mit-den-drei-Hörnern her. Die Familie der Bossus ist ziemlich groß und hat vermutlich einige wohlgesonnene Mitglieder; dennoch sticht in ihr unzweifelhaft der böswillige Petro-Charakter hervor. Bossu wird bezeichnet als ein „diobolo"[75], ein „Soldat Maît' Carrefours"[76], und man bringt ihn in eindeutiger Weise in Verbindung zu übelwollender Magie sowie den gefürchteten Bakas (bösartige Geister, die häufig die Gestalt von Tieren annehmen). So verbirgt sich hinter der äußeren Harmlosigkeit und in mancher Hinsicht sogar dem lächerlichen Pomp Mounanchous also ein ganzes Netz von Verbindungen zur Unterwelt. Dies stellt die Überleitung her zu einer lehrreichen und auf ihre Art zugleich ominösen Geschichte. Denn Bossu steht offenbar in Beziehung zu Kadja Bossu und von daher unter Umständen wiederum in Verbindung mit Akadja, welcher der Legende nach ein alter dahomeyischer König war. – „In diesem Königreich", so wurde berichtet, „gab es keinen Vodu; die Frauen brachten Ziegen auf die Welt, und die Ziegen gebaren Menschen, und überall konnte man beobachten, wie sich Männer mit Ziegen und Frauen mit Ziegenböcken paarten. Eine Frau ... kam aus Adja ... und war sehr verwirrt von dem Anblick, der sich ihr bot, (und sie erklärte dem König, daß in dem Land, aus dem sie kam) die Frauen menschliche Kinder auf die Welt brachten und die Ziegen Geißlein gebaren ... weil die Leute dort den Vodu hätten. Akadja ersuchte sie, den Vodu aus Adja zu holen. ..."[77] – Es hat allerdings den Anschein, daß die Tiermenschen aus den Zeiten, bevor die Loas in dieses Reich eingeführt wurden, dort weiterhin existieren, und daß sie jederzeit bereit sind, zum Leben zu erwachen, von Opportunismus und Ehrgeiz getrieben. Wenn dies geschient, werden die archetypischen Karrieremacher den göttlichen Helden besiegen.

---

* Riten, die mit Loas zu tun haben, deren Funktion vorwiegend auf magischem Gebiet liegt, sind bedeutend weniger „offen" als andere Rituale. Die Vorbereitungen werden im Geheimen getroffen, und das öffentliche Ritual wird oftmals in einer Eile vollzogen, die eine nähere Beobachtung verhindert. Es fallen keine beiläufigen, klugen Bemerkungen, die den Anwesenden Hinweise geben könnten, wie dies sonst bei Ritualen allgemein üblich ist; und das Verhalten der Priester unterbindet die normalerweise willkommenen Fragen. Es ist sogar anzunehmen, daß einige der für die Augen der Öffentlichkeit bestimmten Details absichtlich dazu verwendet werden, die wichtigen, entscheidenden Handlungen zu verschleiern und zu tarnen, damit kein Beobachter die magische Formel entdecken kann. – Dies alles waren charakteristische Merkmale der mit Mounanchou verbundenen Riten, und so war es unmöglich, seine Rolle und seine Beziehung zu Bossu in Erfahrung zu bringen – eine Beziehung, die mit großer Wahrscheinlichkeit existiert, was sich aufgrund einer Reihe bezeichnender Details sagen läßt.

6

Erzilie – Göttin und tragische Geliebte

Es gehört zu den typischen Merkmalen der fast schon naturwissenschaftlich anmutenden Metaphysik des Vaudou, daß der Aspekt der Fruchtbarkeit zum einen verbunden wird mit solchen von ihrem Grundcharakter her androgynen Gestalten wie Legba und Guèdé und zum zweiten miteinander eng verknüpften Komplexen wie Marassa und Damballah-Ayida. Zu diesen Charakteristika gehört auch, daß man sogar Agwé die Figur La Sirènes[78] als weibliches Pendant zugesellt, obgleich Fruchtbarkeit nicht als eine der übergeordneten Bedeutungen des Meeres angesehen wird. Von daher ist das weibliche Prinzip in sämtlichen fundamentalen kosmischen Mächten enthalten. – Eine Ausnahme bilden lediglich die ausgeprägt männlichen Kräfte, die Ogoun personifiziert. Der Vaudou idealisiert nicht die Frau *per se* in ihrer Rolle als Verkörperung des Prinzips der Fruchtbarkeit. Er spricht auch nicht dem mütterlichen Schoß eine größere Bedeutung zu als dem phallischen Prinzip – weder hinsichtlich ihres kosmischen Ursprungs, noch auf der psychologischen Ebene, die in den Ritualen zum Ausdruck gebracht wird. Weil im Vaudou ausdrücklich betont wird, daß die Verantwortung für die Fortpflanzung zu gleichen Teilen auf die männliche und die weibliche Schöpfung verteilt ist, wird das weibliche Prinzip in dieser Religion nicht als etwas so Einzigartiges und Spezielles gewichtet wie dies in etlichen anderen großen Mythologien der Fall ist.*

So versagt zwar der Vaudou der Frau diese spezifische Rolle als ein eigenständiges kosmisches Prinzip, aber er schafft eine Alternative, die eine Frau vielleicht sogar bevorzugt. Die elementaren kosmischen Prinzipien, die die anderen Loas verkörpern, kommen in sämtlichen Bereichen und Erscheinungsformen des Lebens zum Tragen. In der Gestalt Erzilies hingegen erkennt der Vaudou dem einzigen Aspekt ein Ausschließlichkeitsrecht zu, der die Menschen von allen anderen Lebensformen unterscheidet: nämlich der menschlichen Fähigkeit, sich etwas vorstellen zu können, was in der Realität nicht existiert; das Vermögen etwas zu ersehnen, was einem nie zuteil werden kann; und die

---

* In den Mythologien des europäischen Kontinents sowie in denen verschiedener anderer Länder kommt das Prinzip der weiblichen Fruchtbarkeit als das Prinzip der Fruchtbarkeit des Ackerbodens zum Ausdruck, personifiziert in der Gestalt der Mutter des Korns, der Mutter des Weizens beziehungsweise – wie wir sie kennen – als Mutter Erde; dieses Konzept beschreibt Frazer ausführlich in seinem Buch *The Golden Bough*. In den Petro-Riten wird dieses Prinzip verkörpert von Marinette, der Frau Ti-Jean Petros. Diese Rituale spiegeln das Wesen der Mais-Kultur der amerikanischen Indianer wider, sowie auch die charakteristischen Elemente der indianischen Versöhnungsriten: Gewalttätigkeit, Feuer und blutige Opfer. Beschreibungen von Zeremonien für Marinette sind in den Werken von Denis-Rigaud und Maximilien enthalten. Eine Aufzählung verschiedener Erscheinungsformen Marinettes findet sich bei Courlander – so zum Beispiel Marinette Bras Chêche, Marinette Pied Chêche und Marinette Congo.

Fähigkeit, Dinge zu schaffen, die über das lebensnotwendige Maß hinausgehen. In der Figur Erzilies verehrt der Vaudou die Frau als die Gottheit der Träume, die Göttin der Liebe, die Muse der Schönheit. Er hat ihr die besondere Hervorhebung als Mutter des Lebens und der Menschen versagt, um sie statt dessen (wie auch die heilige Maria, mit der Erzilie identifiziert wird[79]) anzusehen als die Mutter der Mythen, die von den Menschen über das Leben ersonnen werden – als die Mutter der tieferen Bedeutung des Lebens. Sie ist gleichsam genau das Prinzip, mittels dessen der Mensch Göttlichkeit wahrnimmt und kreiert. Daher nimmt sie für den Menschen die persönliche Rolle einer Geliebten ein.

Es ist bemerkenswert, daß Erzilie für die Haitianer eine ebenso große Bedeutung besitzt wie die Loas, welche die elementaren kosmischen Mächte repräsentieren, und daß sie von ihnen sogar mehr geliebt wird. Denn die Haitianer sind keineswegs einfache Naturmenschen. Obwohl – oder vielleicht sogar gerade deswegen, weil+ es für sie so schwierig ist, sich die Dinge zu beschaffen, die sie für ihr tägliches Leben benötigen, sind sie schon fast besessen von dem Wunschbild eines Lebens, das über diese Dinge hinausgeht – von einem Traum von einem Überfluß, in dem selbst das Lebensnotwendige eine verfeinerte Form erhält und als Genuß erscheint. Erzilie ist die Herrin dieses edlen Luxus. In ihrem Charakter spiegelt sich all der *élan* wider, die höchste Höhe, zu welcher sich die Träume der Menschen aufschwingen, sobald die Serviteurs für einen Moment das ständig an ihnen hängende Gewicht, die niederdrückenden, ewig gleichbleibenden Anforderungen ihres Alltagslebens abschütteln können. In den einzelnen Attributen, mit denen der Vaudouist ihre Gestalt umgeben hat, spiegeln sich die ergreifenden, bizarren und falschen Vorstellungsbilder von Menschen wider, die nur Armut kennen.

Die Haitianer stellen sich Erzilie als sagenhaft reich vor, suchen aber weder nach der Quelle dieses grenzenlosen Reichtums noch nach einer Erklärung für sein Zustandekommen. Es scheint, als interessierten sie sich deshalb nicht dafür, weil sie sich befreien wollen vom dauernden Nachdenken darüber, woher und auf welche Weise man sich etwas Bestimmtes verschafft. Sie teilen Erzilies Unduldsamkeit gegenüber allem, was Sparsamkeit, Berechnung, und selbst was sorgfältiges Berechnen angeht. Die Göttin bewegt sich in einer Atmosphäre des unbegrenzten Luxus, eingehüllt in einen exquisiten Duft, welcher sich vom ersten Augenblick ihres Erscheinens an im ganzen Peristyle ausbreitet und den Eindruck einer unbegrenzten Weite vermittelt, in welcher sämtliche Sorgen und alle Dringlichkeiten entschwinden. Die Bewegungen der Leute werden ruhiger, Spannungen lösen sich, und die Stimmen bekommen einen weicheren Klang, ganz gleich, welch aggressiver oder schriller Ton auch immer zuvor geherrscht haben mag. Man hat das Gefühl, eine frische, kühlende Brise habe sich erhoben, die Hitze habe nachgelassen und sei weniger drückend geworden.[80]

Wenn sie sich manifestiert, besteht ihre erste Handlung darin, sich sorgfältig zurechtzumachen.[81] Die Artikel, die sie für diese Toilette benötigt, werden im Hounfor oder in der privaten Kapelle bereitgehalten, und es handelt sich stets um das beste, das sich der Hougan beziehungsweise der Serviteur leisten kann. – Die Emailleschüssel, in der sie sich wäscht, ist weder lädiert noch verfärbt; die Seife ist neu und steckt noch in ihrer Umhüllung; verschiedene Handtücher liegen bereit, meist mit Stickereien verziert; die Göttin besitzt einen Kamm, einen Spiegel und sogar eine Zahnbürste, die ihr persönlich geweiht sind. Man reicht ihr ein frisch gewaschenes weißes oder rosafarbenes Kopftuch, das sie kunstvoll um ihr Haar drapiert. Parfüm ist ein Muß, und unter Umständen ist auch Puder vorhanden. Ein mit Spitzen oder Stickereien verziertes Kleid aus feinem weißem oder rosafarbenem Stoff liegt für sie bereit. Zum Abschluß bringt man ihr nicht eine, sondern mehrere aus Gold oder Perlen gefertigte Halsketten sowie Ohrringe, Armreifen und ihre drei Eheringe.

Der ausgefeilte Stil ihrer Bewegungen verwandelt ihre Toilette von einer einfachen funktionalen Verrichtung in ein Ritual. Beim Waschen, das am Anfang von Erzilies Toilette steht (und das sich ein Serviteur sparen könnte, da er sich für eine Zeremonie stets aufs Sorgfältigste zurechtmacht), handelt es sich um ein Reinigungsritual.* Wenn man der Loa zusieht, wie sie sorgfältig und ohne jede Eile ihre Kleidung anlegt, baut sich stufenweise die Vorstellung vom primitiven „Naturmenschen" ab. Statt dessen vermittelt diese Zeremonie den glücklichen Anwesenden sorgsam, Schritt für Schritt den Begriff der Schönheit, das Gefühl für die äußere Form, und vor allem die zunehmend verfeinerten Methoden, mittels derer ein Mensch ein Kunstwerk – egal ob es sich dabei um ein Kunstobjekt oder um einen Mythos handelt – kreiert. Die Göttin prüft jeden Gegenstand ganz genau. Stehen mehrere Artikel zur Auswahl, so trifft sie ihre Entscheidung mit Bedacht und bringt auch ihre schwankende Haltung sehr deutlich zum Ausdruck. Kritisch prüft sie die Wirkung jedes einzelnen Handgriffes, häufig wird ein Arrangement verworfen und neugestaltet. Der gesamte Prozeß dieser schöpferischen Umformung an sich enthält bereits eine solche Bedeutung, daß es gleichgültig ist, wie lange die Zuschauer auf den Abschluß der Prozedur warten müssen, egal, ob sich dieses Ritual vor einem großen Publikum oder in einer kleinen Familie abspielt. – Das Entscheidende ist der

* Lorbeerblätter, die als ein reinigendes Mittel gelten, werden ganz besonders mit Erzilie in Verbindung gebracht. Um ihr ein Bad zu bereiten, läßt man entweder ganze Lorbeerblätter in ihrem Badewasser einweichen oder man gibt sie zerrieben hinein. Ihre Forderung nach absoluter Sauberkeit gehört zu ihren charakteristischen Zügen.

kreative Akt selbst, die Demonstration der Tatsache, daß ein solcher Akt Fraulichkeit in Weiblichkeit verwandeln kann.

Ist die Göttin schließlich fertig geschmückt, gepudert und parfümiert, begibt sie sich ins Peristyle, eskortiert von ihren Günstlingen, den bestaussehenden anwesenden Männern.[82] Dort macht sie ihre Runde, wobei sie die männlichen Gäste überschwenglich begrüßt, den Frauen aber – sofern sie nicht zu ihren besonderen Verehrerinnen gehören – lediglich den kleinen Finger hinstreckt.[83] Sie spricht in einem weichen Sopran; jede ihrer Gesten, ihre Art, um sich zu sehen, und ihr Lächeln sind ein Meisterstück verführerischen Flirtens. Durch Erzilie erfährt man, daß zwischenmenschliche Beziehungen nicht ein Mittel zum Zweck sein können, sondern einen eigenen, unabhängigen Wert besitzen.[84] Manchmal besucht sie ihren Altarraum und freut sich, daß dort frische Blumen stehen, denn sie mag Blumen. Oder sie bittet darum, daß man eines ihrer Lieblingslieder spielt, denn sie liebt es zu tanzen und bewegt sich von allen Loas am anmutigsten. Unter Umständen empfängt sie aber einfach nur ihre Bewunderer, wobei sie durch ihre Körperhaltung und ihr Verhalten den groben Stuhl, auf dem sie sitzt, in einen Thron verwandelt. Findet an diesem Tag ihr zu Ehren ein Speiseopfer statt, dann nimmt sie ein delikates Mahl zu sich, welches anspruchsvoller zubereitet ist als die Gerichte aller anderen Loas. Die Gewürze und Saucen sind nach einer ganz genau abgeschmeckten Mischung angerichtet. Eine besondere Vorliebe besitzt sie für Nachspeisen, verzierte Kuchen und Süßigkeiten aller Art. Erscheint die Loa unvorhergesehen, ist sie unter Umständen zufrieden mit einem Schluck *Crême De Menthe* oder Champagner, der eigentlich stets für ihr Erscheinen bereitstehen sollte.*

Zugegebenermaßen erscheinen Ansprüche wie die Forderung nach Champagner übertrieben in Anbetracht der allgemein herrschenden Armut. Es ist sogar ein Fall bekannt, in dem Erzilie, als man kein Wasser zum Besprengen des Bodens zur Hand hatte, damit der Staub sich setzen konnte und der Raum kühler würde, sagte: „Besprengt ihn statt dessen mit Parfüm!"[85] – Wenn ihre Verehrer selbst einem derartig übertriebenen Verlangen nachkommen, dann zum Teil aufgrund der überwältigenden Naivität, mit welcher die Göttin diese Wünsche vorträgt. Es verhält sich weniger so, daß ihr die Schwierigkeiten, die sie den Serviteurs mit ihren Forderungen bereitet, gleichgültig wären. Vielmehr ist ihr die Existenz irgendwelcher Probleme überhaupt nicht bewußt. Zudem ist das Maß ihrer persönlichen Freigiebigkeit ist ebenso groß wie die Höhe ihrer Ansprüche. Als Herrin des Luxus

---

* Ihr Sinn für formale Gestaltung geht bis zu einer ziemlich exakt festgelegten Vorstellung von Schicklichkeit. Sie billigt keinerlei Ungestüm oder Durcheinander. Sie bestraft Leute, deren Benehmen sie grob findet. Sie duldet es nicht, daß in ihrer Anwesenheit harte Getränke konsumiert werden, und ihre Verehrer halten dieses Verbot an den ihr geweihten Tagen ein, ganz gleich, ob die Göttin sich manifestiert oder nicht.

ist sie damit beschäftigt, dauernd irgend etwas zu verschenken[86]: ihr persönliches Parfüm, die Kopftücher, die sie trägt; auch die Speisen und das Geld, das sie vom Hougan nimmt, verteilt sie großzügig unter den Anwesenden. Insbesondere bedenkt sie diejenigen gut, die ein anziehendes Aussehen besitzen, die gut tanzen oder deren Persönlichkeit ihr gefällt. Niemals vernachlässigt sie jemanden, der ihr hingebungsvoll zugeneigt ist.

Als Herrin des Übermaßes ist sie vor allem die Göttin der Liebe – jenes menschlichen Überflusses des Herzens, dessen man zur rein biologischen Fortzeugung nicht bedarf. Mit dieser Liebe geht sie ebenso verschwenderisch um wie mit ihren Geschenken. Sie überschüttet die Männer mit derart offenherzigen Beweisen ihrer Zuneigung, daß es bisweilen geradezu peinlich erscheinen kann. Sie umarmt und küßt sie, streichelt sie und legt ihre Arme um die Männer, die zu ihren beiden Seiten sitzen. Nichts wird zugemessen oder genau geplant, es ist mehr als genug vorhanden. Dies ist ihre Art zu lieben; das ist die göttliche Fruchtbarkeit des Herzens. Das Herz ist denn auch ihr Symbol, meistens das durchbohrte Herz, ein Zeichen, das mit Maria identifiziert wird.[87]

Es handelt sich hierbei um eine Fruchtbarkeit, die Menschen mit niedriger Gesinnung als Promiskuität bezeichnen würden. Aber ihre zahlreichen Liebhaber in den Reihen der Loas – allesamt mündige Männer – und die Serviteurs, die gelernt haben, die Göttin mit den Augen dieser Loas zu betrachten, haben sie nie mit diesem Ausdruck belegt. In ihrer Vergangenheit war sie mit allen möglichen Loas und Menschen liiert: Damballah, Agwé und Ogoun. Ihre drei Eheringe sind das Zeichen ihrer Verbindung mit ihnen. Es gab darüberhinaus einen kleinen Flirt mit dem rangniedrigeren Azacca; sie hatte den verliebten Guèdé zurückgewiesen, weil er zu unanständig war; und sie kann jeden ihrer Verehrer zum Liebhaber auserwählen, der ihr besonders gefällt.[88] Nie entstand jedoch das Gefühl, sie betrüge einen von ihnen, und auch die Loas sind nicht verärgert über ihr Verhalten, welches man als frivole Flatterhaftigkeit auffassen könnte. Ogoun mag sich zwar mit Agwé um sie streiten[89], aber auf eine eigentümliche Weise scheint dieser Kampf nur eine Bedeutung für die reine Männlichkeit zu haben. Er läuft offenbar nach einem Muster ab, dem das männliche Ego folgen muß; und man spürt, daß beide eher darum bemüht sind, sich ihre Gunst zu erhalten, als darum, sich gegenseitig auszustechen. Tatsächlich hat es den Anschein, als sei der Reichtum ihres Herzens so grenzenlos, daß es ihr möglich ist, so viele Personen zu lieben, und jeden einzelnen von ihnen über alle Maßen. Ihre Freigiebigkeit ist von einer solchen Natürlichkeit, daß man von ihrer verschwenderischen Naivität angesteckt wird und schließlich – so wie Erzilie selbst – glaubt, alles sei gut, einfach und vollkommen. Man hat zu Recht den Eindruck, daß der Serviteur ihren extravaganten Forderungen nachgibt, weil der Umstand, daß das, was für ihn so schwierig erscheint, für sie hingegen so normal ist, die Bestätigung der Existenz einer Welt darstellt, in welcher es die Schwierigkeiten nicht gibt, mit denen er zu kämpfen hat.

Dennoch bedeutet dieser Moment – die Verwirklichung all dessen, wofür er seine gesamten ihm zur Verfügung stehenden Mittel aufgewendet hat – für sie lediglich einen Anfang, das Versprechen einer angestrebten Vollkommenheit. Kaum ist sie damit zufrieden, daß ein solches Versprechen existiert, strebt sie bereits die Perfektion an. Inmitten der ausgelassenen Stimmung erinnert sie sich aus unerfindlichen Gründen – wie es manchmal die Art von Frauen ist – an eine vergangene kleinere Enttäuschung. Ungeachtet dutzender großer Errungenschaften bringt sie die Sprache auf diese verhältnismäßig kleine Einzelheit. Man merkt plötzlich, daß sie unbemerkt von jedermann eine unsichtbare Schwelle überschritten hat, jenseits derer man ihr nicht folgen kann, selbst wenn man noch so bereit ist, sie zu verstehen, und ein noch so gutes Gespür für die Wirklichkeit besitzt. Von einem Augenblick zum nächsten scheint sie – die so nah wirkte, so real, so warm – auf einmal einer anderen Welt anzugehören, die jenseits dieser Realität und jenseits der Vernunft liegt. Es ist, als habe unter ihrer Fröhlichkeit ein Teich gelegen, der bis zu diesem Augenblick unbemerkt anschwoll – und nun kommt die darin befindliche Verzweiflung an die Oberfläche und überwältigt sie, ohne daß jemand ihr helfen könnte. Sie, die von allen großen Loas geliebt wurde, ist nun aufgrund irgendeiner merkwürdigen Verkehrung der Verhältnisse überzeugt, daß sie von jedem von ihnen betrogen wurde – obgleich es nicht ihre Geliebten waren, die die Partnerin wechselten. Immer wieder aufs neue wiederholt sie diesen Vorwurf, selbst wenn man sie daran erinnert, daß Ogoun ihr noch immer stürmisch den Hof macht, und Agwé sich nach wie vor um sie kümmert, wenn sie krank ist. Sie, die reichste unter allen Loas, die Göttin, die man am häufigsten mit luxuriösen Artikeln beschenkt, leidet darunter, daß man ihr nicht genügend „diene". Sie, die die meisten Komplimente bekommt, die am meisten geliebt wird und die sich am häufigsten durch die heilige Hochzeit mit einem Serviteur verbindet[90] – sie, die Göttin der Liebe – behauptet vor aller Augen, daß man sie nicht ausreichend liebe.[91]

Genau in diesem Moment – und dies stellt ein typisches Stadium der Besessenheit von Erzilie dar – beginnt sie grundsätzlich zu weinen. Die Leute versuchen zärtlich, sie zu trösten – sie bringen ihr noch einen Kuchen, ein weiteres Schmuckstück, machen ihr ein neues Versprechen. Aber es scheint, als gäbe es kein Mittel auf der ganzen Welt gegen diese Tränen – als *könnte* es überhaupt keines geben. Diese Tränen sind der Grund für das so sanftmütige Verhalten der Frauen, die sich anderenfalls eventuell über sie ärgern würden. In ihrer realen, vernünftigen Welt gibt es einen solchen Gram nicht.

Manchmal kommt es vor, daß dieses Gefühl, alles sei schiefgegangen, in jener Mischung aus rasender Wut und Verzweiflung zum Ausdruck gelangt, die Erzilie Ge-Rouge verkörpert.[92] Mit ihren hochgezogenen Knien, den zu Fäusten geballten Händen, ihrem verkrampften Kiefer und ihren Tränen, die unter ihren fest zusammengepreßten Augenlidern hervorströmen, ist sie die Personifizierung eines kosmischen Wutanfalls. Dies ist nicht der Zornesausbruch eines verzogenen Kindes, sondern der einer kosmischen Naivität, die nicht verstehen kann, und nie verstehen *wird*, weshalb das, woran man hängt, von einem Unglück heimgesucht wird, oder warum diejenigen, die man liebt, einmal sterben. Ganz gleich indes, ob es sich um die zornigen Tränen Erzilie Ge-Rouges oder das verzweifelte Schluchzen Erzilie Maîtresses handelt, die Gründe für dieses Weinen sind so unzugänglich für den Verstand, daß man unweigerlich an ein Kind denken muß, das noch keine Ahnung hat, was Vernunft eigentlich ist. Dieser Eindruck von Naivität, der von Erzilie ausgeht, läßt die Verbindung zwischen ihr und der Jungfrau Maria in gewisser Weise als typischer für ihr Wesen erscheinen als ihre Promiskuität, realer sogar noch als die Verehrung, die sie seitens der Prostituierten genießt, die die Göttin schon fast zu ihrer Schutzheiligen machen.[93]

Möglicherweise herrscht gar kein Widerspruch zwischen diesen verschiedenen Wahrheiten, denn das Konzept von Erzilie als einer Jungfrau bezieht sich nicht auf die körperliche Ebene. Wenn man sie als Jungfrau bezeichnet, bedeutet das, daß sie einer anderen Welt angehört, einer anderen Realität, und daß ihr Herz – gleich dem geheimen innersten Herzen Maria Magdalenas – von fleischlichen Gelüsten frei ist, frei von ihren Freuden und auch ihrer Verderbtheit.* Sie eine Jungfrau zu nennen, bedeutet, sie als die Göttin des Herzens, nicht des Körpers zu bezeichnen: als den Geist der Dinge, wie sie *unter Umständen sein könnten*, und nicht wie sie sind – ja nicht einmal, wie sie normalerweise sein sollten. Sie ist die Gottheit der Wunschträume – und es ist die Eigenart von Träumen, da anzufangen, wo die Realität aufhört, sie weiterzuspinnen und in den Raum hinauszuschicken, gleich einer Spinne, die ihren Faden spinnt und ihn fliegen läßt. Für diejenigen Loas, die Repräsentanten der kosmischen Mächte sind, ist ihre Aufgabe abgeschlossen, sobald sie es geschafft haben, das natürliche kosmische Gleichgewicht innerhalb ihrer jeweiligen Domäne herzustellen. Die Bemühungen Erzilies hingegen sind ebenso endlos wie das Vermögen der Menschen, zu träumen und durch diesen schöpferischen Akt des Träumens zugleich schon wieder geträumt zu haben. Auf die Schultern dieser winzigen, weiblichen Gestalt hat der Mensch die Last des göttlichsten Paradoxons geladen. Er hat in Erzilie eine Figur kreiert, die keine Zufriedenheit und keine Ausgeglichenheit besitzt, um sich einen befriedigenden,

---

* Aufgrund dieses Aspektes sind ihre Liebensaffären in einem Bereich anzuordnen, der im Vergleich zur Sexualität und Obszönität Guèdés am entgegengesetzten Ende der emotionalen Skala liegt.

mehr als ausreichenden Ausgleich für seine eigene Lage zu schaffen. Darin liegt die Bedeutung der erbarmungslosen Muse, der überaus unglücklichen Medusa. Erzilie ist die Loa der niemals zu verwirklichenden Vollkommenheit, die ein unerfüllbarer Wunsch bleiben muß. Die Menschen verlangen von ihr, daß sie so viel von ihnen fordert, wie sie niemals zu geben vermögen. Das Scheitern der Menschen ist die Bedingung für ihre Göttlichkeit; er krönt sie mit seinen eigenen Treuebrüchen. Folglich muß sie weinen[94]; es könnte gar nicht anders sein.

So gelangt die weinende Maîtresse Erzilie in das Stadium ihrer Manifestation, das als ihre Lähmung bezeichnet wird. Wie der Schmerz eines Kindes seine eigene Ursache immer mehr vergrößert, bis er seine eigene Lösungsmöglichkeit übersteigt und am Ende einen Punkt erreicht, an dem er als bloße Pein existiert, hören Erzilies Klagen schließlich auf und sogar ihr Schuchzen versiegt. Ihr Körper, als könne er dies alles nicht länger ertragen, überläßt ihr Herz seinem eigenen unendlichen Kummer. Ihre Glieder, ihr Hals und ihr Rücken sacken zusammen. Mit ihren Armen, die über die Schultern der Männer gelegt sind, die sie auf beiden Seiten stützen, ihrem schräg geneigten Kopf, ihren tränennassen Wangen, ihren geschlossenen Augen, die nach innen gerichtet sind, hinein in irgendeine unendliche Dunkelheit, nimmt sie – gleich Ogoun – exakt die Haltung einer Gekreuzigten ein. In diesem Zustand führt man sie fort von den verstummten, traurigen Zuschauern in irgendeinen angrenzenden privaten Raum. Hier liegt sie auf dem Bett, die Arme noch immer nach beiden Seiten ausgestreckt, und schläft ein wie ein Kind, das erschöpft ist von einem zu großen Schmerz. Diejenigen, die sie hergebracht haben, und andere, die unsinnigerweise noch immer etwas für sie tun möchten, stehen still herum und unterhalten sich im Flüsterton. Sie sind froh zu sehen, daß sie Schlaf und damit

Vever für Ayizan.

zugleich eine Atempause gefunden hat; denn sie spüren, daß ihre Traurigkeit nicht nur sehr groß, sondern vielleicht sogar ewig ist. Bei der Verwundung Ogouns handelte es sich um das Resultat einer Niederlage, die er eventuell nicht hätte erleiden müssen, oder von der man sich vorstellen kann, daß sie vielleicht heilbar ist. Die Wunde Erzilies jedoch ist ewig: sie ist der Traum, der für immer auf dem kosmischen Kreuzweg durchbohrt wird, wo die Welt der Menschen und das Reich der Götter zusammentreffen. Durch ihr durchbohrtes Herz „steigen die Menschen hinauf und die Götter hinab".*

7

Loco und Ayizan – die priesterlichen Eltern

Von seinem Körper her gesehen stammt der Mensch aus dem Meer, und die chemische Zusammensetzung seines Blutes entspricht noch immer der des Meerwassers; der Ursprung seiner Psyche aber liegt in der göttlichen Essenz jenseits des Tors der Sonne. Und so wie das Meer in einzelnen Schritten konzentriert werden muß, um in den Adern des Menschen fließen zu können, muß auch die göttliche Essenz stufenweise in den Mikrokosmos seines individuellen Bewußtseins hineingeleitet werden. Diese Essenz gelangte zunächst durch das Sonnentor in die gesamte Welt. Dann wurden die übergeordneten kosmischen Mächte in elementare Funktionsbereiche unterteilt. Bei diesen Mächten handelt es sich jedoch nicht um die oben beschriebenen Loas. Was die Mystères angeht, so sind diese das Ergebnis einer Passage jener Kräfte durch eine zweite Pforte, bei der die besagten Kräfte noch einmal kanalisiert werden. Hierbei wird ihr Charakter speziell auf die menschliche Rasse abgestimmt und sie werden zu Gottheiten – auf diese Weise entsteht eine Beziehung zwischen dem menschlichen Bewußtsein und den kosmischen Mächten. In einer Reihe mit Legba – als teilten sie denselben Mittelpunkt – stehen Loco und Ayizan, der erste Priester und die erste Priesterin, die in der Hierarchie einen höheren Rang als alle anderen Ahnen-Loas einnehmen.[95] In ihnen werden die in Legba enthal-

* Meine Beschreibung bezieht sich auf die Besessenheit von Erzilie Freda Dahomey (auch la Maîtresse genannt), die größte Erzilie, deren Traurigkeit übereinstimmend als ihr charakteristisches Merkmal angegeben wird. La Sirène stimmt in den meisten weiblichen Details mit dieser Erzilie überein, abgesehen davon, daß Blau ihre heilige Farbe ist und ihre Stimme einen zischenden Ton enthält, wie das Rauschen des Meeres. Ziemlich häufig manifestiert sich auch Gran Erzilie. Sie ist sehr alt und so verkrüppelt vor Arthritis, daß sie nicht laufen kann, sondern sich mit Hilfe eines Stockes auf ihren Knien fortbewegt. (Dieser Aspekt ist auch bei Herskovits erwähnt (S.174)). Zwar ist sie in ihrer Rolle als Großmutter die mütterlichste und beschützenste Erzilie, aber sie behält im Grunde den gleichen Charakter wie die junge – so reicht selbst sie den Frauen zur Begrüßung nur den kleinen Finger hin.

tenen Grundthemen gleichsam in einer untergeordneten Tonart neu formuliert, wobei sich die Betonung dieser Themen entsprechend der größeren Nähe von Loco und Ayizan zu den Menschen verändert. In der Gestalt Locos, der als der „Anführer der Eskorte Legbas"[96] bekannt ist, begegnen wir erneut dem Thema der Sonne. So gibt es Lieder, in denen der Spazierstock erwähnt wird[97], den er bei sich trägt. Wiederholt verwendet man für ihn auch den Titel „König". In manchen Liedern bezeichnet man ihn als die dahomeyische „Sonne", als einen König oder als König der Nago[98]; und wie dem dahomeyischen König (sowie auch Damballah) darf man auch ihm nicht beim Essen zusehen, damit seine heilige Seele nicht aus seinem Mund entschlüpft oder ein böser Geist die Gelegenheit zum Eindringen nützt.[99] Auch Ayizan steht in Verbindung zu Legba. Sie grüßt ihn in Liedern auf die gleiche Weise, wie eine Mambo einen Loa begrüßen würde, und manchmal wird sie als seine Frau bezeichnet.[100] In der Gestalt Ayizans findet sich der letzte Widerhall der androgynen Gottheit. In manchen Gegenden Haitis redet man die Göttin mit „er" an[101]; und in einigen Liedern wird sie in Beziehung zu den uranfänglichen Begründern der Rasse gesetzt: Silibo-Gweto und Nanan-bouclou, denen man nachsagt, sie seien sogar noch älter als Mawu-Lisa*, von welchen die Götter abstammen.[102]

Aber Loco und Ayizan stehen dem Menschengeschlecht wesentlich näher als Legba, und diese Nähe kommt in ihrer geschlechtsspezifischen Arbeitsteilung zum Ausdruck. Die Funktionen des Phallus und der Gebärmutter beziehungsweise der Nabelschnur sind weder vermengt, wie dies bei Legba der Fall ist, noch sind ihre Unterscheidungsmerkmale auf ein Minimum beschränkt, wie dies bei den anderen kosmischen männlich-weiblichen Paaren der Fall ist. Legbas hauptsächliches Symbol, der Baum, erscheint wieder in der Figur Loco Attisos – „der zu den Bäumen gehört"[103]. In seiner Funktion als Hougan herrscht Loco ferner über Legbas Mittelpfosten, den Poteau-mitan. Infolgedessen übt Loco die Kontrolle über die hauptsächlichen Bahnen aus, auf denen sich die Loas bewegen. Als Hougan führt er sozusagen die Aufsicht über die Kommunikation mit der göttlichen Welt. Desweiteren hat man von ihm die Vorstellung, daß er – wie auch Legba – Zugang zu beiden Seiten des Spiegels besitzt und somit über ein kosmisches Wissen sowie die Gabe der Prophetie verfügt.[104] So wie durch Legba das Leben und die Zeit in die Welt kamen, muß Loco – als der erste Priester – zum erstenmal den Tod in ritueller Form anerkannt haben. Es gibt ein Lied, in welchem an das allererste *Retirer d'en bas de l'eau* erinnert wird; der erste Geist, der mittels dieser Zeremonie zurückgefordert wurde, war Guèdé persönlich.[105] Wenn jemand die Loas anrufen möchte, dann ist es erfor-

* In diesem Zusammenhang ist es wichtig, sich das zweigeschlechtliche Wesen der Marassa ins Gedächtnis zu rufen sowie den Umstand, daß diese Loas in der Schöpfung dem Menschen vorausgingen.

derlich, nicht nur die Erlaubnis Legbas, sondern ebenso das Einverständnis Locos zu besitzen. In der zweigeschlechtlichen Welt der Menschen differenziert man die Vorstellung von der vertikalen Achse des Universums – also des Baumes oder des Mittelpfostens, der als Kanal für die göttlichen Lebenskräfte dient und unter der Herrschaft Locos steht – und zwar von dem Punkt ab, wo sich diese Achse mit der Ebene der stofflichen Welt schneidet. An diesem Punkt entleert sich der Kanal, in welchem die göttlichen Kräfte fließen. Die öffentlichen Plätze und die Marktplätze (die in Afrika – ebenso wie die Straßen selbst und das Tor der Sonne als Quelle und Ursprung des Lebens – zur Domäne Legbas gehören) stehen hier unter dem Schutz Ayizans, der Ehefrau Locos und zugleich seinem weiblichen Pendant.[106] Darüberhinaus ist sie die Patronin der rituellen Stufen der Einweihung, die ihren Höhepunkt in der Canzo-Zeremonie der spirituellen Geburt erreicht. Ihr Palmwedel, den man in Fasern zerteilt, um daraus eine Art Maske zu knüpfen, dient zur Reinigung und zum Schutz und wird vom Initiierten anläßlich seines erstens Eintritts in die Welt getragen.* Auf diese Weise ist sie die Loa der psychischen Gebärmutter des Menschengeschlechtes, und sie ist die Hüterin des Ortes der spirituellen Geburt – des Hounfors. In Abwesenheit des Hougans oder der Mambo vertraut man die geweihten Gegenstände und die Trommeln ihrer Obhut sowie auch dem Schutz Locos an.[107]

Aber so wie Loco mehr als nur ein Torhüter ist, geht auch die Rolle Ayizans über die des gebärenden Schoßes hinaus. Die beiden Götter sind die Eltern der Moral der menschlichen Rasse, und zwar nicht nur im Sinne einer Quelle oder eines Ursprunges dieser Moral, sondern in noch betonterer Form – sie sind zugleich die Hüter dieser Ethik. In ihnen ist die Rolle des Priesters definiert, denn im Gegensatz zu den kosmischen Loas sind sie weder die Repräsentaten noch die Schöpfer der kosmischen Mächte. In ihnen verkörpert sich vielmehr das letztendliche *Bewußtsein* von der Existenz dieser Prinzipien; und ihre Funktion und Verantwortung als Priester und als Eltern besteht in einer Vermittlertätigkeit zum Wohl ihrer Gemeinde oder ihrer Nachkommenschaft. Im Vaudou dient der Priester den Loas, damit die Loas den Menschen helfen. Die Menschen sind angewiesen auf den Priester, was die Mittel angeht, mit denen man diese kosmischen Kräfte beherrschen und ihre Irrtümer und Fehlschläge korrigieren kann. Demzufolge sind Loco und Ayizan die größten Heiler des Vaudou-Pantheon. Die unsichtbaren Kräfte, die auf dem Weg über die Bäume in die Welt gelangen, können sowohl Glück als auch Unglück in die Welt bringen. Bezeichnenderweise war es Loco, der entdeckte, auf welche Art man ihre Eigenschaften den Bäumen entnehmen und daraus die besten Kräuterzauber gegen Krankhei-

---

* Siehe Bild Nr. 2, S. 60.

ten herstellen kann[108]. Während Loco auf diese Weise als Arzt fungiert, der die Gesundheit des Körpers in einer nahezu naturwissenschaftlichen Art und Weise wiederherstellt, schützt Ayizan gegen übelwollende Magie und bildet die psychische Sicherheit, die aus Kraft und Gesundheit besteht.[109] Zur doppelten Aufgabe eines Hougans oder einer Mambo gehört es, die Auswirkungen der schwarzen Magie zu heilen und die Menschen gegen sie zu schützen. Mit dieser Arbeit stellt sie zum einen den gesunden, natürlichen Zustand des kosmischen Körpers wieder her, zum anderen auch den des Menschen. Es ist eine Rolle, die weder die Gottheit noch den Menschen in den Vordergrund stellt, sondern vielmehr für ein harmonisches Gleichgewicht zwischen beiden sorgt. Loco und Ayizan sind also nicht bloß Gesprächsteilnehmer der Unterhaltung zwischen Loa und Serviteur, sondern sie sind Vermittler und arbeiten hauptsächlich zum Wohle des Menschen.[110]

Keiner der anderen kosmischen Loas kümmert sich derart intensiv um die Unterweisung der Menschen. Aber Loco und Ayizan, die den Tod erfahren haben, wissen, daß die Zukunft der Menschheit davon abhängt, daß sie ihrer Nachkommenschaft die *Connaissances* – das Wissen um die Methoden, mittels derer eine derartige Kontrolle der kosmischen Mächte und ein solcher Ausgleich der Kräfteverhältnisse erreicht werden können – übermitteln. Sie wissen, daß ihre Macht, die Menschen schützen zu können, ihrer Herrschaft über die kosmischen Kräfte entspringt. Zugleich liegt die Quelle aber auch in ihnen selbst, denn sie wurden in diesen Kenntnissen unterwiesen und können sich infolgedessen selbst kontrollieren. Diese Fähigkeiten wiederum geben sie an ihre Nachkommen und Lehrlinge weiter. Sie heilen nicht nur, sondern geben auch das Rezept der Therapie weiter. Und sie wachen ferner über die rituelle Disziplin, verlieren die Geduld, wenn ein Hougan seine Pflichten vernachlässigt und bestrafen ihn.* Das fortschreitende Wissen eines Serviteurs ist ein Zeichen seines wachsenden Verständnisses vom Wesen der Loas – der kosmischen Prinzipien – sowie ein Zeugnis seiner Fortschritte in der Beherrschung dieser Prinzipien. Es wird häufig darauf hingewiesen, daß die Loas, die einstmals Hougans waren, mächtiger sind als die anderen Geister, denn diejenigen, die die kosmischen Kräfte beherrschen, sind in gewissem Sinne stärker als diese Mächte. Loco und Ayizan verkörpern den Glauben daran, daß eine solche Kontrolle der Zweck und das Privileg spiritueller Reife ist. Jemand, der das Tor der Sonne und die Unterwelt, die Lebensenergien des Himmels und des Meeres, die Kräfte des Krieges und der Liebe versteht, kann sie kontrollieren und auf diese Weise selbst zum Geist der Moral, zur Seele seines Kosmos werden. Die

* Loco ist bekannt für seinen heftigen Zorn, in den er ausbricht, wenn er merkt, daß die Ordnung der Rituale zusammenbricht. Er neigt dazu, Gegenstände zu zertrümmern und voller Wut draufloszuschlagen. Simpson (II) beschreibt Linglessou (einen Loa, der Glas ißt) auf eine Weise, die den Schluß zuläßt, es handle sich um einen Petro-Aspekt Locos.

Arbeit des Hougans betrifft den Menschen – es ist seine Aufgabe, die göttlichen Kräfte in den Menschen zu übertragen und für ihre Entfaltung zu sorgen. Wenn Loco und Ayizan nach Legba, aber vor den übrigen Loas gegrüßt werden, stellt dies an erster Stelle einen Gruß an das göttliche Wunder Leben als physische Kraft dar. Weiterhin ist es ein feierlicher Gruß an das göttliche Wunder Mensch als psychisches Wesen. Diese Reihenfolge der rituellen Begrüßung bedeutet ferner, daß es sich um das erste Zusammentreffen von Lebenden und Toten handelte, als Loco Guèdé aus den Wassern der Unterwelt zurückforderte – und diese erste Begegnung bildete für den Menschen den Ausgangspunkt des bewußten Erfahrens des Lebens, seines Mythos und seiner Metaphysik. Schließlich beinhaltet diese Folge der Begrüßung die Aussage, daß der dunkle Raum, in welchem der Novize einsam meditiert, der seelengebärende Schoß Ayizans ist. Indem man Loco und Ayizan als die Hüter der Priesterschaft und der Riten begrüßt, feiert man all das im Wesen des Menschen, was die Gottheit kennt und ihr dient. Dies bedeutet, daß der Mensch diese Elemente seines Wesens niemals mißachten oder ihre Entfaltung vernachlässigen soll. Er soll sich ihrem Dienst für die Loas weder in den Weg stellen noch ihn unterbrechen. Sonst gäbe es keine Loas, sein Kosmos besäße keine Seele, der Mensch würde aufhören ein Mensch zu sein. Er würde statt dessen – als ein Tier unter anderen Tieren – wieder Teil einer amoralischen, undifferenzierten organischen Masse werden, die sich in zweckloser Zwangsläufigkeit um den Impuls des uranfänglichen Schöpfungsaktes bewegt, dem eine tiefere Bedeutung fehlt.

Abbildung 6,
Seite 167 oben:
Guèdés Symbol,
ein gleichschenkeliges Kreuz auf einem Grab;
daneben ein ihm zum Opfer bestimmter Ziegenbock.

Abbildung 7,
Seite 167 unten:
Zeremonie für Agwé, den Herrn des Meeres.

Abbildung 8
auf Seite 168:
Ein Vaudou-Priester.

IV. KAPITEL

Hougan, Hierarchie und Hounfor

1
Der Werdegang eines Hougan

Schon Isnards Vater war ein Hougan. In seinen späteren Lebensjahren hatte er sich allerdings mehr der Bestellung seiner umfangreichen Ländereien gewidmet, als der Ausübung seines Priesterberufes, obgleich er ein sehr religiöser Mensch blieb. Isnard hatte man zu Verwandten nach Port-au-Prince geschickt, damit er die Schule besuchen konnte, und er fühlte sich, wie er später sagte, als Städter. Auch als sein Vater starb und er theoretisch den Priesterberuf von ihm erbte, betrachtete er seinen Besitz auf dem Land als bloßes Ackerland und beschloß, sich als Ladeninhaber oder kleiner Geschäftsmann in der Stadt niederzulassen. Natürlich lebten die Loas seiner Ahnen in ihm weiter; aber er hatte nie die Absicht, seinen ererbten Beruf als Hougan auszuüben und verspürte sogar, wie er selbst sagte, eine gewisse Gleichgültigkeit der Religion gegenüber. Von Zeit zu Zeit allerdings erklärten die Loas entweder in seinen eigenen Träumen oder indem sie von einer anderen Person Besitz ergriffen, daß es falsch von ihm gewesen war, seine ererbte Profession aufzugeben. Zuerst beachtete er sie nicht; aber die Geister beharrten immer hartnäckiger auf ihrer Forderung. Sie fingen an, Strafen über ihn zu verhängen: er wurde krank und etliche seiner Unternehmungen begannen einen schlechten Ausgang zu nehmen. Der Druck auf ihn wuchs und wuchs. Eines Tages, so berichtete er, wurde der Anspruch, den die Loas auf ihn erhoben, so zwingend, daß er ihn nicht mehr ignorieren konnte. Kurzerhand löste er seine sämtlichen Besitztümer in der Stadt auf und kehrte aufs Land zurück. Er hatte es nicht fertiggebracht, sich seinem Erbe zu entziehen (siehe Kasten auf Seite 171, Anm.d.Ü.).

Die Vorstellung der Haitianer hinsichtlich dieses Erbes läßt sich wie folgt zusammenfassen. – Für einen Haitianer besteht keine Notwendigkeit, zwischen dem Erbteil und der Umgebung eines Kindes zu differenzieren, denn in einer einfachen Kultur lebt das Kind permanent im Einflußbereich seiner Eltern. Die Charaktereigenschaften der Eltern – ihr Wertesystem, ihre spezielle emotionale Grundstruktur, ihre Ideologie – werden in der Tat ebenso an das Kind weitergegeben wie ihre physischen Merkmale. Das Aufbrechen der alten Einheit der Familie hatte keine Änderung dieses Konzeptes erforderlich gemacht. Die Gründe dafür legt die moderne Psychologie tatsächlich am besten dar, indem sie erklärt, daß der Charakter eines Menschen in dessen frühester Kindheit geprägt wird. Folglich hebt auch eine Trennung in jungen Jahren – wie in Isnards Fall – den anfänglichen elterlichen Einfluß nicht auf. Die Psychoananlyse verlegt die Phase dieser Prägung in der Tat so weit in die Kindheit zurück, daß hier sogar in unserem Kulturkreis eine Unterscheidung zwischen Erbe und Milieu für eine Analyse psychologischer Hintergründe irrelevant wäre; ebenso fremd ist den Haitianern eine solche Differenzierung hinsichtlich der Vererbung. So ist es beispielsweise bezeichnend, daß jemand nicht nur von seinen leiblichen Eltern Loas erbt, sondern daß auch ein Hougan – als ein spiritueller Vater, der kein leiblicher Verwandter der entsprechenden Person ist – einen Loa in den Kopf desjenigen setzen kann. Maximilien erwähnt, daß der Beruf des Hougan erblich ist.

Der ausschlaggebende Moment in der Laufbahn eines Hougan ist der Augenblick, in dem die Loas Anspruch auf ihn erheben, ihn auswählen oder rufen.[1] Selbst wenn Isnard nie von seinem Vater fortgezogen wäre und damit gerechnet hätte, in seine Fußstapfen zu treten, weil er der älteste Sohn war, hätten die Loas beim Tod seines Vaters das Erbe seines Berufes bestätigen (oder unter Umständen auch nicht bestätigen) müssen. Für die Haitianer existiert ein Vermächtnis nicht, solange es nicht offenbar geworden ist. So muß man die Seelen der Verstorbenen beispielsweise als Stimmen aus einem Govi hören können, und dieser Govi, in welchem die Stimme ertönt, wird von einer Generation zur nächsten weitergegeben. In gleicher Weise wird die erfolgte Erhebung dieser Seele auf die Stufe eines Loa erst in dem Augenblick wirklich anerkannt, in dem sie Besitz von einem Serviteur ergreift. Selbst das Erbe der etablierten elterlichen Loas stellt nur ein unsichtbares Potential dar, solange nicht der Maît-tête und die anderen Loas ihre Existenz in der entsprechenden Person tatsächlich auf greifbare Weise kundgetan haben, sobald diese die Erwachsenenreife erreicht hat.* So konnte auch Isnard das Vermächtnis der Priesterschaft bis zu dem Zeitpunkt ignorieren, wo es in ihm selbst als eine beherrschende, dynamische und zwingende Kraft in Aktion trat.

Ein solches Erbe stellt also ein Potential dar, daß sich im Laufe der Entwicklung einer Person hin zur Stufe der entscheidenden Reife verwirklichen kann oder aber auch nicht. Es handelt sich hierbei nicht um eine Selbstherrschaft der Loas, die einer Person eine Bürde aufladen, oder um ein Wahlverfahren selbstherrlicher Exklusivität. So hatten die Loas auch von Titon verlangt, er solle Hougan werden**, obwohl sein Vater keiner war, und rein weltliche Umstände hatten ihn davon abgehalten, einer zu werden. Während das Ererben von Loas die Weitervermittlung von Prinzipien beinhaltet, kann man sich das Ererben der Priesterschaft als die Übertragung beruflicher Verantwortung und die Hingabe an diese Prinzipien vorstellen. Diese Anlagen müssen sich letztendlich als greifbare Prinzipien im Charakter eines Menschen kundtun; sie können jemandem nicht nur aufgrund seiner Geburt aufgeladen werden.

Darüberhinaus muß das Vermächtnis der Eltern auch durch das eigene Bemühen der Kinder zur Ausführung gelangen. Obwohl Isnard sich dadurch in einer relativ günstigen Lage befand, daß er die grundlegende

---

* Die Aussage: „Der Charakter einer Person entspricht dem Charakter seines Loas" impliziert, daß die Entwicklung des Charakters eines Menschen erst zur Reife gelangt sein muß, bevor man daraus ersehen kann, welcher Loa ihn erfüllt.

** Vergleiche die Ausführungen auf S. 95f.

äußere Ausstattung des Priesterberufes geerbt hatte – das Grundstück sowie auch die Gebäude, die ihm als Hounfor dienen würden – hatte er weder den Beruf des Priesters von seinem Vater erlernt noch überhaupt die ersten Grade der Ausbildung zu einem solchen Würdenamt durchlaufen. Deshalb mußte er, wie Titon auch, ganz am Anfang beginnen, indem er sich einem Hougan seiner Wahl anschloß und dort seine Lehrzeit ableistete. Er mußte gewissermaßen einen spirituellen Vater finden.

Indem ein Serviteur sowohl den Priester als auch den Loa als „papa" (beziehungsweise „maman") anredet, bringt er zwei grundlegende Konzepte gleichzeitig zum Ausdruck: zum einen erwartet er, daß er sowohl von der Gottheit als auch vom Priester den unbedingten Schutz erhält, den ein Kind von seinen Eltern bekommt, und zum anderen geht er davon aus, daß der Priester und die Loas in derselben Weise wie auch die Eltern Herrschaft ausüben und sich Respekt verschaffen. Werden die Loas privat im Kreis der Familie verehrt, übernimmt tatsächlich der Vater die Rolle des Priesters, und eventuell ist es der Urgroßvater des Vaters oder der Mutter, der sich als Loa manifestiert.

Diese austauschbare Beziehung spiegelt die allgemein bei Kindern vorhandene Neigung wider, ihre Eltern als Götter und Priester anzusehen. Indem ein haitianischer Vater diese Rolle übernimmt, zieht er nicht einfach einen Vorteil aus einem menschlichen Bedürfnis, ebensowenig wie der Priester automatisch von einem kindlichen Vertrauen profitiert. Der Vater übernimmt die Aufgabe, die göttliche Kraft so zu kanalisieren, daß sie eine schützende Funktion erfüllt (siehe Kasten), und der Priester akzeptiert die Verantwortung, dem Vertrauen seiner (spirituellen) „Kinder" durch seine Dienste an ihnen gerecht zu werden. Für einen Priester, der dieses Zutrauen seiner „Kinder" nicht genießt, stellt die Vorbereitung auf eine solche Rolle ein mühsames Unterfangen dar.

Um in unserem Kulturkreis die Fixierung eines Kindes auf die Eltern zu verhindern, schränkt man als „vorbeugende Maßnahme" die Autorität und die Bedeutung der Elternrolle auf ein Minimum ein. Es erhebt sich allerdings die Frage, ob dieses Vorgehen nicht eher den Eltern zum Nutzen gereicht, die dadurch von ihren Verpflichtungen als Götter entbunden werden – absolute Gerechtigkeit, Korrektheit, Beherrschung und so weiter – während es dem Kind ein Vorbild vorenthält, welches es zum Nacheifern anspornt. Ein haitianisches Kind wird durch die bestimmende Autorität seiner Eltern kaum jemals schwach und abhängig gemacht. Es scheint, ganz im Gegenteil, sehr eifrig bestrebt zu sein, für sich selbst die Stufe der Elternschaft und der damit verbundenen Reife und Autorität zu erlangen.

2

Die einzelnen Stufen der Hierarchie

Als spirituellen Vater, der ihn zur Vorbereitung auf sein Amt unterweisen und führen würde, wählte Isnard Hougan Joe, einen sehr fähigen und bekannten Vaudou-Priester, der ein enger Freund seines Vaters gewesen war. Dadurch wurde er zum Mitglied der *Société**; das ist eine Gruppe von Leuten der Gemeinde, die dem Hougan hilft und zugleich von ihm unterstützt wird – eine Beziehung ähnlich der zwischen einem Vater und seiner Familie. Innerhalb der Société nahm Isnard zunächst den Rang eines Bossale ein, wie eine Person bezeichnet wird, die eine minimale Kontrolle über ihre Loas besitzt.[2] Die Hounsis Bossale und die Hounsis Canzo fungieren als Chor und tanzen die meisten Tänze im Rahmen einer Zeremonie; in jeder anderen Beziehung jedoch ist der Rangunterschied zwischen ihnen beträchtlich (siehe Kasten S. 175). Eine Hounsi Canzo ist eine Person, die sich sowohl den Vorbereitungen für die Feuerprobe als auch der Probe selbst unterzogen hat, und die folglich als jemand angesehen wird, der eine relativ gute Kontrolle über die Loas besitzt. In Anbetracht ihrer langen Lehrzeit sind die Canzos auch mit vielem vertraut, was den Aufbau und Einzelheiten der Zeremonien betrifft. Während man den Hounsis Bossale überwiegend untergeordnete Arbeiten zuweist, kann man den Hounsis Canzo viele der wichtigeren Aufgaben – sowohl praktischer als auch ethischer Art – anvertrauen. Wenngleich man Isnard eigentlich keine Hounsi nennen konnte (da diese Bezeichnung auf Frauen beschränkt ist), schloß seine Lehrzeit ihre Aufgabenbereiche mit ein, wodurch er zumindest soviel lernte, daß er eines Tages die Arbeit der Hounsis seines eigenen Hounfors dirigieren konnte. Er mußte auch als Houngenikon dienen, jedenfalls in der Zeit, als die Frau, die diese Position viele Jahre lang innegehabt hatte, Erholung von ihrer anstrengenden Arbeit brauchte. Als schließlich die Zeit gekommen war, wurde er La-place.

Der Houngenikon und der La-place sind die engsten Mitarbeiter des Priesters. Beide haben die Canzo-Initiation durchlaufen und bereiten sich im Anschluß

---

* Diese Bezeichnung schließt alle Leute ein, die zu einem speziellen Hounfor gehören und definiert sie als eine geschlossene Gesellschaft. Während man das Hounfor mit dem Namen des entsprechenden Hougan bezeichnet, wird es gleichzeitig gefördert von der *Société*, welche einen eigenen Namen trägt. Zu einer *Société* können sogar Mitglieder gehören, die in der Stadt leben und lediglich an den allerwichtigsten Zeremonien teilnehmen. Der Hougan kann sich jedoch auf ihre Unterstützung verlassen, wenn er Geld für eine teure Zeremonie aufbringen muß, um Mitfahrgelegenheiten zu organisieren, um sich beraten zu lassen, wenn er ein Gebäude errichten will und so weiter. Als gemeinsamer Kern auf religiöser Basis wird die *Société* durch zwei reichbestickte Zeremonialflaggen repräsentiert. Diese Flaggen werden von zwei Fahnenträgern getragen und dienen zur feierlichen Begrüßung der Loas sowie auch als ein Zeichen der Hochachtung besonders vornehmen Gästen einer Zeremonie gegenüber. Geht man zu einer Zeremonie, dann lautet der übliche Gruß: „*Bonjour la société*."

daran gewöhnlich darauf vor, „die Asson zu nehmen", wie man die Zeremonie, durch die jemand in den Priesterstand erhoben wird, nennt. Im allgemeinen bestehen die Aufgaben des Houngenikons darin, die Lieder in der richtigen rituellen Reihenfolge anzustimmen; die Ankunft eines Loas zu erkennen und dafür zu sorgen, daß sein Begrüßungslied gesungen wird; ungefähr abzuschätzen, wie lange ein Lied dauern soll, beziehungsweise umgekehrt – mit Rücksicht auf den Hougan, der das Priesteramt versieht – ein Lied zu beenden, wenn ein Loa droht, in einem ungünstigen Moment zu erscheinen. In Abwesenheit des Hougans und des La-place ruht die Hauptverantwortung für die Zeremonie auf den Schultern des Houngenikons, während der La-place gewissermaßen der Zeremonienmeister des Hougan ist. In der Zeit, in der der Hougan vielleicht gerade damit beschäftigt ist, die Gebete zu leiten, bereitet der La-place

Bei den Hounsis bossale sowie auch den Housis canzo handelt es sich gewöhnlich um Frauen. Die wörtliche Bedeutung von „Hounsi" ist „Serviteur-Frauen" (Courlander, S.9); theoretisch bedeutet das – bezogen auf die familiäre Struktur, deren Erweiterung die religiöse Struktur ist – daß die Housis gegenüber dem Hougan die Stellung von Ehefrauen einnehmen (das Wort „Hougan" bedeutet „Herr der Geister"). Zweifellos bezog sich diese Bezeichnung in den polygamen Kulturen ursprünglich auf die vielen Frauen des Häuptlings, der gewöhnlich sowohl die Funktion des Priesters als auch die des Königs erfüllte. Heutzutage ist das Verhältnis zwischen den Hounsis (manchmal können bis zu fünfzig Hounsis zu einem Hounfor gehören) und dem Hougan allerhöchstens so eng wie die Beziehung zwischen einem Vater und seinen Töchtern. Die meisten dieser Frauen, die gewöhnlich in rechtmäßiger Ehe mit anderen Männern zusammenleben, kommen nur dann ins Hounfor, wenn ihre Dienste ausdrücklich für Zeremonien gebraucht werden; und sie reden den Hougan mit dem Titel „Papa" an. Courlander behauptet, es bestehe eine Verbindung zwischen der sogenannten „placage" und dem Status einer Hounsi (S.10). Der Begriff „placage" bezeichnet eine anerkannte Form der Beziehung zwischen einem Mann und einer Frau. Simpson (IV) führt vier verschiedene Formen derartiger anerkannter Beziehungen auf: „femme caille" – das ist die Hausfrau (bei der es sich um eine rechtmäßige Ehefrau handelt); „maman petits" – eine Frau, die als Mutter der Kinder eines Mannes außerhalb seines Hauses lebt und bestimmte Rechte und Vorzüge genießt; „femme placée" – das heißt, eine Frau, die mit einem Mann zusammenlebt, aber nicht die Mutter seiner Kinder ist; und „bien avec" – die Geliebte eines Mannes. Die formale Anerkennung solcher Beziehungen, die nicht auf der Basis einer zivilen, kirchlichen beziehungsweise rechtmäßig geschlossenen Ehe stehen, darf nicht als Promiskuität interpretiert werden – einschließlich der herabwürdigenden moralischen Bedeutung, die ihnen in unserer Gesellschaft beigelegt wird. Die Bereitwilligkeit – ja, sogar der Eifer – mit der die haitianischen Frauen Kinder bekommen, sowie der Umstand, daß man sich keine Mühe gibt, ein „illegitimes" Kind zu verstecken, führt lediglich dazu, daß Beziehungen offenkundig werden, die wir in unserer Kultur mit den Mitteln der Geburtenkontrolle verbergen. Trennungen zwischen rechtmäßigen Eheleuten finden in Haiti nicht häufiger statt als Scheidungen hierzulande; Untreue kommt sogar seltener vor, denn die Möglichkeiten des Rückzuges in eine Privatsphäre sind in einer Stadt größer als in einem kleinen Dorf, wo jeder um das Kommen und Gehen des anderen weiß, und wo eine eifersüchtige Frau das Ereignis auf der Straße herausschreien würde, damit alle sie hören können.

die Opferziege vor, prüft nach, ob die Opfergaben vollständig am Mittelpfosten bereitgestellt sind, achtet darauf, daß die Mahlzeit für den Loa mit den richtigen Zutaten angerichtet wird und stellt Stühle für die Spätankömmlinge auf. Häufig versieht der La-place die Aufgabe, das Vever zu zeichnen, im Freien einen provisorischen Schrein oder Altar aufzubauen oder die Opfertiere zu töten, wenn nicht ein Loa oder Hougan dies aus irgendeinem besonderen Grund selbst tun. Sollte der Hougan von einem Loa besessen werden, was häufig vorkommt, fällt die Funktion, die Zeremonie reibungslos ablaufen zu lassen, und sogar die Aufgabe, den Loa aus dem Kopf des Hougan zu entfernen, dem La-place zu.[3]

Die besondere Machtposition, die sowohl der Houngenikon als auch der La-place innehaben, ist nicht das Ergebnis irgendeiner Vorliebe des Hougans. Sie hängt vielmehr ab vom Grad der *Connaissance*, und setzt ein fortgeschrittenes Maß an Kenntnissen hinsichtlich der „science des Mystères" voraus. Der gesamte hierarchische Aufbau stellt im Grunde nichts anderes dar als einen formellen Ausdruck der Abstufungen dieses Wissens. Die Zeremonien des stufenweisen Aufstiegs in dieser Rangordnung lassen sich mit den Abschlußprüfungen und der Zuerkennung eines Abschlusses vergleichen, die mit jeder neuen Stufe der *Connaissance* verbunden sind. In gewissem Sinne handelt es sich bei dieser formellen stufenweisen Fortentwicklung des religiösen Wissens um eine Erweiterung der spirituellen Erziehung, die in der Familie beginnt. Anders ausgedrückt: der Zweck dieses religiösen Systems besteht darin, dem Kind (und selbst ein Erwachsener ist solange ein Kind im spirituellen Sinne, bis sein Wissen groß genug ist) die Methoden beizubringen, mittels derer es das Vermächtnis beherrschen und erfüllen kann, das es erfüllt; und es muß lernen, die Funktion dieser Kräfte zu verstehen, wenn es sie kontrollieren möchte, anstatt sich von ihnen versklaven zu lassen.* Die Ausbildung, die man in einem Hounfor erhält, ist strenger als die, die der Anwärter auf das Priesteramt im Kreis seiner Familie kennengelernt hat, und sie entläßt in der Tat einen in spiritueller Hinsicht stärkeren Menschen. Zu einem solchen Können gehört nicht nur das Wissen um die rituellen Handlungen und ihre Bedeutung, sondern man muß auch eine Ausbildung in Disziplin absolvieren.

Der Gehorsam dient mehreren Zwecken. Zunächst einmal handelt es sich um eine Methode der Charakterbildung. Aber er zeigt auch die Entwicklungsfortschritte des Lehrlings hinsichtlich seiner *Connaissance* an. Die Haitianer gehen

* Es muß betont werden, daß weder die Beherrschung noch die Kontrolle dieser Kräfte eine negative Handhabung derselben im Sinne eines Zwanges darstellen. Unter beiden versteht man die Fähigkeit, die Energie, die die Loas darstellen, zu kanalisieren und zum bestmöglichen Zweck einzusetzen.

von der Annahme aus, daß nicht jeder Mensch jeden Alters alles verstehen könne. Sie glauben vielmehr, daß unsere Fähigkeit, Dinge zu begreifen mit unserer fortschreitenden Erfahrung und Reife zunimmt. Wenn ein Hougan manchmal zögert, etwas bestimmtes zu erklären, aber trotzdem darauf besteht, daß jemand es aus Gehorsam machen soll, tut er das nicht darum, weil er vielleicht ein persönliches Rezept der Ausübung von Macht geheimhalten will. Er handelt vielmehr so, weil er die Fähigkeit des Neophyten in Frage stellt, die Erklärung zu begreifen, selbst wenn er sie ihm geben würde. Tatsächlich sind viele Rituale zum größten Teil der Öffentlichkeit zugänglich; weder das Ritual noch seine Bedeutung wird geheimgehalten. Dennoch können die wahre Bedeutung der rituellen Prozesse nur von denjenigen begriffen werden, die die Ausbildung durchlaufen, die entsprechenden Proben bestanden und den erforderlichen Grad von *Connaissance* erworben haben. So ist die Hounsi Bossale ebenso wie der Hougan am selben Ritual und an vielen damit verbundenen Tätigkeiten beteiligt. Der Unterschied liegt nicht in dem, was sie dabei tun oder sehen, sondern vielmehr darin, wieviel sie von dem verstehen, was sie gemeinsam tun oder sehen. Dies ist der Grund dafür, weshalb es für einen Neophyten absolut nutzlos wäre, die Handgriffe des Priesters auswendig zu lernen und nachzuahmen, und weshalb die heilige Rassel, so machtvoll sie in der Hand eines Hougans auch sein kann, in der Hand einer anderen Person zu einem machtlosen Instrument wird. In genau diesem Punkt unterscheidet sich auch die Religion streng von der Magie: der Lehrling eines Zauberers muß nur die entsprechenden Worte in der richtigen Reihenfolge erlernen, um das gewünschte Ergebnis zu erzielen. Dem magischen Ritual wird der Schleier des Rätselhaften umgelegt, weil der Zauberer seine Methoden vor den Augen des Betrachters verbergen will. Das religiöse Ritual hingegen *scheint* mysteriös, weil der Beobachter die Bedeutung dessen, was er sieht, nicht begreifen kann. Die religiöse Ausbildung schärft gewissermaßen die psychische Wahrnehmungsfähigkeit und die psychischen Kräfte einer Person. Eine magische Lehre vermittelt im Gegensatz dazu Informationen über die Methoden, mittels derer man die Welt manipulieren kann.*[4]

Alles in allem handelt es sich bei der vaudouistischen Hierarchie um die formelle Anerkennung der jeweils höheren Stufen des Verständnisses, die man mit fortschreitender spiritueller Reife erreicht. Entsprechend hat der Charakter einer Person, die alle Proben bestanden und sämtliche Stufen der Erhebung in den Priesterstand durchlaufen hat, eine beträchtliche Wandlung erfahren; folglich ist der Hougan eine besondere Figur in seiner Gemeinde.

---

* Nähere Ausführungen zu weiteren Aspekten der Geheimhaltung magischer Praktiken finden sich auf S. 94f.

3

Der Hougan als Vater seiner Gemeinde

Ein „mächtiger" Hougan erfreut sich eines Maßes an Respekt besonderer Art, welches die Haitianer keiner anderen Person entgegenbringen. Es handelt sich hierbei nicht nur um eine Ehrenbezeugung gegenüber seiner religiösen Autorität; es ist vor allem auch eine Anerkennung der Tatsache, daß die Probleme, mit denen ein Hougan zu tun hat, weit komplexer sind als die anderer Menschen. Jemandem, der es vermag, sie zu lösen, gebührt ein derartiger Respekt.

Mit den Loas, die jemand erbt, übernimmt er zugleich ihre göttliche Autorität. Man „erbt" seine Eltern und ist abhängig von ihnen; also ist die unmittelbare Macht, die sie auf ihre Kinder ausüben, ebenfalls ein relativ selbständiges Erbe. Im Verlauf eines entsprechenden Zusammenwirkens von Gesetz und Gewalt wird ein Individuum zu einem Staatsbürger. Niemand jedoch erbt einen speziellen Hougan oder ist von ihm abhängig; und es existiert auch keine zentrale religiöse Obrigkeit, die ihn zu einer lokalen Autorität ernennt, welche automatisch von der Gemeinde respektiert wird. Vielmehr nehmen die einzelnen Mitglieder einer Gemeinde in freier Entscheidung einen Mann als Vater, Priester und „König" an[5], und eine solche Entscheidung ist weder unumstößlich noch ist es eine Wahl auf Ewigkeit. Sollte derjenige seinen vielfältigen Verpflichtungen nicht nachkommen, kann man ihn verlassen. Er behält zwar seine heilige Rassel, aber niemand nimmt seine Dienste in Anspruch.

Um ein Vater zu sein, muß ein Hougan Weisheit besitzen. Sowohl bei der Bewältigung seiner persönlichen Angelegenheiten als auch in den Ratschlägen, die er anderen gibt, muß er zeigen, daß er das Leben „versteht". Dieses Wissen des Hougans umfaßt alle Gebiete des weltlichen Lebens, eingeschlossen der wirtschaftliche und der politische Bereich. Man erwartet vom Hougan, daß er weiß, wie man Dinge handhabt, daß er sich in vielen, eigentlich in allen Angelegenheiten auskennt: wie man das Tor reparieren soll; an welcher Stelle man die Brücke über den Fluß bauen soll; welche Kuh höchstwahrscheinlich die beste Milch gibt; weshalb es zu gerade dieser bestimmten Jahreszeit am günstigsten ist, Erdnüsse anzubauen (nämlich weil dieses Produkt knapp werden wird und die Preise steigen werden); in welchem Verhältnis Zement und Sand gemischt werden sollen, damit eine Mauer nicht in kurzer Zeit zerfällt; wo man was zum günstigsten Preis kauft; und er muß schreiben können (für seine überwiegend analphabetischen Gemeindemitglieder). Er muß diese Dinge nicht nur für seine persönlichen Zwecke wissen, sondern ebenso deshalb, weil sich seine Gemeinde an ihn wendet, um in diesen Angelegenheiten Rat und Hilfe zu erhalten; und die Gemeinde setzt – wie bei einem Vater – voraus, daß sowohl seine Kenntnisse stimmen, als auch, daß sie ein Recht darauf besitzt, dieses Wissen in Anspruch zu nehmen.

Sein politisches Wissen und Ansehen sind gleichfalls von größter Wichtigkeit. Zum einen darf er keine Zeremonien abhalten, bevor er nicht die Erlaubnis der Polizei eingeholt hat, und muß daher auf gutem Fuße mit den Beamten stehen. Es ist weiterhin nützlich, wenn er auch gute Beziehungen zu politisch einflußreichen Persönlichkeiten unterhält, die die Dinge „erleichtern" können.* Dies bedeutet, daß er eine bestimmte Bildung und weltgewandte Manieren besitzen muß: er muß wissen, wie man eine „Ovation" organisiert, wenn der Präsident mit seinem Gefolge seinen Distrikt passiert, wie man Besucher empfängt, wie man ihnen Erfrischungen reicht und wie man sich in der Stadt benimmt. Er muß gewissermaßen die Umgangsformen einer Welt kennen, von der ein Bauer weit entfernt ist.

Eine Teilaufgabe seiner gesellschaftlich-politischen Rolle ist es, sich für die einzelnen Mitglieder seiner Gemeinde zu verwenden, beispielsweise für einen Arbeitsplatz beim Bau der neuen Straße, die durch den Bezirk gebaut wird. Wenn ein junger Priester, der sich nach Abschluß seiner Ausbildung auf eigene Füße gestellt hat, Schwierigkeiten haben sollte, die Erlaubnis für seine Zeremonien zu erhalten, sollte er seinen Einfluß zugunsten des jungen Priesters nützen können. Wenn ein Gemeindemitglied in Konflikt mit dem Gesetz gerät oder des Diebstahl beschuldigt wird, ruft man häufig – außeramtlich – den Hougan, um Informationen zu erhalten, die Verhältnisse zu klären, einen Kommentar über den Charakter des Beschuldigten im allgemeinen zu hören, Angaben darüber zu bekommen, ob er insgesamt gesehen aufrichtig sei oder ob es bereits „Vorkommnisse" gegeben hätte, aufgrund derer der Verdacht der Gemeinde auf dieses Individuum gefallen ist. Oftmals muß er die Rolle des salomonischen Richters in einem Streit zwischen seinen eigenen Gemeindemitgliedern oder zwischen Ehemännern und ihren Frauen übernehmen. Auf inoffizielle Weise erhöht er das Ansehen einer Person, der er besonders geneigt ist, oder aber er verhängt eine gesellschaftliche „Strafe" über jemanden, der ständig von den Regeln der Gemeinschaft

* Das Hounfor ist das einzige organisierte Zentrum außerhalb der großen Städte. Es dient den Bauern nicht nur als ein religiöses, sondern auch als ein soziales Zentrum. Dieser Umstand, zusammen mit dem Ansehen des Hougan, macht das Hounfor darüberhinaus zu einem Zentrum politischer Meinungsformung. Trotzdem die Stimmen der Bauern selten eine wesentliche Rolle in der Tagespolitik spielen, stellt dieses Zentrum doch ein Potential der Macht der. Aus diesem Grund liegt es nach wie vor im Interesse der Politiker, dem Hougan seine Angelegenheiten zu „erleichtern", auch wenn der Vaudou geächtet ist, um sich selbst der Unterstützung der Priester zu versichern. Solche Gefälligkeiten scheinen sogar besonders wertvoll und heroisch zu sein, da sie „außergesetzlich" geleistet werden.

abweicht, indem er sich um diese Person nicht kümmert und sie ignoriert. In jedem Fall fordert seine Position von ihm ein außerordentliches Einfühlungsvermögen in seine Beziehungen zu anderen Menschen, eine Sensibilität für psychologische Feinheiten, und daß er ein gewisses Maß an gesellschaftlichem Anstand und persönlichem Charme entwickelt.

Es muß nicht extra betont werden, daß er über ein perfektes Wissen sämtlicher ritueller Details verfügen muß. Unter mehreren Hougans, die über ein gleiches Maß an Wissen verfügen, wird demjenigen besondere Hochachtung zuteil, der in der Gestaltung seiner Zeremonien eine ganz persönliche Leistung aufweist. Es mag sich dabei um einen besonderen Kunstsinn handeln, ein Gespür für äußere Gestaltung, eine besondere Liebe zur Ausschmückung der rituellen Handlungen. So kann beispielsweise die rein äußerliche Gestaltung eines Hounfors enthüllen, daß er in der Verehrung Erzilies ausgebildet wurde, da besondere Aufmerksamkeit auf den Blumenschmuck gelegt wurde, auf das Arrangement der Gegenstände auf dem Altar, auf das Farbenspiel, das Zeichnen der Vevers sowie auf die Zubereitung der „den Göttern angemessenen" Speisen. Seine spezielle Qualität kann auch in einer besonderen Fähigkeit liegen, seine Persönlichkeit zum Ausdruck zu bringen, oder eine magnetische Ausstrahlung, so daß der Chor gewissenhafter auf seine Einsätze reagiert, die Arbeit der Trommler über das normale Maß hinausgeht, so daß die Zeremonie insgesamt schneller und intensiver abläuft und vielleicht sogar einen persönlichen Stil erhält.

Vever für Agassou.

4

Der Hougan als Heiler

Die hauptsächliche Aufgabe eines Hougan besteht jedoch im Heilen von Krankheiten. Hinsichtlich dieser Funktion gibt es außerordentlich große Mißverständnisse und Verleumdungen. Der Hougan wurde als der grundlegendste Widersacher der modernen Medizin angesehen. Dies ist wirklich nicht der Fall. Wenn ein Mensch krank wird, versucht er normalerweise zunächst einmal, sich selbst zu behandeln. Das trifft auf einfache Kulturen häufig ebenso zu wie auf die moderne Gesellschaft mit ihren hochwertigen Medikamenten, denn die menschliche Rasse hätte ohne ein breites botanisches Wissen nicht überlebt. Es mag wohl sein, daß die Menschen dieses Wissen durch Ausprobieren gewonnen haben; und vielleicht stellt die Form, in welcher das Mittel verabreicht wird – meist als Tee, den man aus Blättern oder Wurzeln zubereitet – eine relative primitive Methode dar. Tatsache ist aber auch, daß der durchschnittliche haitianische Bauer weiß, welche Blätter er im Fall einer Verdauungsstörung abkochen muß, welche für Kopfschmerzen und welche gegen eine Erkältung. Wenn er aufwacht und seine Stimme verloren hat, kaut er eine dicke Petersilienwurzel und dies stellt seine Stimmbänder schnell wieder her. Hat jemand einen Schock erlitten, tränken die Haitianer gewöhnliches Salz mit einem kleinen Schluck Rum und flößen dies dem Betreffenden ein. Wenn jemand eine sehr starke Blutung hat, legen sie eine Spinnwebe auf die Wunde und das Blut gerinnt unverzüglich. Wenn sich ein bestimmter Parasit unter der Haut einnistet, wissen sie genau, an welcher Stelle sie eine Nadel einstechen müssen, um ihn im Ganzen herauszuziehen. Ist eine Wunde infiziert, reiben sie sie mit Knoblauch ein, denn der darin enthaltene Schwefel ist ein wirksames Antiseptikum. Die Hebammen unter der Bauernbevölkerung leisten hervorragende Arbeit, besonders wenn man die sehr einfachen Bedingungen in Betracht zieht, unter denen sie oftmals tätig sein müssen. Mit Lorbeerblättern angesetztes Wasser beruhigt und kühlt; eingeweichte Pfefferminzblätter sind wirksam gegen die Übelkeit und so weiter. Die Bauern sind stolz auf dieses Wissen und die Heilmittelrezepte werden innerhalb der Familie weitergegeben.

Gehen die Krankheit oder die Beschwerden nicht vorüber, konsultiert man einen Hougan. Seine erste Aufgabe besteht darin festzustellen, ob es sich tatsächlich um eine körperliche Krankheit handelt oder ob das Leiden „übernatürlichen“ Ursprungs ist. Handelt es sich um eine körperliche Krankheit, wird der Houngan vielleicht versuchen, sie mit seinen weiterreichenden botanischen Kenntnissen zu kurieren, zu denen er dadurch Zugang erhält, indem er die Loas im Govi anruft.[6] Wie die einfacheren Heilmittel der Bauern selbst, funktionieren auch die Behandlungsmethoden des Hougans häufig von ihrer chemischen

Wirkungsweise her einwandfrei. Stellt er aber fest, daß eine Krankheit jenseits seines Könnens liegt, wird er dem Kranken persönlich empfehlen, sich professionell medizinisch versorgen zu lassen, da eine Fehlbehandlung nie zum Ruhm eines Vaudoupriesters gereichen würde. Er leiht dem Betroffenen sogar das Geld für die Busfahrt zum Zahnarzt- oder Arztbesuch. Auch er selbst begibt sich in professionelle ärztliche und zahnärztliche Behandlung.

Einige Leiden, wie zum Beispiel Hautausschläge, sind das Ergebnis von Unterernährung. Wenn der Hougan in diesem Fall nur versucht, dem Patienten Linderung zu verschaffen, liegt das daran, daß er (im Gegensatz zu vielen der Gesundheitsexperten, die davon unglücklicherweise keine Ahnung haben) weiß, daß die haitianischen Bauern (ganz besonders in solchen Gebieten wie der Umgegend von Port-au-Prince, wo das Land ausgepumpt wird, um die Stadt zu versorgen) vor allem mehr und bessere Nahrungsmittel benötigen.

Es ist wahr, daß die haitianischen Bauern zögern, sich einer professionellen medizinischen Behandlung zu unterziehen. Doch nicht der Priester ist in diesem Fall der gierige Widersacher. Der Widerstand der haitianischen Bauern ist auch weniger gegen die Medikamente gerichtet, die er vom Hougan oder von guten Freunden bereitwillig annimmt, sondern vielmehr gegen den Doktor, der ein völlig Fremder ist. Die Haitianer bevorzugen ihren Hougan, weil sie ihm vertrauen. Und sie vertrauen ihm nicht aus religiösen Gründen, sondern weil er ein Mensch ist, den sie schon ihr Leben lang in allen Lebenslagen kennen, und dessen Persönlichkeit und Verhaltensweisen für sie daher vertraut und vorhersagbar sind. Ihnen ist das Verhältnis der Erfolge seiner Kuren gegenüber seinen Mißerfolgen bekannt. Vor allem lebt er in ihrer Gemeinschaft und ist ihrer Kontrolle unterworfen: entweder ihrer Gunst, wenn sie zufrieden sind, oder ihrer Mißbilligung, die darin zum Ausdruck kommt, daß sie sich zurückziehen.

Der professionelle Mediziner in der Stadt hingegen – und ihre Erfahrungen mit der Stadt waren nicht immer angenehm – ist ein Mann, den die Bauern nicht besonders gut kennen. Seine Kleidung, seine Art zu reden, jede seiner Gesten betont die Kluft zwischen ihrer Welt und der seinen. Seine berufsmäßige Objektivität trägt zu ihrem Eindruck bei, er sei vom Menschlichen her uninteressiert an ihnen, und darin sehen sie eine potentielle Verantwortungslosigkeit ihnen gegenüber. Was Wunder, wenn sie eine Abneigung verspüren, sich seiner Behandlung zu überantworten.

Die Kliniken, in denen die Patienten gratis behandelt werden, sind in psychologischer Hinsicht nicht so anziehend wie man denken könnte. Im harten Leben der Bauern hat die Vorstellung, man könne etwas umsonst bekommen, keinen Platz. Ihre nachbarschaftlichen Beziehungen basieren auf gegenseitiger Förderung und Hilfe, auf einem Austausch von Gefälligkeiten. Wenn sie einen

Hougan bezahlen, dann geben sie ihm nicht nur Geld, sondern sie erkaufen sich einen entscheidenden Einfluß, ein Recht, etwas zu fordern und zu erwarten, das „sein Geld wert ist". In der Klinik hingegen, wo die medizinische Versorgung umsonst erfolgt, gibt es diese Art von „gerechtem Austausch" nicht, weder in sozialer noch in religiöser und auch nicht in finanzieller Hinsicht. Sie haben das Gefühl, daß sie keine Kontrolle über den Arzt besitzen, keine Macht, Resultate verlangen zu können. So erwarten sie umgekehrt auch nicht, daß die Ärzte wirklich verantwortungsbewußt handeln und ihre Behandlung tatsächlich wirkt. Sie hegen weder Vertrauen zum Arzt als Mensch an sich, noch glauben sie, daß dieser zu einem angemessenen Austausch von Verantwortlichkeiten verpflichtet sei. Eine solche Haltung ist nicht metaphysisch; sie ist vielmehr, vom ganz normal menschlichen Standpunkt aus betrachtet, zutiefst logisch. Und keinem modernen Arzt würde es einfallen, die grundlegende Rolle, die das Vertrauen eines Patienten spielt, in Frage zu stellen.

Wenn die moderne Medizin in Haiti irgendetwas erreichen will, dann muß sie zu allererst einmal die alte Voreingenommenheit gegen den Hougan aufgeben und die melodramatischen Vorstellungen von ihm als einem „Hexendoktor" ad acta legen. Zum einen wäre es eventuell möglich, ihn als Mittelsmann bei der Verabreichung von Medikamenten einzusetzen, da seine Empfehlungen von den Leuten so bereitwillig angenommen werden. Noch wichtiger aber ist es, seine Methoden neu zu untersuchen und ein wirkliches Verständnis dafür zu entwickeln, wie er tatsächlich innerhalb seines Tätigkeitsbereiches wirkt, mit dem er so unendlich vertrauter ist als die Leute, die ihre Ausbildung in den ruhigen, marmornen Hallen von Universitäten absolviert haben, die von seiner Welt weit entfernt liegen. Man muß sich stets vor Augen halten, daß seine Klientel sehr fordernd ist, was greifbare Resultate anbelangt, und nicht geneigt, ihm eine berufsmäßige Immunität gegen die Auswirkungen von Irrtümern und Versagen zuzugestehen, die zum speziellen Kodex und Vorrecht der Ärzte in „höherentwickelten" Kulturen gehört. Weiterhin ist es besonders wichtig, die tatsächlich vorhandene Fähigkeit des Hougans richtig einzustufen, zwischen „natürlichen" und „unnatürlichen" Erkrankungen unterscheiden zu können. – Man muß zu diesem Zweck lediglich das Wort „unnatürlich" durch den Begriff „psychosomatisch" ersetzen.

Keinem, der unter den Bauern gelebt hat, kann ihre typische Überzeugung von ihrer eigenen Schwäche entgangen sein. Sie halten sich für besonders anfällig für „grippe" und „fievre"; und insbesondere sind sie sicher, daß der von ihnen „la sirène" genannte Tau, der sich in der Dämmerung bildet, bestimmt zumindest die „grippe", wenn nicht ein verheerenderes Leiden verursachen würde, falls er ihren Kopf benetzte. Mir selbst ist nie aufgefallen, daß sich um diese Tageszeit eine auffallend große Menge Tau gebildet hätte. Trotzdem ist es auch für die stärksten Männer kein ungewöhnliches Verhalten, ihre Köpfe mit einem lächerlich kleinen Taschentuch gegen diese Feuchtigkeit zu schützen. Bei den Haitianern ist nichts von der Verachtung, für Vorsichtsmaßnahmen zu finden, die man mit Menschen in Verbindung bringt, die eine gute Gesundheit als naturgegeben betrachten. Die Haitianer scheinen ganz im Gegenteil die Vorstellung zu hegen, daß sie leicht krank werden könnten. Sie sind ständig mit einer Vielzahl von vorbeugenden Maßnahmen beschäftigt. Diese permanente Furcht wird durch die äußeren Umstände, denen die Haitianer sie zuschreiben, nicht gerechtfertigt. Und die Vorbeugungsmaßnahmen sind dergestalt, daß sie kaum hinreichen würden, wenn die Bedrohung tatsächlich so ernst wäre wie sie angeben. In Wirklichkeit handelt es sich einfach um eine Projektion der tiefen Unsicherheit und Verzweiflung, die sie von der Kindheit bis zum Tod begleitet, auf die körperliche Ebene.

Aus realen Gründen, die zu zahlreich sind, um sie an dieser Stelle näher auszuführen, ist die materielle Situation der meisten haitianischen Bauern wirklich hoffnungslos. Zum jetzigen Zeitpunkt zumindest ist die Mehrzahl von ihnen zu einem Leben verurteilt, in dem es keine Atempause gibt von dem außerordentlich verzweifelten, nervenaufreibenden Kampf, der erforderlich ist, um sich täglich durchzuschlagen. Es kommt so selten vor, daß einer von ihnen einen wirtschaftlichen Gewinn erarbeitet, daß es die gängige Praxis ist, ein solches Glück geheimzuhalten.

Coyote und La Merci, die bereits viele Jahre als staatlich getraute Eheleute zusammen gelebt hatten, träumten schon lange davon, sich eine kirchliche Trauung leisten zu können, und im Anschluß daran einen kleinen „Empfang", wie sie es nannten, für ihre Freunde. Sie hatten zuverlässig und gut als Haushaltshilfen für mich gearbeitet und ich mochte sie als Menschen an sich sehr gerne. Kurz vor meiner Abreise schlug ich den beiden vor, ihnen als Abschiedsgeschenk eine solche Zeremonie, den erforderlichen neuen Anzug und das Kleid sowie den Empfang zu bezahlen. Sie waren außer sich vor Freude. Einige Tage später jedoch kamen sie schüchtern zu mir und wußten nicht recht, wie sie sich erklären sollten. Es gäbe nichts, was sie lieber hätten, sagten sie. Andererseits aber würden sie nach meiner Abreise aufs Land zurückkehren und unter ihren alten Nachbarn wohnen, von denen ich wußte, daß sie außerordentlich arm waren. Sie erklärten, sie hätten Angst, daß ihre Nachbarn zu neidisch auf ihr Glück wären. Ihre Nachbarschaft würde dieses Glück überschätzen und meinen, hinter einem solchen Fortschritt würden sich unerschöpfliche Resourcen verbergen. Die Leute würden sie bestehlen, weil sie annehmen würden, sie besäßen ausreichende Vorräte, um diese Dinge zu ersetzen. Sie würden sie belästigen mit der Bitte, ihnen Geld zu leihen, und wenn sie es abschlügen, würde man sie tief verachten. Sie versicherten, man würde extra hohe Preise für Nahrungsmittel von ihnen verlangen, weil jeder denken würde, sie könnten es sich leisten. Man würde sie ganz allgemein mißtrauisch ansehen. Und auf diese Weise, so sagten sie, würde ihnen mein Geschenk am Ende mehr Schwierigkeiten als Freude bereiten.

Daraufhin fragte ich sie, ob ich das Geld dafür verwenden solle, ihnen ein kleines Geschäft zu finanzieren, ob ich ihnen einen kleinen Laden auf dem Land einrichten solle, mit dem sie ihr Geschäft beginnen könnten. Dies, so sagten sie, hätte ähnliche Nachteile. Ich wies darauf hin, daß man Bargeld einfach ausgeben könne, ohne daß man wirklich sehen könnte wofür. Sie nickten und verließen mich. Zwei Tage später suchten sie mich mit der Lösung des Problems wieder auf. Wenn ich ihnen eine Kuh kaufen würde, meinten sie, könnten sie diese bei Coyotes Bruder lassen, der weit entfernt in einer anderen Richtung wohnte. Die Nachbarn seines Bruders wüßten dann, daß die Kuh nicht ihm gehört, und Coyotes Nachbarn hätten keine Ahnung, daß er eine besitzt. Dies war, ihrer Meinung nach, die richtige Lösung.

Hat ein haitianischer Bauer ein bißchen Glück, gestattet er sich nur in einem minimalen Rahmen, es zu zeigen, es sei denn, er würde dadurch einen ganzen Schritt auf der wirtschaftlichen Leiter aufsteigen. Bisweilen gehen diese Idee und diese Handlungsweise so weit, daß man vorsätzlich ein Kind verunstaltet, damit seine Schönheit keinen Neid erweckt.[7]

Bei der Vorstellung der Haitianer von ihrer Schwäche, die sie auf so viele unterschiedliche Arten zum Ausdruck bringen, handelt es sich nur um ihre Art und Weise zu erkennen, daß sie ihr Leben in einem Zustand des labilen Gleichgewichts am Rand eines Abgrundes der Verzweiflung fristen. (Bei dem häufig vorkommenden „Fieber" mag es sich in vielleicht zehn Prozent der Fälle um eine immer wiederkehrende Malaria handeln. Die restlichen neunzig Prozent kann man treffender als das Fieber der Verzweiflung bezeichnen.) Folglich setzt selbst der kleinste Schreck oder die geringste Bedrohung ein ganzes Abwehrsystem in Gang, von dem ein Volk, das in stabileren, sichereren Verhältnissen lebt, nur in wirklich kritischen Situationen Gebrauch machen würde.

Coyote war ein Trommler, den ich mit der Zeit bei den Zeremonien gut kennengelernt hatte, die in den Ebenen um Port-au-Prince stattfanden und bei denen er sehr gefragt war. Bei meiner zweiten Reise nach Haiti fand ich ein kleines Haus in den Hügeln nördlich von Petion-Ville und schlug Coyote vor, mein Haus „in seine Obhut zu nehmen". Ich fragte ihn auch, ob er eine Frau wüßte, die sich um die Küche kümmern könnte, und erfuhr bei dieser Gelegenheit zum erstenmal, daß er mit La Merci „verheiratet" war. (Die Haitianer sind so verschwiegen beziehungsweise zurückhaltend in der Öffentlichkeit, daß man bei einer Zeremonie nicht ahnen kann, welcher Mann zu welcher Frau gehört.)

Als Trommler war Coyote in der Umgegend von Port-au-Prince herumgekommen. Für La Merci hingegen war mit dieser Anstellung ihr erster Umzug verbunden, wie ich später herausfand. In den ersten Tagen schien alles sehr gut zu gehen und beide begannen Freundschaften in der neuen Nachbarschaft zu schließen.

Etwa eine Woche später fiel mir auf, daß häufig Coyote den Kaffee servierte oder den Tisch deckte (gewöhnlich eine Aufgabe der Frauen), und daß offenbar eine Menge Kräutertee in dem kleinen Hinterhof zubereitet wurde. La Merci schien sich nicht wohl zu fühlen. Sie litt unter Schmerzen im Unterleib. Aber diese wären rasch kuriert mit diesen Tees, meinten die beiden. Zwei Tage darauf war La Merci vollkommen unfähig, ihre Arbeiten zu verrichten. Ich schlug vor, einen Arzt zu konsultieren, stieß aber auf Ablehnung. Statt dessen erschien eine alte Frau aus der Nachbarschaft, die für ihre Medikamente bekannt war, mit einem Bündel von Kräutern und Wurzeln und fing an, ihre Heilmittel zu mischen. Diese schienen La Merci etwas Linderung zu verschaffen, die jedoch nur von kurzer Dauer war. In der gleichen Nacht drang aus ihrer kleinen Hütte ein solches Stöhnen und Weinen, daß ich einzugreifen beschloß, denn die Haitianer geben körperliche Schmerzen ungerne zu. La Merci litt unter extremen Schmerzen, und zwar, wie mir schien, genau an der Stelle des Blinddarms. Auf meine eigene Verantwortung hin rief ich sofort einen Arzt, der kam und eine akute Blinddarmentzündung diagnostizierte. Sie sollte unverzüglich ins Krankenhaus, sobald sie angezogen sei (denn trotz ihrer Qualen bestand sie darauf, ihr bestes Kleid anzuziehen), und der Arzt ging, um sich auf die Operation vorzubereiten.

Trotz der dringlichen Lage zogen sich La Mercis Vorbereitungen eine lange Weile hin und ich hörte, wie sich beide in der kleinen Hütte ausgiebig berieten. Schließlich erschien sie vollständig angezogen und trug sogar ihren kleinen Hut – allerdings mit der Mitteilung, daß sie nicht ins Krankenhaus gehen würde. „Diejenigen, die in die Klinik gehen, sterben", verkündete sie. (Statistisch gesehen, hatte sie tatsächlich recht, denn zu dem Zeitpunkt, an dem sich die Bauern entscheiden, ins Krankenhaus zu gehen, ist ihre Verfassung bereits so schlecht, daß man wenig tun kann, um ihr Leben zu retten.) „Außerdem", sagte sie, „ist es ein Loa, der 'cambi-li' (mich im Griff hat).[8] Es ist kein Fall für das Krankenhaus." – Ich war überzeugt, daß ich es hier mit einem Fall zu tun hatte, wo primitiver Aberglaube den Tod nach ziehen würde, und so flehte ich sie an, schmeichelte, drohte, entließ sie, versprach Belohnungen, aber alles vergeblich. Weil ich schließlich das Gefühl hatte, daß diese ganze Aufregung den Gang des Unglücks nur noch beschleunigen würde, erlaubte ich ihr, sich in ihre Hütte zurückzuziehen, und war nun darauf vorbereitet, im Laufe der Nacht an ihr Sterbebett gerufen zu werden.

Am nächsten Morgen war sie noch immer am Leben und es hatte sogar den Anschein, als ginge es ihr ein wenig besser. Ich schickte mich in meine Hilflosigkeit und ließ den Dingen ihren Lauf. Am selben Abend, als Coyote und ich gerade die Lage besprachen, unterbrach uns das Kind der Nachbarn mit der Mitteilung, ein Loa habe den Kopf seiner Großmutter „bestiegen" und habe eine besondere Botschaft für Coyote hinsichtlich La Merci. Wir begaben uns sofort nach nebenan und begrüßten den Loa. Es war ein Ogoun. La Merci, so sagte er, habe keine „natürliche" Krankheit. Die Loas hielten sie deswegen im Griff, weil sie ihren letzten Verpflichtungen nicht vorschriftsmäßig nachgekommen sei, als sie den Grund ihrer Vorfahren verließ, auf dem die *Cailles Mystères* ihrer Familie stünden. Insbesondere habe sie Wasser ausgeschüttet und dieses nur in zwei Himmelsrichtungen „orientiert"; die Loas seien außerordentlich wütend über diesen pflichtvergessenen Abschied. Ogoun sagte, La Merci müsse zurückkehren, um Verzeihung bitten und die Götter mit einem Hühneropfer versöhnen. Dann ging Ogoun zu Angelegenheiten über, die die andere Familie betrafen, und Coyote und ich verließen die Nachbarn.

Coyote war grundsätzlich der selben Meinung wie ich, was den körperlichen Ursprung der Krankheit anging. Aber er betonte, es sein unmöglich gewesen, La Merci davon zu überzeugen, und so wäre es vielleicht angebracht, das zu tun, was der Loa vorgeschlagen hatte. Vielleicht, so sagte er, würden die Loas dieses eine Mal ein billiges Huhn akzeptieren, wenn La Merci ihnen eine bessere Mahlzeit versprechen würde, sobald sie endgültig nach Hause zurückgekehrt sei.

So gab man also La Merci – die schon viel besser aussah – am nächsten Morgen das Geld für die Fahrt und für das Huhn sowie einen Extrabetrag, damit sie kleine Geschenke für ihre Nachbarn kaufen konnte. Es war eine lange Reise. Als sie am darauffolgenden Nachmittag zurückkam, war sie frohgelaunt, voller Energie und ihre Bauchschmerzen waren vollständig verschwunden. Sie hatte ihre Bindungen zu ihren Ahnen-Loas neu bekräftigt; sie fühlte sich nicht mehr verloren. Und ihre Beziehungen zu den Leuten waren nicht länger geprägt von der untergründigen Angst, die sie zuerst mit sich herumgetragen hatte.

Wäre nicht ein Loa als Diagnostiker eingeschritten, hätte man bei einem so ernsten Fall sicherlich einen Hougan konsultiert, der seinen eigenen Loa im Govi angerufen und den Fall mit ihm besprochen hätte.[9] Dieser Loa hätte zunächst den Grund für den Zorn ihres Loas in Erfahrung gebracht und dann den Hougan über die therapeutischen Maßnahmen informiert (oder aber der Hougan hätte selbst über die Art der Bahandlung entschieden). In einem Fall wie der La Mercis, wo die psychosomatische Projektion ein Ausmaß erreicht hat, daß eine organische Störung eingetreten ist, würde er vielleicht eine Kräuterbehandlung vornehmen, um die Symptome zu lindern, und gleichzeitig eine rituelle Behandlung, um den Loa zu versöhnen. Aus genau diesem Grund – weil er häufig diese beiden therapeutischen Elemente kombiniert – sind seine

Behandlungsmethoden so gründlich mißverstanden worden, da man die rituelle Therapie als Maßnahme zur Behandlung der körperlichen Beschwerden oder als eine unnötige Staffage der Kräuterbehandlung interpretiert hatte.

Im großen und ganzen tendieren wir dazu, den psychosomatischen Akt der Übertragung eines Problems von der psychischen auf die körperliche Ebene als „schlecht" anzusehen. Diese Bewertung spiegelt – mehr als wir zugeben wollen – eine moralische Abneigung gegen die „Unaufrichtigkeit" sowie eine wissenschaftlich begründete Ablehnung einer „Unwahrheit" wider. – Unser Organismus kümmert sich indes wenig um solche abstrakten Kriterien. Er ist damit beschäftigt, sich selbst zu erhalten. Wenn einem Menschen ein Schlag droht, hält er instinktiv seinen Arm vor seinen Kopf und sein Gesicht, um den empfindlichsten Teil seines Körpers zu schützen: das Gehirn. Wenn er sich den Schlag „aufrichtig" auf den Kopf verabreichen lassen würde, wäre ihm bald schwindelig. Ist eine Situation zeitweilig – oder dauernd – unabänderlich grausam, verhält sich der Organismus wie ein geschickter Boxer: er schirmt den Verstand von den Schlägen ab, die ihn nur zerstören würden; statt dessen fängt das muskulöse, strapazierfähige Fleisch des Körpers die Erschütterungen ab. Wären die haitianischen Bauern dazu gezwungen, ihrer hoffnungslosen Situation „mutig ins Auge zu sehen", wäre es für sie moralischer Selbstmord.* Was für eine moralische Rechtfertigung könnte es wohl dafür geben, einen Menschen dazu zu bringen, in den Rachen seines eigenen Untergangs zu sehen? Und worin bestünde aus medizinischer Sicht die Weisheit, wenn man einem Patienten erzählen würde, daß die Ursache seiner Verdauungsbeschwerden – oder einer schlimmeren Krankheit – in seiner persönlichen unsicheren Existenz zu suchen sei, oder in der Weltsituation? Was wäre weise da-

* Offenkundig gab es einige Unstimmigkeiten darüber, ob ihre Situation hoffnungslos ist oder nicht. Bei Simpson (II) kommt zum Ausdruck, daß es sich nicht um eine hoffnungslose Lage handelt, denn er sagt, der Vaudou setze aggressive Impulse frei und leitet daraus den Schluß ab, daß diese Freisetzung die Bauern „davon abhält, sich anderer Methoden des Handelns zu bedienen, um ihre Probleme zu lösen". Der Autor sagt weiterhin: „Vaudou-Zeremonien und magische Praktiken erfüllen die Funktion geistiger Hygiene für das Individuum und tragen dadurch zur Aufrechterhaltung des Status quo bei." – Es ist nicht möglich, von einem objektiven Standpunkt aus einen Gradmesser für Hoffnungslosigkeit festzulegen, und ein Außenstehender würde wirklich zu der Annahme neigen, die Leute könnten eine Menge unternehmen, um ihre Situation zu verbessern. Mit der Zeit allerdings würde dieser Fremde mit der verborgenen Komplexität des politischen Systems vertrauter werden – sowohl auf internationaler Ebene (aufgrund seiner Armut ist Haiti von amerikanischem Kapital abhängig) als auch auf nationaler Ebene (das sind die festgefahrenen, überkommenen politischen Methoden, der hohe Prozentsatz von Analphabeten, die – fast schon mit Absicht herbeigeführte – Unkenntnis der überwiegenden Mehrheit der Bevölkerung über die Kunstgriffe der Politik, die Erziehung durch die französischen Geistlichen, die immer die Regierung unterstützen, welche die Sicherheit ihrer Position garantiert, die gewitzte Methode, jedem angehenden Führer der Bauernschaft „eine Ablösung zu zahlen"). All diese Faktoren zusammengenommen ergeben eine komplexe Situation, deren Bedeutung man nicht in selbstgerechter Weise herunterspielen sollte. Darüberhinaus wird der Vaudou oftmals von der Regierung, die in ihm eine Bedrohung des Status quo sieht, bekämpft und unterdrückt.

Abbildung 9:
Eine Mambo ruft die Loas an. Das zeremonielle Kleid einer Vaudou-Priesterin ist häufig aus Satin und kann mit reichen Stickereien verziert sein.

ran, wenn man auf diese Art den dünnen Schleier erträglichen Unwohlseins zerstörte, durch welchen dieser Mensch sich selbst vor seiner unerträglichen Verzweiflung zu verbergen sucht?

Der Hougan erkennt in seinen Methoden nicht nur das grundlegende psychosomatische Wissen an, sondern – und dies ist das bemerkenswerteste Kennzeichen seiner Profession – er wendet es therapeutisch an. Die Diagnose einer „unnatürlichen" oder „nicht körperlichen" Krankheit stellt nicht nur eine ausschließende Beurteilung dar, wie es denjenigen erscheinen mag, die nur in Begriffen denken, die auf der körperlichen Ebene liegen. Die hauptsächliche Aufgabe des Hougan besteht ganz im Gegenteil darin, die jeweilige nicht körperliche beziehungsweise unnatürliche Ursache herauszufinden. Hierbei kann es sich um einen Akt aggressiver übelwollender Magie gegen die betroffene Person handeln oder um eine Strafe dafür, daß er seinen Loas nicht vorschriftsmäßig gedient hat. In beiden Fällen ist die Möglichkeit vorhanden, das Problem durch irgendeine Art des Handelns zu lösen. Anstatt den Patienten mit der hoffnungslosen Endgültigkeit absoluter, schwer verständlicher Verzweiflung zu konfrontieren, wird er in diesem Fall von der Idee vielversprechender Aktion inspiriert. Der erste therapeutische Mechanismus, der auf diese Weise in Bewegung gesetzt wird, besteht in der automatischen Erwartung des Patienten, daß als Antwort auf sein Handeln eine entsprechende Reaktion erfolgen wird. Folglich dient die psychosomatische Projektion nicht als eine Ausflucht, sondern als ein Mittel, das moralische Problem auf einer Ebene anzugehen, von der aus eine wirkliche Aktion stattfinden kann. Und es ist eine allgemein anerkannte Tatsache, daß Aktivität, hoffnungsvolles Handeln, das einzige ist, wodurch eine gedrückte Stimmung verhindert werden und ein Mensch, der einen Schock erlitten hat, wieder aufgerichtet werden kann.

Die zweite therapeutische Steuerung besteht darin, daß gefordert wird, die Handlung dürfe nicht vom Priester selbst, sondern müsse *zum überwiegenden Teil vom Patienten persönlich ausgeführt werden*, lediglich unter Anleitung des Hougans. Der Patient muß selbst seine Schwierigkeiten mit den Loas bereini-

Abbildung 10:
Das Peristyle. Auf der rückwärtigen Wand sind die Wappen der Kräfte zu sehen, die das Honfour tragen: die Schutzgottheit, die Société *und der Hougan.*

gen. In anderen Worten: der Patient behandelt sich selbst, und dies trägt zur weiteren Stärkung seiner Moral bei.*

Schließlich und endlich stellt die Handlung fast unvermeidlich eine erzieherische Maßnahme dar. Es handelt sich um eine Übung der Willenskraft; sie konzentriert die eigenen Kräfte und integriert die Persönlichkeit. Man muß zugeben, daß der lebensbejahende Effekt der Ausübung von Selbstdisziplin bemerkenswert ist. Anstatt ein objektives Schicksal nachgiebig hinzunehmen, setzen die Haitianer ein subjektives Versagen voraus, das sich korrigieren läßt. Man kann also abschließend feststellen, daß die Loas und der Hougan einen psychischen Schock durch Kanalisierung auf der physischen Ebene behandeln und die einzige Therapie verschreiben, die es für die Moral gibt: Aktion und Disziplin.[10]

5

Das Gleichgewicht zwischen den Welten

Die medizinische Behandlung stellt nur einen der Wege dar, auf denen der Hougan zwischen den Loas und den Menschen vermittelt. Man erwartet von ihm, daß er sowohl die Menschen als auch die loas vertritt. Wenn im Verlauf einer Zeremonie ein Loa übertriebene Forderungen stellt und beispielsweise das Hemd, den Ring oder das Geld eines Teilnehmers verlangen sollte, wird der Hougan Fürsprache für denjenigen einlegen. Agiert ein Geist so gewalttätig, daß die Gefahr besteht, daß er sein „Pferd" verletzt oder dessen Kleider zerreißen, wird sich der Hougan nach besten Kräften bemühen, den Loa zu besänftigen oder ihn ganz und gar fortzuschicken.

So hatte Guèdé bei einer Zeremonie einmal das seltene Glück, eine Dollarnote geschenkt zu bekommen. Unverzüglich begab er sich zu dem kleinen Essensstand, um etwas zu kaufen. Aber die Verkäuferin hatte kein Wechselgeld und es war eine sehr arme Frau, die es sich nicht leisten konnte, Guèdé auch nur ein einziges ihrer Brote zu schenken. Guèdé geriet in Wut darüber, daß es ihm nicht möglich war, etwas zu essen zu kaufen. Darüberhinaus legte er es als eine Respektlosigkeit aus und drohte ihr etliches Unheil an. In ihrer Verzweiflung rief die Verkäuferin den Hougan zu Hilfe. Er nahm Guèdé beiseite und erklärte ihm in ruhigem Ton – sozusagen von Mann zu Mann – die Situation. Schließlich steuerte er fünf Cents bei, so daß Guèdé essen konnte, die Frau ihr Geld hatte und der ganze Zwischenfall ohne Schwierigkeiten geklärt war. Bei einer anderen Gelegenheit, wo Loco erschien und sich besonders heftig und destruktiv benahm, wies man darauf hin, daß der Hougan den Loa unter Kontrolle

* Fast immer ist es so, daß ein Patient, so krank er auch sein mag, an den Ritualen teilnehmen muß, die mit der Behandlung seines Leidens zusammenhängen.

gebracht hätte, wenn man ihn sofort gerufen hätte (er war anderswo damit beschäftigt gewesen, sich um Einzelheiten der Zeremonie zu kümmern).[11]

So wie der Vater einer Familie seinen Vorfahren auf physisch-körperlicher Ebene am engsten verbunden ist, steht der Hougan, als ein spiritueller Vater, den Loas am nächsten. Der Hougan verhält sich ehrerbietig und respektvoll gegenüber seinen Loas, aber er weiß auch, wie er sie im Knoten eines Taschentuches „einsperren" kann und wie man einen lästigen Loa begräbt.[12] Der Loa ist auf den Hougan angewiesen, sowohl hinsichtlich seiner Energie – denn der Hougan versorgt ihn mit Nahrung – als auch was seine Möglichkeit angeht, in der Welt zu „leben". Folglich herrscht zwischen Hougan und Loa eine wechselseitige Abhängigkeit, die sich in ihrer Schattierung verändert. Der Hougan ist das Medium, durch welches sich die großen kosmischen Mächte manifestieren. Und wenn der Loa erscheint, begrüßt er zu allererst den Priester.

Es ist bezeichnend, daß La Mercis Behandlung sich im Kreise der Familie vollzog, ohne die Einbeziehung eines Hougan, obgleich man eventuell einen Priester konsultiert hätte, wenn Ogoun nicht den Kopf der alten Nachbarin „bestiegen" hätte. Es ist schwer zu sagen, wieviel Prozent der Haitianer ihren Loas im privaten Kreis der Familie verehren, wobei der Vater die Stelle des Hougan einnimmt.

Einen solchen Gottesdienst im familiären Rahmen veranstaltete eine alte Frau für ihren Sohn, und zwar hauptsächlich für Ogoun und Guèdé. Die kleine Hütte maß sicherlich nicht mehr als zehn Fuß im Quadrat (etwa drei Meter; Anm. d. Ü.). Das Bett, das die einzige Sitzgelegenheit war, hatte man an die Wand gerückt. Ein kleiner Tisch, über den ein weißes Tuch gedeckt war, diente als Altar, auf den man die Opfergaben plaziert hatte. Am Fuß des Altars, auf dem schmutzigen Fußboden, hatte man die Vevers gezeichnet und eine Kerze angezündet. Ein Verwandter, der die Lieder offenbar am besten beherrschte, fungierte als Houngenikon, während die Mutter (der Vater war gestorben) die Zeremonie als Mambo leitete.

Die meiste Zeit war sie besessen, zuerst von Ogoun und dann von Guèdé, und so übernahmen ihre Loas die hauptsächlichsten rituellen Aufgaben, wie zum Beispiel die Opferung des Huhnes, während sich ihr Bruder um die Details kümmerte, die zum reibungslosen Verlauf der Zeremonie beitrugen. Eine Nachbarin, von der bekannt war, daß sie einen mächtigen Guèdé in ihrem Kopf hatte, hatte man besonders dringend ersucht, an dem Ritual teilzunehmen und ihre göttliche „Fracht" zur Verfügung zu stellen, um die Wirkung der Zeremonie zu verstärken. Es war eine in jeder Beziehung bescheidene Zeremonie, da die Frau sich nichts Ausgesuchtes leisten konnte. Es wurden keine Trommeln verwendet, wobei nicht sicher ist, ob es daran lag, daß sie sich keine Trommeln beschaffen und den Trommlern den angemessenen Lohn zahlen konnte, oder daran, daß die Loas als Termin für die Zeremonie einen Wochentag festgesetzt hatten, und nicht einen Samstag oder Sonntag, also Tage, an denen das Abhalten von Zeremonien gestattet war. Vermutlich war letzteres der Grund, da man alle Aktivitäten auf das Innere der Hütte beschränkte.

Der Gesang war kraftvoll, und erfreulich viele Loas erschienen in den Köpfen der Teilnehmer. Als die Lautstärke in der Hütte zunahm, spielte und sang das „petit jazz", das kleine Drei-Mann-Orchester, das sich vor der Tür befand, seine Meringues* und Rhumbas lauter und lauter, um die Geräusche der Zeremonie im Inneren der Hütte zu übertönen und zu kaschieren. Die Tür mußte offenbleiben, damit etwas Luft in den Raum kam, und wenn man am Eingang saß, konnte man eine Fuge hören, in welcher die anregenden, bedeutungslosen, manchmal vulgären, offiziell erlaubten Rhumbarhythmen in verblüffender Weise die großartigen „illegalen" Lieder und göttlichen Anrufungen kontrapunktierten.[13]

In all seiner Bescheidenheit hatte dieser Gottesdienst eine Intensität, die dem Vergleich mit einer kunstfertig gestalteten Zeremonie eines Hougan standhalten konnte. Der intime Rahmen verlieh dem Ritual sogar eine Qualität großer, ursprünglicher Tiefe. Oder, wie die Haitianer es ausdrücken: diejenigen, die das Ritual ausführten und die Loas gehörten der gleichen Familie an, und ihnen war wirklich aneinander gelegen. Niemand stellte sich auffällig zur Schau. Vor allem bezahlt dieselbe Frau, die als Mambo fungierte, auch die Zeremonie, so daß es von daher keine überhöhte Preisforderung geben konnte.

Viele Haitianer dienen den Loas ausschließlich im Rahmen ihrer eigenen Familie. Sie verweisen darauf, daß ein richtiger Vater vertrauenswürdiger sei als ein Hougan. Sie berichteten von einem Fall, in dem ein ehrgeiziger Hougan einen Bossu kaufte; daraufhin verließen ihn aus Protest seine eigenen Familiengötter, die guten *Racine*-Loas. Von einem anderen Hougan wurde berichtet, er habe Honorare verlangt, von denen er ebensoviel in die dekorative Ausgestaltung seines Hounfors und in eine prunkvolle Darbietung investiert habe, wie in seine jeweils anstehende Aufgabe (siehe den Kasten auf Seite 194, Anm.d.Ü.).

Es gibt auch solche Hounfors, in denen kein vernünftiger Mensch seinen Pot-de-tête lassen würde, weil der Hougan eventuell versuchen könnte, seine eigenen Kräfte zu verstärken, indem er den Gros-bon-ange stiehlt. So versicherte die Frau mit dem mächtigen Guèdé in ihrem Kopf, daß sie ihren Loa niemals in ein Hounfor bringen würde, wo ein Hougan eventuell seine Kraft mißbrauchen könnte.

---

* Es handelt sich um den populären haitianischen „Ballsaal"-Tanz.

Zur gleichen Zeit, wo sie diese Kritikpunkte äußerten, zählten sie aber auch die Sanktionen auf, die es einem Hougan unmöglich machen, irgendeine Böswilligkeit zu weit zu treiben, denn er ist sich bewußt, daß die Möglichkeit, sich zum Gottesdienst in den privaten Kreis zurückzuziehen, eine „Konkurrenz" für ihn bedeutet. Wenn er sich einen Patientenkreis aufbauen will, muß er sich „beweisen", und zwar auf sehr pragmatische Weise. Er muß sich den Respekt erwerben, den man dem Vater oder der Mutter automatisch entgegenbringt. Wo die Eltern in gewissem Sinne für das Kind Götter sind, muß der Hougan den Beweis

Solche Hounfors, die deswegen getadelt werden, weil der Hougan ein zu großes Gewicht auf die „gangance" legt, sind dennoch streng zu trennen von den wenigen Hounfors in Port-au-Prince, in denen Zeremonien für Touristen vorgeführt werden. Solche Touristenzeremonien sind wiederum etwas vollkommen anderes als die „Tänze", die ein Hougan zu Ehren eines Loas veranstalten kann, wenn man ihm das erforderliche Geld gibt. Da Zeremonien eine kostspielige Angelegenheit sind, wird ein Hougan einen Beitrag zu den Kosten für eine wirkliche Zeremonie, die er einem Loa „schuldet", eventuell von einem häufigen Besucher seines Hounfors erbitten, der seine Gastfreundschaft in Form von Speisen, Getränken und allgemeinen Annehmlichkeiten genossen hat. Dasselbe gilt auch für die weniger teuren Tänze, die dessen ungeachtet noch immer minimale Aufwendungen erfordern. Ein solcher Tanz ist mehr oder weniger vergleichbar mit einer Party für das Hounfor, aus Freundschaft zum Hougan und der Société. Beide Arten von Veranstaltungen sind vollkommen annehmbar und zu unterscheiden von falschen „Zeremonien" – die sowohl in Einzelheiten als auch im allgemeinen absichtlich unkorrekt durchgeführt werden – deren hauptsächlicher Zweck darin besteht, an den Touristen zu verdienen. Es ist merkwürdig, solche Reisende zu beobachten, die in ihrem eigenen Land peinlich genau darauf achten, sich mit „Gegeneinladungen" zum Mittagessen oder zu einer Party oder mit Weihnachtsgeschenken und Neujahrskarten zu revanchieren, die sich schämen würden, ein schlechtes Bild durch eine zu geringe Gabe auf dem Kollektenteller abzugeben und die durch ihre Spenden die katholische Kirche am Leben erhalten. Dieselben Leute sind in einem Land wie Haiti häufig desorientiert und betrachten die Erwartung einer Gegenleistung herablassend als eine Art Geschäftemacherei, die ihnen besonders suspekt erscheint, wenn sie in Zusammenhang mit dem Vaudou auftritt. Es ist wirklich unsinnig anzunehmen, daß ein Hougan, dessen Gemeindemitglieder nahezu ohne einen Pfennig dastehen, weniger auf Spenden angewiesen sein sollte als ein Pastor oder Priester einer amerikanischen Kirchengemeinde. Darüberhinaus darf man nicht vergessen, daß es sich beim Hounfor um den Privatbesitz des Hougan handelt, daß die Zeremonien und Tänze die privaten Leistunge der Société sind, und daß ein Besucher, gleichgültig ob er nur zufällig vorbeigekommen ist oder eingeladen wurde, in jeder Hinsicht ein privilegierter Gast ist. Wenn jemand eine erhaltene Leistung nicht in angemessener Weise vergilt, stellt dies nicht nur ein schlechtes Benehmen dar, sondern auch eine demütigende Anmaßung den Haitianern und ihrer Religion gegenüber. Es ist allerdings eine ebensolche Anmaßung, um die Bezahlung des Hougans ein großes öffentliches Aufheben zu machen, als sei er der Chef eines Nachtclubs, welcher für seine Mäzene eine erfolgreiche Show auf die Bühne gebracht hat. Die Lebensumstände auf dem Dorf machen ein wirkliches Privatleben eigentlich unmöglich; stattdessen haben die Haitianer ein großes Maß an Formalismen und Diskretion entwickelt. Und sie verachten mit Recht solche Besucher, die darauf pochen, Repräsentanten einer „fortschrittlichen" Kultur zu sein, aber häufig eine soziale Kultiviertheit, wie sie die Haitianer besitzen, vermissen lassen.

erbringen, daß er einen noch besseren Zugang zur göttlichen Macht besitzt. Und selbst wenn man einem Hougan in dieser Hinsicht eine allgemein größere Macht zugesteht als dem Vater, gibt es keine festgesetzte Rangordnung unter den Hougans im einzelnen. – Jeder von ihnen befindet sich gewissermaßen im Wettstreit mit allen anderen.[14]

Jedes Unvermögen, ein Leiden zu heilen beziehungsweise die Schwierigkeiten seiner Gemeindemitglieder zu lösen – seien es Konflikte mit ihren Loas oder Probleme ihres täglichen Lebens – ist ein Gradmesser mangelnder Kontrolle eines Hougans über die göttlichen Kräfte; seine Fehlschläge lassen erkennen, welchen „Stand" er ihnen gegenüber hat. Mehren sich derartige Vorfälle, wendet sich seine Gemeinde einem anderen Priester zu. Eventuell nimmt jemand, der einen Gegenstand, der ihm persönlich heilig ist, in die Obhut eines solchen Hougans gegeben hat, ihm dieses Objekt wieder ab. Eventuell werden religiöse Versprechungen widerrufen. Und sollte es dem Priester einfallen, einen Patienten, der ihn verläßt, dadurch zu bestrafen, indem er ihm den Fluch einer Krankheit oder eines Unglücks hinterherschickt, wird sich der Serviteur an seinen neuen und mächtigeren Hougan wenden, damit dieser ihn schützt und den Fluch aufhebt.*

Der Hougan ist also die Hauptperson in einer hierarchischen Struktur, aber trotzdem einer demokratischen Kontrolle unterworfen. Er ist abhängig von der Kontinuität eines Kreislaufes oder vielmehr eines spiralförmig verlaufenden Prozesses, der ihm aufgrund der Kontrolle, die er über die Loas besitzt, den Zugang zu einer umfassenderen göttlichen Kraft öffnet. Dieser Kraft muß er im Gegenzug vorschriftsmäßig dienen, damit er sie steuern kann, und er muß seine Leistung ständig unter Beweis stellen.[15] Er besitzt hauptsächlich deshalb einen Vorteil gegenüber einem Vater, der die Rolle eines Hougans einnimmt, weil er über eine größere *Connaissance* und Macht verfügt – die er durch seine Lehrzeit und die Proben errungen hat, welche seinen stufenweisen Aufstieg in der Hierarchie markieren; aber er ist – im Gegensatz zu einem Vater – niemals der persönlichen Loyalität seiner „Familie" sicher, einer Loyalität, welche die „Familienmitglieder" toleranter gegenüber den Mängeln des Hougans machen und ihn jedes Vergleiches mit der Konkurrenz entheben würde.

Der Hougan ist ein Mann auf dem Hochseil. Dies kommmt sogar in seiner Art zu gehen zum Ausdruck, nämlich mit einem gewissen Bewußtsein von Balance. Er ist intelligenter, wahrnehmungsfähiger und leistungsfähiger als ein Durchschnittsmensch, denn die mit seiner Position verbundenen Anforderungen sind

* Es hat schon Fälle gegeben, in denen ein junger Hougan seinen spirituellen Vater sitzenließ – also den Hougan, der ihn für den Priesterberuf ausbildete und ihm die Asson gab; soetwas kommt jedoch ziemlich selten vor.

dergestalt, daß ein quasi „natürliches Ausleseprinzip" den bloßen Durchschnitt ausscheidet. Er lebt in einem Zustand der Anspannung, der seiner Persönlichkeit eine merkwürdige Ambivalenz verleiht. Manchmal wirkt er seltsam distanziert und abwesend, zu einem anderem Zeitpunkt wieder höchst aufmerksam. Er kann einmal großzügig und einfühlsam, bei einer anderen Gelegenheit wieder reizbar und überempfindlich sein. Bei manchen Anlässen setzt er seine herausragende Stellung mit fast aristokratischer Lässigkeit in Pose; bei anderen Anlässen wiederum erhält man einen plötzlichen Einblick in den Charakter seiner harten Lehrzeit und Ausbildung, und zwar dann, wenn er die gewöhnlichsten rituellen Aufgaben geschickt und schnell ausführt.

Seine Lage wird weiterhin durch den Umstand erschwert, daß er sich zwar – im Gegensatz zu einem leiblichen Vater – niemals der Liebe und der Loyalität seiner „Kinder" sicher sein kann, daß aber dessen ungeachtet sein ganzer Hounfor auf denselben Prinzipien aufgebaut ist, nach denen man die jungen Leute auch in der Familie erzieht. Der Hougan erzieht seine „Söhne" und „Töchter" und erhebt sie eventuell in den Stand einer spirituellen Erwachsenenreife, nämlich der Priesterschaft, auf eine Ebene, wo sie in einer gleichberechtigten Beziehung zu ihm stehen und mit ihm konkurrieren können.

Das empfindliche Gleichgewicht der Position des Hougans kommt symbolisch deutlich zum Ausdruck in einem ganz bestimmten rituellen Detail, das praktisch im Anfangsteil jeder Zeremonie vorkommt. Der La-place, der den Loa repräsentiert (im Unterschied dazu jedoch nicht von ihm besessen ist), welcher die Schutzgottheit des Hounfors ist, betritt mit einem Schwert das Peristyle, flankiert von zwei Hounsis, die die Zeremonialflaggen tragen, welche für die *Société* stehen. Alle drei grüßen zuerst die vier Himmelsrichtungen, dann den Poteau-mitan, danach die Trommeln und schließlich den Hougan. Diese letzte Begrüßung ist häufig spannend ausgearbeitet. – Der Hougan mit seiner Asson in der Hand auf der einen Seite, und der La-place, der sein Schwert hält und von den beiden Flaggen flankiert wird, auf der anderen, scheinen sich in eine merkwürdige Art von Scheingefecht zu verwickeln. Sie berühren sich zwar nicht wirklich, aber das Schwert treibt die Asson zum Rückzug und wird dann wiederum gezwungen, sich seinerseits zurückzuziehen. So geht es hin und her – das Schwert droht und schwingt, die Asson rasselt und läutet. Es steht außer Frage, daß es sich hierbei um die Neuinszenierung eines Wettbewerbs handelt, und zwar der gemeinsamen Stärke der Loas und der *Société* gegen die Macht des Hougans. Der Ausgang des Kampfes ist äußerst aufschlußreich. Der La-place beziehungsweise der von ihm repräsentierte Loa, und die beiden Flaggenträgerinnen, die die *Société* vertreten, verneigen sich und küssen die Erde zu Füßen des Hougans zum Zeichen ihres Respektes. Gleichzeitig küßt aber auch der Hougan die Spitze des Schwertes und der beiden Fahnen. Daraus folgt, daß die Herrschaft des Hougan über die Loas und die Menschen anerkannt wird, ihm aber zugleich die Verantwortung für diese Macht auferlegt wird – die Verantwortung für die Grundsätze, nach denen die *Société* beziehungsweise die Gemeinde strukturiert ist, ebenso wie die Verantwortung für das göttliche Prinzip.[16]

6

Das Hounfor

Der Begriff Hounfor bezeichnet den heiligen Bereich, innerhalb dessen sich sämtliche religiösen Aktivitäten abspielen. Darin eingeschlossen sind schließt die heiligen Bäume, die diversen Gebäude wie die einzelnen Altarräume, das Peristyle, kleine Hütten für die Kranken, alle heiligen und rituellen Objekte, zeremoniellen Ausrüstungsgegenstände und sonstiges Beiwerk ebenso wie die Gemeindemitglieder und das Personal. Der Begriff Hounfor bezieht sich allerdings manchmal auch nur auf den kleinen Raum (der auch *Ghuevo* heißt), der einen Altar (*Pé* oder manchmal auch *Sobagui* genannt) für einen bestimmten Loa enthält.[17] So wird begrifflich unterschieden zwischen diesem Raum und dem angrenzenden Peristyle sowie den restlichen Gebäuden. Der Altarraum ist ausschließlich für religiöse Handlungen und Gegenstände bestimmt, während sich das weltliche Leben zwangsläufig auf dem ganzen Hof abspielt – eingeschlossen das Peristyle, wenn dort nicht gerade eine Zeremonie stattfindet. Um eine Begriffsverwirrung zu vermeiden, werde ich die einfache Bezeichnung Hounfor auf den folgenden Seiten dann verwenden, wenn ich mich auf die Gebäude, die heiligen Objekte, die in ihnen untergebracht sind, und auf das Personal beziehe. Spreche ich hingegen von einem Altarraum, werde ich darauf besonders hinweisen, indem ich den Namen desjenigen Loa angebe, dem dieser Raum geweiht ist, beispielsweise „Damballahs Hounfor".*

Das äußere Erscheinungsbild eines Hounfors in der Stadt unterscheidet sich außerordentlich von dem eines ländlichen, und es variiert von Distrikt zu Distrikt. In der Stadt gibt es unter Umständen überhaupt keinen Hof, sondern lediglich ein kleines Gebäude, das in ein, zwei oder drei Altarkammern unter-

---

* Man muß im Gedächtnis behalten, daß mit der Übertragung vaudouistischer Ausdrücke ins Englische (sowie auch ins Deutsche; Anm. d. Lektors) – eine Sprache, die wiederum in Verbindung steht mit den heiligen Gegenständen und den Gebräuchen des Christentums – unvermeidlich eine Begriffsverzerrung einhergeht. So bezeichnet das Wort „Sobagui" beispielsweise einen Gegenstand beziehungsweise eine Konstruktion, die nur ganz allgemein mit dem verglichen werden kann, was wir unter einem Altar verstehen. Dieser Sobagui besitzt jedoch ein äußeres Erscheinungsbild und erfüllt eine Funktion, die speziell auf den Vaudou abgestimmt sind – und dieses äußere Aussehen sowie die Funktion des Sobagui haben in mehrfacher Hinsicht überhaupt nichts mit denen eines Altars zu tun.

teilt ist, sowie ein angrenzendes Peristyle für die zeremoniellen Handlungen und Tänze. Die Wände des Peristyles können relativ hoch sein, um auf diese Weise eine Privatsphäre zu schaffen; eventuell umgeben sie den ganzen Bereich, so daß eine große Halle entsteht. Auf dem Land kann ein einigermaßen erfolgreicher Hougan ein Hounfor nach dem Vorbild eines Gutes anlegen; eine solche Anlage schließt viele Gebäude ein, sogar verschiedene Peristyles, von denen jeweils eines dem Rada-, eines dem Petro-, eines dem Ibo- und eines dem Congo-Kult gewidmet ist. In einigen Gegenden kann man ein Hounfor sofort erkennen, und zwar nicht nur an der Gestaltung und der Anlage der Gebäude, sondern an den außerordentlich vielen Verzierungen und Symbolen, die diese Bauten schmücken. In anderen Regionen wieder fehlt eine derartig eindeutig erkennbare Anordnung oder sichtbare Darbietung völlig. Selbst der Altarraum kann außerordentlich – und trügerisch – schmucklos sein, klein, mit ungestrichenen Wänden, und als Altar lediglich einen rohen, taillenhohen Zementblock enthalten. Es ist fast unmöglich, solch einfach gestaltete Räume als heilige Hounfors zu identifizieren.

Der Unterschied zwischen derartigen Extremen läßt sich nur zum Teil aus den Unterschieden des Vermögens, des Geschmackes und lokaler oder familiärer Traditionen erklären. Er scheint vor allem den Status der Religion widerzuspiegeln, der von Region zu Region variiert. Der rechtliche Status des Vaudou ist höchst vieldeutig und wird letztendlich bestimmt von der persönlichen Meinung des jeweiligen Distrikt-Polizeichefs. In der Region um Jeremie zum Beispiel ist der Widerstand der Behörden gegen den Vaudou so absolut, daß man eventuell Monate in dieser Gegend verbringen kann, ohne eine einzige Trommel zu hören. Natürlich werden Zeremonien und Tänze abgehalten, aber in entfernten Gegenden, in den Tälern und unter strengsten Geheimhaltungsmaßnahmen. Die Einheimischen haben sogar Angst davor, sich anmerken zu lassen, daß sie das Wort „Vaudou" kennen, wenn ein Fremder es in den Mund nimmt, so daß man den Eindruck gewinnen könnte, man habe ihnen unter Androhung irgendeiner sehr drastischen Strafe verboten, einen Besucher die Existenz solcher religiöser Rituale auch nur ahnen zu lassen. In Anbetracht einer derartigen Intoleranz seitens der Polizei und der Kirche von Jeremie war es eine wirklich lehrreiche Erfahrung, als man mich einlud, einen Arzt auf eine Visite zu begleiten, die einen dreistündigen Ritt auf dem Rücken eines Maulesels in die tiefe Abgeschiedenheit der Berge erforderte. Dort stellte sich heraus, daß ihn ein alter Hougan gerufen hatte, der an Nierenbeschwerden litt und in den Vorzug der modernsten Medikamente kommen wollte. Die Haltung des Hougans dem Arzt gegenüber war zugleich respektvoll und würdevoll, und er begriff offensichtlich, daß die ärztliche Schweigepflicht ihn vor einem Verrat schützte, so wie sein eigener Kodex ihn davon abhalten würde, ein Mitglied seiner Gemeinde an die Polizei zu verraten. Es ist klar, daß die Leute in Gegenden wie dieser alles versuchen, um zu verbergen, daß sie den Vaudou praktizieren, und daß sie es vermeiden, die entsprechenden leicht zu identifizierenden und auffälligen Gebäude oder Gegenstände herzustellen. Daher existieren in solchen Gegenden praktisch keine Hounfors im Sinne von Gebäuden und Ausrüstungsgegenständen. Auch die Zeremonien, das Trommeln und die Tänze werden weniger formell und fachgerecht gestaltet als anderswo, da die Leute relativ wenig Gelegenheiten haben, diese Ausdrucksformen zu praktizieren und zu entfalten; bisweilen sind nicht einmal die elementarsten Formen erhalten.*

In der Umgebung von Port-au-Prince wird die Ausübung des Vaudou aus politischen Gründen (die auszuführen an dieser Stelle zu weit führen würde) in bestimmten Grenzen mehr oder minder akzeptiert. Auf dieser einigermaßen sicheren Basis konnten die im Vaudou angelegten Ausdrucksmöglichkeiten entsprechend kreativ gestaltet und in der Architektur sowie der rituellen Ausrüstung umgesetzt werden. Die Hounfors dieser Gegend, für die der Grad ihrer künstlerischen Gestaltung charakteristisch ist, sind indes nicht typisch für Haiti.

Auf den ersten Blick erweckt ein Hounfor den Eindruck einer gut geplanten und fachgerecht in Ordnung gehaltenen Anlage. Es vermittelt eindeutig den Eindruck einer architektonischen Einheit, die der Umgebung angepaßt ist, einer Ganzheit der Form, die durch einen besonderen Eingang zu diesem Grundstück konzentriert wird. Solch ein Eingang hat eine formale Bedeutung, die er auch dadurch nicht im mindesten einbüßt, daß die Anlage nicht eingezäunt ist, oder höchstens durch eine angedeutete Umzäunung markiert wird, und daß man daher noch auf vielen Wegen, außer dem Haupteingang, kommen und gehen kann. Unmittelbar hinter dem Eingangstor, auf der Innenseite des Grundstückes, befinden sich gewöhnlich zwei Bäume, die Legba geweiht sind, dem Schutzgott der Tore, Eingänge und Kreuzungen. Über das ganze Grundstück in Hülle und Fülle verstreut sieht man Bäume, die anderen Gottheiten heilig sind. Da es sich um geweihte Bäume handelt, sind sie dem Schicksal entgangen, als Brennholz gefällt zu werden, und spenden dem Hounfor eine ganz spezielle, angenehme Atmosphäre von Kühle und Schatten. Um den unteren Teil des Stammes dieser heiligen Bäume –

* Bei solchen Beobachtern des Vaudou, die aus einem Kulturkreis stammen, dessen Religion eine Vorliebe für Abstrakta und Askese impliziert – wie zum Beispiel der Protestantismus – ist eine Tendenz erkennbar, dem Vaudou dort eine besonders reine, tiefgründige oder authentische Qualität zuzuschreiben, wo er gezwungenermaßen besonders „asketische" Formen angenommen hat. Gleichzeitig betrachten sie die Hounfors anderer Gegenden, die ihre Freude an dekorativer Ausgestaltung voller Stolz zum Ausdruck bringen, als ein wenig suspekt und frivol. Indes handelt es sich bei der Vorstellung, Schönheit und sinnliches Vergnügen seien eine Sünde, um ein typisch puritanisches Konzept; im Vaudou hingegen – wie auch in den meisten anderen Religionen – gehören diese Qualitäten zu den ganz besonderen Freuden der Götter.

Reposoir genannt – ziehen sich gewöhnlicherweise Blöcke oder Abflußrinnen aus Lehm oder Zement. Die Grundstücke sind grundsätzlich sauber gefegt und man findet Blumenbeete, die keine besondere äußere Form besitzen, aber farbenfroh gestaltet sind. Ein weiteres reizvolles Element sind die weißen Tauben und andere Taubenarten sowie Hühner, schön gezeichnete Perlhühner und anderes Geflügel, das auf dem ganzen Grundstück herumläuft und sich bei Sonnenuntergang zum Schlafen auf die Bäume setzt. Da das Hounfor gewöhnlich ein Teil der Plantage des Hougans ist, wird es häufig von Bananenbäumen umsäumt, deren riesige Blätter einen fast vollkommenen Schatten spenden und den Anblick grüner Korridore erwecken, während ihre langsamen Bewegungen den Eindruck einer kühlen, submarinen Allee verstärken. Fast alle Bauwerke sind strahlendweiß getüncht, außer speziellen Hounfors, die zu Ehren bestimmter Loas in einem hellen Rosa oder Blau gestrichen sind. Nahezu sämtliche Gebäude sind mit Stroh gedeckt, obwohl man dazu übergeht, diese äußerst kühlende Überdachung in etwas großtuerischer Weise durch Wellblech zu ersetzen, das – im Gegensatz zu Stroh – die Hitze absorbiert und ins Innere des Peristyles leitet. Obwohl mehrere Peristyles vorhanden sein können, ist das Peristyle für die Rada-Götter sichtbar größer und kunstvoller gestaltet als die anderen.* Es ist umgeben von einer ungefähr drei Fuß (ungefähr ein Meter; Anm. d. Ü.) hohen Mauer und besitzt Eingänge auf drei Seiten. An der Stelle, wo sich diese Wege, die ins Innere des Peristyles führen, schneiden würden, befindet sich der Poteau-mitan, das herausragende architektonische und zeremonielle Element des Peristyles, das gewöhnlicherweise in farbenfrohen Mustern bemalt ist, die sich spiralenförmig nach oben winden. Auch die kleineren Pfosten, die das Peristyle säumen, sind verziert. Um den Fuß des Poteau-mitan herum ist ein etwa dreißig Zentimeter hoher, runder Absatz aus Zement gemauert, der als Altar dient, und auf den die Opfergaben im Laufe der Zeremonie gelegt werden. Auf einer Seite des Peristyles erstreckt sich ein Gebäude, das aus einem einzigen, langgezogen Raum bestehen kann, jedoch gewöhnlich in drei Zimmer unterteilt ist, die bestimmten Gottheiten geweiht sind. Ihre Eingänge führen ins Peristyle hinaus. Außer den Türen (die manchmal während der Zeremonien geöffnet bleiben) können an diesen Eingängen noch zusätzlich Türvorhänge nach der Art von Perlenvorhängen angebracht sein, die aus kleinen aufgefädelten, bunten Bambusstückchen bestehen. Dadurch kann frische Luft in die Räume gelangen. Sie verhüllen das Innere und verleihen den weißgetünchten Wänden einen lebhaften Farbtupfer. Diese wichtigste Wand der Anlage kann mit dem „nom vaillant" (Kriegsnamen)[18] des Hougan, dem Symbol des Loa, der der

* Siehe Bild Nr. 10, S. 190. – Ich möchte besonders hervorheben, daß die zugehörige Schilderung auf der Grundlage von Beobachtungen entstanden ist, die ich in den Gebieten von Port-au-Prince, Leogone und Jeremie gemacht habe; sie soll keineswegs als typisch für *alle* Hounfors gelten.

Herrscher des Hounfors ist, und mit dem Wappen der *Société* verziert sein. In den einzelnen Altarkammern richtet sich die Gestaltung sowohl des Altars als auch der in diesen Räumen befindlichen Gegenstände nach dem jeweiligen Loa, dem dieses Zimmer geweiht ist. So findet sich in einem Zimmer für Damballah (das er mit Ayida, und gewöhnlich auch mit Agwé und La Sirène teilt) das Wasserbekken[19]; die Symbole der Loas sind als Wandmalerei über dem Bassin und dem Altar angebracht. Auf dem Altar sind die verschiedenen rituellen Gegenstände plaziert, die Pierre-Loas[20], die Farbdrucke der entsprechenden katholischen Heiligen, die man mit den jeweiligen Loas identifiziert, sowie die Opfergaben für die Götter und sämtliche Ausstattungsstücke wie z.B. Kopftücher*, Spazierstöcke, Säbel und andere Objekte, die von den Loas benützt werden, wenn sie sich manifestieren. Eine mit Öl gefüllte Schüssel, in der ein brennender Docht schwimmt, steht normalerweise in der Mitte. In jedem Hounfor, egal welcher Größe, gibt es im allgemeinen einen Raum, der Erzilie geweiht ist und der durch den Zauber und den Luxus seines Zubehörs auffällt. Hier liegt ihr Schmuck, ihr Spiegel, Kamm und Bürste, ein Stück Seife, mehrere Flaschen Eau de Cologne und Parfüm sowie eventuell das Kleid, das ihr geweiht ist. Das ganze Zimmer ist geschmückt mit einer solchen Fülle an gemalten, künstlichen und natürlichen Blumen, daß eine unvergleichlich feminine Gesamtwirkung entsteht. Ein besonderer Raum ist gewöhnlich dem Loa zugeeignet, der über das Hounfor herrscht. Wenn es sich um Ogoun handelt, ist das auffälligste Ausstattungsstück ein Säbel, der direkt vor dem Altar im Boden steckt. In diesem Zimmer werden die Flaggen der *Société* aufbewahrt sowie der Govi, in dem der Hougan den Loa anruft, und die Pots-de-tête derjenigen, die unter der Schutzherrschaft dieses Loa initiiert wurden. Hier bewahrt der Hougan üblicherweise seine Asson auf sowie die zeremoniellen Perlen der Initiierten, falls er die Gewohnheit besitzt, sie in seiner Obhut zu behalten.** Die Bilder St. Jacques' und Darstellungen anderer Heiliger, die mit einem der Aspekte Ogouns identifiziert werden, kleben an der Wand, und auf dem Altar befinden sich etliche rote Kopftücher und mehrere Flaschen Rum, in Erwartung auf sein Erscheinen. Hat zum Beispiel Azacca eine besondere Bedeutung für den Hougan, kann auch ihm ein Zimmer zugeeignet sein. Hier würden sich große Strohhüte und mehrere der großen rucksackähnlichen Strohtaschen befinden, wie sie Bauern gewöhnlich tra-

* Jeder Loa besitzt ein derartiges Kopftuch in der ihm heiligen Farbe. Diese Tücher verwendet man während der Zeremonie zu dekorativen Zwecken; aber die Loas selbst benützten sie, um sich damit den Schweiß abzuwischen, der ihnen zwangsläufig im Laufe einer Zeremonie beziehungsweise eines Tanzes ausbricht.

** Diese Perlenketten bestehen aus zwei langen Strängen – einem einfachen „männlichen" und einem doppelten „weiblichen" Strang, die in jeder siebten Perle zusammenlaufen. Diese Ketten werden so getragen, daß sie sich vor der Brust des Initiierten überkreuzen. Die beiden Perlenstränge sind jeweils an der Stelle zusammengebunden, an der sie sich auf dem Rücken und vor der Brust der Person kreuzen. (Man beachte diese Perlenketten auf dem Bild Nr. 2, S. 60).

gen. In einigen dieser Macouttes befindet sich dann etwas Essen und ein Schluck Clairin für Azacca. Zweifellos liegt hier auch die Bauernbluse aus Zwillich mit ihrer Passe und ihrer reichen weißen Stickerei, die man Azacca anzieht, sobald er sich manifestiert. Gelegentlich, allerdings recht selten, gibt es in einem Hounfor eine Kammer für Guèdé. Falls eine solche vorhanden ist, enthält sie ein faszinierendes Sortiment von Gegenständen. – Hier findet man eine Waage, mit welcher er die Seelen wiegt, drei Spitzhacken, drei Schaufeln und drei andere Hacken, diverse Sorten von Schädeln, ein oder mehrere phallische Objekte und ein *Tabour maringué*, sein spezielles und bevorzugtes Instrument.* In irgendeiner Ecke jedes Hounfors jedoch findet man das allgemein gebräuchliche Symbol für Guèdé. Hierbei handelt es sich gewöhnlich um einen grabähnlichen Erdhügel – es kann aber auch ein Zementgrab sein – oder um einen Grabstein mit einem Kreuz darauf. An verschiedenen Stellen über das Grundstück verteilt, können weitere heilige Objekte und Gebäude zu finden sein: ein großes Kreuz für Simbi, ein Freiluftbassin für Damballah, Ayida und Agwé**, die traditionelle Peitsche, die im Petro-Peristyle hängt und andere rituelle Gegenstände. Die Trommeln hängen gewöhnlich an einem Dachsparren des Peristyles. In einem Hounfor, das separate Peristyles für Rada-, Petro- und Congo-Zeremonien besitzt, hängen auch die zugehörigen Trommeln im entsprechenden Peristyle. Von der ganzen heiligen Ausstattung eines Hounfors sind die Trommeln – insbesondere die Rada-Trommeln – die wohl wichtigsten Stücke. Auf jeden Fall sind sie diejenigen Objekte, denen das größte Maß an göttlicher Kraft zugesprochen wird. So ist die Asson beispielsweise in fremden Händen ein wertloses Instrument. Der Hougan andererseits ist ohne sie nicht machtlos, sondern nur erheblich eingeschränkt. Ein Trommler hingegen nimmt überhaupt keinen besonderen Platz in der religiösen Rangordnung ein. – Die Trommeln selbst bilden die heilige Stimme, mit der die Loas angerufen werden, und sie sind gleichzeitig auch die Stimme der Loas. In der Rangfolge der zeremoniellen Begrüßung kommen die Trommeln nach den vier Himmelsrichtungen und dem Mittelpfosten, aber noch vor dem Hougan an die Reihe.***

Abb. 11, S. 203, oben: Bassin für Damballah. Wenn dieses Becken mit Wasser gefüllt ist, wird es von Damballah und Agwé benützt. Die Schlangen, Regenbögen und das Ei auf der Rückwand des Bassins repräsentieren Damballah und Ayida; das Boot und der Fisch, die auf der linken Wand des Beckens abgebildet sind, stehen für Agwé.

Abb. 12, S. 203, unten: Barque d' Agwé. Dieses reich verzierte Floß wird mit den Opfergaben für Agwé beladen, dann setzt man es auf dem Meer aus und läßt es treiben. An der Stelle, unter der auf dem Grund des Meeres der Wohnsitz des Loa liegt, sinkt die Barke.

---

* Diese Trommel kennt man auch als Kinderspielzeug.

** Siehe Bild Nr. 11, S. 203.

*** Eine ausführliche Schilderung der Trommeln findet sich im VI. Kapitel, das sich speziell mit der Musik und den Tänzen beschäftigt.

AIDA WOÈDO

7

Die Tore zur Welt der Götter

Kein einziges Stück dieser umfangreichen und komplexen Ausrüstung besäße den geringsten religiösen Wert, wenn es nicht vorschriftsmäßig geweiht wäre. Die Loas müssen in die gesamte Ausstattung und speziell in das Peristyle „eingeführt" sowie rituell in ihre jeweiligen Kammern geleitet werden. Sämtliche Gerätschaften, die in irgendeiner Form an einer religiösen Handlung Anteil haben, müssen vorschriftsmäßig getauft werden. Die wichtigsten Gegenstände – wie zum Beispiel die Trommeln – werden gesondert im Namen des Loa getauft, dem man sie speziell zueignen möchte. Die restliche Sammlung von Objekten aller Art kann gemeinschaftlich im Namen des Schutzgottes des Hounfors oder im Namen aller Hauptgötter des Vaudou-Pantheons getauft werden. Es überrascht daher nicht sonderlich, daß die Taufe die am häufigsten vollzogene Zeremonie ist. Die Funktion dieses Rituals besteht darin, den Gegenstand mit göttlicher Essenz zu erfüllen, und je nach Wichtigkeit des Objektes ist diese Zeremonie mehr oder weniger umfangreich ausgearbeitet. So wird den Loas für die Taufe von Kopftüchern oder anderer weniger wichtiger Gegenstände nur ein symbolisches Opfer dagebracht. Die Taufe der Trommeln oder der Asson hingegen ist oftmals Bestandteil einer größeren Zeremonie, in deren Rahmen den Loas ein reichhaltiges Speiseopfer dargebracht wird, um ihre Gunst und ihre Macht zu fördern. Manchmal kommt es auch vor, daß die Loas

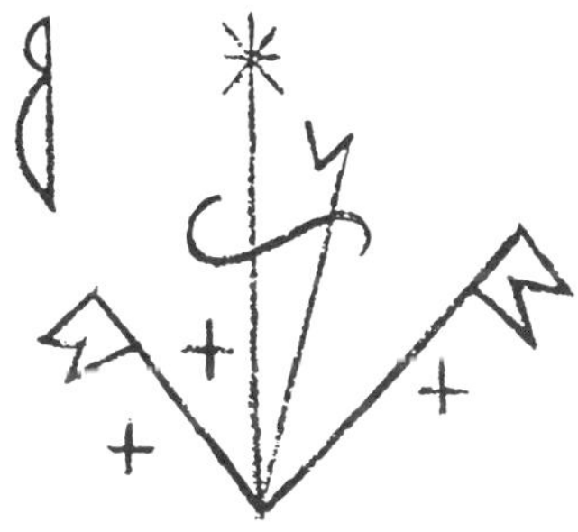

Vever für St. Jacques.

Abbildung 13, Seite 204, oben: Petro-Trommeln werden mit Fell bespannt. Für diese mit den Händen geschlagenen Instrumente verwendet man Ziegenfell.

Abbildung 14, Seite 204, unten: Freudentanz. In Ergänzung zu einer Zeremonie veranstalten die meisten Hougans gelegentlich religiöse Tänze, die den rituellen Bräuchen entsprechen, aber einen vorwiegend fröhlich-festlichen Charakter haben.

selbst erscheinen, um den Gegenstand persönlich zu taufen. Dies stellt die „stärkste" Taufe dar, die es gibt.

Hat ein Objekt erst einmal die Taufe empfangen, ist sein Gebrauch ausschließlich auf heilige Zwecke beschränkt. Einen solchen Gegenstand anderweitig zu verwenden, stellt eine Entweihung dar, die die Loas unter Umständen streng bestrafen. So „lieh" sich beispielsweise eines Tages ein Mädchen ein Guèdé geweihtes Kopftuch aus, um damit in die Stadt zu gehen, denn es hatte kein anderes. Am nächsten Morgen litt das Mädchen unter sehr starken Kopfschmerzen, die sich über mehrere Tage dahinzogen – solange, bis man schließlich Guèdé anrief und dieser den Grund für sein Mißfallen und seine Bestrafung erklärte. Der Unterschied zwischen Gegenständen, die eine Person selbst besitzt, und solchen, die ihren Loas gehören, wird sehr streng beachtet. Dies bedeutet jedoch nicht, daß das heilige Objekt von dem Menschen, in dessen Besitz es sich befindet, völlig getrennt ist. Wenn jemand beispielsweise ein geweihtes Kopftuch zufällig verliert, verleiht dieser Gegenstand dem Finder nicht die entsprechende oder gar keine Macht; eine vorsätzliche Verwendung desselben Tuches hingegen zieht eine sehr strenge Bestrafung nach sich. Darüberhinaus ist es sehr einfach, einem Gegenstand die göttliche Essenz wieder zu entziehen. Selbst die Trommeln können einfach „degradiert" werden, denn man muß lediglich eine Kerze anzünden und den Geistern in den Trommeln bedeuten, sich zu entfernen – etwa um die Trommeln zu verkaufen oder aus welchen Gründen auch immer. So handelt es sich bei der Taufe, die die Grundlage sämtlicher ritueller Handlungen darstellt, für sich gesehen zugleich um die einfachste Zeremonie.

Wenn man sämtliche Einzelheiten, die mit der Taufe von Gegenständen verbunden sind, in ihrer Gesamtheit betrachtet, stellt man fest, daß die Taufe die götttliche Essenz weniger auf das Objekt *per se* überträgt, sondern vielmehr aus ihm ein „Tor" macht, durch welches die göttliche Energie von denjenigen Personen in die stoffliche Welt hineingezogen werden kann, die den Schlüssel für diese „Tür" besitzen, nämlich den Namen des jeweiligen Loa.* Der Besitzer

* Es wurde bereits weiter vorne darauf hingewiesen, daß es sich bei der vaudouistischen Taufe um kein aus dem Christentum übernommenes Ritual handelt, sondern einfach nur um eine Fortsetzung alten afrikanischen Brauchtums. Das Konzept des *Namens* beinhaltet zugleich den spezifischen Charakter, für den dieser Name steht. Daher setzt das Wissen um den Namen und seine exakte Aussprache jemanden in den Stand, den damit verbundenen Geist anzurufen. Dieses Konzept taucht in der einen oder anderen Form in allen Religionen, Mythologien und Volksbräuchen auf. Eines der sprechendsten Beispiels hierfür ist das Märchen des „Sesam öffne dich". Aber auch der weitverbreitete Brauch, die Flugzeuge der Luftwaffe im Krieg nach irgendeiner „Königin" der Bühne oder des Films zu benennen (in der versteckten Absicht, ihren speziellen Schutz anzurufen), stellt eine Variante dieses unausrottbaren, weltweit praktizierten Brauches dar – so verwässert und unrichtig dies in solch einem Fall auch ist.

dieses Gegenstandes hat also Zugang zu den göttlichen Kräften, aber er besitzt nicht die göttliche Macht selbst, und er kann auch keine uneingeschränkte Kontrolle über diese Energie ausüben, wenn sie sich in Aktion befindet. Wenn man das getaufte Objekt als eine solche „Tür" ansieht, wird auch deutlich, daß nicht der Gegenstand an sich heilig ist, sondern nur dann zu einem heiligen Objekt wird, wenn man ihn für rituelle Zwecke benützt, das heißt, wenn er als Zugang zur göttlichen Essenz fungiert – und diese göttliche Kraft ist das eigentlich Heilige. Da eine solche Handlung zeitlich begrenzt ist, besitzt der Vaudou eine Qualität, die man in der Tat als permanentes „am Verschwinden sein" bezeichnen kann; denn sobald der Gegenstand seinen Zweck erfüllt hat, hört er auf, heilig zu sein.

Das Peristyle – während der nächtlichen Zeremonie ein heiliger Tempelplatz, der vor göttlicher Kraft pulsiert – verwandelt sich am darauffolgenden Morgen wieder in einen Ort ohne spezielle Bedeutung, ein Platz, auf dem Hühner und Hunde herumstreunen, plaudernde Frauen sitzen und Kinder schlafen. Das mit ausgesuchter Sorgfalt gezeichnete Vever wurde von den darauf plazierten Opfergaben sowie von den Füßen der Tänzer zerstört und schließlich mit dem von der Zeremonie übriggebliebenen Abfall weggefegt. Der Loa, dem man jede Forderung furchtsam oder voller Eifer erfüllte, hat den Kopf einer Person verlassen, der man vielleicht selbst eine Zigarette oder ein Stück Brot verweigern würde, wenn man ihr zufällig begegnete. Nichts bleibt für immer bestehen; alle Handlungen müssen stets von neuem vollzogen werden. So ist beispielsweise auch eine Anrufung für Legba, die ein Künstler im Radio vorträgt, nicht mehr als ein Lied. Andererseits muß man auch den Hounsis des Chors keinen besonderen Respekt oder Beachtung entgegenbringen – denn weder das Lied noch der Sänger sind heilig. Das heilige Moment ist das Singen des Liedes zu einem heiligen Zweck – nämlich Legba anzurufen. Göttlichkeit ist eine Energie, ist Handeln. Der Serviteur sagt nicht: „Ich glaube". – Er sagt: „Ich diene". – Und dieser Akt des Dienens – das Ritual ist es, das sowohl die Menschen als auch die Gegenstände mit göttlicher Kraft erfüllt.

Abbildung 15:
Rituelle Gebete. Ein großer Teil einer Zeremonie ist dem Gebet gewidmet. Die reich mit Pailetten bestickten Fahnen im Vordergrund repräsentieren die Société.

V. KAPITEL

Die Riten

1

Die Riten als kollektive Lehrmethode

Mit der Einführung der Techniken der modernen Industriekultur in eine sogenannte „primitive" Kultur ist stets ein Rückgang der rituellen Praktiken und schließlich deren Verschwinden verbunden. Daraus hat man den Schluß abgeleitet, der Zweck von Ritualen bestünde darin, die Naturkräfte durch Magie zu beherrschen – eine Funktion, die durch die Methoden der modernen Technik besser erfüllt werde, und die daher, so argumentiert man, die Rituale ersetzten. Nur ein geringer Prozentsatz der religiösen Rituale beschäftigt sich jedoch (im Unterschied zu magischen Riten) mit derartigen materiellen Vorgängen. Auf der anderen Seite haben die Maschinen dem Menschen weniger eine Kontrolle über Naturkatastrophen wie Dürren, Überschwemmungen und Epedemien verschafft, sondern es ihm vielmehr eher ermöglicht, entschädigende, heilende und helfende Maßnahmen dagegen zu ergreifen. Darüberhinaus haben die Maschine und die von ihr produzierte Kultur die Voraussetzungen für Katastrophen geschaffen, die dem „primitven" Menschen unbekannt waren: Auto-, Eisenbahn- und Flugzeugunglücke, nervöse Störungen, Sexualverbrechen sowie das beispiellose Ausmaß kriegerischer Zerstörung. Man kann also sicherlich nicht behaupten, daß das rituelle Gebet gegen Katastrophen abgeschafft worden sei, weil die Menschen der modernen Industriegesellschaft in größerer physischer oder moralischer Sicherheit lebten als die Angehörigen einer einfachen Kultur. Würde man einen Vergleich zwischen beiden Kulturen ziehen, was das Verhältnis von negativen zu positiven Gesichtspunkten innerhalb ihres jeweiligen gesellschaftlichen Rahmens betrifft, ist es äußerst zweifelhaft, ob das Gewicht der positiven Elemente auf der Seite der modernen Industriekultur größer wäre.

Gleichzeitig hat der blendende äußere Schein der modernen Technologie die Existenz der einfachen Techniken – die im Rahmen ihrer Gesellschaft sehr wohl ausreichen, um ein positives Kräftegleichgewicht zu erhalten – so in den Schatten gestellt, daß sich die Annahme durchgesetzt hat, das Ritual und die moderne Technologie stünden sich als prinzipielle Antagonismen gegenüber. Trotzdem sind es gerade die Loas und die Ahnen, die in Haiti in Fragen des Pflanzens, Bauens und natürlich hinsichtlich der Heilmittel um technischen und praktischen Rat angegangen werden.

In sämtlichen Mythologien finden sich Geschichten darüber, wie eine Gottheit den Menschen irgendeine praktische Technik zum Überleben lehrte. Ein hervorragendes Beispiel hierfür bilden die Anweisungen, die Gott Noah für den Bau der Arche gab. Eine solche Instruktion brachte zum Ausdruck, daß Noah in den Augen Gottes eine bevorzugte Position einnahm – und in der gleichen Weise neigt ein Angehöriger einer „primitiven" Kultur dazu, jegliches spezielle technische oder praktische Know-how nicht als eine beginnende Trennung oder einen Gegensatz zur Gottheit anzusehen, sondern als ein Zeichen göttlicher Güte und Geneigtheit. Ebenso verleiht der technische Fortschritt dem Menschen keine weiterreichende Kontrolle über die kosmischen Mächte als die rituelle Bitte. Er bildet andererseits aber auch keinen Gegensatz zu den Riten, sondern stellt – wie sie – eine Methode der Anpassung an den unmittelbaren Lebensraum dar.

Die moderne Technologie und das „primitive" Ritual stehen sich also nicht konkurrierend gegenüber, was die Beziehung des Menschen zum Kosmos oder der stofflichen Welt betrifft. Ihr offensichtlicher Widerspruch ist in dem Umstand zu suchen, daß es sich bei ihnen um eine unterschiedliche Art und Weise der Beziehung der Menschen untereinander handelt. Ein Traktor ersetzt zwar nicht die Erfordernis von Wasser und gutem Nährboden – sehr wohl aber die zehn Nachbarn, auf welche ein Bauer früher beim Pflanzen, zu Zeiten von Ungezieferplagen und für die Ernte angewiesen war. Das fließende Wasser im eigenen Haus bedeutet das Ende der Zeiten, in denen sich die Frauen in Gruppen trafen, um am Fluß ihre Kleider zu waschen und sich einig darüber waren, die Quelle dieses Flusses nicht zu verunreinigen und in Zeiten der Dürre sein weniges Wasser unter sich aufzuteilen. Der Import von Konfektionskleidung ersetzt kein Ritual – aber er schafft das komplexe System enger persönlicher Beziehungen ab, die mit dem Austausch von Rohmaterialien, Färbemitteln, Webstühlen und so weiter verbunden waren. Im Wesentlichen hat die Maschine eine Welt geschaffen, in welcher der Mensch nicht länger auf seine Mitmenschen angewiesen ist, sondern auf Maschinen und auf die anonymen, fremden, beziehungslosen Wesen hinter den Maschinen, die nicht als Personen, sondern nur als Arbeitskräfte betrachtet werden. Wie auch eine Maschine keinen Glauben, keine Überzeugungen und keine Ethik besitzt, ist es zu einem Prinzip geworden, die religiösen, sozialen und politischen Überzeugungen der Person, welche die Maschine bedient, gleichfalls als irrelevant anzusehen. Die Beziehung und die wechselseitige Abhängigkeit der Menschen untereinander verlagern sich von einer engvertrauten, ethischen Basis auf eine unpersönliche, materielle Grundlage. Die Verschiedenartigkeit der einzelnen Menschen fließt zusammen im gleichen Löffel, demgleichen Kleid, dem gleichen Kühlschrank. Der Maßstab zur Beurteilung einer solchen Maschinenkultur ist das Maß an Toleranz, welches diese Kultur individueller Verschiedenheit, Vielfalt und abweichenden Meinungen entgegenbringt. Im sozialen Bereich drückt sich dieses

Prinzip in dem hohen Wert aus, welcher der Privatsphäre beigemessen wird, das heißt der Möglichkeit, sich von potentiellen oder tatsächlichen Unstimmigkeiten mit anderen Menschen zurückziehen zu können, anstatt gezwungen zu sein, sie zu lösen. Auf ökonomischer Ebene bewegen sich die Menschen von einer kooperativen Beziehung hin zu einem Verhältnis des Wettbewerbs. Und was die politische Domäne angeht, so entsteht ein System, in welchem die öffentliche Politik nichts weiter ist als die Summe privater Meinungen. Aus einer rein zahlenmäßigen Ansammlung subjektiver Überzeugungen und Urteilen einzelner entsteht die Stimmenmehrheit, die objektive Wirklichkeit einer gesellschaftlichen Ordnung.

Nur im Rechtssystem spiegelt sich das Vorhandensein einer öffentlichen Person wider, das heißt einer Person, die Teil eines kollektiven Ganzen ist. Und dieses System bringt die Erwägung zum Ausdruck, daß diese öffentliche Person sich von den Interessen ihres privaten Selbst unterscheiden, ja sich sogar in Konflikt mit ihm befinden kann. Die unterste Toleranzgrenze des Kollektivs gegenüber den Abweichungen und Aggressionen des Individuums kennt man unter dem Begriff des öffentlichen Interesses. Juristisch wird sie in vorwiegend negativen Termini definiert – so zum Beispiel durch Schutzbeschränkungen wie Nahrungsmittel- und Drogengesetze, das Untersagen krimineller Aggression, die Kontrolle von Lärm und Unruhe in der Öffentlichkeit und so weiter. Dieses Recht, von dem man sagen könnte, es kodifiziere das kollektive Ethos im Rahmen des öffentlichen Interesses, ist im Grunde weniger dazu da, einen positiven Beitrag des Einzelnen zugunsten des Gemeinwohls zu fordern (die einzigen derartigen Forderungen sind die Steuererhebung und der Militärdienst), sondern vielmehr dafür bestimmt, jeglichen Verstoß gegen das Wohlergehen des einzelnen zu verhindern.

Es ist bezeichnend, daß in den meisten sogenannten „primitiven“ Kulturen die Funktionen des Königs und des Priesters ursprünglich in einer Person vereint waren. Dadurch war in einer „primitiven“ Gesellschaft der Schutz und die Erhaltung des Gemeinwohls – eine Aufgabe, die in einer Industriegesellschaft speziell vom Gesetz wahrgenommen wird – die grundlegendste Funktion der Religion. Dies kann auch tatsächlich nicht anders sein, denn hier ist ein Mensch wesentlich kontinuierlicher und organischer in einer wechselseitigen Beziehung mit dem Rest der Gemeinschaft verbunden, so daß es unmöglich wäre, sämtliche Gelegenheiten und speziellen Umstände gesetzlich niederzulegen, in denen er auf das Gemeinwohl Rücksicht nehmen muß. In einer solchen Gemeinschaft ist es eine zwingende Notwendigkeit, daß das Individuum vom *Prinzip* gemeinschaftlichen Handelns durchdrungen ist, und daß dieses Erfülltsein ihn nicht nur von asozialen Handlungen abhält, sondern ihn auch zu positiven Beiträgen hinführt. Da das pure Überleben des Stammes in dem Grad steht und fällt, in welchem dieses Prinzip seine einzelnen Mitglieder durchdringt, spielen die gemeinschaftlichen Rituale – deren Funktion darin liegt, dieses Prinzip immer aufs neue zu bestätigen und das Ethos zu integrieren – eine beherrschende Rolle.* Während auf der einen Seite die Unabhängigkeit des Individuums der heutigen Zeit die wechselseitige Abhängigkeit der Angehörigen einer geschlossenen Gemeinschaft ablöst, wird auf der anderen Seite auch die Religion dieser Gesellschaft, die von gemeinschaftlichen öffentlichen Ritualen beherrscht wird, ersetzt durch ein Rechtssystem, welches zum einen die öffentliche Person verwaltet, und zum anderen durch eine Religion, die geprägt ist von privater Kontemplation, und in der das subjektive Bewußtsein eines Menschen die höchste ethische Autorität in seinem Leben darstellt.

Die öffentlichen Rituale des Hounfors stellen gewissermaßen eine Erweiterung der Grundsätze dar, nach denen das Familienleben funktioniert, in dem die Zusammenarbeit aller Familienmitglieder – eingeschlossen die Kinder – für das Überleben notwendig ist. In einer solchen Familie wäre es beispielsweise unklug, aufgrund der bloßen statistischen zahlenmäßigen Mehrheit der Kinder diesen die Macht über die Eltern zu geben und auf diese Weise die Kinder die Regeln bestimmen zu lassen, nach denen die Arbeiten auf dem Hof und im Haushalt ablaufen. Ebenso unvernünftig wäre es, sich auf die Fähigkeit eines Kindes zu verlassen, die Gründe im einzelnen zu begreifen, weshalb und auf welche Weise bestimmte Dinge getan werden sollen. Aus dem gleichen Grund ist es ganz klar, daß nicht jeder Mensch dieselben Fähigkeiten, Dinge wahrzunehmen, und das gleiche ausgeprägte ethische Bewußtsein mitbringt. Und kein Mensch ist in jeder Situation gleich sensibel; er kann sich an einem Tag aufnahmefähiger „fühlen" als an einem

---

* Dies erklärt die Förmlichkeit, die an allen Beziehungen, außer den ganz vertrauten, auffällt. Trotzdem beschneidet diese Förmlichkeit die individuelle Persönlichkeit des einzelnen in seinem Leben außerhalb des rituellen Kontextes keineswegs. Im Gegenteil: da das Benehmen einer Person in der Öffentlichkeit im wesentlichen nach einem garantierten, vorgeschriebenen Muster abläuft, werden die individuellen Besonderheiten seines privaten Verhaltens nicht als Bedrohung für das Gemeinwohl empfunden. Es gibt praktisch keinerlei gesellschaftliche Einschränkungen hinsichtlich der persönlichen Individualität eines Menschen; daher ist eine Gruppe von Haitianern bedeutend „bunter" und individuell verschiedenartiger als eine entsprechende Gruppe von Menschen unseres Kulturkreises. Denn bei uns wird die persönliche Wesensart unmittelbar auch zu unserem öffentlichen Verhaltensmuster – wir machen keinen Unterschied zwischen unserem privaten und unserem öffentlichen Selbst; daher ist unsere Gesellschaftsordnung abhängig von einer gewissen Normierung ihrer Mitglieder im persönlichen, privaten Bereich. Die Angehörigen einer demokratischen Gesellschaft neigen zu der Annahme, daß jemand, der sich in einem unkonventionellen Stil kleidet, zugleich eine Bedrohung für die Ordnung der Gesellschaft darstellt. In einer Kultur hingegen, in welcher man den privaten und den öffentlichen Bereich weitestgehend trennt, ist der einzelne tatsächlich freier, in seinem Privatleben das zu tun, was er möchte, da seine Mitmenschen nicht das Gefühl haben, daß er seine individuellen Besonderheiten vielleicht auf den öffentlichen Bereich übertragen könnte.

anderen. Wie das Gesetz anerkennt, daß das Gemeinwohl nicht von einer derartigen Veränderlichkeit abhängig gemacht werden kann, so stellt auch die Religion Verhaltensmaßregeln auf (die man als Bräuche kennt), die garantieren, daß das kollektive Ganze diese individuelle Unbeständigkeit transzendiert. Der Einzelne ist verpflichtet, den Loas in einer genau festgelegten Art und Weise seinen Respekt zu erweisen, sie zu feiern, indem er mit den anderen zusammen tanzt und singt, dadurch, daß er ihnen in angemessener Weise huldigt, und indem er ganz allgemein teilnimmt an gemeinschaftlichen Bestätigung der für das Gemeinwohl grundlegenden Prinzipien und Wissensbereiche. Bei der Aufrechterhaltung des kollektiven Ganzen fällt der Religion – gleich dem Gesetz – die Aufgabe zu, sich mit dem Handeln der Menschen, und nicht mit ihren Gefühlen zu beschäftigen. In der Formulierung „ich diene" – anstatt: „ich glaube" – spiegelt sich die Tatsache wider, daß das objektive Funktionieren gegenüber der subjektiven Beschaffenheit hervorgehoben wird (siehe den Kasten auf S. 216, Anm.d.Ü.).

Es ist wahr, daß mit der Zeit – und unter bestimmten Umständen – eine solch autoritäre Religion, die den individuellen Bedürfnisse der Menschen eine untergeordnete Bedeutung zuweist, sich zu einer Autokratie entwickeln kann. Dies ist dann der Fall, wenn die Herrscher (Priester, Könige) vor allem um ihre eigenen Vorteile bekümmert sind, und wenn sie versuchen, die Traditionen zu erhalten, selbst wenn diese nicht mehr dem Gemeinwohl dienen, oder diesem sogar entgegenstehen.

In Haiti jedoch ist der Serviteur nach wie vor der letzte Richter des Könnens und der Aufrichtigkeit eines Hougans. Er hat die Möglichkeit, sich an andere Hougans zu wenden, und er kann sich schließlich auch zum Gottesdienst in den Kreis seiner Familie zurückziehen. Hinzu kommt, daß das Einhalten von Gesetzen durch eine zivile Strafgewalt gefördert wird, und eine Strafgewalt in gewissem Maße auch die Erziehung der Eltern unterstützt, während die Religion keinen direkten Zugang zu solchen Zwangsmaßnahmen besitzt. Der bloße Akt des Lehrens einer bestimmten Tradition sowie das Fordern von Gehorsam durch diejenigen moralischen Druckmittel, die dieser Tradition zur Verfügung stehen, muß den Serviteur gleichzeitig *überzeugen*, daß die ihm vermittelten Prinzipien gut und angemessen sind – so, wie auch gute Eltern das Hauptgewicht ihrer Erziehung darauf legen, ihre Kinder auf ihr eigenes Erwachsensein vorzubereiten, und sie sich ihre Strafgewalt als ein letztes pädagogisches Mittel vorbehalten. Die religiösen Rituale dienen – indem sie den Menschen eine zeremonielle Disziplin an die Hand geben – zugleich als exemplarische Demonstrationen der Gründe für die Existenz dieser äußeren Ausdrucksformen. Wenn der Serviteur seiner Religion keinen Widerstand und keine Gehorsamsverweigerung entgegenbringt, wie man als Reaktion auf Disziplin vielleicht erwarten könnte, so liegt das nicht daran, daß er von Natur aus fügsam wäre. Es ist vielmehr so, daß er bereits begonnen hat, mit seinen Traditionen übereinzustimmen, anstatt ihnen einfach zu gehorchen. Dieses frühzeitige Verständnis wird dadurch ermöglicht, daß nicht ein abstrakter analytischer Lernprozeß, der geistige Reife erfordert, das Mittel bildet, durch welches er unterrichtet wird, sondern ein System anschaulicher, lebensnaher Demonstrationen. In der Anwesenheit von Erzilie lernt der Serviteur das Wesen der Liebe und der Schönheit kennen; er erfährt die verschiedenen Arten der Macht anhand der diversen Aspekte Ogouns und wird durch die Verhaltensweisen Guèdés mit der Bedeutung des Todes vertraut. Er singt im Chor, und er fühlt in sich selbst das Gefühl von Sicherheit aufwallen, das mit einer harmonischen gemeinschaftlichen Handlung einhergeht. Er erfährt selbst die Weisheit des Rates seiner Ahnen oder seiner Götter, und er lernt die Vorteile kennen, die damit verbunden sind, wenn er diese Ratschläge – vor dem gesamten Hintergrund der Geschichte und der Er-

Die tatsächliche disziplinierende Funktion des Rituals steht im Widerspruch zu den Auffassungen zweier offenbar gegensätzlicher Denkrichtungen. Auf der einen Seite stehen die Primitivisten, die Ritual und Tanz als den spontanen Ausdruck entfesselter Geister verstehen; auf der anderen stehen die Psychoanalytiker, welche Zeremonien und Tänze als Ventile verdrängter Emotionen ansehen, die es ermöglichen, in einer von der Gesellschaft akzeptierten Form unterdrückte Wünsche zum Ausdruck zu bringen und persönliche Traumata zu lösen. Die Primitivisten ignorieren den Umstand, daß eine einfache Kultur auf ein gesellschaftskonformes Verhalten ihrer einzelnen Mitglieder angewiesen ist. Der Sinn dieser Rituale liegt darin, die Geschlossenheit der Gemeinschaft zu bestätigen, und es stünde deshalb im völligen Widerspruch zu diesem Zweck, wenn öffentliche Zeremonien als eine Bühne zur öffentlichen Darstellung individueller Tiebe dienten. Die Psychoanalytiker auf der anderen Seite gehen vollkommen vom Hintergrund einer Gesellschaft aus, deren Gesamtheit – sowohl im politischen als auch im sozialen und ökonomischen Bereich – als die Summe ihrer einzelnen Mitglieder verstanden wird; hier besteht also kein Unterschied zwischen einem Menschen als Teil der allgemeinen Öffentlichkeit und der selben Person als Individuum mit einer eigenen Persönlichkeit. Für die Angehörigen einer solchen pluralistischen Gesellschaft sind allgemeingültige disziplinierende Maßnahmen mit Einschränkungen im privaten Bereich verbunden. Entsprechend bringen diese Menschen ihre im privaten Bereich beziehungsweise aus ihrer individuellen Persönlichkeit erwachsenen Triebe in ihrem öffentlichen Handeln und ihrer sozialen Interaktion zum Ausdruck und lösen sie in diesem öffentlichen Rahmen. Die Angehörigen einer sogenannten „primitiven", kollektiven Gemeinschaft hingegen trennen exakt zwischen diesen beiden Bereichen. Sie betrachten die kollektiven Lehrmethoden als eine objektive Realität und akzeptieren sie als solche (oder rebellieren bisweilen dagegen). Sie ordnen sich an erster Stelle dem von der Gemeinschaft geforderten Verhalten unter und richten danach ihr Privatleben nach ihren persönlichen Vorstellungen ein. Dieses Privatleben – sofern es in einer solchen Gesellschaft überhaupt eine Privatsphäre gibt – ist folglich frei von jenen Beschränkungen, die in unserem Kulturkreis aus sozialen und öffentlichen Einstellungen und Erfordernissen entspringen. Aus diesem Grund – sowie auch deshalb, weil die religiösen Rituale Teil des öffentlichen Lebens sind und vom sogenannten „öffentlichen Selbst" eines Menschen ausgeführt werden – ist es nicht korrekt, sie als Bühne für das Ausleben individueller, privater Triebe zu sehen.

Abbildung 16:

Opferung eines Stieres.
Man beachte das Vever, das einen Stier darstellt
sowie im Hintergrund den in ein buntes Tuch gehüllten Stier

fahrungen derjenigen, die sie geben – als Anleitung für seine eigenen Aktionen befolgt. Er begreift die Prinzipien einfach deswegen, weil er sieht, daß sie wirken.

Diese hauptsächliche erzieherische Leistung der Rituale würde zunichte gemacht, wenn sie lediglich eine symbolische Funktion erfüllten. Tatsächlich gibt es keine sinnlosere oder verblüffendere Frage für einen Haitianer als die, was eine bestimmte rituelle Handlung „repräsentiere", wofür sie „stehe" oder was sie „symbolisiere". Wenn man den Loas Speisen hinstellt, versteht ein Serviteur darunter genau das: die Loas werden mit Essen versorgt. Die gleiche unmittelbare Bedeutung haben sämtliche rituellen Handlungen. Die reale, sichtbare rituelle Aktion ist nicht die symbolische Äußerung irgendeiner Vorstellung – ganz im Gegenteil würde ein Haitianer eine verbale Äußerung, ein metaphysisches Konzept oder eine abstrakte Idee als symbolisch auffassen, das nur einen Schritt weit von der Realität der Handlung beziehungsweise des Faktums entfernt ist (siehe den Kasten auf S. 218, Anm.d.Ü.).

Hinzu kommt, daß, wenn ein ritueller Akt symbolisch wäre, wenn seine Bedeutung und sein Wert irgendeinen historischen oder metaphysischen Bezugsrah-

Das allgemein übliche Bestehen darauf, jegliche Tätigkeit als Ausdruck einer anderen Tätigkeit zu sehen, sowie die Weigerung, die Unmittelbarkeit einer solchen Äußerung zu akzeptieren, kann zu bestimmten Ungereimtheiten führen. Selbst Maximilien, der im allgemeinen außerordentlich scharfsichtig über den Vaudou berichtet, schreibt: „Sie (die Mambo) führt sie (die Hühner) auch über die Körper der Hounsis. Diese als ‚ventailler' bezeichnete Handlung dient in symbolischer Weise dazu, den Kontakt zwischen den Menschen und den Tieren herzustellen" (S. 107). Seiner Beschreibung zufolge jedoch handelt es sich um einen wirklichen Kontakt, der hergestellt wird, und nicht um einen symbolischen.

Tatsache ist, daß das Bemühen darum, in eine Aktion oder ein Bild eine spezielle symbolische Bedeutung zu legen, diese Handlung beziehungsweise dieses Bild ihres Reichtums an Nebenbedeutungen berauben kann, welche ihr (oder ihm) erst seine volle Bedeutung verleihen. So erhält Damballah – als eine Schlange – seinen kosmischen Charakter aufgrund ebendieser Nebenbedeutungen. Seine windenden Bewegungen bringen die Dynamik des Lebens zum Ausdruck; seine Art, sich im Wasser zu bewegen, setzt ihn in Beziehung zum Wasser, das in mehrfacher Hinsicht eine Quelle des Lebens darstellt. Aber auch die Sonne ist eine Quelle des Lebens. So stellt man sich Damballah als eine Schlange vor, die sich entlang des Weges, den die Sonne tagsüber zurücklegt, über den Himmel wölbt (auch ein Regenbogen wölbt sich bogenförmig über den Himmel). Dieser Bogen, wenn man ihn zusammen mit seiner Spiegelung im Meer betrachtet, ergibt einen Kreis, der den Kosmos umspannt. Die dabei entstehende Form läßt sich aber auch mit einem Ei vergleichen – und eine Schlange legt tatsächlich Eier. So bahnen sich Bäume, deren Wurzeln im Wasser ruhen, ihren Weg durch die Erde hindurch hinauf zur Sonne und bilden auf diese Weise eine Bahn für den Auf- und Abstieg der göttlichen Kräfte; eine Bahn, auf welcher sich auch die Schlange bewegt, zu deren Gewohnheiten es gehört, Bäume zu erklettern. Folglich enthält die Schlange, wenn man sie als ein Bild mit vielfachen Nebenbedeutungen betrachtet, einen ganzen Komplex kosmischer Prinzipien – ein Reichtum, der verlorenginge, wenn man dieses Bild als Symbol einer einzigen fest umrissenen Vorstellung sehen würde.

men erforderten, diese Religion schon längst zur Religion einer intellektuell gebildeten Elite geworden wäre, die sowohl fähig als auch willens gewesen wäre, sich den notwendigen Nachforschungen zu widmen. Ein ritueller Akt dieser Art würde eine solch exakte Ausführung nötig machen, die keinen Freiraum für die Mannigfaltigkeit und die Fehlbarkeit des menschlichen Geistes ließe. Darüberhinaus stand die jeweilige Handlung in einer fest umrissenen symbolischen Beziehung zu dem entsprechenden Prinzip und konnte sich daher nicht in eine zeitgenössische Äußerung wandeln. – So besteht beispielsweise die normale zeremonielle Bekleidung für die Rada-Riten aus einem weißen Kopftuch und einem weißen Kleid; die Männer tragen weiße Hosen und gleichfarbige Hemden. Jeder geht barfuß. Es wird erwartet, daß die Teilnehmer langärmelig bekleidet sind, außer wenn sie es sich aufgrund extremer Armut nicht leisten können; der Ausschnitt muß hochgeschlossen sein, und der Rock so lang und so weit, wie es die Menge Stoff zuläßt, die sich die Teilnehmerin finanziell leisten kann. Hierbei handelt es sich natürlich nicht um das afrikanische Kostüm, in welches wahrscheinlich viele unmittelbare symbolische und von der jeweiligen Gegend abhängige Bezüge eingearbeitet waren. Aber so wie dies damals das „beste" Kleid war, ist es auch heutzutage das „beste" Kleid, und dieser Umstand legt Zeugnis ab von der religiösen Hingabe. *Die Details haben sich auf der materiellen Ebene verändert, damit das ethische Prinzip in seiner ursprünglichen Form erhalten bleibt.*

Die gleichbleibende Funktion eines Prinzips transzendiert nicht nur geschichtliche Veränderungen, sondern auch die regionalen Unterschiede der Zeremonien, die sich aufgrund der speziellen Geschichte der Gemeinde, ihrer Zweckmäßigkeit oder einer Stilentwicklung ergeben. Gleichzeitig stellen diese regionalen Abwandlungen auf ihre besondere Art und Weise eine Bestätigung der übergeordneten Konzepte der Religion dar. Diese Variationen wurden bisweilen zum Beweis dafür erklärt, daß die Religion von irgendeinem Höhepunkt archaischer Unverfälschtheit degeneriert ist. Es scheint jedoch ganz im Gegenteil so zu sein, daß sich das universelle Ausmaß eines Prinzips dadurch beweist, daß es sich in Begriffen vermitteln läßt, die den Gegebenheiten der Zeit und der Region entsprechen. In Wirklichkeit kann die Bedeutung verschiedener ritueller Handlungen genau deshalb geheimnisvoll oder obskur erscheinen, weil von seiten desjenigen, der sie interpretiert, eine gewisse Bereitschaft vorhanden ist, nach irgendeiner ursprünglichen Symbolik zu forschen, die sich letztendlich als irrelevant herausstellen kann, während die prinzipielle, allgemeine Funktion außer acht gelassen wird. So bildet beispielsweise die Langage, eine Art heiliger Sprache, eines der Elemente eines Rituals. Man versteht sie als ein Mittel direkter Kommunikation mit den Loas und hält sie in dieser Hinsicht für überzeugender als Kreolisch. Bei der Langage scheint es sich um ein Überbleibsel afrikanischer Sprachen zu handeln[1]; wenn dies zutrifft, dann verwendete man sie ursprünglich, um die Loas in Worten anzusprechen, die von jedermann als eine solche Anrede begriffen wurde. Heute ist es sogar zweifelhaft, ob der Hougan den Sinn dieser Worte versteht, geschweige denn die Hounsis, die die entsprechenden Lieder singen. Trotzdem legt man heutzutage eine größere Betonung auf eine direkte Anrede der Loas, denn man geht von der Annahme aus, daß inzwischen *nur* die Loas diese Sprache verstehen. Dieser Umstand macht sie – im Gegensatz zu der Zeit, als sie noch die Umgangssprache war – um so offensichtlicher zu einer exklusiven, heiligen Sprache, zu welcher nur diejenigen Zugang haben, die in ihrer spirituellen Entwicklung weit fortgeschritten sind. Diese Bedeutung und Funktion der Langage würde nicht im mindesten erhellt werden, wenn man der Herkunft der Worte ausführlich nachspüren würde.

2

Die Rolle des Rituals für die individuelle Entwicklung

Das Prinzip der Teilnahme, das zum innersten Kern aller kollektiven Religionen gehört, soll nicht nur sicherstellen, daß jedermann mit eigenen Augen die obengenannten exemplarischen Demonstrationen ethischer Grundsätze in Aktion sieht. Die Riten unterweisen die Serviteurs nicht nur gleichsam von außen her, sondern – was viel wichtiger ist – sie funktionieren auf eine Art, die dem Teilnehmer eventuell nicht bewußt ist, und die ein außenstehende Beobachter mit Sicherheit nicht wahrnimmt. Ein hingebungsvoller Serviteur, wie zum Beispiel Titon, würde es nie versäumen, zuerst les Morts, les Marassa, et les Mystères ein Opfer in Form von Wasser, Kaffee oder Rum darzubringen, bevor er selbst trinkt. Bisweilen würde er zur Türschwelle des Hauses gehen und das Trankopfer direkt auf die Erde gießen. Bei einer anderen Gelegenheit wieder läßt er es nur auf den Zementboden rinnen, wo es sich in einer Lache sammelt, die unter den Füßen der Leute mit der Zeit verschwindet oder sich einfach auflöst. Im Rahmen von Zeremonien und zu wichtigen Anlässen führt er das Ritual auf die Weise aus, die seinem ursprünglichen Sinn entspricht – nämlich so, daß das Wasser in die Erde eindringt. Trotzdem stellt die verkürzte Form des Trankopfers, von der er bei anderen Gelegenheiten Gebrauch macht, wirklich keine vollkommene Verfälschung oder Wertminderung des Originals dar. Würde jemand Titon Vorwürfe machen, würde er lächeln und – als käme er einem Sinn für die äußere Form entgegen – zur Tür gehen, um dort eine zweite Opfergabe auf die Erde zu schütten. In beiden Fällen indes dient die Ehrenbezeigung, die er vollzieht, einer übergeordneten Funktion: dieses Trankopfer an die Toten, die göttlichen Zwillinge und die anderen Loas mag einen Einfluß auf diese ausüben oder auch nicht – in jedem Fall bekräftigt sie in Titons Gedanken sein Gefühl für die Geschichte, deren Produkt er ist, sowie ein Bewußtsein für seine Verbundenheit mit der Gemeinschaft, in der er lebt. Es handelt sich hierbei um eines jener Riten, die keine unmittelbare Wirkung nach sich ziehen – und diese dominieren im Vaudou. Diese Rituale dienen als eine Erziehungsmethode und sind häufig anstrengend und langweilig. Daher verschaffen sie dem Serviteur nicht unbedingt irgendein persönliches Vergnügen, denn sie stellen kein Mittel des Selbstausdruckes dar. Auch arbeitet man mit ihnen nicht direkt auf ein gewünschtes Ziel hin. – Würde man fragen: „Läßt sein Ritual dieses Ereignis eintreten?", erhielte man eine bejahende Antwort. Aber eine Kausalität im religiösen Sinne ist nicht die Kausalität, wie sie von der Wissenschaft definiert wird. Die Welt eines religiösen Menschen wird regiert von der ethischen und nicht von der materiellen Vernunft. Ein Haitianer nimmt zum Beispiel nicht an, Gesundheit werde *als Folge* einer bestimmten rituellen Handlung wiederhergestellt; er denkt vielmehr, daß die Gesundheit eine *Belohnung* dafür sein wird, daß er diese Handlung vollzogen hat. Würde man ihn nötigen, die Bedeutung seiner Vorstellung näher zu untersuchen, würde man herausfinden, daß der Wert des Rituals für ihn nicht geschmälert würde, wenn er irgendein rituelles Detail nicht beachtete. Der Serviteur würde ganz im Gegenteil für sein hingebungsvolles Bemühen belohnt werden. In anderen Worten: er hätte zwar technisch falsch, aber ethisch richtig gehandelt, und *dieser* Umstand entspricht der religiösen Wirklichkeit. Die Irrtümer auf der materiellen Ebene sind relativ unwichtig. Das zentrale Bindeglied einer solchen kausalen Kette stellt also eine unsichtbare, belohnende Macht dar, die der Serviteur als übernatürliches Eingreifen begreift. Setzt man die Psyche des Serviteurs an die Stelle dieses zentralen Bindeglieds, wird klar, weshalb solche Rituale so häufig funktionieren – die hauptsächlichste Wirkung übt eine derartige rituelle Handlung auf denjenigen aus, der sie vollzieht. Diese Aktion bestätigt grundlegende Prinzipien – Schicksal, Kraft, Liebe, Leben, Tod; sie stellt eine Rekapitulation der Beziehung eines Menschen zu seinen Ahnen und seiner Geschichte sowie auch zu der Gemeinschaft, in welcher er zum jetzigen Zeitpunkt lebt, dar. Eine solche Handlung trainiert und formt seine eigene Persönlichkeit in ihrer Gesamtheit, fördert seine Selbstdisziplin und stärkt seine Moral.

Insgesamt gesehen geht er aus dem Ritual mit einem gestärkten, erneuerten Gefühl für seine Beziehung zu den kosmischen, sozialen und persönlichen Elementen seines Lebens hervor. Ein Mensch mit einer solchermaßen integrierten Persönlichkeit wird seine Rolle sehr wahrscheinlich besser erfüllen als jemand, dessen Anpassung an die Gemeinschaft in Auflösung begriffen ist; und diese Integration wird sich in den ziemlich guten Erfolgen seiner Unternehmungen niederschlagen. *Das Wunder stellt gewissermaßen einen innerlichen Prozeß dar. Derjenige, der ein Ritual ausführt, erfährt durch dieses eine Veränderung; und aus diesem Grund verändert sich für ihn entsprechend auch die Welt, die ihn umgibt.*

Diese subjektive Wirkungsweise eines Rituals ist vielleicht sogar wichtiger als seine objektiven Funktionen: die Sanktionen, die ein Ritual vermittels gewisser moralischer Drohungen erteilt, und die Demonstration fundamentaler Prinzipien, durch die es diese Sanktionen unterstützt (siehe den Kasten auf S. 222,

Dies steht im völligen Widerspruch zu der allgemein üblichen psychoanalytischen Interpretation der Funktion ritueller Aktivität als ein Ventil für unterdrückte Bedürfnisse und als ein Ort der Lösung persönlicher Traumata. Man muß deutlich hervorheben, daß es in einer sogenannten „prmitiven" Kultur praktisch keine Privatsphäre gibt und von daher die wichtigste Voraussetzung für die Entwicklung eines Traumas oder einer Neurose fehlt. Findet ein Ereignis statt, das dazu geeignet wäre, ein Trauma zu erzeugen, braucht ein Angehöriger einer solchen einfachen Gesellschaft keinen Fachmann, um daran erinnert zu werden, und auch kein Ritual, um das Erlebnis zu vergeistigen, denn seine ganze Umgebung wird bereitwillig seiner „Geschichte" zuhören. Seine Nachbarn werden ihm wieder und wieder sagen, daß seine Mutter die Gewohnheit hatte, ihn zu schlagen, und zwar deshalb, weil sein Vater sie verlassen hat. Oder sie sagen: „Willst du jedesmal hinfallen, wenn du einen Hund siehst, nur weil es dir beim erstenmal so gegangen ist?" Das kollektive Gedächtnis ist lückenlos; selbst wenn ein vertrauter Freund jemandem eine unangenehme Erinnerung nicht in Erinnerung rufen möchte, werden immer wieder Feinde auftauchen, die das besorgen. Das Unterbewußtsein der Angehörigen einer „primitiven" Kultur besitzt also gewissermaßen einen dürftigen Umfang, das heißt, er hat wenig geheime Traumata, die als Motiv für sein Benehmen herhalten könnten. Ferner ist es einem Mitglied einer solchen Gesellschaft unmöglich, ungelöste Beziehungsprobleme mit sich herumzutragen – im Gegensatz zu unserer Gesellschaft, in der ein professioneller Psychoanalytiker erforderlich ist, um uns mit einem solchen Problem zu konfrontieren. Denn ein Angehöriger einer einfachen Kultur kann diesem Konflikt in den seltensten Fällen räumlich entkommen, da sich in seiner Gesellschaft keine solch bereitwillige Trennung von Kindern und Eltern vollzieht, wie das bei uns üblich ist. Und wenn er seinem Problem nicht entgehen kann, sondern dazu gezwungen ist, sich tagtäglich damit auseinanderzusetzen, kommt er nicht umhin, es zu lösen oder zumindest einen tauglichen Kompromiß einzugehen.

Die Psychoanalyse ist auf der Basis von Gesellschaftssystemen entstanden, in denen Geheimhaltung, Selbstkritik und das christliche Konzept einer Erbsünde (das es, wohlgemerkt, in den meisten einfachen Kulturen nicht gibt) an erster Stelle stehen. Daher neigt diese Wissenschaft dazu, menschliches Verhalten von vornherein als eine Maske zu betrachten, die ein Mensch aufsetzt, weil er meint, eine bestimmte Realität verbergen zu müssen. Folglich hat die Psychoanalyse ein ganzes System symbolischer Interpretationen entwickelt, das dazu bestimmt ist, die Hintergründe für organische Erkrankungen zu erhellen; für einen gesunden Körper wäre dieses System jedoch hinfällig. Selbst dort, wo die symbolische Auslegung zuträfe – so zum Beispiel in verschiedenen Fällen von sexuellem Symbolismus – hätten diese Symbole kaum den gleichen emotionalen Wert oder wären in derselben Weise „belastet" für den Angehörigen einer „primitiven" Kultur, für den Sexualität mit keinerlei Schuldgefühlen oder Hemmungen verbunden ist, wie für ein Mitglied des christlichen Kulturkreises, in dem Sexualität in einem sehr viel anderen und komlexeren Licht betrachtet wird. Die Bilder „primitiver" Mythen – sowie auch der meisten anderen Mythen – stellen Bilder von Lösungen, und nicht von Krankheiten dar. Selbst in unserer Kultur tauchen hin und wieder sexuelle Symbole in der Kunst oder in anderen Bereichen auf, und zwar nicht deshalb, weil der Künstler unbewußt einen persönlichen sexuellen Bezug herstellen wollte, sondern weil er sich bewußt dafür entschieden hat – und zwar um Analogien auszudrücken; wobei es sich um das einzige Ausdrucksmittel handelt, von welchem er mit Sicherheit behaupten kann, daß es allen Menschen gemeinsam ist.

Anm.d.Ü.). Denn letztendlich ist nicht nur entscheidend, was ein Serviteur tut (er kann unter Umständen die richtige Handlung aus den falschen Gründen heraus vollziehen), oder was er verstandesmäßig begreift (dies wäre abhängig vom Grad seiner geistigen Kapazität), sondern *was er* infolge seiner Teilnahme an diesem Zeremoniell *wird*. Die intensiven und ausgedehnten Rituale der stufenweisen Initiation dienen ausschließlich einer solchen Schaffung und Entfaltung der „Seele".

In diesem Zusammenhang zeigt sich der entscheidende Unterschied zwischen Magie und Religion, denn in der Magie gibt es keine derartigen Riten, die dazu dienen, die Persönlichkeit zu entfalten. Die Lehre eines Zauberers besteht in einem Austausch seiner Dienste gegen geheime, verschleierte Informationen, während der religiöse Neophyt aufgrund von Erfahrung und Proben spirituell heranreift zu einem Verständnis von zeremoniellen Einzelheiten, die bei den Ritualen schon immer offen für die Teilnehmer sichtbar waren. Magie steht in Verbindung mit Macht, einer ihrer Natur amoralischen Kraft; die Religion hingegen legt vor allem Wert auf ethische Disziplin und Entwicklung. Magische Rituale werden in der Absicht ausgeführt, eine unmittelbare Wirkung in der Welt zu erzielen, und ihre Details stehen in direkter Beziehung zum Zweck. Bei einem religiösen Ritual dagegen steht die Handlung auf der materiellen Ebene häufig in keinem großen Zusammenhang zum gewünschten Gewinn. Im wesentlichen *wird in der Religion der Serviteur verändert, in der Magie hingegen die Welt.*

Von ganz besonderer Wichtigkeit ist ferner, daß die Grundsätze, auf deren Basis diese subjektive Entwicklung im religiösen Rahmen sich vollzieht, aus dem Kontext der betreffenden Gemeinschaft abgeleitet sind. Ein Individuum, welches seine Aufgabe in Wechselbeziehung zu der Gemeinschaft, in der es lebt, erfüllt, kann sich nicht allzu weit von dieser Gruppe weg entwickeln, denn dadurch würde es sich von eben den Kräften entfernen, auf die es angewiesen ist. Der Zauberer hingegen wurde schon immer von dem Drang und dem Anreiz getrieben, einen persönlichen Triumph zu erleben, ganz gleich, ob in einem positiven oder in einem negativen Zusammenhang. Aber auch er wird in gewissem Maß durch seine Abhängigkeit von der Gemeinschaft eingeschränkt. Tatsächlich bietet nicht die „primitive" Gesellschaft mit ihrer Betonung der Gemeinschaft aller die besten Voraussetzungen für das Ausüben von Magie, sondern die moderne Gesellschaft, in der das Individuum an erster Stelle steht; in der modernen Gesellschaft kann man das überragende Schauspiel eines Zauberers in Aktion beobachten. Er faßt seine Pläne alleine, in nahezu völliger Abgeschiedenheit, oder mit einer kleinen Gruppe zusammen. Er unternimmt fieberhafte Anstrengungen, sein exklusives Recht auf die Ausbeutung seiner Entdeckung oder Erfindung zu wahren. Oftmals bemüht er sich in einer fast schon okkulten Weise, die spezielle Note des öffentlichen Geschmacks zu erraten, die sich für einen Hit oder einen Bestseller eignet. Er ist der Vorstellung ergeben, daß eine magische Kombination von Worten in einer ganz bestimmten Ordnung einen eingängigen Slogan ergibt. Er strengt sich an, ein ausgefeiltes, hinreißendes, verführerisches Bild zu kreieren, und er schreckt nicht davor zurück, sich eines Höchstmaßes an Zauberkunst und damit verbundener Tricks zu bedienen, um dies zu erreichen. Er beschäftigt sich mit einer ganzen Reihe komplexer und formaler Manipulationen, die an kabbalistische Methoden erinnern; hierzu gehören „Beziehungen", publikumswirksame Beschwörungen und selbst sogenannte – wenn man es exakt definieren will – „Cocktail-Trankopfer". Dies alles tut er im Interesse seiner Selbsterhöhung, wobei er im Grunde keine Rücksicht auf das Gemeinwohl nimmt. Die Hexereien, Elixiere und Fetische „primitiver" Magier sind lächerliche Leistungen im Vergleich zu den ungeheuren Kräften solch neuzeitlicher Zauberer.

Magie dieser Größenordnung kann in einer Kultur, in der einer vom anderen abhängig ist, nicht bestehen. In einer solchen Kultur ist kein wie auch immer geartetes Vorhaben ohne das Wissen anderer durchführbar; außerdem wird und kann die Gemeinschaft derartige individualistische Angriffe auf ihre in sich geschlossene Gesamtstruktur nicht tolerieren. Der Mensch ist in einer solchen Kultur so tief durchdrungen vom kollektiven Prinzip, daß er mit der Auffassung lebt, jegliche Technik sei öffentliches Eigentum und stehe für den Gebrauch aller Mitglieder der Gemeinschaft zur Verfügung. Die naive, beherzte Bereitschaft „Eingeborener" irgendwelche neuartigen Kleider, Manieren oder Methoden nachzuahmen oder anzunehmen, die ihnen gefallen, stellt lediglich eine der Ausdruckformen ihres völligen Mangels der Vorstellung einer Originalität im Sinne eines Copyrights dar. Nach ihrer Auffassung handelt es sich bei jeder Technik – insbesondere bei jeder fortschrittlichen Technik – um eine göttliche Fügung und beinhaltet daher den moralischen Zweck, der Gemeinschaft Nutzen zu bringen. Ebendiese Vorstellung ließ einfache Kulturen zu einer so leichten Beute für Invasoren werden, die über eine fortschrittlichere technische Ausrüstung verfügten. Die Eroberung der beiden amerikanischen Kontinente begann nicht mit dem Widerstand der einheimischen Bevölkerung, auf die man in den verschiedenen, voneinander unabhängigen Gegenden traf, sondern mit einem freundlichen Empfang seitens der Einheimischen. Sie begrüßten freudig die überlegenen „Dinge", die ihnen ihrer Meinung nach, wie alle anderen Techniken auch, zufallen und zur Verbesserung der Lebensumstände ihrer Gemeinschaft beitragen würden. Und sie hießen die Menschen, die diese Techniken mitbrachten, als auserwählte Wesen willkommen, denen Gott solch außerordentliches Talent und Macht verliehen hatte. Als die einheimischen Priester schließlich begriffen, welch unmoralische Funktion die Ausrüstung ihrer Gäste erfüllte, war es zu spät, ihre überraschten und entmutigten Truppen mit Erfolg in den Kampf zu schicken. Das Scheitern der Priester war ihr Unvermögen, das neue Gesicht ihres ältesten Gegenspielers zu erkennen – das des Zauberers. Doch selbst wenn sie es erkannt hätten – oder es heute erkennen würden – wäre ihr Kampf verloren gewesen. Denn die Industriegesellschaft löst nicht nur die einzelnen Menschen aus dem Zustand ihrer wechselseitigen Abhängigkeit heraus, welche eine einheitliche Ethik erfordert und garantiert, sondern zeichnet sich daneben aus durch das besondere Gewicht, das sie auf technischen Fortschritt *per se* legt: die Erfindung von Mitteln und die Entwicklung von Methoden. Eine solche Abtrennung der Mittel vom Zweck, der Techniken von der Ethik kennzeichnet das Zeitalter des Magiers. Gegen ein ganzes Zeitalter sind die Priester solcher Religionen, die von kollektiven Ritualen getragen werden und in denen kollektive Ethik ein metaphysisches Prinzip ist, wirklich hilflos.

3

Die einführenden rituellen Handlungen

Bei den ersten rituellen Handlungen einer jeden Zeremonie geht es darum, den Kontakt zu den Loas, den umfassenden kosmischen Kräften herzustellen. Sobald sich alle Teilnehmer im Peristyle versammelt haben*, nimmt der Hougan (oder die Person, für die die Zeremonie ausgeführt wird) einen Krug mit Wasser und gibt den Mystères ein Zeichen, indem er ihn hintereinander in alle vier Himmelsrichtungen emporhebt. Er kann auch eine gesprochene Bitte an die Loas richten; manchmal macht er ein flüchtiges Zeichen, eine fast schon vertraute Bewegung; bei anderer Gelegenheit wieder steht er ausbalanciert da, hält den Krug mit Wasser über seinen Kopf empor und starrt ins Jenseits, so daß man plötzlich den Eindruck bekommt, als sei die Luft in der Ferne mit unsichtbaren Gastgebern erfüllt,

* Die Tatsache, daß viele Zeremonien und nahezu alle Tänze nachts abgehalten werden, hat viele (außenstehende) Besucher zu sensationellen und romantischen Interpretation verleitet. Die Gründe, weshalb man diese Tageszeit wählt, sind indes rein praktischer Natur. Zum einen wird das Personal eines Hounfors tagsüber üblicherweise mit verschiedenen mühsamen Arbeiten in Anspruch genommen. Zum anderen ist die Hitze in einem tropischen Land in der Zeit zwischen elf Uhr vormittags und fünf Uhr nachmittags fast unerträglich. Der Tag wird gewöhnlich damit verbracht, das Fest vorzubereiten – es wird gekocht, dekoriert und so weiter. Die eigentliche Zeremonie – und selbstverständlich die Tänze – wird auf den späten Nachmittag oder den kühlen Abend verschoben. Ferner muß darauf hingewiesen werden, daß ein Besucher die nächtliche Landschaft vielleicht fremdartig und geheimnisvoll finden mag – die meisten Teilnehmer der Zeremonie hingegen sind nicht vertraut mit elektrischer Beleuchtung und haben sich schon lange an die Dunkelheit gewöhnt. Zudem haben sie im Laufe ihres Lebens jeden Winkel ihrer Gemeinde so genau kennengelernt, daß sie ihren Weg leicht mit verbundenen Augen finden würden. Die Nacht ist für sie nicht geheimnisvoll und hat nichts von dem prickelnden Reiz an sich, den sie für einen Besucher besitzt.

deren Aufmerksamkeit er erringen und die er aus allen Enden des Universums in diesem speziellen Moment und an diesem besonderen Ort zusammenbringen möchte. So verleiht bereits diese allererste Eröffnungshandlung dem Ritual den ihm eigenen umfassenden, kosmischen Rahmen.[2]

Bei dieser einleitenden Begrüßung handelt es sich gewissermaßen um eine umfassende Ehrenbezeugung. Sie schließt Legba ein, ohne dessen Erlaubnis man mit keinem der Invisibles Kontakt aufnehmen kann. Sie ist zugleich an die beiden göttlichen Dreieinigkeiten gerichtet: die christliche – Vater, Sohn und Heiliger Geist – sowie die vaudouistische – les Mystères, les Morts und les Marassa. Diese Begrüßung kann unter Umständen außerdem noch irgendeine spezielle Gottheit einschließen, mit welcher der Hougan beziehungsweise der Serviteur besonders viel zu tun hat, wie zum Beispiel seinen Maît-tête, den Maît-Hounfor oder den Loa, für den die betreffende Zeremonie ausgeführt wird.

Nachdem der Hougan den Geistern auf diese Weise ein Zeichen gegeben hat, gießt er drei Trankopfer vor dem Eingang des Peristyles auf den Boden. Dies ist ein Zeichen des Respekts, ein einleitendes Opfer. Und es ist zudem eine einladende Geste, mit welcher er den Göttern bedeutet: „Hier herein, bitte." – Häufig tröpfelt er auch vom Eingang aus eine dünne Wasserspur quer durch das Peristyle bis zum Poteau-mitan. Dann zieht er eine andere Wasserspur (denn die Loas werden durch Wasser in die Zeremonie geleitet) vom zweiten und vom dritten Eingang dorthin. Dadurch entstehen drei Flüsse, die am Poteau-mitan zusammenfließen und den Mittelpfeiler auf diese Weise zur kosmischen Weltenachse werden lassen.[3]

Gemäß der vorgeschriebenen hierarchischen Ordnung wird der Krug nun an die besonders wichtigen Gäste und Angehörigen der *Société* weitergereicht, die die Trankopfer wiederholen (wenngleich sie – zum einen aus Gründen der Zweckmäßigkeit und zum anderen deshalb, weil die Einladung durch den Hougan den wesentlichen Akt darstellt – nicht unbedingt die Wasserspur ziehen). In gleicher Weise werden im Verlauf der Zeremonie viele rituelle Handlungen in weniger ausgearbeiteter Form von den Teilnehmern wiederholt. Der Sinn des Ganzen liegt weniger darin, daß ihre Handlungen irgendeine zusätzliche Überzeugungskraft zum Ritual beisteuern; vielmehr teilen sie dadurch die vom Hougan geknüpfte Beziehung zu den Loas. Außerdem macht es den Hougan stolz, wenn wichtige Gäste an derartigen Begrüßungen für die Loas seines Hounfors teilnehmen. Der Hougan oder der La-place haben in der Zwischenzeit eine Kerze angezündet und sind bereit, die ersten Vevers zu zeichnen. Der Teller mit Mehl oder Asche (welches Material man verwendet, hängt davon ab, um was für ein Vever es sich handelt) wird auf die gleiche

Weise orientiert wie zuvor das Wasser. (Nehezu alle Gegenstände, die man im Rahmen einer Zeremonie verwendet, und sämtliche Opfergaben werden zuerst nach den vier Himmelsrichtungen ausgerichtet.) Eventuell hat der Chor mittlerweile das Lied „Fait un vever pou moin" ("Zeichne ein Vever für mich") angestimmt, und wenn es nicht gerade Samstag oder Sonntag ist – Tage, an denen das Trommeln erlaubt ist – klatschen die Leute den Rhythmus mit den Händen.

Das Zeichnen der Vevers erfordert eine echte handwerkliche Begabung. – Man nimmt eine kleine Portion Mehl zwischen Daumen und Zeigefinger und streut diese auf den Boden, indem man die Hand entsprechend des Musters des jeweiligen Vever über den Boden führt. Als erstes zieht man einen Kreis um den Fuß des Poteau-mitan.[4] Von diesem Zentrum breiten sich die Vevers in alle Richtungen aus. Ist die Zeremonie für einen speziellen Loa bestimmt, kann man das Vever auch vor dem Eingang der ihm geweihten Kammer zeichnen. Findet der Gottesdienst an seinem heiligen Baum im Hof statt, so wird es dort gemalt. Jeder Loa besitzt sein eigenes Symbol beziehungsweise Vever. Die Grundform sowie gewisse Details sind traditionell festgelegt. So ist beispielsweise der Kreuzweg für Legba bestimmt, das Herz steht für Erzilie, ein Boot repräsentiert Agwé, Schlangen symbolisieren Damballah und Ayida und so weiter. Aber trotz dieser festgelegten Formen gibt es einen großen Freiraum für persönliche stilistische Gestaltungsmöglichkeiten.

Das Vever weiht demjenigen Loa, den es repräsentiert, den Bezirk, den es abdeckt. Manchmal handelt es sich bei diesen Zeichnungen um eine gewissenhaft ausgeführte Maßarbeit, die wie eine Spitzenklöppelei aussieht – ein Eindruck, der durch die körnige Unebenheit der Linien noch verstärkt wird; das filigrane Aussehen des Musters wirkt noch zerbrechlicher dadurch, daß der Betrachter das Gefühl hat, der leiseste Windhauch könnte diese winzigen gehäufelten Linien aus Mehl fortwehen. Dieser Eindruck der Zerbrechlichkeit aber wird ausgeglichen durch den kräftigen Kontrast, den die weißen Linien zu dem sehr dunklen Boden bilden, so daß die Wirkung eines Wappens beziehungsweise eines heraldisch bemalten Schildes entsteht. Ist ein Vever besonders kunstvoll gestaltet, vermittelt es das Gefühl einer Ehrenbezeigung für den entsprechenden Loa, den Eindruck einer öffentlichen Feier ihm zu Ehren. In solchen Fällen allerdings liegt die Ehrenbezeichnung für den Loa wohl hauptsächlich in der Ausführung dieser disziplinarischen Probe religiöser Hingabe; denn das Kunstwerk wird nach und nach durch die Maiskörner, die Erdnüsse und andere Speisen zerstört, die man darauf plaziert; es wird verschmiert vom Todeskampf des Opferhuhnes, welches man darauflegt; und schließlich – wenn die Götter gegessen haben und das Vever seine Aufgabe somit erfüllt hat – läuft und tanzt man darauf, und am Ende der Zeremonie werden die letzten Überreste fortgefegt. In anderen Hounfors bestehen die Vevers möglicherweise nur aus ein paar Strichen, die der Hougan mit vertrauter Zwanglosigkeit aus einem Gefühl der Sicherheit heraus malt. In solchen Fällen hat man den Eindruck, daß der Hougan schon lange sein „Werben" um den Loa abgeschlossen hat und er ihm inzwischen nur noch seine Anwesenheit signalisieren muß – so wie ein schon lange verheirateter Ehemann nur pro forma an die Tür des Zimmers seiner Frau klopft und eintritt, ohne erst die Antwort abzuwarten. Zu einer anderen Gelegenheit wieder läßt irgendeine formale Einzelheit des Vever plötzlich die Tatsache deutlich werden, daß dieses Symbol wirklich ein Tor in die Erde baut, welches zu den Loas führt, die in den Wassern der Unterwelt leben; hier wird klar, daß alles das, was man auf dieses Zeichen stellt, nicht auf der Oberfläche der Erde bleibt, sondern durch einen unsichtbaren Schacht nach unten sickert.[5]

Wenn im Rahmen einer Zeremonie einigen Loas gleichzeitig ein Speiseopfer dargebracht wird und es demzufolge erforderlich ist, mehrere Vevers um den Poteau-mitan herum zu zeichnen, kann man diese auch vor dem offiziellen Beginn der Zeremonie malen. In jedem Fall werden zuerst die einleitenden Trankopfer dargebracht; dann betreten die beiden Hounsis mit den Zeremonialflaggen, welche die *Société* repräsentieren, und der La-place mit dem Säbel, der für den Loa Maît-Hounfor steht, das Peristyle rituell durch die Tür des Zimmers, welches dem Maît-Hounfor geweiht ist. Sie verlassen es im Rückwärtsgang und bewegen sich erst in der einen, dann in der entgegengesetzten Richtung im Kreis herum bis sie schließlich das Zentrum des Peristyles erreicht haben. Darauf gehen sie nacheinander in alle vier Himmelsrichtungen und vollführen in jeder Ecke des Peristyles das zeremonielle Begrüßungsritual: eine volle Drehung nach rechts, dann nach links und noch einmal nach rechts, wobei jede Bewegung von einer Art Knicks besonders betont wird; das Ganze schließt damit, daß sie sich hinknien und den Boden dreimal küssen. Nachfolgend führen sie die gleiche Begrüßung vor dem Poteau-mitan und danach vor den Trommeln aus. Als nächstes begrüßt die Gruppe den Hougan, und zwar mit jenem Scheingefecht zwischen Asson und Säbel, das ich bereits weiter oben beschrieben habe.[6] Nach dem Hougan begrüßen sie in gleicher Weise eventuell anwesende Hougans oder Mambos, wobei die älteren und die „mächtigeren" Hougans den Vortritt haben. Auch den Houngenikon begrüßen sie, und ganz zum Schluß die hohen Besucher – falls welche zu Gast sind. Es dauert manchmal eine ganze Weile, bis diese Begrüßungsrituale, die gewissenhaft in allen Einzelheiten einer Menge von Leuten gegenüber wiederholt werden, abgeschlossen sind, und fremde Besucher, die die Vorstellung mitbringen, es handle sich bei einer Zeremonie um eine intensive, spannende Erfahrung, finden diesen Teil des Rituals äußerst langweilig. Selbst die Mitglieder der *Société* warten lediglich geduldig ab. Und doch: auf welche andere Weise könnten all diese einzelnen Menschen von Anfang an bedächtiger und persönlicher in die Zeremonie einbezogen und integriert werden? Man wird unwiderruflich dadurch in das Ritual einbezogen und ihm verpflichtet, daß dieses Trio – die Abordnung der Loas und der *Société* – auf einen zugeht und einem Auge in Auge gegenübertritt; man ist verpflichtet, sich zu erheben, die Bewegungen nach ihrem Vorbild auszuführen; man muß darauf achten, daß man die vorgeschriebene Ordnung der Bewegungen und Gesten einhält und den vier Himmelsrichtungen ein Zeichen gibt. Man betritt das Peristyle als ein weltlicher Mensch; wenn man jedoch nach dieser Begrüßungszeremonie wieder seinen Platz einnimmt, ist man eine andere Person geworden. Von da an besitzen die Gesten, die Bewegungen und das Verhalten eines Menschen einen metaphysischen Bezug. Es wäre eine ganz unverhüllte Blasphemie, wenn jemand jetzt die Zeremonie verlassen und die rituellen Pflichten mißachten würde. Eine vorschriftsmäßige Teilnahme hingegen bedeutet, die Götter zu einem wohlwollenden Verhalten zu verpflichten.

In der Zwischenzeit haben der Hougan, dem das Hounfor gehört, sowie die Hougans und Mambos, die zu Besuch da sind, ihre formelle Begrüßung ausgetauscht – wobei die Art und Weise, in welcher diese vollzogen wird, ein äußeres Zeichen für ihre Rangordnung darstellt. Ist beispielsweise der spirituelle „Vater" des Hougans anwesend, muß dieser die oben beschriebenen Drehungen nicht ausführen – der junge Hougan vollzieht die Wendungen ihm gegenüber, aber beide knicksen am Ende jeder Drehung. Während der jüngere Mann den Boden zu seinen Füßen küßt, bleibt der „Vater" stehen. Dann reicht er dem jüngeren Hougan die Hand, zieht ihn empor, und der jüngere wiederholt die drei Drehungen. Während des gesamten Zeremoniells, das mit einem zweifachen Schütteln ihrer Hände abschließt, lassen ihre Hände einander nicht los. Ein „mächtigerer" Houngan kann indes den Rang einer ihn grüßenden Person „erhöhen", indem er sie abhält, den Boden zu seinen Füßen zu küssen, und mit ihr unmittelbar zur zweiten Phase der Begrüßung übergeht, in der man sich einander fest an den Händen hält, ohne sich zwischendurch loszulassen. Dieses Zeichen von Respekt wird häufig Besuchern entgegengebracht, die keinen Rang in der religiösen Hierarchie einnehmen und die nicht dem Zwang unterworfen sind, der Autorität des Hougans besondere Ehrerbietung zu erweisen – Leuten also, die nicht zum Personal seines Hounfors gehören. Begrüßen sich zwei gleichrangige Hougans, stehen sie sich wie zwei Spiegelbilder gegenüber und keiner von beiden küßt den Boden zu den Füßen des anderen; sie vollziehen den zweiten Abschnitt der Begrüßung, indem sie sich an den Händen halten und gemeinsam die entsprechenden Drehungen ausführen. Zwei Houngenikons begrüßen einander als gleichberechtigte Personen, küssen aber gemeinsam den Boden.[7] So gibt es viele feine Abstufungen der Begrüßungszeremonie, in denen sich die jeweilige Autorität der beteiligten Personen widerspiegelt.

Dieses Muster der dem Rang angemessenen Begrüßung entspricht dem Umstand, daß eine einzige Gemeinde mehrere „konkurrierende" Hounfors besitzen kann. Wie auch der Familienvater stets die oberste Autorität bleibt – selbst in Situationen, in denen ein erwachsener Sohn involviert ist – so hat der spirituelle Vater eines Hougans sogar in dessen Hounfor die höchste Autorität inne. Im Gemeinschaftsleben haben die Kinder der einen Familie Achtung vor den Oberhäuptern der anderen Familien – während diese einzelnen Familienvorstände untereinander wiederum auf derselben Stufe stehen, was ihre Gleichberechtigung oder ihr Ansehen in der Gemeinde angeht – und die gleichen allgemeinen Grundsätze gelten auch für die religiöse Struktur der Gemeinschaft. Dieses System verhindert das Entstehen einer anarchischen Atmosphäre des Wettbewerbs und des Grolls der einzelnen Hounfors untereinander, und es stabilisiert eine Situation, die anderenfalls durch eine Aufspaltung der Gemeinschaft in einzelne sich bekriegende Parteien eventuell die gesamte Religion zerstört haben würde. In anderen Worten: die Begrüßungsrituale dienen dazu, die einzelnen Mitglieder der Gemeinde aufeinander einzustellen und die Gemeinschaft als Ganzes zu integrieren.

Sobald die Beziehungen der einzelnen Teilnehmer untereinander etabliert worden sind und sobald alle den Loa Maît-Hounfor sowie die Flaggen der *Société* begrüßt und die Akte der wechselseitigen Achtungsbezeugung vollzogen haben, folgen die *Action de grâce* und die katholischen Litaneien. Die Ausführung dieser Elemente im einzelnen variiert. So widmet man im Rahmen einer zehntägigen *Ceremonie-caille* unter Umständen einen ganzen Nachmittag der *Action de grâce*.[8] Bei einer kürzeren Zeremonie beschränkt sich das Ganze vielleicht auf ein oder zwei Litaneien, drei Vaterunser und drei Ave-Marias, worauf dann das *Prière Guinée* folgt. Dieses Gebet wird fast vollständig in Langage gesprochen; nahezu sämtliche Loas werden namentlich genannt, und zwar nicht nur die übergeordneten Loas des Vaudou-Pantheons, sondern auch die persönlichen Ahnen-Loas. Die Reihenfolge in welcher sie angerufen werden, wird von verschiedenen Kriterien bestimmt. Zwar steht ein Loa wie Legba grundsätzlich an erster Stelle, aber möglicherweise erhalten der Maît-Hounfor und verschiedene persönliche Loas den Vorrang selbst vor großen Loas wie beispielsweise Ogoun.

Beim *Prière Guinée* handelt es sich um das vielleicht ernsteste und hingebungsvollste Element der gesamten Zeremonie. – Die Hitze des Spätnachmittags hüllt das Peristyle ein und fast scheint es, als sei sie das Gewicht, unter welchem sich all die Köpfe, die mit weißen Tüchern bedeckt sind, zum Gebet neigen, und als sei es dieselbe Hitze, die die Menschen bewegungslos macht. Die Hounsis haben nebeneinander auf langen Bänken ihre Plätze eingenommen, und der Hougan sitzt (eventuell zusammen mit einigen der als Gäste anwesenden Mambos und Hougans) auf dem freien Platz in der Mitte, neben dem Poteau-mitan, auf einem niedrigen Stuhl. Von diesem aus berührt er leicht den Boden und führt die Hand an seine Lippen – in einem angedeuteten Kuß der Erde. Von dort aus drückt er eine Messerspitze voll Erde an seine Brust, wenn er den Namen derjenigen Loas nennt, denen er besondere Hochachtung entgegenbringt. In solchen Fällen schüttelt er zudem seine Rassel zu einem speziellen ehrerbietigen Gruß. Von Zeit zu Zeit wirft sich irgendeine Hounsi auf den Boden und küßt die Erde, um anzuzeigen, daß der Name eines Loas fiel, der eine spezielle persönliche Bedeutung für sie hat.

Abgesehen von solch kleinen Gesten jedoch gibt es so wenig nach außen hin erkennbare emotionale Bewegung, daß die endlose Anrufung – der regelmäßige Wechsel zwischen der Stimme des Priesters, der mit gesenktem Kopf die Worte in sich selbst hineinspricht, und dem Chor, der ihm antwortet – in der drückenden Hitze der ganzen Szene eher eine Atmosphäre des Ausharrens als die Stimmung eines Freudenfestes oder auch nur die einer religiösen Anrufung verleiht. Die Veranstaltung wird zu einer Prüfung der Disziplin. Dies ist kein ekstatisches Opfergeschenk; vielmehr fordert diese endlose Anrufung das anspruchsvollere Opfer einer nahezu unerträglichen Langeweile. Endlich wird das *Prière Guinée* mit einem längeren Schütteln der Asson abgeschlossen. Danach beginnen die Trommler, die Hounsis und der Hougan mit der *Battérie maconnique.* Die Hounsis klatschen den Takt, den die Trommler vorgeben, mit den Händen. Der Hougan schlägt den Rhythmus mit der Asson – entweder direkt auf den Boden oder in knappem Abstand davon. Es ist ein Dreivierteltakt: langsam und bedächtig – ein Klopfen an die Tür der Welt der Loas. Dieser dreifache Schlagrhythmus wird vierzehnmal wiederholt; dann ist der Satz beendet – um durch einen stetigen Schlagrhythmus kontrapunktiert zu werden. Man hat den Eindruck, es handle sich um ein Rütteln an der „Klinke" der Tür zur anderen Welt. Danach wird die bedächtige *Battérie* wieder aufgenommen. Wie oft das Ganze wiederholt wird, entscheidet der rituelle Zweck; in jedem Fall ist die Wirkung dieser Klopfzeichen an die Tür der Welt der Loas überwältigend.[10] Es ist überhaupt nicht vorstellbar, daß dieses kollektive, kulminierende Bemühen, den Kontakt mit den Invisibles herzustellen, etwa fehlschlagen könnte.

4

Die Speiseopfer der Loas[11]

Die Loas, deren Aufgabe darin besteht, die ungeheure Elementarmasse des stofflichen Universums in von Vernunft und Güte geleitete Muster zu bringen, sind mit einer äußerst umfangreichen und endlosen Arbeit beschäftigt. Ihre ethische Energie belebt diese riesige Masse von Materie, und da diese Energie fortlaufend verbraucht wird, muß man sie ständig ergänzen. Und dies ist die Aufgabe der Menschen: sie müssen die Loas mit Nahrung versorgen, damit der ununterbrochene Fluß der psychischen Energie sichergestellt und die ethische Entwicklung des Universums gewährleistet ist. Daher handelt es sich bei den Festessen für die Loas um das in Haiti am häufigsten ausgeführte Zeremoniell. Abgesehen vom allgemeinen Energieverbrauch der Loas werden ihre Kräfte auch durch die spezifischen, individuellen Wünsche der Menschen „abgezapft". Deshalb werden allgemeine Festmähler für das gesamte Pantheon neben speziellen Festessen für die Marassa und die Toten veranstaltet; zudem beginnt jede Zeremonie, deren Zweck es ist, etwas von einem Loa zu erbitten, ganz selbstverständlich mit einem Speiseopfer.

Da die Essenz der Nahrung von den Loas aufgenommen wird, kann man die Speisen für sie in alle Himmelsrichtungen verstreuen, sie vergraben oder sie auf den Kreuzwegen stehenlassen. Die Geister können das Essen auch direkt zu sich nehmen, wenn sie Besitz von einer Person ergreifen; denn obwohl das Essen in den Körper der entsprechenden Person gelangt, ist es der Loa, den die Essenz der Nahrung nährt. Dies kann man deutlich daran erkennen, daß die Person, wenn sie nach der Besessenheit wieder sie selbst ist, nicht das Gefühl hat, etwas gegessen zu haben und einen Bärenhunger verspüren kann. Auch bei Speisen, die über Nacht auf dem Altar gelassen werden, ist es die Essenz, welche die Loas aufnehmen; das merkt man daran, daß die stoffliche Substanz, die übrigbleibt, zwar nachfolgend unter den Teilnehmern der Zeremonie aufgeteilt wird, die Leute aber nicht den Eindruck haben, daß es sich um ein sonderlich sättigendes Mahl handelt. Tatsächlich feiern die Menschen im Rahmen eines Festessens für die Loas niemals selbst ein Festmahl.[12]

Die Sorten der Speisen, ihre Zubereitung, die Art und Weise des Servierens sowie die Auswahl und der Umfang der Portionen hängen von dem Loa ab, für den das Mahl bestimmt ist. All diese Einzelheiten variieren ferner je nach dem speziellen Anlaß, den örtlichen Gebräuchen und gemäß der unmittelbaren Zweckmäßigkeit. So bittet ein armer Mann unter Umständen mit Bedauern darum, daß drei Loas sich ein einziges Huhn teilen mögen.

Alle Speiseopfer werden von einem Gespür für rituelle Exaktheit geleitet. Eine solche Genauigkeit ist für das einfache *Mangé sec* (ein Opfer bestehend aus Getreidekörnern, Früchten und Gemüse, die einer sehr kleinen Zeremonie vorausgehen, wie etwa der Taufe untergeordneter ritueller Gegenstände) ebenso charakteristisch wie für die sorgfältig ausgestalteten Festmähler, die ein Hougan eventuell alljährlich für sein Hounfor finanziert. Diese Feste schließen die Opferung vieler Hühner, etlicher Ziegen, sogar eines Stieres und einiger Schweine (falls es sich um eine Petro-Zeremonie handelt) ein und können insgesamt bis zu zehn Tage in Anspruch nehmen.[13]

Eine solch ausgedehnte Zeremonie kann beispielsweise mit einer *Ceremonie-yam* beginnen, wenn sie in die allgemeine Erntezeit fällt. Eigentlich handelt es sich bei dieser Zeremonie – dem einzigen wichtigen Ackerbauritual des Rada-Kultes – um ein Opfer der ersten Feldfrüchte an die Loas, damit diese auch in der kommenden Saison die Erde segnen mögen.[14] – Sobald die Vevers für die wichtigsten Götter (einschließlich Azacca, den Loa des Ackerbaues) gezeichnet sind, werden die Litaneien und die Gebete rezitiert. Dann formieren sich die Hounsis, die auf ihren Köpfen Körbe tragen, in denen Jamswurzeln (Süßkartoffeln; Anm.d.Ü.) und Trockenfisch hoch aufgestapelt sind, zu einem Prozessionszug, der sich viele Male um den Poteau-mitan bewegt, bevor die Opfergaben am Fuß des Pfostens niedergelegt werden. Dort weiht man die Jamswurzeln und den Fisch, und der Hougan, der in einer Hand eine Kerze hält, richtet den Säbel, der sich in seiner anderen befindet, nacheinander in die vier Himmelsrichtungen. Dann kniet er nieder, teilt eine Jamswurzel in zwei Hälften und reicht das Messer – oder die Machete – an die Person weiter, die in der Rangfolge eine Stufe unter ihm steht; derjenige verfährt dann mit der zweiten Jamswurzel in der gleichen Weise. So zerteilen nacheinander alle Teilnehmer der Zeremonie eine dieser Feldfrüchte. Sind sämtliche Jamswurzeln zerschnitten, sammelt man die einzelnen Stücke wieder in die Körbe, deckt sie mit Mombinblättern zu und segnet sie mit dem Zeichen des Kreuzes. Anschließend trägt man sie in einer Prozession zum Hauptaltar der Rada-Loas, wo sie – wie man es nennt – über Nacht „schlafengelegt" werden (*coucher*).

Dieses nächtliche „Schlafenlegen" stellt eine rituelle Reinigung und zugleich Stärkung egal ob es sich dabei um Jamswurzeln oder, bei anderen Gelegenheiten, um Trommeln oder einen Neophyten handelt. In jedem Fall vermittelt der Anblick solcher Gegenstände beziehungsweise Personen, die man „schlafengelegt" hat, den Eindruck tiefster Ruhe – mag es an der Bezeichnung *coucher* selbst liegen, an der Decke aus Blättern, die so sorgfältig über die „schlafenden" Objekte gebreitet ist wie eine Bettdecke, an der vollkommenen Stille, die in der fensterlosen Altarkammer mit ihren massiven Lehmwänden herrscht, deren einzige Beleuchtung aus dem heiligen Licht besteht: ein Docht, der in einer mit Öl gefüllten Schüssel schwimmt, oder an der Szene insgesamt; dieser Eindruck bildet einen kontrastierenden, aber zugleich auch harmonischen Kontrapunkt zu dem lebhaften Freudentanz, der im allgemeinen in derselben Nacht im angrenzenden Peristyle stattfindet. Indem man von der einen zur anderen Szene wechselt, teilt sich einem in einem einzigen Augenblick die ganze Bandbreite des Vaudou mit. Man erfährt den meditativen, introvertierten Ernst, der die Gebete sowie auch den Rückzug des Neophyten in die Einsamkeit, die eine der Proben bei der Initiation darstellt, auszeichnet. Man wird Zeuge der beeindruckenden Dynamik solcher Zeremonien: hier verbinden sich Trommeln, Gesang, rituelle Tanzformen, Anrufungen und das Zeichnen von Vevers zu einem gemeinsamen Ganzen. Hinzu kommt das Spiel der Farben, die den Loas geweiht sind, die künstlerische Gestaltung der Wände des Hounfors, die mit Spitzen dekorierten Heiligtümer und die Anordnung der auf dem Altar befindlichen Objekte. Jedes dieser einzelnen Elemente spielt eine bestimmte Rolle, und sie alle vereinigen sich zu einer überwältigenden Brillanz, die alle Sinne an der Freudenfeier der göttlichen Kräfte teilhaben läßt. Am Morgen nach dem *coucher* werden die Jamswurzeln für die eigentliche Zeremonie in das Peristyle gebracht. Man legt sie wieder auf den Altarsockel, der sich um den Poteau-mitan zieht. Man betet; die Jamswurzeln und der Fisch werden gesegnet und geweiht, und da dies eine wichtige Zeremonie ist, schlachtet man eventuell eine Ziege und sprengt etwas von ihrem Blut über die Feldfrüchte. Schließlich werden sie gekocht, und eine Portion dieser Mahlzeit wird in alle Himmelsrichtungen gestreut. Manchmal vergräbt man einen gewissen Teil davon für die Loas und verteilt den Rest unter den Teilnehmern der Zeremonie.[15]

Sehr häufig stellt das *Mangé yam* sozusagen das erste Festessen im Rahmen eines größeren Festmahles für die Götter dar, das acht bis zehn Tage dauern kann, und das ein Hougan jedes Jahr oder alle zwei Jahre veranstaltet, um die Loas günstig zu stimmen und für den dazwischenliegenden Zeitraum ihr Wohlwollen auf seinen Hounfor herabzuflehen. In solchen Fällen kann der Aufbau der Zeremonie wie folgt aussehen: Sonntag – *Action de Grâce*; Montag – Gottesdienst für die Marassa und die Toten, und nachts das *Coucher yam*; Dienstag – morgens die *Ceremonie-yam*, am späten Nachmittag und am Abend das Festmahl für Legba, Loco, Ayizan, Damballah, Ayida, Erzilie, Agwé und ihre Eskorte (man denkt, daß diese Loas in sehr enger Beziehung zueinander stehen und es daher akzeptieren, daß sie gemeinsam verehrt werden); Mittwoch – Festessen für Ogoun, einschließlich eines Tanzes, den man am Abend ihm zu Ehren veranstaltet; Donnerstag – Festmahl für Azacca, Erzilie oder einen anderen Loa, der eine besondere Bedeutung für das entsprechende Hounfor hat; Freitag – Essen für Guèdé; Samstag – Fest für die Petro-Loas; Sonntag – häufig eine Taufe

(Baptême), gefolgt von einem Empfang; Montag – Festmahl für die persönlichen Loas, beispielsweise für einen Arbeits-Loa wie Mounanchou. – Wenn irgend machbar, wird jeder Loa an dem Tag geehrt, der ihm speziell geweiht ist. Was die Reihenfolge betrifft, so wird die Zeremonie für die persönlichen Loas üblicherweise entweder am späten Vormittag oder am Spätnachmittag abgehalten, während der Rest des Tages der Zubereitung der Mahlzeiten und anderen Einzelheiten gewidmet ist. Am Abend findet dann gewöhnlich ein *Danse de rejuissance* zu Ehren der an diesem Tag geehrten Loas statt. Eine von einem einzelnen dargebrachte Zeremonie dauert hingegen nur zwei Tage, wobei das Coucher yam entfällt.

5

Die Versorgung der Loas mit Energie

Im Rahmen eines großen Festmahls für die Loas bildet das *Mangé sec* beziehungsweise das *Mangé Guinée* lediglich die „Vorspeise" des Opfers. Das bedeutet nicht, daß das Essen mit weniger Sorgfalt zubereitet wird, denn obgleich sich die Mahlzeiten sämtlicher Loas im großen und ganzen ähneln, gibt es Unterschiede in der Zusammensetzung, der Zubereitung und der Art und Weise des Servierens, die beachtet werden müssen, wenn man die Loas zufriedenstellen möchte, anstatt sie zu verärgern. Bei den Tieropfern bestehen nicht nur Unterschiede bezüglich der Ingredienzien für das Bad, in welchem das Huhn, die Ziege oder der Stier körperlich und spirituell gereinigt wird, sondern auch hinsichtlich der Methode, nach der man das Tier tötet, sowie in Bezug auf das Kochen des Fleisches und auf die Auswahl der für die Loas bestimmten Portionen.

Weder die Vorstellung noch die Durchführung der Tieropfer ist für die Haitianer mit irgendeinem emotionalen Vorwurf oder einer gefühlsmäßigen Abneigung verbunden. Vor allem ist es für sie extrem schwierig, sich selbst zu ernähren, und sie haben soviele Familienangehörige, die von ihnen abhängig sind – Kinder und alte Leute – daß das Füttern von Haustieren in ihren Augen als etwas Komisches oder auch Unmoralisches erscheint, und sie nie irgendwelche sentimentalen Gefühle Tieren gegenüber entwickelt haben. Sicherlich gibt es in Haiti viele Hunde, und ein Haitianer kann eventuell eine echte Zuneigung zu ihnen – oder auch seinem Esel oder seinem Pferd – fassen, aber ein derartiges Empfinden kann nicht als eine allgemeine Zuneigung des Haitianers für Tiere an sich interpretiert werden. Darüberhinaus wird das Geflügel, die meisten Schweine und jungen Ziegen lebend auf dem Markt verkauft (in Ermangelung irgendwelcher Einrichtungen, die das Fleisch vor dem Verrotten bewahren könnten). Man läßt sie auf dem eigenen Hof solange am Leben, bis man sie schlachtet, um aus ihnen eine Mahlzeit zuzubereiten. Die Haitianer sind es daher gewohnt, Tiere zu töten. Das heißt nicht, daß das Opfertier „kaltblütig" umgebracht wird. Dieses Tier wird ganz im Gegenteil im Rahmen seiner rituellen Vorbereitung mit mehr Feingefühl und Sorgfalt behandelt als eines, das für weltliche Zwecke bestimmt ist. Dies kann zwar nicht als ein „Trost" für das Tier verstanden werden, aber ein Beobachter dieses Zeremoniells erkennt deutlich, daß die Haitianer nicht die geringsten grausamen Gefühle oder Absichten gegen das Tier hegen. Hühner und Ziegen wählt man nach dem Geschlecht und der Farbe aus, die dem jeweiligen Loa heilig sind.[16] In vielen Fällen sind bestimmte Futtersorten für das Tier tabu, da es rein bleiben muß; zugleich muß es anständig gefüttert werden, denn ein allzu mageres Huhn würde dem Loa nicht zusagen. Am Tag, der für seine Opferung bestimmt ist, wird das Tier in einem reinigenden Bad gesäubert. Die Hörner von Ziegenböcken werden mit Bändern in der passenden Farbe „bekleidet" und kunstvoll mit einem großen seidenen Tuch bedeckt. Ein Stier ist eventuell mit einem reichverzierten, eleganten Gewand bekleidet. Am weitaus häufigsten wird jedoch ein Huhn als Opfertier dargebracht.

Ist die Zeit für die Opferung gekommen, wird das Huhn zunächst in die vier Himmelsrichtungen „orientiert"; dann geht der Hougan beziehungsweise der Loa im Peristyle von einem Teilnehmer zum nächsten, wobei er das Tier bei den Füßen hält. Der Betreffende nimmt dann seinen Hut ab und kniet nieder, während der Hougan das Huhn über den Kopf und die Schultern oder sogar den ganzen Körper des Serviteurs führt, als sei dies ein großes Federkleid, mit dem er jede Unreinheit und alles Böse wegwischen wolle.[17] Sind alle Anwesenden dieser Reinigung unterzogen worden, wird das Huhn „ventialler" – das heißt, der Hougan schwingt es durch die Luft – und anschließend an das Essen gehalten, das auf dem Vever liegt.[18] Frißt das Tier davon, wird es mit dem entsprechenden Loa identifiziert; dies ist das Signal dafür, daß man es nun schlachten kann und der Loa das Opfer annehmen wird. Manchmal bricht man sorgfältig die Flügel und die Beine des Huhns, damit es nicht – beladen mit den Unreinheiten, die die Teilnehmer auf das Tier abgeladen haben – (körperlich oder psychisch) davonfliegen und diese negativen Kräfte erneut in der Welt freisetzen kann. Unmittelbar darauf wird es nach der von dem entsprechenden Loa festgesetzten Methode geschlachtet.[19] So wird bei einem Opfer für Legba dem Tier der Hals umgedreht; für Loco hingegen durchschneidet man die Kehle und läßt das Tier ausbluten.[20] Findet das Opfer an einem Legba geweihten Baum statt oder an dem Kreuz, welches Guèdé heilig ist, reißt man dem Huhn einige Federn aus, tränkt sie mit seinem Blut und steckt sie an den Baum oder an das Kreuz. Bisweilen wird das Blut auch dazu verwendet, die heiligen Objekte damit einzureiben, wie zum Beispiel den Krug mit dem Wasser für die

Trankopfer; manchmal reibt man auch die Stirn der Person, für die diese Zeremonie veranstaltet wird, damit ein.[21] Ist irgendjemand im Hounfor krank, verwendet man besondere Aufmerksamkeit darauf, den Patienten mit dem Blut des Opferhuhnes für Guèdé einzureiben. Dann legt man den Vogel (oder die Vögel, falls mehrere geopfert worden sind) auf das Vever und sprenkelt ein Kreuz aus Maismehl oder anderem Mehl darüber. Man legt einige Happen der diversen getrockneten Nahrungsmittel darauf und gießt Trankopfer bestehend aus Wasser, Kaffee und Sirup darüber. Diese Zusammenstellung bildet die endgültige Form des Festessens. Nun stellt man einen Teller auf das geopferte Tier, auf den die Anwesenden Geld legen, das entweder für die Köchinnen oder als besondere Opfergabe für die Loas bestimmt ist. Diejenigen, die eine solche Spende geben, knien nieder und küssen den Boden neben dem Huhn. Wenn diese *Adoration* beendet ist, wird das Huhn aufgehoben, um es zu säubern und zu kochen. Die vorgeschriebenen Portionen werden auf einen speziell für den Loa vorgesehenen Teller gelegt; der Teller wird „orientiert"; ein kleiner Teil des Essens wird in die vier Himmelsrichtungen verstreut; dann stellt man die Mahlzeit an den entsprechenden Platz vor dem Altar.

Die Opferung einer Ziege läuft nach dem grundsätzlich gleichen Muster ab; wobei eine Ziege niemals einzeln für sich, sondern stets zusammen mit einem oder mehreren Hühnern geopfert wird. Das Tier wird von zwei Männern *ventailler* und „orientiert". Sie heben es an den Füßen hoch und schwingen es in die vier Himmelrichtungen. Die Blätter, die für die rituelle Reinigung benützt wurden, werden der Person zum Essen angeboten, für welche die Zeremonie insbesondere stattfindet. Unmittelbar bevor der Ziegenbock getötet wird, kastriert man ihn kunstgerecht und schert ihm den Bart. Dann schneidet man ihm die Kehle durch; das Blut wird in einer aus einer Kürbishälfte gefertigten Schüssel aufgefangen, die mit normalem Speisesalz gefüllt ist, und auf das Vever gestellt. Sowohl vor als auch nach der Schlachtung werden kleine Portionen der anderen Speiseopfer und Trankopfer sämtlicher vorhandener Getränke auf das Tier gegeben. Auch dieses Opfer schließt – wie ein Hühneropfer – mit einer *Adoration*.

Ein Stieropfer unterscheidet sich von anderen Tieropfern durch die Art und Weise des *ventailler*. – Nachdem sämtliche Weihen und Trankopfer an dem Tier vorgenommen worden sind, rennt der La-place, der den Stier an einem Seil führt, das um den Hals des Tieres liegt, in voller Geschwindigkeit durch den ganzen Hof, und sämtliche Hounsis und alle anderen Teilnehmer hinterher. Die ganze Jagd wird von großem Gelächter, Lärm und Erregung begleitet, worin sich die lange, intensive Anstrengung des Betens sowie der Opferungen der Hühner und der Ziege zu entladen scheinen. Das Rennen endet an einem bestimmten Baum im Hof, wo der Stier mit einem einzigen schnellen Hieb der Machete getötet wird.

Die Schlachtung des Stieres ist das letzte Opfer im Rahmen eines Festmahls für die Loas. Anschließend findet ein großer Freudentanz statt, denn dieses abschließende Opfer wird als reine Nahrung die Loas am meisten beleben. Es entspricht schon fast einer Transfusion und verfolgt den gleichen lebensspendenden Zweck. Die Haitianer empfinden den Tod und das Blut der Opfertiere keinesfalls als etwas Schreckliches. Die Absicht und die Betonung des Opfers liegt nicht auf dem Tod des Tieres, sondern auf der Übertragung seiner Lebenskraft auf die Loas. Für die Serviteurs sind in Fleisch und Blut die Essenzen von Leben und Kraft enthalten, und diese dienen dazu, die Energie der Götter zu ergänzen. Die Aufregung und die Freude haben nichts mit dem Tod zu tun; es handelt sich vielmehr um eine Aufwallung von Gefühlen, deren Intensität der neugewonnenen Stärke und dem neuen Leben entspricht, von denen die Loas nun erfüllt sind.[22]

Außer den Festmählern gibt es noch viele andere Zeremonien für die Loas. Sie werden getauft, wenn sie für eine Person bisher unbekannt waren[23], sie werden in ein neues Peristyle „eingeführt", sie können „ausgesperrt" und sogar begraben werden, sie können in einem Govi angerufen werden; und von Zeit zu Zeit müssen sie „erwärmt" beziehungsweise aktiviert werden. Dies kann durch eine einfache Methode erreicht werden, indem man im Rahmen einer Zeremonie Rum anzündet, oder aber – zu wichtigen Anlässen, wie zum Beispiel der Abstieg der Seelen in die Wasser der Unterwelt, wo sie mindestens ein Jahr lang bleiben, oder wenn sie von dort zurückgerufen werden – in Form einer Zeremonie des *Bruler-zin*, die dazu dient, die Seelen wieder mit Lebenskraft zu erfüllen. Diese Zeremonie ist indes aufs engste verbunden mit dem Höhepunkt der Initiationsriten.

6

Zeremonien für den Serviteur

Die Menschen kümmern sich deshalb so intensiv um das Versorgen der Loas mit Nahrung, weil die göttliche Energie, in welche die Speisen umgewandelt werden, Leistungen vollbringen kann, die dem stärksten Mann nicht möglich sind. Daher sind die Menschen, von denen die Loas hinsichtlich ihrer Stärke abhängen, ihrerseits abhängig von den Loas. Tatsache ist, daß jemand, der den Loas in rechter Weise dient, als Antwort auf sein bloßes Dienen das Wohlwollen der Loas erweckt. Viele Leute sind mit diesem Austausch wirklich vollkommen zufrieden und dienen den Loas ihr ganzes Leben lang im privaten Kreis ihrer Familie.

Es kann aber auch ein Moment kommen, wo jemand sagt: „Ich habe meine Loas mit Nahrung versorgt; ich habe ihre Autorität anerkannt und ihre Vorschriften befolgt; ich habe alles menschenmögliche getan. Und trotzdem stößt mir ein Mißgeschick nach dem anderen zu. Meine Feldfrüchte gedeihen nicht so gut wie die meines Nachbarn. Mein Kind ist schon seit drei Jahren krank und sein Leiden scheint sich nicht zu bessern. Meine Kuh hat gekalbt, aber das Kalb ist gestorben. Zweimal habe ich einen Bocor für ein magisches Amulett bezahlt, das mich vor einem bösen Einfluß beschützen sollte, aber das Unglück verfolgt mich auf immer neuen Wegen. Meine Geschwister leben verstreut an verschiedenen Orten und wir können nicht zusammenkommen, um mit vereinten Kräften eine wirklich große Zeremonie für die Loas zu veranstalten. Vielleicht sollte ich mich an André wenden. Er ist ein guter Mensch und ein mächtiger Hougan. Eventuell würde es mir helfen, wenn ich seinem Hounfor beiträte. Vielleicht sollte ich Canzo werden."

Die Zeremonien, die den stufenweisen Aufstieg einer Person in der Hierarchie eines Hounfors markieren, sind sowohl das Mittel als auch das äußere Zeichen der seiner sich entsprechend verändernden Beziehung zu den Loas. Seine persönlichen Kenntnisse der religiösen Grundsätze werden allmählich ergänzt durch das fortgeschrittene, professionelle Wissen, das der Hougan „la science des Mystères" nennt, die Wissenschaft von den Mysterien. Seine psychische Stärke, derer sich der Neophyt subjektiv und privat bewußt war, wird vergrößert und vor aller Öffentlichkeit bestätigt durch objektive Proben und öffentliche Anerkennung. Während sein Dienst für die Loas zuvor auf seine persönlichen Mittel begrenzt war, ist er nun integriert in den gemeinschaftlichen Dienst der Mitglieder des Hounfors und bekommt dadurch ein breiteres Spektrum.

Der Rang des Canzo, der nur eine Stufe unter dem des Hougan steht, ist für das Mitglied der spirituellen Gemeinschaft sowohl verbunden mit einer vollentwickelten spirituellen Reife als auch mit der Anerkennung als vollentwickeltes Mitglied dieser Gemeinschaft. So gut wie keine Beachtung wird der äußerlichen Entwicklung eines Menschen geschenkt – weder aus Anlaß seiner Pubertät noch anläßlich seiner Hochzeit findet eine wichtige Zeremonie statt. Nur Geburt und Tod werden von Ritualen begleitet.

Der Vaudou beschäftigt sich mit dem spirituellen Reifungsprozeß eines Menschen, und dieser verläuft nach Ansicht der Haitianer unabhängig von dessen körperlicher Entwicklung. Der Aufstieg in der Rangordnung eines Hounfor ist nicht unbedingt eine Aussage darüber, daß der Betreffende den Loas hingebungsvoller dient als jemand, der sie nur im Kreis seiner Familie verehrt – es bedeutet vielmehr, daß diese Person eine größere Kontrolle über die psychischen kosmischen Kräfte besitzt. Er kann sie in höherem Maße aktivieren, und er vermag diese Energie besser steuern. Kurz: er verfügt über das meisterliche Können und somit über die größere spirituelle Stärke.

Die Mitgliedschaft in einer *Société* bringt viele Vorteile mit sich. Ein Serviteur kann an Zeremonien teilnehmen, für welche er als einzelner weder die Mittel noch das rituelle Können mitbrächte. Er dient den Loas regelmäßiger und beständiger, denn in mageren Zeiten nimmt er an den Zeremonien des Hounfors teil, und er zahlt seinen persönlichen Beitrag, wenn seine Geschäfte wieder besser gehen. Selbst vom weltlichen Standpunkt aus gesehen gewinnt er eine gewisse Sicherheit, denn zwischen den einzelnen Mitgliedern einer *Société* besteht ein soziales Band, eine Brüderlichkeit, auf die man sich in Zeiten außergewöhnlicher Bedürftigkeit verlassen und an die man sich sogar mit Problemen des täglichen Lebens wenden kann.

Jemand, der zum Rang eines Canzo aufgestiegen ist, hat eine bestimmte Anzahl von Zeremonien hinter sich, wovon er einige eventuell bereits vor seinem Beitritt zur *Société* ausgeführt hat. So wird er wahrscheinlich die Taufe seines Loas Maît-tête schon zu einem ziemlich frühen Zeitpunkt vorgenommen haben, denn eine solche Abstimmung der wechselseitigen Beziehung von Loa und „Pferd" ist notwendig, wenn das „Pferd" nicht auf Gedeih und Verderben dem Loa ausgeliefert sein will. Von jemandem, bei dem Beginn und Ende einer Besessenheit zu heftig verlaufen, der in ungünstigen Momenten besessen wird – das heißt mitten in einer Tätigkeit, die seine volle geistige Anwesenheit erfordert, oder dann, wenn er in einem Hounfor zu Gast ist, welcher seines Loa nicht würdig ist, oder den er nicht gut kennt –, sagt man, er bedürfe einer *Laver-tête*-Zeremonie.[24] Auch diese Zeremonie kann ein Hougan für jemanden veranstalten, bevor derjenige in einen Hounfor eintritt. Solche Zeremonien geben dem Betreffenden eine gewisse Macht, seinen Loa im Zaum zu halten, verleihen ihm jedoch keinerlei sichere Macht über die psychischen Kräfte.

Psychische Macht beginnt erst mit dem Eintritt einer Person in eine *Société*. Der erste Schritt in dieser Richtung besteht in einer kurzen Zeremonie, in der der Neuling ein einfaches Gelöbnis seiner Loyalität und seiner Hochachtung gegenüber dem Hounfor und der Autorität seiner Hierarchie ablegt. In anderen Worten: die bewußte Kontrolle über jene Kräfte beginnt mit seinem freiwilligen Einfügen in die Gemeinschaft. Diese Zeremonie macht ihn zu einem Bossale. Bereits bei all diesen Ritualen, die die Vorbedingung für den Aufstieg zum Rang eines Canzo bilden, sind zwei fundamentale Elemente vorherrschend – nämlich spirituelle Reinigung und Beherrschung der psychischen Kräfte.[25]

Die Canzo-Zeremonie ist das am sorgfältigsten ausgeführte Ritual, dem sich ein Neophyt unterzieht, und es kann einige Zeit dauern – unter Umständen etliche Jahre – bis ein Bossale das nötige Geld und die erforderliche Ausstattung zusammenbringen kann. Dessen ungeachtet wäre es in jedem Fall unmöglich, direkt zum Rang eines Canzo aufzusteigen, denn während der Neophyt als Bossale an den zahlreichen verschiedenartigen Zeremonien des Hounfors teilnimmt, beobachtet und erlernt er die rituellen Abläufe, lernt er die Gebete und Lieder, übt sich in Disziplin und macht sich allgemein mit den äußeren Details vertraut; auch bereitet es sich auf diese Weise psychologisch auf die Verantwortung vor, die er als Canzo übernehmen muß. Eine solche Entwicklung kann sich auf der Basis von Erfahrung vollziehen.

Vever eines Stieres.

7

Die Initiation: die spirituelle Geburt des Menschen

Insgesamt betrachtet stellt die Initiationszeremonie von dem Zeitpunkt an, in dem sich der Neophyt als Bossale von der Welt zurückzieht, bis zu dem Moment, in dem er als Canzo aus dem Ritual hervorgeht, einen Prozeß des Sterbens und der Wiederauferstehung dar, eine Nachempfindung der spirituellen Schöpfungsgeschichte. Den ersten Abschnitt bildet die körperliche und spirituelle Reinigung. Am Anfang steht eine Beichte in der katholischen Kirche und eine weitere vor dem Hougan, der sie demjenigen Loa übermittelt, der der Schutzgott des Hounfors ist. Danach zieht sich der Kandidat für einige Tage von der Welt zurück; diese Einsamkeit dient der Intensivierung seiner Reinigung. Er meditiert und badet häufig. Körper und Geist werden von der Vergangenheit gereinigt, und er befindet sich wieder im Zustand ursprünglicher Unschuld.

Als unschuldiges Geschöpf begibt er sich zum Anfang des Lebens zurück. In diesem reinen, verwundbaren Zustand steht er unter dem Schutz Ayizans, die Loa, welche alles Böse austreibt und die Seele läutert. Sie ist zugleich die Loa, die Elemente sowohl von Legba als auch von Loco verkörpert, und zwar als weibliches Prinzip. Sie ist die psychische Gebärmutter, das spirituelle mütterliche Prinzip. Die Riten der spirituellen Geburt werden unter ihrer Schutzherrschaft vollzogen. Die Zeremonie, die zu diesem Zeitpunkt ihr zu Ehren abgehalten wird, um ihren Schutz zu erlangen, schließt das Ritual des *Chirer Ayizan* ein. Dazu schneidet man einen Zweig von einem Palmenbaum – einem Baum, der ihr heilig ist –, und die Hounsis zerspalten jedes der dünnen Blätter in möglichst feine Streifen, während sie Lieder zu Ehren Ayizans singen. Wenn sie fertig sind, sieht der Palmwedel aus wie eine riesige Feder mit feinsten Fasern. In einem Prozessionszug, der sich zuerst rechts- dann linksherum im Kreis bewegt, sich dann umwendet und in einer Tanzfigur dreht, tragen die Hounsis den Zweig in die Kammer, in welche sich der Neophyt zurückgezogen hat und legen ihn dort nieder. In diesem Raum ist in der Zwischenzeit ein reinigendes Bad vorbereitet worden, und nach dieser abschließenden Reinigung wird der Kandidat in ein weißes Laken gewickelt, als sei es ein Leichentuch. Er legt sich der Länge nach auf ein Bett, das aus Mombinblättern – dem Symbol Afrikas – und dem soeben zubereiteten Palmwedel Ayizans gemacht ist.

In diesem Stadium ist das vergangene Leben des Kandidaten gestorben, das was hinter ihm liegt, ist vollständig ausgelöscht. In diesem Zustand höchster Reinheit, hier auf diesem Bett, wo die Blätter der ursprünglichen Welt des Menschengeschlechtes beieianderliegen mit den Blättern des uranfänglichen Schoßes, wird allmählich das neue Wesen empfangen. Vier Tage nacheinander wird der Körper des Neophyten um die Mittagszeit, wenn die Sonne am höchsten steht, mit Öl eingerieben. In dieser Keimungsphase lebt der spirituelle Embryo ausschließlich von flüssiger Nahrung: er bekommt eine Brühe aus Maismehl, Calalous und Pilzen sowie Blätter des Lal-Buinin. Es ist den Kandidaten (falls mehrere in einem Raum sind) nicht erlaubt, miteinander zu sprechen, aber sie dürfen beten; in ihrer Nähe befindet sich eine Glocke, mit der sie den Hougan herbeirufen können. Täglich versammeln sich vor der Tür des Zimmers die Hounsis und singen, um die Loas anzurufen und ihren Segen auf diejenigen, die sich in diesem Raum befinden, herabzuflehen.

Und dann findet die Zeremonie der ersten spirituellen Differenzierung statt – zur selben Zeit, zu der sich bei einem Embryo die ersten Skelettstrukturen und Organe bilden. Zuerst wird die Schutzgottheit bestimmt, das heißt die göttliche Kraft, die dieses Wesen vor allen anderen erfüllt. Dies ist der Maît-tête. So wie die Maiskörner, die auf die Vevers gelegt werden, das Tor zu den göttlichen Kräften darstellen, plaziert man jetzt diese Körner auf den Kopf und die nach oben gewandten Handflächen der auf dem Bett ausgestreckten Person – denn die Loas werden aus den Tiefen der Unterwelt in diesen Menschen, und durch ihn hindurch, aufsteigen. Das Opferhuhn, welches die Farbe hat, die dem Loa heilig ist, muß diese Körner fressen, zum Zeichen, daß der Geist die Opfergabe annimmt. Auf einer Seite des Bettes steht der geweihte irdene Topf, der künftig als Pot-de-tête dienen wird; dort hinein gibt man den Schnabel, die Federn und das Blut dieses ersten Opfers, zusammen mit einigen Haaren und Nägeln des Neophyten. Auf diese Weise wird die Seele – der Gros-bon-ange – geschaffen. Es handelt sich hierbei um eine Vermengung des kosmischen Loa mit der unmittelbar vom Bewerber stammenden Lebenskraft, die im Pot-de-tête zu einer einzigartigen Mischung verschmelzen. Um dieses Gefäß herum arrangiert man die rituellen Perlen in der Art und Weise, wie eine Person sie tragen würde[26], und zum Zeichen, daß es sich hierbei um einen Teil des spirituellen Ganzen handelt, nimmt der Initiierte den Topf nicht mit zu sich nach Hause wie einen privaten, persönlichen Besitz, sondern läßt ihn in der Obhut des Hounfors.[27]

Nun wird die neugeschaffene Seele von zwei Kindern getauft, so wie auch die uranfänglichen Marassa, Gottes erste Geschöpfe, ihren ersten Nachkommen einen Namen gaben und auf diese Art und Weise das spirituelle Element der menschlichen Rasse hervorbrachten. Dieser Name ist ein Geheimname und entspricht dem heiligen Namen eines neugeborenen Kindes, welcher die Essenz des Selbst dieses Individuums enthält und daher bewahrt werden muß.[28] Danach ruft man den Maît-tête in den Kopf dieser neugeschaffenen Seele; sobald dieser dort seinen Platz eingenommen hat, gibt man ihm von demselben Huhn zu essen, das zuvor über den Körper des Initiierten geführt wurde, und dessen Schnabel, Federn und Blut man für die Schöpfung seiner Seele verwendet hatte. Mit dieser Handlung ist die Erschaffung der Seele abgeschlossen. Sie setzt sich zusammen aus der kosmischen Kraft des Loa sowie der essentiellen Lebensenergie des Individuums. Diese beiden Elemente sind zu einer Persönlichkeit vereinigt worden, die die Taufe und einen Namen empfangen hat. Ferner hat man dem Schutzgott des Initiierten sein erstes Opfermahl dargebracht.[29]

Diese Seele, dieses Schöpfungswerk, wäre indes nichts wert, würde sie nicht vom Feuer berührt. In diesem Feuer sowie in der Zeremonie des *Bruler-zin*, dem wichtigsten Ritual, das mit Feuer beziehungsweise Hitze in Verbindung steht, sind viele Elemente in einem enthalten. Es handelt sich hierbei um das Feuer des Lebens, und die Zeremonie findet daher zu dem Zeitpunkt statt, wo die Seele des gerade Verstorbenen sich anschickt, für mindestens ein Jahr in die Gewässer der Unterwelt hinabzusteigen, und dann wieder, wenn die Seele am Ende dieses Scheintodes wieder in die Welt hineingeboren wird. Im Rahmen jeder beliebigen Zeremonie kann man Rum auf den Boden gießen und ein Streichholz daran halten, damit die Flammen die Loas „erwärmen". Ob man es in dieser Weise verwendet oder im Rahmen des umfassenden Rituals des *Bruler-zin* – stets bedient man sich des Feuers, wenn es notwendig ist, die Lebensgeister zu beleben, sie wieder „aufzutanken". Daher ist es ganz natürlich, daß anläßlich der wahren Geburt der Seele diese Zeremonie auf das Sorgfältigste gestaltet wird. Tatsächlich bezeichnet der Begriff Canzo eine Person, die über das Feuer herrscht und gleichzeitig von ihm durchdrungen wird.[30]

Die Zeremonie des *Bruler-zin* dauert lange und ist hinsichtlich ihrer Details sehr komplex. Die grundsätzlichen Elemente des *Bruler-zin* sind die drei *Zins* beziehungsweise Töpfe, die mit Öl gefüllt und im Peristyle auf drei kleine Feuerstellen gesetzt werden. Der Zin für Ogoun ist aus Eisen, die anderen, die für die Toten und den Loa Maît-tête bestimmt sind, bestehen aus Ton. Während das Öl erhitzt wird, schlachtet man die Hühner, rupft sie geschwind und gibt sie – zusammen mit Maisgries und anderen rituellen Ingredienzien – in die Töpfe. Jetzt wird der Initiierte vom Hougan, dem La-place und den Flaggenträgerinnen aus der Kammer geleitet. Manchmal krabbelt er bei dieser Gelegenheit auf allen Vieren, wie ein Kind, manchmal geht er aufrecht; in jedem Fall wird er sorgsam und behutsam von den Hounsis gestützt. Er ist dabei entweder vollkommen in ein weißes Tuch eingehüllt, oder aber man drapiert dieses Tuch wie eine weiße Höhle um ihn herum – jedenfalls schirmt es ihn völlig von den Blicken seiner Umgebung ab. Dreimal wird er um die Zins herumgeführt, dann kniet er vor ihnen nieder. Das weiße Tuch wird so zurechtgezogen, daß die Zins und das Feuer bedeckt sind. Während der Initierte auf diese Weise Feuer einatmet, taucht der Hougan die Hand des Kandidaten in das siedende Öl, aus dem dieser eine Handvoll des mehligen Teiges holt, der darin kocht. Der Hougan knetet den Teig in seiner eigenen Hand, nimmt dann die mit Öl eingeriebene Hand des Initiierten und schließt sie fest um den kochendheißen Teig. Manchmal hört man einen Schmerzensschrei, aber das kommt selten vor. Nachdem der Initierte diesen Batzen Teig geknetet hat, gibt er ihn in den Topf zurück.

Anschließend werden seine Füße über die Flammen geführt. – Diese Prozedur wiederholt man in gleicher Weise bei den beiden anderen Zins. Dann wird der Initierte zurück in das Zimmer gebracht. Im Peristyle brennen die Zins weiter, während man die Götter nacheinander mit ihren entsprechenden Liedern anruft. Schließlich zerbrechen die Töpfe oder werden von den drei langen Eisennägeln heruntergehoben, an denen sie über dem Feuer hängen, und in Stücke gebrochen. Diese Stücke werden zusammen mit dem Teig, den man in eine Serviette eingeschlagen hat, in einem mit Mombinblättern eingefaßten Loch vergraben. Dann füllt man das Loch mit Erde auf und alle Teilnehmer stampfen sie mit ihren Füßen fest. Die Zeremonie schließt mit einem Gruß an Guèdé.[31]

Am darauffolgenden Morgen begibt sich der neu Eingeweihte wieder zurück in die Welt. Er wird in weiße Kleider gehüllt, bekommt einen großen Strohhut aufgesetzt (wie ihn Legba trägt) und hält den gefiederten Palmwedel Axizans wie eine schützende Maske vor sein Gesicht; so ausgestattet wird er unter einem weißen Tuch, das man wie einen Baldachin über ihn hält, aus dem Zimmer geleitet. Noch ist er schwach, und die Hounsis müssen ihm häufig unter die Arme greifen und ihm helfen. Dieser Prozessionszug wird vom Hougan angeführt und macht an jedem der heiligen Bäume halt, wo der Initiierte, diese neugeborene Seele, gleich einem neugeborenen Kind, dem entsprechenden Loa rituell vorgestellt wird. Ist dieser Teil der Zeremonie abgeschlossen, hat der Initiierte endgültig den Rang eines Canzo erworben. Am Nachmittag gibt man eventuell einen „Empfang" im Peristyle und am Abend einen Tanz zu Ehren des neuen Mitglieds der spirituellen Gemeinschaft.[32]

Androgyne Ganzheit.

Abbildung 17:
Trommler und der Chor der Hounsis.
Dieser Satz von drei Trommeln wird bei Rada-Zeremonien verwendet.

VI. KAPITEL

Trommeln und Tänze

1

Die sakralen Ausdrucksformen

Wenn man an Kunst denkt, bringt man sie gewöhnlich mit Schönheit in Zusammenhang. So versteht man beispielsweise unter einem Tanz eine Abfolge anmutiger Bewegungen. Ein Besucher Haitis, der die meiste Zeit seines Aufenthaltes am Rand einer Landstraße verbringen würde, hätte das Gefühl, Zuschauer in einem realistischen Theater zu sein, in dem fortlaufend dieselbe lyrische Tanzaufführung in wundervoller Anmut und unendlich vielen Variationen stattfindet. – Beginnen würde sie mit einer Ouvertüre in der Dunkelheit vor Sonnenaufgang – die Zeit, wo kleine Gruppen von „voyageurs" (Reisenden), die auf dem Weg von den fernen Bergen zum Markt sind, unbeobachtet die Straße entlangziehen. Ihr Zug bildet eine melodische Notenlinie aus dem lautmalerischen Rhythmus und den Kadenzen der kreolischen Sätze. Das Kreolische ist keine Schriftsprache, keine Reihe von Buchstaben mit einer bestimmten Bedeutung, sondern existiert hauptsächlich als ein Klang, den man verstehen muß. Die Dämmerung wirft ihr Licht wie die Scheinwerfer einer Bühne auf ein in vieler Hinsicht anmutiges Schauspiel. – Die Frauen, die auf dem Weg zum Markt sind, wirken wie zierliche dunkle Stengel, geschmeidig und fest, die ungeheuer große Blüten aus dem Violett der Auberginen, dem Rot der Tomaten, dem Orange der Karotten sowie alle Schattierungen von Grün auf ihren Köpfen tragen. Esel ziehen in einer langen Reihe schwankend den Straßenrand entlang. Das Klappern ihrer Hufe überträgt sich auf die Frauen, die auf ihnen reiten, fließt wie eine rhythmische Welle ihren Rücken hinauf und läuft schließlich im sanften Schwingen der breiten Krempen ihrer Strohhüte aus. Sowohl diese Frauen als auch die Männer, die auf ihre Felder gehen, besitzen eine solch anmutige Körperhaltung, daß sie selbst dem schlecht sitzendsten Kleid und einem noch so geflickten und ausgebeulten Overall Eleganz verleihen. Dieselbe körperliche Anmut findet man bei den Frauen, die auf dem Hof kochen, sich um die Kinder kümmern, Wasser tragen, ständig Wäsche waschen oder sich gegenseitig die Haare flechten. Denn die Haitianer, die ihren Körpern soviel abverlangen, haben herausgefunden, wie man durch ausgewogene Bewegungen Dinge erreichen kann, für welche anderenfalls Muskelkraft erforderlich wäre. Tatsächlich ist jede Haltung, jede einzelne Bewegung ausbalanciert. Selbst eine ganze Gruppe von Menschen, die in der sengenden Nachmittagshitze rasten und sich unterhalten, vermittelt den Eindruck einer „Komposition" im künstlerischen Sinn. In dieser schlichten, sich von selbst ergebenden Ganzheit einer Anordnung von Personen kommt die Tatsache zum Ausdruck, daß es sich hierbei nicht um eine bloße Ansammlung einzelner Individuen handelt, sondern daß diese Menschen zusammenleben, daß sie eine persönliche Beziehung zueinander haben. Selbst im Schlaf behält der Körper eines Haitianers diesen Charakter bei. Die „Voyageurs" aus weit entfernten Ortschaften, die mit der traditionellen Gastfreundschaft, die man Reisenden entgegenbringt, aufgenommen werden, passen sich so behutsam dem Winkel des unvertrauten Raumes an, wo sie sich niederlassen, daß man sie nicht mehr für Fremde hält.

Fast scheint es, als fließe diese Art sich zu bewegen, die der Besucher des Landes ständig so begierig mit seinen Augen aufnimmt, allmählich auch in seine eigenen Glieder und Muskeln. So mag unter Umständen sogar ein völlig Fremder eines Tages zu seiner Überraschung dieselbe Stilisierung in seiner eigenen Körperhaltung entdecken. Es handelt sich insofern um eine natürliche Anmut, als diese Anmut für die haitianischen Lebensbedingungen notwendig ist. sie kann aber auch deshalb als natürlich verstanden werden, weil bereits die Kinder, die von ihren Müttern ständig auf den Schultern oder der Hüfte getragen werden, und die sie häufig zum Rhythmus der zeremoniellen Trommeln auf ihren Armen wiegen*, nicht umhin können, ebendiese Art der Bewegung zu erlernen, und den Rhythmus der Trommeln als ihren eigenen, vertrauten Pulsschlag zu erfahren.

Es mag vielleicht so aussehen, als würde es ausreichen, dieser allbeherrschenden Anmut einfach nur eine erzählerische oder symbolische Ordnung zu geben, als müsse man sie einfach planmäßig auf einen Höhepunkt zulaufend beschleunigen und verschiedene besonders stilisierte Bewegungen in bestimmte Abschnitte gliedern, um das zu erhalten, was man in unserer Kultur als Tanz bezeichnet. Tatsächlich sind die rituellen Tänze vorwiegend als eine derartige Weiterentwicklung natürlich vorhandener Anmut in einem religiösen Kontext interpretiert worden. Die besondere Eigenart der Bewegungen im Rahmen eines rituellen Tanzes läßt sich jedoch nicht in dieser Weise erklären. Selbst der Gang eines Mannes, der eine rituelle Begrüßung vollzieht, unterscheidet sich auf bestimmte Weise grundsätzlich von seiner Gangart, mit der er sich zu seinen Feldern begibt, sowie auch von der nicht minder stilisierten Art, in welcher er eventuell anläßlich eines Balles auf seine Partnerin zugeht und sie zum Tanz auffordert – wenngleich alle diese verschiedenen Arten zu gehen anmutig sind. Der spezielle Gang, mit dem man sich bei einer zeremoniellen Begrüßung bewegt sowie der rituelle Tanz unterscheiden sich – wie alle religiösen Kunstwerke (ob es sich dabei um Musik, Malerei oder Bildhauerei handelt), unabhängig vom jeweiligen nationalen Brauch (ob Trommel oder Klaviermusik) – von sekulären Kunstwerken beziehungsweise Tänzen aufgrund

* Zwar ist es zweifelhaft, ob die Schwarzen mit einem ausgeprägteren Gefühl für Rhythmus geboren werden als andere Leute, aber sie besitzen – selbst wenn sie in der Großstadt leben – eine Kultur, in welcher der Rhythmus von Kindesbeinen an zu ihrem Leben gehört. Eine Mutter, die während eines rituellen Tanzes ihr Kind trägt, oder die ihre Kinder in das Peristyle mitbringt, ist in Haiti kein ungewöhnlicher Anblick.

ihres spezifischen Ethos. Aus der besonderen Art der formalen Gestaltung erkennen wir, daß auf dem Gemälde, welches wir betrachten, eine Madonna zu sehen ist, und nicht eine Frau mit einem Kopftuch. Jemand, dem diese Betrachtungsweise aus einem kulturellen Kontext geläufig ist, muß mit dem Stil einer anderen Kultur nicht lange vertraut sein, um sehen zu können, daß es sich bei einer altertümlichen Statuette um einen Krieger, bei einer anderen dagegen um den Kriegsgott handelt; er wird bald den Klang zeremonieller Trommeln vom Ton derjenigen unterscheiden können, die man schlägt, wenn man auf dem Feld arbeitet oder vom Klang derer, die für einfache Gesellschaftstänze verwendet werden.

Dieser spezielle Stil sakraler Formgestaltung ist unabhängig vom jeweiligen Gegenstand, vom Wissen um symbolische Bedeutungen und sogar vom Grad der Kunstfertigkeit. In gewissem Maße liegt die besondere Eigenart eines religiösen Kunstwerkes in den darin verborgenen Assoziationen. So geht beispielsweise allein schon aus der speziellen Art und Weise, in welcher ein Trankopfer auf den Boden gegossen wird, hervor, daß der Zweck dieser Handlung nicht darin liegt, den Boden zu begießen. Zwar können versteckte Bezüge auch einem sekulären symbolischen Akt innewohnen. Bei einer heiligen Handlung handelt es sich im Unterschied dazu jedoch nicht nur um versteckte, sondern zugleich auch metaphysische Bezüge. Zudem richtet sich eine sakrale Ausdruckform nicht an die Menschen, sondern an Gott. In welcher speziellen Form eine Handlung vollzogen wird, hängt nicht nur von ihrem Zweck ab, sondern auch von der Haltung des Handelnden. Selbst aus alltäglichen zweckbestimmten Bewegungen läßt sich ersehen, daß der eine sich über seine Tätigkeit ärgert, während ein anderer Freude an seinem Tun hat. In der Kunst, wo der erdachte Sinn die Stelle des realen Zweckes einnimmt, ist die innere Haltung – beziehungsweise die spezielle Art und Weise, in welcher jemand sich bewegt – bedeutend wichtiger als im täglichen Leben. Bei religiösen Handlungen, die keine unmittelbaren Resultate nach sich ziehen, sondern günstigenfalls von der Gottheit, an die sie sich richten, belohnt werden – von denen man also sagen kann, daß sie keinen konkret faßbaren Zweck erfüllen –, ist in der Form zugleich die ganze Aussage des Kunstwerkes enthalten. Die spezifische Eigenart eines solchen Artefaktes liegt in der ehrfürchtigen Hingabe, die der Mensch nur dem Göttlichen entgegenbringt. *Der Sinn des dem Göttlichen geweihten Aktes besteht darin zu dienen, und zwar nicht sich selbst, sondern dem Objekt seiner Hingabe*; ein solcher Akt zeichnet sich daher durch Selbstlosigkeit, Disziplin und sogar Entpersönlichung aus.* Der Mensch, der die Handlung ausführt, wird quasi zu einem anonymen Wesen. Aus einer solchen Haltung heraus entwickelt man einen Sinn für das Abstrakte.

* Dies steht im Widerspruch zu der allgemein verbreiteten Vorstellung, beim sogenannten „primitiven" Tanz handle es sich um „spontanen, ungehemmten Selbstausdruck".

2

Die Gemeinschaft als schaffender Künstler

Im Prinzip würde eine solch anonyme Ausdrucksform ein hohes Maß an Hingabe erfordern. In der Fachterminologie könnte man es so formulieren, daß die Schöpfung einer stofflichen Ausdrucksform (ob es sich nun um ein Gemälde oder einen Trommelrhythmus handelt), die einen derartigen metaphysischen Bezug wirkungsvoll vermitteln soll, einen Künstler erfordern würde, der gleichzeitig ein Heiliger und ein künstlerisches Genie sein müßte. Sollte dies jedoch der Situation entsprochen haben, aus der heraus die traditionellen Bewegungen entstanden sind, dann sorgt die Funktion, die diese Bewegungen mittlerweile im Rahmen der kollektiven Religion erfüllt, für die entgegengesetzte Variante. Eine kollektive Religion kann sich nicht abhängig machen von der Wechselhaftigkeit individueller Begabung und Überzeugungen. Sie muß ganz im Gegenteil diese Wechselhaftigkeit ausgleichen und die Teilnehmer des Rituals gegen ihre persönlichen Schwächen, Fehler und Unzulänglichkeiten schützen. Eine solche Religion braucht Individuen, die im allgemeinen unschöpferisch sind, sich geistig leicht lenken lassen, deren Bewegungen und Einstellungen einem vorgeschriebenen Muster entsprechen, die den einzelnen allmählich in das Ritual einbeziehen und ihn eventuell inspirieren. Für einen Trommler muß ein Rhythmus vorgeschrieben sein, der die einzelnen Elemente der Zeremonie vorschriftsmäßig miteinander verbindet und das Tempo ihres Ablaufes vorgibt – unabhängig davon, ob der Trommler als Individuum fähig wäre, den entsprechenden Rhythmus zu erfinden. Die Tradition muß für die einzelnen Mitglieder einer solchen Religion eine Grundlage bieten, eine Sicherheit, die unabhängig ist von ihren wechselnden persönlichen Ansichten und sie über ihre individuelle Kreativität hinaushebt. Folglich erfüllt die Gemeinschaft ihre Aufgabe auf einer Ebene, welche über die schöpferischen Fähigkeiten ihrer Mitglieder hinausgeht. Diese Gemeinschaft ist nicht das Produkt der Anmut, der Stärke und des Wissens der einzelnen – sie verleiht sie ihnen vielmehr. In diesem Sinne segnet die Gemeinschaft ihre Angehörigen. Sie bringt ihre positivsten Anlagen zum Ausdruck und dient ihnen als ein sicheres Fundament. Diese Funktion ist vergleichbar mit rituellen Masken, die einen Eindruck übermitteln, der unabhängig vom wechselnden Gesichtsausdruck der jeweiligen Schauspieler ist. Der einzelne hat Teil an den Wesenszügen der Gemeinschaft und wird durch seine Teilhabe selbst in diesen Gesamtcharakter integriert – er wird zu einem Teil von etwas, das die Grenzen seiner individuellen Persönlichkeit überschreitet. *Seine Transzendenz ist das Ergebnis seiner Teilhab*e – sie bildet weder ihre Vorbedingung noch zieht sie sie notwendigerweise nach sich.

Dadurch, daß der einzelne durch das kollektive Agieren im Rahmen religiöser Rituale auf eine höhere Ebene transzendiert wird, bieten ihm diese Riten eine qualitative Unterstützung sowie auch eine Sicherheit meßbarer, quantitativer Natur. Diese grundlegendste Funktion des Rituals läßt sich ausschließlich durch die Teilnahme an solchen Riten erfahren. Folglich muß sich die Tradition, um diese Transzendenz zu erreichen, solcher Methoden bedienen, die den unterschiedlichen Fähigkeiten der einzelnen Leute entsprechen. Dies ist dem Vaudou gelungen, und das stellt die vielleicht erstaunlichste Leistung der speziellen Ausdrucksformen dieser Religion, nämlich ihrer Lieder und Tänze, dar. So erfordert es keine besondere Übung, sondern lediglich eine allmähliche Gewöhnung, die rituellen Tanzschritte zu erlernen. Ein Kind von zehn Jahren kann sie genauso ausführen wie eine sechzigjährige Frau. Sie sind daraufhin ausgerichtet, daß eine Person mit durchschnittlicher Körperkraft sechs bis acht Stunden hintereinander tanzen kann.* Trotzdem bezieht der sakrale Tanz sowohl diejenigen Teilnehmer ein, für die dies eine Anstrengung darstellt und sie auf eine höhere Ebene hebt, als auch solche, die unter anderen Umständen auch zu einer höheren Leistung fähig wären. Es gibt viele Leute, die bei Gesellschaftstänzen eine wunderbare Virtuosität entfalten und sich durch Erfindungsgabe, Kraft und akrobatische Geschicklichkeit hervortun. Dessen ungeachtet erfüllt sie eine solche Leistung niemals mit dem Gefühl der Transzendenz, welches sie bei der Ausführung der einfachen, anonymen Bewegungen eines rituellen Tanzes erfahren. Denn die Transzendenz, die sie hier verspüren, hat ihren Ursprung in einem Gefühl der religiösen Hingabe, in der Aufgabe des persönlichen Selbst, welches die Quelle aller Kunstfertigkeit ist und das darauf stolz ist, wenn es etwas Einzigartiges vollbringt. Ein Virtuose zu sein bedeutet, sein Selbst zu bestätigen, und dies steht im Widerspruch zum Wesen der Hingabe. Ein Mensch kann also definitionsgemäß kein Virtuose sein und sich gleichzeitig im Rahmen des Rituals bewegen.

3

Die göttlichen Virtuosen

Wenn sich aus dem Chor plötzlich eine einzelne Stimme durch einen speziellen Klang und eine besondere Eindringlichkeit abhebt, ist dies ein Zeichen dafür, daß ein Loa erscheint. Das gleiche ist der Fall, wenn man in dem zum Bersten vollen Peristyle unter all den Gestalten, die sich in gleichbleibender Einförmigkeit bewe-

* Es sollte eigentlich einleuchten, daß ein „haitianischer Tanz", bei dem ein durchtrainierter, professioneller Tänzer nach zehn Minuten außer Atem gerät, nicht als so „authentisch" betrachtet werden kann, wie es einen die Vorankündigungen in Programmen solcher bühnenmäßigen Vorführungen „ethnischer Tänze" glauben machen wollen.

gen, eine einzelne entdeckt, deren Bewegungen ungewöhnlich sind und inmitten dieser Gleichförmigkeit auffallen. Denn während das Zeichen der Hingabe eines Menschen an die Mystères eine anonyme Selbstlosigkeit ist, bildet die besonders sorgfältig gestaltete Manifestation eines Loas dessen Zeichen für seine Hingabe an den Menschen. Daher ist Virtuosität die ausschließliche Domäne der Götter.*

Ein Loa kann sein „Pferd" in der Tat zu Leistungen befähigen, die diese Person im Normalzustand niemals vollbringen könnte. Manchmal muß der Hougan die Virtuosität des Loa in Schranken halten, damit die Besessenheit keine verheerenden Folgen für den Körper des Betreffenden hat. So wird eine uralte, teilweise behinderte Frau, die von einer jungen Erzilie besessen ist, mit jugendlichem Schwung tanzen und sich keinen Knochen brechen oder einen sonstigen Schaden erleiden, solange sich die Göttin in ihrem Kopf befindet. Ganz im Gegenteil werden ihre Knie, die schon seit fünf Jahren durch die Arthritis bewegungsunfähig sind, für diesen Zeitraum so gelenkig wie die eines jungen Mädchens. Wenn das Mystère jedoch ihren Körper verläßt, fällt er in sich zusammen und der Gesundheitszustand der Frau kann noch Tage danach kritisch sein. Besessenheiten, die derart unheilvolle Nachwirkungen haben, sind indes selten, und in solchen Fällen setzt sich der Priester für den Serviteur ein. Darüberhinaus sind die Loas rücksichtsvoll. Zudem spielt es eine Rolle, daß Erzilie, als Göttin der Schönheit, von Natur aus eitel ist. Titon hat es folgendermaßen ausgedrückt: wenn Erzilie erscheinen möchte, wenn sie sich manifestieren, wenn sie tanzen möchte – wird sie sich dann nicht unter den Teilnehmern der Zeremonie einen schönen, jugendlichen Körper aussuchen, in dem sie vortrefflich tanzen kann? Hätte sie nicht den Wunsch, in der

---

* Da eine bühnenmäßige Vorführung in unserem Kulturkreis notwendigerweise einen an ein Publikum gerichteten Ausdruck von Virtuosität darstellt, müssen die an die Götter gerichteten ethnische Tänze im Rahmen einer solchen Aufführung notwendigerweise eine grobe und fundamentale Entstellung erfahren. Bei rituellen Tänzen beschränkt sich der zwangsläufig stattfindende Einfluß des persönlichen Stils des Tänzers auf seine Bewegungen auf ein Mindestmaß und ist extrem unauffällig, da es kein Publikum gibt, welches die Entwicklung dieses individuellen Ausdrucks und seiner Überbewertung herausfordert. – In seinem Kommentar zu einem Album mit haitianischer Musik erklärt Courlander: „Der haitianische Tanz ist zwar voll von dramatischen Elementen – am wichtigsten dürfte aber sein vorwiegend auf die Teilnahme der ganzen Gemeinschaft ausgerichteter Charakter sein. Wenn überhaupt ein Publikum vorhanden ist, so ist seine Funktion von untergeordneter Bedeutung; es handelt sich in diesem Fall gewöhnlich um Teilnehmer, die gerade eine Ruhepause einlegen, um alte und kranke Leute sowie um andere Personen, die aus dem einen oder anderen Grund nicht fähig sind, sich an den Tänzen zu beteiligen. Was ich damit sagen will, ist, daß kein ausgearbeitetes Konzept einer Gesangs- beziehungsweise Tanzveranstaltung als solches existiert. Die haitianische Tradition kennt keine berühmten Tänzer, Sänger oder Trommler. ...Einen guten Tanz oder einen schönen Gesang erkennt man an und spendet Applaus, aber in solchen Fällen handelt es sich um ein Nebenerzeugnis, und nicht um den Endzweck. Der hauptsächliche Grund des Tanzens ist die Teilnahme der Gemeinschaft." – Eine ausführliche Abhandlung über den Unterschied zwischen einem bühnenmäßigen und dem ethnischen Tanz findet sich in dem von mir verfaßten Artikel „Ritual and Social Dances of Haiti", erschienen im *Dance Magazine*, New York, Juni 1949.

Abbildung 18:
Congo-Tanz. Der Congo ist einer der wenigen Vaudou-Tänze, die paarweise getanzt werden.

bestmöglichen Verkörperung zu erscheinen? Und wird auf der anderen Seite ein Serviteur, der zu der Ehre kommen möchte, der Träger der Göttin zu sein, dann nicht seine Art zu tanzen, seine Kleidung, sein gesamtes Erscheinungsbild daraufhin ausrichten, sie dazu zu bringen, ihn als ihr „Pferd" auszuwählen?

Nicht alle Loas haben indes Interesse an Tanz und Gesang. Bei Damballah, Agwé und Loco ist es von Fall zu Fall verschieden, ob sie tanzen und singen, und wenn, ob sie es in besonders hervorragender Weise tun oder nicht. Erzilie, Guèdé und Azacca und andere jedoch lieben es zu tanzen, zu singen und sich zu vergnügen. Sobald einer dieser Geister erscheint, macht man ihnen Platz. Und sollten Guèdé, Azacca oder ein anderer Loa in ihrer Ausgelassenheit einen „Unfug" anstiften, wie es oftmals die Art solcher „Partybegeisterten" Mystères ist, sagen die Haitianer lächelnd, mit der gleichen sanften Geduld, die man dem gelegentlichen Übermut von Kindern entgegenbringt: „Quitté yo jouir." (Laßt ihnen ihr Vergnügen).

Abbildung 19:
Vanvalou Dos-bas.
Die beiden Tänzer sind Anwärter auf das Priesteramt und haben aufgrund ihres Ranges das Recht, die Miniaturausführung der heiligen Rassel zu benützen.

4

Die anonymen Kunstschöpfer

Virtuosität ist zwar die ausschließliche Domäne der Götter, aber es würde keiner Kultur zum Nutzen gereichen, sich plötzlich von den Quellen abzuschneiden, die ihre Traditionen mit neuer Kraft versorgen. Ebensowenig wäre es sinnvoll, die Beiträge begabter Individuen aus der Tradition auszugrenzen, die über das vorgeschriebene Maß rituellen Ausdrucks hinausgehen. So handelt es sich bei den vaudouistischen Liedern zwar um traditionelle Gesänge mit einer gleichfalls traditionell festgelegten Reihenfolge; aber diese Gesänge erlauben zugleich einem besonderen Talent, sich auszudrücken. – So war Titon beispielsweise einer der besten Houngenikons im ganzen Umkreis. Damit ist jedoch nicht gesagt, daß er zugleich auch ein von seiner Religion unabhängiger Virtuose war. Seine Begabung stand weder im Konflikt noch im Widerspruch zu den Traditionen. Er sagte sich nicht von den traditionellen Formen los, sondern ergänzte sie vielmehr durch sein Talent und entwickelte sie weiter. Titons Fähigkeit, seinen rituellen Handlungen eine besondere Ausdruckskraft zu verleihen, ging über das durchschnittliche Maß hinaus. Die *Recitatives,* mit denen er als Houngenikon die Lieder einleitete, besaßen eine Intensität, die den Sätzen und Worten, wie sie den Leuten im Laufe der Zeit allzu vertraut geworden waren, den Charakter einer religiösen Anrufung verliehen, so daß diese Anrufungen die Aufmerksamkeit der Teilnehmer fesselten. Er sang die Soloparts mit einer solch überwältigenden Ausdruckskraft, daß der Chor mit einer Begeisterung einfiel, die über das vorgeschriebene Maß hinausging.

Seine Kunstfertigkeit entwickelte sich zu einer solchen Meisterschaft, daß ihm sogar jene besondere Distanz zu seinen Liedern möglich wurde, die einen Profi auszeichnet. Oftmals ließ er, während er sang, seine Augen in der beiläufigen Art eines Stammgastes im Peristyle herumschweifen. Wenn er bemerkte, daß zu einem bestimmten Zweck seine Autorität erforderlich war – um beispielsweise jemanden einen Stuhl für einen Gast holen zu lassen –, rief er seine Anweisungen gewöhnlich in den Pausen aus, in denen der Chor seinem Gesang antwortete, und nahm dann im nächsten Abschnitt seinen Solopart wieder auf. Titons Stimme besaß eine starke, herbe Überzeugungskraft, die sich nur schwer mit seiner scheinbar beiläufigen Art zu intonieren und seiner distanzierten Haltung in Einklang bringen ließ. Ihm schien sein eigener Gesang überhaupt nicht zu Bewußtsein zu kommen, trotzdem die Worte und die Töne in derart perfekter Intonation aus ihm herausflossen, daß man ihn schon fast als inspiriert bezeichnen konnte. Zugleich wußte man aber, wenn man ihm zusah, daß dies alles für ihn selbst nichts Außergewöhnliches war. Doch handelte es sich bei seiner Distanz auch um kein Sakrileg. Das Ritual schien ganz im Gegenteil so hoch über Titons persönlichem Beitrag zu stehen, daß es noch nicht einmal von seiner Transzendenz abhängig war.

Leute, die mit dem Stil anderer Houngenikons vertraut waren, konnten darüberhinaus erkennen, welches die individuellen Elemente waren, die Titon in seine Intonationen eingeflochten hatte. Dies waren die Art, wie er seine Stimme nach dem Wort anhob, das zum Gesang des Chors überleitete, und ähnliche Techniken. Diese Neuerungen waren jedoch nie der Ausdruck eines Übereifers, und man merkte ihm auch keinerlei kreative Bemühung an. Würde er auf eine derartige Weise seine eigene Persönlichkeit in den Vordergrund spielen, wäre das kein Beweis seiner religiösen Hingabe. Der wirkliche Beweis für seine Hingabe lag vielmehr darin, daß er es fertigbrachte, sich von seinen persönlichen Stilelementen so weit zu distanzieren, daß diese einen anonymen Charakter erhielten. Ein weiteres Zeichen dieser Hingabe war es, daß er es geschafft hatte, durch harte Arbeit seine Technik dergestalt zu perfektionieren, daß sie von seinem persönlichen Eifer unabhängig, und somit bereits zu einem Teil des Kollektivs wurde.

Doch selbst dieses Einfließen persönlicher Talente in die Tradition überließ man nicht dem Ermessen, der religiösen Hingabe oder dem Gemeinschaftssinn eines einzelnen; denn ein einzelner könnte unter Umständen die Neigung besitzen, seine besondere Begabung dafür zu benützen, sich selbst in den Vordergrund zu spielen. Da sich aber eine sakrale Handlung nicht an die Menschen, sondern an die

Götter richtet, ist es relativ unbedeutend, wie ein Mensch die spezielle Form beurteilt, in welcher sie zum Ausdruck gebracht wird. Das Prinzip der allgemeinen Teilnahme schließt indes die Existenz eines Publikums aus. Zudem fühlt sich ein Serviteur nicht deshalb mehr zu einem Hounfor als zu einem anderen hingezogen, weil er in einem davon mehr *Lust* verspürt zu singen – denn singen muß er in jedem Fall. Titon konnte in seiner Rolle als Houngenikon mit seinem speziellen Talent nichts weiter gewinnen als Anerkennung. Er konnte mit seiner Begabung nichts anderes tun, als sie in die Tradition einfließen zu lassen; und die Tradition belohnte ihn im Gegenzug damit, daß sie sein Talent auf eine feste Basis stellte und es in ihre Gesamtheit integrierte.

5
Der heilige Gesang der Trommeln

Im haitianischen Vaudou, der alle Serviteurs in das Ritual einbezieht, scheint der Trommler eine Position einzunehmen, die die größte Analogie zu der eines virtuosen Individuum aufweist. Das heißt jedoch nicht, daß ihm die Tradition keine Grenzen setzt. Ganz im Gegenteil erfordert das rituelle Trommeln in Haiti ein wesentlich intensiveres *technisches* Training und bedeutend mehr Übung als jede andere rituelle Aktivität.* So setzt sich eine Rada-Zeremonie beispielsweise aus verschiedenen Loa-Nationen und Riten zusammen, von denen jede einzelne ihre charakteristischen Trommelrhythmen und Tanzformen besitzt. So wird im Verlauf einer solchen Zeremonie** ein Loa quasi zuerst von den Dahomeyern mit dem Yanvalou-Rhythmus und -Tanz begrüßt, dann von den Mahi mit ihrem nationalen Trommelrhythmus und Tanz, und darauf von den Nagos mit dem Nago-Rhythmus und -Tanz. Es gibt mindestens ein Dutzend unterschiedlicher, spezieller Rhythmen, zu denen jeweils bestimmte Tanzformen und Lieder gehören.***

---

* Man darf sich nicht zu der Vorstellung verleiten lassen, daß alle Haitianer trommeln können oder daß man diese Fähigkeit irgendwo „auflesen" könne. Die Leute haben mit vielen Schwierigkeiten zu kämpfen und müssen viel Geld dafür ausgeben, wenn sie diese Fertigkeit erlernen und Übung darin bekommen wollen.

** Man trifft eine klare Unterscheidung zwischen einer Zeremonie – bei der bestimmte rituelle Handlungen ausgeführt werden – und einem Tanz – das ist eine Veranstaltung zu Ehren eines bestimmten Loas. Einer Zeremonie muß nicht notwendigerweise ein Tanz folgen, obwohl man als krönenden Abschluß des Rituals gewöhnlich zumindest einige Runden tanzt. Tänze hingegen finden oft unabhängig von irgendeinem Ritual statt. Die Reihenfolge, in welcher die einzelnen Loas gegrüßt werden, ist jedoch bei Zeremonien und bei Tänzen die gleiche, es sei denn, die Zeremonie wird zu Ehren eines speziellen Loa veranstaltet, der in diesem Fall den Vorrang hat.

*** In seinem Werk *Haiti Singing* hat Harold Courlander bei seiner Auflistung von Liedern, Trommelrhythmen und Tänzen sowie bei seiner Beschreibung der Tanzfiguren ein hervorragendes Wissen und ein außergewöhnliches Verständnis des Gegenstandes bewiesen. Ich habe es nicht gewagt, seine ausführliche und sorgfältig ausgearbeitete Arbeit in meinem Buch zu kopieren.

Ein Trommler muß nicht nur sämtliche Trommelrhythmen erlernen, sondern auch mit einem breiten Spektrum von Liedern vertraut sein. Sobald der Houngenikon ein Rezitativ anstimmt (und gewöhnlich ist auch zugleich er es, der bestimmt, für welche Gottheit ein Lied gesungen werden soll), muß der Trommler sofort wissen, zu welcher Nation die entsprechende Gottheit gehört und mit welchem Rhythmus er dieses Lied zu begleiten hat. Er muß auch die Rhythmen des Petro-Kultes beherrschen, denn häufig finden im Anschluß an Rada-Riten Petro-Zeremonien statt, und bei Tänzen zu freudigen Anlässen ist es üblich, daß der Abend mit Petro-Tänzen abgeschlossen wird. Wenn Azacca erscheint, bittet er sehr oft um einen Martinique- oder einen Juba-Tanz, und es muß dem Trommler möglich sein, ihm diesen Wunsch zu erfüllen. Es kann auch vorkommen, daß zumindest eine oder einige wenige Gesangeinlagen für die Ibo-Loas in ein Festmahl für die Mystères eingeschlossen werden sollen. Bei der einen oder anderen Gelegenheit sind eventuell Trommelrhythmen für die Congo-Loas, die Quitta Mouillé oder andere Loas angesagt. Da der Trommler aufgrund seiner fachlichen Qualifikation für ein Ritual bestellt wird, liegt es in seinem eigenen Interesse, so viele unterschiedliche Trommelrhythmen wie möglich zu erlernen.

Zum überwiegenden Teil handelt es sich hierbei um Polyrhythmen. Für Rada-Riten verwendet man drei Trommeln: die *Petit*, die *Seconde* und die *Maman*, welche in speziellen Tonabständen zueinander gestimmt sind. Neben den Trommeln schlägt man ein *Ogan* – ein längliches Stück Eisen. (Der Ton des Ogan läßt sich etwa vergleichen mit dem Klang, den ein Schmiedhammer auf dem Amboß erzeugt. – Anm. d. Ü.). Auf jeder dieser drei Trommeln werden bestimmte Rhythmen geschlagen, die je nach Nation variieren; zugleich müssen diese Rhythmen der einzelnen Instrumente in einer ganz bestimmten Weise kombiniert werden, damit daraus entsprechend die Nago-, Mahi-, Congo- oder anderen Rhythmen entstehen. Gerät einer der drei Trommler auch nur für einen Sekundenbruchteil aus dem Takt – sei es aus Erschöpfung, Unaufmerksamkeit, bloßer Achtlosigkeit oder, was selten vorkommt, aufgrund einer Besessenheit – kommt das ganze Ensemble durcheinander und der rhythmische Zusammenhang löst sich auf. Das gleiche wäre selbstverständlich die Folge, wenn einer der Trommler versuchen würde, nach seinem Gutdünken zu improvisieren.

Wenn ich davon spreche, daß sich der rhythmische Zusammenhang durch derartige Abweichungen auflösen würde, will ich damit nicht ausdrücken, daß

Vever für Trommeln und Ogan.

die Haitianer weniger Talent zum musikalischen Improvisieren in der Gruppe besitzen als die Mitglieder amerikanischer Jazzbands. Es kommt vor, daß Trommler solche Sessions aus purem Vergnügen abhalten, und die allgemeine Betonung gemeinschaftlicher Aktionen in der haitianischen Kultur bietet ihnen viele Gelegenheiten hierfür. Aber eine Jazzband hat keine Verpflichtungen außerhalb ihres Musikerberufes. Die haitianischen Trommeln hingegen sind lediglich eines der Elemente einer ungeheuer umfangreichen rituellen Struktur, und dieser Struktur sind sie unwiderruflich verpflichtet.

Tatsächlich fällt den Trommeln die Rolle zu, die Teilnehmer einer Zeremonie in ein homogenes Ganzes zu integrieren. Die Trommeln verschmelzen die fünfzig oder mehr Individuen zu einem einzigen Körper, der sich in ihrem Rhythmus bewegt, als seien die Körper der einzelnen Leute auf den „Faden" eines einzigen Pulsierens aufgereiht. Dieser Puls schlägt einmal im Rhythmus des Yanvalou, bei dem sich die Tänzer im Kreis herum bewegen, wobei man den Eindruck hat, ihre Körper würden von Wellen durchlaufen, die an den Schultern beginnen; dann wieder schlägt er mit dem gebieterischen Drängen des Nago Chaud, bei dem sich die Wirbelsäule in stolzer Haltung hoch aufrichtet, während die Schulter- und Rückenmuskulatur in sehr rascher Abfolge kontrahiert wird, als wolle ein Mann seine Stärke demonstrieren. Es kann der trügerisch einfach scheinende Rhythmus des Mahi sein, bei dem man die Beine anfangs wie in einem fröhlichen tänzerischen Spiel bewegt, der jedoch auf die Dauer jeden Zentimeter des erschöpften, schweißüberströmten Körpers zum bloßen Durchhalten zwingt. Oder es handelt sich um den langsamen, vollen Rhythmus des Nago Grand Coup, eines Tanzes, der einen eindeutigen Bezug zum Voranschreiten eines großen, heroischen Kriegers aufweist, dessen breite Schultern bei jedem seiner weitausgreifenden Schritte in unumstößlichem Triumph rollen. Schließlich kann es sich auch um den spannungsgeladenen Petro-Rhythmus handeln, welcher den Tänzer nicht zu tragen, sondern vielmehr vor sich herzutreiben scheint.* Es ist nicht möglich, in bloßen Worten die außerordentliche musikalisch-technische Leistung zu beschreiben, die das Spielen derarti-

* Der Eindruck, es handle sich bei „primitiven" Trommelrhythmen und Tänzen um ziemlich einförmige Ausdrucksformen, entsteht durch die bühnenmäßigen öffentlichen Aufführungen solcher Tänze, bei denen die Rhythmen und die Tanzbewegungen verfälscht sind; unter anderem überbetont man aus kommerziellen Gründen die Beckenbewegungen. In Wirklichkeit unterscheiden sich die Figuren der einzelnen Tänze sehr stark voneinander, und die Trommelmusik vermittelt jeweils einen ganz speziellen Eindruck. Meinen bisherigen Ausführungen möchte ich noch den Hinweis hinzufügen, daß der Ibo-Trommelrhythmus beeindruckende intellektuelle Assoziationen weckt, und daß man in ihm eine schon fast gelehrte Geisteshaltung spüren kann. Der Congo-Rhythmus besitzt eine hypnotische Wirkung, die einen zunehmend in Bann zieht – ganz im Gegensatz zur emotionalen Ausdruckskraft der Rada- und der Spannung der Petro-Trommelrhythmen. Der Guèdé-Rhythmus wiederum erscheint wie die musikalische Kristallisierung sexueller Impertinenz, welcher der obszöne Einfluß fehlt.

ger Rhythmen darstellt. Selbst wenn ein Trommler seiner Musik nicht rituell verpflichtet wäre, wäre es dumm von ihm zu behaupten, eine persönliche Komposition könne dem Vergleich mit einer derart vollendeten Tradition standhalten. Wenn man eine Tonbandaufnahme einer solchen Zeremonie macht, die sich ohne Unterbrechung länger als eine Stunde hinzieht, wie ich es getan habe, dann wird deutlich, daß die Trommeln eine integrierende Funktion erfüllen. Mein Mikrophon hatte ich an den Mittelpfosten gehängt und jedes Kommen und Gehen war aufgezeichnet worden. Manchmal hört man die Stimme des Houngenikons laut und deutlich, zuweilen wiederum ist sie fast überhaupt nicht mehr zu vernehmen, wenn er sich im Verlauf des Rituals ans entgegengesetzte Ende des Peristyles begeben muß, um dem Hougan bei irgendwelchen rituellen Details zu helfen. An anderen Stellen der Aufnahme ist deutlich zu merken, daß er dagegen ankämpft, von einem Loa besessen zu werden, denn dies hätte den Chor seines Leiters beraubt. Manchmal setzt seine Stimme aus und das Band zeichnet diese Lücken als Pausen auf. Auch die Lautstärke und die Ausdruckskraft des Chors wechseln – so zum Beispiel, wenn die Aufmerksamkeit der Sänger gerade von irgendeiner zeremoniellen Handlung in Anspruch genommen wird, oder wenn einige Hounsis für kurze Zeit ganz aufhören zu singen, weil sie sich um eine der ihren kümmern, die von einem Loa „bestiegen" wird. Für die Zeit einer kleinen Ruhepause wird der fähige Houngenikon unüberhörbar ersetzt durch eine andere Person, welche den Chor sehr viel weniger dynamisch leitet. Dann wieder intoniert der Priester, der zufälligerweise eine sehr dünne Stimme hat, selbst die Lieder für einen Loa, der eine besondere persönliche Bedeutung für ihn hat. Man hört das Gegacker der als Opfer bestimmten Hühner und zwischendurch das Krähen eines Hahnes. Dann ist ein Streit zwischen zwei Leuten zu vernehmen, die dem Hougan helfen und sich uneins über ein rituelles Detail sind. Plötzlich schiebt sich die nasale Stimme Guèdés, der irgendeinen Witz erzählt, in die Aufnahme. Schallendes Gelächter antwortet ihm. In den kurzen Pausen zwischen den einzelnen Liedern sind Unterhaltungen zu vernehmen. Ich erinnere mich, daß während der Aufnahme all dieser verschiedenen Lauteindrücke ein Wind ging. Er blies die Laterne, die das Peristyle erleuchtete, häufig aus und sie mußte wieder angezündet werden. Eine von den Hounsis ist zweifellos gerade dabei, nach ihrem Kopftuch zu suchen, das sie zwei Minuten zuvor auf die Bank gelegt hat, und das nun verschwunden ist. Einige Gäste kommen etwas spät, und es gibt viele Verschiebungen in der Sitzordnung sowie unter den stehenden Teilnehmern, um diesen Ehrengästen einen Vorzugsplatz zu geben. Dem Hougan sind die Kerzen, der Rum oder irgendetwas anderes ausgegangen, und er hat jemanden losgeschickt, um Nachschub zu kaufen. – Durch diese Vielzahl unterschiedlichster auf dem Tonband festgehaltener Aktivitäten, Nebengeräuschen und anderer sich in die Aufnahme drängender Laute – die ich in einem anderen Zusammenhang sicherlich für ein komplettes Durcheinander halten würde – zieht sich die ununterbrochene massive, kompakte Stimme der Trommeln, die von mitreißender Dynamik, aber zugleich auch von einer Beständigkeit, einer Stabilität ist, die diese ganze Kulisse auf unterschiedlichen Lauten transzendiert, sie komprimiert, integriert. Diese Stimme hält ihren Ton mit einer unerschütterlichen Beharrlichkeit. Sie ist wie ein magnetischer Kern, zu dem alle Elemente, auch wenn sie zeitweilig aus der Bahn geraten sind, zurückkehren. Wenn man dieser Aufnahme lauscht, weiß man, daß hier das Zentrum liegt und liegen wird, daß man zwar gehen mag, aber zurückkehren *muß*, daß der Klang der Trommeln früher oder später all diese verschiedenartigen Elemente integriert und zu einem einzigen transzendenten Ganzen verschmolzen haben wird.*

Es ist bezeichnend, daß in der Reihenfolge der rituellen Begrüßung die Trommeln den Platz gleich nach dem Mittelpfosten einnehmen. Es ist weiterhin bemerkenswert, daß jemand eine unerwünschte Besessenheit verhindern kann, indem er die Trommeln rituell grüßt. Schließlich ist es noch wichtig zu erwähnen, daß die Loas die Trommeln häufig aus derselben inneren Haltung heraus begrüßen wie einen Hougan – nämlich aus Ehrerbietung denjenigen gegenüber, die es ihnen ermöglichen, sich zu manifestieren.

Man kann sich den Mittelpfosten quasi als die unorganische, statische Achse des Kosmos vorstellen, das heißt als eine räumlich lokalisierte Bahn, auf welcher die Mystères die stoffliche Welt betreten; und man kann sie als den Kern verstehen, um den herum die *materiellen* Elemente eines Rituals angeordnet sind: die zum Peristyle gehörenden Gebäude, die Vevers und viele der zeremoniellen Handlungen. Der aus der Stimme der Trommeln bestehende Kern einer Zeremonie bildet in diesem Fall gleichsam die organische Achse des spirituellen Kosmos; und um diesen Kern herum zentrieren sich sämtliche *zeitlich begrenzten* rituellen Elemente. Diese pulsierenden Rhythmen bilden den häufigsten Weg, auf dem die Loas in die stoffliche Welt gelangen. Während sie auf einem Weg aus Wasser, Rum oder den Flammen brennenden Rums in die Zeremonie geleitet werden können, wird ihr innerer, spiritueller Weg vom Blutstrom der Anwesenden gebildet; und dieser Fluß wird nicht von ihren einzelnen menschlichen Herzen angetrieben, sondern von einem älteren, tieferen, kosmischen Herzen – den Trommeln.

Wenn ich den Trommler als einen Virtuosen bezeichne, so meine ich dies nicht so sehr im Sinne einer willkürlichen oder bewußten individuellen Abweichung

---

* Eine Kopie eines Teiles dieser Tonbandaufnahmen befindet sich in der karibischen Sammlung der School of Inter-American Studies der Universität von Florida.

von der Tradition – vielmehr wollte ich damit zum Ausdruck bringen, daß trotz aller traditioneller Vorschriften und Normen sowie auch trotz einer fast schon wie mit dem Metronom gemessenen Taktgenauigkeit, bei der es um Bruchteile von Sekunden geht, der Trommler eine besonders einflußreiche Funktion erfüllt. Er ist derjenige, der dieses kosmische Herz zum Schlagen bringt und das Tempo seiner Schläge bestimmt. Die kleinste Abweichung wirkt sich auf den gesamten Zusammenklang der Trommeln aus – sei es im negativen Sinne, wie etwa aufgrund eines zu schwachen Anschlagens seines Instrumentes, wodurch sich eine Taktverzögerung andeutet; sei es im positiven Sinne, in Form einer besonderen hervorragend gestalteten „Pause" beim Anschlagen der *Maman* – und überträgt sich unvermeidlich auf die einzelnen Teilnehmer des Rituals, deren Tanz von diesem Pulsschlag lebt. Wie es auch unter den Houngenikons fähige und weniger gute gibt, so verleiht auch ein Trommler, dessen Leistungen über dem Durchschnitt liegen, einem Zeremoniell oder einem Tanz eine intensivere Ausdruckskraft und eine lebhaftere Klangfarbe. Darüberhinaus jedoch besitzt er die Kontrolle über gewisse rituelle Elemente, die niemand außer ihm steuern oder fördern kann. Ich habe Zweifel daran, ob selbst ein noch so fähiger Musikwissenschaftler eine Erklärung dafür finden könnte, weshalb die Intensität dieses Trommelns zu- oder abnehmen kann, ohne daß sich der Takt, das Tempo, die Klangfarbe oder die Klangfülle ändert – wobei diese Schwankungen von allen Anwesenden zugleich wahrgenommen und vom Trommler bewußt gesteuert werden können. Er kann beispielsweise beobachten, daß ein Loa droht, vom Hougan, der gerade eine sehr komplizierte rituelle Handlung ausführen muß, Besitz zu ergreifen. Dadurch, daß er weniger intensiv trommelt, kann er die Situation entspannen. Bei einer anderen Gelegenheit wiederum kann er die Intensität seiner Musik beibehalten, um den Widerstand eines Serviteurs gegen eine Besessenheit zu brechen. Die weitreichendste Kontrolle übt er mittels seiner „Pausen" aus.[1] In einer solchen „Pause" wird die *Maman* (die einzige der drei Trommeln, die „pausieren" darf) für kurze Zeit in einem anderen Rhythmus als die beiden anderen Trommeln geschlagen. Sie spielt dann einen stark synkopierten, gebrochenen Kontrapunkt zu ihnen und kehrt schließlich wieder zu ihrem alten Rhythmus zurück. Diese „Pause" steht in Verbindung zu der steigenden Spannung, die sich unvermeidlich in den Tänzern ansammelt, wenn sie fortlaufend dieselben einfachen Bewegungen ausführen. Einige Tanzformen, die von Natur aus spannungsgeladen und ermüdend sind, lassen eine derartige Spannung schnell anwachsen. Zudem ist es nur logisch, daß die Spannung gegen Ende einer Zeremonie öfter einen Höhepunkt erreicht als zu Beginn. Es ist weiterhin normal, daß dieser Prozeß eine Menge mit dem kunstfertigen An- und Abschwellen der Intensität des Trommelns zu tun hat, da sie die Muskeln der Tänzer erwärmt.

6

Der Tanz als ein Gebet des Körpers

Die Tanzformen des Vaudou dürfen indes nicht von einem rein auf den Körper bezogenen Blickwinkel aus betrachtet werden, als handle es sich um gesellschaftliche Vergnügungstänze. Bei Tänzen für die Götter, die auch völlig unabhängig von einer Zeremonie oder einem Festmahl stattfinden können, gibt es wohlgemerkt keine rituelle Choreographie – mit der einzigen Ausnahme, daß ihre Bewegungsrichtung gegen den Uhrzeigersinn um den Mittelpfosten verläuft. Zudem wäre es nicht richtig, die Existenz rhythmischer Tanzformen für einen dekorativen Kunstgriff zu halten, der dazu bestimmt sei, dem Ritual eine größere sinnliche Kraft zu verleihen oder es angenehmer zu gestalten. Der sakrale Tanz unterscheidet sich von einem Gesellschaftstanz nicht nur durch die ehrfurchtsvolle Hingabe, die in ihm zum Ausdruck gelangt, und die charakteristisch für sämtliche zeremoniellen Handlungen ist. Denn ebenso wie ein Ritual nicht ein Symbol für ein Prinzip ist, sondern eine exemplarische Demonstration der Funktion dieses Prinzips, stellt der Tanz an sich die Verkörperung eines Prinzips dar. In unserem Kulturkreis, in dem man keinen „ethischen" Tanz kennt, gibt es keine Analogie zum haitianischen rituellen Tanz. Doch ich hoffe, daß ich den Unterschied zwischen den haitianischen Tänzen und denen unseres Kulturkreises dadurch klarmachen kann, daß ich die Verschiedenartigkeit der in unseren Gesellschaftstänzen enthaltenen Geisteshaltungen aufzeige. – Wenn jemand beispielsweise Walzer tanzt (vorausgesetzt, er konzentriert sich auf den Tanz und wird nicht durch eine Unterhaltung abgelenkt), entwickelt sich in dieser Person eine – wenn man es so nennen will – „Walzer-Geisteshaltung", das heißt eine innere Haltung, die etwas Sentimentales, Romantisches und zugleich Elegantes an sich hat, sowie ein ausgeprägtes Gefühl des Flirts. Im Kontrast hierzu läßt ein Rhumba eine weit weniger romantische, dafür aber spontanere Stimmung entstehen; dieser Tanz inspiriert eine Frau eher zu einem provozierenden Verhalten als zum Flirten; in einem Mann erzeugt sie entsprechend die Haltung eines Eroberers und nicht die eines Werbers. Der Volkstanz, der Blues, der Boogie-Woogie – jeder Tanz besitzt seine spezifische Geisteshaltung, die sich entsprechend auf den Tänzer überträgt. Der Sinn des rituellen Tanzes liegt darin, auf die Teilnehmer des Rituals einzuwirken; die Mittel, durch welche diese sakralen Tanzbewegungen eine bestimmte seelische Verfassung entstehen lassen, sind außerordentlich verfeinert und über die einfache Technik hinaus entwickelt, die einen Rhumba in so simpler Art und Weise von einem Walzer unterscheidet. Es würde mich auch überraschen, wenn die Techniken der Übertragung von Bewegungen des Körpers auf die Psyche, die in den rituellen Tänzen des Vaudou wirken, weniger komplex und sorgfältig ausgearbeitet wären als die Trommelrhythmen, deren Struktur in der Tat derart ausgefeilt ist, daß es die Grenzen unserer musikalischen Kenntnisse überschreitet, sie zu interpretieren. Es ist nur logisch, anzunehmen, daß sich die Trommelrhythmen und die Tänze gemeinsam entwickelt haben.

Eine solche Art des Tanzens kann also gewissermaßen als ein Gebet des Körpers angesehen werden. Dabei konzentriert sich der gesamte Organismus auf ein Konzept, welches ebenso fest umrissen und real ist wie die „Walzer-Geisteshaltung" – das aber im Gegensatz zu dieser komplexer und weniger leicht in Worte zu fassen ist.* Auf ebendieses konzentrierte körperlich-seelische Gebet führt die „Pause" der *Maman* hin.

Wenn die *Maman* „pausiert", „pausieren" gleichzeitig auch die Tänzer – das heißt, sie unterbrechen ihre sparsamen, angespannten, ständig gleichen Bewegungen und gehen für die Zeitdauer der „Pause" mit langen, entspannten Schritten. Da sich die Spannung in den Tanzenden auf so viele unterschiedliche Arten ansammelt, ist der *Maman*-Trommler, der die Leute beobachtet, der einzige, der darüber entscheidet, wann eine solche Atempause eingelegt werden soll. Da es sich bei dieser kulminierenden Spannung um dieselbe einem Höhepunkt zustrebende Konzentration handelt, welche die Loas in die Köpfe der Menschen hineintreibt, entscheidet der Trommler zu einem gewissen Grad auch darüber, wann sich die Geister manifestieren. So kann er die Loas in den Kopf eines Serviteurs „hineintreiben", indem er den Teilnehmern des Rituals diese „Pause" vorenthält. Ist ein Trommler besonders talentiert und sensibel, dann kann er die „Pause" auch in der genau umgekehrten Art und Weise einsetzen. Er kann die Spannung bis zu einem Punkt anwachsen lassen, an welchem die „Pause" nicht dazu dient, sie zu lösen, sondern wo sie in einem elektrisierenden Schock gipfelt – dem ersten gewaltigen Schlag der „Pause" –, der den Kopf unvermittelt leerfegt und den Tänzer gleichsam ohne ein Zentrum, an dem er sich ausrichten kann, sich selbst überläßt. Dies

---

* Vergleiche die folgenden Aussagen: „Der Tanz war Gottesdienst und Gebet in einem...die Götter selbst tanzten, gleich den Sternen am Himmel ... zu tanzen bedeutet also, die Götter nachzuahmen, mit ihnen zusammenzuarbeiten, sie eventuell zu überzeugen, in die Richtung unserer persönlichen Wünsche hin zu arbeiten. ... Wenn wir tanzen, nehmen wir teil an der kosmischen Herrschaft der Welt. Jeder heilige dionysische Tanz ist eine Nachahmung dieses göttlichen Tanzes." (Havelock Ellis, *Dance of Life*).
„Das letzte Ziel des Mystikers ist die Einheit mit Gott; aber die Wege dorthin sind unterschiedlich ... wir Mevlevis glauben, daß Seele und Körper gleichermaßen göttlich sind – daß die Seele gleich einer Blume auf dem Stengel des Körpers wächst. Wir erkennen äußere Schönheit als den wahren Spiegel göttlicher Schönheit an. Und wir suchen diese göttliche Schönheit, diese unaussprechliche Harmonie, in der alle Dinge vereint werden, in der Form, die dieser Vollkommenheit am nächsten kommt – im Rhythmus von Musik und Tanz." (T. Shawn, S. 13; Zitat aus einem Interview W.B.Seabrooks mit dem Oberhaupt der in der syrischen Stadt Tripoli entstandenen Mevlevi Sekte).
„Hinsichtlich des Tanzinstinktes gab Lombroso die physiologische Erklärung, daß der Hörnerv in derart enger Verbindung zum Rückenmark steht, daß wir das Tanzen als 'eine Art Reflexbewegung, die von der Musik ausgelöst wird' bezeichnen können." (Wallaschek, S. 259; zitiert aus Cesare Lombroso, *Klinische Beiträge zur Psychiatrie*.)

ist ein Zustand äußerster Verletzlichkeit. Der wehrlose Tänzer kann sich nicht entspannen, indem er lange, ausgewogene Schritte macht, sondern wird von jedem der gewaltigen Schläge umhergeworfen, mit denen der Trommler sein Instrument bearbeitet, um „den Loa in seinen Kopf zu trommeln". Unter jedem Trommelschlag duckt sich der Serviteur, als ob der Trommelschlägel direkt auf seinen Kopf niedergesaust wäre; er wird im Peristyle umhergeworfen, klammert sich blindlings an die Arme, die man ihm helfend entgegengestreckt, wirbelt heftig auf

Dies ist nicht die einzige Methode, die eine Besessenheit herbeiführt. Man könnte den Eindruck gewinnen, diese Funktion des Trommlers der Maman, die Loas herbeizurufen, würde vieles von dem aufheben, was zuvor gesagt wurde (nämlich, daß sich die Vaudou-Religion auf die Traditionen und die anonyme Gesamtheit der Gemeinschaft gründet) und würde im Gegenteil dazu die persönlichen Fähigkeiten, die individuellen Inspirationen und das spezielle Können des einzelnen Musikers in den Vordergrund stellen. Es muß jedoch wiederholt werden, daß die persönliche Erfindungsgabe des Trommlers – ebenso wie die des Houngenikons – kein Ausdruck einer Unabhängigkeit von der Gemeinschaft und den Traditionen und auch keine Auflehnung dagegen ist. Diese individuelle Inspiration spielt nur dann eine Rolle, wenn sie sich hinreichend mit der Gemeinschaft und den Traditionen in Einklang befindet, um integriert werden zu können. Tatsache ist, daß ein Trommler nie wieder angestellt würde, wenn sein Spiel die Ganzheit des Rituals zerstören würde. – Vom musikalischen Standpunkt her muß betont werden, daß das Improvisationsvermögen des Musikers notwendigerweise von seinem Können abhängt; daher wird sich der besondere Stil, den er im Laufe seiner Lehrzeit entwickelt, in all seinen musikalischen Darbietungen widerspiegeln, selbst wenn er theoretisch „unabhängig" von den traditionellen Vorschriften ist. So gesehen gibt es so etwas wie eine völlig freie Improvisation nicht. Dies trifft in ganz besonderem Maß auf den Vaudou-Trommler zu. Sein kultureller sowie auch sein musikalischer Hintergrund sind so streng reglementiert, daß seine Musik selbst dann, wenn er (in privatem Rahmen) zu seinem puren Vergnügen improvisiert, aufgrund der Gewohnheit eine Ähnlichkeit mit den sakralen Trommelrhythmen aufweist. Wenn er eine „Pause" improvisiert, ist er theoretisch unabhängig vom vorgeschriebenen Rhythmus; aber das Weiterspiel der Seconde und der Petit (deren Rhythmus sich nicht verändert) sowie seine persönlichen rhythmischen Gewohnheiten verleihen seiner Improvisation einen strengen, traditionellen Rahmen.

Daß diese Gewohnheiten und die Traditionen einen sehr großen Einfluß auf sein Spiel ausüben, zeigt sich daran, daß diese „Pausen" ihm zwar eine Gelegenheit bieten, seine Virtuosität zur Schau zu stellen, daß sie aber zugleich ihre traditionelle – man kann sogar sagen normierte – Qualität enthüllen, wenn man sie mit den „Pausen" vergleicht, die er bei den seltenen Gelegenheiten improvisiert, wenn er von Hountor, dem Loa der Trommeln, besessen ist. Dann wird einmal mehr deutlich, daß nur die Mystères die wahren Virtuosen sind, denn Hountors Trommeln stellt eine der erstaunlichsten musikalischen Erlebnisse dar, deren man teilhaft werden kann. Bezeichnend ist schon, daß Hountor für sich allein trommelt und sein Spiel daher keine anderen Loas herbeiruft. Falls sich bereits andere Geister manifestiert haben, neigen diese ganz im Gegenteil dazu, zu verschwinden. Die Spieler der Seconde und der Petit geben jeden Versuch auf, diese göttliche Virtuosität zu begleiten; und da das Trommeln in einem solchen Fall nicht mehr der Integration der rituellen Elemente dient, neigen auch diese dazu, auseinanderzufallen. Diese zersplitternde Wirkung Hountors auf das Ritual ist zweifellos der Grund dafür, weshalb sein Erscheinen sich keiner allgemeinen Beliebtheit erfreut und er sich selten manifestiert.

einem Bein im Kreis herum, gewinnt für einen Augenblick seine Balance zurück, nur um von einem erneuten Trommelschlag vorwärtsgeschleudert zu werden. Der Trommler ist offensichtlich taub für die Qualen, mit denen der Serviteur kämpft und setzt seine Schläge unerbittlich fort – solange, bis sich plötzlich die Heftigkeit legt, der Kopf des Betreffenden sich hebt und man in die auf merkwürdig abwesenden Augen eines Wesens blickt, welches sich stets jenseits des Objektes seiner Betrachtung zu befinden scheint, als schaue es in eine andere Welt hinein oder betrachte diese Welt von einem jenseitigen Universum aus. – Der Loa, den das Lied angerufen hat, ist erschienen (siehe den Kasten auf S. 266, Anm.d.Ü.).

Manchmal muß der Trommler den Takt wieder aufnehmen und den Tanz wieder in Bewegung setzen, bevor der Loa völlig Besitz von seinem „Pferd" ergriffen hat. In solchen Fällen kann die Rückkehr zum ursprünglichen Rhythmus auch die betroffene Person wieder zu sich bringen; oftmals jedoch läßt ihn die Trommel „im Stich", bevor er eine menschliche oder eine göttliche Identität erlangt hat, und nur der Hougan kann ihm helfen. Der Priester schüttelt seine Asson mit größstmöglichem Nachdruck; unter Umständen benützt er Langage. Einmal ist sein Ton knapp, nachdrücklich und vertraut, dann wieder schreit er richtiggehend. In jedem Fall aber konzentriert er sich beständig darauf, die heiligen Töne in jenes in der Person befindliche Vakuum zu projizieren, um dort einen Kontakt entweder mit dem Gros-bon-ange des Betreffenden oder mit dem Loa herzustellen.

7

Der Trommler als funktionales Element

Wenn man die Tätigkeit des Trommlers mit der des Hougan vergleicht, hat man häufig den Eindruck, daß der Trommler über die überlegenere Technik verfügt, denn ihre Wirkung tritt leichter ein und kann selbst den Hougan überwältigen. Trommler hingegen werden in äußerst seltenen Fällen besessen; manchmal scheint der Trommler bei einer Zeremonie die Person zu sein, die sich am besten unter Kontrolle hat.[2] Daher könnte man logischerweise erwarten, daß ein solcher Musiker eine vorrangige Position in der religiösen Hierarchie einnimmt. Tatsächlich ist aber das Gegenteil der Fall. Der Trommler bekleidet überhaupt kein Amt im Hounfor, obgleich er – wie auch ein Serviteur – einem Hounfor angehören kann. Meiner Erfahrung nach ist es jedoch selten, daß ein Trommler den Grad eines Canzo besitzt. Er faßt seine Beschäftigung als eine professionelle Arbeit auf und kann bei Zeremonien verschiedener, unter Umständen sogar miteinander konkurrierender Hounfors derselben Region spielen. – Ein Mitglied einer bestimmten *Société* hingegen nimmt nicht offiziell an den Zeremonien einer anderen *Société* teil, außer dem Hougan und eventuell dem La-place, die bei einem solchen

Ritual ehrenamtlich mitwirken können. Ich habe beobachtet, daß die Trommler im allgemeinen häufig die rituelle Begrüßung am Altar des *Maît-caille* – der Schutzgottheit des Hounfors, in welchem sie trommeln – unterlassen. Von sämtlichen Mitgliedern der *Société* dagegen wird eine solche Ehrenbezeigung gefordert und man erwartet sie auch von den Gästen; wenn diese sie versäumen, wird das als eine außerordentliche Taktlosigkeit, ja sogar Beleidigung aufgefaßt. Unter sämtlichen Teilnehmern einer Zeremonie ist der Trommler der einzige, der häufig das Peristyle verläßt. Diese Abtrennung von der Autorität und der Struktur des Houfor sowie auch seine psychische Unabhängigkeit vom Ritual entziehen ihn der Kontrolle des Hougans. Aber nur ein Trommler, der ständig unbesonnen zu ungünstigen Zeitpunkten die Loas in den Kopf des Hougan treibt oder auf andere Art und Weise seine verantwortungsvolle Aufgabe zu leicht nimmt, läuft Gefahr, daß man ihn nicht wieder anstellt.

Der Trommler steht nicht nur außerhalb der Struktur des Hounfors, sondern wird logischerweise auch von seinem Instrument abgegrenzt. Die Trommeln sind heilig, und es ist klar, daß die rituelle Begrüßung dieser Instrumente die Musiker, die auf ihnen spielen, nicht mit einschließt.[3] Zu welch hohem Maß man die Trommeln als unabhängige geistige Wesen versteht – fast als handele es sich um Loas – kommt in vielen Zeremonien zum Ausdruck, die mit diesen Instrumenten verbunden sind. Alle anderen sakralen Gegenstände werden im Namen eines bestimmten Loas getauft. Die Trommeln sind die einzigen Objekte, die für ihre Taufe – gleich einem Kind – speziell „angekleidet" werden. Ferner sind sie die einzigen Gegenstände, die man mit Nahrung versorgt und über Nacht „schlafen" läßt – ein Ritual, durch welches sie gestärkt werden sollen. Besonders sorgfältig wird darauf geachtet, daß man einen Schutzzauber über sie legt, wenn der Hougan eine Reise vorhat. Darüberhinaus nimmt man an, sie besäßen einen eigenen Willen, der unter Umständen sogar den Absichten des Trommlers entgegensteht, und daß sie sich bei bestimmten Anlässen weigern können, für ihn zu sprechen.[4]

Tatsächlich verhält es sich so, daß das unbelebte Objekt heilig ist, obwohl es ohne den Trommler seine Aufgabe überhaupt nicht erfüllen kann. Der Musiker wiederum hat keine ethischen Verbindlichkeiten oder irgendeine Autorität innerhalb des religiösen Systems, wenngleich er mittels seiner Technik die Kontrolle über das Erscheinen der Loas ausübt. – Auf den ersten Blick scheint eine derartige Einteilung sehr ungewöhnlich. Aber es wird dadurch ein Potential ausgeschieden, welches andernfalls eine nicht zu ermessende Gefahr für die religiöse Struktur darstellen würde. Die Fähigkeit zu trommeln wird als eine rein technische Leistung angesehen, die im Prinzip alle Menschen vollbringen können, welche über ein durchschnittliches rhythmisches Empfinden sowie ein ausreichendes Koordinationsvermögen der Hände verfügen. Solche Leute können durch Übung oder eventuell aufgrund einer besonderen rhythmischen Begabung hervorragende Ergebnisse erzielen. So gesehen stellt diese Fertigkeit ein rein physisches beziehungsweise materielles Element dar und steht in keiner Verbindung zu den ethischen Anlagen eines Menschen. Wie der Umfang und die Stärke einer Stimme einer Person nicht den ethischen Rang eines Houngenikon verleihen kann – denn dieser Grad ist nur erreichbar durch die entsprechenden Initiationsrituale – verfügt der Trommler allein aufgrund der meisterlichen Beherrschung seines Handwerkes über keinerlei ethische Autorität, wie sehr man ihn auch für seine Leistungen bewundern und wie groß die Nachfrage nach ihm auch sein mag. Verstünde man die Rolle des Trommlers anders, würde das bedeuten, daß man die gesamte ethische Struktur der Gemeinschaft in die Hände von Menschen legt, die zufälligerweise das Glück haben, mit einer besonderen rhythmischen und koordinativen Begabung ausgestattet zu sein. – Die Instrumente und die Trommelschläge *per se* sind es, die den heiligen Gesang formen. Und wenngleich ein Musiker die Stimme der Trommel flüssiger, brillanter und einer religiösen Anrufung gemäßer tönen lassen kann als ein anderer dies vermag, so ist er doch nichts weiter als nur ein kleines Rädchen im Mechanismus dieser Sprache. Wenn er etwas anderes trommelt als die sakralen Rhythmen, gelingt es ihm auch mit seinen virtuosesten Leistungen nicht, einen einzigen Loa herbeirufen. Dagegen manifestieren sich die Mystères beim Klang selbst einer nur durchschnittlichen Ausführung der heiligen Schlagrhythmen. Sie erscheinen auf den Ruf der Asson hin. Die Gesänge oder Anrufungen der Serviteurs ziehen sie an. Sie reagieren auf rituelle Gesten. Oder aber sie erscheinen aus freien Stücken, als Antwort auf ein unausgesprochenes Bedürfnis.

Man versteht die Trommeln als den ethischen *Organismus* der sakralen Rhythmen, während der Trommler die Rolle eines *Mechanismus* erfüllt, ein für das Funktionieren der Instrumente notwendiges Element. Die Mystères sind als nichtstoffliche Wesen nicht an die Materie gebunden. Sie stellen eine ethische Essenz dar und reagieren als solche auf ethische Handlungen, ethische Töne und ethische Angelegenheiten.

Abbildung 20 und 21 (auf Seite 270):
Typische Körperhaltungen des „Pferdes", während der Loa die Person gerade „besteigt". Der/die Betreffende wirft ein Bein nach vorne und ist unfähig, das Gleichgewicht zu halten. Man beachte den gleichgültigen, alltäglichen Ausdruck in den Gesichtern der anderen Teilnehmer, einschließlich derjenigen, an deren Arme sich die Frau, die gerade besessen wird, klammert (oben); siehe auch die Angst auf dem Gesicht des Mädchens, das gerade „bestiegen" wird (unten).

VII. KAPITEL

Die weiße Dunkelheit

Ich habe mir die Beschreibung der Besessenheit bis zum Schluß aufgehoben, denn sie bildet das Zentrum, in dem alle Wege des Vaudou zusammenlaufen. Die Besessenheit ist der Punkt auf welchen der Serviteur sich durch Mittel zubewegt, die restlos der sichtbaren, stofflichen Welt angehören, obgleich der Betroffene selbst seinen Zustand nicht wahrnimmt. Man könnte diesen Zustand als die Fläche eines Kreises beschreiben, dessen Umfang sich exakt festlegen läßt; dennoch ist der Umfang selbst nicht der Kreis, den er begrenzt. Um die eingeschlossene Fläche kennenzulernen, muß man den Kreis betreten.

Wenn jemand auf einer solchen Schwelle zum Unbekannten steht, hält er unvermeidlich ein und schaut zurück, um seinen Blick über die Strecke schweifen zu lassen, die er bereits hinter sich gebracht hat. Er möchte sich vergewissern, ob sein Weg wirklich keine Alternative zuläßt oder ob das vielgestaltige Terrain mit seinen andersartigen Pfaden nicht vielleicht irgendeine Biegung, eine Ritze aufweist, durch die er ihr entkommen könnte. Sicherlich gibt es einen Ausweg, der seiner Aufmerksamkeit entgangen ist; denn die Beschaffenheit jener Landschaft hatte zeitweise einen so einladenden, leicht begehbaren Eindruck vermittelt, war so sanft gewellt und harmonisch gewesen, daß man meinen konnte, sie sei beliebig verformbar; sie hatte häufig jene Beschränkungen und Engpässe vermissen lassen, von denen man gelernt hatte, sie als notwendige Begrenzungen einer bestimmten Form anzusehen. Bei einem solchen Überblick über das Gelände jedoch wurde man vom entgegengesetzten Eindruck überwältigt. Von keinem anderen Aussichtspunkt hätte die vollkommene Geometrie dieser Landschaft so deutlich zum Ausdruck kommen können.

Von diesem Zentrum aus strömt der gewaltige arterielle Fluß des Blutes der Ahnen, in dem die gesamte Geschichte des Menschengeschlechtes enthalten ist, vorwärts in die aktuelle Gegenwart und leitet diesen reichen Schatz in den mit einem Zwillich bekleideten Serviteur. In diesem Moment konzentriert sich die ganze Geschichte der Gemeinschaft – angefangen bei den Marassa, die am Anfang der Weltenschöpfung standen, bis hin zur sprichwörtlichen Weisheit oder den berechnenden, schlauen Wutanfällen des Großvaters, der erst etwas länger als ein Jahr tot ist; sie wird zu einem vertrauten Teil des gegenwärtigen Moments, nährt und beruhigt. Aus demselben Zentrum entspringen aber auch die gewaltigen Archetypen, die Loas als die Pfeiler des moralischen Kosmos – jeder von ihnen facettenreich und doch insgesamt von der grundsätzlich gleichen Art; jeder einzelne, ohne Ausnahme, ein Wunder als Vielfalt. Diese Mystères können ihre transzendente Vollkommenheit für eine kurze Zeitspanne vorführen und dann wieder gehen, ohne eine besondere Verbindung mit den

Menschen aufzunehmen. Oftmals tun oder sagen die Loas nichts, was von unmittelbarer Bedeutung wäre. Aber schon ihre bloße Abgehobenheit, das Zeichen für die Existenz von Bereichen, die von den aktuellen Ängsten und Mißerfolgen der Menschen nicht berührt werden, stellt für die Serviteurs die Garantie für eine essentielle Ordnung und Stabilität dar. In diesem Fall ist es nicht die Nähe, sondern vielmehr die *Distanz* zwischen Mensch und Gottheit, die tröstlich wirkt, und die den Serviteur versichert, daß das Gute existiert und ewig fortbestehen wird. Der Mensch versetzt seine Götter in einen solch abgehobenen Bezirk, um sie von der Zerstörung und Qualitätsminderung menschlicher Unzulänglichkeit zu isolieren, so wie jemand in Zeiten, in denen Gewalt herrscht, eventuell seine wertvollsten Schätze verbirgt.

Der größte Segen, den ein Mensch als Lohn für seine hingebungsvolle Verehrung der Götter in Form der Besessenheit empfangen kann, besteht darin, daß er einmal mehr bewußt erfährt, daß der Mensch göttlichen Ursprungs und das Ergebnis sowie der Erbe einer unzähligen Menge von Herzen und Gehirnen ist; ihm wird klar, daß an der Basis des Universums die großen, unerschütterlichen Prinzipien des kosmischen Guten auf ewig verwurzelt sind; er sieht, daß selbst unter seinem zerrissenen Hemd, seinem Hunger, seinen intellektuellen sowie auch seinen emotionalen Fehlern im Strom seines Blutes diese elementaren Loas enthalten sind. Diese größte aller Belohnungen schließt zugleich alle untergeordneten Bedürfnisse ein und lindert all die unterschiedlichen Ängste, Verluste und Sorgen der einzelnen Menschen. Die übrigen Arten der Hilfe, die die Loas darüberhinaus noch bringen mögen – wie zum Beispiel Ratschläge, Rezepturen oder Lehranweisungen – sind von zweitrangiger Bedeutung.[1]

Der Leser mag von mir aus einwenden, dies sei alles nur ein Produkt des menschlichen Geistes. Er mag ruhig erklären, es sei nur die „Vorstellungskraft", die den Serviteur in den Stand setzt, Dinge wahrzunehmen, die jenseits seines Erfahrungsrahmens liegen, und daß es sich bei dieser „Vorstellung" um das Produkt seiner Erinnerungen handelt. Er kann einen „Idealismus" als Ursprung seiner Bereitschaft angeben, sich der Feuerprobe zu unterziehen, nur um eine kreative, immaterielle Kraft zu erlangen. Er mag von mir aus darauf beharren, daß sich ein Serviteur aufgrund des obengenannten Lohnes einen Platz in der Geschichte erhofft. Er kann sogar noch hinzufügen, daß solche Werte durch den Einfluß des Vaters, die Liebe der Mutter und das Lob seiner Mitmenschen hervorgerufen würden. Er mag all jene intellektuellen und moralischen Qualitäten auflisten, die einen Poeten, einen Philosophen oder einen Wissenschaftler besonders auszeichnen – Vision, Inspiration, Imagination; er soll sie ruhig katalogisieren, benennen, zählen, differenzieren und ihre Herkunft, ihre Wirkungen, ihre Funktionsweisen und Motivationen „erklären". Die Haitianer werden sich mit ihm nicht darüber streiten. Wenn der Leser mit seinen Argumenten am Ende angelangt ist, wird der Serviteur vielleicht mit den Schultern zucken und einfach auf Kreolisch sagen: „Dies alles meinen wir, wenn wir sagen, jemand 'habe Loas in seinem Kopf'."

Da der elementare Wert der Loas ihre Transzendenz ist, kann man sie nicht gleichzeitig mit den Menschen identifizieren. Wenn man die Struktur des Vaudou betrachtet, trifft man überall auf diese Distanz, diese Trennlinie, die kein Mensch überbrücken kann. Diese Grenze zeigt sich deutlich darin, daß die Kontrolle des Hougans über die Loas letztendlich beschränkt ist; die Mystères besitzen sogar die Macht, ihn zu unterwerfen, und sie haben die Möglichkeit, sich außerhalb seines Wirkungsbereiches zu manifestieren.[2] Dieselbe Grenze wird in dem Umstand sichtbar, daß bei einem Festmahl für die Götter die Menschen nicht speisen; sie zeigt sich darin, daß kein Serviteur die Ausstattungsgegenstände eines Loa benützen darf. Diese Trennlinie ist in allen Arten der Anrufung enthalten – in den Liedern, den Trommelrhythmen, der Asson und der Langage; die Anrufungen gleichen Seilen, die der Serviteur auswirft, um daraus die Brücke zu bauen, auf der er gerne diesen Spalt überschreiten möchte. Schließlich kommt diese Grenze auf greifbare Art und Weise zum Ausdruck, und zwar in Form der Amnesie, die es dem „Pferd" unmöglich macht, sich zu erinnern, von welchem Loa es „bestiegen" wurde. *Um zu verstehen, daß das Selbst den Körper des Menschen verlassen muß, damit der Loa darin Platz nehmen kann, muß man begreifen, daß jemand nicht gleichzeitig Mensch und Gott sein kann.*[3]

Folglich profitiert der Besessene am wenigsten von seiner Besessenheit. Er kann sogar körperlichen Schaden davon nehmen, in Form der bisweilen schmerzhaften Folgen; in jedem Fall folgt der Besessenheit eine Erschöpfung. Zudem wird er von einer mehr oder weniger großen Furcht überwältigt, je nachdem, wie stark er sich beim Eintritt dieses Zustandes an die Aufrechterhaltung seines bewußten Wahrnehmungsvermögens klammert oder wie intensiv er sich des völligen Zusammenbruches seines Bewußtseins gewahr wird. Ich habe noch nie einen Gesichtsausdruck gesehen, in dem sich eine solche Qual, eine so schwere Prüfung und ein so blankes Entsetzen abzeichnete, wie in den Gesichtern von Leuten, die gerade von einem Loa „bestiegen" werden. Unter alltäglichen Umständen würde kein Mensch so etwas hinnehmen. Aber da sich die Gemeinschaft aus ganz gewöhnlichen Leuten zusammensetzt, die ein normales Interesse an ihrem persönlichen Wohlergehen haben, hängt es von der Fähigkeit dieser Gemeinschaft ab, in ihren einzelnen Mitgliedern einen Moment außergewöhnlicher Hingabe an das Göttliche zu erzeugen, wenn es sich einen Zugang zu den belebenden Kräften verschaffen will, die aus dem Zentrum ihrer Religion fließen. Die gesamte Struktur des Vaudou ist auf dieses Ziel hin ausgerichtet – auf das Aufreißen der Tür, die zu dieser Quelle führt. Der Serviteur muß dazu erzogen werden, sein Ego aufzugeben, damit die Archetypen sich manifestieren können. In der wachsenden Kontrolle über diese Kräfte, die er durch die Proben und Instruktionen der Initiation erlangt, sowie durch die beschützende Wachsamkeit des Hougans und der *Société*, erhält er die Rückversicherung, daß der persönliche Preis, den er zahlen muß, nicht unvorhersagbar oder übersteigert zu sein braucht.[4] Das Prinzip der gemeinschaftlichen Teilnahme am Ritual ist die Garantie dafür, daß die Last des Einzelnen mit den anderen geteilt wird. Schließlich hat sich aus dieser religiösen Struktur – Trommelschlag für Trommelschlag und Bewegung für Bewegung – eine Kraft entwickelt, die die Menschen vorantreibt. Diese Macht muß selbst im hingebungsvollsten Serviteur diese letzte Angst besiegen, die mit dem Verlust des Selbst verbunden ist – muß triumphieren über jenes letzte Zurückschrecken vor dem dunklen Bewußtsein eines nahenden Todes.[5] Im zeremoniellen Peristyle wird all dies in einem Brennpunkt konzentriert. Den Anfang dieses Momentes bilden die ersten Lieder für Legba, Loco und Ayizan.

Ich erinnere mich noch deutlich an den Abend, an welchem die einleitenden rituellen Begrüßungen stattfanden, an dem die Trommeln ihre gewaltigen Stimmen hinweg über die stille Landschaft in die Nacht hinausschickten, um von überallher Menschen in das Peristyle zu rufen. Ich selbst befand mich unter den Spätankömmlingen. Der vorher vielleicht etwas unkonzentrierte Gesang wurde lebhafter, als der Strom der Ankommenden allmählich die Bänke sowie den Raum an den Wänden zu füllen begann, sich in die Winkel ergoß und schließlich in den Hof überfloß. Ein benachbarter Hougan, Joe, kommt und man stellt neben mir einen Stuhl für ihn auf. Ich spreche ihm mein Kompliment für seine letzte Zeremonie aus, die er in einer wahrhaft ausdrucksvollen Weise zelebriert hatte, und bemerke, daß er sich offenbar von der Krankheit erholt habe, unter der er einige Zeit gelitten hat. „Oh, ich habe meine Probleme mit Loco schließlich lösen können", antwortet er, und da er weiß, daß ich mich für derartige Dinge interessiere, erzählt er mir noch die Einzelheiten darüber, wie er in diese Schwierigkeiten hineingeraten ist. Ich lausche seiner Erzählung so konzentriert, daß ich weder die Lieder noch die Trommeln höre, bis Titon, der Houngenikon, ärgerlich die Menge anschreit, die die ganze Zeit den gesamten Eingang des Peristyles versperrt hat. Jetzt erst merke ich, daß man gerade den Trommelrhythmus und das Lied zur Begrüßung der Flaggen der *Société* und des La-place angestimmt hat. Schließlich wird ein Durchgang frei und das Trio betritt das Peristyle. Sie begrüßen den Mittelpfosten und die Trommeln. Hougan Joe unterbricht seine Erzählung, denn es kann sich nur noch um Augenblicke handeln, bis sie ihm gegenübertreten werden. Wie immer, sehe ich seinen souveränen, anmutigen Bewegungen gerne zu. Er kehrt zu seinem Stuhl zurück und das Trio nimmt vor mir seine Plätze ein, wobei sie ihre Schritte dem Rhythmus der Trommeln anpassen. Als ich mich erhebe, um ihre Begrüßung zu erwidern, beobachte ich nervös meine eigenen Bewegungen, obwohl ich sie schon bei vielen anderen Gelegenheiten ausgeführt habe. (Mit diesem Gefühl stehe ich nicht allein; in solchen Momenten habe ich selbst die Lippen von Mambos und Hougans vor Nervosität zittern sehen.) Ein Knicks, eine Wendung nach links, zwei, drei; Knicks, Wendung zurück, zwei, drei; Knicks, nun nach links, zwei, drei – ich stehe dem Trio spiegelbildlich gegenüber. Ich gehe nach Westen; mein Weg kreuzt sich mit dem La-place und den Flaggenträgern, die gleichzeitig nach Osten laufen; ich gehe zwischen ihnen hindurch. Ich vollführe eine Drehung, knickse, drehe mich nach links, knickse, drehe mich nach rechts, dann wieder zurück. Dann gehe ich nach Norden und danach nach Süden. Wir nähern uns einander und plötzlich kann ich mich nicht mehr erinnern, was ich jetzt tun muß; aber niemand bemerkt es, denn der La-place kniet vor mir und hält das Heft seines Säbels empor. Ich berühre es mit meinen Lippen, die beiden Fahnenträger legen ihre Flaggen überkreuz, und ich begrüße sie gleichfalls. Dann kehre ich mit dem Gefühl ungeheurer Erleichterung, diesen Akt vorschriftsmäßig ausgeführt zu haben, zu meinem Stuhl zurück. Es scheint, als hätten die Trommeln und der Gesang an Lautstärke und Eindringlichkeit zugenommen. Ich kann kaum Joes Worte verstehen, der seine Erzählung wieder aufgenommen hat.

Schließlich legen die Trommler eine Pause ein, und ich bin dankbar dafür, obgleich die Hitze in dem überfüllten Peristyle durch die Stille noch intensiver spürbar ist. Die Leute unterhalten sich beiläufig und fächeln sich selbst mit ihren Strohhüten Luft zu. Plötzlich stimmt Titon mit seiner gebieterischen Stimme, die wie ein scharfes Messer in die weiche Masse der Hitze und des Geplauders schneidet, die Anrufung für Damballah an. Über dem befehlenden, nötigenden Ton der in rascher Abfolge intonierten Worte setzt das straffe Stakkato des Yanvalou-Rhythmus der *Petit* ein. Danach mischt sich der rundere Ton, der rollende Rhythmus der *Seconde* darunter. Und schließlich fühlt man die Erde unter den Füßen vibrieren, schon bevor man den ersten Trommelschlag der *Maman* vernimmt – ein Vibrieren, das aus einer bodenlosen Tiefe heraufzudringen scheint, als sei die Erde selbst die Trommel, die geschlagen würde. Kaum hat das Ohr begonnen, diese dunkle Tiefe auszuloten, setzt bereits der hohe Klang des eisernen *Ogan* ein. Seine Resonanz füllt die Luft und eröffnet auf einen Schlag den Bereich der hohen Töne, die jenseits der Hörschwelle des menschlichen Ohrs schwingen. Einen kurzen Moment lang scheint dieses stufenweise Aufrichten eines massiven Bauwerkes aus Klängen, das sich von der Unterwelt bis hinauf in die himmlischen Reiche jenseits menschlichen Hörvermögens erstreckt, ohne eine Bewegung vor sich zu gehen – wie eine Flutwelle, die so gigantisch ist, daß es keine Markierungszeichen mehr gibt, nach welcher das Auge ihr Anwachsen messen könnte. Die Stimmen der Sänger scheinen in dem Wellental hinter dem Kamm der anwachsenden Flutwelle an Stärke zugenommen zu haben, stürzen nun über den Wellenkamm nach vorn, und der ganze Aufbau schlägt über den Köpfen der Anwesenden zusammen wie eine kosmische Brandung. Ich entdecke, daß ich kerzengerade von meinem Sitz emporgeschossen bin und das Lied mitsinge oder vielmehr mitschreie. Auch die anderen Leute, die in meiner Nähe gesessen haben, stehen nun. Die meisten von ihnen gehen nach vorn um zu tanzen. Ich dagegen sinke in meinen Stuhl zurück, als hätte mich der Schock dieser Überflutung völlig außer Atem gebracht.

Nun sind es die Tanzbewegungen, die den Eindruck von Wasser vermitteln. Vor mir bewegen sich die Körper der Tanzenden wie rollende Wellen. Diese wellenförmige Bewegung nimmt ihren Ausgang an den Schultern; dann teilt sie sich, um getrennt jeweils die Arme beziehungsweise die Wirbelsäule herunterzulaufen, um wieder an der Stelle zusammenzufließen, wo die Hände der Tänzer auf ihren gebeugten Knien ruhen. Schließlich fließt sie die Beine hinunter, hinein in den Boden, während die Schultern bereits die nächste Welle bilden. Die Augen der Tänzer sind auf den Boden geheftet, und obwohl der Kopf selbst seine Position nicht verändert, scheint er von den kreisenden Schultern bei jeder Bewegung nach vorn geschoben zu werden und den Körper hinter sich herzuziehen. Je stärker sich die anfangs fast aufrechten Körper der Erde entgegenneigen, desto mehr verläuft diese Wellenbewegung in der Horizontalen; bis sich die Menge der Tanzenden schließlich in einem langsamen, in Serpentinen fließenden Strom um den Mittelpfosten herumbewegt, und zwar mit einer Gleichförmigkeit, die die Unebenheiten des Boden Lügen straft. Was haben sie alle dort, im Mittelpunkt des Peristyles gefunden, wodurch sie ihre Glieder mit solch einer Leichtigkeit und Perfektion bewegen können, während ich selbst – verbannt an die Peripherie – spüre, wie meine eigenen Gliedmaßen trotz ihrer vielen Muskeln grübeln müssen und mich davon abhalten, sie zu bewegen, trotzdem ich es von ganzem Herzen will? Welche geheime Kraft durchströmt sie, schüttelt sie und läßt sie sich drehen, wie auf einem Karussel prächtig aufgeputzte Pferde sich aufbäumen und sich gegenseitig jagen – ewig und unermüdlich? Ich muß nichts weiter tun, als aufzustehen, vorzugehen, ein Teil dieser majestätischen Bewegung werden, mit ihr zu fließen, ihre Bewegung zu meiner eigenen werden zu lassen, so wie das Rollen des Meeres meinen eigenen Körper wie eine Welle bewegt. In einem solchen Augenblick bewegt man sich nicht *zu* einem Rhythmus, sondern man *wird* selbst die Bewegung dieses Rhythmus, die von ihm hervorgebracht und getragen wird. Folglich ist nichts daran schwierig.

Die Trommeln setzen aus und ich gehe zurück zu meinem Platz. Erst jetzt merke ich, daß ich völlig durchgeschwitzt bin. La Merci, meine Haushälterin, hält mein großes Kopftuch und ich suche die Reihe der Hounsis mehrere Male mit den Augen ab bis ich schließlich ihr Gesicht erkenne – ein Gesicht, in dem sich normalerweise ihr ausgeprägtes, lebhaftes Temperament spiegelt, dessen Ausdruck aber jetzt zu einer von vielen anderen anonymen Masken geworden zu sein scheint und sich unter den übrigen, mit weißen Kopftüchern bedeckten Köpfen verliert. Ich versuche vergeblich, sie auf mich aufmerksam zu machen, und erhebe mich, um zu ihr zu gehen. Ich mache zwei Schritte, dann bleibt mein linker Fuß betäubt und wie angewurzelt auf der Stelle stehen und ich falle der Länge nach hin. Eine Hand ergreift meinen Arm und hält mich fest, während ich für einen Moment benommen in dieser Haltung erstarre, versuche, mein inneres und äußeres Gleichgewicht wiederzufinden, und mich schließlich wieder fange. Der Mann der zufällig neben mir stand und mir geholfen hat, lockert seinen Griff. Ich lächle ihm dankend zu und gehe zu meinem Stuhl zurück, noch immer erschüttert über diesen unvermittelten Schlag. Man schickt jemanden, um mir mein Kopftuch zu holen. In meinem Kopf herrscht eine unangenehme Helligkeit, als würden die Einzelteile meines Gehirns sachte voneinander losgekoppelt und sein Zusammenhalt unmerklich aufgelöst, gleich einem Nebel, der von einer leichten, wechselhaften Brise ganz allmählich zerstreut wird. Im Verlauf dieses Auflösungsprozesses entstehen kleine leere Räume in meinem Gehirn.

Es ist töricht, den Umstand nicht zu beachten, daß mein Bein einen Moment lang fixiert war, oder diese seltsame, subtile Auflösung meines Bewußtseins. Denn dies sind die warnenden Vorgefühle einer Besessenheit. Man ist sich seiner eigenen Verletzlichkeit bewußt.[6] Ich wiederhole bei mir selbst ein ums andere Mal: „Halte deine Sinne beisammen, halte sie besammen, halte sie beisammen." – Als die Trommeln wieder einsetzen, merke ich, daß ich vor ihnen flüchten muß, wenn ich mich nicht verlieren will, und dränge mich durch die Menge zum Ausgang – mit lächelndem Gesicht, damit niemand meine mißlich Lage ahnt, die gewissermaßen eine Schwäche darstellt, ein Vorgang, über den ich eigentlich die Herrschaft behalten und ihn steuern können sollte. In dem Augenblick, wo ich die kurze Mauer passiere, die die Umgrenzung des Peristyles markiert, werden die Klänge schlagartig schwächer. Die Nacht ist kühl und leuchtend hell. Ich zünde mir eine Zigarette an, überquere den vertrauten Hof und gehe langsam die Straße entlang. Wie fern scheinen die Stimmen und die Trommeln zu sein, obwohl sie ziemlich deutlich zu vernehmen sind. Ich kann hören, daß die Tänze für Damballah beendet sind. Mein Kopf ist wieder festgefügt, mein Gehirn ein zusammenhängendes, kompaktes Ganzes. Zudem ist diese kühle, stille, einsame Dunkelheit, wo es keine Bitten oder dringenden Forderungen gibt, ein Ort des Friedens, an dem ich verweilen möchte, wo ich mich wieder beruhigen und sammeln will, während im Peristyle die Prozession weitergeht und jetzt gerade Agassou, Agwé und Badé feiert.

Dann vernehme ich die ersten Trommelschläge des Begrüßungsliedes für Ogoun. Nun muß ich zurückkehren, denn dieser Loa ist der Schutzgott des Hounfors und ich kann die Familie nicht dadurch beleidigen, daß ich bei seiner Begrüßung fehle. Ich mache mich in aller Eile auf den Weg zurück zum Peristyle, denn ich bin weiter gegangen als ich angenommen habe. Als ich schließlich ankomme, hat der Loa bereits Besitz von Isnard ergriffen. Er geht barfuß und hat die Hosenbeine hochgekrempelt, um zu verhindern, daß sich seine Füße darin verfangen, und er stolpert. Er hat ein leuchtendrotes Kopftuch. Mit schnellen Schritten geht er auf und ab und macht dabei einen verärgerten Eindruck. Es ist ein beeindruckender Anblick. Zunächst einmal hat Isnard von Natur aus eine stattliche Figur und Körpergröße. Nun aber wird der Eindruck dieser Statur gewaltig gesteigert durch den psychischen Einfluß des Geistes, der seinen Körper beherrscht. Der Loa geht zu den Trommlern, legt seine Hand auf die *Maman* und fordert sie auf, ihr Spiel einzustellen. Er steht abwartend da. Titon geht auf ihn zu, vollführt die Drehungen der rituellen Begrüßung, küßt den Boden zu Ogouns Füßen und schickt sich an, wieder zu gehen; aber der Loa streckt ihm seine Hand zur rituellen Begrüßung entgegen. Ich sehe, wie Titon sich versteift, als müsse er sich darauf vorbereiten, einem Angriff standzuhalten. Sie schütteln sich die rechte Hand; dann streckt Ogoun Titon die linke entgegen – die Loa-Hand. Titon zögert einen Moment, dann ergreift er sie mit seiner Linken. Er taumelt einen Augenblick, gewinnt jedoch sein Gleichgewicht wieder und richtet sich gerade auf; er hält solange stand, bis der Loa seine Hand losläßt und kehrt dann zu seinem Platz zurück.[7] Dann begrüßt Hougan Joe den Schutzgott des Hauses. Ich merke, daß Titon neben mir steht. Ich bin die nächste, die Ogoun gegenübertreten muß, und Titon sagt zu mir: „Vorsicht! Vorsicht!" – Unvermittelt nimmt er meine Hand und gräbt seine Nägel in meine Handfläche. Der plötzliche, scharfe Schmerz bringt mich wieder zu mir. Er hatte bemerkt, daß ich schon wieder in jenen verletzlichen Zustand geraten war, obgleich mir dies selbst überhaupt nicht bewußt geworden war. Als ich nach vorne gehe, um den Loa zu grüßen, konzentriere ich mich auf die Erinnerung an diesen Schmerz, fast als wäre es ein Amulett, das man in schwierigen Situationen betastet. Es wirkt ausgezeichnet. Als der Loa meine linke Hand in die seine nimmt, löst dieser Kontakt in mir nur eine vorübergehende Erregung aus, gleich einem kurzen Stromstoß; dann kehre ich zu meinem Platz zurück. Andere Teilnehmer gehen vor, um die rituelle Begrüßung zu vollziehen. Titon stimmt ein Lied für Ogoun an, und es wird weitergetrommelt und getanzt.

Mich beunruhigt meine andauernde Verletzlichkeit. Ich gebe vor, etwas im Hof entdeckt zu haben und kehre den Tänzern und den Trommeln den Rücken – eine Geste und zugleich ein Mittel des Rückzugs. Der Trommelrhythmus der *Maman* „pausiert", und genau in diesem Augenblick kippt ein Mann, der ein paar Meter neben mir steht, rückwärts um, als hätte ihn ein Schlag getroffen. Manchmal manifestieren sich die Loas auf diese Weise, ohne Vorwarnung, wie ein Sturm. Einige Leute, die neben dem Mann stehen, haben seinen Fall aufgehalten; sie stützen seinen Körper, der wie tot in ihren Armen hängt, so daß er auf den Füßen bleibt. Dann schnellt er heftig aus seiner leblosen Stellung, befreit sich mit einem gewaltigen Ruck, der einen seiner Helfer zu Boden wirft, und schießt vor auf die Tanzfläche des Peristyles. Nun hat ihn der Trommelrhythmus eingefangen und wirft ihn von einer Seite auf die andere. Eine Frau, die bei diesem heftigen *débâtement* aus Versehen mit ihm zusammengeprallt ist, bleibt wie erstarrt auf einem Bein stehen, als hätte diese Berührung sie angesteckt, taumelt vorwärts und wird gleichfalls von den Trommeln eingefangen. Ich möchte diese Szene nicht beobachten und verlasse das Peristyle. Dies alles beunruhigt mich um so stärker, als Isnard selbst auch besessen ist, und es daher niemanden gibt, der diesen gequälten Wesen helfen kann; keiner ist da, der mit Hilfe der Asson entscheiden kann, wo die Gottheit anfängt und das menschliche Selbst aufhört, die beide heftig über die Inbesitznahme des Körpers der Betreffenden streiten, wie zwei Hände, die sich erbittert um einen einzigen Handschuh zanken.

Ich erinnere mich an andere Gelegenheiten, bei denen sich die Betroffenen manchmal an Isnard festhielten, und wie dieser mittels des Klanges der Asson und seiner Intonation allmählich die letzten verheerenden Schauder unter Kontrolle brachte. Dies ist es, was ein Hougan vor allem lernen muß, sage ich langsam zu mir selber: er muß nicht nur über die Macht der göttlichen Anrufung verfügen, sondern ebenso über das Mitgefühl und die Barmherzigkeit, die irdischen Verhältnisse wiederherzustellen – dem Körper, der sich ja im Diesseits bewegen muß, sein Selbst wiederzugeben, das heißt den Anteil, der dieser Wirklichkeitsebene entspricht.

Ich bin noch immer auf der Hut und sage mir: „Jetzt ist der Moment deiner Entscheidung gekommen." – Denn nun weiß ich, daß heute die Trommeln, die Gesänge, die Bewegungen auch mich einfangen können. Ich möchte das nicht. Diese Vorstellung flößt mir Angst ein und bringt mich zugleich in Verlegenheit. Ich weiß, daß ich jetzt gehen kann, daß ich mich durch den überfüllten Eingang nach draußen drängen, den ausgetretenen Hof überqueren und in die ausgefahrene Straße einbiegen kann. In der Kühle der Nacht könnte ich sie hinaufgehen und mich immer weiter von den Geräuschen der Zeremonie entfernen. Schließlich käme ich in meiner kleinen Hütte mit ihren dicken Lehmwänden an; dort könnte ich mich hinlegen und würde die Trommeln überhaupt nicht mehr hören, außer dann, wenn ein schwacher Windstoß ihren Klang zu mir hinübertrüge. Wenn ich das täte, würde es allerdings bedeuten, daß ich mich als etwas von alledem Getrenntes ansähe. Nicht, daß mich die Leute als Folge meines Wegganges ausschlössen – ganz und gar nicht. Mir war nur tief in meinem Herzen klar, daß es irgendwie nicht fair ist, nur dann zu bleiben, wenn es einfach, angenehm oder erregend ist, anwesend zu sein, und mich dann zurückzuziehen, wenn es unbehaglich wird. Dieses Unbehagen gehört ebenso zu einem Ritual wie es zum Empfangen einer Belohnung gehört, sich zuvor auf die Feuerproben einzulassen. Hinzu kommt ein gewisser Stolz – es wäre feige, wegzulaufen. Ich kann versuchen, zu widerstehen; aber ich darf nicht flüchten. Und ich denke mir, daß ich dann am besten Widerstand leisten kann, wenn ich meine Ängste und meine Nervosität ablege – ich muß nicht meine Verletzlichkeit mißtrauisch beobachten, sondern mich vielmehr ganz dreist der Herausforderung all dessen stellen, was mich unter seine Herrschaft zwingen will. Als ich diese Entscheidung getroffen habe, fühle ich, wie mich neue Kraft und neues Selbstbewußtsein erfüllt.

Ich drehe mich wieder zu den Tanzenden um und reihe mich ein. Ich singe und unterhalte mich mit Ogoun. Nichts erschüttert mich. Nach etlichen Liedern verkündet Ogoun, daß er mit dem Tanz zufrieden sei und jetzt Abschied nehmen würde. Für einen Moment steht er still da, dann schüttelt ein Krampf seinen Körper und wirft ihn aus dem Gleichgewicht. Sofort sind etliche Leute zur Stelle, die Isnards Fall aufhalten und seinen schlaffen Körper zu einem Stuhl schleifen. Langsam hebt er den Kopf, blickt sich mit einem Ausdruck von Verwirrung und Konzentration um, wie jemand, der in einer Umgebung erwacht, die ihm noch nicht vertraut ist, und in der er sich erst orientieren muß. Mit einer fast nicht wahrzunehmenden Bewegung fährt er über die Lehne seines Stuhles, als wollte er sich davon überzeugen, daß dieser wirklich existiert. Als die konzentrierte Miene aus seinem Gesicht verschwindet, wird es von Erschöpfung überzogen. Er erhebt sich müde und begibt sich in sein privates Zimmer, wo er sich eine Weile hinlegen und ausruhen wird, bevor er seine Arbeit wieder aufnimmt.

Alle Anwesenden machen nun eine Pause, als hätte man irgendeinen kritischen Punkt überwunden. Die Trommler schlendern in den Hof, um Limonade, gegrilltes Fleisch und Gebäck zu kaufen. Diejenigen, die erst später eingetroffen sind, nützen die Gelegenheit, um die Hounsis persönlich zu begrüßen. Wir gehen herum und plaudern. Dann nehmen die Trommler ihre Plätze wieder ein und ich höre, wie Titon die Hounsis drängt, zum Peristyle zurückzukehren und ihre Aufstellung wieder einzunehmen. Einige Teilnehmer sind bereits gegangen, aber das Peristyle ist noch immer überfüllt. Als nächstes kommt ein Lied für Erzilie. Erneut errichten die Trommeln und der Chor kunstfertig und innerhalb weniger Momente die gewaltige Flutwelle aus Klängen und werfen diese Brandung vorwärts.

Wieder reiten die Tänzer auf dieser Brandung, werden Teil des dahinfließenden Rhythmus des Yanvalou und umkreisen den Mittelpfosten in einer langsamen Wellenbewegung, als seien sie ein einziger schlangenförmiger Körper.

Wenn man sie betrachtet, spürt man, daß sie zwar zusammenhängen, aber nicht deshalb, weil sie persönlich miteinander verbunden sind. Als Körper und als Individuen sind sie getrennt voneinander. Ihre auf den Boden gehefteten Augen und ihre tiefgebückte Haltung betont den Eindruck des in sich Gekehrtseins, des in sich Hineinhörens. Es ist, als bewegten sie sich zu einem einzigen Klang, den aber jeder von ihnen getrennt vernimmt. Nach einer „Pause", wenn die Tänzer ihre aufrechte Haltung wieder eingenommen haben, sehen sie sich manchmal an und tanzen in spiegelbildlichen Bewegungen. Aber selbst dann scheinen die Paare sich weniger nachzuahmen; sie erwecken vielmehr den Eindruck zweier einander gegenüberstehender Spiegel, die ein doppeltes Bild irgendeiner unsichtbaren Gestalt hin- und zurückwerfen, die zwischen ihnen tanzt, und die die Realität nur aus solchen Spiegelbildern kennt. Dadurch wird man in den Tanz hineingezogen. Man erhebt sich nicht, um sich den Bewegungen der Tänze oder den Rhythmen der Trommeln zu überlassen, sondern vielmehr einem Pulsschlag, dessen beherrschende Gewalt all diese Menschen transzendiert und sie auf diese Weise eint. Das Ganze ist nicht die Summe seiner einzelnen Teile: wir dienen nicht einer dem anderen, sondern alle zusammen einem gemeinsamen Ganzen, das uns alle umschließt.

Die Trommler legen eine kurze Pause ein; dann setzen sie beinahe schlagartig wieder ein. Bei dem Klanggebäude, welches sie nun errichten, handelt es sich um einen Mahi. Dies ist ein fröhlicher Tanz mit einem Schritt, den ich besonders gerne tanze, obwohl er die Muskeln der Waden und Oberschenkel sehr schnell ermüdet. Zuerst kommt der Trommler der *Maman* den Tänzern entgegen und „pausiert" oft genug, so daß die Glieder sich ausruhen können. Im Verlauf des Tanzes jedoch werden diese „Pausen" immer seltener und das Vergnügen macht einer großen Anstrengung Platz. Die Luft erscheint schwer und feucht und ich ringe um Atem, aber die Luft bringt meinen keuchenden Lungen keine Erfrischung. Mein Herz schlägt bis in meinen Kopf hinauf. Meine Beine sind bleischwer, die Muskeln so verkrampft, daß der Schmerz bei jeder Bewegung tiefer eindringt. Mein ganzes Wesen ist nur noch von einem einzigen Gedanken erfüllt: ich muß durchhalten.

Ich kann heute nicht sagen, weshalb ich nicht aufgehört habe zu tanzen. Als einzigen Grund kann ich das Gefühl nennen, einen Vertrag erfüllen zu müssen: ganz gleich, ob man am Ende der Sieger oder der Besiegte ist – man hat im Sinne des Vertrages gehandelt. Man kann sich nicht aus seinen Verpflichtungen lösen. Ich konzentrierte mich so angestrengt darauf durchzuhalten, daß mir sogar der Moment entging, in dem mir dies keine Mühe mehr bereitete. Ich kann auch nicht sagen, ob sich dieser Übergang plötzlich oder allmählich vollzog. Ich weiß lediglich, daß ich mir dieser Veränderung schlagartig bewußt wurde, als wäre die schier unerträgliche Geschwindigkeit zu einem Zeitlupentempo zurückgeschraubt worden, so daß meine Gedanken nun Zeit hatten, herumzuschweifen und alle Eindrücke in Ruhe zu registrieren. Es war herrlich, den Trommeln zu lauschen, sich so mühelos zu bewegen, sogar komplizierte Figuren auszuführen, den Bewegungen der Arme größere Anmut zu verleihen, den Rhythmus der Fersen zu kontrapunktieren oder zur Abwechslung einen seitlichen Schritt auszuführen.

Wie in einem Traum kann ich mir selber zuschauen; ich beobachte, wie mein weiter weißer Rock mit dem Rhythmus schwingt; ich sehe, wie mein Mund weicher wird, sich zu einem Lächeln verzieht und allmählich in ein leuchtenderes Strahlen übergeht, als ich es je gesehen habe. Als ich mich umdrehe, als wolle ich zu einem Nachbarn bemerken, „Schau, wie schön das ist!", sehe ich erst, daß sich die anderen ein Stück zurückgezogen und einen Kreis um mich gebildet haben, von wo aus sie mich beobachten. Jetzt durchfährt mich eine plötzliche Angst, denn ich stelle fest, daß dies nicht mehr ich selbst bin, die ich beobachte. Gleichzeitig aber *bin* ich es auch wieder selbst, denn durch diesen Schock der Erkenntnis werden wir wieder zusamengefügt, und zwar an der Stelle, wo mein linkes Bein gleichsam im Boden verwurzelt ist. Nun herrscht in mir reines Entsetzen. – „Das ist es!" – Ich stütze mich auf mein gefangenes Bein und spüre, wie eine seltsame Taubheit aus der Erde hervor in dieses Bein hineinkriecht. Sie steigt im Knochenmark empor, langsam und voll, wie der Saft in einem Baumstamm. Taubheit ist nicht das richtige Wort dafür. Ehrlich gesagt, muß auch ich erst in meiner Erinnerung graben, um eine treffende Bezeichnung zu finden. Ich kann es aber nicht anders nennen als eine weiße Dunkelheit – eine Mischung aus strahlendem, majestätischem Weiß und der Schwärze des Entsetzens. Das Gefühl des furchtbaren Schreckens gewinnt die Oberhand, und mit größter Anstrengung reiße ich mein Bein los. Ich muß weitertanzen, muß in Bewegung bleiben! Ich nehme den Rhythmus des Tanzes auf, als wolle ich mich daran festhalten, um zu verhindern, daß meine Füße auf der gefährlichen Erde stehenbleiben. Kaum habe ich mich auf diesen Halt gestützt, beginnt sich mein Selbstgefühl erneut in zwei Hälften zu spalten – gleich einem Spiegel, der eine unsichtbare Schwelle halbiert. Aber diesmal flimmert das Bild meiner betrachtenden Hälfte, meine Augenlider flattern, die Abstände zwischen den Momenten, in denen ich etwas sehen kann, werden immer größer. Ich sehe die tanzende Person einmal hier, im nächsten Augenblick bereits wieder an einer ganz anderen Stelle. An das, was dazwischenliegt, besitze ich nicht die mindeste Erinnerung. Ich spüre, daß diese Abstände immer weiter werden und daß ich mich vollständig in diesem toten Raum und dieser toten Zeit verlieren werde.

Ein gewaltiger Trommelschlag vereint die beiden Personen in mir wieder, und wiederum an der Stelle, wo mein linkes Bein wie angewurzelt am Boden haftet. Erneut schießt die weiße Dunkelheit in mir hoch. Ich reiße meinen Fuß los, aber bei diesem Versuch werde ich, wie mir scheint, in eine unendliche Ferne geschleudert, und lande schließlich in einer kompakten Masse von Armen und Körpern, die mich halten. Diese Menge hat Stimmen – es ist ein gewaltiger, beharrlicher Gesang – deren Klang mich zudeckt. Ich strenge jeden Muskel an, um mich loszureißen und stürze mich erneut in jenen unermeßlich weiten Raum. – Kaum habe ich mein Gleichgewicht wiedergefunden, haftet mein Bein wieder wie festgewurzelt am Boden. So geht es hin und her: das Bein bleibt am Boden haften, ich reiße es los, stürze durch den weiten Raum, das Bein verwurzelt sich aufs neue – wie oft sich dies wiederholt, kann ich nicht zählen. Mein Schädel ist eine Trommel, und jeder gewaltige Trommelschlag treibt mein Bein in die Erde, wie die Spitze eines Pflocks. Ich höre den Gesang direkt an meinem Ohr, in meinem Kopf. Ich werde in diesen Tönen ertrinken! – „Weshalb hören sie nicht auf! weshalb hören sie nicht auf!" – Ich kann mein Bein nicht mehr losreißen. Ich bin gefangen in diesem Zylinder, diesem Schacht aus Klängen. Nichts anderes existiert mehr. Es gibt keinen Ausweg. Die weiße Dunkelheit steigt in den Adern meines Beins hoch wie eine schnell steigende Flut – höher und höher. Es ist eine gewaltige Kraft, auf die ich keinen Einfluß habe, und die sicher meine Haut zersprengen wird. Sie ist zu groß, zu strahlend, zu weiß für mich – dies ist ihre Dunkelheit. – „Erbarmen!" schreie ich lautlos. Als Antwort auf meinen Schrei ertönt der schrille, unirdische Widerhall der Stimmen: *„Erzilie!"* – Die strahlende Dunkelheit durchflutet meinen Körper, erreicht meinen Kopf und verschlingt mich. Ich werde von unten eingesaugt und explodiere zugleich nach oben. Dies ist alles.[8]

❄ ❄ ❄

Wenn die Erde eine Kugel ist, dann ist die Unterwelt gleichzeitig auch der Himmel, und beide Bereiche sind lediglich durch die Zeit voneinander getrennt, die die Erde für ihre Umdrehungen braucht. Stellt man sich die Erde als eine horizontale Scheibe mit einer spiegelnden Oberfläche vor, die das Bild jeder einzelnen menschlichen Seele reflektiert, ist die Unterwelt wiederum zugleich der Himmel. Der Unterschied zwischen beiden wäre in diesem Fall die Zeit, die das Auge braucht, um einmal nach oben, dann wieder nach unten zu schauen. Das Tor der Sonne und die Wurzeln des Weltenbaumes sind ein und dasselbe, befinden sich an ein und demselben Ort – mit dem Unterschied, daß man sie einmal von oben, dann wieder von unten betrachtet, und daß der Betrachter ihnen aus jeder der beiden Perspektiven jeweils eine andere Bezeichnung verleiht.

❄ ❄ ❄

Wie ist es möglich, daß Erinnerungen weiter zurückreichen können, als bis zum ersten Geschehen, welches jemals zu einer Erinnerung werden konnte? Wie vermochte ich die Leere als Leere zu identifizieren, wenn ich keine feste Substanz kennengelernt hatte – wie konnte ich Dunkelheit erkennen, ohne um das Licht zu wissen? Meine Erinnerungen beginnen damit, daß ich ein weit entferntes, an mich gerichtetes Geräusch höre, von dem ich weiß, daß dies der Klang des Lichtes ist. Es ist ein Licht, das man hören kann, ein unsichtbarer, aber dennoch hellglänzender Strahl, der die Leere nach etwas Solidem abtastet, worauf er sich richten kann, und die ihn durch diese Projektion zu Licht werden läßt. Um diese Eindringlichkeit und die Zielrichtung dieses Geräusches herum nimmt die Dunkelheit Konturen an und mir ist jetzt, als läge ich am Grunde eines unendlich tiefen Schachtes. Jede Zelle meines Körpers und meines Gehirns quält sich hochzugelangen, aber ich kann mich nicht aus eigener Kraft bewegen. Doch die Macht des Klanges zieht

Vever für Erzilie.

mich allmählich empor, wie ein ungeborenes, lebloses Geschöpf. Ganz langsam steige ich nach oben, getragen von diesem lichtlosen Strahl, wie jemand, der vom Meeresboden nach oben treibt. Von Sekunde zu Sekunde wird mein Körper leichter; der Zug nach oben wird stärker und stärker; ich steige immer schneller und schneller empor; immer höher und höher hinauf – gleich des Klanges, welcher immer kräftiger, ziehender, schneller wird; er wird laut, immer lauter und lauter; ich höre ein donnerndes Rasseln, den gewaltigen Schall einer Glocke – die Lautstärke ist unerträglich. Dann plötzlich durchstoße ich die Oberfläche. Luft umgibt mich, und das Geräusch ist Licht, ein blendendes Weiß.

Wie klar heben sich die Konturen der Welt in diesem ersten Licht ab. Wie klar sind die Formen in diesem ersten Moment, in denen sie noch frei vom Schatten ihrer Bedeutung sind. Ich nehme alles zugleich wahr, nicht hintereinander; jede

Einzelheit ist gleich und alles ist gleichermaßen verständlich, bevor der Sinn für Prioritäten bei einem Gesicht die Betonung auf die Augen legt und die Bedeutung der Nasenlöcher in den Hintergrund treten läßt.

Doch während ich noch schaue, als wolle ich diese ursprüngliche Welt für immer in Erinnerung behalten, beginnen sich die Dinge bereits mit Bedeutung zu füllen, hören auf, einfach nur Form zu sein. Sie nehmen die Gestalt der Nacht, des Peristyles und der Leute an. Einen Augenblick lang verschmelzen die weißen Kleider und Hemden und das Perlennetz der Asson, das noch vibriert von der mühsamen Arbeit, mit einer flüchtigen Erinnerung an ein weißes Zelt in der Nacht und einen wassergefüllten Trog. Wie die Seelen der Toten bin auch ich zurückgekehrt. Aber die Reise von einer Welt in die andere ist lang und anstrengend, sowohl für das starke „Pferd" als auch für den großen „Reiter".

Abbildung 22 und 23 (folgende Seite):
Guèdé. Diese beiden Photos wurden im Abstand von sechs Monaten in zwei verschiedenen Hounfors aufgenommen. Sie zeigen, daß es sich bei der Besessenheit nicht um eine Gelegenheit des Selbstausdruckes handelt. Ganz im Gegenteil wird die Persönlichkeit der betreffenden Person durch die des jeweiligen Loa ersetzt. Der Charakter eines Mystères ändert sich nicht und ist unabhängig vom Charakter des Individuums, in welchem sich der Loa manifestiert.

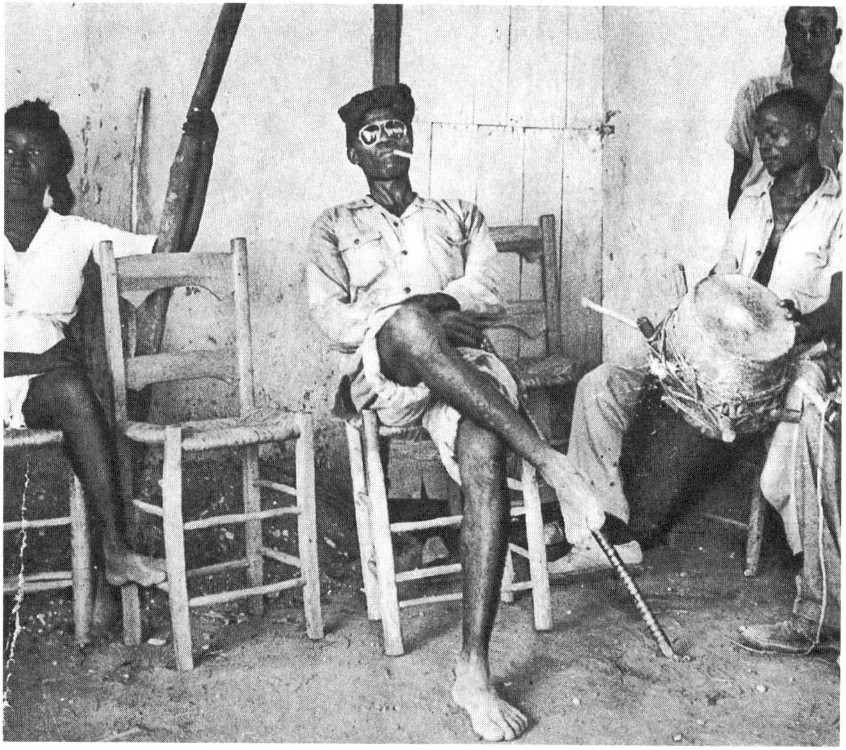

ANHANG

Teil A

Aufzeichnungen über zwei Hochzeiten mit Vaudou-Loas

Odette Mennesson Rigaud

Wie in vielen anderen Religionen, gibt es auch im Vaudou die mystische Hochzeit zwischen Gottheit und Mensch. Es kommt vor, daß die Geister solch eine Verbindung wünschen oder sogar fordern. Hat beispielsweise ein junger Mann Maîtresse Erzilie mit großem Eifer gedient, verlangt die Loa gewöhnlich, daß er sie heiratet, und zwar insbesondere dann, wenn der Mann eine sterbliche Frau ehelichen möchte. In diesem Fall dient die mystische Hochzeit der Bestärkung der Bindung zwischen dem *Vaudouisant* und seinem Loa. Einerseits kommt der menschliche Partner in den Genuß des besonderen Schutzes des entsprechenden Mystère, und der Segen des Geistes ruht auf all seinen Unternehmungen; andererseits besitzt er genau festgelegte Verpflichtungen dem Mystère gegenüber, mit dem er den Ehevertrag geschlossen hat. Erzilie in all ihren Erscheinungsformen ist diejenige Loa, die ihre Verehrer am weitaus häufigsten um eine solche Heirat bittet. Frauen wiederum können beispielsweise einen Ehering für Damballah, Ogoun, Guèdé und so weiter tragen.

Oftmals geschieht es, daß ein Serviteur zögert, einer solchen Aufforderung Folge zu leisten, weil er Angst vor der Eifersucht und dem Despotismus des Mystère hat, mit dem er den Ehevertrag abschließen soll. Aber der Loa kann es ihm unmöglich machen, dieser Verbindung zu entgehen: der Geist gefährdet seine geschäftlichen Unternehmungen, er schlägt ihn unter Umständen mit einer Krankheit oder bedroht ihn mit noch ernsteren Gefahren. Wenn sich der Vaudouisant lediglich mit dem vom Loa geäußerten Wunsch auseinanderzusetzen hat, kann er sich an einen Hougan wenden und versuchen, mit dessen Hilfe zu einer Kompromißlösung zu gelangen: er kann dem Mystère langfristige Versprechungen machen, er kann ihm versichern, ihn als den wichtigsten anzusehen und so weiter. Ist in nächster Zukunft keine Hochzeit mit einem sterblichen Partner zu erwarten, besteht die Aussicht, auf diese Weise der mystischen Heirat zu entgehen. Ist jedoch das Gegenteil der Fall, kommt der Serviteur sehr selten aus der Situation heraus, ohne daß er das Wohlergehen, ja das bloße Leben seiner weltlichen Ehe in ernstliche Gefahr bringt. Er wird eine Warnung, eine Mahnung und einen Befehl nach dem nächsten erhalten; schließlich werden Sanktionen folgen. Darüberhinaus akzeptiert der Loa nicht jeden beliebigen Partner als Gatten für sein/ihr „Pferd" – der Geist wird eine bestimmte Person *auswählen*, die sein „Pferd" heiraten oder „an seiner Seite leben" soll. Bei dieser Wahl versucht das Mystère, dem spirituellen Interesse des Vaudouisant so weit wie irgend möglich gerecht zu werden.

Bisweilen kommt es aber auch vor, daß eine ehrgeizige Person ihrerseits eine Hochzeit mit einem mächtigen Loa anstrebt, um auf diese Weise bestimmte Ziele finanzieller, sozialer oder politischer Art zu erreichen. In einem solchen Fall nimmt die Heirat den Charakter eines Paktes an und die Bedingungen dieses Abkommens sind zwingend. Häufig wird vom menschlichen Partner eine lebenslange Ehelosigkeit gefordert. Hierbei handelt es sich nicht mehr um eine religiöse Verbindung in mystischer Liebe, sondern um einen magischen Pakt.

Die auf die allgemein übliche Art ausgerichtete Hochzeit mit einem Mystère ist eine ziemlich kostspielige Angelegenheit. Man muß den Raum, in welchem der Loa empfangen werden soll, ausstatten und mit den entsprechenden Tüchern auskleiden. Alle Dinge, die dem Charakter des Geistes entsprechen und diesem Freude bereiten, müssen zusammengetragen werden: eine komplette Ausstattung an Kleidungsstücken in feinster Seide, nach dem Geschmack und entsprechend der Farbe des Loa. Für Erzilie sind außerdem Kosmetikartikel, Parfüm, Schmuck und Eheringe oder Gold obligatorisch; und sie – beziehungsweise eine Frau, die ein männliches Mystère ehelicht – braucht eine vollständige Brautausstattung mit einem Schleier und weißen Schuhen. Es muß ein großer Empfang vorbereitet werden, zu dem Kuchen, Getränke und Erfrischungen aller Art gehören. Auch dürfen Champagner oder andere Getränke, die der jeweilige Loa bevorzugt, nicht vergessen werden. Ein Orchester muß engagiert werden. Zu alledem sind noch die Ausgaben für die Zeremonie zu rechnen: die Honorare des *Prêt-savanne* und des Hougans.

Die beiden mystischen Hochzeiten, die ich im folgenden beschreibe, fanden in Haiti, in der Nähe von Port-au-Prince statt. Bei der ersten handelt es sich um eine Heirat mit Erzilie.

Ein junger Mann namens Sebastien wollte sich verehelichen und eine Familie gründen. Er war aber ein hingebungsvoller Verehrer von Maîtresse Erzilie, und diese wollte ihre bevorzugte Stellung beibehalten, da sie sehr eifersüchtig war. Nachdem mehrere Verlobungen Sebastiens gescheitert waren, beschloß er schließlich, die Ehe mit einer Frau zu wagen, die wie er den *Mystères Vaudou* (den Vaudou-Geistern) diente, und mit der er bereits eine zeitlang in gewohnheitsrechtlicher Ehe zusammengelebt hatte. Erzilie begünstigte diese Frau, da sie große Aufmerksamt auf die Loa verwendete und wußte, daß an den Tagen, die Erzilie heilig und ausschließlich für sie reserviert sind, der Raum mit Blumen und Lorbeer geschmückt werden muß. Maîtresse Erzilie schien keine Einwände gegen die geplante Heirat zu haben, verlangte jedoch von Sebastien, daß er zuvor mit ihr Hochzeit hielte – ein üblicher Brauch. Die mystische Heirat fand an einem Donnerstag statt, einem Tag, der Erzilie geweiht war; die weltliche Eheschließung sollte am Samstag darauf folgen. Die heilige Hochzeit sollte in dem Hounfor, in welchem Sebastien den Loas zu dienen pflegte, abgehalten werden; ihr Beginn war auf vier Uhr nachmittags festgesetzt. Sebastien erschien frisch rasiert, mit frisch geschnittenen Haaren und trug einen weißen Anzug und ein schönes Seidenhemd. Seine ganze Kleidung war neu und von guter Qualität. Am Abend zuvor hatte er sich in einem Bad aus Lorbeerwasser gereinigt und sich am Hochzeitstag parfümiert. Seine Verlobte trug ihr bestes Sonntagskleid. Das Brautkleid lag im angrenzenden Zimmer bereit. Dieser als „Erzilies Zimmer" bezeichnete Raum war mit hellblauen Stoffen ausgekleidet und mit Sträußen von Rosen, Jasmin und Lorbeer geschmückt. Auf dem mit einem bestickten Tuch bedeckten Ankleidetisch lag alles, was Maîtresse eventuell für ihre Toilette benötigen würde: Puder, Kosmetikartikel und verschiedene Sorten Parfüm.

Man hatte für die Göttin eine schöne „Nische" im Peristyle errichtet – eine Art Zelt aus bestickten Tüchern und Seidenstoffen, die über ein Gerüst aus gebogenen Bambusstangen gehängt waren. Das Zelt war vorne offen. Darin stand ein mit einem weißen Tuch bedeckter Tisch, auf welchem sich Kerzenleuchter, ein Meßbuch, ein Kruzifix, Blumensträuße, Weihwasser und dahinter Farbdrucke von Erzilie und anderen Schutzgöttern des Hounfors befanden. Vor dem Eingang der „Nische" standen zwei Sessel für das Brautpaar bereit, jeder von ihnen mit hellblauem und meergrünem Stoff bedeckt. Dahinter waren zwei Stühle für den Paten und die Patin aufgestellt. Ein Stück entfernt war ein langer Tisch aufgebaut, der vor Süßigkeiten, Getränken, guten Weinen überquoll, die um einen schönen Hochzeitskuchen herum arrangiert waren; das ganze Gedeck wurde umrahmt von Flaschen mit Champagner. Auf dem Boden vor der „Nische" hatte man kunstvolle Vevers aus Maismehl gezeichnet – ein Herz für Erzilie und eines für Ogoun, der der Vaudou-Mythologie gemäß der Gatte der Maîtresse ist. (Dies widerspricht Derens Ausführungen, die schreibt, es handle sich bei der Beziehung zwischen Erzilie und Ogoun um eine dauernde „Affäre". Tatsächlich ist die Göttin mit allen dreien verheiratet: Agwé, Damballah und Ogoun. – Anm. d.Ü.). Der Hougan weihte die Vevers in der üblichen rituellen Weise. Sebastien und seine Braut, die Paten und die Trauzeugen nahmen ihre Plätze ein. Es waren eine Menge Gäste anwesend, die alle ihre besten Kleider trugen. Der Prêt-savanne stand vor der „Nische", wo mittlerweile lange Kerzen brannten. Es war ein kleiner, dünner Mann mit runzliger Haut, einem weißen Büschel Haaren am Kinn, einem Schnurrbart. Vorn auf seiner kleinen, runden Nase saß eine große Brille. Er hatte eine respekteinflößende Haltung und war erfüllt mit dem Bewußtsein seiner Wichtigkeit. Als er sich über sein lateinisches Gebetbuch beugte, vermittelte er den Eindruck eines dunkelhäutigen Rabbiners. Er begann mit den Gebeten der *Action de grâce*, und die Anwesenden antworteten ehrfürchtig. Nach den Litaneien stimmte er die Loblieder an. Als er fertig war, trat er zur Seite und der Hougan setzte den Gottesdienst mit dem Lobgesang fort, nachdem er „alle Heiligen des

Himmels" – das heißt die Loas – in aller Ausführlichkeit namentlich begrüßt hatte. Die Jungfrau Maria wurde natürlich feierlicher begrüßt als die übrigen Heiligen. Danach folgten die Vaudou-Lieder in der üblichen rituellen Reihenfolge, wobei Erzilie besonders leidenschaftlich angerufen wurde. Dennoch war sie offenbar noch nicht bereit zu erscheinen. Die Anwesenden wurden ein wenig ungeduldig, und der Priester schüttelte seine Asson und besprühte die Gäste mit Parfüm. Die Leute hatten eigentlich gehofft, daß Maîtresse Erzilie Besitz von der menschlichen Braut ergreifen würde, aber die Loa schien dieses „Pferd" an jenem Tag zu verschmähen. Schließlich begann eine der Frauen, die als Trauzeugin fungieren sollte, zuerst kaum wahrnehmbar, dann immer stärker zu schwanken. Ihre Augen schlossen sich und sie fiel nach rückwärts. Man stützte sie, um sie aufrecht zu halten. – Erzilie war erschienen.

Es war eine perfekte Verwandlung. Aus einer unscheinbaren jungen Frau hatte die Loa eine unwiderstehliche Verführerin werden lassen, die schlaff in den Armen der beiden jungen Männer hing, die geholt worden waren, um sie zu stützen und sie in den für sie bestimmten Raum zu führen. Hier wusch sich Erzilie sorgfältig mit der feinsten Seife, legte Puder und Make-up auf, kämmte in aller Ausgiebigkeit ihre Haare und steckte dann die goldenen Kämme und die Blumen in ihre schwarzen Flechten unter dem Tüllschleier, der von einer gebogenen, mit blauem Satin bezogenen Spange gehalten wurde. Schließlich erschien sie – angetan mit ihrem Brautkleid und funkelndem Schmuck, parfümiert, einen Blumenstrauß im Arm und ein hellblaues Tuch in der Hand. Sie hob häufig ihren langen Rock empor, wobei sie den rosa Taftpetticoat enthüllte, und lächelte als Antwort auf die geflüsterten Komplimente. –"Oh, welch wunderschöne Dame ist Maîtresse Erzilie!" – Ihre Augen strahlten, ihre vollen, feuchten Lippen waren halbgeöffnet. Sämtliche Männer gehörten ihr, und sie belohnte sie alle mit ihrer Aufmerksamkeit.

Erzilie wurde zu dem Stuhl geführt, der mit den Tüchern in ihren Farben bedeckt war, und man plazierte ihre Füße auf einen weichen Teppich. Der Prêt-savanne erschien wieder, um mit großer Feierlichkeit die Hochzeitszeremonie zu vollziehen. Die Eheringe sowie ein goldener Ring mit einem blauen Stein wurden durch den Weihrauch gezogen, gesegnet und dem Brautpaar angesteckt. Diesen Ring mußte Sebastien später unter seinem weltlichen Ehering tragen. Auf die rituelle Frage: „Willst du diesen Mann...?" antwortete die Loa: „Ja, ich, Erzilie Fréda Dahomey..." – Der Prêt-savanne verfaßte die Heiratsurkunde in seiner besten Handschrift. Das Dokument glich exakt einer regulären Heiratsurkunde, mit der Ausnahme, daß hier Erzilie Fréda Dahomey versprach, ihren Gatten, Herrn Sebastien, zu beschützen, ihm Glück und Wohlstand zu bescheren, und Sebastien seinerseits versicherte, all die Verpflichtungen zu erfüllen, die er ihr gegenüber eingegangen war. Die Neuvermählten, die Paten und die Zeugen unterschrieben den Vertrag, und er wurde im Hounfor auf den Altar vor das Bild Erzilie Fréda Dahomeys gelegt.

Maîtresse Erzilie wurde von den Gästen umringt, man gratulierte ihr und überschüttete sich mit Komplimenten. Graziös spazierte sie am Arm ihres Gatten herum und wendete sich dann der Festtafel zu, um den Hochzeitskuchen anzuschneiden und die Stücke, zusammen mit einem Glas Champagner, an die Gäste zu verteilen. Dann begannen die Tänze, aber Erzilie hielt sich nicht lange auf. Sie ging so still wie sie gekommen war, und als die junge Frau, von welcher sie Besitz ergriffen hatte, wieder zu sich gekommen war, sah diese erstaunt auf das Brautkleid, das sie noch immer trug. Die Vaudoutänze dauerten die ganze Nacht. Die standesamtliche Hochzeit Sebastiens und seiner sterblichen Braut fand am darauffolgenden Samstag statt. Für diese Feier verwendete man neue Eheringe.

Der Charakter solcher mystischer Hochzeiten hängt größtenteils von der Wesensart des betreffenden Loa ab. Während eine derartige Zeremonie bei einer Eheschließung mit Erzilie prunkvoll ausgerichtet wird, ist sie im Falle einer Vermählung mit O-Dan oder Damballah gekennzeichnet von einem tiefen Ernst und einem wesentlich komplexeren Zeremoniell, wohingegen ein solches Ritual mit Guèdé stets amüsante und sogar groteske Züge trägt.

Im folgenden beschreibe ich eine Hochzeitszeremonie zwischen Guèdé Mazacca und einer Mambo.

Eines Tages machte sich eine junge Hounsi, Ramise, über Papa Guèdé lustig, welcher im Kopf einer ihrer Freundinnen tanzte. Papa Guèdé war beleidigt darüber, „bestieg" sie zur Strafe für ihr Verhalten und erklärte wenige Tage später, daß sie ihn heiraten müsse. Von diesem Zeitpunkt ab ergriff dieser Guèdé, der sie nun als sein „Pferd" erwählt hatte, häufig Besitz von ihr, und Ramise, die eine Mambo wurde, akzeptierte dies schließlich bereitwillig. Dann aber kam eine Zeit, wo er sich weigerte zu erscheinen; er kam selbst dann nicht, wenn er angerufen wurde, und Ramise schrieb die verschiedenen Schwierigkeiten, in die sie verwickelt wurde, seiner Absicht zu, ihr zu schaden. Sie wandte sich daher an jemanden, dessen Familie ebendiesen Guèdé ererbt hatte, und bat ihn, den Loa herbeizurufen, damit sie ihn befragen könne. Auf diese Weise fand sie heraus, daß Mazacca entschieden hatte, daß der Moment für ihre Hochzeit mit ihm gekommen sei. Er weigerte sich, auf irgendwelche Kompromisse hinsichtlich dieser Angelegenheit einzugehen, und hatte für jeden Einwand eine Antwort parat. Er bestand darauf, die Hochzeit abzuhalten und Ramise blieb am Ende nichts anderes übrig, als einzuwilligen, da sie fürchtete, den Loa zu beleidigen, der ihr die ganze Zeit so viele Vorteile verschafft hatte. Der Termin für die Zeremonie wurde auf den späten Nachmittag des kommenden Sonntag festgesetzt.

Eine sehr große Menge von Leuten war an diesem Tag im Peristyle versammelt, denn alle Hounsis und viele Gäste waren anwesend, einschließlich etlicher Hougans und Mambos. Die Leute trugen ihre beste Garderobe, Seidenkleider, Kopftücher aus Satin und knisternde Seidenröcke in lebhaften, leuchtenden Farben. Die Wände waren mit Streifen aus buntem Papier geschmückt, die sich an der Decke überkreuzten und beim leisesten Windhauch flatterten. Die Vaudou-Tänze hatten bereits vor mehreren Stunden begonnen, da die Guèdés ihren Platz am Ende der Rangfolge der Loas haben und man daher zuvor sämtliche anderen Mystères begrüßen muß, nachdem man Legba gebeten hat, die heilige Pforte zu öffnen. Man begrüßte den Mittelpfosten und die drei Rada-Trommeln mit dem rituellen Wasseropfer und mit der heiligen Anrufung in *Guinin langage*. Die Flaggen wurden aus der Altarkammer geholt und nach dem vorgeschriebenen Zeremoniell mit dem Säbel des La-place gegen den Poteau-mitan gelehnt. Große Blumensträuße hingen von den Dachbalken und weitere hatte man an die weißen Tücher gesteckt, aus denen die „Nische" gebildet wurde, die in einer Ecke des Peristyles errichtet war. Unter dieser Draperie stand eine Art Altar, der mit einem weißen, mit Stickereien und Spitzen verzierten Tischtuch bedeckt war, und auf dem sich Kerzen, ein Kruzifix, ein Weihwasserbecken und eine Vase mit Blumen befanden. Der Hintergrund war mit religiösen Bildern verziert und vor der „Nische" hatte man zwei Stühle für die Braut und den Bräutigam und zwei weitere für die Paten aufgestellt. Dann traf der Prêt-savanne ein – ein hochgewachsener, dünner Mann mit einem imposanten Schnurrbart, welcher fast sein ganzes Gesicht verdeckte. Mit seiner goldumrandeten Brille und seinem straff sitzenden schwarzen Jackett wirkte er wie ein Professor. Zuerst vergewisserte er sich, ob auch nichts fehlte, was für die Zeremonie erforderlich war; dann rief man die Guèdés an. Der Houngenikon stimmte die entsprechenden Lieder zu Ehren dieser Loas an, beginnend mit einigen Yanvalous, denen die von den Guèdés bevorzugten Tänze folgten – die Crabiniers und die Bandas. Einer der Hougans zeichnete das Vevers Mazaccas vor der „Nische" auf die Erde und weihte es.

Da die Guèdés stets nur zu gerne erscheinen, wenn eine Party veranstaltet wird, hatten bereits viele von ihnen ihre „Pferde bestiegen" und in der Zwischenzeit sogar schon ihre spezielle Kleidung angelegt. Ein Brav Guèdé Nibo war erschienen, von Kopf bis zu den Füßen violett gekleidet, mit ausgesuchten Manieren und einem weltgewandten Auftreten und seinem charakteristischen drolligen Ton, in dem eine Spur von *précieuse ridicule* (komische Affektiertheit; Anm. d. Ü.) enthalten war. Sein vornehmes Auftreten indes hinderte ihn nicht daran, die unanständigen Bandas gemeinsam mit einem todernsten Guèdé Nouvavou zu tanzen, der einen exzentrischen Hut trug, welcher mit einem Trauerflor drapiert war. Die unvermeidlichen Sonnenbrillen verliehen ihren weiß gepuderten Gesichtern, die vor Schweiß glänzten, ein makaberes Aussehen. Ihre Gesichter waren angespannt, aber ihre Körper wirbelten in tollen Pirouetten herum, wanden sich wie unter Krämpfen, wackelten und vollführten verwirrende Drehungen zum Rhythmus der Trommeln. Ramise und die obenerwähnte Frau, die jenen Guèdé Mazacca in ihrer Familienlinie hatte, hatten sich zum Ankleiden begeben. Ramises Bekannte war noch nicht „bestiegen", taumelte aber bereits und verlor wiederholt ihr Gleichgewicht. Einen Augenblick später erschien sie wieder, angetan mit einem hübschen Kleid aus dunkelgrauer Seide, auf dem kleine weiße und schwarze Blumensträuße gedruckt waren. In der Hand hielt sie einen schwarzen Schal, der mit dem Namen des Loa bestickt war. Sie war eine Frau von zurückhaltendem Wesen, liebenswürdig, klein und rundlich, etwa fünfzig Jahre alt. Sie hatte ein fröhliches Gesicht, und ihre Haare waren kunstvoll frisiert. Schon nach wenigen Schritten ins Peristyle wurde sie auf einen Schlag von Papa Guèdé „bestiegen". Er hatte den gleichen ernsten, würdevollen Charakter wie sein „Pferd", was ihn aber nicht davon abhielt, ab und zu die laszivsten Bandas zu tanzen, ohne daß dies sein würdiges Auftreten beeinflußt hätte. Er lüftete den Satinrock so hoch, daß die Leute eingreifen, seinen Satinunterrock herunterziehen und sich bei ihm beschweren mußten. Er sprach kaum ein Wort, seine Augen waren halbgeschlossen und sein Gesicht hatte einen seltsam verschlossenen Ausdruck.

Dann betrat Ramise in einem prächtigen Kleid aus weißem Satin das Peristyle. Ihre schwarze Haut schimmerte merkwürdig in dieser Brautausstattung, und in der Mitte ihrer kleinen, glänzenden Zöpfchen befand sich ein kleiner Strauß weißer Blumen. Sie wirkte dicker denn je in ihrem engen Rock, dessen Nähte an den Hüften fast zu platzen drohten, und der sämtliche Kurven ihres fülligen Körpers einzeln herauszumodellieren schien. Sie war mit Broschen, Halsketten, Ohrringen, Armreifen und Ringen geschmückt als ob sie ein Reliquienschrein wäre. In ihrer fröhlichen Art lachte sie über alles, wohingegen Papa Guèdé die Dinge sehr viel ernster betrachtete. Man bildete einen feierlichen Zug, und die Paten geleiteten das Brautpaar zu seinen Stühlen. Von ihren Plätzen vor der provisorischen „Nische" aus lauschten die Verlobten ernsthaft den üblichen katholischen Gebeten. Viele verschiedene Guèdés hatten sich mittlerweile unter den Hounsis und den Gästen manifestiert, und die meisten von ihnen trugen bereits ihre typische Kleidung: Jacketts, Fräcke, zerlumpte Kleidungsstücke, Melonen und verbeulte Zylinderhüte. Sie scharten sich hinter dem Brautpaar und sangen die Litaneien und Lobgesänge mit der nasalen und zugleich donnernden Stimme, die charakteristisch für sämtliche Guèdés ist.

In der Zwischenzeit fuhr der Prêt-savanne in stereotypem Ton mit dem Ritual fort: „Wollen Sie, Monsieur Guèdé Mazacca, die hier anwesende Mambo Madame Ramise alias 'Après Dieu' zu ihrer angetrauten Ehefrau nehmen?" Ramise antwortete laut und deutlich. Die Eheringe wurden gesegnet und dem Brautpaar übergestreift. Die Mambo trug außer diesem Ehering später zusätzlich noch einen Ring mit einem großen schwarzen Stein.

Die Hochzeit war vorüber. Der Ehevertrag, der zuvor von Ramise diktiert und vom Prêt-savanne vorbereitet worden war, wurde an einem kleinen, extra für diesen Zweck bestimmten Tisch unterzeichnet. Wie üblich, so versicherte der Loa auch hier, seine Frau mit allen ihm zur Verfügung stehenden Mitteln zu schützen, und sie versprach, ihren Verpflichtungen als Ehefrau nachzukommen. Der feierliche Zug formierte sich wieder und begab sich zum Hounfor, um das Dokument dort niederzulegen. Die Flaggenträger vollführten ihre Wendungen und tanzten unter der Leitung des La-place, der sein Schwert emporhielt. Es gab zwei Paare von Zeremonialflaggen, von denen das eine Paar üppiger mit Pailletten, besetzt war, die einmal auf einen dunkelroten, bei der zweiten Fahne auf schwarzen Samt gestickt waren. Bei jeder Bewegung der Flaggenträger funkelten die bunten Pailletten durch das ganze Peristyle.

Immer lauter wurden die Trommeln. Diesmal lieh die Braut ihrem Gatten, Guèdé Mazacca, ihren Arm, der sich mit ernstem, königlichem Gesichtsausdruck zur vollen Körpergröße seines untersetzten „Pferdes" aufrichtete. Die Leute erhoben sich, um den Neuvermählten zu gratulieren und um Ramise zu küssen und ihr Glück und Wohlstand zu wünschen. Als das Paar zum Peristyle zurückkehrte, wurde es vom La-place rituell begrüßt und sämtliche Hounsis vollzogen ihre Drehungen vor ihnen in der vorschriftsmäßigen Rangordnung. Dann wurden die Gäste mit riesigen Stücken Hochzeitskuchen und anderen Erfrischungen bewirtet. Es war wirklich ein wundervoller Empfang! Dann begann man wieder zu singen und zu tanzen – besser denn je und selbstverständlich zu Ehren der Guèdés, die in vergnügtester und verrücktester Stimmung waren. Die Trommeln schlugen einen gebieterischen Salut, auf den hin zuerst Ramise und danach Papa Guèdé kurz einhalten mußten, um die Trommeln zu grüßen und dann etwas Geld zwischen die Lippen der Trommler zu stecken. Aber ach: Ramise stolperte, fing sich wieder und stolperte erneut. Die Hounsis eilten nach vorne, um sie zu stützen und ihr das schöne weiße Kleid auszuziehen, denn soeben hatte Papa Guèdé sie „bestiegen". Der Loa riß sich los, aber sie fingen ihn wieder ein und zogen einen schwarzen Frack über seinen weißen Satinrock. Er schnappte sich im Vorübergehen eine dunkle Brille und mischte sich mit einer Pirouette unter die Tänzer, wo er einen anzüglichen Crabinier tanzte. Noch mehrere Stunden dauerte der Tanz.

(Diese Schilderung ist Mme Rigauds Werk über den haitianischen Vaudou entnommen.)

Teil B

Einflüsse der Kultur der Arawak-Indianer, Kariben und anderer indianischer Kulturen auf den haitianischen Vaudou

Soweit nicht anders angegeben, beziehen sich die in Klammern stehenden Seitenangaben auf Band XI des Werkes THE MYTHOLOGY OF ALL RACES, Latin-American von Hartley Burr Alexander, Marshall Jones Company, Boston, 1920.

Die Historiker haben sich mit dem Hinweis darauf begnügt, daß sich der Ursprung des Petro-Kultes möglicherweise bis zu einem spanischen Hougan, Dom Pedro, zurückverfolgen lasse. Herskovits (S.150) führt „einen spanischen *Neger*" an – eine Spezifizierung, die mir nirgendwo vorher begegnete und die nicht sehr logisch ist. Wäre dieser Dom Pedro das uneheliche Kind einer Schwarzen und eines Spaniers gewesen, wäre das kaum ungewöhnlich oder bedeutungsvoll genug, um es als Spanier einzuordnen. Die Bezeichnung „Spanier" wurde vermutlich in die Legende eingebaut, um deutlich zu machen, daß es sich bei diesem Mann um keinen Afrikaner – das heißt um keinen Schwarzen – handelte. Die einzige nichtkatholische Religion, die es außer den Riten der Schwarzen zu jener Zeit auf Haiti gab, war die der Indianer. Falls es tatsächlich zu einer Vermischung der afrikanischen mit der indianischen Religion gekommen war, ist es leicht denkbar, daß man die Priester der indianischen Kulte eventuell als Hougans bezeichnet hatte. Es ist sehr wohl von Bedeutung, daß das spanische Wort *petreo* „steinhart" bedeutet und man im Kreolischen den Begriff „raide" (steif, hart) verwendet, um den Charakter der Petro-Loas zu beschreiben. Folglich ist es durchaus möglich, daß die Bezeichnung „Petro" nicht von dem spanischen Namen „Pedro" hergeleitet wurde, sondern von einem Begriff, der einen bestimmten Charakter bezeichnet und der von einem Ausländer teilweise oder ganz aus dem Spanischen übernommen und abgewandelt worden war (die meisten Eigennamen entstanden auf diese Art). Einen weiteren wichtigen Anhaltspunkt bildet der Umstand, daß im Petro-Kult größtenteils spanische Wörter verwendet werden. Dies ist ein Hinweis darauf, daß ihr Ursprung in der Zeit der spanischen Herrschaft liegt – einer Zeit also, in welcher sowohl die Indianer als auch die Schwarzen zu Sklaven gemacht wurden. Spanisch war die gemeinsame Sprache der Indianer und der nach Haiti verschleppten Afrikaner. Der überwiegende Teil der Afrikaner wurde allerdings später (nach 1677) von den Franzosen auf die Insel gebracht, und diese Schwarzen fingen an, ihre religiösen Begriffe ins Kreolische zu übersetzen – eine Sprache, die sich damals gerade zu entwickeln begann. Daher kam es, daß das Spanische als die „heilige" beziehungsweise „rituelle" Sprache der Indianer interpretiert wurde, die diese im Rahmen ihrer Zeremonien verwendet hatten; denn zu der Zeit, als die Franzosen die Macht auf der Insel übernahmen, waren die Indianer nahezu vollständig ausgerottet.

Hinzu kommt, daß es unvorstellbar ist, daß die Indianer, deren Heimat Haiti war, weniger Neigung verspürt haben sollten, sich in ihre vertrauten Hügel zu flüchten, als die Neuankömmlinge aus Afrika. Die Wissenschaftler geben auch (widerstrebend) zu, daß bestimmte Tänze und Bezeichnungen indianischen Ursprungs sind, wenngleich man im allgemeinen jede Anstrengung unternimmt, das Gegenteil zu beweisen. Das beweist, daß *tatsächlich* ein Kontakt zwischen den beiden Kulturen stattgefunden hatte. Angesichts dieser Tatsache sowie aufgrund der obengenannten Fakten ist es schwer zu verstehen, weshalb niemand in dieser Richtung nähere Untersuchungen angestellt hat, mit Ausnahme von Maximilien; und letzterer hat dies nur in sehr beschränktem Maß getan. Dies mag zum Teil dem Umstand zuzuschreiben sein, daß die haitianischen Intellektuellen stolz darauf sind, sich mit der französischen Kultur zu identifizieren und daß sie hinsichtlich ihrer Hautfarbe ein besonderes Selbstbewußtsein aus ihrer afrikanischen Abstammung gewinnen. Wenn man sich mit einem haitianischen Intellektuellen unterhält, wird man unweigerlich zu der Auffassung hingeführt, die Franzosen hätten die Insel entdeckt; der 185-jährige Zeitraum der spanischen Herrschaft, während der die indianische Kultur ihre Spuren hinterlassen haben muß, bevor sie restlos ausgerottet wurde, wird vollkommen ignoriert. Für die französischen Historiker war die spanisch-indianische Periode offenbar unwichtig. Sie gingen von der Annahme aus, daß alles, was man in Haiti entdecken konnte, afrikanischen Ursprungs war. Eine weitere Erklärung liefert unter Umständen die Tatsache, daß die Ethnologen, die in Haiti gearbeitet haben, entweder afrikanische Fachleute (Herskovits) waren oder aber Männer, die ein spezielles Interesse an den afrikanischen Elementen hatten (Courlander). Daher waren diese Forscher damit zufrieden, wenn sie für ein haitianisches Kulturelement irgendeinen afrikanischen Hintergrund als möglichen Ursprung entdecken konnten.

Die Wurzeln gewisser übergeordneter Vaudou-Gottheiten indes – wie zum Beispiel die Gestalt des Baron Samedi und die Simbi-Familie – können überhaupt nicht zu irgendeiner afrikanischen Kultur zurückverfolgt werden. Bei einigen anderen Göttern – beispielsweise Guèdé und Azacca – ist eine derartige Konstruktion extrem mühsam. Selbst in den Fällen, in welchen sich die Entstehung bestimmter Kunstwerke, Legenden oder Vorstellungen nach Afrika zurückverfolgen ließen, war dies lediglich auf einer sehr mechanischen Ebene möglich. Außerdem ignorierte man den deutlichen Unterschied zwischen dem Ethos der eindeutig afrikanischen Konzepte und Verhaltensweisen und denen des Petro-Kultes – wobei manche Petro-Elemente auch in Rada-Riten wiederzufinden sind, wie beispielsweise die Verwendung von Vevers. Die Taino-Indianer vom Stamm der Arawaks, die offenbar die ersten Einwohner Haitis und der Antilleninseln waren, sowie die Kariben, welche diese Stämme bis hin nach Puerto Rico unterwarfen (S.16-17), stammten ursprünglich aus den tropischen

Wäldern am Orinoco und Guiana. Sie benützten die Antillen quasi als Sprungbrett und brachten die Kultur des Festlandes mit. Ihre Sprachen besitzen dieselbe Wurzel (S.255). Als seefahrende Völker waren sie bis nach Mittelamerika gelangt, wo sie ihre Spuren im gleichen Gebiet hinterließen wie die Azteken, nämlich bei den Nahua-Stämmen, die ebensoweit in den Süden vorgedrungen waren (S.43). An dieser Nahtstelle der Kontinente, die sich bis zu den Antillen erstreckte und den Übergang zwischen dem Golf von Mexiko und der Karibik beherrschte (S.43), lag einst das Zentrum der Kultur der Mayas – wenngleich es die Quiche und die Cakchiquel und andere guatemaltekische Indianer gewesen waren, „deren Bergtäler sich in Richtung des Golfes von Mexiko und der Karibik erstreckten" (S.156), die die bedeutendsten Zeugnisse der Mayas erhalten hatten. In diesen Tälern befinden sich auch die Ruinen der monumentalen Städte der Mayas. In der gleichen Gegend Mittelamerikas herrschten auch die Chibchan über den Isthmus von Panama (S.43). Dieser Stamm, dessen Zentrum in der Hochebene von Bogota lag, sowie die benachbarten Quechua (Indianer vom Stamm der Aymaras und der Diaguite-Calchaquis) wurden von den Inkas unterworfen. Die Art, wie sie ihre rituellen Objekte verwendeten, weist auf einen bolivianischen Ursprung hin, sowie auch auf die Küstengegend Venezuelas und sogar auf die Antillen. Dies wiederum könnte auf eine weit zurückliegende gemeinsame Kultur der Bewohner zwischen Haiti und Ecuador sowie zwischen Venezuela und Nicaragua hindeuten. Das Kernstück des Mythos aus den Anden bilden die Geschichten der Inkas (S.189-190). Zugleich weist Oviedos Beschreibung der Stämme, die in der Gegend um den Golf von Nicoya lebten, auf eine Religion nach mexikanischem Muster hin (S.190).

Die Kariben, die als besonders aggressive Plünderer berüchtigt waren, und von deren Praktiken das Wort „Kannibale" abgeleitet ist, kamen in Berührung mit Teilen der großen Kulturen der Azteken, Inkas und Mayas sowie auch mit den ursprünglichen Mythen derjenigen Stämme, die von diesen drei großen Zivilisationen unterworfen worden waren. Die Azteken, Inkas und Mayas waren so klug gewesen, die Gottheiten der von ihnen besiegten Stämme nicht zu zerstören, sondern sie in eine Art Gefängnis einzusperren. Studenten der indianischen Kulturgeschichte weisen auf den Umstand hin, daß in der neuen Welt „eine Einheit der Rassen herrschte, die sonst nirgendwo innerhalb eines solch großen geographischen Raumes zu finden war"; sie sagen weiterhin, daß sich diese „Übereinstimmung nicht in der äußeren Erscheinung oder in Form materieller Leistungen am deutlichsten zeigte, sondern vielmehr in der Erhaltung von Vorstellungen und der Symbolsprache der Mythen, die in ihrem Kern ein und dasselbe sind" (S.343). Folglich enthielt die Kultur der Arawaks und der Kariben, mit denen die entflohenen Afrikaner in den Hügeln Haitis zusammentrafen, Elemente, deren Herkunft sich entweder historisch zu solchen hochentwickelten Kulturen zurückverfolgen läßt wie die der Inkas, Mayas und Azteken, oder aber zu Kulturen, deren vorgeschichtliche Wurzeln den selben gemeinsamen Ursprung besitzen wie die sämtlicher südamerikanisch-indianischer Kulturen.

Die afrikanischen und die indianischen Religionen haben eine gemeinsame Basis: unter anderem den Glauben an eine Gottheit als Ursprung der Schöpfung und die Ahnenverehrung. Aufgrund dieser Übereinstimmung ist es unvermeidlich, daß sich von einem solchen gemeinsamen Ausgangspunkt aus auf beiden Kontinenten gleichzeitig Ähnlichkeiten in der weiteren Entwicklung ihrer Kulturen ergeben. So existieren heutzutage im haitianischen Vaudou Elemente, deren Herkunft sich entweder nicht nach Afrika zurückverfolgen läßt, oder die in Haiti eine wichtigere Position einnehmen als in Afrika. Es ist ohnehin schwierig, in jedem Fall die Wurzeln der vaudouistischen Vorstellungen, rituellen Bräuche und magischen Praktiken differenziert bis zu ihrem Ursprung zurück zu verfolgen. Finden sich solche Elemente in der indianischen Kultur, kann man diese Kultur zumindest als eine mögliche Quelle in Erwägung ziehen. Bei den meisten dieser Elemente, die auf einen derartigen Zusammenhang hinweisen, handelt es sich um solche, die mit magischer Beeinflussung zu tun haben.

Die Asson – heutzutage die heilige Rassel der Vaudou-Priester – nimmt eine vorrangige Stellung im Mythos der Taino ein. Sie taucht als eine mit Knochen gefüllte Kalabasse auf, in welcher die Knochen sich in Fische verwandelten, aus denen „eine so große Menge von Wasser floß...daß das ganze Land überschwemmt wurde...dieses Wasser war der Ursprung des Meeres" (S.29). Die Orinoco, aus denen die Kariben und die Arawaks hervorgegangen waren, erwähnen die „heilige Rassel" des *Peai-Mannes* – des Priesters; und die Tupinambi des Amazonasgebietes besaßen angeblich eine heilige Rassel aus einer Kalabasse, die sie *Tammaraka* nannten (offensichtlich dasselbe Instrument, das wir als *Maracas* kennen), mit dem sie tanzten und dessen Klang der Priester interpretieren konnte (S.296). Maximilien verlegt den Ursprung der Asson nach Afrika (S.140-141), merkt jedoch an, daß die Verzierung des Instrumentes indianisch ist. Zudem handelte es sich im Fall der afrikanischen Asson (sofern seine Quelle richtig ist) um ein Musikinstrument. Herskovits erwähnt ebenfalls, daß die heilige Rassel aus Westafrika stammt (S.269); aber auch er beschreibt sie als ein Musikinstrument. In Haiti hingegen ist die Asson ein rituelles Instrument – genau wie bei den Indianern.

Die vielsagendste Legende ist in diesem Zusammenhang jedoch die Erzählung der Orinoco-Indianer über die Orehus. Die Orehus sind Wassergeister beziehungsweise Meerjungfrauen, die die Menschen in die Tiefe ihrer im Wasser befindlichen Behausungen hinabziehen können. Dies ist in Haiti ein sehr verbreiteter Mythos. Diese Geister sind nicht von Grund auf böse. Es existiert die Sage von einem Arawak, der am Wasser entlangging und über die traurige Lage seines Volkes nachgrübelte, als er plötzlich einer Orehu ansichtig wurde, die aus dem Strom emportauchte. Die Wasserjungfrau hielt einen Ast, den der Indianer nach ihrer Anweisung einpflanzte. Seine Früchte waren Kalabassen, die man bis zu jenem Zeitpunkt noch nicht kannte. Der Geist erschien noch einmal und brachte diesmal kleine weiße Kieselsteine mit. Die Orehu wies ihn an, die Steinchen in den Kürbis zu tun, um auf diese Weise aus der Frucht eine magische Rassel zu machen. Sie lehrte den Arawak, das Instrument zu benützen und unterwies ihn in den Mysterien der *Semecihi* – der Medizinleute der Arawak-Indianer. Die Semecihi sind das Pendant zu den karibischen Peai-Männern; obwohl das Wort auf eine Verbindung zum Zemi der Tainos hinzuweisen scheint. (Diese priesterliche Funktion entspricht auch der des Baron Samedi, in dem sich die – gerne verdrängten und oftmals üblen – Abgründe der menschlichen Seele spiegeln, der aber nicht an sich böse oder übelwollend ist. – Anm. d. Ü.). Bei Orehu handelt es sich um keine andere Gestalt als um die in Haiti beheimatete Meerjungfrau der Tainos, Guabonite, die Guagugiana, den großen Medizinmann, den Gebrauch von Amuletten auf weißen Steinen und Gold lehrte (S.261). Diese Legende läßt sich bis in Details vergleichen mit den vaudouistischen Geschichten über die Wassergeister, die Herskovits als Bakas klassifiziert – Petro-Geister, die zum Teil gutartig sind, bisweilen aber auch ihr Opfer entführen und auf den Grund des Gewässers zerren, das sie bewohnen (S.244).

Ein weiteres Element des heutigen Vaudou-Kultes ist die Langage, eine heilige Sprache, die in den Liedern und Litaneien vorkommt und die der Kommunikation mit den Göttern vorbehalten ist. Nur der Priester versteht sie. Man hat behauptet, diese Sprache stamme ursprünglich aus Afrika. Tatsache ist jedoch, daß die Priester der Arawaks, während sie von ihren Geistern besessen waren, „Wörter, die niemand aus unserem Volk versteht", verwendeten (S.22). Die Herkunft vieler Wörter der heutigen Form der Langage läßt sich nicht feststellen; manch andere Begriffe, die auf eine alte Form des Spanischen zurückgeführt werden (Courlander, S.21 und S.96), klingen wie indianische Worte. So könnte beispielweise das von Courlander (S.21) als *ke le manyan* geschriebene Wort entweder *Peai-Mann* (die Bezeichnung der Orinoco für „Priester"; S.260) oder *Kenaima* (ein todbringender oder rachsüchtiger Geist; S.267) bedeuten. Ein Lied für Guèdé enthält ein Wort in Langage, das Courlander *nou-monnouce* buchstabiert (S.89); bei diesem Begriff dürfte es sich mit großer Wahrscheinlichkeit um *Guamaonocon* handeln, den Namen der höchsten Gottheit der Taino-Indianer. Die Langage-Ausdrücke *cina, cina* in einem Gesang für Agwé könnten eventuell von dem Arawak-Wort *Cinaci* abstammen, das „unser Vater" bedeutet, oder aber von *ciba*, dem Namen der weißen Steine der Orehus. Der Ursprung des Tanzes Crabinier (verschiedentlich auch als „Crabignien", „Crabiner" und sogar „Gabienne" gesprochen und geschrieben) wird von Courlander als indianisch angegeben (S.122); der Name stammt ganz klar von dem Wort „Karibe“ ab. Der kreolische Ausdruck für ein berauschendes Getränk lautet *Tafia;* die Orinoco-Indianer haben dafür das Wort *tapana* (S.262). Und so gibt es noch viele Beispiele dieser Art.

Die *Paquets*-Congo, die zum Zweck des magischen Schutzes gebunden werden, und deren Wirkungsgrad von der Sorgfalt der Wickeltechnik abhängt (darin ist die Idee enthalten, daß man die Seele so gut einschließt, daß sie vor bösen Einflüssen abgeschirmt ist), sind der „besonderen Art von Kultfiguren, wie sie die Indianer der Antillen anfertigten“ auffallend ähnlich, die von Peter Martyr erwähnt werden. Diese Figuren bestehen aus „geflochtener Baumwolle“ und sind „dick ausgestopft“.

In der Gegend von Petit Goave existiert eine ziemlich unbekannte, aber vermutlich uralte Gottheit namens „Cinq-Jour-Malheureux“ (Rigaud, S.53). Dieser Loa ist sehr alt und geht gebeugt, wie eine ältere Variante der Gestalt Legbas, der sowohl die Sonne als auch den Kreuzweg repräsentiert. Bei „Cinq-Jour-Malheureux“ handelt es sich offensichtlich um eine auf den Kalender bezogene Gottheit, die mit den fünf leeren, unglücklichen Tagen – oder den fünf namenlosen Tagen – in Verbindung steht; so nannten die Azteken (S.99) und die Mayas (S.147) die letzten Tage ihres Jahres – eine Differenz, die sich aus der unterschiedlichen Zeitdauer des Mond- beziehungsweise des Sonnenjahres ergab. Während dieser Tage war die Sonne alt und wartete auf ihre Wiedergeburt. Es ist weiterhin interessant, daß man in der Gegend von Leogone in den Tagen zwischen Weihnachten und Neujahr große rituelle Freudenfeuer abbrennt – eine Zeremonie, die der sterbenden Sonne ihre Wärme und ihre Lebenskraft wiedergibt, wie sie von vielen Völkern zelebriert wird (Frazer, S.359). Derartige Bezüge zum Kalenderjahr sind nicht typisch für die afrikanischen Kulturen – es sei denn, man kann sie auf den Glauben der alten Ägypter zurückführen.

Das wohl augenfälligste Element der Vaudou-Riten, welches keinem afrikanischen Ursprung zugeschrieben werden kann, ist das Vever – ein Symbol, das mit Mehl oder Asche (welche als *farine Guinée* bezeichnet wird) auf den Boden gezeichnet wird. Jede Gottheit besitzt ihr spezielles Vever, dessen Zweck es ist, im Rahmen einer Zeremonie den Boden für den entsprechenden Geist zu weihen; auf dieses Symbol werden auch die Opfergaben des jeweiligen Loa plaziert. Die an die Kabbalah gemahnende Form und Funktion dieser Zeichen weist nicht auf eine afrikanische Tradition hin, sondern ähnelt den sorgfältig ausgearbeiteten Zeichnungen der Azteken und der Indianer. (Auch Maximilien hat sich über diese Verbindung geäußert; S.45). Die erste Seite des Codex Ferjervary-Mayer zeigt die Darstellung eines Kreuzmusters in Kombination mit einem Sankt-Andreas-Kreuz, welches man für das Symbol der fundamentalen Prinzipien der aztekischen Religion hält. Die Zeichnung repräsentiert die fünf Weltgegenden, die neun Herren der Nacht, die vier Bäume, die die vier himmlischen Regionen stützen, und so weiter (S.55). Im Zentrum der Darstellung befindet sich der *Pou-sto*, „die Mutter und zugleich der Vater der Götter, die/der am Nabel der Erde wohnt". Ebendiese Figur taucht immer wieder in den Vaudou-Vevers für den Gott des Kreuzweges, Legba, auf, der zugleich der Loa des Poteau-mitans, des Mittelpfostens, ist, durch den hindurch die Geister ihren Weg ins Peristyle nehmen.

Weiterhin haben die brasilianischen Bororo-Indianer einen Tanzritus namens *Bakororo*, ein teilweise sekuläres Fest, von dem man sagt, es besitze einen infernalischen Charakter. Dieses Fest wird am Vorabend einer Jagd abgehalten und beinhaltet die folgende Handlung: „Sie machten einen Platz frei...und malten mit Asche Tiere, die sich in Ruhestellung befanden...insbesondere die Tapire, die sie zu jagen beabsichtigten" (S.291). Diese Art von Sympathiezauber kann durchaus auch für die Anrufung von Göttern verwendet worden sein. Die Verwendung von Asche stellt zweifellos auch einen Bezug zur Asche des allgemein üblichen rituellen Opfers dar, die über die Felder gestreut wurde, um ihre Fruchtbarkeit zu erhalten. Das *Bakororo* beleuchtet eventuell den Hintergrund des sekulären haitianischen „Rara"-Festivals, dessen Zweck gleichfalls in der Veranstaltung eines großen Tumultes besteht. In den Sandmalereien der nordamerikanischen Indianer begegnen wir einer ähnlichen Tradition wie im Vever. Einen ähnlichen Ritus hat Maximilien in Mexiko entdeckt (S.42-43). Mit Sicherheit findet sich in diesen geometrischen Zeichnungen ein größerer Bezug zu den indianischen als zu den afrikanischen Kulturen; das gilt auch für ihren an die Kabbalah gemahnenden Charakter. (Courlander geht auf die spezielle Eigenart verschiedener, in den Vevers immer wiederkehrender Motive ein. (S.22)).

Der dahomeyische Schlangengott Damballah besitzt ein Pendant in den indianischen Mythen. – Der erste Karibe stammt von einer Schlange ab (S.272); die Orinocos nannten diesen Gott die himmlische Schlange und hatten eine Legende über das kosmische Ei, welches er hegte (S.232). Von den indianischen Stämmen der Anden wurde er mit dem Regenbogen identifiziert (S.200-201); in den mexikanisch-aztekischen Legenden war er die gefiederte Schlange (S.100), die auch als eine doppelte (S.100) oder als eine doppelköpfige Schlange (S.72) dargestellt wurde. – Dies erinnert sehr stark an die vaudouistischen Schlangenabbildungen, in denen die doppelte Schlange für Damballah und Ayida (Damballahs weibliches Gegenstück, deren Symbol der Regenbogen ist) steht und häufig mit der Darstellung eines Eies verbunden wird. Hierbei handelt es sich entweder um eine außergewöhnliche Übereinstimmung zwischen den indianischen und den afrikanischen Kulturen oder aber um einen Hinweis darauf, daß in diesem Fall indianische Elemente in die afrikanische Kultur der Karibik integriert wurden. Besonders bezeichnend ist die Tatsache, daß sowohl Damballah als auch (und sogar noch häufiger) Legba als *Grand Chemin* angeredet werden. Hierin könnte man einen Bezug zum französischen Wort für Straße und Straßenkreuzung sehen. Man kann diesen Begriff aber auch in Verbindung bringen mit dem karibischen Wort *Emin* oder *Chemin*, der indianischen Bezeichnung für den Großen Geist beziehungsweise für den Himmelsgott; dieses Wort bedeutet „allergrößte Wichtigkeit".

Die wesentlichste Parallele weisen die beiden Kulturen hinsichtlich der Ahnenverehrung auf. Folglich handelte es sich hierbei auch um den Bereich, in welchem rituelle Einflüsse am einfachsten integriert werden konnten. Unter den Arawaks und den Kariben herrschte der Glaube daran, daß die Toten in ein bestimmtes Tal ihres Heimatlandes – und zwar in das Gebiet des Stammes der Guiana der Orinoco-Indianer – zurückkehren (S.278) und sich dort auf dem Grund eines Sees niederlassen würden (S.279). Dieser Vorstellung begegnen wir in ähnlicher Form im Vaudou. Dies reicht sogar bis hin zu dem Ausdruck *nan Guinée*, den man ruhig als einen möglichen geographischen Bezug auffassen sollte, insbesondere deshalb, weil die Haitianer zwischen den *loa Dahomey* und den *loa Guinée* unterscheiden. In etwas ungenauer Form beinhalten die indianischen Konzepte auch die Vorstellung von einem Mittelpunkt der Erde, welche man in den Mythen der Indianer der Anden entdeckt hatte (S.180 und S.198). Auf diese Differenzierung zwischen Dahomey und dem Rada-Kult auf der einen, und Guinée, dem Petro-Kult und den Kreolen auf der anderen Seite wird von verschiedenen Autoren hingewiesen. Marcelin erwähnt einen Konflikt zwischen den Kreolen und den Housis canzo (S.33) sowie zwischen den Kreolen, Agaza und Loco (S.42-43). Bei Courlander findet sich ein Verweis auf einen solche Meinungsverschiedenheit zwischen Papa Dahomey und den Kreolen (S.121-122). Und Herskovits bringt die Guinées mit dem Petro-Kult in Verbindung, wobei er letzteren vom Rada-Kult unterscheidet (S.270). Es ist gut möglich, daß der Bezug auf Guinée, der sich teilweise in den Vaudou-Liedern und -Litaneien findet, bisweilen auf den südamerikanischen Kontinent und nicht auf Afrika gerichtet ist, wie gemeinhin angenommen wird. (In der Gegend von Cap-Haitien bezeichnet man sämtliche Rada-Loas als „Guinées"; als ihre ursprüngliche Heimat wird Afrika angegeben – ein mystisches Afrika/Guinea. Die Petro-Geister hingegen nennt man „Loas". Als Oberbegriff für beide Gruppen von Geistern – Rada und Petro zusammengenommen – wird meist der Begriff „Mystères" verwendet. – Anm. d. Ü.). Die obengenannten Zitate sind auch deshalb interessant, weil sie auf eine gewisse Periode der Anpassung hinweisen, die der ersten Begegnung zwischen den Kulturen der Afrikaner und der Indianer folgte. Darüberhinaus nahmen die „Caciques" – das heißt die Priester – der Taino-Indianer eine Sonderstellung ein; sie durften keines natürlichen Todes sterben, sondern wurden erwürgt (S.27). (Dieser Handlungsweise lag die Vorstellung zugrunde, daß ein Priester im vollen Besitz seiner Kraft sterben müsse, wenn diese seinem Volk zuteil werden sollte. Ließe man ihn eines natürlichen Todes sterben, ging das Volk dieser Energie verlustig, da sie sich zu diesem Zeitpunkt bereits verbraucht hat. Die Todesart des Strangulierens deutet darauf hin, daß man verhindern wollte, daß die Seele des Priesters durch seinen Mund entwich. – Anm. d. Ü.) Der Brauch, den König zu töten (der in einer einfachen Kultur häufig zugleich der oberste Priester ist), damit seine Kräfte, die die Kräfte des Stammes widerspiegeln, nie verlorengehen, ist sehr weitverbreitet. Bei den Tainos wurden auf diese Weise die Ahnen im allgemeinen von den heiligen Seelen der verstorbenen Priester abgegrenzt, die eine besondere Stellung einnahmen. Die Knochen der Verstorbenen – insbesondere die der Caciques und die von solchen Leuten, die sich besonders ausgezeichnet hatten – wurden entweder in Körben oder in den obenerwähnten Fetischen aus geflochtener Baumwolle aufbewahrt (S.27). Diese Toten wurden ferner repräsentiert durch *Zemis* – Fetische, die entweder aus Stein oder aus Holz gefertigt waren. In den Werken über den haitianischen Vaudou finden sich wiederholt Verweise darauf, daß derartige symbolische Überreste Verstorbener in Körben aufbewahrt werden. In diesen Zusammenhang passen auch die obengenannten *Paquets*-Congo. Was den Kult des *Zemiismus* angeht, so herrschte er bei den in Haiti lebenden Arawaks und Kariben vor und man benannte den gesamten Kult der Einwohner dieser Gegend nach den *Zemis*. Jeder Cacique beziehungsweise Priester besaß seinen eigenen *Zemi*, den er in einem besonderen Haus aufbewahrte. Die übrigen Angehörigen des Stammes gaben ihrem Zemi einen eigenen Raum in ihren Häusern. Dieser Brauch weist eine exakte Analogie zu den speziellen Hounfors der Hougans und den *Cailles Mystères* der Vaudou-Serviteurs auf. Der Zemi (ein Name, dessen Bedeutung einige Fachleute als „Tier" und andere als eine Abwandlung des Wortes *Guami*, das heißt „Herrscher" interpretieren) wurde aus Holz, Stein oder Wurzeln gefertigt, entsprechend der Vision oder der „göttlichen Begegnung" des Betreffenden. Handelte es sich um einen Zemi aus Stein, so hatte er eine spezielle Eigentümlichkeit: man hatte den Eindruck, er „schwitze" (S.29). Dieses Schwitzen ist ein charakteristisches Merkmal der heiligen Steine des Vaudou (Courlander, S.35); auch diese Steine können verschiedene Loas und Ahnen beherbergen – wohingegen die heiligen Steine in der afrikanischen Tradition ausschließlich mit den Gottheiten des Blitzes in Verbindung stehen (Courlander, S.28).

Der Zemi, den man als das Gefäß der Geister der verstorbenen Ahnen und als einen Vermittler zwischen den lebenden Menschen und den Göttern ansah (womit er dieselbe Funktion erfüllte wie die vaudouistischen Loas) wurde, wie gesagt, häufig auch aus Holz gefertigt, das innen ausgehöhlt war. Diese hölzernen Zemis verband man angeblich mit „Sprachrohren", die aus einem verborgenen Raum nach außen führten. Man wandte sich an den Zemi, den man mit dem Namen des Vaters oder eines anderen verstorbenen Ahnen anredete

(S.22-23), und der Zemi erteilte Ratschläge und verkündete Orakel – dies entspricht genau der Art und Weise, wie man im Vaudou mit den Seelen der Toten im Govi umgeht. (Bei den „Sprachrohren" mag es sich im übrigen um die Erfindung der abwertenden Phantasie der Weißen handeln, denn im heutigen Haiti braucht man keine derart marktschreierischen Methoden.)

Von den wichtigsten Zemis (oder *Cemis*) eines Stammes wird berichtet, sie seien aus zwei oder drei großen schwitzenden Steinen oder aus zwei hölzernen Statuen zusammengesetzt, die in einer Grotte oder Höhle aufbewahrt wurden, zu denen die Indianer einmal jährlich pilgerten. Es handelte sich hierbei um ein göttliches Paar – Regen und Sonne (falls der Zemi aus drei Elementen bestand, erfüllte er gemäß der indianischen Vorstellungen eine dreifache Funktion: er förderte das Wachstum des Getreides, brachte den Regen und erleichterte die Entbindung). Von diesem Paar handelt der Mythos des Zwillingshelden, der in sämtlichen indianischen Kulturen anzutreffen ist. Die Macht, die man diesen Zemis zuschreibt – Fruchtbarkeit, die Herrschaft über den Regen und Erleichterung der Geburt – entspricht exakt der der haitianischen Marassa. Nach den Angaben Herskovits' (S.201) ist der Kult der Zwillinge in Afrika sehr stark vertreten. Der Autor fügt hinzu, daß in Haiti manche „Familien Zwillinge verehren, weil ihnen ein Hougan geweissagt hat, daß ihre unbekannten Vorfahren in 'Guinée' die Zwillinge in ihren Kult einschlossen". Courlander (S.38) definiert die Marassa Creole als gleichgeschlechtliche Zwillinge, die Marassa Guinée hingegen als Zwillinge beiderlei Geschlechts. Wenn man Guinée einmal als repräsentativ für die Kultur der neuen Welt (das heißt als Petro-Kultur) ansieht, würde sich Herkovits' Feststellung auf die neue Welt beziehen. Courlanders Aussagen hingegen bezögen sich entweder auf die neue *und* auf die alte Welt (wenn man Guinée mit Afrika gleichsetzt) oder auf einen Unterschied zwischen der alten Welt der Indianer (in diesem Fall würde Guinée mit Südamerika identifiziert) und der neuen Welt der Antillen. Der Umstand, daß hier eine scharfe Abgrenzung getroffen wird, weist darauf hin, daß in jedem Fall ein Kontakt zwischen zwei unterschiedlichen Traditionen stattfand. Das Wort *Marassa* selbst erinnert an den spanischen Begriff *marass* ("vor langer Zeit") sowie an die aus den indianischen Mythen stammenden Bezeichnungen *Maorocon* ("Vater Himmel") (S.24) und *Marocael* ("Wächter der Höhlen") (S.28). Es ist nicht gelungen, es auf eine afrikanische Wurzel zurückzuführen.

Bei den Indianern der Anden spielen nicht nur Zwillinge eine wichtige Rolle, sondern auch ein Geist, der entweder drei Köpfe hat (S.198) oder der aus drei Personen zusammengesetzt ist, die ein einziges Herz teilen (S.180). Dies entspricht haargenau dem Sinn des „Plat-Marassa-Trois" sowie der Vorstellung, daß Zwillinge eine gemeinsame Seele besitzen (Herskovits, S.204).

Gleich den Marassa gelten auch die indianischen Zwillingshelden als Gottes erste Schöpfung, und es gibt viele Legenden über die Abenteuer dieser göttlichen Wesen. Dem Mythos der Tainos zufolge stammten die beiden ersten indianischen Stämme – die Cacibagiaguas und die Amaiauvas – aus zwei Höhlen auf Hispaniola (Haiti). Ferner gibt es eine Legende von Vierlingen – den vier Caracarols – in der unter anderem berichtet wird, daß es sich bei den beiden ursprünglichen Zemis in Wirklichkeit um Zwillinge handelte. Dies weist Ähnlichkeiten mit dem vaudouistischen Konzept der Marassa auf. Die Anrufung der Marassa richtet sich gleichfalls an die „vier Rassen" (Rigaud, S.17), was zugleich einen Bezug zu den vier Himmelsrichtungen herstellt.

In den indianischen Geschichten über das göttliche Heldenpaar taucht wiederholt das Motiv ihres Ballspiels auf (das Murmel- oder Ballspiel zählt zu den typischen Aktivitäten der Marassa) – ein symbolischer Bezug zu Sonne und Mond (S.173). Immer wieder wird ihre Macht als die Verwandlungen bewirkende Gauner oder Zauberer erwähnt, und es gibt zahllose Geschichten über ihre magischen Streiche. Die Marassa spielen eine vorrangige Rolle für die Arbeit des Magiers.

Bei den Arawaks gibt es eine Geschichte über einen Helden namens Guaguguiana, der zum ersten indianischen Stamm gehörte, der aus den Höhlen Hispaniolas hervorging. Dieser Guaguguiana hatte seinen Zwillingsbruder verloren. In der Trauer über seinen Gefährten beschloß er, die Höhle zu verlassen, wobei er aber gleichzeitig auch die Frauen und Kinder herausließ. Er ließ die Frauen auf der Insel Matenino (möglicherweise die Quelle der spanischen Legende der karibischen Amazonas-Indianer) und die Kinder am Ufer eines Baches oder eines Ozeans zurück. Die Kinder hatten großen Hunger und schrien nach Milch: „Toa, Toa!". Sie wurden in kleine zwergenähnliche Wesen verwandelt (S.310-332), die man *Tona*s nannte. Im haitianischen Vaudou gibt es zumindest ein Lied für Agwé Woyo, in dem er als „Toni Agwé" angeredet wird (Riguad, S.15). Der Umstand, daß dieser Name tatsächlich eher spanisch als französisch klingt (Woyo wird manchmal auch als *arroyo* gesprochen, das im Spanischen „furchtlos", „werfen, schleudern" oder „brennen" (*arrojar*) bedeutet), weist eventuell auf eine Beziehung zur spanisch-indianischen Periode in der Entwicklungsgeschichte des Vaudou hin. Im Mythos der mexikanischen Indianer existiert eine vergleichbare Verwandtschaft zwischen Kindern und Zwergen, die als Regenbringer angesehen werden (S.72). Das Konzept der Zwerge wird auf Buckelige ausgedehnt, die zumindest in einem Fall (S.81) bei der Gestaltung des ersten Menschenpaares mithalfen. Eine wichtige Gestalt des Vaudou-Pantheons ist ein buckeliger Loa – Bossu; mehrere andere Gottheiten werden als Zwerge angesehen – allen voran Alovi, der dafür bekannt ist, daß er gerne Streiche spielt, so wie auch die göttlichen Zwillinge.

Die mit den Marassa verbundenen Vorstellungen gleichen in so vieler Hinsicht exakt den indianischen Konzepten der Beziehung von Zwillingen zum Regen, zur Fruchtbarkeit, zum Getreide, zur Magie und zum Ursprung der menschlichen Rasse, daß man diese Übereinstimmungen nicht für zufällig halten kann. Die Herkunft Azaccas, des vaudouistischen Ackerbaugottes (sowie auch die solcher Götter, die mit ihm in Verbindung stehen, wie zum Beispiel Aza), konnte nie hinreichend nach Afrika zurückverfolgt werden. Man zählt ihn zur Gruppe der Juba-Gottheiten (von der Insel Martinique), die man nicht zu den ursprünglich aus Afrika stammenden Göttern rechnet. Eventuell ist sein Name von dem indianischen Wort für Getreide – *Zara* – abgeleitet, oder auch von damit verwandten Begriffen wie zum Beispiel *Azada* oder *Azadon*, die sich auf das Hacken und Graben beziehen, oder von einem Wort, in welchem das Element *Maza* enthalten ist, aus dem sich auch das amerikanische Wort „maize" (Mais) entwickelt hat. In diesem Fall würde es sich um eine indianisch-spanische Bezeichnung aus dem Bereich des Ackerbaues handeln, wie man es aufgrund der Geschichte des haitianischen Feldbaues auch erwarten kann. Die Integration indianischer Fruchtbarkeitsriten in den Vaudou kommt indes am deutlichsten im Petro-Kult zum Vorschein, wie wir gleich sehen werden.

Der indianische Kult des Zemiismus steht nicht nur mit den Marassa in Verbindung, sondern sogar mit noch größerer Sicherheit mit den Zeremonien der Guèdés, mit Baron Samedi, dem Schutzgott der Toten und des Friedhofs, sowie mit dem Zombie, dem seelenlosen Toten. Sehr häufig wird Guèdé vollkommen mit Baron Samedi identifiziert; manchmal scheint es einen unbedeutenden Unterschied zwischen beiden zu geben. Herskovits hingegen nimmt eine grundsätzliche Trennung der beiden Gestalten vor. Er behauptet, daß Guèdé gerecht sei und selbst dann nicht in das Begräbnis eines Menschen einwilligen würde, wenn Baron Samedi dies von ihm wünsche (S.247). Trotzdem weist der Autor an anderer Stelle darauf hin, daß die Rada-Götter eine Zeremonie verlassen würden, sobald Guèdé erscheint (was wiederum nicht den Erfahrungen anderer Autoren entspricht). Er bemerkt ferner, daß es eine ganze Reihe von Namen gäbe, bei denen es sich um Zusammensetzungen mit „Guèdé" handle, so daß sich die Frage erhebe, ob diese Bezeichnung nicht ein Gattungsbegriff sei. „Alle Loas, die den gleichen Namen tragen," schreibt Herskovits (S.318), „wie zum Beispiel die Ogouns, die Bossus oder die Simbis, sind Brüder. Es ist jedoch nicht bekannt, wer die Eltern dieser Familien sind." Der Autor stellt die Hypthese auf, der Name „Guèdé" könne von „Gedeonsu" stammen, dem Namen eines dahomeyischen Totems (S.267). Allerdings geht er weder auf die Bedeutung dieses Totems ein noch weist er auf eine spezielle Verbindung des Totems mit den Verstorbenen hin. Sicherlich läßt sich jedoch die vorrangige Position, die Guèdé in vielen Gebieten als Herr der Toten einnimmt, nicht auf ein einfaches Totem zurückführen. Einen weiteren Hinweis auf eine afrikanische Herkunft Guèdés stellt der Kult von Tod und Wiederauferstehung dar, wie er von einer Geheimgesellschaft am unteren Congo praktiziert wird, die den Namen Ndembo trägt (Frazer, S.697) – denn Guèdé wird häufig Guèdé Nimbo genannt. Möglicherweise wurden die dahomeyischen und die Congo-Guèdés zu einer einzigen Familie verschmolzen, die ihre vorrangige Stellung Baron Samedi zu verdanken haben, der als ihr Oberhaupt gilt.

In Hinsicht auf alle übrigen Elemente hingegen hat man Guèdé und seinen Kult als nicht zum afrikanischen Vaudou gehörig eingestuft. Zum Teil (Herskovits, S.318) wird Guèdé noch nicht einmal als ein Loa im afrikanischen Sinne betrachtet, sondern als ein böser Geist. Bei Zeremonien scheint er grundsätzlich eine von den übrigen Loas getrennte Stellung einzunehmen. In gleicher Weise wird auch der Zombiismus nicht als ein Element des Vaudou angesehen (Courlander, S.88). Auf der anderen Seite gibt es bei den Arawaks zahlreiche Vorstellungen im Zusammenhang mit den Zemis, die exakt mit denen vom Zombie übereinstimmen. Die Verwandtschaft der beiden Begriffe ist ebenso offensichtlich wie die der Bezeichnungen „Zemi" und „Samedi". Es ist ebenso interessant wie bedeutsam, daß das alte spanisch-amerikanische Wort für Mischlinge, die aus der Verbindung zwischen Indianern und Mulatten hervorgingen, *Zambo* lautete. Dieses Wort ist mit dem Begriff *Zambobo* verwandt, was „bäuerlicher Clown" bedeutet, und möglicherweise mit der populären Figur Sambo der schwarzen Amerikaner in Verbindung steht. Beim *Zambpalo* hingegen – das heißt „alter indianischer Tanz" – handelt es sich zweifellos um den Vater des heutigen Samba. Falls es eine linguistische Verbindung zwischen den Begriffen Zemi und *guamiare* gibt, könnte das Wort Guèdé diesem Kontext zuzuordnen sein. Möglicherweise ist es aber auch verwandt mit *Giadru-vava* (*vava* ist ein in der Sprache der Arawaks allgemein gebräuchliches Suffix; man hört es heute noch im Rahmen der Vaudou-Litaneien in Form des Wortes *vavou*), dem toten Zwillingsbruder des obengenannten Gauner-Gottes Guaguguiana, der die Frauen und Kinder aus der Höhle führte. Guaguguiana trauerte um Giadruvava und wurde in einen Vogel verwandelt, der nachts sang. Ein sehr bekannter Loa trägt den Namen *Novavou* (Maximilien, S.101, und Rigaud, Anhang A dieses Buches). Die Zeile in Langage „aima sa foula", die in einem Lied für Guèdé vorkommt, erinnert an das indianische *Ken aima*. Baron la Croix – auch Baron Cimitère genannt – der Bruder Guèdés und Baron Samedis (in der Gegend um Cap-Haitien sind Baron Samedi, Baron la Croix und Baron Cimitère ein und dieselbe Person; Anm. d. Üb.), ist auch unter dem Namen Azagon la Croix bekannt; wobei *Azadon* beziehungsweise *Azagon* das spanische Wort für Spaten und Grabwerkzeug ist.

Es wird berichtet, daß die Praxis, Zemis – die Seelen von Menschen – zu stehlen, unter den Indianern bekannt war (S.22). Nach dieser Methode wird gemäß dem

Glauben der Haitianer aus einem Menschen ein Zombie gemacht (Courlander, S.26-27; Metraux, S.86-87). Zudem besaßen die Seelen von Indianern, die entflohen oder gestohlen worden waren, keinen Nabel. Das Fehlen des Nabels, als das Symbol des Lebens, weist darauf hin, daß man einen Toten vor sich hat. Durch den Nabel setzt der haitianische Hougan nach dem Eintritt des Todes den Gros-bon-ange und den Maît-tête frei. Die lebenden Toten der Indianer konnte man außerdem daran erkennen, daß in ihren Pupillen keine Reflexion zu sehen war. In Haiti trägt Guèdé eine Sonnenbrille. Der Test zum Nachweis, daß es sich tatsächlich um die Manifestation Guèdés handelt, besteht darin, der besessenen Person eine beißend scharfe Flüssigkeit in die Augen zu schütten – nur wenn sie diesem Test standhält, ohne mit der Wimper zu zucken, handelt es sich wirklich um den Totengott. Eventuell besteht eine Verwandtschaft zwischen der Sonnenbrille Guèdés und dem Faktum, daß der aztekische Gott der Unterwelt blind ist, zugleich aber alles sieht (S.62). Von den lebenden Toten der karibischen Indianer wird berichtet, daß sie nachts umherwandeln und eine spezielle Vorliebe für Tabak besitzen. Eine Zigarre oder Zigarette gehört auch zur Grundausstattung Guèdés. Darüberhinaus wird durch die indianischen Ausdrücke *Mazacca* und *Azadon* eine Verbindung zwischen Guèdé und Grabwerkzeugen hergestellt. Die Kariben besaßen einen speziellen Ausdruck, mit dem sie eine bestimmte Gattung todbringender Kräfte bezeichneten: *Kenaima*. Hierbei könnte es sich eventuell um den Ursprung des Vaudou-Wortes *Khensou* handeln. Der Ausdruck Kenaima entsprach dem auf dem Kontinent verwendeten Namen des uranfänglichen großen Schlangengottes *Maboya*. Die Silbe *Ma* bedeutet „groß", und *boii* „Schlangen"; wobei boii außerdem die Bezeichnung für die Priester der Insulaner ist. Der Bedeutungsumfang dieses Begriffs (der mit dem Zemiismus in Zusammenhang steht), der vom uranfänglichen Schöpfergott bis hin zur Ausübung übelwollender Magie (wie zum Beispiel das Verwandeln von Menschen in Zombies) reicht, entspricht genau dem Konzept der Gestalt Guèdés im haitianischen Vaudou. Ferner existieren Aufzeichnungen über ein Ritual der Ucatan-Indianer, das als *Em-ku* oder *Renascor* (im Spanischen bedeutet *renazco* „ich bin wiedergeboren") bezeichnet wird; dieses Ritual steht mit der Wiederauferstehung in Verbindung. Das Wort *Ronsor* taucht wiederholt in den Vaudou-Litaneien auf, und zwar sowohl in Zusammenhang mit Agwé (dem Gefährten Guèdés) als auch mit Guèdé selbst.

Diese sprachlichen Ähnlichkeiten sind kaum weiter hergeholt als viele der afrikanischen „Quellen", die von den Experten entdeckt wurden. Die von mir gefundenen Analogien sind nicht als philologisch definitiv aufzufassen, sondern sollen vielmehr als Schlüssel zu Übereinstimmungen gewisser Konzepte und des Klanges bestimmter Wörter in den indianischen Kulturen und dem Vaudou dienen. Da die Ureinwohner der karibischen Inseln ausgerottet waren, bevor irgendwelche präzisen Aufzeichnungen über ihr religiöses und sprachliches Erbe gemacht werden konnten, gibt es wenig Material, auf welches man sich stützen kann. Dies vermindert indes nicht die Wahrscheinlichkeit eines indianischen Einflusses auf den Vaudou. Die hier geschilderten indianischen Mythen und Riten stehen mit Sicherheit in engerer Beziehung zu gewissen Aspekten des Vaudou-Kultes als irgendeines der afrikanischen Elemente, die von den Experten bislang als Ursprung dieser Aspekte angegeben worden sind.

Zu den typischen Merkmalen Guèdés gehört unter anderem seine besondere Vorliebe für Cassaves, ein indianisches Brot. Gemäß der Schöpfungsgeschichte der Arawaks aßen die vier Caracarols Fisch aus einer Kalabasse und stießen sie dabei um. Als Folge davon wurde das Land überschwemmt und das Meer entstand. Da die vier Brüder hungrig waren, bettelte einer von ihnen um Cassaves. Man weigerte sich, ihm Brot zu geben und schlug ihm mit einem Bündel Tabakblätter auf die Schulter. Die Schulter schwoll an, und als sie schließlich aufbrach, kroch daraus eine lebendige weibliche Schildkröte hervor. Mit dieser Schildkröte paarten sich die Brüder und sie wurde trächtig. Aus dem hermaphroditischen Bruder, der um das Cassave gebettelt hatte und zur Mutter der Schildkröte geworden war, wurde offenbar der Gott der Unterwelt der haitianischen Arawaks (S.29) – eine Gestalt, die dem vaudouistische Guèdé entspricht. In einem Lied für Guèdé findet sich die Zeile „o la bel caraco" – ein offensichtlicher Bezug zu den Caracarol-Brüdern.

Eine dritte – und zugleich vielleicht die wichtigste – Verbindung zwischen indianischen und afrikanischen Elementen des heutigen Vaudou findet sich im Zusammenhang mit den Petro-Göttern. Die Experten vertreten übereinstimmend die Ansicht, der Vater der Petro-Gottheiten – Dan oder Dom Petro – sei ein Produkt der neuen Welt. Eventuell steht *Dan* jedoch nicht für die spanische Anrede Don, sondern es handelt sich hierbei um das afrikanische Wort *Dan*, welches „Schlange" bedeutet (die Schlange wurde sowohl in Amerika als auch in Afrika als die erste Gottheit verehrt), während die Bezeichnung *Petro* von dem spanischen Wort *petreo* herstammen könnte. Der Umstand, daß sich Ti-Jean Petro, der Sohn Dan Petros, dadurch auszeichnet, daß er nur einen oder überhaupt keinen Fuß besitzt, aber bekannt dafür ist, daß er Bäume erklettert, würde die Verbindung zu jener Schlangengottheit bestätigen. Dan Petro selbst erscheint gewöhnlich in Tiergestalt, und sein Sohn Ti-Jean ist offensichtlich eine Schlange (Herskovits, S.191; Courlander, S.45 und S.133).

Bei den nigerianischen Yorubas war es üblich, den König – bevor man ihn vor dem völligen Verlust seiner Lebensenergie tötete – vom Zeitpunkt seines Todes zu informieren, indem man ihm den Fuß seines Sohnes schickte (Frazer, S.274). Hierin könnte man einen gewissen Bezug zu dem einfüßigen Sohn Dan Petros sehen. Aber auch der blinde aztekische Gott der Unterwelt, Tezcatlipuca Iztli, die Schutzgottheit der Kreuzungen und der Zauberer, hatte einen Beinstumpf. Sein Fuß wurde häufig durch einen Spiegel ersetzt (vielleicht zum Wahrsagen?) und er wurde auch mit einem rauchgeschwärzten Spiegel in Zusammenhang gebracht, in dem sich der Mond ähnlich einer ausgebrannten Sonne widerspiegelte. Die mit Guèdé verbundenen magischen Riten werden zu Neumond vollzogen. Die Vorstellung eines lahmen Gottes oder eines verkrüppelten Königs, einer lahmen Ziege oder eines anderen lahmen menschlichen oder tierischen Lebewesens ist in der ganzen Welt verbreitet. (Robert Graves hat sich in seinen Werken *The White Goddess* und *King Jesus* intensiv mit dieser Idee auseinandergesetzt.) Frazer bringt dieses Konzept mit der Vorstellung gemähten Getreides in Zusammenhang (Frazer, S.455). Der Petro-Kult und seine Riten sind sehr stark sowohl mit dem Ackerbau als auch mit der Magie verbunden.

Der Loa Congo Zandor ist als ein Menschenfresser bekannt, der seine Opfer in einem Mörser zerreibt, als handle es sich um Mais (Courlander, S.43). Aber während es sich beim Menschenopfer für eine Getreidegottheit um eine weltweit verbreitete Praktik handelt, taucht das Bild eines Menschenopfers, das zu Tode gemahlen wird, speziell in der mexikanischen Zeremonie des „Zusammentreffens der Steine" auf, bei welcher man zwei sorgsam ausbalancierte Steine über dem Opfer zusammenschlagen ließ, die es zermahlten (Frazer, S.444). Es ist leicht möglich, daß die Kariben, die selbst blutige Opfer darbrachten, dieses Konzept bei ihren Kontakten mit den mittelamerikanischen Indianern übernahmen. Der Congo Mazonne (dessen Name offensichtlich eine Kombination aus afrikanischen und indianischen Wörtern ist) gilt als ein Tanz für Congo Zandor (den man auch Congo Savanne nennt) und ist nicht nur in Haiti, sondern in der gesamten karibischen Inselwelt bekannt – vielleicht deswegen, weil er sich aus einem indianischen Maistanz entwickelt hat (Courlander, S.157). Für den Namen *Zandor* kommen viele verschiedene Quellen in Frage. Er könnte vom spanischen *sangrar* abstammen, was „bluten, bluten lassen" bedeutet, oder von *mazonear* (ein veraltetes Wort, das heute durch *apisonar* ersetzt ist), was „stoßen, stampfen, zerstampfen" heißt. *Savanne*, der andere Name Zandors, läßt nicht nur die Vermutung der Bedeutung „Ebene" zu, sondern erinnert auch an das spanische Wort *Savia* – das heißt „Saft" – und in diesem Zusammenhang an Blut.

Indes liegen die erstaunlichen Analogien weniger in möglichen Übereinstimmungen von Wörtern, als vielmehr im Grundtenor und in zahlreichen Einzelelementen des Petro-Kultes. Der charakteristische Beiname der Petro-Gottheiten lautet „Ge-Rouge", das heißt „rote Augen". Von den Kariben wird berichtet (S.37), daß sie sich mit seltsamen Mustern bemalten und besonders ihre Augen und Augenbrauen färbten, um ihnen ein furchterregendes Aussehen zu verleihen. Ein Erkennungsmerkmal der karibischen Frauen bestand darin, daß sie Fußriemen trugen, die sie unmittelbar unterhalb des Knies befestigten. Die Petro-Götter binden sich einen Riemen oder ein Kopftuch um genau dieselbe Stelle des Beins sowie um den Oberarm. Die Kariben waren, wie gesagt, Kannibalen und ihre Fruchtbarkeitsriten waren außerordentlich grausam und blutig. Ihre Verwandten, die Orinocos, streuten sich Paprika in ihre Augen, um gefährliche Geister zu besänftigen (S.268).

Bei den Mexikanern war es üblich, der Getreidegottheit Zipe Totec – „unser Herr, dem man die Haut abgezogen hat" – ein Menschenopfer darzubringen. Er stand für die Erneuerung des Pflanzenwachstums und wurde durch eine Bekleidung aus menschlicher Haut, die dem gefangenen Opfer abgezogen wurde, repräsentiert. Sein Hauptfest fand im Frühling statt, wenn das erste Grün zu sprießen begann, und in den Liedern für ihn finden sich Bezüge auf das Häuten einer Schlange. Bei Petro-Zeremonien tragen die Frauen ein Kleid, das sie vorne offen lassen, über einem weiteren Kleidungsstück, so daß der Eindruck ensteht, sie seien mit einer zweiten Haut bekleidet. Zudem nennt man die Tänze für die Petro-Götter Quitta sèche; *quita* bedeutet im Spanischen „ausgezogen" und besitzt dieselbe Wurzel wie das französische Wort *quitter*, was die Bedeutung „aufgeben, hinausschlüpfen, ablegen, ausziehen, verzichten" trägt. Die charakteristischen Bezeichnungen der Petro-Loas – Bras Chêche und Pied Chêche – weisen in gleicher Weise auf den französischen Begriff *sec* beziehungsweise *sèche*, das heißt „trocken", hin und lassen Assoziationen mit Knochen, trockener Haut und den trockenen Getreidegarben zu, was möglicherweise auf einen Bezug zu einem Opferritual hindeutet.

Den Tisch, auf den im Rahmen einer Petro-Zeremonie die Opfergaben gelegt werden, nennt man *Bila*. In diesem Zusammenhang berichtet Maximilien von einem gewissen Jerome oder Poteau (in der Sprache der Azteken *Pou-sto*, die fünfte Himmelsrichtung, das heißt der Mittelpunkt der Welt), welcher mit Hilfe eines Schwarzen einige merkwürdige Praktiken in den Kult einführte. Es wird zwar behauptet, diese Bräuche seien europäischen Ursprungs; aber in der Beschreibung Maximiliens ist die Rede von kleinen Steinen namens *Maman bila*, die den Schwarzen verkauft wurden. Hierbei kann es sich durchaus um die französische Umschrift des Namens der großen karibischen Schlangengottheit *Mapoia* beziehungsweise *Maboya* handeln, oder aber um die französische Schreibweise für *Mayomba* – die Bezeichnung eines Stockes, der auf magische Weise jeden anderen Stock schlagen konnte. Es wurde bereits darauf hingewiesen, daß das Wort *Maboya* in die Bestandteile *Boya* beziehungsweise *Boii* – die karibische Bezeichnung für „Schlangen" oder „Priester" – und *Ma*, das heißt „groß", zerfällt. Der in den Petro-Zeremonien verwendete Tisch namens *Bila* ähnelt den Tischen, auf denen die von den Tainos verehrten Zemis plaziert waren: „ein hübscher, runder Tisch, der wie ein festliches Gedeck aussah" (S.22).

Das größte Ritual veranstalteten die haitianischen Indianer zu Ehren ihrer Erdgöttin, die mehrere Tierköpfe hatte und von Zwillingstiergeistern begleitet wurde. Im heutigen Haiti sind die *Bakas* menschenfressende Tiere und besitzen die roten Augen der Petro-Gottheiten. Wir wissen nicht, wie die Indianer die Geister nannten, die die Erdgöttin begleiteten, aber in Yucatan waren die *Bacab* die Götter der vier Erdteile, die Schutzgottheiten der Erde und der Gewässer; im Rahmen des Rituals wurden sie durch Wasserkrüge repräsentiert, welche Tier- oder Menschenköpfe hatten (S.137, S.143-144 und S.154). Einen Zauberer bezeichnet man heutzutage in Haiti als Bocor. Bei der Eule, die als Repräsentantin Marinettes, Brisés und anderer Petro-Gottheiten bekannt ist, handelt es sich um eine weitere wichtige Figur der indianischen Mythen; besonders bei den Orinocos galt sie als unheilbringender Vogel (S.139; S.170, S.265 und S.274).

Der große Schutzgott der Magier im heutigen Vaudou aber ist Simbi, von dem man sagt, er stehe mit einem Bein im Rada- und mit dem anderen im Petro-Kult. Im Zusammenhang mit den Petro-Riten identifiziert man ihn mit Congo Zandor; er wird dargestellt als eine Schlange, steht in Verbindung mit Quitta und hat eine Eule als vertraute Freundin. Als eine Gottheit des Kreuzweges wird er mit Carrefour identifiziert (dem Petro-Pendant Legbas). Unter ihrem gemeinsamen Schutz werden Talismane und Seelen-Paquets angefertigt. Simbi ist der Patron des Regens und des Trinkwassers und erfüllt als solcher die Funktion Damballahs. Es ist tatsächlich schwierig, ihn den dahomeyischen Loas beizuordnen, ohne daß sich seine Domäne mit den Tätigkeitsbereichen der ersteren überschneidet. Zudem ist er an sich kein übelwollender Geist, sondern einer, der mit Magie in Verbindung steht. Man hat versucht, seine Wurzeln zum Stamm der Sambas zurückzuverfolgen, der ganz im Inneren Afrikas lebt. Würde er aber tatsächlich von diesem abstammen, wäre er der einzige Vertreter dieses Stammes in Haiti, und dies würde kaum seine vorrangige Position erklären – denn Simbi gehört zu den bedeutendsten Göttern des Vaudou. Herskovits vermerkt am Rande, daß Simbi ein Congo-Loa sei; aus seinen Ausführungen geht jedoch nicht hervor, ob er sich auf einen Ursprung Simbis im afrikanischen Stamm der Congos oder aber auf die Congo-Nation der neuen Welt bezieht (S.268). Am folgerichtigsten wäre die Annahme, daß es sich bei Simbi um eine Erweiterung der afrikanischen Tradition in der neuen Welt handelt, entstanden unter dem Einfluß der entflohenen Sklaven, die in den Hügeln Haitis zusammentrafen, wo der indianische Zemi-Kult eine dominante Stellung einnahm.

Alles in allem läßt sich sagen, daß sich bereits beim ersten Hinsehen genügend Parallelen zeigen, die die Hypothese eines starken indianischen Einflusses auf den Petro-Kult stützt. Zudem lassen sich viele der Elemente des heutigen Vaudou weit schlüssiger auf dieser Basis erklären als durch einen Bezug zu Afrika.

ANMERKUNGEN

(In den folgenden Fußnoten wird bei häufig zitierten Werken lediglich der Name des Autors angegeben; der zugehörige Titel ist in der Bibliographie verzeichnet. Ist bei einer Quellenangabe allein der Name Rigaud angegeben, stammt dieses Zitat aus dem Werk Odette Mennesson Rigauds; die Angabe Rigaud-Denis bezieht sich auf ihr gemeinsames Werk „Ceremonie En l'Honneur de Marinette".)

I. KAPITEL

1 Die Bedeutung dieses anonymen Erbes kommt besonders gut zum Ausdruck in einer Zeremonie, die Rigaud beschrieben hat. In diesem Fall schlossen die Anrufungen der Toten nicht nur sämtliche verstorbenen Verwandten der betreffenden Frau ein (S.15), sondern enthielten im Zusammenhang mit einer speziellen rituellen Handlung zudem den folgenden Satz: „All denjenigen, die ich kenne, und allen, die ich nicht kenne, allen Verstorbenen meiner Familie und allen Toten, die nicht zu meiner Familie gehören – alle versorge ich mit Nahrung" (S.53).

2 Simpson (I) hat Totenrituale für Personen mit den unterschiedlichsten Fähigkeiten beschrieben, wobei die Zeremonie für einen Hougan selbstverständlich am sorgfältigsten ausgearbeitet war. In einem anderen Zusammenhang schreibt Simpson:
„Ich bin sicher, daß sich die Toten zu *Loas* entwickeln, und daß im allgemeinen diejenigen, die zu diesem Rang aufsteigen, in ihrem Leben bedeutende, mächtige Hougans waren". – Weiterhin schreibt er: „Vielleicht gibt der Umstand den Ausschlag, daß ein *Serviteur* aus welchen Gründen auch immer einen so starken Eindruck auf seine Verwandten oder Anhänger gemacht hat, daß sie dachten, der Betreffende werde sicher einen höheren Rang erreichen als die gewöhnlichen Toten und einen Platz unter den wichtigen Persönlichkeiten jener Welt einnehmen, die die Lebenden nur bruchstückhaft kennen" (II, S.47). Auch die Riten des stufenweisen „Abbaues", die dem Begräbnis vorausgehen, bringt Simpson mit den speziellen Talenten oder Fertigkeiten des Verstorbenen in Zusammenhang (I). (Die meisten anderen Beobachter von Vaudou-Zeremonien haben sich vorwiegend mit den Totenritualen beschäftigt, die sich mit der Seele und dem Maît-tête – der besonderen Schutzgottheit des Verstorbenen befassen.) Solche speziellen Talente bestimmen den späteren Charakter des Loas, zu dem sich der Ahne eventuell entwickelt. Courlander (S.238) hat außerdem beobachtet, daß „jeder 'große' Mensch zu einem (Loa) werden kann, wenn seine Nachkommen daran denken, ihn zu einem zu machen."

3 Courlander merkt an (S.27), daß die Art der Macht derjenigen Loas, die sich erst vor kurzer Zeit entwickelt haben, einen komplexeren Charakter besitzt als die der alten Mystères, deren Funktionsbereich enger begrenzt war. Er sagt auch, daß die modernen Loas den Eindruck von „Karikaturen spezieller Fertigkeiten" machen. Diese Beobachtung würde die Richtigkeit dieser Beschreibung des Prozesses untermauern. Die „modernen" Geister behalten in ihrem Wesen die Vielfalt der menschlichen Persönlichkeit bei, während die alten Loas den Prozeß der „Sublimierung" zu einem Archetyp durchlaufen.

4 Der Loa im Govi wird häufig angerufen, insbesondere von Hougans und Mambos, die auf diese Weise Beratung für ihre Arbeit suchen. Die Beschaffenheit der Stimme, die aus einem solchen Govi ertönt, ist wirklich beeindruckend. Sowohl bei Maximilien (S.163) als auch bei Courlander (S.113) finden sich Bemerkungen zu diesem Punkt; letzterer zitiert ein Lied, in welchem dieses Ritual erwähnt wird.

5 Maximilien behauptet, daß aus einer Seele bereits dadurch ein Loa werde, daß man sie in einen Govi gebe (S.175). Dessenungeachtet besteht der Unterschied zwischen der Seele eines anonymen Toten und einem Loa darin, daß nur letzterer Besitz von einer Person ergreifen kann.

Diese Aussage über die Bedingungen der Entwicklung eines Mystères wird sowohl von Courlander (S.14-15 und S.237) als auch Herskovits bestätigt.

6 Courlander (S.14-15) und Herskovits haben die Vorstellung betont, daß nur diejenigen, die von Loas besessen waren, sich selbst zu Loas entwickeln könnten. Diese Annahme einer exklusiven Voraussetzung ist hinfällig, denn die Geister werden automatisch von einer Generation zur nächsten weitervererbt und man findet selten einen Serviteur, dessen Loas sich nicht manifestieren, es sei denn, er habe sie formal fortgeschickt.

7 Dessalines und andere Helden der haitianischen Geschichte werden zwar in manchen Anrufungen erwähnt; aber man ruft sie als Geister Verstorbener an; es existieren keinerlei Berichte darüber, daß diese historischen Gestalten jemals als Loas von jemandem Besitz ergriffen hätten. Rigaud führt den Fall einer Madame Mariline an, die von einer individuellen Gottheit – einem gewissen Hauptmann Deba – besessen wurde. Metraux schreibt in seiner Einleitung zu Rigauds Artikel (S.5), daß es sich bei diesem Hauptmann Deba um einen früheren Liebhaber Marilines handle, der sie vor langer Zeit verlassen hatte und aus Haiti fortgegangen war. Mariline hingegen behauptete, keinen Hauptmann Deba gekannt, sondern diesen Loa von ihrem Vater geerbt zu haben.

8 Gemäß Rigaud wird in diesem Lied als nächstes Damballah Gienon genannt (S.25). Marcelin hingegen führt anstelle der Nennung Damballahs als folgende Zeile an: „Ayizan, so alt, so alt"; die nächste Strophe lautet nach seinen Angaben: „Großmutter Ayizan, begrüße Legba! Dies ist der Moment, in dem das Silber Felsen zerbricht! Wir fragen dich: wer bist du? Sei gegrüßt, Legba!" – Marcelin übersetzt das Wort „argent" (Silber) als „Geld" (im Französischen bedeutet „argent" sowohl „Silber" als auch „Geld"; Anm. d. Ü.); dies wäre jedoch ein höchst ungewöhnlicher Bezug in einem Lied für die Loas; da unmittelbar nach jenem „argent" der Spiegel erwähnt wird, liegt es immerhin im Bereich des Möglichen, daß sich dieser Begriff auf die silberne Fläche eines Spiegels bezieht (S.29).

9 Marcelin, S.42 und S.128.

10 Rigaud, S.18.

11 Auch bei Herskovits sind diese spiegelbildlichen Bewegungen erwähnt (S.183).

12 Auch Courlander (S.26-27) gibt an, daß die Toten auf die „Zilet en bas l'eau" (die Insel unter dem Wasser) gelangen. Er zitiert in diesem Zusammenhang ein Lied, in dem von Grand Bois als dem Herrn dieser Insel gesprochen wird (S.137), und ein weiteres, das von einem Hougan handelt, der sich gerade auf seine Reise dorthin vorbereitet (S.110). Der Autor erwähnt ferner, daß die Haitianer daran glauben, wenn jemand diese „Tiere des Meeres" – das heißt die Seetiere oder Insekten – sähe, bedeute dies seinen Tod (S.27).

13 Diese Gesten wurden häufig falsch interpretiert, nämlich als Zeichen der Ehrerbietung, die die Haitianer der Erde selbst entgegenbringen – das heißt im Sinne eines „Mutter Erde"-Konzepts.

14 Maximilien, S.155.

15 Courlander kam ebenfalls zu dem Ergebnis, daß das diesbezügliche Konzept der Funktion des Mittelpfostens mit dem der Rolle der Bäume übereinstimmt (S.129).

16 Eine ausführliche, klar verständliche Darstellung der Kreuzigung als ein Zusammentreffen von Gegensätzen findet sich bei Campbell (S.260).

17 Courlander, S.41.

18 Herskovits, S.203-204.

19 Rigaud, S.56. – Die Alterslosigkeit der Marassa läßt sich nur dahingehend erklären, daß sie von Anfang an göttliche Wesen waren (im Gegensatz zu den Loas, die sich aus menschlichen Seelen entwickeln, welche nach dem Tod der Person zu göttlichem Rang aufsteigen) und daher nicht den Gesetzen der stofflichen Welt unterworfen sind. Zudem überbrücken sie als Zwillinge die Kluft zwischen menschlicher und göttlicher Welt und behalten somit ihre halb menschliche, halb göttliche Wesensart. Wären sie dagegen den Prozessen des Alterns und des Sterbens unterworfen, würden sie ausschließlich der Welt der Invisibles angehören und auf diese Weise zu Loas wie alle anderen Mystères werden. Dadurch würden sie ihre spezielle Stellung als göttliche Zwillinge einbüßen. Beim Altern scheint es sich um einen Vorgang zu handeln, der dann eintritt, wenn der stoffliche Körper unter normalen Lebensbedingungen von seinem metaphysischen Selbst getrennt wird.

20 Herskovits (S.200) hebt die enge Beziehung zwischen den Marassa und den Toten besonders hervor und beschreibt das rituelle Speiseopfer der Marassa.

21 Genaugenommen werden die Marassa nicht als Loas betrachtet, sondern in eine für sich stehende göttliche Kategorie eingeordnet. Der hier zitierte Satz stammt aus einem Ritual, das Rigaud beschrieben hat (S.17). Herskovits (S.199) schildert seine Bemühungen, festzulegen, wer innerhalb dieser Dreiergruppe die wichtigste Stellung innehat – die Marassa, die Toten oder die Loas; er erhielt Antworten, die auf den ersten Blick außerordentlich widersprüchlich schienen. Wenn man diese drei jedoch als eine Dreieinigkeit – das heißt, als drei Aspekte eines Gesamtkomplexes – sieht, verschwindet der augenscheinliche Widerspruch zwischen den verschiedenen Antworten. Der Umstand, daß auf Herskovits' Frage unterschiedliche Antworten möglich waren, stellt einen Beweis dafür dar, daß es sich bei den Marassa, den Toten und den Loas um drei verschiedene Aspekte ein und derselben Sache handelt, und daß man daher keine unterschiedliche Gewichtung hinsichtlich ihrer Bedeutung vornehmen kann. Einige der von ihm zitierten Antworten belegen hinreichend die Verbindung zwischen den dreien: „Zwillinge, die schon eine lange Zeit tot sind, werden zu Loas"; „Die göttlichen Zwillinge sind mächtiger als die Heiligen (die Loas)"; „Die göttlichen Zwillinge sind die Mutter der Heiligen (der Loas)"; „Jedermann dient den Toten, (daher) sind die Toten am mächtigsten." – Herskovits führt darüberhinaus an, daß gemäß dem Glauben der Westafrikaner die göttlichen Zwillinge mit den Toten dadurch verbunden waren, daß beide „aus dem Schoß einer Frau kamen" (S.200).

22 Auch Herskovits erwähnt den Glauben, daß Zwillinge eine gemeinsame Seele besitzen (S.204). Die haitianische Vorstellung von den Marassa ist mit dem Konzept der Zwillingshelden des Mythos der Navahos vergleichbar. Hier werden die Zwillinge bisweilen als ein Held und sein Spiegelbild im Wasser dargestellt. Diesem Zauberer, den das Spiegelbild zeigt, entspricht in der haitianischen Vorstellung die Seele. Dies stimmt mit dem haitianischen Konzept überein, daß sich die Welt der Invisibles auf der anderen Seite des Spiegels befindet. Campbell weist darauf hin, daß man von den göttlichen Zwillinge bezeichnenderweise glaubt, sie seien aus einer introvertierten und einer extrovertierten Hälfte zusammengesetzt; sie seien zugleich die Vollbringer von Heldentaten und Zauberer, die mit Magie umgehen; sie würden Feinde töten und gleichzeitig das Kind des Wassers sein

(vergleiche Jeff King, Maud Oakes, Joseph Campbell, *Where the Two Came to Their Father*, The Bollingen Series I, New York, 1943, Bildseite XI).

23 Lorimer Denis bezieht sich auf zwei Statuetten der Marassa in ihrer zweigeschlechtlichen Erscheinungsform, die sich im Besitz des Bureaus of Ethnology befinden. Das Vever für die Marassa enthält Symbole, die augenscheinlich männliche und weibliche Prinzipien repräsentieren. Dies ist ein typisches Kennzeichen von Vevers solcher Loas, die wahrscheinlich ursprünglich Hermaphroditen waren; ein Beispiel hierfür ist Legba.

24 Herskovits, S.204.

25 Herskovits, S.89-91; Courlander, S.104.

26 Maximilien, S.87.

27 Rigaud, S.17.

28 Die Figur in dem in Maximiliens Werk abgebildeten Vever (Bild 4, gegenüber S.42), welche die Marassa in ihrem zweigeschlechtlichen Aspekt zeigt, ähnelt sehr stark dem Vever für Legba (Photo Nr.1). Wahrscheinlich war der afrikanische Legba nicht nur der Loa der Fruchtbarkeit, sondern zugleich auch ein Hermaphrodit.

29 Es ist bezeichnend, daß dieses Kind – der allererste Mensch – als „plus raide" (mächtiger, härter oder strenger) als die göttlichen Zwillinge gilt; wie auch ein Hougan in gewissem Sinne mächtiger ist als die Loas, da er sie in bestimmtem Maße beherrschen kann. Dies trifft jedoch nur auf die göttlichen Zwillinge zu, wenngleich man die Bezeichnungen „dossu" und „dossa" ebenso für das menschliche Kind verwendet, das nach einem Zwillingspaar geboren wird. Entsprechende Hinweise finden sich auch in Herskovits' (S.202) Untersuchungen über eine bestimmte Region Haitis sowie in den Werken von Autoren, die ihre Beobachtungen in anderen Gebieten des Landes angestellt haben.

30 Courlander zitiert ein Beispiel für eine solche Erweiterung des Konzeptes durch Vervielfachung im Rahmen einer Zeremonie (S.55). Zusätzlich nennt er noch Marassa Creole (als Marassa haitianischen Ursprungs) und Marassa Guinée (als Marassa afrikanischer Herkunft). In einem anderen Zusammenhang (S.38) redet er von Marassa Creole als Zwillingen gleichen Geschlechts und Marassa Guinée als Zwillingen unterschiedlichen Geschlechts.

31 Nach den Angaben von Metraux werden Körper, Seele und Geist durch Schatten repräsentiert. Der normale Schatten wird als „ombre cadavre" bezeichnet. Bei bestimmten Lichtverhältnissen wirft der Mensch einen doppelten Schatten – diese beiden Schatten sieht man als den Gros-bon-ange und den Ti-bon-ange an.

32 Es ist eine allgemein anerkannte Tatsache, daß „unnatürliche" oder magische Tode vorkommen, und daß auch ein bestimmter Trancezustand, den man als Zombiismus bezeichnet, existiert. Walter B. Cannon berichtet in seinem Artikel „Voodoo Death" (erschienen im *American Anthropologist*, Band 44, Nr.2, April – Juni 1942) von Fällen, in denen Leute als Folge eines Zaubers starben; diese Fälle ereigneten sich in mehreren Regionen, unter anderem in Unternigeria. Er kommt zu dem Schluß, daß es sich dabei in Wirklichkeit nicht um einen magischen Tod handelt, sondern daß der Betreffende vielmehr durch einen Schock stürbe, da die Angst einen entsprechenden Einfluß auf das Adrenalinsystem ausübe. – Der Zombiismus ist ein vom haitianischen Strafgesetzbuch anerkanntes Phänomen; Artikel 249 (zitiert nach William Seabrook, S.103) lautet: „Als versuchter Mord ist das

Verabreichen von Substanzen an eine Person zu werten, welche, ohne unmittelbar zum Tode zu führen, bei dieser Person ein mehr oder weniger lange dauerndes Koma hervorrufen. Wenn die Person nach der Verabreichung derartiger Substanzen begraben wird, ist der Akt ohne Rücksicht auf die sich daraus ergebenden Folgen als Mord zu werten."

33 Courlander sagt, ein Zombie sei die „negative Nachempfindung", die sich nach dem Tod nicht vom Körper trennen wollte (S.18), und erklärt, die Seele sei ein Zombie (S.26). Diese Äußerungen implizieren jedoch, daß es sich beim Zombie um ein spirituelles Wesen handelt. Dies entspricht nicht der allgemeinen Auffassung, denn eine der Funktionen des Zombies besteht darin, als Sklavenarbeiter zu dienen – dies paßt zu der Vorstellung vom Zombie als einem stofflichen Wesen ohne eigene spirituelle Essenz, welches sich in der Macht einer anderen psychischen Kraft befindet. Metraux sagt beispielsweise, ein Zombie sei eine Person, der man ihren Gros-bon-ange gestohlen habe, und die Möglichkeit eines solchen Diebstahls sei eine der Gefahren, die sich ergäben, wenn jemand seine Seele in einem Behältnis der Obhut einer anderen Person anvertraue.

34 Metraux zitiert eine amüsante Anekdote (S.85-86), die die Aufrichtigkeit des Ti-bon-ange – der manchmal auch *ti-Zange* genannt wird – illustriert. Er verweist auch auf die Vorstellung, daß der Ti-bon-ange neun Tage lang über dem Leichnam schwebt und dann zum Himmel aufsteigt, und beschreibt die Zeremonie, mittels derer man die Kraft des *ti-Zange* wiederherstellt.

35 Bei der Seele und den Loas handelt es sich um unterschiedliche Stadien des Zustandes derselben Essenz; beide sind in Krügen untergebracht; beide werden als Esprit bezeichnet; und ihre Trennung vom Körper nach dem Tod erfolgt fast zur gleichen Zeit. – All diese Übereinstimmungen haben zu einem Durcheinander in den wissenschaftlichen Interpretationen des Dessounin geführt.
Metraux geht davon aus, daß sich die Zeremonie ausschließlich auf den Loa bezieht – wobei er die Annahme mit einschließt, daß der Gros-bon-ange automatisch freigesetzt wird. Herskovits führt in seinem Kapitel über die Toten keine derartige Zeremonie an, schreibt jedoch, der Loa müsse in einem versiegelten Krug aufbewahrt werden, damit er sich nicht ins Wasser begeben könne. Courlander sagt (S.237), das Mystère werde in einen Canari gegeben, den man nach neun Tagen zerbricht, um den Loa freizusetzen. Simpson behauptet, das Dessounin beziehe sich auf eine beliebige Fähigkeit, und diese identifiziert er mit dem Gros-bon-ange. Er sagt, der Canari werde auf dem Kreuzweg-Vever zerbrochen; falls es sich bei dem Verstorbenen um einen Hougan handele, werde dessen Loa zum Zweck des Weitervererbens in einem Canari „versiegelt".
Herskovits und Courlander behaupten, der Loa müsse vom Körper getrennt werden, um zu verhindern, daß sich die Seele der Person in einen Loa verwandle (weshalb sollte jemand daran interessiert sein, dies zu verhindern?). Beide befinden sich mit diesen Aussagen in krassem Widerspruch zu Simpson. Letzterer führt an, es werde nicht der Loa entfernt, sondern die Anlage, die die Basis für die Besessenheit von einem Loa bildet. (Simpson leitet daraus jedoch nicht den logischen Schluß ab, daß der Gros-bon-ange die Grundlage dafür ist, von einem Mystère besessen zu werden, beziehungsweise daß es sich beim Gros-bon-ange um das göttliche Potential einer Person handelt.)
Meine eigene Interpretation wird von Maximilien erhärtet, der den Zweck des Dessounins darin sieht, den Loa Maît-tête von der unsterblichen Seele – das heißt dem Gros-bon-ange

– zu trennen (S.171). Seine Schilderung der von ihm beobachteten Zeremonie ist die detaillierteste Beschreibung, die zu diesem Thema verfügbar ist. Der Autor schildert unter anderem eine rituelle Handlung, die der Hougan über dem Nabel des Leichnams ausführt und bei der es sich um den Moment der Freisetzung des Loas zu handeln scheint. (In diesem Zusammenhang ist Campbells Darstellung (S.44) des Zusammenhangs zwischen dem Kreuzweg, dem Nabel und Edschu, dem Totengott der Yorubas, von besonderem Interesse.) Maximilien berichtet im einzelnen, daß der Gros-bon-ange in den Pot-de-tête kommt, da der Verstorbene ein Initiierter war (für Serviteurs, die keine Initiierten waren, fertigt man zu diesem Zweck extra einen Pot-de-tête an); dieser Krug wird auf ein Kreuzweg-Vever gestellt, damit die Seele ihren Weg in die Gewässer der Unterwelt finden kann. Es ist wesentlich, daß dem Freisetzen des Gros-bon-ange ein *Mangé Morts* und bisweilen ein *Bruler-zin* vorausgeht – so, als wolle man die Seele für ihren kommenden ungemütlichen Aufenthalt in den unterweltlichen Wassern im voraus mit Nahrung und Wärme versorgen. – In dem Durcheinander der verschiedenen Aussagen darüber, wie das Plazieren der Loas in einen Govi vor sich geht (Herskovits behauptet beispielsweise, dies geschehe wahrscheinlich in der Absicht, den Loa zu „mäßigen" oder in Schranken zu halten), wird der Umstand übersehen, daß die Loas bereits bei der Geburt ererbt werden (wodurch die von Simpson angenommene „Mäßigung" unnötig wird), und daß ein Govi kaum ein ausreichendes Mittel wäre, einen Loa in Schranken zu halten, denn dies erfordert spezielle, ausführliche Zeremonien. Meiner Meinung nach dient ein Govi keineswegs dazu, einen Loa einzusperren, sondern vielmehr dazu, dem Geist eine Kehle zu verschaffen, so daß es möglich wird, ihn von da an direkt anzurufen, wenn man ihn zu Rate ziehen will. Übrig bleibt folglich die *Stimme* des Loa. Sowohl für einen Hougan (in Simpsons Bericht) als auch für die Familie (in der Beschreibung Herskovits') wäre ein solcher Govi – als religiöser Gegenstand – ein wertvoller Besitz.

36 Darauf verweist auch Metraux.

37 Maximilien sagt (S.9), daß sich der altägyptische Mythos der Scheidung der Wasser der Unterwelt von den Gewässern der Oberfläche der Erde in der Mythologie der Yorubas wiederfindet, aus welcher der Vaudou viele Elemente übernommen hat. Es ist unmöglich, eine exakte Aussage darüber zu machen, ob es sich hierbei um die Quelle des haitianischen Konzeptes handelt. Aus der Art und Weise, wie die Haitianer über diese Gewässer reden, geht indes hervor, daß es dieselben sind, die in anderen Mythologien als die „unterweltlichen Wasser" bezeichnet werden. Es existiert zwar eine gewisse Begriffsverwirrung zwischen diesen Gewässern und dem Ozean, aber kein Haitianer würde sagen, daß die Toten zum Grund des Atlantischen Ozeans hinaubtauchen. Wenn man einen Serviteur drängt, die genaue Lage der unterweltlichen Gewässer zu beschreiben, kann man alle möglichen Antworten bekommen, die mit Wasser zu tun haben, denn alle Gewässer sind ja tatsächlich miteinander verbunden. Von dem Loa Simbi-en-deux-eaux, der als eine besonders mächtige Gottheit angesehen und speziell mit magischer Kraft in Verbindung gebracht wird, heißt es, er stehe mit einem Fuß in den süßen (er ist der Schutzgott des Regens) und mit dem anderen Fuß in den salzigen Gewässern. Als Erweiterung dieses Konzeptes repräsentieren diese beiden Gewässer die himmlischen und die unterweltlichen Wasser – eine Unterscheidung, die auch bei der altägyptischen und anderen Mythologien anzutreffen ist. Eine Gestalt, die über eine solch weite Domäne herrscht, ist logischerweise eine sehr mächtige Gottheit.

38 Maximilien glaubt (S.175 ff), daß es sich bei dieser Bedeckung in Wirklichkeit um ein Element handelt, daß seinen Ursprung in den ägyptischen Riten der Wiederauferstehung hat. Obgleich sich eine derartige Verbindung auf historischer Grundlage schwer konstruieren läßt, kann es durchaus sein, daß die beiden Symbole für ein und dasselbe Prinzip stehen. Die Vorstellung an sich ist in vielen Mythologien verbreitet.

39 Metraux führt eine Zeremonie des *Retirer d'en bas de l'eau* an, die in vielen Einzelheiten der hier beschriebenen entspricht. Insbesondere schildert er, wie eine Seele ankommt, für die jedoch kein Govi bereitsteht. Auch Maximilien (S.177 ff) liefert einen detaillierten Bericht über eine solche Zeremonie.

II. KAPITEL

1 Bei Herskovits, der offenbar in Mirebalais mehr christliche Einflüsse vorgefunden hat als andere Autoren in anderen Gegenden Haitis, sind der Prêt-savanne und seine Aufgaben am ausführlichsten erwähnt, insbesondere im Kapitel über Katholizismus und Vaudou.

2 Leo Frobenius und Douglas C. Fox, *African Genesis*, New York, 1937, S.215 ff.

3 Courlander, S.39 (12).

4 Denis, S.24 (1).

5 Bezüglich einer Darstellung dieser Vorstellung von einem höchsten Gott bei einer Reihe von christlichen Missionaren vergleiche Edwin W. Smith (Hrsg.), *African Ideas of God, A Symposium*, London, 1950.

6 Denis, S.25.

7 Alle Autoren, die über den Vaudou berichtet haben, führen eine Reihe von Heiligen auf, die in dieser Form mit den Loas identifiziert werden. Bei Herskovits findet sich eine besonders lange Liste solcher Gleichsetzungen (S.279-280). Da diese Identifikationen einen oberflächlichen Charakter besitzen, gibt es offensichtliche lokale Abweichungen. Aus dem gleichen Grund haben diese Unterschiede lediglich eine sehr untergeordnete Bedeutung.

8 Die Serviteurs sagen sogar, daß die Kirchenglocken für Legba läuten, damit dieser die Pforte öffnet. Diese Aussage zitiert Herskovits (S.288) in seinem Kapitel über Vaudou und die Kirche (S.267 291). Das gesamte Kapitel handelt von dem großen Einfluß, welchen das Christentum auf den Vaudou ausübte. Es ist jedoch schwierig, seiner Argumentation zu folgen, wenn eine Menge des von ihm zusammengetragenen Materials – wie auch die oben zitierte Aussage – auf das Gegenteil hinzuweisen scheint, nämlich darauf, daß der Vaudou das Christentum vollständig integriert hat. Herskovits baute seine Arbeit auf den Auskünften verschiedener Informanten auf. Den haitianischen Bauern wurde allerdings vier Jahrhunderte lang eingeredet, sie *hätten Christen zu sein*, und man hatte sie hart für die Ausübung des Vaudou bestraft. Ihnen wurde besonders gründlich eingeprägt, daß ihre religiösen Riten „dumm" oder „primitiv" seien und daß sie Fremden absolut nichts über den Vaudou erzählen sollten. Dies alles zusammengenommen hatte in ihnen zu einer Spaltung geführt zwischen den christlichen Formulierungen, die man sie gelehrt hatte – und die sie wiedergaben, wenn sie von Autoritätspersonen oder Fremden befragt wurden – und ihren tatsächlichen Vorstellungen und Praktiken. Selbst wenn sie gar nicht die Absicht haben, ihr Gegenüber zu täuschen, bringen sie ihr Stolz und ihre Entschlossenheit,

sich „zivilisiert" und „intelligent" zu verhalten, dazu, solche Antworten zu geben, von denen sie meinen, daß der Fragende sie für „richtig" halten wird. Es kommt auch vor, daß die Haitianer, wie ich bereits in meiner Einleitung erwähnt habe, vaudouistische Vorstellungen in christliche Begriffe „übersetzen", ohne sich der dabei auftretenden Diskrepanzen bewußt zu sein. Das spezifische Vokabular, das in vielen der von Herskovits zitierten Aussagen verwendet wurde, deutet darauf hin, daß die von ihm befragten Bauern sich bemüht hatten, dem Autor die „richtigen" Antworten zu geben, wobei sie nicht die Absicht verfolgten, ihn zu betrügen, sondern ihn vielmehr beeindrucken wollten.
Die „zutreffendsten" dieser Antworten sind solche, die die Bauern in der Kirche vom einzigen weißen Mann, mit dem sie viel zu tun hatten, gehört hatten – dem katholischen Priester.

9 Rigaud, S.14-15.

10 Simpson erwähnt ein Ritual, dessen Zweck darin besteht, Loas rituell „fortzuschicken". Die Geister werden herbeigerufen, mit Nahrung versorgt und weggeschickt.

11 Wenngleich ein Loa automatisch weitervererbt wird (Maximilien, S.165), so ist dieser Prozeß doch mit unterschiedlich komplexen Ritualen verknüpft. (Herskovits, S.94; Denis, Bulletin, März 1947.)

12 Denis, S.1.

13 Herskovits (S.18-22 und S.267-268) und Courlander (S.3) listen – unter anderen – diese Stämme auf.

14 Herskovits, S.140; Courlander, S.6.

15 Courlander, S.102, 40. Herskovits, S.263, S.267-268 (16-17).

16 Courlander, S.29.

17 Campbell hat über weitere Mytholgien berichtet (S.81-85), in denen besänftigte Dämonen sich gutartig verhalten.

18 Maximilien, S.42 ff.

19 Maximilien, S.134.

20 Rigaud-Denis.

21 Herskovits, S.59-61.

22 Sowohl Herskovits (S.220 ff) als auch Maximilien (S.149) haben eine vergleichbare Unterscheidung zwischen Religion und Magie vorgenommen.

23 Diese sehr weit verbreitete Praxis wird auch von Courlander erwähnt (S.22). Man dient in diesem Fall mit der linken Hand den Petro-Göttern. Das bedeutet, daß ein Vever für einen Petro-Loa mit der linken Hand gezeichnet wird. – Dies ist nicht zu verwechseln mit der spiegelbildlichen Kommunikation zwischen der sichtbaren und der unsichtbaren Welt, von der im ersten Kapitel dieses Buches die Rede ist.

24 Dieser Unterschied wurde von Courlander in seinen Beschreibungen der Tänze und der Musik der Haitianer herausgearbeitet.

25 Courlander, S.28.

26 Courlander beschreibt Damballah als gefiederte Schlange und verlegt seinen Ursprung nach Dahomey (S.33).

27 Bei Maximilien (S.91-92) finden sich einige Kommentare darüber, in welcher Weise die Religion verschiedene Rituale anderer Kulturen integriert hat, ohne daß dabei ihre eigene Integrität verletzt wird. Er spricht von „indianischen, europäischen und afrikanischen" Elementen, die im Vaudou verschmolzen wurden. – „Der Beitrag Afrikas scheint von so wesentlicher Bedeutung zu sein – wenngleich es äußerst schwierig ist, die afrikanische Kultur von der der indianischen Einwohner der Insel abzugrenzen, da sie sehr große Ähnlichkeiten aufweisen – daß man sagen kann, der Vaudou...ist Afrika." – Der Autor betont, daß zwar die Rituale der Dahomeyer und der Yorubas dominieren, aber auch Zeremonien anderer Stämme in den Vaudou integriert worden seien.

28 Rigaud erwähnt den Fall einer anderen Person, in deren Kopf gleichfalls sämtliche Loas ihrer Familie „versammelt" ("ramasser") waren (S.11).

29 Die Vorstellung der psychischen Kraft wird manchmal mit dem Wort „poin" (Punkt) umschrieben. Damit scheint der Punkt gemeint zu sein, an welchem die psychische Energie aus der Welt der Invisibles in die sichtbare, stoffliche Welt fließt. Wenn ein Haitianer in Zusammenhang mit einem bestimmtem Loa den Ausdruck „marcher sur 'poin' Rada" verwendet, so will er damit auf den Ursprung des Mystères hinweisen. Wird der Begriff „poin" hingegen in Verbindung mit einem Lied benützt, so bedeutet dies, daß es sich hierbei um einen Gesang handelt, der eine sehr direkte Beziehung zwischen einem Menschen und einem Loa herstellt. Courlander (S.96-99) hat eine hervorragende Darstellung des „poin"-Konzeptes verfaßt.

30 Auf den ersten Blick scheint es falsch, dem Loa des Ackerbaues eine untergeordnete Position einzuräumen. Die Gründe für diese Einordnung werden jedoch im Kapitel über das Vaudou-Pantheon ausführlich erläutert.

III. KAPITEL

1 In den meisten Werken über Haiti wird der Vaudou als eine animistische Religion eingestuft – wobei die Autoren allerdings versäumen, ihren Standpunkt zu begründen. Denis hingegen hat sich bewußt am Konzept eines Pantheon orientiert (Denis I, S.21), aber die übergeordneten Loas auf diese Weise ausgeschlossen, obwohl er sie in anderem Zusammenhang erwähnt. – Eine ähnliche Fehlinterpretation findet man hinsichtlich der an den Boden gerichteten Gesten. Wie bereits erwähnt (S.36), beziehen sich diese nicht auf den Geist *der* Erde – im Sinne des Konzepts der „Mutter Erde" – sondern auf die unterweltlichen Gewässer, den Herkunftsort und dauernden Wohnsitz sämtlicher Loas.
Möglicherweise sind andere sogenannte „primitive" Religionen in ähnlicher Weise als animistisch im allgemein verbreiteten Sinn mißverstanden worden, und die Gottheiten, die infolge solcher prokrusteanischen Operationen aus den Pantheons der entsprechenden Religionen gestrichen wurden, sind dadurch in den Aufzeichnungen der Mythologien nicht enthalten und der Nachwelt verlorengegangen.

2 Levy-Bruhls Darstellung der sogenannten „Mentalität der Primitiven" ist ein typisches Beispiel einer Annäherungsweise an das Thema, die die Praxisbezogenheit ignoriert, die eine einfache Kultur notwendigerweise besitzen muß; ein Beispiel für einen Standpunkt,

der den Angehörigen einer solchen Kultur nicht zugesteht, zwischen äußeren Erscheinungsformen und den ihnen zugrundeliegenden Prinzipien differenzieren zu können. Der Grund für diese Haltung ist vielleicht darin zu suchen, daß einfache Völker diese Unterscheidung in Ausdrücke kleiden, die sich von der in der europäischen Kultur verwendeten Terminologie unterscheiden. Levy-Bruhl schreibt: „Ihr Denken bewegte sich in mythischen Bahnen...womit der Glaube an Mächte, Einflüsse und Aktionen einherging, die zwar sinnlich nicht wahrzunehmen, aber nichtsdestoweniger real sind...die Wirklichkeit an sich ist mystisch..." (S.7). An anderer Stelle bemerkt er: „Der Primitive unterscheidet nicht zwischen der diesseitigen und der jenseitigen Welt, zwischen dem, was unseren Sinnen zugänglich ist, und dem, was jenseits der Grenze unserer Wahrnehmungsfähigkeit liegt. Er wohnt im wahrsten Sinne des Wortes mit unsichtbaren Geistern und immateriellen Kräften zusammen. Für ihn sind sie reale und unmittelbare Gegenwart" (S.32). Man vergleiche dies mit einer hinduistischen Aussage: „Obwohl Er allen Dingen versteckt innewohnt, dringt diese Seele nicht nach außen; dennoch können Ihn begabte Seher wahrnehmen, die einen überdurchschnittlichen, scharfsichtigen Geist besitzen" (Katha Upanischaden, 3:12).

3 Levy-Bruhl stellt die europäische Auffassung einer Welt, die „auf der Grundlage von Ursache und Wirkung funktioniert", der Vorstellung der sogenannten „Primitiven" gegenüber, in deren Welt „alle Dinge Teil eines Systems mystischer Wirkungen sind; diese mystischen Wirkungen bilden die Grundlage des Zusammenhaltes und der Ordnung dieses Systems" (S.35). Er schreibt weiter: „Was uns Europäern zufällig erscheint, ist (für die Angehörigen einer einfachen Kultur) in 'Wirklichkeit' stets der Ausdruck einer mystischen Macht, welche sich auf diese Weise dem Individuum oder der sozialen Gruppe offenbart" (S.43). – Für die sogenannten „Primitiven" jedoch *sind* diese „mystischen Kräfte" (ein Synonym für die unsichtbaren Prinzipien) Ursachen. Und eben dadurch, daß der „Primitive" die Möglichkeit von Zufällen ausschließt, bewegt er sich konsequenter im Rahmen der Vorstellung von einer Welt, welche gänzlich vom Prinzip „von Ursache und Wirkung regiert wird", als der Europäer. Es scheint, als definiere Levy-Bruhl sämtliche Kausalitäten als „mystisch", welche *nach seinem Verständnis, Glauben oder Wissen nicht die tatsächliche Ursache sind*. Logischerweise müßte er dann solche wissenschaftlich festgelegten Ursachen als „mystisch" bezeichnen, die sich bei späteren Nachforschungen als nicht korrekt oder unzureichend bestimmt herausstellen.

Malinowski beschreibt das „primitive" Konzept der alles durchdringenden Kausalität – die grundsätzliche Wechselbeziehung sämtlicher Phänomene – wie folgt: „...es überträgt ein vages, aber außerordentlich umfassendes Verständnis in den begrifflichen Rahmen einer alltäglichen, vertrauten Realität. ...Dinge wie menschliche Irrtümer, Schuld oder Böswilligkeit gewinnen dadurch eine sehr große Bedeutung, während auf der anderen Seite solche Bestandteile des Lebens wie Verhängnis, Schicksal oder unvermeidliche Ereignisse auf die Ebene menschlicher Fehler übertragen werden" (S.76-77). Dies ist eine hervorragende Darstellung der Art und Weise, wie ein in sich schlüssiges Universum, in dem alles einen Grund hat, dahin tendiert, die Bedeutung sämtlicher Erfahrungen zu „nivellieren", so daß alltägliche Details mit den umfassenden Phänomenen als Ausdruck kosmischer Kräfte auf einer Stufe stehen. Hernach interpretiert Malinowski jedoch offenbar die Magie als eine Reaktion auf „Zufälle und unvorhergesehene Ereignisse"; in einem System hingegen, in welchem „die Tätigkeiten auf einer sicheren, zuverlässigen Basis beruhen und unter der

Kontrolle rationaler Methoden und technischer Prozesse ablaufen", gäbe es keine Magie (S.81). – An dieser Stelle muß ich darauf hinweisen, daß der „Mangel an Kontrolle" von den Haitianern als das Resultat eines unzureichenden Grades von *Connaissance* – spirituellem Wissen – betrachtet wird, das heißt als ein Mangel an Wissen bezüglich der jeweils beteiligten göttlichen Prozesse sowie der Fähigkeit, diese Prozesse zu kontrollieren. Sie schreiben diesen „Mangel an Kontrolle" jedoch nicht einem von Zufällen bestimmten, willkürlichen Universum zu. (Bei der Behauptung, die „Primitiven" würden an ein „von Zufällen bestimmtes, willkürliches Universum" glauben, handelt es sich um eine überhebliche Unterstellung, die der Projektion der entsprechenden „Wissenschaftler", aber nicht den Tatsachen entspricht; Anm. d. Ü.)

4 In einigen Passagen schreibt Malinowski, die Aufgabe der Religion bestünde vorwiegend darin, die einzelnen Mitglieder der Gemeinschaft an das jeweils herrschende ethische System anzupassen. „Der Mythos hat in einer primitiven Kultur eine unerläßliche Funktion: er bringt ihre Glaubensinhalte zum Ausdruck, verbessert und kodifiziert sie. Er hütet und bestärkt die Moral. Er garantiert die Wirksamkeit der Rituale und enthält praktische Leitlinien für die Menschen. ..." (S.19). So sieht Malinowski den Mythos als „einen unverzichtbaren Bestandteil jeglicher Kultur" (S.92). An anderen Stellen wiederum scheint der Autor der Meinung zu sein, der Mythos sei ein Ersatz für unzureichende wissenschaftliche Untersuchungen und für eine unzulängliche Kontrolle des stofflichen Universums in Ermangelung moderner technischer Methoden. „Überall dort, wo die Tätigkeiten einer Kultur auf einer sicheren, zuverlässigen Basis beruhen und unter der Kontrolle rationaler Methoden und technischer Prozesse ablaufen, existiert keine Magie. ... Die wesentliche kulturelle Funktion der Magie ... besteht in der Überbrückung von Lücken und Unzulänglichkeiten bei der Ausübung wesentlicher Tätigkeiten, die der Mensch noch nicht ganz in den Griff bekommen hat. ... Magie ist insofern mit der Wissenschaft verwandt, als sie sich stets auf ein klar umrissenes Ziel richtet, das mit den Instinkten, Bedürfnissen und Tätigkeiten der Menschen zusammenhängt. ..." (S.81-82). In dieser Behauptung ist die Aussage enthalten, daß wissenschaftlicher und technischer Fortschritt gleichzeitig automatisch eine moralische Autorität sowie ethische Leitlinien beinhalten, auf deren Basis die Menschen die Errungenschaften dieses Fortschritts ausschließlich zu ihrem Guten und zu ihrem Nutzen anwenden. Es wird impliziert, daß diese Fortschritte ein besonderes mythisches oder religiöses System überflüssig machen werden, sobald die technologischen Unzulänglichkeiten ausgerottet sind, für welche der Mythos angeblich den Ersatz bietet. Im Rückblick kann man dieses Vertrauen der Menschen des 19. Jahrhunderts in die positive moralische Natur des materiellen Fortschritts schon fast als einen Glauben daran bezeichnen, daß Wissenschaft und Technologie von einem wohlwollenden Geist durchdrungen oder belebt seien. Dieses Vertrauen bringt der sogenannte „Primitive" mit seiner pragmatischen, wirklichkeitsbezogenen Haltung ausschließlich den kosmischen Kräften entgegen; und selbst ihnen begegnet er mit Vorsicht und unter Anwendung eines komplexen Systems von Korrektiven; zudem kann er mittels seiner Überzeugungskraft Einfluß auf sie nehmen. In Bezug auf den menschlichen Charakter hat sich dieses Vertrauen unglücklicherweise als völlig illusorisch erwiesen. Möglicherweise hat dieses vorbehaltlose Vertrauen in die Wissenschaft und die Technik durch die gleichzeitige Abwertung der ethischen Systeme, die als Grundlage moralischer Unterscheidungskriterien dienten, sogar zur Entstehung der gegenwärtigen Situation beigetragen. Heutzutage ist das Fehlen moralischer Werte und

Richtlinien um so beunruhigender, als jede neue technische Errungenschaft den Menschen Machtmittel zur Verfügung stellt, für deren Anwendung die Kontrolle durch eine moralische Autorität nötiger denn je wäre.

5 Es war die Rede von Gottheiten, die sich jeweils aus sieben untergeordneten Loas zusammensetzen. Dies könnte die ursprüngliche Anzahl der übergeordneten Nationen gewesen sein; die Zahl der jeweiligen Aspekte der einzelnen Gottheiten ist jedoch bedeutend größer. (Herskovits, S.149 und S.310, Courlander, S.26-47 und Maximilien, S.101 und 105, zählen im Zusammenhang mit der Erwähnung von Anrufungen diese übergeordneten Nationen auf.) Auf einige solcher Familienzweige scheinen häufig wiederkehrende Bezeichnungen wie zum Beispiel „Dantor" hinzuweisen; andere wiederum werden durch eine Krabbe, eine Eule oder eine Fackel (La Flambeau) repräsentiert, wobei es sich möglicherweise um die Totems einer Familie handelt.

6 Im haitianischen Vaudou wird Legba zwar nicht direkt als ein Sonnengott bezeichnet; seine Funktionen und sein ganzer Charakter sowie gelegentliche entsprechende Hinweise in vaudouistischen Liedern und Ritualen lassen einen solchen Bezug jedoch logisch erscheinen. Legba gehörte dem dahomeyischen Himmelspantheon an (Herskovits, S.20). In bestimmten Gegenden Haitis brennt man ihm zu Ehren ein spezielles Freudenfeuer ab; wenn er Besitz von jemandem ergreift, läuft er auf Feuer (Herskovits, S.160 und S.174). Das Ritual des „Reanimierens" der Sonne durch Freudenfeuer sowie die Gleichsetzung der Sonne mit Feuer findet sich in praktisch sämtlichen Mythologien der Welt; eine ähnliche Beziehung wird hier aufgezeigt. Eine weitverbreitete mythologische Identifiktion ist ferner die der Sonne – als höchste kosmische Kraft – mit dem König, dem Herrscher in der Welt der Menschen. Mit dieser Vorstellung ist stets das Tabu verbunden, daß sich der König nicht der Sonne aussetzen darf (Frazer, S.600) und demzufolge im Freien unter einem Baldachin gehen oder einen Hut tragen muß. Im Vaudou wird Legba mehrmals als ein König bezeichnet (Marcelin, S.21, hat ein entsprechendes Beispiel angeführt).
Darüberhinaus trägt Legba gewöhnlich einen großen Hut. Dieses typische Kleidungsstück stellt zweifellos einen Hinweis auf ein solches Tabu aus der dahomeyischen Kultur dar, wenn man es vor dem Hintergrund der folgenden Zeile in einem häufig gesungenen Lied für Legba betrachtet: „Du, der du in Guinea einen Hut trugst, du, der du die Loas vor der Sonne schütztest" (zitiert bei Marcelin, S.18, und Courlander, S.75-76). In Anrufungen für Legba (Maximilien, Bild 1, gegenüber S.42) kommen Begriffe wie „Claironde" (rundes Leuchten?) und „kataroulo" (die vier Räder des Sonnenwagens?) vor, die in Anbetracht aller weiteren Hinweise einen versteckten Bezug zu Legba als Repräsentant der Sonne herzustellen scheinen.

7 Eine androgyne oberste – oder uranfängliche – Gottheit ist ein sehr verbreitetes Motiv in sämtlichen Mythologien. Campbell (S.152-154) beschreibt Beispiele dieser Art. In Haiti verbindet man eine solche Vorstellung mit den Marassa und mit Guèdé, der bisweilen Kleidungsstücke beider Geschlechter trägt. Courlander (S.10) schildert eine Zeremonie, bei der einer der Trommler in dieser Weise gekleidet war, gibt jedoch nicht an, welcher Loa von ihm Besitz ergriffen hatte. Das Vever für die Marassa und das Vever für Legba sind manchmal fast identisch (Maximilien, Bild 1 und 4, gegenüber S.42). Denis (I, S.26) zitiert eine Zeile aus einem Gebet: „O guter Gott, meine Mutter", in welcher diese Vorstellung von einer androgynen Gottheit sogar in das Christentum übertragen wird.

8 Diese Zeilen stammen aus Gebeten, die bei Herskovits (S.89) zitiert sind. Formulierungen, die sich auf das Öffnen einer Pforte oder Straße beziehen, stehen in besonderer Verbindung zu Legba.

9 Fast alle Autoren stimmen darin überein, daß der afrikanische Legba der Gott der Fruchtbarkeit war. Courlander hat sich mit diesem Punkt detaillierter auseinandergesetzt (S.35). Möglicherweise besitzt das rituelle Flüssigkeitsopfer für Legba, das allen anderen vorangeht, einen Bezug zur Samenflüssigkeit.

10 Auch Maximilien (S.34) und Marcelin (S.16) verweisen auf seine Beziehung zum Mittelpfosten.

11 Diese Lieder werden sowohl von Herskovits (S.173) als auch von Rigaud (S.25) zitiert. In letzterem Lied handelt es sich bei der Formulierung „lerne die Geheimnisse" um Rigauds und Metraux' Übersetzung der Worte „Sondé miroir"; diese Übersetzung gibt die wahre Bedeutung dieses Ausdrucks wieder.

12 Zitiert bei Marcelin (S.18). Diese Allwissenheit wird im allgemeinen Guèdé, dem Gott der Unterwelt, zugeschrieben.
Tatsächlich sind Legba und Guèdé sehr eng miteinander verbunden, wie ich später noch ausführlich darlegen werde.

13 Herskovits, S.30.

14 Einer der Namen Legbas lautet *Grand Chemin*. Auch Courlander (S.36 und S.82) interpretiert diese Bezeichnung im Sinne einer Straße zur anderen Welt.

15 Rigaud, S.17, und Herskovits, S.174.

16 Herskovits (S.30) macht aus Legba einen Gott des „Zufalls", und zwar deshalb, weil dieser Loa einen „Ausweg" aus dem weltlichen Schicksal zeigt. Wenn man Legba als den Punkt ansieht, an dem der Kontakt mit der anderen Welt stattfindet, stellt er tatsächlich einen „Ausweg" dar – die göttliche Intervention jedoch, die die Belohnung für inständiges rituelles Flehen ist, oder die Manipulation von Dämonen mittels magischer Methoden würde von einem Haitianer kaum als Zufall angesehen werden, da er sämtliche Phänomene dem folgerichtigen Handeln der Mystères zuschreibt. Herskovits hebt weiterhin hervor, daß der Begriff *Fa* ein dahomeyisches Wahrsageritual bezeichnet, dessen Grundlage ein Muster aus sechzehn Kernen bildet. In anderen Gegenden jedoch werden Spiegel, Kristalle und andere Mittel verwendet – eventuell bezieht sich die Erwähnung des Spiegels in den entsprechenden Liedern für Legba und für andere Loas auf ebendiese Hilfsmittel.

17 Herskovits, S.174.

18 Marcelin, S.17.

19 Marcelin, S.17.

20 Marcelin, S.16.

21 Eine solche Besessenheit wurde von Rigaud (S.26-27) beschrieben.

22 Pfeife und Tabak gehören zu den unabkömmlichen Attributen Legbas.

23 In einem von Marcelin (S.16) zitierten Lied findet sich die folgende Aussage: „Attibon Legba hat die Pforte erreicht. Wie alt er ist! Papa Legba ist am Kreuzweg angekommen. ..."

24 Legba wird sowohl von Courlander (S.44) als auch in einer bei Maximilien zitierten Anrufung (gegenüber Abbildung 1, folgend S.42) mit Grand Bois in Verbindung gebracht.

25 Herskovits (S.315) beschreibt Legba Avradra als einen wandernden Landstreicher (eine für Guèdé typische Rolle). Die gleiche Vorstellung ist in einem bei Marcelin (S.18) zitierten Lied enthalten.

26 Courlander, S.36 und S.99.

27 Courlander (S.37) ordnet Kalfu als einen Aspekt Legbas unter die Gottheiten des Rada-Kultes ein. Auch Maximilien (S.106) stellt eine Verbindung zwischen Carrefour und Legba her, erwähnt jedoch an anderer Stelle (S.42, Illustration 19), daß für Carrefour dieselbe Anrufung benützt werde wie für Simbi. Simpson (II) gibt für Carrefour einen haitianischen (Petro-) Ursprung an.

28 Obwohl eine solche Differenzierung nicht die Regel ist, findet sie sich doch manchmal in den Vevers – so auch in dem bei Maximilien abgedruckten (Illustrationen 1 und 19, gegenüber S.42).
Ein weiterer interessanter Unterschied wurde bei der Opferung von Hähnen beobachtet. Handelt es sich um ein Opfer für Legba, nimmt man gewöhnlich einen weißen Hahn und dreht ihm den Hals um. Ist das Opfer für Carrefour bestimmt (zumindest war dies in einem Hounfor die Praxis), setzt man um Mitternacht einen schwarzen Hahn auf dem Kreuzweg-Vever in Brand (was an die reanimierenden Freudenfeuer für Legba erinnert) und läßt ihn brennend die Straße hinunterlaufen.

29 Courlander (S.22) nennt die Zerstörung der Zeugungsfähigkeit eines Mannes und der Fruchtbarkeit einer Frau als Beispiele der bösen Handlungen, die diese Dämonen ausführen können.

30 Bei Herskovits (S.225-237) findet sich eine ausführliche Beschreibung der rituellen Anfertigung eines solchen Garde, der als ein ganz essentielles Objekt angesehen wird.

31 Es scheint zwar untergeordnete Aspekte Carrefours zu geben; doch handelt es sich bei der hier geschilderten Haltung des Loa wohl um die klassische Variante. Eine ähnliche Beschreibung findet sich auch bei Maximilien (S.134).

32 Es werden darüberhinaus noch folgende Aspekte Legbas aufgezählt: Legba-Ibo (Denis I), Legba-Petro (Courlander, S.44), Legba-Congo (Rigaud, S.22) und Sousou Panman (Simpson II), bei dem es sich um einen übelwollenden Legba zu handeln scheint, der ebenfalls als ein alter Mann beschrieben wird, dessen Körper von Wunden bedeckt ist, der alte, bunt durcheinandergewürfelte Lumpen trägt und keinen festen Wohnsitz hat.

33 Nach Herskovits' Angaben (S.30) wurde Legba sowohl mit der Seele als auch mit dem Schicksal der Menschen in Verbindung gebracht. Dies weist darauf hin, daß er in Afrika der Herr der Unterwelt gewesen sein könnte.

34 Rigaud, S.49. – Manchmal wird Guèdé auch Ghede, Gede oder Guédé geschrieben; für Nimbo existiert auch die Schreibweise Nibo.

35 Rigaud, S.49. – Es ist ferner bemerkenswert, daß magische Handlungen unter der Schutzherrschaft Guèdés zur Zeit des Neumonds vollzogen werden (Maximilien, S.185), denn dieser ist die aufgehende Sonne der Nacht.

36 Maximilien vertritt die Ansicht (S.119-125), daß Guèdé vom ägyptischen Gott Osiris abstammt. In diesem Zusammenhang ist es bezeichnend, daß einer seiner Namen Khensou lautet – der Name einer ägyptischen Gottheit. Eine Statue dieses ägyptischen Gottes (Khonsu) befindet sich im Museum of Art in Cleveland (F 19 2. 14.)

37 Dies wird auch bei Maximilien (S.174) erwähnt.

38 Zitiert von Herskovits, S.164-165.

39 Sowohl Rigaud (S.50) als auch Herskovits (S.194-195) zitieren dieses Lied und beschreiben seinen schaurigen Charakter.

40 Rigaud (S.48) und andere Autoren erwähnen dieses charakteristische Merkmal. Diese Taktlosigkeit Guèdés brachte Herskovits zu der Annahme, daß Guèdé „eher geduldet als willkommen" sei (S.318).
Der Autor bemerkt weiterhin, daß alle anderen Loas die Zeremonie verlassen, wenn Guèdé erscheint. Er beschreibt Guèdé als einen Zombie und führt die heftige Abneigung, die ihm sowohl von den Loas als auch seitens der Menschen entgegengebracht wird, auf den Wunsch zurück, sich nicht unter die Toten mengen zu wollen. Es ist indes schwierig, solch einer Argumentation zu folgen, da die Loas selbst allesamt Geister verstorbener Ahnen sind, und die Haitianer beständigen Kontakt zu den Geistern der Verstorbenen pflegen. Sie finden nicht den Tod *per se* abstoßend, sondern die scheintoten, von einem übelwollenden Einfluß kontrollierten Zombies. Herskovits dagegen zitiert zwar selbst Lieder und Begebenheiten, die Guèdé nicht als einen übelwollenden Loa zeigen, bringt jedoch in seinem Gesamtporträt dieses Mystères (im Anhang seines Werkes) zum Ausdruck, daß er ihn überhaupt nicht als vollwertigen Loa betrachtet. Es gibt indes keinen anderen Autor, der Guèdé einen so niederen Rang zugemessen hat. Tatsächlich pflegen die Loas eine Zeremonie dann zu verlassen (oder gar nicht erst zu erscheinen; Anm. d. Ü.), wenn sie gegen eine Unordnung in der Struktur des Rituals *per se* protestieren wollen, und nicht nur dann, wenn Guèdé ein Durcheinander verursacht.
Wenn der Totengott nicht erscheint, um den anderen Loas Konkurrenz zu machen oder um die Zeremonie durcheinander zu bringen, sondern sich still und ruhig verhält (was er zugegebenermaßen selten tut), ärgert sich niemand auch nur im mindesten über seine Gegenwart.

41 Maximilien (S.175) sieht im Frack ein Symbol, das sich aus dem Tierfell entwickelt hat, das in den Riten für Osiris als Leichentuch des Königs diente.

42 Hierbei handelt es sich um Charakteristika des Totengottes, die auf der ganzen Welt verbreitet sind; sie werden von Courlander (S.15-17) und anderen Autoren erwähnt. Simpson (II) gibt an, Guèdé sei mit einem Messer bewaffnet, mit welchem er auf Menschen losgehe – hierbei scheint es sich ganz offensichtlich um ein phallisches Symbol zu handeln.

43 Courlander (S.16-17) hat eine rührende Beschreibung dieses freundlichen, väterlichen Aspektes von Guèdé verfaßt, wobei er unter anderem die treffende Bemerkung machte: „Der Tod ist positiv". Dies entspricht sowohl meinen Beobachtungen als auch denen anderer Autoren, auch wenn sich bei Herskovits keine Erwähnung eines wohlwollenden Aspektes Guèdés findet.

44 Courlander, S.88.

45 Bei Maximilien (S.185) findet sich eine detaillierte Schilderung über die Anfertigung solcher *Paquets*.

46 Courlander (S.87) bezeichnet Guèdé als himmlischen Richter; seine gerechte Weigerung, jemandem ein Grab zu bereiten, wird bei Herskovits (S.247) zitiert. In manchen Altarräumen für Guèdé findet man Waagen, die zum Wiegen der Seelen bestimmt sind; Hersovits verweist auf dieses Attribut. Eventuell hat der Vaudou diese Waagen aus der Symbolik der mittelalterlichen europäischen Magie übernommen. Dorsainville sagt, daß Mawu (der männliche Teil der Fons-Zwillinge Mawu-Lisa), keinen Anteil am Leben habe, aber die Menschen nach ihrem Tod richten würde. Bei diesem Wägen stellt man sich den Menschen als einen Stock vor, der an einem Ende gut, am anderen schlecht ist; Mawu balanciert diesen Stock nach dem Tod des Menschen aus, um festzustellen, nach welcher Seite er sich neigt. Es wäre daher möglich, daß die Waage afrikanischen Ursprungs ist, zumindest was das Prinzip des Wägens angeht, und daß es sich bei dem geraden Stock, den Guèdé häufig bei sich trägt, zugleich um ein phallisches Symbol und ein Hilfsmittel zum Wägen der Seelen handelt. Andererseits könnte es ebensogut sein, daß das Konzept des Richtens der Seele aus der christlichen Vorstellungswelt außenstehender Beobachter entspringt, denn tatsächlich kann ja jede Seele aus den Wassern der Unterwelt zurückgefordert werden, ohne zuvor einem solchen Gericht unterworfen zu werden. Zudem werden die Petro-Loas, bei denen man davon ausgeht, daß sie übelwollende oder böse Geister seien, unter dem Zeichen Guèdés zurückgefordert und nicht dazu verurteilt, „für ihre Sünden zu büßen".

47 Auch Courlander (S.87) schildert Guèdé als Beschützer der Kinder und zitiert eine Zeile aus einem Lied, in dem er gebeten wird, „die Kinder der Loas zu hüten". Die *Maringuin*-Trommel, die ganz besonders mit Guèdé in Zusammenhang gebracht wird, ist auch als Kinderspielzeug bekannt. Möglicherweise hat Guèdé als Hüter der Geschichte des Menschengeschlechts und der kontinuierlichen Weitergabe der Loas von Generation zu Generation ein ganz besonderes Interesse daran, dafür zu sorgen, daß ein Kind nicht stirbt, bevor sich nicht seine Seele soweit entwickelt hat, daß sie unsterblich werden kann. Bezeichnenderweise wird der Tod eines Kindes in Haiti von sehr wenigen Ritualen oder rituellem Trauern begleitet.

48 Anscheinend besitzt Guèdé zahlreichere Aspekte als jeder andere Loa. Courlander zählt unter anderen die folgenden Manifestationen auf: Gedevi, Gede Mazacca (möglicherweise besteht hier eine Beziehung zu Azacca, dem Loa des Ackerbaues), Ghede Zeclai und Ghede L'Oraille (ein möglicher Bezug zum Himmelspantheon), Baron La Croix und Azagon La Croix (welche vor allem mit dem Friedhof und der Magie in Verbindung gebracht werden und weniger mit der Erotik) sowie Baron Piquant (den der Autor als einen Petro-Loa aus der Familie Quitta Chéche einordnet). Denis listet einige Dutzend Guèdés auf, unter anderem Brav, Omsou (eventuell handelt es sich hierbei um Khensou) und L'Oraille. Maximilien zählt Baron La Croix und einen Ghede Zariguin (Spinne) zu den Petro-Loas. Rigaud rechnet Guèdé L'Oraille den Petro-Loas zu (S.15-16). Bei Simpson (II) findet sich die Beschreibung eines Loa namens Limba, der nackt, lasziv und ein Vielfraß ist, und bei dem es sich um einen übelwollenden Guèdé zu handeln scheint. Auch Simpson ordnet ihn den Loas zu, die ihren Ursprung in der neuen Welt haben. Herskovits hingegen behauptet, es handle sich bei Gede Onsu um ein dahomeyisches Totem (S.267) und schreibt an anderer Stelle (S.318): „Es gibt eine ganze Reihe von Göttern, deren Namen sich aus dem Namen

Guèdés zusammensetzen – Gedenibo, Gedeonsu, Gedehun. Daher ist die Frage gerechtfertigt, ob es sich hierbei nicht um einen Gattungsbegriff oder eine spezielle Bezeichnung handelt." – Eine Abhandlung über Guèdés Urspünge und Geschichte befindet sich im Anhang A dieses Buches.

49 Bei diesem Bassin handelt es sich um ein speziell für diesen rituellen Zweck konstruiertes Becken, dessen Ausmaße von einigen Fuß (1 Fuß = ca. 30,5 cm; Anm. d. Ü.) bis zur Größe eines Swimmingpools reichen können. Marcelin (S.58) sowie auch Courlander zitieren verschiedene Lieder, in denen von diesem Bassin die Rede ist.

50 Herskovits (S.171) berichtet von einem Damballah, der deutlich und viel sprach. Das Lied, das der Autor im Zusammenhang mit dieser Besessenheit zitiert, bezieht sich allerdings auf Schango, einen Loa, der gewöhnlich der Familie der Ogouns zugeordnet wird. (Es existiert sogar ein Loa namens Ogoun Damballah; Anm. d. Ü.). Es ist zwar vorstellbar, daß es eine Manifestation Damballahs gibt, die klar und deutlich spricht – unter dem von mir beobachteten Damballahs jedoch waren sehr wenige, die überhaupt ab und zu einen verständlichen Satz äußerten; andere Beobachter pflichten meinem Eindruck bei. Marcelin (S.55) zitiert ein Lied für Damballah, in dem ganz speziell die Äußerung vorkommt: „Die Schlange kann nicht sprechen...". Dies scheint mir eine sehr vernünftige Bestätigung meines Eindrucks.

51 Dies ist die Erklärung, die im *Dictionary of Folklore* für dieses dahomeyische Wort (für das auch die Schreibweise *Dan* existiert) angegeben wird. Marcelin (S.55) nennt als eine der Eigenschaften Damballahs die Fruchtbarkeit und hält (wie auch andere Beobachter) an der Aussage fest, daß ein hingebungsvoller Serviteur – Mann wie Frau – an dem Tag der diesem Mystère heilig ist, keinen Geschlechtsverkehr hat. Bei Rigaud (S.37) findet sich ein kurzer Hinweis auf eine legendäre Affäre Damballahs mit Erzilie. Trotzdem hat die Fruchtbarkeit in Verbindung mit Damballah eine abstrakte, ursprüngliche, und weniger eine sexuelle Bedeutung. Die sexuelle Enthaltsamkeit an den Tagen, die einem Loa heilig sind, mit dem ein Serviteur besonders verbunden ist, wird ganz allgemein im Zusammenhang mit sämtlichen große Loas praktiziert; es handelt sich hierbei also nicht um ein sexuelles Gebot, das nur für diesen Fall gilt.

52 Anläßlich des International Folklore Congress, der im Jahr 1893 in Chicago stattfand, berichtete eine gewisse Mary Alidia Owen über „Voodooismus", als handle es sich um einen in dieser Gegend vorherrschenden Kult und führte den folgenden „Voodoo"-Schöpfungsmythos an: Die „Alte Sonne (die uranfängliche Gottheit; Anm. d. Aut.) hockte sich am Ufer eines großen Flusses nieder und begann alle Arten von Vögeln zu schaffen...(Sie) riß ein Stück aus ihrem Körper und warf es ins Gebüsch...daraus wurde die Große Klapperschlange." – Obwohl der Stil ihres Berichts nicht dem der modernen Wissenschaft entspricht, besteht kein Zweifel daran, daß die Verfasserin die Geschichten korrekt wiedergegeben hat, und daß die obenzitierte Begebenheit eine logische Verbindung zu Legba und Damballah aufweist.

53 Im *Dictionary of Folklore* wird Aido Hwedo als ein männlicher Schlangengott der Dahomeyer definiert. Im haitianischen Vaudou hingegen handelt es sich um eine eindeutig weibliche Schlange, Damballahs Gattin. Sie werden fast immer zusammen abgebildet. Marcelin zitiert einige Aussagen von Informanten, die sagten, der Regenbogen werde als Schlange angesehen. In einem anderen Zusammenhang spricht er davon, daß die Berührung des Regenbogens mit dem Meer das Zeichen der Affäre zwischen Ayida und Agwé sei. Dieser

einzige Hinweis in Richtung auf eine Promiskuität Ayidas paßt weder zu ihrem Charakter noch zu ihrer hohen, angesehenen Position im Vaudou-Pantheon. Dorsainville (S.22) bezeichnet Ayida als die „Sonne der Erde".

54 Eine hervorragende Darstellung des mythologischen Konzepts vom Weltenei findet sich bei Campbell (S.276).

55 Sämtliche Autoren berichten übereinstimmend, daß Damballah sein Ei ohne Zuhilfenahme der Hände trinkt. Rigaud (S.37) beschreibt, daß Damballahs Kopf sorgfältig unter einem weißen Tuch versteckt wird, während er ißt – eine Praxis, die ich selbst auch beobachtet habe. Frazer (S.198 und S.199) gibt den zweifellos richtigen Ursprung für diese Praxis an – nämlich, daß sie sich aus einem Tabu entwickelte, dem die Angst zugrundelag, die Seele eines Menschen könne durch seinen Mund entflüchten oder ein böser Geist könne auf demselben Weg in ihn eindringen. Die afrikanischen Ewe essen und trinken in absolut abgeschlossener Zurückgezogenheit. In Loango galt es als ein Kapitalverbrechen, den König beim Essen oder Trinken zu sehen. Das gleiche galt für den dahomeyischen König: „Wenn er zu außergewöhnlichen Anlässen in der Öffentlichkeit trinkt, verbirgt er sich hinter einem Vorhang oder man hält seinen Kopf hinter Tüchern versteckt. ...". – Wenn man die Herkunft heiliger Praktiken der Loas zu alten königlichen Tabus zurückverfolgt (Legbas Hut wurde bereits als ein weiteres Beispiel dieser Art genannt), wird die Verbindung zwischen den Mystères und ihren königlichen Ahnen deutlicher sichtbar.

56 Bei den Wedos scheint es sich um eine königliche Familie zu handeln. Courlander erwähnt beispielsweise einen Agao Wedo (S.30), der in einem Garten arbeitet und eine Gran Wedo (S.35), bei der es sich um seine Mutter handelt.

57 Sobo und Badé (wie Badessy manchmal genannt wird) sind beide Kinder von Mawu-Lisa und gehören dem Himmelspantheon der dahomeyischen Götter an. In manchen Liedern werden sie mit Damballah (Rigaud, S.11), Agwé (Courlander, S.32), Gran Erzilie (Marcelin, S.97) und Agassou (Maximilien, S.103) in Zusammenhang gebracht. Maximilien gibt ferner an, daß die Anrufung für Sobo die gleiche sei wie die für Damballah; in derselben Anrufung trägt Agarou Tonnerre den Familiennamen „Wedo" (S.42). An anderer Stelle (S.57) wird der Loa als ein Tier „ohne Blut", das auf Bäume klettert – das heißt als eine Schlange –, beschrieben.

58 Das Zusammenfassen der Vergangenheit ist ein häufiges Thema in vaudouistischen Liedern. Rigaud (S.37) zitiert ein solches Lied, in dem Damballah darum gebeten wird, „die Familie zusammenzubringen".

59 Erwähnt bei Courlander (S.19) und Maximilien (Abbildung 18, gegenüber S.42). Es handelt sich um ein Kreuzweg-Vever, das dem Symbol für Legba ähnelt, mit dem Unterschied, daß es keine Schlange enthält.

60 Diese Angabe stammt von Maximilien (S.155). Sie stellt einen Hinweis auf den Unterschied zwischen den Rada- und den Petro-Göttern sowie auf die emotionale Färbung des Petro-Kultes dar.

61 Nach Herskovits Angaben (S.160-162) ist dies seine hauptsächliche Funktion. Der Autor reiht ihn unter die Congo-Götter ein (S.267) und ordnet ihn an anderer Stelle der Gruppe der Bakas zu (S.241).

Dies ist ein weiterer Hinweis auf einen eventuellen indianischen Ursprung dieses Loa. Eine nähere Darstellung dieses Punktes findet sich in Anhang B dieses Buches.

62 Diese Verbindung läßt sich ganz allgemein beobachten. Besondere Beispiele für die Verwandtschaft dieser Loas finden sich in den von Herskovits (S.164) zitierten Liedern.

63 Es herrscht eine große Uneinigkeit darüber, inwiefern sich die Domänen der hier genannten Geister überschneiden, und darüber, wie sie im einzelnen zu klassifizieren seinen. Maximilien (S.156), Marcelin (S.64) und Rigaud-Denis (I, S.14) machen jeweils recht widersprüchliche Aussagen zu diesem Punkt. Allein aufgrund der Tatsache, daß diesbezüglich eine derartige Verwirrung herrscht, finde ich die Annahme berechtigt, daß die genannten Loas derselben Familie angehören, oder daß es sich eventuell um ein und dieselbe Figur handelt.

64 Zitiert bei Rigaud-Denis (I, S.14). Dies ist ein weiterer Hinweis darauf, daß es sich beim Petro-Kult nicht einfach um den ethischen Gegensatz zum Rada-Kult handelt.

65 Agwé scheint mit Sobo und Badé in Verbindung zu stehen (Courlander, S.31; siehe auch bei Maximilien, S.102, zitierte Litaneien); Sobo wird darüberhinaus mit Agassou in Beziehung gesetzt (Maximilien, S.103). Maximilien führt den Ursprung Agwés auf einen ägyptischen König zurück (S.103). Marcelin (S.107) schildert seine Aspekte als Admiral und bevollmächtigter Oberkommandierender der Seestreitkräfte und setzt ihn in diesem Zusammenhang mit Dessalines, dem haitianischen Revolutionshelden, in Beziehung. Der Autor erwähnt ferner eine Legende (S.104), die von der Flucht einiger Sklaven auf dem Rücken eines Fisches – wahrscheinlich handelte es sich um die Manifestation Agwés – berichtet. Denis erwähnt als einziger ein Petro-Pendant Agwés – Agwé Ge-Rouge; die Existenz einer solchen Figur erscheint jedoch sehr unlogisch, da die Betonung des Feuers und des Ackerbaues, die für den Petro-Kult charakteristisch ist, im völligen Gegensatz zur Natur Agwés steht. Rigaud zitiert die Bezeichnung „Toni Agwé" (S.38), bei der es sich möglicherweise um einen Bezug zu indianischen Mythen handeln könnte (siehe Anhang B).

66 Campbell (S.87-88) beschreibt den Blitz als ein Symbol psychischer oder magischer Macht.

67 Courlander (S.37-38) und Maximilien (S.13) geben Afrika als Ursprungsland Ogouns an. Auch Herskovits verlegt die Herkunft dieses Loa nach Afrika (S.267) und setzt ihn zum afrikanischen Schango in Beziehung.

68 Die Formulierung „die Nabelschnur zerschneidet die Nabelschnur" – ein versteckter Hinweis auf magische Beeinflussung – findet sich in vielen Liedern über diesen Loa (Courlander, S.78).

69 Sowohl Courlander (S.40-41) als auch Herskovits (S.280 und S.317) und Rigaud (S.42-48) gehen näher auf die diversen Aspekte Ogouns ein. Rigauds detaillierte Beschreibung einer Ogoun-Besessenheit umfaßt viele exakt beobachtete Einzelheiten und bietet insgesamt eine außerordentlich gute Darstellung von Ogouns Charakter.

70 Courlander (S.12) hat eine ähnliche Besessenheit beschrieben.

71 Dieser Loa wurde lediglich in einem einzigen Hounfor beobachtet. Es könnte sich um den persönlichen Loa der Mambo gehandelt haben; darauf ließ insbesondere der Umstand

schließen, daß er infolge ihrer politischen Verbindungen bestimmte Privilegien genoß, so zum Beispiel was das Genehmigen von Zeremonien betraf.

72 Die trifft jedenfalls für die Umgegend von Port-au-Prince, dem politischen Zentrum Haitis, zu. Eine solche Mitgliedschaft scheint in irgendeiner Weise mit dem Priesterberuf in Zusammenhang zu stehen. Sie entspricht ferner der Tradition der Geheimgesellschaften, die in Afrika sehr verbreitet waren und die vermutlich – zumindest als Tradition – in der neuen Welt überlebt haben.
Bei einer Gelegenheit beobachtete ich, daß dem Vever für Ogoun ein zweites hinzugefügt wurde, welches das Symbol einer großen Hand und weiterer Zeichen enthielt. Man erklärte, dieses Vever sei das freimaurerische Symbol der Hand Gottes.

73 Courlander (S.45 und S.78) erwähnt diese Petro-Ogouns; andere Autoren haben noch weitere aufgezählt. All diese Aspekte scheinen aber eine relativ untergeordnete Rolle in der Petro-Hierarchie zu spielen.

74 Diese für die Ogoun-Familie typische Art, Rum zu versprühen, ließ mich zum ersten einen Zusammenhang zwischen Mounanchou und Ogoun vermuten. Zudem führt Courlander (S.45) einen Nanchou aus dem Gebiet von Leogone an, einen Kriegsgott, den er den Petro-Loas zuordnet. Meine Vermutung eines solchen Zusammenhangs wird untermauert durch den Gesamtcharakter und das Aufgabengebiet Mounanchous, die keinem der anderen großen Loas entsprachen.

75 Eine der Bezeichnungen, die in der von Maximilien zitierten Anrufung (Abbildung 11, gegenüber S.42) verwendet wird.

76 Herskovits (S.236) erwähnt ein Lied, in dem dieser Satz auftaucht. Der Autor beschreibt Bossu weiterhin auf S.160-162, S.164, S.170, S.197 und S.319.

77 Diese Begebenheit wird von Courlander (S.31) zitiert, der diese Legende aus Herskovits' Werk übernommen hat.

78 Insbesondere La Sirène, die man als einen der Aspekte Erzilies betrachtet, wird mit Agwé in Verbindung gebracht. Man stellt sie als Meerjungfrau dar. Nach Marcelins Angaben (S.19-22) sagen die Haitianer, die Loa raube Kinder und entführe diese auf den Grund des Meeres oder eines Flusses – bringe sie aber ebenso an die Oberfläche dieser Gewässer. Maximilien (S.101) setzt sie zu Gran Danguy in Beziehung, was mir eine Bestätigung ihrer Verwandtschaft mit Ayida, Damballahs weiblichem Gegenstück, zu sein scheint – dem Regenbogen beziehungsweise der Schlange, die ins Wasser kriecht. Am bezeichnendsten aber ist, daß man La Sirène mit La Balaine (dem Wal) in Verbindung bringt, einer Gestalt, über die es nur ungenaue Informationen gibt. Während Marcelin die Ansicht vertritt, daß es sich um eine männliche Gottheit handelt, deutet Campbell den Wal als Symbol für den gebärenden Schoß des Meeres (S.90-94 und S.207-208), was eine befriedigendere Interpretation der Figur La Balaines darstellt. Auch Courlander führt eine „Erzilie Balianne" auf (S.47).

79 Gewöhnlich wird Erzilie mit der Mater Dolorosa identifiziert. Diese Loa hat indes zahlreiche Aspekte und wird mit vielen unterschiedlichen Heiligen gleichgesetzt. La Sirène identfiziert man mit der gnadenvollen Jungfrau (Herskovits, S.279); Gran Erzilie, die entweder als ein gesonderter Aspekt Erzilies oder als die Göttin Erzilie in ihrer Erscheinungsform als alte Frau betrachtet wird, setzt man mit der heiligen Anna gleich (Marcelin,

S.93). Herskovits hingegen (S.279) sieht Gran Erzilie als Mater Dolorosa und die heilige Anna als Adams Wedo an (S.280). Marcelin erwähnt desweiteren eine Erzilie namens La Vierge Caridad (S.86), die sich vermutlich aus der Gestalt der gleichnamigen Heiligen entwickelt hat.

80 Erzilie ist bekannt für ihr Bestehen darauf, daß „fraicheur" – das heißt Kühle – herrscht. Zu ihrer Ausstattung gehört ein Fächer, mit dem ihr ihre Verehrer und Bewunderer Kühlung zufächeln. Maximilien erwähnt dieses Detail im Rahmen seiner Schilderung einer Erzilie-Besessenheit (S.196 ff).

81 Diese Toilette ist stets ihre erste Aktion und wird von vielen Autoren beschrieben, so unter anderem von Marcelin (S.81-83) und Maximilien (S.196 ff).

82 Erzilies Schönheit wird in vielen Liedern erwähnt. Einige davon sind bei Marcelin (S.83-84) und Courlander (S.118) zitiert.

83 Diese typische Weise, Frauen zu begrüßen (auch zitiert bei Marcelin, S.84), ist nur eine ihrer Arten, ihre Vorliebe für Männer zum Ausdruck zu bringen. Ihre verschiedenen Wünsche werden ihr denn auch eher von Männern als von Frauen erfüllt.

84 Bezeichnenderweise steht sie den Eheschließungen ihrer weiblichen Serviteurs nicht immer wohlwollend gegenüber – möglicherweise deshalb, weil eine Heirat oftmals mit einem „Nachlassen" dieses anmutigen Flirtens einhergeht.

85 Diese Zeile stammt aus einem sehr bekannten Lied und wird von Courlander (S.118) zitiert.

86 In seiner Schilderung einer Erzilie-Besessenheit weist Maximilien (S.199) insbesondere auch auf dieses Verteilen von Geschenken hin.

87 Marcelin (S.77) erwähnt das durchbohrte Herz; Maximilien hat versucht, das Vever für Erzilie in diesem Zusammenhang auf einen christlichen Ursprung zurückzuführen.

88 Diese Einzelheiten aus Erzilies Liebesleben werden in Marcelins Bericht ausführlich beschrieben; Rigaud (S.37) erwähnt ihre Affäre mit Damballah.

89 Die Rivalität zwischen Ogoun und Agwé wurde von Denis (I, S.35) und anderen beschrieben.

90 Marcelin (S.77-80) erwähnt eine solche Hochzeit; Maximilien gibt den Inhalt eines entsprechenden Ehevertrages wieder; und in Anhang A dieses Buches findet sich die Schilderung einer solchen Zeremonie.
Bei Campbell (S.350-351, S.109-120 und S.309-310) findet sich eine ausführliche Darstellung der mythologischen und metaphysischen Bedeutung solcher Heiraten. Viele Serviteurs, die nicht soweit gehen, eine solche Verbindung zu schließen, üben an den Tagen, die ihr heilig sind, sexuelle Enthaltsamkeit.

91 Marcelin (S.77 und S.94) führt eine Anzahl von Liedern für Erzilie an, die ihr „hartes Schicksal, Verrat" und so weiter zum Thema haben.

92 Herskovits (S.316) ordnet Erzilie Ge-Rouge als Gattin Simbis ein und führt darüberhinaus eine Reihe weiterer Petro-Erzilies an (S.165-166). Courlander erwähnt eine „menschenfressende" Erzilie Mapionne (S.42). Dies ist charakteristisch für die zunehmende Gleichsetzung Marinettes mit Erzilie in ihren strengeren Petro-Manifestationen. Die Praktiken des „Menschenfressens" oder des „Zermahlens von Menschen" stehen in engem Zusammenhang

mit den Versöhnungszeremonien für die indianische Mais- oder Kornmutter – und dies ist Marinette. Erzilie Ge-Rouge, so wie ich sie gesehen habe – und ich glaube, es handelte sich dabei um den afrikanischen Aspekt Erzilies – wurde von einer rasenden Wut beherrscht, die sie gegen sich selbst kehrte; sie bohrte ihre Fingernägel in ihr Fleisch bis es blutete. Dies war nicht die extrovertierte, triumphierende, aggressive Gewalttätigkeit der verzehrenden Kornmutter – die Kornmutter ist nicht unglücklich. – Tränen sind ein Attribut der afrikanischen Erzilie – mit vollem Namen Erzilie Freda Dahomey.

93 Den Berichten der Informanten Marcelins zufolge (S.96), büßte Gran Erzilie (die alte Erzilie) für ihre Jugendsünden und setzte sich – nachdem ihr vergeben wurde – in gleicher Weise für die Prostituierten ein. Eine solche Interpretation würde aber implizieren, daß die Haitianer die junge Erzilie als Sünderin betrachten; dies ist unvorstellbar, da sie mit der Jungfrau Maria identifiziert wird. Alle Auslegungen, die sich in irgendeiner Weise am Begriff der „Sünde" aufhängen (wie im Fall des Wiegens der Seelen) scheinen auf dem Boden christlicher Konzepte gewachsen zu sein und stimmen selten mit dem tatsächlichen Charakter der Loas überein. Erzilie zeichnet sich in Wirklichkeit durch Reinheit sowie die Forderung an ihre Verehrer, sich an den ihr geweihten Tagen sexuell zu enthalten, aus. Dieses Merkmal der Reinheit wird von sämtllichen Autoren erwähnt, eingeschlossen Maximilien (S.196 ff), Courlander (S.33) und sogar Marcelin selbst (S.80).

94 Eine der Erklärungen, die für Erzilies Tränen gegeben wird, leitet man aus ihrer Identifikation mit der Mater Dolorosa ab. Es ist die Rede davon, daß Erzilie nur ein einziges Kind von Ogoun zur Welt brachte – ein Mädchen namens Ursele. Dieses Kind ertrank bei einer Bootsfahrt, und nun weint Erzilie um dieses verlorene Kind. (Diese Erklärung wird von Marcelin, S.95, zitiert.) Die Begründung ist indes völlig unlogisch, denn ein Kind zweier großer Gottheiten wäre nicht sterblich.

95 Agassou wird von Dorsainville (S.22) als Hüter der Gebräuche und Traditionen bezeichnet und von Herskovits (S.267 und S.197) als heiliger Ahne und Gründer einer dahomeyischen Königssippe klassifiziert. Von seiner Bedeutung her rangiert er sehr nahe an Loco und Ayizan und teilt viele ihrer Funktionen und charakteristischen Merkmale.

96 Marcelin (S.42). Auch Courlander (S.37) ordnet Loco dem Himmelspantheon zu.

97 Herskovits, S.196.

98 Diese Anreden kommen in etlichen Liedern vor; einige davon sind bei Marcelin zitiert (S.41-49).

99 Frazer (S.9-10) mißt dem Umstand besondere Bedeutung zu, daß die Funktionen des Königs und des Priesters in Afrika sowie in Mittelamerika (S.85-86) oftmals dieselben waren. Er weist darauf hin, daß Tabus für solche Gottkönige allgemein verbreitet waren (S.169), insbesondere was das oben erwähnte Verbot betrifft (S.198-199).

100 Marcelin, S.29.

101 Dies wird sowohl bei Rigaud (S.32) als auch bei Herskovits (S.316) erwähnt; im allgemeinen wird Ayizan jedoch als eine weibliche Gestalt angesehen.

102 Bei Nanan-bouclou, einem pflanzen- und heilkundigen Loa, handelt es sich wahrscheinlich um eine alte dahomeyische androgyne Gottheit, die in der Entstehungsgeschichte sogar noch vor Mawu-Lisa rangiert (Courlander, S.39). Weder er noch Silibo-Gweto – ein anderer

heiliger Ahnen-Loa (Herskovits, S.267) – spielen im heutigen Vaudou eine entscheidende Rolle. Beide Loas werden in einigen Liedern, die bei Courlander (S.41 und S.78) und Marcelin (S.30-31) zitiert sind, mit Ayizan und Agassou in Verbindung gebracht.

103 Diese Angabe stammt von Courlander (S.37).

104 Sowohl Loco als auch Agassou werden in einigen Liedern mit einem Spiegel in Verbindung gebracht (Marcelin, S.42 und S.128). Es ist bemerkenswert, daß Agassou als Schutzgottheit der Quellen angesehen wird, denn auch Quellen dienen den Geistern als Wege von der unsichtbaren in die stoffliche Welt. Andererseits heißt es, Agassou sei Agwés Sohn (Courlander, S.31) oder sein Kapitänleutnant. Ich selbst habe ihn als Matrosen erlebt, wenn er sich manifestierte.

105 Darüber gibt es ein Lied, das von Courlander (S.89) und Marcelin (S.45) zitiert wird und in dem es heißt: „Hier, läute die Glocke (Asson), Papa, ich bin Guèdé. Ganz in Schwarz komme ich, um Loco zu treffen...". – man sagt, Agassou habe Sobo aus den Wassern der Unterwelt zurückgerufen (Maximilien, S.103 und Herskovits, S.197).

106 Courlander, S.31.

107 Marcelin (S.42) zitiert das Lied „Bewache mein Haus für mich". Ayizans Palmwedel reinigt auch die menstruierenden oder schwangeren Frauen, die andernfalls während dieser Zeit nicht an Ritualen teilnehmen könnten.

108 Verschiedene Autoren erwähnen diese besondere Fähigkeit Locos; unter anderem Marcelin (S.43-44). Auch Agassou ist bekannt für seine wirkungsvollen Therapien.

109 Diese schützende Kraft wird in etlichen Liedern erwähnt; ein Zitat findet sich bei Marcelin (S.43).

110 Marcelin (S.47 ff) berichtet von einer Begebenheit, bei der die Serviteurs Schwierigkeiten mit einem Loa hatten und Loco sich für die betroffenen Leute einsetzte.

IV. KAPITEL

1 Courlander (S.82 und 110) zitiert Lieder, in denen von einem Hougan, den die Loas zum Priester gewählt haben, die Rede ist.

2 Eine ausführliche Schilderung der Stellung einer Hounsi bossale findet sich bei Courlander (S.9), Herskovits (S.146 und S.188) und Maximilien (S.73). Eine Housi bossale kann sich eventuell einer *Laver-tête*-Zeremonie unterziehen. Diese Zeremonie erfüllt den Zweck, einer Hounsi bossale soviel Kontrolle über die Loas zu geben, daß sie die Geister davon abhalten kann, in unpassenden Momenten von ihr Besitz zu ergreifen oder ihr Schaden zuzufügen.

3 Bei Simpson (II) findet sich folgende Auflistung der Initiationsgrade: Hougans, Badjicans (Gehilfen des Priesters), Serviteurs (Vaudouisten, die besessen werden) und Fidèles (Vaudouisten, die nicht besessen werden). Maximilien fügt dieser Hierarchie noch den „Confidant" hinzu, eine Person, die ein enges persönliches Verhältnis zum Hougan oder der Mambo hat.

4 In diesem Zusammenhang ist eine der Aussagen von Owen von besonderer Bedeutung. Sie sagt, daß „der innere Kern des Voodooismus...Telepathie (sei),...Hellsehen – kurz: der WILLE. Das Motto lautet: Beherrsche dich selbst perfekt und du kannst den Rest der

organischen sowie der unorganischen Welt kontrollieren. ... Alexander braucht keine Magie... Die Macht seines Großvaters befähigt ihn dazu, Menschen durch *Blicke* zu töten." – Dann zählt die Autorin die vier Grade der Vaudouhierarchie und die Rituale auf, mittels derer man eine solche Kontrolle erlangt: 1. Stufe – Unterweisung in der Anwendung von Giften, Heilmitteln, der Traumdeutung und der Bedeutung von Macht; 2. Stufe – Fasten, Rückzug von der Welt, Schlangentanz, Feuertanz und Mondtanz. Die beiden folgenden Stufen sind nicht klar umrissen; aber die Autorin merkt an, daß man dann, wenn man sich selbst überwunden hat, bereit ist, andere zu kontrollieren, und daß sich die Initiierten, die diese Stufe erreicht haben, in einem „Kreis" treffen – in „einer Gesellschaft, deren Ziel in der Weitergabe von Wissen und der Prüfung der Macht der einzelnen liegt. Wissen ist im Prinzip etwas Biographisches." – Owen schließt: „Hypnotismus ist der Zeitvertreib und die Stärke des Voodoo." – Dorsainville (S.33) erwähnt „la prise des yeux", was er als Hellsichtigkeit definiert, als vierte und höchste Stufe der Einweihung. Dies hört sich nach einem Hinweis darauf an, daß göttliche Kräfte von einer besonderen Sehkraft der Augen herrühren, und sich nicht durch das Muster der als Orakel geworfenen Kerne und ähnlicher Wahrsagemethoden manifestieren. Dorsainville ist der einzige, der eine solche Stufe als rituellen Schritt bezeichnet. Herskovits berichtet von Hougans, die zum Wahrsagen eine Kristallkugel und andere Hilfsmittel verwenden (S.152).

5 Frazer merkt an, daß es in vielen Kulturen üblich ist, diese drei Funktionen gleichzeitig auf ein Individuum zu übertragen. Es wird deutlich, daß der gesamte Aufbau eines Hounfors eine Erweiterung der Familienstruktur darstellt. Herskovits hat sich insbesondere auf diesen Punkt konzentriert und diesbezüglich viele wichtige Einzelheiten aufgezählt (S.125, S.145, S.213 und S.268). Maximilien (S.70) schreibt den Hougans und Mambos die Funktion von Königen zu. Dies würde mit ihrer politischen Rolle übereinstimmen, die in der neuen Welt vor allem während der Revolution zum Tragen kam, und die heute vor allem in der Politik zum Ausdruck kommt.

6 Maximilien führt die vom Hougan getroffene Unterscheidung zwischen einer „natürlichen" und einer „übernatürlichen" Krankheit an, sowie das Anrufen des Loa im Govi, den man zum Zweck der Therapie befragt. Courlander bezeichnet den Hougan als einen „Apotheker" (S.23). Es ist wichtig, im Zusammenhang mit solchen pflanzlichen Therapien darauf hinzuweisen, daß Arsen und Digitalis (Fingerhut) ursprünglich im Rahmen der „Zauberei" verwendet wurden.

7 Auch bei Herskovits (S.134) ist die Rede davon, daß die Haitianer es vermeiden, Reichtum in besonders auffälliger Weise zur Schau zu stellen, damit dieser Wohlstand keinen Neid erregt. Er erwähnt (S.95) die Praxis, einem Kind kleine Narben zuzufügen, um es vor den neidischen Blicken seiner Mitmenschen zu schützen.

8 Auch Herskovits (S.202) gibt an, die Bezeichnung „kembi" beziehe sich auf eine von einem Loa verursachte Krankheit, und merkt an, daß die Marassa Verstopfung, die Loas Durchfall und die Toten Kopfschmerzen verursachen würden.

9 Die Rolle des Hougans als Heiler wird besonders von Herskovits hervorgehoben. Der Autor unterscheidet zwischen einem Bocor – einem Zauberer – und einem Hougan beziehungsweise einer Mambo, wobei er angibt, daß „die Loas letzteren (den Priester/innen) aus eigener Entscheidung die 'Connaissance' – daß heißt das Wissen des Heilens und Helfens – verliehen haben". Nachfolgend listet er die einzelnen Loas auf, die den Priestern

ein solches Heilwissen vermitteln (S.151 ff). Herskovits sagt, der „Hougan kann nur solche Krankheiten heilen, die entweder 'von Menschen geschickt' sind – das heißt durch Magie verursachte Leiden – oder solche, die von den Loas ausgelöst werden; gegen von Gott gesandte Krankheiten ist er machtlos". Damit zieht er eine klare Grenze zwischen einem „natürlichen" und einem „übernatürlichen" Leiden, wobei es sich bei einer „natürlichen" Krankheit um ein von Gott verursachtes Leiden handelt. Der Autor schildert zudem ausführlich die Rolle des Hougans als Helfer während der Schwangerschaft und während der Geburt (S.88 ff).

10 Ich bin dem Arzt Max Jacobson für seinen Artikel „Functional Disorders" (Funktionelle Störungen), erschienen im *Tomorrow Magazine* vom März 1951, für die professionelle medizinische Analyse der psychosomatischen Mechanismen zu großem Dank verpflichtet, denn sein Beitrag half mir bei meinen eigenen Klärungen und der Formulierung meiner Untersuchung der therapeutischen Methoden der Vaudoupriester. Ich ging bei meiner Analyse von der Annahme aus, daß ein armer Mensch notwendigerweise wirklichkeitsbezogen lebt, da er sich keine andere Haltung leisten kann, und setzte aus demselben Grund voraus, daß die Behandlungsmethoden des Hougans notwendigerweise wirksam sein müssen. Mein spezielles Interesse galt der Frage nach den möglichen Ursachen für die gesundheitlichen Störungen offenbar psychosomatischer Art, die unter der haitianischen Bauernbevölkerung auftreten. Einer der Gründe war die grundsätzliche Unsicherheit ihres täglichen Überlebenskampfes. Ich verstand auch, auf welche Weise der Hougan dieses moralische Problem anging. Allerdings bin ich ein medizinischer Laie. Die von Jacobson vertretenen Ideen aber bringen viel Licht in diese Zusammenhänge, und zwar gerade dadurch, daß seine Untersuchungsergebnisse auf Forschungen basieren, die er weitab vom haitianischen Kulturkreis angestellt hat. Aus diesem Grund besitzen seine Ideen eine Relevanz als objektive Bestätigung meiner Analyse, der keinerlei medizinisches Fachwissen zugrundelag. Jacobson verwirft nicht nur die Vorstellung, daß es sich bei einer psychosomatischen Projektion um etwas „Schlechtes" handle, sondern geht sogar soweit, zu behaupten, daß der Ausbruch einer typischen psychosomatischen Krankheit als automatischer Schutzschild dient, der dem Organismus eine „Atempause" verschafft. In dieser Erholungsphase leitet die psychosomatische Störung die angestauten Spannungen ab, bevor sie den Organismus total überwältigen. Ferner vertritt er die Ansicht, daß solche psychosomatischen Krankheitsausbrüche den zerstörerischen Druck nicht nur unterbrechen – beziehungsweise zeitweise „ausblenden" – sondern darüberhinaus konstruktive Kräfte freisetzen. Er zeigt auf, daß „auf Migräneanfälle eine Phase tiefer Entspannung und Erholung folgt" und daß „durch diese Erholung...neue Kraft entsteht". In Zusammenhang mit epileptischen Anfällen gibt Jacobson an, daß hierdurch „bestimmte toxische Stoffe ausgeschieden werden" und daß dies „ein Zeichen dafür (sei), daß die Natur wohl bemüht ist, die Person vor weiteren Schäden zu bewahren". Er weist besonders darauf hin, daß es angebrachter sei, solchen psychosomatischen Krankheitsausbrüchen ihren Lauf zu lassen, als zu versuchen, sie durch eine Behandlung sofort zu beenden; nur so könne man den vollen Nutzen aus den therapeutischen Maßnahmen der Natur ziehen. – Man könnte fast meinen, daß Jacobson seinen Artikel auf der Grundlage einer eingehenden Analyse der Probleme der haitianischen Bauern und der Heilmethoden der Hougans verfaßt hätte. Migräne – eine Krankheit, die die Bauern einfach nur als Kopfschmerzen bezeichnen – ist ein in Haiti sehr verbreitetes Leiden. Auch Fälle von Epilepsie kommen relativ häufig vor.

Bezeichnenderweise versucht der Hougan trotz des häufigen Auftretens dieser Krankheiten nicht, seine Therapie besonders schnell durchzuziehen. Meist erstrecken sich die therapeutischen Maßnahmen über einen gewissen Zeitraum – was dazu führt, daß die kurativen Wirkungen der Attacke voll ausgenützt werden. Der Behandlungserfolg ist deshalb um so umfassender und dauernder – und das ist wichtiger als das stolze Zurschaustellen einer in raschen Tempo vollzogen „Heilung".

11 Auch Courlander (S.8) erwähnt die „Vermittlerfunktion" des Hougans.

12 Auch Herskovits (S.145-146) erwähnt das „Fesseln" und Begraben sowie weitere Mittel, die man anwendet, um die Loas in Schranken zu halten (S.167).

13 Simpson (II) berichtet über einen ähnlichen Fall, in dem eine Zeremonie innerhalb eines Hauses abgehalten wurde, während draußen ein kleines Jazz-Ensemble Tanzmusik spielte.

14 Diese Situation, die leicht zu einem zerstörerischen Wettbewerb führen könnte, wird von den Hougans selbst entschärft. Sie sind zu stolz, offen um Anhänger zu werben (gewöhnlich vermeiden sie es in jeder Beziehung, übereifrig zu handeln); zudem arbeiten sie einem Brauch zufolge zumindest nach außen hin zusammen. Fast immer lädt ein Hougan einen oder mehrere andere Priester/innen ein, denen er wiederum bei ihren Zeremonien hilft. Das Ansehen des gastgebenden Hougans steht und fällt mit der Anzahl und dem Ansehen der Priester/innen, die ihm bei seiner Zeremonie „assistieren". Eine bestimmte Hierarchie existiert hierbei allerdings tatsächlich; sie kommt in den Begrüßungsritualen zum Ausdruck.

15 Auch Herskovits (S.223) weist darauf hin, daß das Ansehen eines Hougans von seinem Erfolg abhängt.

16 Courlander (S.7) sagt: „Der Priester übt keine Herrschaft über den Vaudou aus...er ist ein Teil davon."

17 Diese beiden bei Maximilien (S.93 und S.107) zitierten Bezeichnungen sind keine allgemein gebräuchlichen. Milo Rigaud, der diesen Abschnitt meines Manuskripts gelesen hat, hat den Eindruck, daß meine englischen Übersetzungen nicht korrekt sind. Da es aber keine Ausdrücke im christlichen Wortschatz gibt, die den vaudouistischen Begriffen exakt entsprechen, war ich gezwungen, sie mit den Objekten gleichzusetzen, die den vaudouistischen Konzepten am nächsten kommen.

18 Ausführungen zu diesem „nom vaillant" finden sich bei Maximilien (S.18).

19 Maximilien (S.18) nimmt an, dieses Becken sei indianischer Herkunft.

20 Bei den Pierre-Loas (die im I. Kapitel näher beschrieben sind) handelt es sich häufig um Stücke von bearbeiteten Steinen und um Flint aus der Kultur der Arawak-Indianer. Sie stehen dem indianischen *Zemi* (wie in Anhang B beschrieben) näher als den afrikanischen Donnerkeilen. Man glaubt, daß diese Steine die spirituelle Essenz der jeweiligen Gottheit enthalten. Courlander (S.27-28) beschreibt diese Steine ausführlicher und ergänzt seine Ausführungen mit Anekdoten darüber, wie man diese Steine fand, wie sie von einer Person zur anderen weiterverkauft wurden und so weiter.

21 Sowohl Maximilien (S.18 ff) als auch Courlander (S.18) haben hervorragende, detaillierte Beschreibungen des Hounfors, des Peristyles und der damit in Verbindung stehenden

Objekte geliefert. Herskovits (S.155) hat eine Familienkapelle beschrieben, deren Aufbau im großen und ganzen dem eines Hounfors gleicht.

22 Der Grad der Macht, die mit der Weitergabe des Gegenstandes übertragen wird, ist unterschiedlich und variiert nach einem ziemlich komplizierten Muster. So kann jemand beispielsweise einen Pierre-Loa kaufen und erwirbt auf diese Weise zugleich die in ihm verborgene Kraft. Wenn jemand absichtlich einen Pot-de-tête stiehlt, ist dies deshalb gefährlich, weil die in ihm enthaltene spirituelle Essenz mit dem Krug zusammen verschwindet. Andererseits kann jemand, der einen Gegenstand findet und keine Ahnung von der in ihm verborgenen Kraft hat, diesen nicht zu dem Zweck einsetzen, zu dem er eigentlich bestimmt ist. Ein solches Objekt kann indes unter bestimmten Bedingungen einen schädlichen Einfluß auf den Finder ausüben.

V. KAPITEL

1 Maximilien, der der allgemeinen Meinung zustimmt, daß diese Worte afrikanischen Ursprungs sind, zitiert (S.105) M. Le Herisse, der sogar glaubt, sie könnten orientalischer Herkunft sein. Die Litaneien und Gebete, die Maximilien Wort für Wort wiedergegeben hat (S.101-105), scheinen ziemlich sicher neben den spanischen und indianischen auch afrikanische Wörter zu enthalten.

2 Maximilien (S.106) hat die Worte, die die Begrüßung der vier Himmelsrichtungen begleiten, wie folgt wiedergegeben: Osten – „Ein Tisch"; Westen – „D'abord", Norden – „Olande" und Süden – „Adonai" (dies ist ein eindeutig kabbalistisches Element; „Adonai" ist einer der im Judentum am häufigsten verwendeten Namen Gottes; Anm. d. Ü.). Auch Marcelin (S.44) zitiert derartige Worte, die die zeremonielle Begrüßung begleiten. Der Krug, der für dieses Trankopfer verwendet wird, kann ein ganz schlichtes Tongefäß sein; es kann sich aber auch um ein bemaltes Gefäß handeln, das einer bestimmten Gottheit geweiht ist. Solche Krüge, die sich dauernd im Gebrauch befinden, und die ab und zu im Laufe einer Zeremonie zerbrechen, werden mit keiner besonderen Ehrerbietung behandelt. Im großen und ganzen hat man den Eindruck, daß der Zweck, für welchen das Objekt verwendet wird, heilig ist, nicht aber der Gegenstand an sich.

3 Maximilien (S.97) beschreibt derartige Trankopfer, die mit einem Kreis von Wasser, der um den Poteau-mitan herum gegossen wird, beginnen – diese Geste interpretiert der Autor als eine Begrüßung für Legba. Rigaud (S.23) sieht diese Trankopfer gleichfalls als eine Methode an, die Loas auf dem Weg über das Wasser in die Zeremonie hineinzugeleiten.

4 Maximilien (S.98) interpretiert diese Handlung als einen magischen Kreis, der den Mittelpfosten vor dem Einfluß böser Geister und vor Zauberern schützen soll. Er dient jedoch ebenso als ein integrierendes Element für die strahlenförmig in alle Richtungen gezeichneten Vevers.

5 Maximilien (S.41-43) nimmt an, die Vevers seien indianischer Herkunft und beschreibt ausführlich ihre Bedeutung. Er erwähnt auch, daß diese Symbole mittelalterliche christliche Elemente enthalten.
Joseph Campbell hat darauf hingewiesen, daß das Vever dazu dient, einen Bodenaltar zu schaffen, und daß in Indien das Feuer auf einem Altar den Mund des jeweiligen Gottes repräsentiert. Dies ist möglicherweise auch die Bedeutung der Kerze, die am Fuß des

Mittelpfostens (oder an der entsprechend anderen Stelle, an der das Zeichen gemalt wird) während dem Zeichnen des Vevers bis zum Ende der Zeremonie brennen muß.

6 Rigaud (S.20) hat eine Zeremonie beschrieben, die die meisten dieser Elemente einschloß. Sie hat insbesondere betont, daß man die Erlaubnis des Maît-Hounfors einholen müsse, bevor man ein Ritual für irgendeinen anderen Loa abhält. Maximilien (S.97) beschreibt eine Zeremonie, bei der der La-place und die Flaggenträger den Mittelpfosten umrunden, anstatt das hier geschilderte Scheingefecht mit dem Hougan zu führen.

7 Die gegenseitige Begrüßung zweier Hougans kann auch so aussehen, daß sie sich gegenseitig ihre Assons in einer geheimnisvollen, rätselhaften Choreographie schüttelnd entgegenstrecken. Maximilien hat sowohl eine solche Form der Begrüßung beschrieben (S.97) als auch andere Arten des rituellen Grußes einschließlich der Abstufungen innerhalb dieses Begrüßungsrituals angeführt.

8 Auch Herskovits (S.157-160) hat eine *Ceremonie caille* und eine *Action de grâce* beschrieben.

9 Maximilien (S.98-100) hat diese Gebete in voller Länge zitiert. Er behauptet, es handle sich bei dem Begriff „Djo" um ein afrikanisches Wort mit der Bedeutung „beschützen", welches – wenngleich es sich auf die Heiligen beziehe – eine Anrede in Kreolisch und in Langage sei. Die *Litanies des Mystères Djor*, die darauf folgen, sind identisch mit den *Litanies des Saints*, mit dem Unterschied, daß letztere eine Anrufung für Legba einschließen. Rigaud (S.22-23) beschreibt eine vollständige Zeremonie und gibt die Reihenfolge der Anrufungen an.

10 Obwohl es sich hierbei um einen wichtigen Abschnitt der Zeremonie handelt, habe ich diese Handlung noch in keiner anderen Schilderung beschrieben gefunden.

11 Die folgende Darstellung bezieht sich hauptsächlich auf die Rada-Riten; die speziellen Bezeichnungen der Elemente anderer Rituale – des Petro-, Ibo- oder Congo-Kultes beispielsweise – können durchaus von meiner Beschreibung abweichen; die grundlegenden Elemente jedoch sind in allen Fällen etwa die gleichen. Maximilien (S.36) schließt eine Aufzählung solcher Zeremonielle in seine Schilderung ein.

Es ist noch wichtig darauf hinzuweisen, daß es für die Wahl des Zeitpunkts einer Zeremonie mehrere Gesichtspunkte gibt. Der Termin einiger Zeremonien – wie etwa der für das Fest der Toten (das in den letzten Tagen des Monats Oktober veranstaltet wird) oder für das *Mangé Marassa* (das zur Zeit der Ernte beziehungsweise zu Weihnachten stattfindet) – wird durch die Tradition bestimmt. Das große Festbankett für alle Loas kann terminlich von Jahr zu Jahr oder alle zwei Jahre schwanken, wobei der genaue Zeitpunkt von den praktischen Umständen sowie von der Notwendigkeit bestimmt wird, die Regenzeit zu vermeiden. Wenn ein einzelner ein Festmahl für seine Loas veranstaltet, hängt der Termin eventuell von der Zeit ab, die der Serviteur benötigt, um die erforderlichen Opfergaben zusammenzubekommen. Er kann aber auch von den Loas zur Festsetzung eines Termins für eine Zeremonie gezwungen werden, um den Mißständen ein Ende zu bereiten, deren Opfer er als Resultat seiner Vernachlässigung der Mystères geworden ist. Zeremonien, die der Herstellung magischer Gardes dienen, werden zu Neumond abgehalten. Zum selben Zeitpunkt schlägt man auch das Holz für die Anfertigung der Trommeln. – Kurz, die Termine für Zeremonien, die nicht vom Kalender bestimmt werden, hängen von den jeweiligen Umständen ab, insbesondere von den Bedürfnissen und den Geldmitteln des einzelnen Serviteurs.

12 Rigauds Beschreibung einer Zeremonie umfaßt viele Beobachtungen der unterschiedlichen Praktiken und Vorstellungen, die mit den Speiseopfer-Zeremonien der Loas in Zusammenhang stehen. Insbesondere weist die Autorin auf den Umstand hin, daß das Essen, das eine Person während ihrer Besessenheit durch einen Loa zu sich nimmt, nicht den Hunger dieses Individuums stillt. Herskovits (S.79) erwähnt darüberhinaus die Vorstellung, daß die Mystères die Essenz der Nahrung zu sich nehmen.

13 Bei Rigaud findet sich die wohl ausführlichste Schilderung der rituellen Zubereitung der Speisen für die Geister.

14 Herskovits (S.79-81) erwähnt das Ausstreuen des ersten Getreides auf den Feldern sowie auch die *Ceremonie-yam*.

15 Bei Maximilien (S.131-136) findet sich eine detaillierte Schilderung der *Mangé-yam*-Zeremonie.

16 So ist das Opferhuhn für Legba weiß, manchmal grau; das für Loco gelb; die Hühner für Damballah, Agwé und Erzilie sind weiß; Ogouns Opfertier ist rot; Guèdés Huhn muß schwarz sein.

17 Durch diese Handlung wird Kraft auf eine Person übertragen; auf die gleiche Weise entfernt man eine übelwollende Kraft aus dem Körper eines Menschen.

18 Es scheint eine gewisse Unstimmigkeit darüber zu herrschen, ob sich der Begriff „ventailler" auf die Geste bezieht, das Huhn den Körper einer Person entlangzuführen, oder auf das Schwingen des Tieres durch die Luft.

19 Wenn der Loa, für den das Opfermahl bestimmt ist, bereits Besitz von einem der Anwesenden ergriffen hat, kann er selbst den Akt der Opferung ausführen.

20 Petro-Loas pflegen häufig den Kopf des Opferhuhns abzubeißen. Maximilien und Rigaud schließen in ihre Beschreibungen von Vaudou-Zeremonien detaillierte Schilderungen der verschiedenen Methoden des Schlachtens der Opfertiere ein.

21 Auch Rigaud (S.35) erwähnt ein derartiges Einreiben.

22 Bei Courlander (S.54), Maximilien (S.94) und Herskovits (S.162-163) finden sich Beschreibungen und Beobachtungen über das Tieropfer.

23 Die Taufe der Loas wird von Herskovits ausführlich an mehreren Stellen beschrieben, insbesondere in der Passage auf S.143 ff.

24 Beschreibungen der *Laver-tête*-Zeremonie finden sich bei Courlander (S.9) und Herskovits (S.144).

25 Maximilien (S.73) beschreibt diese Zeremonie, durch die eine Person zur Hounsi bossale wird, sowie die Ablegung des Loyalitätsversprechens. Courlander (S.14) erwähnt eine *Bruler-zin*-Zeremonie für eine Hounsi bossale, die das Einatmen von Feuer einschließt.

26 Diese zeremoniellen Perlenketten bestehen aus zwei Schnüren – einem doppelten (weiblichen) Strang, dessen Schnüre in jeder siebten Perle zusammenlaufen, und einem einfachen Strang. Diese Schnüre werden bei bestimmten Zeremonien über den Schultern und vor der Brust gekreuzt getragen. Maximilien hat diese Perlenketten am detailliertesten beschrieben. Er sagt, sie würden gemäß der „manière Africaine" (nach afrikanischem Brauch) getragen (S.97). Tatsächlich ähnelt die Art, wie diese Ketten getragen werden, der Tradition

der Brahmanen. Eine ausführliche Darlegung dieses Punktes findet sich bei Campbell (S.129). Das Motiv des doppelten Strangs, der das weibliche Prinzip repräsentiert, und des einfachen Strangs für das männliche Prinzip findet sich auch in der Stickerei, mit der die Zwillichblusen der haitianischen Bauern verziert sind. In der Kombination der beiden Elemente wird ganz offenkundig die Integration der kosmischen Ganzheit zum Ausdruck gebracht, die im Moment der Initiation stattfindet.

27 Maximilien (S.85-86) gibt an, die Aufgabe des „moi personelle" (des persönlichen Ichs) finde in dem Augenblick statt, in dem die Seele in den Pot-de-tête gegeben wird. Diese Interpretation entspricht der von mir vorgelegten Erklärung – das heißt, es beweist, daß das Individuum Teil der spirituellen Gemeinschaft wird.

28 Die Vorstellung, der Name enthalte die Essenz seines Trägers, wird wiederholt bei Frazer erwähnt, der auch viele weitere mit dem Namen verbundene Tabus nennt. Der rituelle Bezug zum Namen taucht in Verbindung zu Legba auf (Maximilien, S.16). Ogoun (Rigaud, S.42) wird in Litaneien erwähnt (Maximilien, S.100); im Zusammenhang mit der Geheimhaltung nennt ihn Herskovits (S.95). Eine ausführliche Darstellung der allgemeinen mythologischen Bedeutung der Taufe findet sich bei Campbell (S.251).

29 Die vielleicht ausführlichste Darstellung der Rituale, die mit der Hounsi-Canzo-Zeremonie verbunden sind, findet sich bei Maximilien (S.75-91).

30 Courlander (S.9) sagt, der Begriff „canzo" bedeute „Feuer festbinden". Wenn im Alltag eine Person mit Leichtigkeit mit heißen Dingen herumhantiert, sagt man häufig, sie sei „canzo".

31 Maximilien schildert das *Bruler-zin* sehr detailliert. Auch Courlander (S.10-15) beschreibt eine *Bruler-zin*-Zeremonie und erwähnt viele der von mir genannten Einzelheiten. Er merkt allerdings an, daß es im Norden Haitis kein *Bruler-zin* gibt (S.48). Er bezeichnet es als eine Rada-Zeremonie (S.75) – was auch der allgemeinen Auffassung entspricht –, zitiert aber auch ein Quitta-Lied (das gewöhnlich als Teil des Petro-Kultes verstanden wird), in welchem der kochende Zin erwähnt wird (S.145).

32 Maximilien (S.93) bezeichnet den „Empfang" der Hounsi canzo als das wichtigste äußere Merkmal des Kultes und beschreibt ihn bemerkenswert detailliert.
Campbell hat besonders betont, daß die Initiation dadurch, daß sie mit der Erlangung von Wissen und Kontrolle über die Loas einhergeht, die im Unbewußten existenten Archetypen mit dem Bewußtsein vereint. Dies entspricht insofern dem, was Jung als Integration bezeichnet hat, als die psychischen Kräfte, die bei einer nicht integrierten Persönlichkeit unkontrolliert herrschen, von einem integrierten Charakter beherrscht werden. (Siehe Carl G. Jung, *The Integration of the Personality*, Farrar an Rinehart, Inc., New York, 1939.)

VI. KAPITEL

1 Diese „Pause" war ein typisches Element der Rada- und Congo-Trommelrhythmen in der Gegend von Port-au-Prince; in Jeremie hingegen kannte man es nicht – also handelt es sich wahrscheinlich nicht um eine allgemein übliche Praxis.

2 In den seltensten Fällen wird ein Trommler von dem Loa, dem die Anrufung gilt, oder von Hountor, dem Loa der Trommeln, besessen.

3 Neben Courlanders Untersuchungen über die Trommeln enthalten auch die Arbeiten von Denis und Paul sowie die von Romains (die sich insbesondere mit der Assator beschäftigt) viele detaillierte Informationen über die große Vielfalt der Trommeln, ihre Formen, ihre Größen und so weiter.

4 Die Fertigung der Trommeln wird von einigen rituellen Handlungen begleitet. Die drei Rada-Trommeln werden aus ausgehöhlten Baumstämmen hergestellt, wobei man bevorzugt Eichenholz verwendet. Jeder Baumstamm muß bei zunehmendem Mond gefällt werden, da er anderenfalls von Würmern befallen wird. Nachdem das Holz lange genug abgelagert ist, werden die Stämme mit der Hand ausgehöhlt – eine Arbeit, der eine kleine Zeremonie vorangeht, und die im weiteren von verschiedenen Riten begleitet wird, die in bestimmten Abständen stattfinden. Die Trommeln werden mit einer Kuhhaut bezogen und mit Stöcken unterschiedlicher Größe und Form geschlagen; eine Ausnahme bildet die Maman, die man mit einer Hand und einem Stock schlägt. In fast jedem Hounfor befindet sich ein Satz von zwei mit Ziegenfell bespannten Petro-Trommeln, die mit den Händen geschlagen werden. In einem großen Hounfor gibt es möglicherweise daneben auch noch Congo-, Ibo-, Martinique- oder andere Arten von Trommeln. Die Instrumente sind üblicherweise in der Farbe des Loa angemalt, dem sie geweiht sind; oftmals schreibt man auch den Namen des jeweiligen Geistes darauf. Manchmal werden die Trommeln reich verziert, wobei es sich allerdings überwiegend um keine symbolische, sondern lediglich um eine schmückende Bemalung handelt. Außer den obengenannten Werken über die Vaudou-Trommeln ist in Herskovits' Buch eine Beschreibung der Trommeln (S.182) und ein Bericht über die Taufe der Instrumente (S.273-276) enthalten.

VII. KAPITEL

1 Es existieren eine Menge falscher Vorstellungen hinsichtlich der Besessenheit. Außenstehende bringen dieses Phänomen gewöhnlich mit sexuellen Orgien in Zusammenhang, während die Schulmedizin es für eine Form der Hysterie hält, die Hemmungen verschwinden läßt und als ein neurotischer Anfall zu betrachten ist. Die Besessenheit setzt jedoch die persönlichen Triebe des Betreffenden nicht frei, sondern ersetzt vielmehr die individuelle Persönlichkeit des einzelnen durch eine außerordentlich ausgeprägte, disziplinierte Persönlichkeit – nämlich die des entsprechenden Loa. Dies ist das essentielle Charakteristikum der Besessenheit und steht als solches im Widerspruch zu derartigen Vorstellungen. Herskovits hat die treffendsten Aussagen über die Besessenheit gemacht. Und da man unterstellen könnte, daß meine eigenen Äußerungen zu diesem Thema möglicherweise eine Rechtfertigung meiner persönlichen Erfahrung der Besessenheit darstellen, ziehe ich es vor, diesbezüglich Herskovits zu zitieren.
„...es ist nicht ungewöhnlich, daß der ungeübte Beobachter dahin tendiert, das Gesehene von allen möglichen Standpunkten aus zu beurteilen – nur nicht auf der Basis der diesem Phänomen zugrundeliegenden Ordnung, von welcher sämtliche sakralen Handlungen bestimmt werden. Zweifellos löst die Besessenheit innere Spannungen ... dennoch muß betont werden ... daß es sich bei dieser Form des Gottesdienstes weder um einen hysterischen Anfall noch um eine trunkene Befriedigung des Sexualtriebes handelt. Das Benehmen der Betroffenen ... erscheint häufig ungeschlacht, stürmisch, heftig und sogar gefährlich – dabei handelt es sich aber lediglich um den Ausdruck einer anderen Tradition. Was

den orgiastischen Aspekt dieser Riten angeht, so haben die Haitianer ausreichend Gelegenheit, ihre sexuellen Bedürfnisse anderweitig zu befriedigen, ohne dies zu einem fundamentalen und festen Bestandteil ihres Gottesdienstes machen zu müssen." (S.177 ff).

„...Man muß sich die Hypothese aus dem Kopf schlagen, der haitianische Vaudou-Kult ließe sich im Sinne einer Neurose erklären, selbst wenn – wie in der bewundernswerten Darstellung von Dorsainvil – bei dieser Art der Annäherung an den Gegenstand weder die akzeptierte genetische Theorie bestritten wird – indem Dorsainvil die Vererbung neurotischer Anlagen in Familien von Serviteurs betont – noch die historischen Einflüsse geleugnet werden, die auf den Kult eingewirkt haben. Denn vom Standpunkt der haitianischen Religion aus betrachtet *stellt die Besessenheit kein anormales, sondern ein normales Phänomen dar*. Die Besessenheit hat ihren speziellen Platz innerhalb der haitianischen Kultur, genau wie alle anderen Elemente des täglichen Lebens. ... Wenn jemand also die Besessenheit als ein Phänomen betrachtet, das in den Bereich der Psychopathologie einzuordnen ist, bedeutet dies, daß seine Sicht durch eine grundsätzlich falsche Vorstellung getrübt ist." (S.147 ff).

„Ich kann nur noch einmal betonen, daß es sich beim Vaudou – entgegen anderslautenden Darstellungen – weder um die Ausübung von schwarzer Magie noch um einen unplanmäßigen pathologischen hysterischen Anfall handelt. Die Serviteurs kennen ihre Götter, und ihnen ist auch die Bedeutung der Verpflichtungen ihnen gegenüber klar. Der Lohn für die Erfüllung ihrer Pflichten ist eine gute Gesundheit, gute Ernten und das Wohlwollen der Mitmenschen; die Strafe für die Vernachlässigung ihrer Aufgaben ist entsprechend ein übles Geschick. Auf dieser Grundlage beruht das gottesdienstliche Zeremoniell." (S.153).

2 Manchmal hört man die Theorie, es handle sich im Falle der Besessenheit um eine Form von Hypnose, die der Priester verwende, um die Kontrolle über die Anwesenden auszuüben; in diesem Zusammenhang wird behauptet, daß der entsprechende Gott sich nur gemäß seiner Anweisung manifestiert. Nichts könnte weiter von der Wirklichkeit des haitianischen Konzepts entfernt sein. Falls der Priester diesbezüglich überhaupt eine Funktion erfüllt, so handelt es sich darum, die Loas unter Kontrolle zu halten und zu verhindern, daß die Serviteurs Schaden erleiden. Darüberhinaus können sich die Loas ebensogut an Orten manifestieren, die außerhalb der Domäne des Priesters liegen. Im Rahmen eines familiären Gottesdienstes kommen Besessenheiten häufiger vor als im Hounfor. Die Mystères können sogar unter Bedingungen Besitz von einer Person ergreifen, die völlig unabhängig von irgendeinem rituellen Rahmen sind; dies kommt allerdings selten vor. Die Loas können erscheinen, um der Familie oder einem einzelnen persönlichen Rat zu erteilen; sie können sogar im Schlaf von einer Person Besitz ergreifen – in diesem Fall wird das Erscheinen des Loa als Traum erlebt. Solch einen Fall zitieren Rigaud-Denis (II).

3 In einer engen, vertrauten Gemeinschaft von Menschen ist es undenkbar, daß jemand seinen Nachbarn anbetet. Die Haitianer ziehen eine ganz klare Trennlinie zwischen „Pferd" und „Reiter"; Ausnahmen gibt es nicht. Dies bedeutet, daß ein Mensch nicht persönlich von dem Respekt profitieren kann, den man dem Loa entgegenbringt, der ihn „bestiegen" hat.

4 Man kümmert sich stets intensiv um eine besessene Person. Bei einer Frau entfernt man ihre Ohrringe und stellt ihr Geld sicher, damit ihr diese Dinge nicht verlorengehen. Entsprechend leert man die Taschen der Männer aus. Darüberhinaus bemühen sich die Teilnehmer, den Loa davon abzuhalten, die Kleidung des „Pferdes" zu verschmutzen. Diese Achtsamkeit wird auch von Herskovits (S.170) erwähnt.

5 Die Besessenheit weist viele Merkmale auf, die dazu anregen, sie mit Hypnose zu vergleichen. Es gibt eine Vorahnung, Spannung, und, falls die Besessenheit sich während einer Zeremonie oder eines Tanzes ereignet, wirkt die ganze Atmosphäre und der Rhythmus der Trommeln auf den Betroffenen ein. Zweifellos sind einige der Bewegungen daraufhin ausgerichtet, eine Trance herbeizuführen, indem sie beispielsweise auf die Wirbelsäule, die Atmung und so weiter einwirken. Auch ähneln die Wirkungen einer Besessenheit häufig denen einer Hynose: der Betreffende kann unglaubliche Höhen ersteigen oder andere außerordentliche körperliche Leistungen vollbringen, er ist unempfindlich gegen Schmerzen, in gewisser Weise starr. Auf der anderen Seite gibt es grundlegende Unterschiede. So ist die Hynose beispielsweise abhängig von der Zustimmung sowie der Entspanntheit des Betreffenden – die Besessenheit hingegen tritt auch dann ein, wenn sich die Person mit aller Kraft, die ihr die Angst verleiht, dagegen wehrt. Zudem ist der Ablauf einer Besessenheit dem einer Hypnose genau entgegengesetzt. Man könnte sagen, daß die Richtung der Hypnose in die Person hinein und nach unten geht, während die Besessenheit von einem Gefühl des Explodierens nach oben und nach außen begleitet wird. Man könnte die Hypnose als die äußerste Selbst-Negierung, die Besessenheit dagegen als die höchste Selbstverwirklichung bis zum Punkt der Selbst-Transzendenz bezeichnen. Im Fall der Hypnose akzeptiert der Betreffende, daß seine Persönlichkeit durch die eines anderen Menschen ersetzt wird; in der Besessenheit hat man den Eindruck, von einer transzendenten Macht überwältigt zu werden.

6 Es wird akzeptiert, daß jemand durch derartige Vorgefühle gewarnt wird und mit allen Mitteln versucht, die Besessenheit abzuwehren. Mangelnde Selbstkontrolle wird als Zeichen psychischer Schwäche angesehen. Ich habe bereits darauf hingewiesen, daß ein Hougan oder eine Mambo, der/die spezielle rituelle Aufgaben zu erfüllen hat, all seine/ihre Kraft zusammennimmt, um die Besessenheit zu verhindern, die sie davon abhalten würde, seinen/ihren Pflichten nachzukommen.

7 Man nimmt zum Teil an, daß eine Besessenheit durch Berührung mit einer besessenen Person auf eine andere übertragen werden kann. Man kann auch dadurch besessen werden, daß man von einem Loa in einer Pirouette rückwärts gedreht wird.

8 Es kommt außerordentlich selten vor, daß ein Außenstehender von einem Loa „bestiegen" wird; aus diesem Grund mögen alle ergänzenden Informationen, die ich dem Leser geben kann, von Interesse sein. – Zu allererst könnte man fragen, ob es sich bei mir um eine „normale, echte" Besessenheit handelte. Ich habe die Phase, die der „Einnistung" des Loa in meinem Kopf unmittelbar vorausging (sowie der Beschreibung meiner Rückkehr in den Normalzustand), möglichst ausführlich und exakt dargestellt. Der Zeitraum der „Einnistung" des Loa in meinem Kopf hat in meinem Gedächtnis eine vollständige Lücke hinterlassen. Gewöhnlich spricht man mit einer Person, die besessen war, hinterher nicht über ihre Besessenheit – dies entspricht der obengenannten klaren Trennlinie zwischen dem Individuum und dem Mystère. Auf diese Weise wird jegliche Identifikation zwischen beiden beziehungsweise ein Besitzanspruch seitens der Person vermieden (der sich in einer Formulierung wie etwa „*meine* Besessenheit von dem und dem Loa" ausdrücken könnte). Es kommt vor, daß mehrere Serviteurs sich ausführlich über das Tun eines Loa unterhalten, ohne daß ein einziges Mal der Name der Person fällt, von welcher das Mystère Besitz ergriffen hat. Daß es sich in meinem Fall um eine echte Besessenheit von der Loa Erzilie

handelte und daß ihr Verhalten im allgemeinen dem Muster entsprach, das ein Serviteur von einer solchen Erzilie-Besessenheit erwartet, leitete ich daraus ab, daß auch im Fall „meiner" Besessenheit die obengenannte Unterscheidung zwischen mir und dem Mystère getroffen wurde. Die Serviteurs bezogen sich in ihren Kommentaren, die sie in meiner Gegenwart über das Geschehnis gaben, ausschließlich auf Erzilie und nicht auf mich. Das gleiche gilt für die Berichte, die sie anderen Personen, die nicht zugegen gewesen waren, und die detaillierte Fragen betreffs der „Echtheit" der Manifestation des Mystères stellten, von dem Ereignis gaben. In diesem Zusammenhang muß noch folgendes erwähnt werden: in dem Hounfor, wo das Ereignis stattfand, wurden vorwiegend Gottesdienste zu Ehren von Ogoun, dem Maît-caille, und von Azacca, dem Maît-tête von Hougan Isnard, abgehalten. Diese Loas – sowie Guèdé, Agassou und einige andere – manifestierten sich am häufigsten. Erzilie erschien in der ganzen Gegend an sich sehr selten, und ich hatte sie nur ein einziges Mal gesehen. Obwohl mir ihr Charakter und ihre Persönlichkeit im allgemeinen bekannt waren, war ich zu diesem Zeitpunkt nicht sehr vertraut mit den Details ihres Verhaltens. Erst gegen Ende meines Aufenthalts in Haiti hatte ich genügend Beobachtungen zusammengetragen, um die Beschreibung im III. Kapitel geben zu können.Bei der hier geschilderten Besessenheit handelte es sich nicht um den einzigen Fall, wo Erzilie von mir Besitz ergriff. Man sah sie als meinen Maît-tête an, da sie desöfteren drohte, meinen Kopf zu „besteigen", und dies in sieben oder acht Fällen auch tat. Einmal – gegen Ende meines Aufenthaltes in Haiti – kam sie wirklich ungelegen. – Ich hatte mir einen Satz Trommeln bestellt und wollte sie im Rahmen einer speziellen Zeremonie taufen und über Nacht „schlafenlegen" lassen. Es lag mir sehr viel daran, eine Tonbandaufnahme von dieser relativ seltenen Zeremonie zu machen, die ich noch nie gesehen hatte. Ich wußte auch, daß dies die letzte Gelegenheit vor meiner Abreise sein würde. Ich begann die entsprechenden technischen Vorkehrungen für die Aufnahme zu treffen. Da ich wußte, daß das Ritual für die Trommeln im Anschluß an die üblichen Begrüßungslieder für die Loas stattfinden würde (von denen ich bereits Aufnahmen besaß und die ich nicht doppelt aufnehmen wollte), war es mir möglich, an diesem einleitenden Teil der Zeremonie teilzunehmen. Genau in diesem Zeitraum ergriff Erzilie Besitz von mir. Als ich wieder zu mir kam, waren vier Stunden verstrichen, und man sagte mir, ich hätte einen Grund zur Freude, da Erzilie selbst die gesamte Zeremonie durchgeführt habe. Da es sich um meine eigenen Trommeln handelte, stand es mir zu, danach zu fragen, ob sie die Zeremonie ordnungsgemäß vollzogen habe. Der Hougan versicherte mir, daß dies zutreffe.

Obgleich Erzilie mein Maît-tête war, drohte auch Loco gelegentlich, Besitz von mir zu ergreifen und tat dies ein einziges Mal für kurze Zeit. Auch Azacca drohte einige Male, mich zu „besteigen". Als ich durch diese „Attacken" einmal ernstlich bei meiner Absicht, ein Stieropfer zu photographieren, gestört wurde, schlug mir Hougan Isnard vor, mich einer *Laver-tête*-Zeremonie zu unterziehen, um meine Kontrolle über die Loas soweit zu stärken, daß sie meine Arbeit nicht behindern würden. (Ich unterzog mich dieser Zeremonie jedoch ebensowenig wie irgendeinem Schritt der Initiation.) Obwohl ich mich mehr mit Guèdé beschäftigte als mit allen anderen Loas (aufgrund seiner beeindruckenden Bandbreite metaphysischer Aspekte), und obgleich er sich schon früh zu meinem Beschützer erklärte und häufig im Kopf eines Besuchers oder einer meiner Hausangestellten zu mir kam (jedoch niemals in seinem ausgelassenen oder obszönen Aspekt), drohte er zu keinem Zeitpunkt, Besitz von mir zu ergreifen.

Es bleibt schließlich eine Frage zu beantworten, die mir gestellt wurde, und die man mir wahrscheinlich wieder stellen wird: kann man aufgrund des Umstandes, daß die Loa meinen Kopf „bestiegen" haben, nicht sagen, daß ich an den Vaudou und an Erzilie glaube? Vor dem Hintergrund der vaudouistischen Weltsicht stellt sich mir eine solche Frage nicht. Ich würde antworten, daß der Vaudou als ein metaphysisches und rituelles System *real existiert*, und daß er als solches Werte repräsentiert, mit denen ich persönlich übereinstimme. Ich bewundere das organisatorische, psychische und praktische Können dieser Religion und heiße die von ihr erzielten Resultate gut. Darüberhinaus kann ich sage, daß die von Guèdé und anderen Loas repräsentierten Prinzipien real und wahr sind – etwa in dem Sinne, als in der Natur ein Kreislauf von Leben und Tod stattfindet. Die Besessenheiten, die ich beobachtet habe, scheinen mir exemplarische und vollkommene Personifikationen dieser Prinzipien zu sein. Ganz bewußt stand und stehe ich den vaudouistischen Prinzipien und Praktiken zustimmend und bewundernd gegenüber. Im übrigen nahm ich nur in dem Maß an den Ritualen teil wie ein normaler Serviteur und empfand den Umständen entsprechend das übliche Maß an Vergnügen, Langeweile und Unbehagen. Ich beachtete die vorgeschriebenen Gebräuche und Regeln der Rituale, die ich besuchte; ich sang die Lieder, als ich sie genügend kannte, und nahm an den Tänzen teil. Es ist in der Tat so, daß ich den Loas *diente*, egal was ich denken oder glauben mag; und dadurch, daß ich ihnen diente, erfuhr ich (wie im Kapitel über die Riten beschrieben), daß der Serviteur in den Genuß der Wirkung des Gottesdienstes kommt.

GLOSSAR

A

ACTION DE GRACE

Katholisches Ritual sowie Litaneien, die einer Vaudou-Zeremonie vorausgehen.

ADORATION

Ein Lied das im Anschluß einer Geldspende im Rahmen einer Zeremonie gesungen wird. Die Münzen legt man gewöhnlich auf einen Teller, der auf dem geopferten Tier steht. Das Geld wird entweder für den entsprechenden Loa vergraben, für den Kauf irgendwelcher sakraler Artikel verwendet oder dem Hougan für seine Dienste gezahlt.

ANGE

Engel; häufig als Synonym für eine Schutzgottheit, sowie auch in der Kombination Ti-bon-ange und Gros-bon-ange verwendet.

ASSATOR

Eine sehr große, rituelle Trommel. Es gibt einen speziellen Kult der Assator.

ASSON, ACON

Die heilige Rassel der Hougans und Mambos. Es handelt sich um eine Kalabasse mit einem griffähnlichen Auswuchs, die entweder mit Samen oder mit Schlangenknochen gefüllt und mit einem losen Geflecht aus Perlen und Wirbelknochen umhüllt ist. Üblicherweise wird die Asson zusammen mit einer kleinen Glocke verwendet, und zwar ausschließlich für rituelle Zwecke. Sie ist streng von der Cha-cha zu unterscheiden, einer mit Samen gefüllten Kalabasse, die als Perkussioninstrument zur musikalischen Begleitung von sekulären Tänzen verwendet wird.

B

BAGUETTE

Ein Trommelstock.

BAKA

Ein übelwollender Geist in Tiergestalt; ein Dämon. Die Bakas gehören nicht zu den Loas.

BANDA

Ein Tanz, als dessen Herkunftsland einmal Martinique, einmal Afrika angegeben wird. Es ist ein lasziver Tanz, der gewöhnlich auf Wunsch eines Loa gespielt wird – häufig ist es Guèdé, dem der Sinn nach einem fröhlichen Tanz steht.

BAPTEME

Taufe; im Vaudou tauft man sämtliche sakralen Objekte, Plätze und so weiter.

BARQUE D'AGWE

Ein besonders konstruiertes Floß, auf welches man die Opfergaben für Agwé lädt und anschließend auf dem Meer aussetzt.

BARRIERE, BAYE

Ein Eingangstor. Der Begriff wird häufig zur Bezeichnung der Loas verwendet, deren Funktion mit dem Kreuzweg in Verbindung steht.

BASILIQUE

Basilikum. Man glaubt, daß Basilikumblätter böse Geister fernhalten. Man bereitet aus diesen Blättern auch rituelle Reinigungsbäder, indem man sie in dem dafür bestimmten Wasser ziehen läßt.

BASSIN

Ein Bassin. Das Damballah geweihte Bassin ist ein ausschließlich für seinen Gebrauch bestimmtes Becken.

BATON-LEGBA

Der knorrige Stock, auf den sich Legba stützt.

BATTERIE MACONNIQUE

Ein spezieller Schlagrhythmus, der durch Händeklatschen und Trommeln erzeugt wird, und der im Rahmen einer Zeremonie wahrscheinlich ein Klopfen an die Tür der Welt der Loas bezeichnet.

BOCOR, BOKOR

Eine Person, die Magie ausübt. Es muß sich nicht unbedingt um einen Initiierten des Vaudou-Kultes handeln. Der Bocor ist daher klar vom Hougan – das heißt einem Vaudou-Priester – zu unterscheiden.

BOIS

Ein einzelner Baum, wie beispielsweise in dem Begriff „pied bois" – das heißt der „Fuß des Baumes". Wird aber auch zur Bezeichnung eines Waldes verwendet. Umgangssprachlich benützt man diesen Begriff auch als phallische Metapher.

BOSSALE

Wild, ungezähmt, nicht initiiert.

BOUCAN

Im Zusammenhang mit dem Vaudou bezieht sich dieser Begriff auf die rituellen Freudenfeuer, die in einigen Gegenden Haitis unmittelbar vor Neujahr zu Ehren Legbas entzündet werden, und steht in Verbindung zur Vorstellung des erneuten Entzündens, des erneuten Inbrandsetzens der Sonne.
In Cassell's französisch-englischem Wörterbuch ist es definiert als „ein Platz, an dem die amerikanischen Indianer ihr Fleisch räuchern".

BRULER-ZIN

Eine Zeremonie, die das Kochen in geweihten Töpfen einschließt.

BULA

Die kleinste der drei Rada-Trommeln.

C

CAILLE

Hütte beziehungsweise Haus. Das *Caille Mystères* ist ein den Loas geweihtes Haus.

CALBASSE

Ein Flaschenkürbis. Stammt von dem Wort „calabaza" der karibischen Indianer.

CAMBE, KEMBE

Gepackt werden, gefangen werden.
In Zusammenhang mit dem Vaudou bezieht sich dieser Begriff auf Schmerzen oder ein Leiden, die ein verärgerter Loa jemandem zufügen kann.

CANARI

Ein Krug aus rotem Lehm, der für das Aufbewahren von Wasser bestimmt ist; ein solches Gefäß kann aber auch als Herberge für Ahnengeister und Loas dienen.

CANZO (KANZO)

Feuerprobe; eine wichtige Stufe auf dem Weg der Initiation in den Vaudou-Kult.
Jemand, der diese Probe bestanden hat, wird als Canzo beziehungsweise Hounsi canzo bezeichnet.

CARREFOUR

Wegkreuzung; ferner der Name des Petro-Loas des Kreuzwegs.

CASSAVE

Ungesäuertes, flaches, rundes, aus grob gemahlenem Maismehl gebackenes Brot; eine der Lieblingsspeisen Guèdés.

CEREMONIE-CAILLE

Ein ausgedehntes Festmahl für alle Loas zu dem Zweck, den Segen der Mystères auf das *Caille* – den „Tempel" – des Houngans herabzurufen.

CHA-CHA

Eine Kürbisrassel, die bei sekulären Tänzen als Perkussioninstrument verwendet wird.

CHARGE

Magische Energie oder Kraft, die eine Person befähigt, außergewöhnliche Taten zu vollbringen.

CHAUFFER

Erwärmen. Anbrennen von Rum oder Zins, um die Geister der Toten oder die Loas aufzuwärmen, zu beleben und zu ermuntern.

CHEVAL, CH'WL

Pferd. Eine Person, die von einem Loa „bestiegen" wird, wie ein Pferd von einem göttlichem Reiter. Metaphorische Bezeichnung der Vaudou-Besessenheit.

CHIRER AYIZAN

Eine Schutz- und Reinigungszeremonie, die unter dem Patronat Ayizans stattfindet und bei der unter anderem Palmwedel in einzelne Fasern zerrissen werden.

CLAIRIN

Zuckerrohrschnaps; Lieblingsgetränk Guèdés.

COLLIER

Halskette. Die rituelle Halskette der Initiierten.

COMMERE, COMPERE

Patin, Pate.

CONGO

Eine Nanchon (Nation) von Loas afrikanischen Ursprungs. Im heutigen Vaudou sind die Congo-Riten, -Tänze und -Loas fast völlig im Petro-Kult aufgegangen.

CONNAISSANCE

Rituelles Wissen. Dieses Wissen bezieht sich auf Therapien auf pflanzlicher Basis und auf die Kontrolle übernatürlicher Kräfte. Die Connaissance wird durch eine ausreichend fortgeschrittene religiöse Unterweisung erworben.

COUCHER

Schlafenlegen. Eine Zeremonie, bei der Jamswurzeln, Trommeln, Neophythen und so weiter zum Zweck der spirituellen Reinigung und Stärkung über Nacht schlafengelegt werden.

COUVERT SEC

Synonym für *Mangé sec.*

CREOLE

Bezeichnung für alles, was haitianischen Ursprungs ist – Menschen, Loas, Pflanzen, die Sprache und so weiter – im Unterschied zu Menschen, Dingen und so weiter, die aus Afrika stammen.

D

DAHOMEY, DAROMAIN, DAHOME

Ein afrikanisches Königreich. Im Zusammenhang mit dem Vaudou bezeichnet dieser Begriff Tänze oder Loas, die aus diesem Königreich stammen.

DANSE DE REJUISSANCE

Freudentanz. Diese religiösen Tänze können sowohl im Anschluß an ein Zeremoniell als auch unabhängig von einer Zeremonie stattfinden. Ihre Ausdruckform und ihr Zweck ist in jedem Fall sakral und nicht sekulär.

DEBATMENT

Ein Zeitraum, in dem der Körper Bewegungen vollführt, die bisweilen sehr intensiv und heftig sein können; darin kommt der Konflikt zwischen dem Gros-bon-ange des Betreffenden und dem Loa zum Ausdruck, der Besitz von einem Serviteur ergreifen will. Sobald sich der Loa „eingenistet" hat, ist der Streit entschieden und beruhigt sich.

DESSOUNIN

Eines der Elemente der Riten für die Verstorbenen. Dieses Ritual dient dazu, die Loas und den Gros-bon-ange vom Körper des Verschiedenen zu trennen.

DOGUE, DOGWE

Bezeichnung für die zum rituellen Opfer bestimmte Ziege.

DOSSA

Das erste Kind weiblichen Geschlechts, das nach Zwillingen geboren wird. Der weibliche Teil der Marassa-Trois.

DOSSU

Das erste Kind männlichen Geschlechts, das nach Zwillingen geboren wird. Der männliche Teil der Marassa-Trois.

DRAPEAUX

Die zeremoniellen Flaggen der *Société* eines Hounfors. Sie sind reich bestickt und werden im Rahmen von Ritualen benützt.

E

ENGAGEMENT

Ein Abkommen zwischen einem Menschen und einem Loa, in dem der Loa für bestimmte Dienstleistungen belohnt wird. Ein magischer Pakt – gewöhnlich mit einem übelwollenden Loa.

ESPRIT

Die Geister beziehungsweise Seelen der Verstorbenen. Ferner die umgangssprachliche Bezeichnung für Intelligenz. Siehe im Vergleich hierzu auch die Begriffe „Mystère" und „Loa".

F

FARINE

Mehl. Wird im Vaudou für das Zeichnen der Vevers verwendet.

FARINE GUINEE

Pulverisierte Asche. Wird zum Zeichnen von Vevers und für andere rituelle Zwecke verwendet.

FORT

Stark, mächtig. Im Vaudou die Bezeichnung für jemanden, der sich in den Ritualen sehr gut auskennt und daher die Loas entsprechend gut beherrschen kann.

G

GAGNIN LOA

Einen Loa im Kopf haben beziehungsweise von einem Loa besessen sein.

GANGAN

Synonym für Hougan.

GARDE

Schutzzauber gegen Magie.

GHUEVO

Kleiner Raum, in dem sich ein Altar befindet, der einem bestimmten Loa geweiht ist.

GOVI

Rotes irdenes Gefäß, in welchem die Geister der Toten oder die Loas untergebracht sind. Die Bezeichnung „Govi" wird nur im Zusammenhang mit solchen geweihten Gefäßen verwendet. Steht im Gegensatz zur Bezeichnung „Canari", die sich auf alle irdenen Gefäße beziehen kann.

GRAN, GRAND

Gut, im Gegensatz zu *gros,* was „groß" bedeutet; auch „wichtig". Als *gran moun* wird eine gute oder wichtige Person bezeichnet (auch ein Loa, zumindest im Norden Haitis; Anm. d. Ü.). Auch ein sehr alter Mensch oder eine Großmutter beziehungsweise ein Großvater wird so genannt.

GRAN MAITRE

Der uranfängliche Schöpfergott, der höchste Gott, im Unterschied zu den vielen Loas.

GROS-BON-ANGE

Die Seele eines Menschen, sein metaphysisches Ebenbild.

GUINEE

Gewöhnlich verstehen die Haitianer unter diesem Begriff Afrika, das Ursprungsland. Möglicherweise bezieht sich diese Bezeichnung auch auf Südamerika (siehe Anhang B).

H

HAUT CHANT

Spezielles rituelles Begrüßungslied, entweder zu Ehren wichtiger Besucher oder – als *Haut Chant Nago* – für einen Nago-Loa.

HOUNFOR, HUNFOR

Der „Tempel" eines Vaudou-Priesters, einschließlich aller sakralen Ausstattungsgegenstände sowie der Personen, die hier ihren religiösen Dienst versehen. In Nebeneinanderstellung mit dem Begriff Peristyle bezeichnet dieser Begriff die Altarkammer.

HOUGAN, HUNGAN

Vaudou-Priester. In der Sprache der Fons wörtlich „Herr" *(gan)* „der Geister" *(houn)*.

HOUNGENIKON

Ein hoher Bediensteter des Hounfors, Assistent des Hougans; gewöhnlich leitet er die Gesänge.

HOUNSIS, HUNSIS

Mitglieder der *Société*, die unterschiedliche Stufen der Initiation durchlaufen haben.

HOUNTOR, HUNTOR

Der Geist der Vaudou-Trommeln. Ergreift manchmal Besitz von einem Trommler. Ferner der Name eines rituellen Tanzes sowie (im Norden Haitis) die Bezeichnung der Opferziege.

I

IBO

Ein afrikanischer Volksstamm. In Haiti als Bezeichnung einer Loa-Nation und eines rituellen Tanzes beibehalten.

INSTALLE (ER)

Bezeichnung für das Besessenwerden eines Menschen von einen Loa. Bezieht sich auf die rituelle Einführung eines Loa in einen neuen Hounfor; eine Einweihungs- und Taufzeremonie.

INVISIBLES (LES)

Gattungsbegriff, der alle unsichtbaren Geister, einschließlich der Loas, das heißt der Seelen der Verstorbenen, umfaßt.

J

JUBA

Eine amerikanische Nation, die meist mit Martinique in Verbindung gebracht wird.

K

KANGA

Westafrikanischer Stamm, der in der haitianischen Bevölkerung vertreten ist.

L

LAMBI

Seemuschel, die als Horn verwendet wird.

LANGAGE

Heilige Sprache, die bei Zeremonien verwendet wird. Vermutlich handelt es sich um afrikanische Wörter.

LA-PLACE

Ein Lehrling und Assistent des Hougans.

LAVER TETE

Eine rituelle Waschung des Kopfes zu dem Zweck, einen Loa im Kopf einer Person zu taufen oder die Kontrolle dieser Person über seine Loas zu verbessern.

LIMBA, LEMBA

Afrikanischer Volksstamm, der in der haitianischen Bevölkerung vertreten ist.

LOA

Haitianische Gottheit.

LOA ACHETE

Ein „gekaufter" Loa, der einer „niedrigeren" Klasse angehört als die großen Loas.

LOA RACINE

Ein „Wurzel-Loa", ein sehr alter Loa.

LOA TRAVAIL

Ein „Arbeits-Loa"; die Aktionen eines Loa Travail zeigen unmittelbare Wirkungen.

LOUP GAROU

Wehrwolf.

M

MACOUTTE

Eine Strohtasche, wie sie von den haitianischen Bauern benützt wird. In der Vaudou-Religion bringt man sie mit Legba und Azacca in Verbindung.

MAIT'

Herr, Meister. In Begriffen wie Maît Hounfor oder Maît'Tête bezeichnet dieses Wort den Loa, der der Schutzherr des Hounfors beziehungsweise der dominierende Loa im Kopf einer Person ist.

MAMAN

Mutter. Bezeichnung für die größte der drei Rada-Trommeln.

MAMBO

Vaudou-Priesterin.

MANGE(R)

Ein Opfermahl; ein Festmahl; essen.

MANGE GUINEE

Rituelles Festmahl für die Loas mit ganz bestimmten Speisen.

MANGE MARASSA

Rituelles Festmahl für die Marassa.

MANGE MORTS

Rituelles Festmahl für die Toten.

MANGE MOUN

"Menschen fressen". Metapher für eine von einem übelwollenden – „menschenfressenden" – Loa gesandte Krankheit oder einen von einem solchen Geist verursachten Unglücksfall.

MANGE SEC

Ein „trockenes" Opfer, kein Tieropfer.

MARASSA

Menschliche Zwillinge; auch Bezeichnung für die göttlichen Zwillinge. Siehe die Darstellung der Marassa im I. Kapitel dieses Buches.

MARCHER ENSEMBLE

Zusammenpassen. Bezeichnet das gemeinsame rituelle Feiern oder die gleichzeitige Ankunft zweier Loas. Wird ferner verwendet, um eine enge Beziehung zu bezeichnen.

MARRE(R)

Festbinden, fesseln. Wird verwendet in dem Begriff „marrer loa" – magisches oder rituelles Fesseln eines Loa, der Schwierigkeiten bereitet.

MARRON, MARONNAGE

Bezeichnung für schwarze Sklaven, die in der Zeit vor der Revolution von den Plantagen flohen und frei in den Hügeln Haitis lebten. Heute auch im Sinne von „wild" oder „durchbrennen".

MARTINIQUE

Ein Stamm und ein Tanz, der eng mit den Jubas verbunden ist.

MASCARON

Sekulärer Tanz anläßlich Mardi Gras.

MASSISSI

Homosexuelle beider Geschlechter.

MAZON(NE)

Congo-Tanz haitianischen Ursprungs – im Gegensatz zum afrikanischen Congo-Tanz.

MOMBIN

Blätter des Mombin sind für verschiedene Rituale sehr wichtig. Sie haben reinigende Eigenschaften und gemahnen an den afrikanischen Ursprung der Haitianer.

MONTER

Besteigen. Ausdruck, der im Zusammenhang mit der Besessenheit verwendet wird – ein Loa „besteigt" sein „Pferd", das heißt eine Person.

MORTS

Die Toten, im Sinne einer kollektiven Kategorie.

MOUNDONGUE

Ein afrikanischer Volksstamm, der in der haitianischen Bevölkerung vertreten ist. Ferner die Bezeichnung eines Tanzes und eines Loa.

MYSTERES

Gewöhnlicherweise die Bezeichnung für die Loas, im Unterschied zu den Geistern der Toten. In manchen Zusammenhängen kann sich dieser Begriff auch auf die Rituale beziehen, und zwar im Sinne von „Geheimnissen", „Mysterien".

N

NAGO

Ein afrikanischer Volksstamm, der in der haitianischen Bevölkerung vertreten ist. Ferner die Bezeichnung eines Tanzes und eines Loa.

NANCHON

Nation, Stamm, Kult oder Klan.

NOM VAILLANT

Der „Kampfesname" beziehungsweise der rituelle Name eines Hougans.

O

OGAN

Ein Metallstück, das (ähnlich einer Triangel; Anm. d. Ü.) bei Zeremonien und Tänzen zur Begleitung der Trommelmusik angeschlagen wird.

P

PAQUETS CONGO

Ein kleines Paket, das mehrere Male mit einer Schnur umwickelt wird; dient als das Abbild der betreffenden Person deren magischem Schutz gegen Krankheit und böse Geister.

PE

Der Altar.

PERISTYLE

Die überdachte Fläche im Freien, wo die meisten Zeremonien und Tänze stattfinden.

PETRO

Eine Loa-Nation amerikanisch-indianischen Ursprungs. Ferner die Bezeichnung für einen Trommelrhythmus, einen Tanz und eine bestimmte Art von Zeremonien.

PIERRE-LOA

Die glatten, „schwitzenden" Steine, die die Loas beherbergen.

PLACAGE

Eine der staatlichen Ehe sehr ähnliche Beziehung.

PLAT-MARASSA

Gedeck aus rotem Ton, das speziell für die Speiseopfer der Marassa bestimmt ist.
Es besteht aus zwei oder drei kleinen Schüsseln, die durch einen einzigen Griff zusammengehalten werden.

POT-DE-TETE

Irdener Krug, in den der Gros-bon-ange rituell plaziert wird.

POTEAU-LEGBA, POTEAU-MITAN

Der Mittelpfosten des Peristyles; die Bahn, auf der die Loas im Rahmen einer Zeremonie in die stoffliche Welt gelangen.

POIN, POUIN, POINT

Ein versteckter, aber spezifischer Hinweis auf eine Person in einem Lied. Die Kraftlinie oder der Punkt, an dem der Kontakt mit der Welt der Loas zustandekommt.

PRET-SAVANNE

"Buschpriester"; jemand, der im Rahmen einer Zeremonie die katholischen Gebete und Litaneien liest.

R

RADA

Loa-Nation dahomeyischen Ursprungs; ferner Bezeichnung für die entsprechenden Lieder, Tänze und so weiter.

RAIDE

Streng, stark; charakteristische Bezeichnung der Petro-Loas.

RAMASSER

Ansammeln. In Zusammenhang mit dem Vaudou das Ansammeln der Familienloas – die von den anderen Familienmitgliedern aufgegeben wurden – und der damit verbundenen Verpflichtungen.

RARA

Haitianisches Tanzfest, das im Frühling stattfindet.

REGLER

Regeln, kontrollieren; Herrschaft über die Loas besitzen; die Loas zur Ruhe bringen und in Schranken halten.

RELER

Rufen, ausrufen. In Verbindung mit Vaudou-Liedern bedeutet es „anrufen".

RENVOYER

Einen Loa rituell „wegschicken".

REPOSOIRS

Der kreisförmige Zementsockel, der um den Stamm eines einem Loa geweihten Baumes gemauert ist.

RETIRER D'EN BAS DE L'EAU

Zeremonie, die dazu dient, die Seelen der Verstorbenen aus den Wassern der Unterwelt zurückzurufen.

S

SAINTS

Heilige; Synonym für die Loas.

SALANGO

Ein afrikanischer Stamm; in Haiti Bezeichnung für einen Tanz und einen Loa der Petro-Nation.

SECONDE

Die mittlere der drei Rada-Trommeln.

SERVICE, SERVIR, SERVITEUR

Ritueller Dienst für die Loas; den Loas dienen; jemand, der den Loas dient.

SERVIR A DEUX MAINS

Mit beiden Händen dienen – das heißt, man dient sowohl den Rada- Göttern (mit der rechten Hand) als auch den Petro-Loas (mit der linken Hand).

SIGNALER

Anzeigen; eine rituelle Geste, mit der man die Opfergabe in die vier Himmelsrichtungen hebt, während man den Loa anspricht, für den das Opfer bestimmt ist.

SOBAGUI

Der Altar.

SOCIETE

Eine Organisation; Organisation, die einem Hounfor untersteht.

T

TAMBOUR

Trommel.

TAMBOUR MARINGUIN

Eine Trommel, die mit Guèdé in Verbindung gebracht wird.

TI-BON-ANGE

Der Geist beziehungsweise das Bewußtsein einer Person, im Unterschied zu ihrem Gros-bon-ange beziehungsweise ihrer Seele.

TONELLE

Eine provisorische Überdachung, unter der die Zeremonien und Tänze stattfinden, wenn kein Peristyle vorhanden ist.

TRAITEMENT

Eine Therapie auf pflanzlicher Basis; wird im Vaudou von einem Hougan vorgenommen.

V

VAUDOU

Gesamtheit der metaphysischen Prinzipien und rituellen Praktiken, denen die überwiegende Mehrheit der haitianischen Bevölkerung anhängt.

VENTAILLIER

Rituelles Durch-die-Luft-Schwenken des Opferhuhnes.

VERSER

Ausgießen.

Im Vaudou bezeichnet dieser Begriff das rituelle Vergießen von etwas Wasser, Kaffee, Schnaps oder anderen Getränken auf den Boden für die Dreieinigkeit und die Loas.

VEVERS

Symbolische, an die Kaballah gemahnende Zeichen, die bei Zeremonien mit Weizenmehl, Maismehl oder Asche auf den Boden gemalt werden, um die Loas anzurufen.

W

WANGA

Ein magischer Zauber, der einem übelwollenden Zweck dient.

WEDO

Bezeichnung, die vom Namen einer dahomeyischen Hafenstadt (Whydah) abgeleitet ist.

Y

YAM (IGNAME)

Wurzelgemüse, das bei gewissen Ritualen eine wichtige Rolle spielt. Die *Ceremonie-yam* ist das größte Fest des Jahres, das mit dem Ackerbau in Verbindung steht.

YANVALOU, YENVALO

Ein Tanz des Rada-Kultes.

Z

ZEMI

Der Fetisch beziehungsweise der heilige Gegenstand der Arawak-Indianer, der einstigen Ureinwohner Haitis. Ferner die Bezeichnung eines Ahnengeistes. Ein wichtiges Zeichen für den indianischen Einfluß im Vaudou. Vermutlich stammen von diesem Begriff die Worte „Zombie", der Name des Loa Baron Samedi und andere Wörter ab.

ZEPAULE

Rada-Tanz mit besonders betonten Bewegungen der Schultern.

Z'ILE MINFORT

Insel unter dem Wasser; der Sitz des Loa Agwé.

ZILET EN BAS DE L'EAU

Insel unter dem Meer, wohin die Seelen der Toten gelangen, und auf der auch die Loas leben.

ZINS

Zeremonielle Kochtöpfe; gewöhnlich aus Ton, für die Nago-Loas jedoch aus Eisen gefertigt.

ZOMBIE

Ein seelenloser Körper. Die Seele einer lebenden Person kann dieser durch magische Methoden gestohlen worden sein. Eine andere Möglichkeit ist, daß der Körper eines gerade Verstorbenen wieder aus dem Grab geholt wird, nachdem die Seele mittels der üblichen Riten für den Verstorbenen vom Körper getrennt worden ist. Der Zweck der Schaffung eines Zombies besteht darin, den Körper für Sklavenarbeiten zu benützen.

BIBLIOGRAPHIE

Alexander, Hartley Burt. *Latin-american*. Band XI. *The Mythology of All Races*. Boston, 1920.

Bateson, Gregory. *Naven* (Eine Studie über die Kultur der Iatmul von Neuguinea). Cambridge University Press, 1936.

Bleuler, Eugen. *Textbook of Psychiatry*. New York, 1924.

Campbell, Joseph. *The Hero With A Thousand Faces*. New York, 1949.

Cannon, Walter, B.. *Voodoo Death*. American Anthropologist. Band 44, Nr.2, April-Juni, 1942.

Courlander, Harold. *Haiti Singing*. University of North Carolina Press, 1936.

Davis, H. P.. *Black Democracy*. New York, 1928.

Denis, Lorimer. *La Religion Populaire*. Bulletin Du Bureau D'Ethnologie. Port-au-Prince, Haiti, März 1946.

Denis, Lorimer und Paul, Emmanuel C.. *Essai Ornographie Haitienne*. Port-au-Prince, Haiti, 1948.

Dorsainvil, J. C.. *Psychologie Haitienne, Vodou et Magie*. Port-au-Prince, Haiti, 1937.

Fox, Charles D.. *Pychopathology of Hysteria*. Boston, 1913.

Frazer, James George. *The Golden Bough*. (Ein Band, gekürzte Ausgabe). New York, 1947.

Frobenius, Leo und Fox, Douglas C.. *African Genesis*. New York, 1937.

Herskovits, M. J.. *Dahomey*. New York, 1938.

Jacobson, Max. *Functional Disorders*. Tomorrow Magazine. New York, März 1951.

Levy-Bruhl, Lucien. *Primitive Mentality*. New York, 1923.

Leybrun, James G. *The Haitian People*. Yale University Press, 1941.

Malinowski, Bronislaw. *Myth in primitive Psychology*. New York, 1926.

Marcelin, Milo. *Mythologie Vodou (Rite Arada)*. Port-au-Prince, Haiti, 1949.

Mars, Louis. *La Crise de Possession Dans Le Vaudou*. Port-au-Prince, Haiti, 1946.

Maximilien, Louis. *Le Vodou Haitien, Rite Radas-Canzo*. Port-au-Prince, Haiti, 1945.

Metraux, Alfred. *The Concept of Soul in Haitian Vodu*. Southwestern Journal of Anthropology. Band 2, Nr.1, Frühjahr 1946. University of New Mexico Press, Albuquerque, New Mexico.

Owen, Mary Alicia. *Voodooism*. International Folklore Congress, Chicago, 1893.

Parsons, Elsie Clews. *Spirit Cult In Hayti*. Paris, 1928.

Pressoir, Charles Ferdinand. *Debats sur le Creole et le Folklore*. Port-au-Prince, Haiti, 1947.

Price-Mars. *Ainsi Parla l'Oncle*. Port-au-Prince, Haiti, 1928.

Rigaud, Milo. *Jesus ou Legba*. France, 1933.

Rigaud, Odette Mennesson. *The Festing of the Gods in Haitian Vodu*, Primitive Man (Vierteljahresschrift der Catholic Anthropological Conference). Band XIX, Nr.1, Januar und Nr.2, April 1946.

Rigaud, Odette Mennesson und Denis, Lorimer. *Ceremonie En L'Honneur de Marinette*. Bulletin Du Bureau d'Ethnologie. Port-au-Prince, Haiti, Juli 1947.

La Vie Mystique de Marie Noel. Bulletin Du Bureau d'Ethnologie. Port-au-Prince, Haiti, März 1947.

Roumain, Jacques. *Le Sacrifice du Tambour Assator*. Port-au-Prince, Haiti 1943.

Seabrook, William. *Magic Island*. New York, 1929.

Sylvain, Suzanne. *Le Creole Haitien*. Port-au-Prince, Haiti, 1936.

Simpson, George Eaton

(I) *Four Vodoun Ceremonies*. Journal of American Folklore. April – Juni 1946.

(II) *Belief System of Haitian Vodoun*. American Anthropologist. Band 47, Nr. 1, Januar – März 1945.

(III) *Two Vodoun Related Ceremonies*. Journal of American Folklore. Band 61, Januar – März 1948.